Prof. Dr. Wolfgang Marggraf, Eisenach 1998

„Denn in jenen Tönen lebt es"
Wolfgang Marggraf zum 65.

herausgegeben von Helen Geyer, Michael Berg und Matthias Tischer
mit einem Geleitwort von Wolfram Huschke

© Hochschule für Musik FRANZ LISZT WEIMAR, März 1999

Layout: Caro Mantke
Satz: Tabea Noreiks
Bildbearbeitung und Umschlag: Kathrin Arens

Notensatz: Torsten Anders und Karl Traugott Schulze
Portrait: Gerald von Foris

Fotos: Stiftung Weimarer Klassik
GSA 60/J17,311; 36c, 36d, 25c, 25d.
Franz Liszt: *Après une lecture du Dante*

Herstellung: Weimardruck GmbH
Hinter dem Bahnhof 10, 99427 Weimar

Bezug: Hochschule für Musik FRANZ LISZT Weimar
Platz der Demokratie 2/3, PF 2552, 99406 Weimar

ISBN: 3-86068-103-6

Wolfram Huschke

Ein Vor-Wort

Wie war das noch mit dem Lisztschen Ideal des nicht nur allgemein –, sondern auch breit musikalisch ausgebildeten professionellen Musikers? Der Aufstieg der diesbezüglichen Überzeugung war der Aufstieg der Musikforschung, war der Aufstieg von Stadtpfeife zu Konservatorium, war später im Verein mit der Ausbildung von Musiklehrern für eine breite Bildung des Publikums in der Schule der weitere Aufstieg zu staatlichen Hochschulen universitärer Ambition, eben zu unseren Musikhochschulen.

Wie ist dies heute? Gilt dies noch in Zeiten, in denen auch manche Sternschnuppe am nächtlichen Himmel vielleicht gar keine Sternschnuppe mehr ist, sondern eine Sputnik –, allgemeiner: eine Satellitenschnuppe sein könnte? Was verglüht da wirklich so anrührend schön? Gilt noch der Zeit-Überschlag einer „Zukunft ist Herkunft"? Und wenn ja, wie?

Bei diesen Fragen wird unsere Hochschule vom Jubilar Wolfgang Marggraf nicht mehr beraten werden. Am Ende des Jahrhunderts zieht sich der hier zu Ehrende aus lange Jahrzehnte währendem Unter-Richten in den Ruhestand zurück. Dieses Unterrichten war ein ambitioniertes Richtung-Weisen aus unbedingtem Glauben an jene Lisztschen Ideale. Punkte musikhistorischer Gegebenheiten waren Punkte vor dem großen Horizont der Kunst und des Lebens, waren wichtige Ereignisse vor der Menschheitsgeschichte. Vorlesungen zur Musikgeschichte wurden so lebendige Studien zur Kunstmusik und ihrer Bedeutung für die Menschheit überhaupt, vor jungen Musikern, denen auch diese Gewißheit einer „Sendung" zu ihrer Rundum-Profilierung zuteil wurde, neben Wissenswertem und Anrührendem. Aus intensiver Anschauung erwuchs Ethos und Begeisterung.

Ein Vor-Wort

Die Wirkung und Nachwirkung dessen ist längst bekannt. Wolfgang Marggraf war d e r angesehene, beliebte Musikwissenschaftler der Hochschule in den vergangenen drei Jahrzehnten.

Er zieht sich in den Ruhe-Stand zurück? Ruhe vor den bisherigen tagtäglichen Herausforderungen, etwa derer, die Distanz zwischen den Bachstädten Eisenach und Weimar zeiteffektiv überwinden zu müssen – gewiß! Stand im Sinne von Stehenbleiben – gewiß nicht! Wie er selbst es sagt: Ein neues Leben. Dafür in Dankbarkeit unsere besten Wünsche

Weimar, am Beginn des Kulturstadtjahres 1999
Prof. Dr. Wolfram Huschke
Rektor

„Denn in jenen Tönen lebt es"

Inhalt

Hanns-Werner Heister — **1**
  Ästhetik oder Magie
  Systematische Überlegungen zur Frühgeschichte der Musik

Thomas Radecke — **37**
  Joachim von Burcks *Odae sacae* (1572)
  Vertonungen geistlicher Verse in antiken Metren für die
  protestantische Schule

Dorothea Redepenning — **69**
  Alte Techniken als Impuls zur Innovation?
  Felix Mendelssohn Bartholdy und Johann Sebastian Bach

Martin Wehnert — **91**
  Was den alten Goethe am jungen Mendelssohn fesselte
  Auf den Spuren einer denkwürdigen Begegnung

Rainer Kleinertz — **113**
  Rossini und Felix Mendelssohn
  Zu den Voraussetzungen von Heines Mendelssohn-Kritik

Hans John — **129**
  Die Goethe-Vertonungen Robert Schumanns

Peter Tenhaef — **149**
  Reflexe und Umdeutungen musikalisch-rhetorischer Figuren
  in Liszts späten Klavierstücken

Inhalt

Helmut Loos **167**
    Die musikalische Verarbeitung von Faust-Texten im
    19. Jahrhundert

Irina Kaminiarz **179**
    Der Franz-Liszt-Bund und sein Verhältnis zum Allgemeinen
    Deutschen Musikverein

Gerd Rienäcker **199**
    Marginalien zur Trinkszene der *Cavalleria rusticana*

Thomas Kabisch **207**
    Robert Schumann und Roland Barthes
    Überlegungen zur Violin-Sonate d-Moll op. 121

Gerhard Winkler **229**
    Carl Goldmark und die Moderne

Michael Berg **245**
    Franz Liszt und Ferruccio Busoni –
    Eine ästhetische Erbfolge?

Helen Geyer **253**
    Szymanowskis *Dritte Symphonie* und Richard Strauss'
    Also sprach Zarathustra

Serge Gut **271**
    Eigenartige Beziehungen zwischen *Till Eulenspiegel*
    von Richard Strauss und *Petruschka* von Igor Strawinsky

Jürgen Mainka **285**
    Zwei Akkorde

Inhalt

Walter Werbeck **299**
Eine Komposition im „alten Stil"?
Bemerkungen zu Schönbergs *Variationen über ein Rezitativ für Orgel* op. 40

Matthias Tischer **329**
Der Anfang im Ende
Gedanken zu Béla Bartóks *Fuga* aus der *Sonata für Violine solo*

Christiane Hercher **345**
„Apoll war nicht nur der Gott des Gesangs, sondern auch jener des Lichts."
Die Beziehung von Musik und Licht in Béla Bartóks *Herzog Blaubarts Burg*

Sigrid Wiesmann **367**
Opéra-Oratorio und Musiktheater
Einige Anmerkungen zu Igor Strawinskys *Oedipus Rex* und Wolfgang Rihms *Oedipus*

Sonja Neumann **379**
Zeitdualismus in Hans-Jürgen von Boses *Ein Brudermord* (1990)

Silke Wenzel **403**
„Das Zeitkritische, das Poetische und das Visionäre"
Zu den *Chansons* von Michael Obst

Detlef Altenburg **425**
Von den Schubladen der Wissenschaft
Zur Schauspielmusik im klassisch-romantischen Zeitalter

Inhalt

Arnfried Edler **451**
   Zur Rolle Weimars und Hannovers in der deutschen
   Musikgeschichte zwischen 1850 und 1890

Günter Fleischhauer **493**
   Zur Telemann-Opernpflege in Magdeburg 1962 bis 1996 –
   ein Rückblick

Karl Heller **519**
   Die akademischen Musiklehrer an der Universität Rostock
   und ihre Rolle im städtischen Musikleben

Wolfgang Suppan **541**
   Musik und Bedürfnis
   Zur biologischen Disposition kultureller Traditionsbildung

Wolfgang Osthoff **553**
   Vom angemessenen Takte
   Grenzfälle musikalischer Notation

Ästhetik oder Magie
Systematische Überlegungen zur Frühgeschichte der Musik

1. Anfänge: Musik und/als Magie?
Wie selbstverständlich werden historisch bzw. historiographisch und (sozio-)logisch bis anthropologisch Magie und Musik, Kult und Kunst meist miteinander verkoppelt wie Zuhälter und Dirne, zumal wenn es um frühe Stufen der Musikentwicklung geht. So meint Jacques Handschin im Zwei-Seiten-Abschnittchen über die sowieso in Gänsefüßchen gesetzten *„Anfänge der Musik"* (29 f.) daß Musik wohl „viel eher mit Magie, also mit etwas der Religion Ähnlichem, als mit der Arbeit verknüpft" sei (30), um dann direkt auf den Universismus, der durch ein magisches Weltbild vermittelten Durchdringung von Mikro- und Makrokosmos zu rekurrieren: „Ich muß gestehen, daß mir hier die Anschauung des Altertums viel besser zusagt."

Nicht nur von offen Konservativen wird gern behauptet und geglaubt, daß Musik mit oder gar aus Magie, Kult, gleich Religion entstanden sei; Entsprechendes findet sich auch bei Progressiven wie für andere Künste:
„Die künstlerische Produktion beginnt mit Gebilden, die im Dienste des Kults stehen. [...] Das Elentier, das der Mensch der Steinzeit an den Wänden seiner Höhle abbildet, ist ein Zauberinstrument. Er stellt es zwar vor seinen Mitmenschen aus; vor allem aber ist es Geistern zugedacht." (Benjamin, 156)
„In der Tat gehört Musik in der Frühzeit zum Kultbereich, ihr Klang ist Beschwörung des Unsichtbaren, von Umwelt und Mensch." (Michels I, S. 158)
Historische und anthropologisch-ethnologische Konfundierung stützen sich wechselseitig. So meint Wolfgang Suppan (der Benjamin als Motto zitiert),
„daß überall dort, wo Kulthandlungen als Abbilder irrealer, geglaubter, außerirdischer Vorgänge vollzogen werden, Rezitation in erhobener Sprache, Gesang und Musik nicht fehlen."
Fast zirkelschlüssig ergibt sich für ihn daraus das quasi-definitorische Diktum:
„Musik ist die Sprache der Götter." (Suppan 1984, 32).

Diese Annahmen tendieren zu der ideologischen Vorstellung, daß, wenn es keine prä-magische Musik gibt, es auch keine post-magische geben kann; wie Musikalität, würde Religiosität damit zur geradezu biologischen, genetischen Grundausstattung der Menschen gehören. Die Glaubensrate ist denn auch immer noch beträchtlich. In einer Emnid-Umfrage lauteten die Prozentsätze auf die Fragen „Glauben Sie an die folgenden christlichen Wunder?" folgendermaßen: Auferstehung Christi 48% Jastimmen, unbefleckte Empfängnis 26%, leibliche Himmelfahrt Mariä 28%. Nach dem Kippbild-Prinzip des Noch oder Schon entschied *Der Spiegel* (16/1998, S. 16), die Umfrage unter der Überschrift *Ungläubige Mehrheit* zu veröffentlichen. Ein kleiner Scherz am Rande besteht darin, daß die Formulierung der Frage eine tatsächliche Existenz der „Wunder" suggeriert bzw. sie mindestens als fraglos hinstellt. Ein Großteil der Frauengruppe Mediaeval Baebes, die mit semiopaker Kleidung und gregorianischen Chorälen poporientiertes Crossover betreiben, „bezeichnet sich ausdrücklich als ausübende Hexen." (*Der Spiegel* 16/1998, S. 224)

Zynisch und dumm freilich, schlimmer als Handschins frommer Hochmut gegenüber Wissenschaft, ist ein verdinglicht-theologisierendes, postmodern-irrationalistisches Weltbild. So kann Friedrich Kittler (12 f.) mit seinem

> „geliebten Burroughs antworten: Sprache ist ein Virus von einem anderen Planeten, irgendwann befällt er die Affen, und sie werden alle verrückt und koitieren [wer koitiert, ist also verrückt – Körperfeindlichkeit gehört durchaus dazu bei einem, der den Ersatz von Menschen durch Maschinen möchte] und die meisten sind gestorben und die, die überlebt haben, können plötzlich sprechen und sind Menschen."

Science-fiction ergänzt die historiographische Mode konstruktivistischer Fiktionalität, der Ästhetik-Professor tritt als Nachfahr des Herrn von Däniken auf. (Friedrich Kittler im Gespräch mit Gerburg Treusch-Dieter: *Die Maschinen und die Schuld*, Freitag Nr. 52/1, 24.12.1993, S. 12 f.)

In der Tat aber gibt es in der Vorgeschichte (die nur vor der Anthropogenese, der Menschwerdung, „Vor"-Geschichte ist – Geschichte ist nicht erst das, was in schriftlichen Quellen gespiegelt wird) und in der Frühgeschichte

der Menschheit, deren Beginn wohl – nach derzeitigem Stand des Wissens – auf ca. 2,5 Mio. Jahre v. u. Z. (s. Knepler 1997, Sp. 1315) datiert, eine „prämagische" Phase (s. v. a. Knepler 1977 und 1988), lange vor jedem Kult, Magie, Religion und dergleichen. Menschenaffen wie Affenmenschen glauben wahrscheinlich nicht an Geister, Götter und Gott. Darin liegt freilich ein noch zu erläuterndes Problem, das des Fortschritts nämlich.
Entstanden ist Musik, eben bereits im Prozeß der Anthropogenese, zusammen mit und aus einem ursprünglich mehrschichtigen, mehrdimensionalen Kommunikationssystem, das akustische und optisch-gestische Materialien verwendet. So weist Georg Knepler (1981, 67) darauf hin, „daß präsprachliche (und das heißt auch: prämusikalische) biogene Elemente in menschlicher Kommunikation mit Geste, Mimik und Körperbewegung verbunden gewesen waren." (ausf. dazu auch Heister 1997)
Wie Magie/Religion in der Regel zu früh, so werden für die Bestimmtheit als Mensch wesentliche Errungenschaften wie Sprache/Musik in der Regel zu spät angesetzt.
Erstaunlich früh ist daher eine Datierung der Sprach- und damit Musikentstehung wie die des Paläoanthropologen Phillip Tobias. Etwa seit 2,4 oder 2,3 Mio. Jahren habe sich erstens das Gehirn sprunghaft vergrößert, gebe es zweitens Sprache, drittens erste Steinwerkzeuge; das alles viertens im Kontext einer Klimaverschlechterung in Afrika, die zum Aussterben des Australopithecus führte. Jedoch:

> „Statt bloßer Lautwiederholungen wie beim Schimpansen [...] begann vermutlich schon der späte Australopithecus zu ar-ti-ku-lie-ren, einen Laut nach dem anderen. Wahrscheinlich klang es so, wie wenn ein Taubstummer zu sprechen versucht."

Gegen das Argument, daß selbst der Neanderthaler noch nicht spreche, da der Kehlkopf zu hoch liege, wendet Tobias ein: „Man spricht mit dem Hirn, nicht mit dem Kehlkopf." Sprache ist nicht gleich Sprechen: Die Hawaiianer z. B. haben nur zwölf Phoneme, aber eine volle Sprache. (*Der Spiegel*: Gespräch mit Phillip Tobias, Johannesburg, 38/1996, S. 190–196).

Die biologistische Borniertheit der herrschenden Mehrheit der Paläoanthropologen läßt sie zwar unbefangen von „homo" reden, diesem aber die Sprachfähigkeit absprechen. Zudem wird, oft auch in andern Wissenschaftsdisziplinen, allenfalls Sprache als Wortsprache, nicht jedoch Musik und überhaupt die Multidimensionalität von Zeichensystemen thematisiert, z. B. in länglichen und falsch polarisierten Diskussionen, ob Gesten- oder Lautsprache historisch den Vorrang habe (s. u. a. Crystal, passim). Auch hier mangelt es an systematischem Denken und an einem Begriff von Sprache, der über unreflektiertes Alltagsverständnis und Common sense hinausgeht.
Das zeugt weniger von wissenschaftlicher Zurückhaltung als von einem Mangel an Logik: wenn von Menschen die Rede ist, haben sie auch entsprechende Eigenschaften – ein funktionsfähiges Zeichen- und Kommunikationssystem gehören dazu. Historisch-genetischer und systematisch-struktureller Aspekt verbinden sich so: An dem historisch-logischen Punkt, wo die Vor-Menschen Wortsprache verwenden und Musik machen – im übrigen schon ein bezeichnender Unterschied innerhalb der Einheit – sind sie bereits Menschen.
Diese historischen Anfänge selber bleiben oft, vor allem wohl bei nicht konsequenter Systematik, im Vagen:

> „Es gibt immer ein ‚noch früher', und dann kann man kaum sagen, wo primitive Früh- oder Vorstufen überhaupt anfangen, als ‚Musik' zu gelten. Was ist z. B. der instrumentale Körperschlag oder der vokale Juchzer, die beide bis in die Entwicklungsstufe ausgewachsener vokaler oder instrumentaler Tanzmusik als primitive Zutat mit heraufreichen?" (Hoerburger, 674)

So langdauernd allerdings dieses „Früher", so differenziert in der Sache und so diffizil methodisch zu untersuchen die Übergänge und Anfänge sind, so unumgänglich (und nicht unmöglich) ist eine systematische Bestimmung des Umschlags (ausf. z. B. Knepler 1977, bes. Kap. 1.2), der als qualitativer Sprung das bloß quantitative „Und dann" oder „Und noch" dialektisch ergänzt.

Als historisch etwas präzisere Eingrenzung des „Zeitlosen" läßt sich der „homo cantans" Lutz Röhrichs (1973, 32) zeitlich wie sachlich zunächst als homo – vermutlich habilis oder, so Tobias, bereits dessen Vorläufer, oder erst – spätestens – erectus (so z. B. Mania, 275) durchaus abgrenzen, und auch räumlich (nach dem derzeitigen Stand der Erkenntnis) vermutlich als erstes, historisch, auf Ostafrika. Ein monogenetischer Ursprung der Menschheit ist sehr wahrscheinlich.

Für die folgenden Überlegungen sind Anthropo- wie Musikgenese logisch-historisch als wesentlich bereits geschehen vorausgesetzt. Abgehandelt wird trotz der Perspektive auch auf andere Kommunikationsformen und Zeichensysteme vor allem die Entwicklung der Musik. Hauptsächlich werden logisch-historische Stufen, Stadien herausgearbeitet; deren – schwierige – chronologische Bestimmung ist hier sekundär. Bei Fragen der absoluten Chronologie und der Datierung ist, nicht zuletzt angesichts der denn doch geringen Zahl von relevanten Funden, vieles im Fluß; wie es scheint mit der Tendenz, Anfänge aller Art historisch immer zurückzuverlegen. Hier gilt es vor allem, eine Logik der Chronologie, also eine relative Chronologie, soweit wie möglich festzumachen.

2. Menschwerdung und Musik.
Arbeit, Denken, mimetische Handlung

Eine hier vorzuschlagende neue Kategorie für das erste Sprach- bzw. Zeichensystem ist die der mit umfassenden sinnlichem Material, vor allem natürlich optisch-akustischem, operierenden mimetischen Handlung (ausf. dazu Heister 1997) sowie im Anschluß daran die der mimetischen Zeremonie. Die mimetische Handlung ist Bestandteil eines seinerseits mehrgliedrigen Kommunikationsprozesses. In beiden verbinden sich Tätigkeit und Kommunikation, Körper und Kopf, Sinnlich-Materielles und Geistiges. Sie erscheinen so als Ausgangspunkt der Entwicklung von Kommunikations- bzw. Zeichensystemen, von Ästhetischem, Magisch-Religiösem, schließlich Kunst.

In der Anthropogenese hat sich in einem Jahrhunderttausende, wenn nicht Jahrmillionen dauernden Prozeß das zunächst wohl unwillkürliche Bedürfnis nach akustischer Kundgabe in ein willkürliches verwandelt; und damit ineins ging die vormusikalische (und vorsprachliche) „Interjektion" in eine „kadenzierte Interjektion" über (vgl. Heister 1993a), der synthetisch-mehrdimensionale Kehlkopf-Schrei samt Körper-Geste ins tatsächliche Singen samt Körperschlag.

Mit der Herausbildung der mimetischen Handlung, immer im Zusammenhang der Trinität mit Arbeit und Denken, ist die Menschwerdung abgeschlossen, die Selbsterzeugung als langsamer Sprung dahingehend, daß im Menschen die Natur sich selber gegenübertritt, gleichgültig hier, welcher chronologischen Datierung bzw. historischen Stufe dieser Mensch noch oder schon angehört. Die Entstehung verdankt sich der Notwendigkeit: vorrangig Klimaänderungen und andre, der Tendenz nach verschlechterte Naturbedingungen. Die Vorfahren der Menschenaffen hatten, wie noch rezente Schimpansen im tropischen Urwald, kein Motiv, zu Menschen zu werden – der Affe in Kafkas *Bericht an eine Akademie* ist eine Ausnahme.

Für die unmittelbar praktische, alltägliche Kommunikation, zentriert um Arbeit im weitesten Sinne, genügt die mimetische Handlung an sich vorerst völlig. Es ist in ihr aber bereits etwas angelegt bzw. enthalten, das weiterdrängt, sich entfaltet. Die ursprüngliche Ganzheit – die ihrerseits als „Leistungskonvergenz" entstanden sein kann (Knepler 1977) – wird allmählich ausdifferenziert.

Entstehungsgeschichtlich und strukturell begründet bleibt bei aller wechselseitigen Verselbständigung die Beziehung von Musik und Wortsprache, mit der Musik das akustische Material und Medium teilt, besonders eng. Genetisch wie funktional entfalten sich aber Musik- und Wortsprache komplementär zueinander:

„Bei ihrer wechselseitigen Funktionsteilung und Spezialisierung hat Sprache die Funktion übernommen, alltägliches Verständigungsmittel, Musik, alltägliches Einstimmungsmittel zu sein. Doch ist Verständi-

gung ohne Einstimmung auf das, worüber man sich verständigt, selten, Einstimmung ohne Bezug auf den Inhalt der Kommunikation sinnlos." (Knepler 1977, 132)
So gibt es in Musik ebenso auch Denotation und Begrifflich-Logisches wie in Wortsprache, zumal als gesprochener Sprache, Konnotatives, Gestisches, „Suprasegmentales" bzw. Prosodisches (Sprechmelodie, Satzintonation, Lautstärken-, Tempo-, Rhythmus-, Klangfarbendifferenzen usw.).
Musik, mit der im Eigenwert des Zeichenmaterials die „poetische" Sprache am nächsten verwandt bleibt, hat hierbei mindestens insoweit tendenziell von Anfang an Kunstcharakter, als sie mit dem Ästhetischen verbunden ist. Sie ist anfänglich zugleich noch unmittelbar nützlich und schon Teil des spezifisch Ästhetischen.
Das Ästhetische (s. v. a. Knepler 1988) ist hier nur kurz und eher pragmatisch zu bestimmen als Abstraktion, als die sinnliche Erscheinung der Dinge und der von den Dingen abgezogene losgelöste Schein (s. u. a. Haug 1971, Mayer 1998), speziell auf Musik bezogen der Klang der Welt, die Welt als Klang, der Klang als Medium der Weltaneignung. Das Ästhetische ist damit, in Anlehnung an, wie in Abgrenzung von Hegel, zu bestimmen als das „sinnliche Scheinen" nicht der Idee, sondern der gegenständlichen materiellen Welt, zu der als besonders attraktives Objekt der Mitmensch gehört.
Die Welt als und im Klang ist freilich nicht im Sinn etwa des Brahmanismus oder von Joachim E. Berendt gemeint, sondern als Pars pro toto; und nicht primär und nur lautmalend. Vielmehr wird, mittels des Sinnesapparats, akustisches Material innerhalb des menschlichen Maßes gefiltert, bearbeitet, rekombiniert, neustrukturiert und mit solcher Verwandlung und Systematisierung zeichenfähig gemacht.
Damit aber zeigen sich – immerhin vielleicht verblüffende – genetische und strukturelle Parallelen zwischen Ästhetischem und Zeichen überhaupt, also auch Sprache, Musik. Diese Zeichen sind auch, partiell wenigstens, eigenständig, und konzentriert das Ästhetische selber, nämlich die relativ selbständige Erscheinung des Bezeichneten. Generell ist es eine damit zu-

sammenhängende eminente Leistung der Zeichensysteme, und eine spezifische Errungenschaft der Menschen, daß sie damit von nicht unmittelbar Anwesendem, von zeitlich oder räumlich Entferntem handeln und sprechen können, weiter ein kollektives Gedächtnis in einem „Außenspeicher" gegeben ist und das Zeichenrepertoire erweitert und immer neu kombiniert werden kann. (Schimpansen-Experimente, wie etwa die mit der berühmten Washoe, funktionieren, weil sie von und mit Menschen gemacht werden. Die Schimpansen selber haben das, wie angedeutet, an sich nicht nötig.) „Ästhetische Kompetenz" (Knepler 1998) entwickelt sich wesentlich im Arbeitsprozeß wie in relativer Freiheit gegenüber unmittelbarer Nützlichkeit und im gesellschaftlichen Lebensprozeß überhaupt: sie setzt Phantasie voraus und zugleich frei.
Die Welt als Zeichen: der bekannte Eulenspiegel-Schwank – er mußte sich mit dem bloßen Geruch des Bratens begnügen, und bezahlte dementsprechend spiegelbildlich mit dem bloßen Klang des Geldes – zeigt freilich auch etwas von der Ambivalenz des Ästhetischen. Von hier aus ist es ein kleiner, wenngleich folgenschwerer Schritt weiter zur weiteren Verselbständigung des Ästhetischen. Sie läßt sich fassen als erste Verdopplung in der mimetischen Zeremonie – die Welt noch einmal, aber anders (ausf. dazu s. Heister 1998). Erst damit, und nicht schon mit der mimetischen Handlung dürfte eine solche Eigenständigkeit der Abbildung erreicht sein, daß von einer Art zweiten Welt und damit von Verdopplung zu sprechen ist.
Die nächste Stufe ist dann die zweite Verdopplung der Welt mit dem Magisch-Religiösen, das so eine sonst eher verdeckte Beziehung zum Ästhetischen zeigt und als chronologisch wie logisch subordiniert erscheint. Menschheitsgeschichtlich ist letzteres ein Sprung, der möglicherweise dem schließlichen Übergang zum Homo sapiens logisch-chronologisch korreliert.

3. Mimetische Zeremonie

Zunächst aber verstärkt und konzentriert sich die frühe Verdopplung, die des Zeichenhaft-Ästhetischen und Mimetischen, in der mimetischen Zeremonie. Das Ästhetische, vermittelt mit der Mimesis, der nachahmend-verändernden Darstellung der Welt, wird in der mimetischen Zeremonie eigens bearbeitet, schließlich auch eigens und in verselbständigter Form bzw. in Gestalt von Objekten hergestellt. Es ist auf diese Weise konkretisiert und vergegenständlicht, statt nur in vorübergehender Wahrnehmung zu verbleiben, im jeweiligen sinnlichen Material der verschiedenen Bereiche des Kommunikationssystems als spezifisch materialem Pars pro toto, vom Verfahren her als Tätigkeit sowie als Objekt.

Die mimetische Zeremonie ist einer seiner zentralen Orte, an dem das Ästhetische konzentriert auftritt, zugleich ein Entstehungsort der Kunst, – ein von G. Knepler 1977 eher beiläufig eingeführter Begriff für das „Gesamtkunstwerk" lange vor der Entstehung von Einzelkünsten oder gar Kunst im neuzeitlichen Sinn, und zwar im praktisch-ästhetischen Zusammenwirken aller einer jeweiligen Gruppe. Die mimetische Zeremonie umfaßt dabei, die Kategorie weitergedacht, nicht nur alle potentiellen Künste, sondern erfaßt zugleich alle Sinnesgebiete über die Fernsinne Hören und Sehen hinaus: Tastsinn (zwischen Anfassen bei gemeinsamer musikalisch-tänzerischer Betätigung, Stage diving und Distanz imaginär überwindendem Beifall), Geruch (zwischen Pheromonen, Rauch und Weihrauch), Geschmack (das Mahl bis hin zum Heiligen Abendmahl) und auch der Schmerzsinn (v. a. bei Initiationsriten; ausf. dazu Heister 1997).

Die mimetische Zeremonie ist funktional, temporal, lokal begrenzt, vom Alltag abgehoben. Sie ist nach zeitlicher Lagerung wie Qualität verschieden dimensioniert: kleine und große Feste, „Feierabend" (der u. a. mit dem Feuer wohl nicht kalauerartig-etymologisch, wohl aber sachlich und chronologisch zusammenhängt) und größere Zyklen (Monate bzw. Mondphasen, Sonnenumlauf, Jahreszeiten), Tageslauf und Lebenslauf (etwa mit den Rites de passage) u. a. m. bilden hier einen mehrdimensionalen Raster. Die Abgrenzung basiert nicht zuletzt auch auf der bereits im Tierreich angeleg-

ten, insoweit fast naturgegebenen, allerdings kulturell weitergebildeten Differenz von Alltag und Fest. Es ist zugleich die Differenz zwischen dem anderen Zustand (Traum, Rausch, Ekstase, Trance usw.) und dem, was sich korrelativ dazu Normalzustand nennen läßt – Kategorien, die zunächst (individual-) psychologisch gemeint, aber zugleich sozial zu fassen sind.
Die mimetische Zeremonie bildet somit eine zweite (logische, höchstwahrscheinlich nicht historische) Stufe einer weitergehenden relativen Verselbständigung der mimetischen Handlung bzw. des Ästhetisch-Zeichenhaften gegenüber dem Bezeichneten, der Mimesis gegenüber dem Dargestellten.
Stets ist dabei Musik notwendig: schon rein technisch für die Erzeugung von Formen des anderen Zustands, insoweit also als Poiesis, aber auch als Mimesis, als verändernd darstellende Verdopplung der Welt.
Dabei werden die erwähnte gegenläufig-komplementäre Funktion und Entwicklung von Musik und Wortsprache verstärkt auch durch die Dialektik dieser beiden gesellschaftlichen Sphären, die sich später auch, als Scheidung von Produktion usw. versus Konsumtion, Arbeitszeit versus Freizeit konstituieren. Der Tendenz nach ist eben das nicht-praktische Kommunikative in der mimetischen Zeremonie wichtiger. Musik gehört dann schließlich – ein Stück weiterer funktionaler Arbeitsteilung mit der Wortsprache – in einem außerordentlich langen historischen Prozeß – vorrangig, aber eben nicht und nie ausschließlich – der Sphäre des anderen Zustands im weitesten Sinne zu.
Im Prozeß der mimetischen Zeremonie wird, was geschah und getan wurde, nochmals nachgemacht, gespielt, gemimt. Und zugleich, noch ohne magische Implikation, das, was künftig sein soll.
Quellen dieser Vorgänge sind zum einen die mimetische Handlung selber, zum andern die Praktische Handlung, also Arbeit sowie soziale Tätigkeiten aller Art, die der mimetischen Handlung motivierend vorausgeht und als Resultat gegebenenfalls auch nachfolgt. So stilisiert, verschiebt, intensiviert oder übertreibt, verzerrt auch die mimetische Zeremonie – nach Knepler (1982) nicht zuletzt in Fortsetzung vormenschlicher „Ritualisierungen" – das in der gewöhnlichen Alltagspraxis der mimetischen Handlung (wie der

praktischen Handlung und der Realität überhaupt) Vorgegebene: also eine zweite, aufgrund ihrer Konstitutionsbedingungen noch wesentlich stärker und bewußt verändernde Verdopplung der Welt. Als strukturell wie künftig bedeutsam zu notieren ist die tierische Herkunft des Rituellen mit seiner Starrheit und Invarianz. Es bleibt hier untergeordnet und wird erst im Kontext mit Magie freigesetzt und dominant.

Als eine zweite Wurzel der Ritualisierung ließe sich mit gewissen Einschränkungen auch die spezifisch menschliche Arbeit ansetzen. Hier geht es unter anderem darum, möglichst gleichförmige Resultate zu erzielen. Entsprechende Erfolge wiederum entstehen durch gleichartige, iterative technische Abläufe. Diese werden durch Können und Übung möglich (implizieren also ihrerseits ein Moment der Wiederholung) und gewährleisten mit mimimalisiertem Aufwand maximalen Erfolg. Sie bringen damit im übrigen bereits in die unmittelbaren Arbeitsprozesse ein Moment der Eleganz, um nicht zu sagen der Schönheit herein. Die tendenzielle, ideale Gleichförmigkeit wird allerdings durch die unausweichliche Ungleichartigkeit der Naturbedingungen, zumal des Arbeitsgegenstands, konterkariert: kein Ast, keine Feuersteinknolle gleicht den anderen. Der Invarianz ist daher bei der realen Aneignung der Natur notwendig Variation beigesellt, die in der mimetischen Zeremonie einerseits nivelliert, andererseits jedoch profiliert wird. Die Konsequenzen für Musik- wie Kunstproduktion überhaupt sind evident.

Die mimetische Handlung dient vorwiegend als alltäglich-praktische Kommunikation bzw. Kommunikationsmittel; in der mimetischen Zeremonie sind durch die Emanzipation von unmittelbar praktischen Einbindungen und partikularen Zweckbestimmungen Verselbständigungen des Ästhetischen, des Zeichenmaterials und später der Kunst, später aber auch des Magisch-Religiösen angelegt.

Mimesis, das Operieren mit Ähnlichkeiten, ist in der mimetischen Handlung bloßes Mittel zum Zweck. In der mimetischen Zeremonie dagegen ist die Mimesis auch selber schon Zweck, wiewohl weitergehende und übergreifende Zweckbestimmungen eingeschlossen sind: nachmachend-verändernde Darstellung der Realität, die Welt noch einmal, aber anders, besser. Geradezu der Sündenfall der mimetischen Zeremonie und damit des Ästhetischen, der Erscheinung und des sich verselbständigenden Scheins ist es, wenn die indirekte Beziehung von mimetischer Zeremonie auf neue praktische Tätigkeiten unmittelbar gesetzt wird, die allgemeine Zweckbestimmung in Bestimmung zu partikularen Zwecken verwandelt wird.

4. Selbsterzeugung, Entfremdung und Versöhnung

Es dürften gerade die Absonderungen vom Normalzustand sein, die es, als strukturelle Rahmenbedingung, ermöglichen, daß hier vorzugsweise und explizit allgemeine, nicht-partikulare, dezidiert überindividuelle Zwecke verfolgt werden.

Treibendes Motiv und bestimmender Zweck der mimetischen Zeremonie als besonderer Form der Kommunikation ist Versöhnung – eine Kategorie, der die der Katharsis im umfassenden aristotelischen Sinn ähnelt.

Es geht dabei zunächst, empirisch, um innersoziale Problem- und Konfliktlösung. Weil es in der alltäglichen Lebenspraxis immer und immer wieder unerledigte Reste – Konflikte zwischen den Menschen, mißglückte Arbeitshandlungen usw. – gibt, ist eine Auflösung dieser Probleme dringlich. Der mimetischen Zeremonie funktional vergleichbare Versöhnungsrituale gibt es bei Schimpansen und Bonobos (s. Lawick-Goodall, de Waal u. a.).

Eine Projektion von späteren Zuständen zurück ist die These:

„In Situationen, in denen der Mensch mit seiner realen Umwelt nicht zurecht kommt, wendet er sich an irreale, geglaubte Mächte" (Suppan 1984, 32).

Er wendet sich vielmehr zunächst, in erster Instanz, an andere Menschen.

Weiter aber und übergreifend geht es um Versöhnung mit der Natur und der Menschen mit sich selbst. Mit der Natur bewußt und absichtlich, weil sich die Menschen selbst als Teil der Natur verstehen und verstehen müssen – abhängig von ihr, (fast) ohnmächtig zuerst, können sie ihr erst allmählich, nicht zuletzt durch aneignende Arbeit selbstbewußter bis schließlich selbstherrlich gegenübertreten; auch dann aber bleiben sie, hegelianisch

formuliert, die ihrer selbst bewußt gewordene Natur: in den Menschen tritt diese sich selbst gegenüber. Mit sich selbst, als gesellschaftlichen Wesen (so wie, den *Feuerbach-Thesen* zufolge, das Individuum seinerseits „das ensemble der gesellschaftlichen Verhältnisse" ist), geschieht diese Versöhnung über weite Strecken wohl eher halbbewußt, da eben die Selbsterzeugung von Gattung, Gesellschaft und Geschichte bzw. deren Wahrnehmung geradezu als eine Art blinder Fleck erscheint.
Das, knapp skizziert, hat wiederum folgende Gründe. *Der Mensch schafft sich selbst* (so der Titel eines Buchs von Gordon Childe) – und zwar v. a. durch die besagte reale Trinität von Arbeit, Denken, Sprache (womit, wie ausgeführt, Musik wie andere Kommunikations- und Zeichensysteme einzuschließen sind). Da er aber diese welthistorische Selbsterzeugung nicht mit umfassender, voller Bewußtheit vollziehen kann, treten ihm Teilmomente dieser seiner eigenen Tat als fremde Macht gegenüber.
Der Prometheus-Mythos z. B. spiegelt einen Aspekt davon: das Feuer der Zivilisation, mit welchem der Übergang vom „Rohen" zum „Gekochten" (wie der von Wild und Wasser zu Brot und Wein) möglich wird (vgl. Lévi-Strauss' *Mythologica* I) und das Licht der Vernunft scheinen von außen und von oben zu kommen. Denn die Menschen begreifen diese Selbst-Tätigkeit nicht voll. Hier ist nicht der Platz, ausführlicher zu erläutern und abzuleiten bzw. zu rekonstruieren, warum dieses Nicht-Verstehen entsteht und existiert. Es dürfte jedenfalls nicht nur punktuell für die Menschwerdung sondern strukturell, als eine Art anthropologische Konstante, gültig sein.
Es gibt zum einen kein Kollektiv- und Menschheits-Subjekt, das es sich bewußt als Telos gesetzt hätte, zum Menschen zu werden und dann, dies einmal erreicht, höhere Gesellschaftsstufen anstreben zu wollen. Kafkas Affe bildet hier wiederum eine Ausnahme.
Wesentlicher, bereits binnengesellschaftlicher Ausgangspunkt ist zum andern der Widerspruch zwischen Intention und Realisierung, zwischen selbstgesetztem Zweck von Tätigkeiten und faktisch erreichten Resultaten.

Dieser macht sich bereits in der Einzelarbeit bemerkbar. Ebenfalls noch individuell ist die Unüberschaubarkeit von längeren Handlungs- und Kausalketten. Wenn sich diese Einzelintentionen und -zwecke durch das Zusammentreffen mit anderen, oft gegenläufigen und sich überkreuzenden, zu einem Gewebe (paradox formuliert: kollektiver) Einzelaktivitäten verdichten, wird das Bedingungsgefüge nicht nur subjektiv undurchdringbar, sondern ist auch objektiv nicht restlos auflösbar und erfaßbar. Das erscheint als Grenze und nicht bloß als Schranke. Zum dritten verschärfen Schranken und Grenzen der Naturbeherrschung diese Erfahrung.
Auch bei der mangelnden Gesellschafts-Beherrschung gibt es eine Spaltung: die unmittelbar vorfindlichen Probleme und Konflikte werden leicht bewußt. Die Schranken und Grenzen der Herstellung und Ordnung der eigenen Gesellschaftlichkeit dagegen sind, wie auch weitgehend praktisch, dem direkten denkenden Zugriff und Begriff entzogen. Die Aufgabe freilich bleibt, und die Herstellung vernunftgemäßer Gesellschaft ist für die historische Entfaltung der menschlichen Natur notwendig wie möglich (s. Tomberg 1978). Der mimetische Zugang bietet hierfür erst einmal Kompensationen, aber auch Antizipationen. Und wie zunächst Denken sowie Sprache, konzentriert Musik/Bildende Kunst, Ästhetisches überhaupt, so vermitteln dann später magische Handlungen, mythische Handlungen, Darstellungen, „Erzählungen" Lücken der Welt-Aneignung und -Erfahrung.
Die eigentliche mimetische Zeremonie setzt dort an, wo über die unmittelbare, praktische Problem- und Konfliktlösung hinaus zusätzliche Veranstaltungen nötig werden. Aufgrund ihrer gesellschaftlichen Situierung wie ihrer strukturellen Eigenschaften wird es möglich, hier ansonsten unter Umständen lebensbedrohliche Konflikte stilisiert und im ethologischen Sinn „ritualisiert", imaginär-real auszutragen. Auf diese spezifische Weise werden generell Probleme, Unbewältigtes, Widersprüche gedämpft, gar gelöst oder bewältigt. Ästhetisches spielt hierbei die Hauptrolle: ablenken, verschönern, über Mühe hinweghelfen, auch hinwegtäuschen, und ebenso anregen, antreiben, anfeuern vor allem bei Arbeit, auch Jagd, bis hin zum Kampf gegen andere Menschen.

In der Mythologie scheint allerdings auffälligerweise zu überwiegen, was sich als die Orpheus-Funktion bezeichnen ließe: die stimulierende Beruhigung der menschlichen Wesenskräfte und die Zähmung der Naturkräfte. Es ist mehr die Kooperation als die Konfrontation, die angeregt werden muß und soll.
Die Versöhnung mit sich selber, die soziale, ist im wesentlichen real – abgesehen allerdings vom blinden Fleck in der Selbsterzeugung. Die mit der Natur dagegen, die auch im Prozeß der Aneignung fremde (wenngleich historisch vertrauter werdende) Macht bleibt, ist im wesentlichen imaginär.

5. Ästhetisches, Mimesis, Kunst:
Die Welt noch einmal, aber anders

Die mimetische Zeremonie hält beides in einer spezifischen Schwebe. Als Kategorie, die weder die über den Einzelwillen hinweggehenden Wirkungen negiert, noch andererseits diese gleich als „magisch" interpretiert, mag die des Imaginär-Realen taugen. Damit ist, wenigstens ansatzweise, die Frage zu beantworten, wodurch sich dann Musik eigentlich so gut zur Assoziierung mit Magischem eignet.
Imaginär ist das von Musik Dargestellte und Bewirkte, das über die physiologische Dimension hinausgeht, insofern, als sie als Kunst etwas anderes ist als Realität, nämlich deren Widerschein und Erscheinung, aber doch schöner Schein. Dabei ist dieser Schein zu differenzieren gegen das bloß Illusionäre, das eben den Scheincharakter nicht wahrnimmt oder verleugnet.
Real sind, nicht zuletzt wiederum vermittelt durch die sowieso ganz handfesten physiologischen wie auch emotionalen Effekte, ihre Darstellungen und Wirkungen, insofern in und mit Musik als Kunst spezifische Typen von Selbstverwirklichung und Selbstbestimmung erlebbar und wirksam und damit auch „wirklich" werden.
Wenngleich gern religiös übersteigert, magisch, mythisch oder metaphysisch überhöht, haben die Macht und Gewalt der Musik auch sonst einen rationellen Kern – physiologische und emotionale Wirkungen von Musik aufgrund spezifischer Eigenschaften wie Anregen oder Entspannen, das gemeinsame Tun (zu dem gegebenenfalls auch das Mittun oder bloße Zuhören

gehört). Real sind Ekstase oder Trance als Wirkung der Musik. Dabei kann das Außer-sich-geraten, die Entgrenzung des Ichs vom vorübergehenden und wenig problematischen Eintreten in den nicht-alltäglichen anderen Zustand zur Permanenz werden, zu einem Zustand, der eben als Wahnsinn firmiert. So vollzieht sich auch hier wiederum eine Grenzüberschreitung, die eines bloß regressiven „Zurück zur Natur".

Empirisch ist diese Zweckbestimmung von Ästhetischem und mimetischer Zeremonie nicht zuletzt eine Bestimmung der Musik aufgrund ihrer Fähigkeit, gerade in gemeinsamer musizierender Betätigung (die auch als nur imaginierte wirksam ist) zugleich Ich- und Wir-Erfahrung zu ermöglichen, Kollektives und Individuelles zu mindestens punktueller Übereinstimmung zu bringen. So wirkt Musik bei Befriedungszeremonien in Stammeskulturen, in denen genuin noch alle (jeweils dazugehörenden) Menschen Brüder bzw. Schwestern sind und es dann wieder werden. Aber noch in neuzeitlichen musikkulturellen Formen und Werken wie im Konzert spielt diese Funktion eine grundlegende Rolle.

Magie ist hierfür ursprünglich nicht notwendig. Sie ließe sich insofern sogar als Teilmoment der Ästhetik bzw. dieser subordiniert fassen. Das wäre ein weiterer Hinweis auf den historischen und ontologischen Primat der Ästhetik vor der Magie. Hinweise archäologischer Art können diese Überlegung stützen. Der Hamburger Archäologe Ziegert fand in der Libyschen Wüste „drei ösenförmige Eierscherben"; diese, „zwischen vier und sieben Millimeter klein, sind gefertigt aus den Schalen von Straußeneiern und das Dokument einer der größten Kulturrevolutionen in der Menschheitsgeschichte". Wie auch differenzierte Arbeitsinstrumente verweisen die etwa 200 000 Jahre alten Funde einmal mehr darauf, daß der Homo erectus sprechen konnte. Sie könnten nach Ziegert (*Der Spiegel* 3/1995, S. 109) „nur eine Funktion haben: Sie dienten als Schmuck" – „in den Ei-Splittern triumphiere erstmals die Schönheit über den Zweck" – eine falsche Entgegensetzung des Spiegels, da, wie hier skizziert, eben gerade auch das Schöne soziale Zwecke erfüllt, nur eben nicht einzelne und partikulare wie z. B. technische Vorrichtungen.

Die mimetische Zeremonie und darin wohl besonders die Musik zielt spezifisch auf Mitmenschen und Miterleben, auf „Einstimmung", auf einverständliche Kommunikation, Übereinstimmung, Harmonie – auch, indem Inneres nach außen verlagert wird, divergierende Stimmungen, Affekte, Gedanken in kollektiven Handlungen strukturell wie inhaltlich konvergieren. Wieder finden wir, wie bei der mimetischen Handlung, Vergegenständlichung und Exteriorisierung, nun mit einer spezifischen Zwecksetzung.

In der Verdopplung der mimetischen Zeremonie zeigt sich bereits eine Spezifik von Kunst. Die Welt erscheint in ihr verwandelt. Der Gegner wird eben nicht ernsthaft geschädigt, niedergeschlagen, gar getötet, sondern nur mit Musik geschlagen. Und so schön, prachtvoll wie der Adlertanz (bei vielen nordamerikanischen Indianerstämmen) sind wirkliche Adler in der Regel kaum anzusehen oder gar anzuhören.

Weil die mimetische Zeremonie auch Spiel ist, eben Ästhetisch-Abgehobenes, nicht voller Ernstfall, aber doch wiederum mit Realität zu tun hat, entlastet sie. Durch die Verschiebung ins Imaginär-Reale, ins Spiel geht das Meiste leichter als in der Wirklichkeit. Freude, Spaß, Vergnügen sind aber tendenziell noch größer, als wenn es (nur) in Wirklichkeit gelänge, da das Nachmachen bereits eine gewisse, wenngleich imaginär-reale Bemächtigung ist, lustvolle Betätigung als Selbst-Bestätigung wirkt. Es gehört zu den Bedingungen der mimetischen Zeremonie, daß die Menschen hier reale Macht über Geist und Gesellschaft, und nur imaginäre Macht über das Dritte im Bunde, die Natur haben. Dabei gibt es, zumal wenn die (Vor-)Stufe der Kunst erreicht ist, einen entscheidenden Unterschied zur Magie. Hier ist die Mimesis auch selber Zweck, wiewohl weitergehende und übergreifende Zweckbestimmungen eingeschlossen sind: nachmachend-verändernde Darstellung der Realität. Umgekehrt ist in Magie die Mimesis, das Operieren mit Ähnlichkeiten, durchaus in Analogie zur mimetischen Handlung, nur mit anderer Zwecksetzung, bloßes Mittel zum Zweck, etwa beim Analogiezauber (wie z. B. von den Vorgängen beim Kugelgießen innerhalb der Schwarzen Messe der Wolfsschluchtszene her bekannt).

Wenn die abgehobene eigenständige Erscheinung sich verselbständigt, ist, wie erwähnt, der Übergang zu magisch-religiösem Schein gebahnt. Den Unterschied, bezogen auf die akustische Dimension der mimetischen Zeremonie, illustriert z.B. der zwischen dem eher spielerischen „Gesagt, getan" und dem „Und Gott sprach [...] Und es ward [...]." Kunst, allgemeiner verstanden als im spezifischen Sinn neuzeitlicher mehr oder minder autonomer Kunst, bleibt, so ließe sich sagen, gewissermaßen auf dieser Übergangsstufe in Permanenz.

6. Reale Verselbständigung des Scheins: Fetisch und Magie

Die skizzierten Bedingungen der mimetischen Zeremonie werden sowohl bei gesteigerten Allmachts- wie Ohnmachtsgefühlen brüchig. Magie scheint diese begrenzenden Bedingungen zu beseitigen. Die bisherigen und fortdauernden Gründe für die Notwendigkeit spezifischer Versöhnung wirken auf dieser Stufe weiter. Zunächst ist es eher eine graduelle als eine prinzipielle Differenz, ein quantitatives Anwachsen von Widersprüchen und Problemen, das dann aber mit der Etablierung des Magischen in eine neue Qualität umschlägt und Entfremdung in bis dahin unbekanntem Ausmaß produziert.

Wachsende Naturbeherrschung, nicht zuletzt damit wiederum wachsende innersoziale Spannungen, wahrscheinlich auch erste Ansätze zu sich verfestigenden Ungleichheiten führen dazu, daß die Versöhnung mittels der bisherigen Form der mimetischen Zeremonie immer unzulänglicher wird. Umgekehrt werden wohl gerade im Fortschreiten der Naturbeherrschung auch deren Schranken fühlbarer und bewußter. Paradox wirkend geht hier ein Ansatz v.a. von Arbeit im weitesten Sinne und Denken aus: (vgl. zum „Erwachenden Denken" u. a. Klix) die Suche nach Kausalitäten und Bedingungsgefügen aller Art intensiviert sich, die Wege verzweigen sich aber in Richtung rationaler oder illusionärer, etwa in mimetischen Analogien begründeten Lösungen.

So deutet das Aufkommen der Magie erstens auf wachsende Verselbständigung gegen die Natur wie zweitens aber auch auf ein Anwachsen innerge-

sellschaftlicher Widersprüche (etwa verstärkter sozialer Binnendifferenzierung) hin, die zu ihrer Lösung (oft genug auch nur Scheinlösung) stärkerer Mittel als bislang bedürfen.
Mit fortschreitender Entwicklung der gesellschaftlichen Arbeit, damit der – partiell schon Natur selbst mehr oder minder tief eingreifend verändernden – Aneignung der Natur wird überdies die relative Distanz zur Natur stärker und empfindlicher, als Problem fühlbarer. Ich und Welt, Subjekt und Objekt treten deutlicher auseinander. Die bloß ästhetische, zwar imaginative und phantasievolle, aber doch über das unmittelbar Vorfindliche kaum hinausschauende und hinausweisende Praxis dürfte nicht mehr genügt haben, um die wachsende Kluft zu überbrücken.
Nur imaginär bis illusionär wirken Magie und Ritual, anders als bei Beschränkungen des Lebens durch Krankheiten, bei einer anderen Grenze der Naturbeherrschung. Ein individueller Ansatz für Entstehung und Notwendigkeit des Magisch-Religiösen liegt wohl in der Entdeckung der eigenen Sterblichkeit, als Teilmoment des Selbstbewußtseins zugleich Teilmoment der Natur des Menschen. Dabei hat allerdings Lebenskultur in jeder, auch historischer Hinsicht den Vorrang vor Todeskult.
Im Tod als Grenze und der Todeserfahrung zeigen sich unüberschreitbare Grenzen der Natur-Beherrschung. Der Wunsch nach Unsterblichkeit ist kindlich und/oder magisch-religiös. Immerhin gibt es doch selbst hier ein vor-magisches, imaginär-reales Weiterleben bzw. Überleben. Erfahrung und Erinnerung sichern es mindestens zwei Generationen lang im Gedächtnis: Die Ahnen sind auch insofern präsent. Das kann durch materielle Reliquien noch unterstützt werden (Sekundärbestattungen z.B. dienen wohl auch zur Auffrischung der Erinnerung). Damit entsteht nun allerdings eine neue, verdoppelte Welt: die der Geister, in Gestalt wohl zuerst der Ahnen. Wie sonst, so mag gerade auch Musik etwa bei Wiedergeburts-Ritualen als belebende Macht fungieren.
So wird die Stufe der Magie erstmals archäologisch greifbar mit den Spuren des Totenkults. Ein früher Fund ist der Neanderthaler von Schanidar im Nordirak (also ein Homo sapiens) 50 000 v. u. Z. Der Tote lag auf einem

Blumenbett; wie aus der Lage der Pollenhäufchen zu erschließen, waren Sträuße methodisch und mit Sinn für Farben disponiert: Kreuzkraut-Arten, Flockenblumen, Schafgarbe, blaue Traubenhyazinthe, durchsetzt mit ginsterähnlichen Zweigen des Ephedra-Strauchs (s. z. B. Dahl 1987, 52). 50 000 v. u. Z. ist freilich kein Terminus ante quem non – frühere Anfänge der Musik-Magie-Connection wären durchaus vorstellbar.

Die (Musik-)Ethnologie erlaubt hier ebenfalls vorsichtige Schlüsse auf vergangene Zustände aus gegenwärtigen Stammeskulturen, die allesamt mindestens diese Stufe der Magie/Religion erreicht haben. Sie sind zwar allesamt wesentlich weiterentwickelt als die menschlichen Gemeinschaften, innerhalb derer wir uns die Entstehung und Herausbildung der Musik und wohl selbst noch der Magie vorzustellen haben. Sie taugen aber für die (entwickelte) Gentilgesellschaft als Anschauungsbeispiel. Im Prinzip erreichen wir mit den archaischsten Stammeskulturen das Spätpaläolithikum mit „Eiszeitkunst" bzw. Höhlenmalerei. Einer der bisher frühesten Belege ist mit ca. 32 000 Jahren v. u. Z. datierte Chauvet-Höhle im Rhonetal, etwas später als die wohl ersten sicher belegten spezifischen Musikinstrumente (s. u. a. Hickmann/Häusler). Es versteht sich, daß die Höhlenmalereien Teil eines „Gesamtkunstwerks" waren, die Höhlen dienten, wie manche Gebrauchsspuren andeuten, für schamanistische Kulte, also für rituell überformte mimetische Zeremonien.

Der nächste Schritt, der vom Ästhetischen zum Magischen, von der mimetischen Zeremonie zum Ritual, ist daher der Übergang zum Magisch-Religiösen (Tomberg schiebt in seinem bereits zitierten *Mimesis*-Artikel beide Stufen zusammen):

> „Ihnen blieb gleichwohl das Ganze des erfahrenen, aber nur partiell durchschaubaren Naturzusammenhangs unheimlich. Indem sie die Natur nach dem Maße ihrer eigenen gesellschaftlichen Seinsweise zu verstehen suchten, sie als ebenso belebt ansahen oder auf die hintergründige Anwesenheit von alles Menschliche überragenden Lebewesen – Götter oder Dämonen – zurückzuführen suchten, durften sie erhoffen, sich in ein gutes Einvernehmen, in eine Eudaimonia mit ihr und ihren göttlich-

dämonischen Manifestationen zu setzen und ihrer Gewalt sei es auch nur gedanklich, durch Magie – Herr zu werden, so daß sie sich selbst als eine Macht empfinden und sich als Menschen in einer historischen Genese wissen durften, die auf Heroengestalten und Gottgewalten als ersten Bekundungen des Ganzen der Welt zurückging." (Tomberg 1990, 418 f.)
Statt sich als kollektives, selbst tätiges Subjekt zu fassen, projizieren die Menschen auf dieser zweiten Stufe die Selbst-Erzeugung als Erschaffung auf ein imaginäres, veräußerlichtes (Natur-)Subjekt. Damit bilden sich einerseits Vorformen des Gottes-Fetischs; andererseits muß diese Projektion als (möglicherweise erster) Schritt einer entwickelteren, freilich zugleich schon entfremdeten Selbst-Bewußtwerdung gelten. Die Versöhnung mit der Natur wie mit (und in) der Gesellschaft wirkt stärker, weil es nun eine zusätzliche fremde Macht zu geben scheint, gar eine übermenschliche Übermacht, die Sanktionen wie Belohnung besser garantiert. Anthropomorphe Projektion, Phantasie, Imagination, sogar bloße Illusion erzeugen rückwirkend wiederum einen realen Zuwachs an Selbstbewußtsein – psychologisch gesehen; gnoseologisch gesehen vollzieht sich dieser Fortschritt im Modus von Selbstentfremdung. (vgl. Tomberg 1978, bes. 53 f.)
Voraussetzungen und Grundlagen der Magie sind also notwendigerweise eng begrenzte materielle wie geistige Macht über die Natur wie auch über die eigene Gesellschaft bzw. Gesellschaftlichkeit. Eine Konsequenz daraus ist die wirkliche Grenzüberschreitung jeweils bestehender Zustände. Eine andere, neben und oft ineins mit dieser Konsequenz vollzogene ist der Übergang ins Illusionäre bzw. Imaginäre. Vollzieht sich jene Grenzüberschreitung in Form historischer Phasen und Gesellschaftsformationen als langsamer, kollektiver Prozeß in der Regel ohne explizite Bewußtheit des jeweiligen Ziels (abgesehen allerdings von politisch-sozialen Revolutionen), so ist diese in der Regel durchaus bewußt und absichtlich, freilich auf Partikularität beschränkt.
Für Magie wesentlich ist ein Weltbild, in dem sich die Welt in Verkehrung spiegelt, gewissermaßen auf den Kopf gestellt. Es ist die Struktur des Fetischs. Das mit Fetisch Gemeinte ist, abgeleitet von ethnologischen Befun-

den, dahingehend als spezifische Verkehrungsstruktur bestimmt, daß Selbstgemachtes als mit eigenen Kräften begabte Macht erscheint und den Menschen, den Machern als fremde Macht entgegentritt. (Das Wort kam im 17./18. Jahrhundert in Gebrauch nach dem portugiesischen feitiço von lateinisch factitius „künstlich gemacht". RGG, Bd. 2, Sp. 924 f.; s. Thiel u. a.)
Auf dieser Projektion bauen dann spätere Fetische auf – Gott, König bzw. Staat als relative Säkularisierung, zugleich aber sekundäre Mythisierung und Vergottung, später schließlich Waren-, Geld- und Kapital-Fetisch.
Die Unterschiede zwischen Magie und Religion sind vom Standpunkt eines wissenschaftlichen Weltbildes eher graduell, nicht prinzipiell. Weiterungen auf dem Weg zu expliziteren Religionen wie etwa der von Malinowski (3) angedeutete Stufengang seien hier daher nur im Vorübergehen erwähnt: Wenn die Grenzen der – magischen – Naturbeherrschung erkannt werden, dann setzt Personalisierung und Gestaltwerdung ein; vorgestellt werden höhere Mächte, die als entgegenwirkende Ursachen erscheinen: sozusagen vom Mana zu Manitou. Offensichtlich genügt, wie ethnologische Befunde belegen, zur Herausbildung solcher Weltbilder als ein Realgrund bereits der Häuptlingsfetisch, den wir wohl in Ansätzen bereits auf der spätpaläolithischen und voll ausgebildet in der neolithischen Stufe der Gentilgesellschaft annehmen dürfen. (Es bedarf also nicht des Königsfetischs.)
Doch selbst Magie folgt wiederum ursprünglich – und wohl wesentlich – einer im Kern nüchternen, fast technischen Auffassung – einer Wenn-Dann-Logik. Erst in einem zweiten Entwicklungsschritt, schon quasi hoch-religiöser gefaßt, folgt sie einem Prinzip Des do ut des (ich gebe, damit du gibst) im Verhältnis zu tendenziell personal vorgestellten übernatürlichen Mächten.
Der Ethnologe Bronislaw Malinowski (120 f.) betont die relative Rationalität. Er rückt Magie näher an Wissenschaft heran und nennt sie mit James Frazer eine „Pseudo-Wissenschaft" (122). Die gemeinsamen Momente beider sind vor allem, daß sie „auf das Erreichen von praktischen Zielen ausgerichtet" und durch Theorie und „System von Prinzipien" gelenkt sind – „wie jede andere Kunst oder Fertigkeit."

Angestrebt ist, ineins mit der binnengesellschaftlichen Funktion, ein – de facto imaginärer – Zwang übers Übernatürliche als Mittel wiederum der Naturbeherrschung.

> „Wir finden Magie, wo immer die Elemente von Glück und Unglück [sowie, später ergänzend, „Gefahr"] und das emotionale Spiel zwischen Hoffnung und Angst weiten und ausgedehnten Spielraum haben. Wir finden Magie nirgends, wo die Tätigkeit sicher, zuverlässig und unter Kontrolle von rationalen Methoden und technischen Prozessen steht. [...] Die wesentliche kulturelle Funktion von Magie besteht deshalb im Überbrücken von Lücken und Unzulänglichkeiten bei höchst wichtigen Tätigkeiten, die vom Menschen noch nicht völlig beherrscht werden." (121)

Er faßt Magie also als eine Art Lückenbüßer mit imaginärer Macht über die Natur. Die reale indirekte Wirkung hat Magie via psychologisch-sozialer Stärkung „mit einem festen Glauben an seine Erfolgskraft" (121). Die gesteigerte Naturbeherrschung ergibt sich, etwa beim Jagdzauber, somit oft genug mittelbar auch real, da die imaginär-reale Praxis das Subjekt in seinen Fähigkeiten und Fertigkeiten bestärkt.

Magie wie Religion erzeugen ihrerseits, paradox genug, aber machttechnisch sinnvoll und praktisch, neue Ängste, die dann wiederum durch magisch-religiöse Praktiken mühsam gebändigt werden müssen. Was entlasten soll, verselbständigt sich tendenziell und oft genug faktisch. (Die im Zeichen von Hygiene oder Reinheit grassierende Angst vor Bakterien oder Kriminalität führt in aufgeklärteren Zeiten diese Dialektik der illusionären Angstbehandlung fort.)

Hat sich nun Magie erst einmal herausgebildet und die Stufe expliziter Religion erreicht, schlägt die damit gesetzte Verkehrungsstruktur – das Selbstgemachte als fremde Macht – dahingehend zurück und um, daß nun magisches Tun auch bei Sachverhalten eingesetzt werden kann, die aller Erfahrung nach eigentlich völlig unbeeinflußt ablaufen. Die ungeheure Verkehrung im Weltbild wirkt im übrigen bis heute, wie angedeutet, nach.

„Allmählich bemerkten die Menschen jedoch gewisse Regelmäßigkeiten: Die Sonne ging immer im Osten auf und im Westen unter, ganz gleich, ob man dem Sonnengott geopfert hatte oder nicht. [...] Die Sonne und der Mond mochten zwar Götter sein, aber sie gehorchten dennoch strengen Gesetzen, offenbar ohne sich gelegentliche Seitensprünge zu gestatten – läßt man Geschichten wie die Josuas außer acht, für den die Sonne auf ihrem Weg innehielt." (Hawking, 214)
Wissenschaftlich vermittelte Ironie ist sachlich berechtigt. Freilich wurde historisch gesehen den Göttern weiterhin geopfert, selbst wenn es diese Einsicht geben mochte.
Möglicherweise verdankt sich diese Verdopplung – bei der nun nicht die Erscheinung, sondern die Handlung selber verdoppelt wird – dem Versuch, gerade das Nicht-Beeinflußbare doch durch eigene Arbeit, Tätigkeit – insoweit magisch – zu beeinflussen: Nichtstun dürfte gerade im Hinblick auf den Bemächtigungsaspekt von Machen (wie Nachmachen) psychisch-sozial schwer erträglich sein. Umgekehrt ist wichtig daran der Hinweis, daß eine rationale Dimension des Weltbilds auch auf frühen Stufen der Menschheitsentwicklung anzunehmen ist.

7. Musik und/als Magie. Poiesis und Mimesis

Der neue Funktionskreis Magie/Religion zieht Musik in sich hinein – die aber bereits längst schon existiert, aus dem Gesamt der Kommunikations- bzw. Zeichensysteme herausdifferenziert, nicht zuletzt durch die mimetische Zeremonie. Weil sie sich weiter auf dem Gebiet des Imaginär-Realen befinden, brauchen die Menschen mit und für Magie nur an bereits bewährte Muster und Verfahrensweisen anzuknüpfen und diese, einseitig, zu verstärken.
Auch im Zusammenhang mit Musik geht es wiederum vor allem um Natur- wie Gesellschaftsbeherrschung, nun schon innerhalb eines magischen Weltbilds und Denkens. Hier wird, im Unterschied zum (historisch-logisch gesehen späteren) Gebet wie zur genuinen mimetischen Zeremonie zwischen magischer Handlung und Erfolg eine unmittelbare, geradezu

technisch-automatische Kausalität angesetzt: Ein Denken, welches bis heute nachwirkt – nicht zuletzt z. B. beim Problem politischer Musik oder ethischer Effekte von Musik.
Wie bei der mimetischen Zeremonie, so ist Musik auch fürs (magische) Ritual unentbehrlich. So – mit einer gewissen essentialistischen Übertreibung – Marius Schneider (1955, 12):

„Man darf sich auch durch das große Beiwerk, durch die Zahl der mystischen Attribute, durch die besondere Kleidung und die Vielfältigkeit der rituellen Geräte bei den alten Darstellungen von Kulthandlungen nicht irreführen lassen. Das zentrale Geschehen im Ritual ist akustisch. Es verläuft in den weiten Grenzen, die dem Klang einzuräumen sind – vom Flüstern über die Sprache und den Gesang bis zum Schrei –, und bildet stets den eigentlichen Brennpunkt der Opferhandlung. Das „Wort" macht die Handlung effektiv. Überdies bildet der Klang die einzige Brücke, die zwischen den lebenden Menschen und ihren verstorbenen Ahnen oder Göttern besteht."

Das Imaginär-Reale entspricht nun durchaus der Wirkung und Wirkungsweise auch von Kunst, die ja realiter nur über die Aneignung und die Tätigkeit der Subjekte etwas „bewirkt". Durchaus ähnlich ist auch die wichtige Kompensationsfunktion der Kunst bzw. Musik, die für allfällige Mängel der Realität und Realitätsbewältigung entschädigen bzw. über sie hinwegtrösten kann. Es ist also nicht so sehr entscheidend, daß Musik bei magischen Praktiken dabei ist – ein Punkt, der in den erwähnten Ursprungs-Ideologien eine große Rolle spielt –, sondern vielmehr die strukturelle und funktionelle Analogie, die nun allerdings etwas über das Wesen der Musik besagt. Magie beerbt aber bereits ihrerseits Musik als Teil des Ästhetischen, absorbiert spezifische Qualitäten wie die sinnliche „Verlebendigung" und funktioniert sie innerhalb ihrer Verkehrungsstruktur um.
Wird Musik auf der dem Ästhetischen nachgeordneten Entwicklungsstufe Teilmoment einer sich verselbständigenden Magie, ist sie weiterhin zunächst einmal ganz rational ein Mittel innerhalb der Techniken zur Herstellung des anderen Zustands der Trance oder Ekstase, der Phantasiewelt,

des Außer-sich-Seins bis hin zum (bestenfalls bloß temporären) Wahn, etwa durch unaufhörliche (gegebenfalls einer Steigerungsdramaturgie unterliegende) Iteration rhythmischer, melodischer, textlicher Formeln. Musik ist insoweit in der Wirkung und Wirkungsweise nicht wesentlich von Halluzinogenen, Rausch- oder Beruhigungsmitteln unterschieden. Diese Dimension des Technischen, der Poiesis-Aspekt von Musik, kehrt auch bei ihrer Verwendung innerhalb von (Hoch-) Religion wieder, so, wie er ein wesentliches und unabdingbares Moment der Musik als Kunst ist.

Zum zweiten aber ist die Mimesis-Dimension der Musik auch für Magie wesentlich. Musik als Poiesis, als Technik zur Erzeugung des anderen Zustands, wird durch Musik als Mimesis ergänzt. So wird Musik, statt bloß gewissermaßen äußerliches Mittel zur Herstellung subjektiver Kontexte und Befindlichkeiten magischer Praktiken zu sein, ihrerseits in die magische Mimesis einbezogen und selber Teil des Analogiezaubers, der mit Ähnlichkeiten aller Art operiert. Denn innerhalb der magischen Praktiken, besonders deutlich beim Fetisch, fungiert Musik, im Verbund mit anderen Künsten, als Magie, indem Ähnlichkeiten zwischen dem Zielobjekt und dem Mittelobjekt der magischen Handlung hergestellt werden: zumal nach dem auch für Kunst überaus relevanten Prinzip des Pars pro toto, des Teils für das Ganze stehen etwa Haare oder gar Blut für den positiv oder negativ gemeinten Menschen, das Schwirrholz und sein Klang für die Stimme der Ahnen usw. (zahlreiche Belege bei Thiel u. a.), schließlich Brot und Wein als bereits symbolische Transformationen. So stellt Musik die Verwandlung des Schamanen in einen Vogel so gut wie die primäre mythische (der rituellen vorgängige) Transsubstantiation des „Et incarnatus est [...]" dar.

8. Das Heilige oder Die erste Spaltung der Kunst: Säkulares und Sakrales

Wichtig ist freilich eine Einsicht, die das (nennen wir es: historizistische) Denken in den Kategorien eines mehr oder minder linearen Von-Zu, hier dann als „Vom Ästhetischen zum Magischen" (geradezu eine häufig zuschnappende allgemeine historiographische Falle), verhindert: Entsprechend der Gesetzmäßigkeit, daß historisch frühere Stufen bzw. Zustände in der Regel in späteren überleben, im hegelschen Sinn „aufgehoben" werden (s. z. B. Heister 1983 und 1984), verschwinden prä-magische, schlicht säkulare bzw. weltliche Funktionsorte, -weisen, Funktionen selber und Gattungen keinesfalls. Sie bleiben vielmehr erhalten und bilden, nach wie vor, relativ eigenständige Segmente der Musikkultur und des musikalischen Repertoires.

Die erste Spaltung der Kunst ist also die in Säkulares und Sakrales, Weltliches und Geistliches, noch vor derjenigen in „Volks-" und „Kunstmusik". Diese ist erst den frühen Klassengesellschaften auf Grundlage der asiatischen Produktionsweise zu verdanken. Beide Spaltungen werden, nicht zuletzt im Hinblick auf Musiksprache und Idiomatik, entscheidend in dieser Gesellschaftsformation verschärft.

Was paläohistorisch nur hypothetisch rekonstruierbar ist, läßt sich im Sinne einer auch historisch dimensionierten Vergleichenden Musikwissenschaft doch bis zu einem gewissen Grad erschließen. Denn in zahlreichen Stammeskulturen finden sich Musikarten und -gattungen, die gänzlich ohne magisch-religiösen Bezug auskommen. Es sind dies Universalien nahekommende wie das (überhaupt für die Herausbildung der Sprache wichtige - s. u. a. Jonas/Jonas), Wiegen- bzw. besser Wiegelied (da das Kind direkt am Körper – im Regelfall: der Mutter, so bereits noch oder schon bei Affen getragen wird; das wiederum im Zusammenhang mit der fortschrittsfördernden Neotenie, der verlängerten Säuglings- und Kinderzeit), Lieder und Instrumentalmusik der erotischen Werbung und Kommunikation überhaupt, Fest- und Vergnügungsmusik einschließlich eines nicht unbeträchtlichen Teils der Tanzmusik, z. T. sogar Kampfmusik (auch die über bloße Signale hinaus) u. a. m. Wenn es etwa heißt:

„Bogel bora turku a turku a iwoni barbre bore da ganian. (You, turku, you come. I want to put my bowl [bore] into you.)"
(Laade, CD-booklet, S. 13),

so geht es hier um eine metaphorisch chiffrierte sexuelle Aufforderung und nicht um ein Fruchtbarkeitsritual.

Übergangsphänomene sind z. B. beobachtbar bei den Wettgesängen der Inuit: sie sind einerseits schlichter innersozialer Agon; andrerseits mag man bei den Kämpfen mit Ordal-Charakter (obwohl davon in den Berichten nicht explizit die Rede ist) einen magischen Hintergrund, eine Macht annehmen, die mittels Musik die „richtige" Entscheidung herbeiführt oder doch unterstützt (ausf. dazu u. a. Ramseyer, Simon).

Insofern dürfte weiter auch zu bezweifeln sein, daß – was mit dem Aufhebungs-Theorem durchaus vereinbar wäre – von nun an sämtliche Musik magisch geprägt und gefärbt sei, Magie also als eine gesellschaftliche „tinta musicale" im Sinne Verdis wirken würde. Der weitergehende Schluß von den „Wilden" auf relativ Zivilisierte erscheint erlaubt: so religiös oder theozentrisch die herrschende Kultur und das – offizielle – Weltbild auch sein mögen – stets gibt es Bereiche, Strömungen, Tendenzen, die sich dem entziehen, es unterlaufen.

9. Entfremdung und Fortschritt

Praxis und Ideologie der Magie erhalten selbständige personelle Gestalt in der zwiespältigen Figur des Schamanen, dem wirklich Gläubigen, der doch zugleich gegenüber den Gläubigen alle möglichen Tricks anwendet (ausf. dazu Lévi-Strauss 1968, 255 f.; generell zum Schamanismus u. a. Eliade) Das Augurenlächeln ist der latent und potentiell zynischen Haltung von Musizierenden, die sich auch als Jongleure und Manipulateure menschlicher Emotionen verstehen können, durchaus verwandt. Die schamanistische Trinität von Künstler, Priester und Arzt ist sowieso ein weiterer, schon auf einer gewissen Spezialisierung basierender Ausgangspunkt der Entwicklung der Künste und der Künstlerinnen und Künstler. Für die Schamanismus-Trinität gibt es aufschlußreiche rezente, indirekte Belege z. B. bei Ethnien in Ghana. Hier betätigen sich Erben von Spielleuten als Wahrsager oder Heilkundige.

> „Aufgrund enger Kontakte mit Geistwesen gelten diese beiden Metiers als adäquater Ersatz für das Spiel von Musikinstrumenten." (Schlottner, 131)

Historisch greifbar und deutlich wird der Schamane spätestens wiederum mit den berühmten Darstellungen auf Höhlenmalereien, allen voran der neuerdings etwas umstrittene „Zauberer von Trois Frères" (s. Hickmann/-Häusler). Ethnologische Parallelen sind überaus zahlreich. Der Schamane bildet innerhalb der urgesellschaftlichen Formation ein frühes, vermutlich erstes Machtzentrum, gefürchtet und (wie in rezenten Kulturen, etwa der koreanischen) als Außenseiter (wie „weise Frauen" und Hexen) auch in charakteristischer Ambivalenz verachtet. Auf späteren Stufen bildet er in der Regel den einen Pol des Führungsduals, dessen anderen der Häuptling verkörpert.

Wie sonst, so gehen auch praktische wie musikalische Naturbeherrschung schon vor der Herausbildung von Klassengesellschaften mindestens in Macht, vermutlich auch schon in Herrschaft über andere Menschen über. Mit der Stufe der Magie zeichnet sich bereits eine offene Spaltung der Gesellschaft ab. Wenn sie auch noch nicht klassenmäßig verfestigt ist, so bildet sie doch dafür eine der vorwiegend ideell vermittelten Bahnungen. Vielleicht etwas zu stark im Sinn von Verschwörungs- bzw. „Priestertrug"-Theorien sieht Wilhelm Heinitz (7) als Mittel der „Machterhaltung und Machtentfaltung" eben die Musik-Magie-Verbindung, die er geradezu als Funktionalisierung interpretiert, etwa beim „Bestreben, bestimmte Musikinstrumente um jeden Preis in die Sphäre des Übermenschlichen hineinragen zu lassen", z. B. bei „ostasiatischer Zahlenmystik an den geometrischen Abmessungen der Klangerzeuger" (ausf. ebd.).

In magischer Mimesis jedenfalls vermischen sich auch musikalisch Hervorrufung und zugleich Bannung von Angsteinflößendem. Häufig werden dafür eben gerade Mittel aus elementaren Dimensionen des Musikprozesses eingesetzt, etwa in schamanistischen Handlungen, bei Geisterbeschwörungen oder Exorzismen, auch noch in Hochreligionen wie etwa beim dumpf-hallenden, bedrohlich-beschwörenden Kraftstimmen-Gesang tibetanischer Mönche bei Ritualen des Tantrismus.

Im Kontext des Magisch-Religiösen wird Musik nun systematischer durchdacht, aber auch stärker reglementiert und in Rituale eingespannt. In Restriktion der für die mimetische Zeremonie charakteristischen Verfahrensweisen werden „Ritualisierungen", also tierische Verhaltensweisen und Abläufe, und zugleich bereits stellvertretend technoide Verfahren trainiert: Übung, Wiederholung, das Immergleiche als Garantie des Erfolgs. Entsprechende Normierung und Standardisierung sind nicht zuletzt auch für die Herausbildung von Tonsystemen wesentlich. Mittels der Verdopplung gibt es nun in Form der Geisterwelt zusätzliche Sanktionierungen für das Einhalten der Regeln des Musikmachens, die bislang nur schlicht nützlich und nötig zwecks kollektiver Verbindlichkeit waren. Auch und gerade bei – imaginärer – Technik ist für die Mittel-Zweck-Relation Präzision nötig, die ihrerseits Musik einbegreift. In diesen Zusammenhang gehört auch die oft frappierende Rigorosität der Liturgie, des Rituals, das seinerseits magische Relikte und Restriktionen bewahrt. Bei den Azteken z. B. (s. Martí) bedeuteten unter Umständen falsche Töne das Todesurteil für Musizierende. Max Weber verallgemeinert:

„Da jede Abweichung von einer einmal praktisch bewährten Formel deren magische Wirkungskraft vernichtete und den Zorn der übersinnlichen Mächte herbeiführen konnte, so war die genaue Einprägung der Tonformeln im eigentlichsten Sinne Lebensfrage, falsches Singen ein – oft nur durch sofortige Tötung des Schuldigen zu sühnender – Frevel." (26)

Das erscheint nur konsequent; denn wenn der Glaube Berge versetzen soll, muß er vollkommen und total sein, und daher dürfen ihm zugeordnete Tonbeziehungen nicht verrückt werden – ein Glaube, wie er prägnant im chinesischen Universismus oder, abgeblaßter, in der antiken Ethos- bzw. Tonarten-Lehre fortgeführt wird. In der oft etwas fetischartig behandelten Werktreue überlebt, unmagisch, ein Rest solcher Vorstellungen.

Die gewachsene Reglementierung und Systematisierung setzt andrerseits aber auch mindestens teilweise emanzipatorische Weiterentwicklungen frei, da nun Arbeitsteilung auch auf diesem Gebiet zu greifen beginnt. Es wird, ineins mit einem gewissen, sicher außerordentlich langsamen und widersprüchlichen Anwachsen des gesellschaftlichen Reichtums, nun auch auf

Musik mehr gesellschaftliche Arbeitszeit, mehr und konzentrierte Energie verwendet. Dabei nötigen magische Regulative zu Wiederholung und tendenziell Immergleichem. Doch neben und selbst in diesem Rahmensystem dürfte- allein schon durch die Logik professionellen Musikmachens – zugleich Variation als Gegenprinzip greifen, und zwar bewußtere, zielbewußte (s. Heister 1998). Allerdings entsteht und verschärft sich dadurch die soziale Asymmetrie auch der Musikkultur, als Widerspruch zwischen Produktion und Rezeption wie in Sprach- und Repertoireentwicklung u. a. m. Wie musikalisch-musikkulturell, so ist der damit nur skizzierte musikalische Fortschritt auch sozial zwiespältig.

Während es das Ästhetische, zunächst jedenfalls, genetisch-strukturell mit Erscheinung und Schein hält, als Imaginär-Reales freilich dennoch von höchst praktischer und hoher sozialer Nützlichkeit ist, zielen Magie, magisches Denken und Weltbild mit der Suche nach Kausalitäten, Wechselwirkungen und anderen Bedingungsgefügen darüber hinaus schon mehr auf das Wesen der Dinge – freilich vorwiegend in Gestalt von Analogien und insofern nur ansatzweise wissenschaftlich. Die wichtigste Artikulationsweise und Formulierung dieses Weltbilds sind Mythos und Ritual.

Da, wie erwähnt, Frühmenschen wahrscheinlich nicht an Gott bzw., um mit Heinrich Böll und seinem *Doktor Murkes gesammeltes Schweigen* zu sprechen, an „jenes höhere Wesen, das wir verehren" glaubten, folgt daraus, daß mit dieser Stufe der Magie/Religion eine höhere der spezifisch) menschlichen Entwicklung erreicht wurde. Fortschritt vollzieht sich also, weiter gefolgert, vorwiegend, wenn auch nicht ausschließlich im Modus der Entfremdung.

10. Emanzipation

Emanzipation der Menschen und Emanzipation der Musik von der Unterwerfung unter Naturbedingungen, von der Bindung an beengende gesellschaftliche und geistige Zustände laufen also bedingt parallel. Und sie verlaufen ebenso widersprüchlich wie zwiespältig, über Zeitspannen, denen gegenüber die longue durée relativ kurz anmutet: von den Anfängen bis heute. So nämlich, daß die Emanzipation aus der Unterwerfung unter die letztlich selbsterzeugten gesellschaftlichen Bedingungen im Zeitalter des Kapital-Fetischs eher noch schwieriger erscheint als in denen der Geister- und Gottes-Fetische. Entfremdung ist da verschoben, aber nicht aufgehoben – letzteres ist vielmehr anscheinend auf längere Sicht aufgeschoben. Ein Ende der Musik/Geschichte ist freilich einstweilen nicht absehbar. Systematisch vorgehende Musikhistorikerinnen und Musikhistoriker haben, auch hier, mit langen Zeiträumen zu rechnen.

Literaturnachweise

Autorenkollektiv, Leitung Herrmann, Joachim, Ullrich, Herberg (Hg.): *Menschwerdung. Millionen Jahre Menschheitsentwicklung – natur- und geisteswissenschaftliche Ergebnisse. Eine Gesamtdarstellung,* Berlin 1991.

Benjamin, Walter: *Das Kunstwerk im Zeitalter seiner technischen Reproduzierbarkeit, Illuminationen.* Ausgewählte Schriften, Frankfurt a.M. 1961, S. 148–184.

Bruhn, Herbert/Oerter, Rolf/Rösing, Helmut (Hg.): *Musikpsychologie.* Ein Handbuch, Reinbek 1993.

Childe, Gordon V.: *Der Mensch schafft sich selbst,* Dresden 1959 (engl. 1936).

Crystal, David: *Die Cambridge Enzyklopädie der Sprache,* Frankfurt a. M./New York 1993 (engl. 1987).

Dahl, Jürgen: *Neue Nachrichten aus dem Garten. Praktisches, Nachdenkliches und Widersetzliches/Aus einem Garten für alle Gärten,* Stuttgart 1987.

Eliade, Mircea: *Geschichte der religiösen Ideen,* 4 Bde., Freiburg i. Br. 2/1994 (frz. 1976, 1992).

Evers, Dietrich: *Felsbilder. Botschaften der Vorzeit,* Leipzig u. a. 1991.

Füssel, Kuno/Huber, Stefan/Walpen, Bernhard: Magie, in: *Europäische Enzyklopädie zu Philosophie und Wissenschaften,* hg. von H. J. Sandkühler u. a., Hamburg 1990, Bd. 3, S. 121–124.

Handschin, Jacques: *Musikgeschichte im Überblick* (1948; 2. veränd. Aufl. 1964), Nachdr. Wilhelmshaven 1984.

Handwörterbuch des deutschen Aberglaubens, hg. von Hanns Bächtold-Stäubli unter Mitwirkung von Eduard Hoffmann-Krayer, 1927–1942, Nachdr. Berlin 1987.

Haug, Wolfgang Fritz: *Kritik der Warenästhetik*, Frankfurt a. M. 1971.

Hawking, Stephen W.: *Eine kurze Geschichte der Zeit. Die Suche nach der Urkraft des Universums*, Reinbek 1992, S. 214.

Heinitz, Wilhelm: *Instrumentenkunde*, in: *Handbuch der Musikwissenschaft*, Potsdam 1929, S. 1–160.

Heister 1983: *Das Konzert. Theorie einer Kulturform*, Wilhelmshaven *(Taschenbücher zur Musikwissenschaft* 87/88).

Heister 1984: *Musik als Ausdruck und Konstruktion*, in: *Kindler-Enzyklopädie Der Mensch*, Bd. VI, München, S. 597–619.

Heister 1993a: *„Kadenzierte Interjektion." Taugt Hegels Formel als Allgemeinbegriff für Musik?*, in: H.-W. Heister, K. Heister-Grech und G. Scheit (Hg.): *Zwischen Aufklärung & Kulturindustrie. Festschr. für Georg Knepler zum 85. Geburtstag*, Bd. III *Musik/Gesellschaft*, Hamburg 1993, S. 11–19.

Heister 1993b. *Stellenwert der Musik im gesellschaftlichen System*, in: *Musikpsychologie. Ein Handbuch*, Reinbek 1993, S. 103–112.

Heister 1997: *Anfänge der Musik: Mimetische Handlung und Mimetische Zeremonie als Schlüsselkategorien*, Beitrag zu *„Music and Signs"*. Vth. International Symposium on Systematic and Comparative Musicology, Berlin, 10.–14.9.1997, ungedr. Ms.

Heister 1998: *Magie, Mythos, Musik. Fragmente zum Problem des Imaginär-Realen in der Kunst*, in: *Musik und Mythos. Neue Aspekte der musikalischen Ästhetik V*, Frankfurt a. M. 1999, S. 304–337.

Hickmann, Ellen/Häusler, Alexander: *Musikarchäologie*, in: ²*MGG* 1997, Bd. 6, Sp. 920–967.

Hoerburger, Felix: *Vokales und instrumentales Musizieren*, in: *Handbuch des Volksliedes*, hg. von R. W. Brednich u. a., München 1973–75, II, S. 669–680.

Jonas, Doris F./Jonas, David A.: *Das erste Wort. Wie die Menschen sprechen lernten*. Berlin und Wien.

Klix, Friedhart 1982: *Erwachendes Denken. Eine Entwicklungsgeschichte der menschlichen Intelligenz*, Berlin 1980.

Knepler, Georg 1977/1982: *Geschichte als Weg zum Musikverständnis. Zur Theorie, Methode und Geschichte der Musikgeschichtsschreibung*, Leipzig ²1982.

Knepler 1981: *Versuch einer historischen Grundlegung der Musikästhetik*, in: *Musikästhetik in der Diskussion*, Leipzig 1981, S. 62–89.

Knepler 1988: *Ästhetik und Menschwerdung*, in: *Weimarer Beiträge* 34/1988, Heft 3, S. 365–400.

Knepler 1997: *Musikgeschichtsschreibung*, in: ²*MGG* 1997, Sp. 1307–1319.

Knepler 1998: *Ästhetik und Urgeschichte*, in: *Ästhetik und Urgeschichte. Kolloquium der Leibniz-Sozietät zum 90. Geburtstag von Gregor Knepler. Sitzungsberichte der Leibniz-Sozietät*, Bd. 25, Jg. 1998, Heft 6, S.7–16.

Laade, Wolfgang: *Papua New Guinea – The Coast of the Western Province [1963/64]. The Music of Man Archive*, Jecklin-Disco JD 655-2, Zürich 1993.

Lawick-Goodall, Jane van 1975: *Wilde Schimpansen. 10 Jahre Verhaltensforschung am Gambe-Strom*. Reinbek.

Lévi-Strauss, Claude 1968: *Das wilde Denken*, Frankfurt a. M. 1968 (frz. 1962).

Lévi-Strauss 1976: *Mythologica I. Das Rohe und das Gekochte*, Frankfurt a. M. 1976 (frz. 1964).

Malinowski, Bronislaw: *Magie, Wissenschaft und Religion. Und andere Schriften*, Frankfurt a. M. ²1983 (¹1973).

Mania, Dietrich: *Auf den Spuren des Urmenschen. Die Funde aus der Steinrinne von Bilzingsleben*, 1990.

Michels, Ulrich: *dtv-Atlas zur Musik*, 2 Bde., München 1977.

Martí, Samuel: *Alt-Amerika. Musik der Indianer in präkolumbischer Zeit (Musikgeschichte in Bildern*, Bd. II/ Lfg. 7), Leipzig 1970.

Mayer, Günter 1998: *Statement zum Kolloquium der Leibniz-Soietät aus Anlaß des 90. Geburtstages von Georg Knepler*, in: *Ästhetik und Urgeschichte* (s. Knepler 1998), S. 45–46.

Needham, J. 1979: *Wissenschaftlicher Universalismus. Über Bedeutung und Besonderheit der chinesischen Wissenschaft*, Frankfurt a. M.

Ramseyer, Urs: *Soziale Bezüge des Musizierens in Naturvolkkulturen. Ein ethno-soziologischer Ordnungsversuch*, Bern und München 1970.

Die Religion in Geschichte und Gegenwart. Handwörterbuch für Theologie und Religionswissenschaft (RGG), hg. von Kurt Galling u. a., 3., völlig neu bearb. Aufl. Tübingen 1986 (1/1958).

Röhrich, Lutz 1973: *Die Textgattungen des popularen Liedes*, in: *Handbuch des Volksliedes, Handbuch des Volksliedes,* hg. von R. W. Brednich u. a., München 1973–75, 2 Bde., I, 19–36.

Röhrich 1997: *Musikmythen,* in: ²MGG 1997, Sp. 1421–146.

Schlottner, Michael: *Sehen – Hören – Verstehen. Musikinstrumente und Schallgeräte bei den Kusasi und Mamprusi in Nordost-Ghana (Kulturen im Wandel,* hg. von A. Jones, U. Knefelkamp, St. Seitz, Bd. 6), Pfaffenweiler 1996.

Schneider, Marius: *Singende Steine. Rhythmus-Studien an drei katalanischen Kreuzgängen romanischen Stils,* Kassel und Basel 1955.

Simon, Artur, (Hg.) (1993): *Inuit Iglugik* (Canada). Museum Collection Berlin CD 19 [Abt. Musikethnologie, Museum für Völkerkunde Berlin – Staatl. Museen Preussischer Kulturbesitz].

Stein, Kilian: *Ästhetische Tätigkeit und bürgerliches Grundverhältnis,* in: H.-W. Heister, K. Heister-Grech und G. Scheit (Hrg.): *Zwischen Aufklärung & Kulturindustrie. Festschrift für Georg Knepler zum 85. Geburtstag,* Bd. III: *Musik/Gesellschaft,* Hamburg 1993, S. 259–276.

Suppan, Wolfgang 1984: *Der musizierende Mensch. Eine Anthropologie der Musik (Musikpädagogik. Forschung und Lehre,* hg. von S. Abel-Struth Bd. 10), Mainz 1984.

Suppan 1997: *Musikarchäologie,* ²MGG, Sp. 921–930.

Thiel, Josef F., Frembgen, Jürgen u. a.: *Was sind Fetische?* Hg. vom Dezernat für Kultur und Freizeit/Museum für Völkerkunde Frankfurt a. M. (*Roter Faden zur Ausstellung,* 9), Frankfurt a. M. 1986.

Tomberg, Friedrich 1978: *Menschliche Natur in historisch-materialistischer Definition,* in: G. Rückriem/F. Tomberg/W. Volpert (Hg.): *Historischer Materialismus und menschliche Natur,* Köln 1978.

Tomberg 1990: *Mimesis,* in: *Europäische Enzyklopädie zu Philosophie und Wissenschaften,* hg. von H. J. Sandkühler u. a., Hamburg 1990, Bd. 3, S. 418–421.

Waal, Frans de: *Wilde Diplomaten. Versöhnung und Entspannungspolitik bei Affen und Menschen,* München 1991 (engl. 1989).

Weber, Max: *Die rationalen und soziologischen Grundlagen der Musik,* Nachdruck Tübingen 1972.

Joachim von Burcks Odae sacae (1572)
Vertonungen geistlicher Verse in antiken Metren für die protestantische Schule

Das Leben und Schaffen Joachim von Burcks, geboren um 1546 in Burg bei Magdeburg, gestorben im Jahre 1610 in Mühlhausen, liegt heute weitgehend außerhalb unseres musikhistorischen Gesichtsfeldes; die Bekanntheit seiner Werke beschränkt sich auf ein eng abgestecktes regionales Terrain.

Die Rezeption Joachims wurde in der Vergangenheit niemals völlig unterbrochen; meist lagen Jahrzehnte zwischen den einzelnen biographischen Beiträgen; von einer Wiederentdeckung aus völliger Vergessenheit kann aber nicht gesprochen werden. Bereits fünfzehn Jahre nach seinem Tod wurde Joachim mit vorerst nur fünf seiner Werke bei Georgius Draudius[1] erwähnt. Ein Jahr darauf erschien in Mühlhausen eine Ausgabe[2] seiner bekanntesten Werke; dabei handelt es sich durchwegs um lateinische Oden und protestantische Kirchenlieder. Ein Exemplar dieser Ausgabe befindet sich heute im Besitz der Library of Congress, Washington, ein zweites im Stadtarchiv Mühlhausen. Weder bei Michael Praetorius, noch bei Friedrich Wilhelm Marpurg taucht der Name Joachim von Burck auf. Der erste größere Artikel findet sich 1732 bei Johann Gottfried Walther,[3] der allerdings weitere Beiträge aus dem 17. Jahrhundert erwähnt.

Im Kontext der Humanismus-Forschung des 19. Jahrhunderts häufen sich dann die Beiträge, die aber jeweils nur einzelne Schaffensbereiche beleuchten, etwa das evangelische Kirchenlied, in größeren Zusammenhängen, so bei Carl von Winterfeld.[4] Wirklich neue Erkenntnisse zu Leben und Werk

---
1 Georgius Draudius: *Bibliotheca Classica*, Frankfurt 1625.
2 *Odarum sacrarum M. Ludovici Helmboldi [...] pars prima: complectens: [...]*, Mühlhausen 1626.
3 Johann Gottfried Walther: *Musicalisches Lexicon*, oder *Musicalische Bibliothec*, Leipzig 1732, S. 119 f.
4 Carl von Winterfeld: *Der evangelische Kirchengesang*, Bd. 1, Leipzig 1843, S. 397–404.

Joachims finden sich allerdings erst bei Philipp Spitta.[5] In seiner Dissertation von 1924 behandelt Herbert Birtner[6] Joachims Werk sehr eingehend; allerdings beschränkt er sich auf die Motetten, und zwar bereits mit dem Vermerk, daß sich Joachim damit eindeutig von seiner besseren Seite zeige. Mit einem letzten regionalgeschichtlichen Beitrag aus Mühlhausen[7] endet 1930 die Forschung zu Joachim von Burck.

Joachim Moller – so lautet sein bürgerlicher Name – wurde zwischen dem 3. Juli 1545 und dem 2. Juli 1546 in Burg bei Magdeburg geboren, wo die Kirchenbücher nicht weit genug zurück reichen, um das Geburtsdatum genauer als durch die Kollation anderer Quellen zu fixieren. Sein Geburtsort findet sich aber im Vorwort zu einem seiner Motetten-Drucke[8] eindeutig bestätigt.

Sein Vater war ein Magdeburger Augustiner-Mönch, der sich in Wittenberg der Reformation anschloß und von der dortigen Universität als Prediger zurückkehrte. Die schulische Ausbildung Joachims fand vermutlich in Magdeburg statt, wo er als Schüler der evangelischen Stadtschule möglicherweise noch den 1556 gestorbenen Martin Agricola als Lehrer erleben konnte, dessen Nachfolger 1558 Gallus Dressler wurde. Letzterer wurde durch den Traktat *Praecepta musicae poeticae,*[9] bei dem es sich eigentlich um eine Kollegnachschrift eines Schülers handelt, als Musiktheoretiker bekannt. Dressler erkannte als einer der ersten die Bedeutung desjenigen Musikers, den Joachim später als „princeps artis musicae" verehrte – Orlando di Lasso. Diese Bewunderung geht womöglich auf die Eindrücke zurück, die Dressler und dessen Magdeburger Aufführungen von Werken Lassos vermittelten.

5 Philipp Spitta: *Joachim von Burck*, in: *Monatshefte für Musikgeschichte*, Jg. 2, S. 65–67, 176–180, Berlin 1870.
6 Herbert Birtner: *Joachim à Burck als Motettenkomponist*, Inaugural-Dissertation (unveröffentlicht, Maschinenschrift), Leipzig 1924.
7 Ernst Brinkmann: *Neue Forschungen zum Leben der großen Mühlhäuser Musiker*, in: *Festschrift Armin Tille*, Weimar 1930, S. 190–193.
8 *Decades IIII. Sententiosorum versuum celebrium virorum germaniae, musicis harmoniis accomodate*, Mühlhausen 1567.
9 Gallus Dressler: *Praecepta musicae poeticae*, Ms. von 1563, gedruckt in: B. Engelke: *Geschichtsblätter für Stadt und Land Magdeburg 1914–15*, S. 213–250.

Im Jahre 1563 erscheint Joachim in der Wittenberger Universitätsmatrikel; es existieren ferner Hinweise auf Studien in Leipzig, Dresden, Erfurt und Jena. Nach Mühlhausen wurde Joachim noch im selben Jahr möglicherweise durch den Theologen Nicolaus Selneccer vermittelt, der ihn aus Dresden oder Leipzig kannte. Als seinen musikalischen Lehrmeister benennt Joachim Johannes Hermannus Noricus (also aus Nürnberg), Musiker am Schwarzburgischen Hofe zu Blankenburg; der erste Druck erschien alsdann auch in Nürnberg.[10] Aus Joachims eigenen Äußerungen geht außerdem eine musikalische Anregung durch Rore, Uttendal, ebenso wie seine Beschäftigung mit den großen Musiktheoretikern Glarean, Vincentino und Zarlino hervor. In Mühlhausen stand Joachim von Anfang an in kirchlichen Diensten: als Organist der Blasius- und der Liebfrauenkirche und als Kantor der neugegründeten Lateinschule; er nahm überdies städtische Ämter wahr. Joachims erstes Werk wurde im Jahre 1566 gedruckt.[11] Es ist eine Sammlung von fünfundzwanzig fünfstimmigen Motetten; im Untertitel ist vermerkt: „auf's annehmlichste mit des Menschen Stimme wie auch auf allerlei Musikinstrumenten zu singen"[12] – was als Hinweis auf den Spaltklang, zu dessen Umsetzung Joachim auch in späteren Werk-Untertiteln auffordert, zu deuten ist. Diese Sätze orientieren sich an den niederländischen Vorbildern und in ihrer Melodik zumindest teilweise am Gregorianischen Choral. Sie gehören der Figuralmusik an, der vom schlichten Choral- und Liedgesang sich abhebenden Kunstmusik also, die zur religiösen „Versenkung" der zuhörenden Gemeinde bestimmt war. Ihre Verbreitung über Mühlhausen hinaus bezeugt Johann Rühlings *Tabulaturbuch auf Orgeln und Instrument,*[13] welches zwei Sätze dieser Sammlung intavoliert, und zwar in Neuer Deutscher Orgeltabulatur mit Buchstaben-Notation (Notenbeispiel 1; im Anhang). Die Transkription läßt das abschnittsweise Durchimitieren der Stimmen erkennen (Notenbeispiel 2).

10 *Harmoniae Sacrae tam viva voce quam instrumentis musicis cantatu iucundae,* Nürnberg 1566.
11 Siehe Anmerkung 10.
12 Siehe Anmerkung 10 (Übersetzung vom Verfasser).
13 Leipzig 1583.

Bis zum Jahre 1572 veröffentlichte Joachim weiterhin nur Motetten-Sammlungen, und auch seine späteren Großwerke vertreten diese Gattung. Diese sind ausschließlich Vertonungen der Passionsgeschichte, die *Deutsche Passion [...] nach dem Evangelisten S. Johanne*[14] ist wahrscheinlich eine der ersten deutschsprachigen Passionsmusiken überhaupt. Für das Jahr 1573 nennt Birtner die nur in einer Stimme erhaltene Passion nach dem 53. Kapitel Jesaia,[15] die aber in aktuellen Quellenlexika nicht mehr auftaucht; 1574 erschien die Passion nach dem 22. Psalm Davids.[16] Dagegen erwähnt Birtner auch 1928 noch nicht die einzige fünfstimmige Passionsmusik nach Lukas,[17] neben der anderen, vierstimmigen, welche heute nur noch im Stimmbuch des Tenor I in der Universtätsbibliothek zu Uppsala in Schweden erhalten ist, wohin es sicher im Dreißigjährigen Krieg gelangte; es ist ein Spätwerk aus dem Jahre 1597. Dieses Werk ist nach fast zweieinhalb Jahrzehnten homophoner Oden- und Liedkompositionen noch einmal eine letzte motettische Komposition. Wie der *Johannes-Passion* ist auch dieser Passionsvertonung ein Exordium vorangestellt (Notenbeispiel 3). Die beiden vollständig erhaltenen Passionen bilden zusammen mit einer Oden- und zwei Liedsammlungen die neu edierten Werke Joachims; alle Ausgaben[18] stammen aus dem letzten Jahrzehnt des 19. Jahrhunderts.

Seit 1574 erschienen keine weiteren Motetten mehr, mit Ausnahme einer Missa brevis von 1580,[19] bezeichnenderweise über eine Ode (Notenbeispiel 7) aus der ersten Veröffentlichung von *XX Odae sacrae*, die im Jahre 1572 – nach dreijähriger Publikationspause – einen Vorstoß zum homo-

---

14 Wittenberg 1568.
15 Birtner, S. 54.
16 *Passio Iesu Christi. Im 22. Psalm des Propheten Davids beschrieben, mit lieblicher Harmoney gezieret*, Erfurt 1574.
17 *Die Historia des Leidens Jesu Christi auss dem Evangelisten S. Luca mit funff Stimmen lieblich zu singen*, Mühlhausen 1597.
18 Ausgaben: beide Passionen sowie *Zwantzig Deutsche Liedlein mit vier Stimmen*, Erfurt 1575 in: *Publikation der Gesellschaft für Musikforschung*, Bd. 22, Leipzig 1898, Repr. New York 1966; XX *Odae sacrae*, Erfurt 1572, sowie *Crepundia sacra*, Mühlhausen 1578, in: Arthur Prüfer: *Untersuchungen über den außerkirchlichen Kunstgesang in den evangelischen Schulen des 16. Jahrhunderts*, Leipzig 1890.
19 *Officium Sacrosanctae Coenae Dominicae, super cantiunculam: Quam mirabilis [...] ex primo libro odarum [...] compositum*, Erfurt 1580.

phonen Satz bilden. Etwa 1570 begann die Zusammenarbeit mit dem Theologen und späteren Mühlhäuser Superintendenten Ludwig Helmbold, den vier Jahre zuvor Kaiser Maximilian II. mit dem Dichterlorbeer geehrt hatte. Fast dreißig Jahre lang währte die gemeinsame „Produktion" für die drei Bereiche des protestantischen Gottesdienstes, wie sie Luther gefordert hatte: Gemeinde-Gottesdienst in der Kirche, schulischer Katechismus und Hausandacht. Helmbold arbeitete auch mit bekannteren Musikern, wie Eccard (zeitweise Joachims Schüler) und Steuerlein zusammen.

1572 also erschienen als erste Vertonung Helmboldscher Texte die *XX Odae Sacrae suavibus harmoniis ad imitationem italicarum villanescarum*.[20] Die im Titel als Stilvorbild benannte Gattung der italienischen Villanella darf man inhaltlich als solches allerdings nicht beim Wort nehmen: Dieser kurze, homophone Oberstimmen-Satz im Volkston, mit heiteren bis derbkomischen oder frivolen Texten wurde von deutschen Musikern oft in den sogenannten „Gassenhawerlin" nachgeahmt. Praetorius mißt dieser Gattung im *Syntagma musicum* (III, 20) nur geringen Kunstwert bei. So hatte Joachim von der Villanella entweder nur schemenhafte Vorstellungen, oder dieser Vermerk im Werktitel ist, wie bei anderen Meistern des deutschen Liedes im sechzehnten Jahrhundert auch, nur als Abgrenzung zur kunstvolleren Figuralmusik zu verstehen: „nach Art der welschen Villanellen" nämlich. Zweckbestimmung der an die weltliche Humanisten-Ode anknüpfenden lateinischen Dichtungen war es, den Schülern durch Vers und Melodie einzelne Bibelabschnitte oder Glaubenssätze fester einzuprägen und dabei gleichzeitig die antiken Metren einzuüben.

Die Ode ist ja ein Seitenpfad musikhistorischen Befassens, und deshalb muß hier auf einige gattungsgeschichtliche Momente[21] eingegangen werden. In der griechischen Antike meinte der Begriff Ode von Anbeginn eine Form solistisch oder chorisch gesungener Dichtung, die in ihrer Auf-

---

20 Erfurt 1572.
21 Siehe dazu die entsprechenden Artikel in: *New Grove Dictionary of Music and Musicians*, London 1980, Bd. 13, S. 497 f.; *Die Musik in Geschichte und Gegenwart*, Kassel 1989, Bd. 9, Sp. 1841–1846.

führung an besondere Gelegenheiten gebunden war, etwa an Festlichkeiten zu Ehren Apollos oder bestimmter Städte, zu Ehren des Gastgebers von Festen, an Prozessionen, Siegesfeiern oder die Olympischen Spiele. Oft wurde dabei zur Ode auch getanzt. Die Einführung ihrer Standardform, der triadischen Gliederung in metrisch korrespondierende Strophe und Antistrophe, gefolgt von einem Nachgesang (der Epode), wird Stesichorus zugeschrieben. Unter denen aus der griechischen Antike tradierten Oden befinden sich die Epinikia des Pindar, an denen sich dann Horaz in seinem vierten Oden-Buch orientierte. Er und andere römische Dichter kehrten zur früh-griechischen Oden-Form, aus vierzeiligen Strophen bestehend, zurück. Im Drama der griechischen Klassik war die chorische Ode ein wichtiger Bestandteil, so zog in der Tragödie nach dem Prolog der Chor unter Singen des „Parados" ein. Weitere Oden-Formen im Drama waren die „Epeisodia", ein kurzer Gesang, der die Handlung an bestimmten Stellen unterbrach, und die ausgedehnteren Gesänge am Schluß „Stasima" und „Exodos", die auch in der Komödie auftraten. Letztere zeichnete sich aus durch ein etwa in der Mitte eintretendes musikalisches Interludium, die „Parabasis", in welcher sich der Chor direkt und stellvertretend für den Dichter an die Zuschauer wandte. So weist etwa Euripides' Tragödie *Bachae* vier triadische Oden und eine weitere Ode auf, in der Strophe und Antistrophe durch einen Refrain verbunden sind.

Die jüngere Oden-Rezeption setzte bereits im Mittelalter ein, Guido von Arezzo berichtete darüber in seinem *Micrologus* (XV) aus dem Jahre 1026. Horaz-Oden wurden in den Klöstern streng im antiken Metrum gesungen; so ist aus dem elften Jahrhundert die Vertonung einer Sapphischen Ode in Neumen-Notation erhalten. Es tritt also bereits zu dieser Zeit die didaktische Funktion der Gattung stark hervor. Auch an den Höfen wurden Horaz-Oden von Geistlichen oder Spielleuten, meist zur (lyra-ähnlichen) Rotte, Harfe oder Fiedel gesungen.

Während des 15. Jahrhunderts war der Musikunterricht Teil des Curriculums an den italienischen Humanisten-Schulen, etwa an der des Vittorino da Feltre in Mantua oder des Guarino da Verona in Ferrara. Musiziert wurden einstimmige Gesänge, mit klassischen Texten unterlegt und begleitet von der Lira da braccio, einem violengroßen, siebensaitigen Streichinstrument. In seinem *Dodekachordon* von 1547 gibt der Schweizer Musikgelehrte Glarean einige dieser einstimmigen Horaz-Vertonungen wieder mit dem ausdrücklichen Hinweis, solche vielstrophigen Gesänge seien von Strophe zu Strophe improvisatorisch zu verändern und auszuzieren. Auch die nicht überlieferte Musik zu Polizianos *Orfeo* (1480) enthielt wahrscheinlich diese Art von Sologesang, darüber hinaus aber auch Chöre, in denen exakte metrische Deklamation bereits wichtiger war als komplexe Polyphonie. Ab dem Jahre 1504 erschienen Ottaviano Petruccis *Frottole* in elf Büchern; sie enthalten überwiegend vierstimmige Sätze, Canzoni und auch Oden in Horazischen Metren und wirkten vorbildhaft für die humanistischen deutschen Oden-Vertonungen, die etwa zur gleichen Zeit entstanden.

In Deutschland war es zunächst der Rhetoriker Conrad Celtis, der sich während einer Italienreise 1485/86 von den dort bestehenden Humanisten-Zirkeln zu dem Vorhaben anregen ließ, auch das deutsche Bildungswesen zu erneuern und Gelehrtengesellschaften zu gründen. Im Jahre 1487 wurde Celtis als erster Deutscher von Friedrich III. auf der Burg zu Nürnberg zum Dichter gekrönt, nachdem er vor Fürsten und Gelehrten eine Ode auf den Kaiser vorgetragen hatte.

Seit 1494 Professor für Rhetorik und Poesie an der Universität Ingolstadt, wo er auch eine akademische Gesellschaft stiftete, ließ Celtis zur Veranschaulichung der Längen und Kürzen des antiken Metrums die Oden des Horaz in der homorhythmischen Vertonung seines Schülers Petrus Tritonius [22] singen. Neben dem Prinzip der Eingängigkeit war es auch Celtis' Überzeugung, daß er erst durch Hinzunahme der Musik zu einer Wiederbelebung des antiken Geistes gelangen könnte. Für Tritonius bestand nun das Problem, die antike Metrik mit den Gesetzen der musikalischen Rhythmik in Einklang zu bringen. Der Ausgangspunkt dafür war die von Heinrich Isaak vollendete Gattung des weltlichen mehrstimmigen Lie-

---

22 *Melopoiae sive harmoniae tetracenticae super XXII genera carminum Heroicorum Elegiacorum Lyricorum et ecclesiasticorum hymnorum*, Augsburg 1507.

des, dessen kontrapunktisch-polyphoner Charakter aber der ausgeprägten Rhythmik der antiken Versmaße widersprach. Andererseits war der deklamatorisch-rezitierende gregorianische Gesang ebenfalls ungeeignet. So wurde versucht, eine Lösung aus der Synthese beider Ansätze zu entwickeln, und zwar dergestalt, daß man – wie in der Gregorianik – die Regelung der Akzente aus dem Text entnahm und ein geregeltes Taktmaß vermied. Andererseits war es der Mensuralmusik angemessen, daß dem quantitierenden Silbenmaß ein ziemlich geregeltes Längenverhältnis entsprach, und zwar derart, daß die langen Silben annähernd die doppelte Zeitdauer der kurzen erhielten. Dies war schließlich nur zu verwirklichen, wenn alle vier Stimmen in gleicher Weise den Erfordernissen des antiken Metrums angepaßt waren, im quasi akkordischen, homophonen Satz. In Tritonius' 1507 gedruckten Vertonungen der 19 Oden des Horaz tritt bereits eine Hauptstimme deutlich in den Vordergrund des Satzes: der Tenor.

Das Erscheinen dieser Sätze hatte für das gesamte 16. Jahrhundert den Anstoß zur Übernahme des Oden-Satztyps in die lateinischen Schuldramen gegeben, in denen Oden bald zum Standardsatz der Zwischenakt- und Schluß-Musik wurden, so schon 1501 in Conrad Celtis' *Ludus Dianae*. Von Anfang an kam es in diesem Satztyp gleichsam zu einer didaktischen Vereinfachung: Es bestand das Problem des Ausgleichs zwischen Mensuralrhythmik und antiker Metrik; letztere führte bei strikter Befolgung zu einem ständigen Wechsel zwischen geradem und ungeradem Takt, der sich dem musikalischen Rhythmus nicht fügte. So lag der Kompromiß in einer geringfügigen Änderung des Verhältnisses von Längen und Kürzen, wodurch geläufige Rhythmen entstanden. Ein Aspekt antiker Metrik mußte im mehrstimmigen Satz freilich für die Nebenstimmen unberücksichtigt bleiben: der nämlich, daß ursprünglich Vers-Hebungen und -Senkungen – wie es schon in den Begriffen begründet liegt – wohl nicht nur quantitierend (in ihrer Tonlänge) und akzentuierend, sondern auch in ihrer Tonhöhe im antiken Oden-Gesang, wie auch schon im gesprochenen Vers, umgesetzt wurden. Tritonius' Oden jedenfalls fanden große Nachfrage in deutschen Schulen, und 1534 legte Ludwig Senfl die Tenores des Tritonius seinen Vertonungen der gleichen Horaz-Oden[23] notengetreu zugrunde, verwendete diese nun jedoch meist im Altus oder zweiten Discantus. Paul Hofhaimer beschloß sein Œuvre 1539 mit 35 Vertonungen antiker Oden[24] unter Verwendung eigener Tenores.

Doch bereits acht Jahre später kritisierte Glarean (im *Dodekachordon*) an all diesen Sammlungen, daß nur der „concentus", d. h. die harmonische Behandlung, lobenswert und neuartig sei, die melodische Erfindung hingegen wenig geistreich; die Metren würden aber getreu wiedergegeben. Johannes Stomius veröffentlichte seine Oden[25] zusammen mit neun solcher Sätze Senfls. Der Musiktheoretiker und Salzburger Privatschul-Gründer betonte im Vorwort neben der Bedeutung der metrischen und textlichen Bildung der Schüler auch deren beabsichtigte Befähigung, wie er formulierte, „nach Art der Alten" für jede Dichtung eine eigene Melodie zu erfinden. Er ging davon aus, daß Horaz nicht alle Oden eines Metrums auf dieselbe Melodie gesungen, sondern teilweise improvisiert habe, und zwar zur Begleitung der Cithara.

Tatsächlich aber ist uns keine Horazische Melodie überkommen, die authentisch genannt werden darf, auch wenn Liliencron 1887[26] die oben erwähnte, in Neumen notierte Sapphische Ode aus einem Codex in Montpellier (elftes Jahrhundert) zum Beweisstück erheben will.

Ein weiterer Aspekt des interdisziplinären Bildungsmittels Ode war die humanistische Bestrebung, wieder die Sprache der klassischen Antike anstelle des verfallenen mittelalterlichen Lateins zu setzen, und als wichtigstes Unterrichtsziel überhaupt wurde die „wahre Eloquenz" gefordert. So finden sich in den pädagogischen Schriften dieser Zeit auch nur diejenigen Fächer ausgeführt, die diesem Zweck dienten, die des alten Triviums nämlich: Grammatik, Rhetorik und Dialektik, dazu Poetik und Historik in Form ausgedehnter Lektüre der Autoren des Altertums. Baptista Guarinus etwa

---

23 *Varia carminum genera*, Nürnberg 1534.
24 *Harmoniae poeticae*, Nürnberg 1539.
25 *Prima ad musicen instructio*, Augsburg 1537.
26 Richard von Liliencron: *Die Horazischen Metren in deutschen Kompositionen des sechzehnten Jahrhunderts*, in: *Vierteljahresschrift für Musikwissenschaft*, Jg. III/1887, S. 36.

berührte in seinem *Modus et ordo docendi ac discendi*[27] die Musik nur, um an einem Vergleich mit der „consonia harmonia" eines Chores auf eine systematisch-harmonische Ordnung der Lektüre hinzuweisen – die Musik bleibt also nur ein Mittel zu dem oben ausgeführten Zweck.

Mit an der Spitze der nach der Reformation christlich umgedeuteten Oden-Vertonungen standen diejenigen von Joachim von Burcks vermeintlichem Lehrer Martin Agricola, der um 1530 vierstimmige Oden in antiken Metren auf Textvorlagen frühchristlicher Dichter komponierte. Diese Dichtungen hatte er durch Vorlesungen über Prudentius in Leipzig kennengelernt, dessen Texte schon 1515 der Hofhaimer-Schüler Wolfgang Gräflinger in ähnlicher Weise vertont hatte.[28] Ein Jahr nach Agricolas Tod wurden seine *Melodiae scholasticae*[29] in antiken Versmaßen und auf Hymnen-Texte des Fabricius veröffentlicht. Tonartlich orientieren sie sich noch gänzlich an den mittelalterlichen Modi und den ihnen (etwa bei Calvisius) zugeschriebenen Affekten: Ionisch wird als freudig, Dorisch als feierlich, Phrygisch als flehend beschrieben. Weitere derartige Merkmale sind auch noch für Joachims Oden charakteristisch, so das Nichtanzeigen des Unterhalbtons in der Kadenz, dessen „Naturnotwendigkeit" die Theoretiker der Zeit, wie z. B. Zarlino,[30] voraussetzten. Das *b*-rotundum zur Vermeidung des linearen, wie des horizontalen Tritonus wird aber mit konsequenter Kontinuität gesetzt.

Joachim von Burcks *Odae sacrae* sind in keinerlei Niederschriften von seiner Hand erhalten. Überhaupt ergibt sich bei ihm der Eindruck, daß er seine Werke stets bald nach ihrer Entstehung drucken ließ oder, wie im Falle der unzähligen deutschen Kirchenlied-Sätze, über Jahre hinweg sammelte und zu mehreren Dutzenden veröffentlichte. Das erste Buch mit zwanzig Helmbold-Oden (ein zweites Buch mit weiteren zwanzig Sätzen erschien 1578) hat sich in drei Quellen erhalten:

27 Heidelberg 1489.
28 *Cathemerinon: hoc est Diurnarum rerum opus varium,* Wien 1515.
29 Wittenberg 1557.
30 *Le institutioni harmoniche,* Venedig 1558.

1. Erste Auflage: in vier Stimmbüchern, gedruckt bei Georg Baumann, Erfurt 1572, Format: Oktav, Material: Papier, jeweils drei Bögen, ungebunden, Stimmbuch Discantus: durch Fehlen der Bögen A und C nur die Sätze 7–12 und 14 erhalten, Standorte (Bibliotheks-Sigel entsprechend *RISM*): D-brd Mbs (kpl.: S [unvollständig], A, T, B) – außerdem: D-ddr LEm (nur B).
2. Zweite, von Joachim selbst korrigierte Auflage: in vier vollständigen Stimmbüchern, gedruckt bei Georg Hantzsch, Mühlhausen,[31] 1578, Format: Oktav, Material: Papier, gebunden, Standorte: D-brd Mbs – außerdem: A Wgm (nur B) – D-brd B (A, T, B), DÜl (nur B), Iek (nur T) – D-ddr Z (nur T) – GB Lbm (A, T) – also stets ohne Discantus.
3. Sammelband der Mühlhäuser Gesamtausgabe von 1626 in Chorbuch-Notation, Format: Quart-quer, nachträglicher Ledereinband mit der Goldprägung »1650«, Standorte: A Wgm, Wn – D-ddr Bds, CZ, GOl, LEm (2 Ex.), HAu, MLHr, Z – US Wc.

Die Notentexte der Quellen 2 und 3 sind völlig identisch, Quelle 1 weicht jedoch in einigen Sätzen erheblich von Quelle 2 ab. Es handelt sich zumeist um offensichtliche Druckfehler, sodaß die zweite Auflage möglicherweise nicht nur starker Nachfrage, sondern auch diesem Umstand geschuldet war. Ein häufig auftretender Fehler ist die Verschiebung einzelner Noten oder ganzer Notengruppen um eine oder mehrere Linien oder Linien-Zwischenräume nach oben oder unten. Zurückzuführen ist diese Fehlerhaftigkeit möglicherweise auf das Druckverfahren mit beweglichen Typen, bei dem jede Note ihr eigenes Stück Liniensystem hat, was an kleinen Lücken im Liniensystem und vertikalen Verschiebungen der Abschnitte zu erkennen ist. Diese Typen berücksichtigen die Längenproportionen der Notenwerte nicht.[32] Gegenüber dem älteren Verfahren, bei dem erst die Notensysteme gedruckt wurden, um danach die Noten darauf zu applizieren, sparte man zwar einen Arbeitsgang, es entstand aber auch eine neue

---

31 Birtner vermutet, daß diese erste Mühlhäuser Druckerei maßgeblich auf Bestrebungen Joachims hin gegründet wurde.
32 Siehe auch Notenbeispiel 3.

Fehlerquelle: das spiegelverkehrte Setzen der Typen, etwa durch musikalisch unzureichend qualifizierte Drucker. Ein generelles Problem ist die ausbleibende Textzuordnung: Die Verse werden fortlaufend mit sehr unregelmäßig ausgeführter Silbentrennung gedruckt, Textwiederholungen erscheinen teils vollständig, teils abgekürzt. Der Eindruck eines abgedruckten Manuskripts drängt sich auf. In verschiedenen Stimmen einiger Sätze finden sich unterschiedliche Notenwerte für die Schlußklänge, in einer Stimme eine Maxima, in einer anderen eine Longa. Dieser Fehler wird auch in der zweiten, von Joachim korrigierten Auflage nicht bereinigt.

Das wohl schwerwiegendste editorische Problem ist die taktfreie Notation, die sich in der – zumindest annäherungsweisen – metrischen Gebundenheit dieser Sätze begründet. Arthur Prüfer löst in seiner Edition der *Odae sacrae* [33] dieses und andere Probleme nicht. Das Mensur-Zeichen wird kurzerhand als Taktzeichen übernommen, ohne den durch die hinzugesetzten Taktstriche, die bei praktischen Ausgaben zur bloßen Orientierung dienen, entstehenden Eindruck von den Tondauern in Betracht zu ziehen (Notenbeispiel 4). Wenn also im Maßstab eins zu eins etwa die Brevis als Ganze Note übertragen wird, so werden hier Metrum (mithin Zeitmaß!) und Taktart in eins gesetzt: Das Tempus imperfectum cum prolatione imperfecta wird zum Vierviertel-Takt und der Eindruck eines extrem langsamen Tempos entsteht dadurch, daß als das im Puls empfundene Grundmaß die Viertelnote festgelegt wird. Hinzu kommt freilich, daß man Ende des 19. Jahrhunderts tatsächlich meinte, im Sinne „sakraler Tonkunst" nur dieses Tempo vertreten zu dürfen. Im selben Kontext falsch verstandener Werktreue stehen die Übernahme der originalen Schlüssel und – trotz der selbst gesetzten Taktstriche – der Akzidentien gemäß der Original-Partitur.

Bei den meisten Sätzen der Sammlung gehen die Notenwerte im Vierviertel-Takt-Schema am Satzende nicht auf; Prüfer fügt hier willkürlich einen halben Takt ein (Notenbeispiel 4). Die Variante der Erweiterung der vorletzten Note bis zum Taktende (Notenbeispiel 5) bleibt freilich ebenso pro-

---

33 S. 143–165.

blematisch. Ungeklärt bleibt auch die durchgängige Verteilung der vorletzten Textsilbe auf zwei Töne, wobei der zweite Ton in den meisten Fällen in allen Stimmen mit dem Schlußton idenisch ist. Nur in einigen Sätzen vollzieht der Bassus mit dem letzten Ton einen abwärtsgerichteten Oktavsprung; ganz selten tritt noch mit dem Schlußklang eine neue Harmonie ein. Hier wird die metrisch-syllabische Textverteilung möglicherweise für eine vielleicht von Strophe zu Strophe wechselnde, improvisatorische Auszierung, wie sie Glarean fordert (siehe oben), aufgegeben.

Schon in der Literatur des 19. Jahrhunderts zu Oden-Sätzen dieser Art wird die Beobachtung mitgeteilt, daß ihre Homophonie oft in keiner Stimme eine wirkliche Melodie im Sinne eines Cantus firmus erkennen läßt. Monodische Tendenzen, wie sie sich etwa aus einem Oberstimmensatz heraus abheben könnten, zeichnen sich an keiner Stelle ab. Dem stand zudem die metrische Gebundenheit des Rhythmus, die eine freie melodische Entwicklung verhinderte, entgegen.

Im Anhang zur zweiten Auflage der *Odae sacrae* werden die 22 vertonten Metren wiedergegeben, mit ihren Zeichen und der Angabe, an wievielter Stelle im Satz sie sich finden. Dabei wird aber vereinfachend sich bereits nur auf die beiden Zeichen longum (—) für eine lange und breve (∪) für eine kurze Silbe beschränkt. Das weitaus am häufigsten vertonte Metrum bildet der Anachreontische Jambische Dimeter (— — ∪ — ∪ — —). Im sechsten Satz der Sammlung (Notenbeispiel 5) tritt er an dritter, vierter und fünfter Stelle auf. Schon beim ersten Auftreten, über dem Wort „soli" nämlich, verhält die Silbenverteilunng sich allerdings paradox; das gleiche betrifft das Wort „tuas".

Der folgende, siebente Satz (Notenbeispiel 6) ist interessant im Hinblick auf Joachims stilistischen Standort. Zunächst fokussiert dieser Satz die Darstellung nur eines Metrums, nämlich des Adonischen Pentasyllabus (— ∪ ∪ — ∪). Joachim löst sich am Beginn des Satzes vorerst nicht vom Bicinienbau, der stimmpaarigen Eingangsimitation motettischer Schreibart, die er zur Vertonung des Wortes „speciosa" (schön, blendend, erhaben) als angemessen empfindet. Hinsichtlich der linearen Stimmführung ist hier ein anderes Phänomen als in den rein akkordischen Sätzen und auch der Faktur ab Takt 6 zu beobachten: Zu Beginn von Takt 3 ist im Altus über „speciosa" (erhaben) ein Beispiel musikalischer Poetik zu erkennen, das in eben dieser Bedeutung nach Burmeisters *Musica poetica*[34] sich als Anabasis (aufsteigende Linie) zeigt. Die gleiche Figur findet sich in der 13. Ode (Notenbeispiel 7) zu Beginn von Takt 4 in der aufsteigenden Bassus-Linie über dem „allmächtigen Gott", „omnipotens Deus".

Wörtliche Abbildungen im Sinne der Hypotyposis-Lehre finden sich ferner in der zwölften Ode (Notenbeispiel 8) über „volucrum" (fliegend, geflügelt), und zwar aufgeteilt auf Tenor und Discantus, wodurch diese Figur den Ambitus einer Undezime *(g – c)* erreicht. In der 16. Ode (Notenbeispiel 9) wird die „Menge", „multitudo", durch melismatische Vertonung dargestellt. Im achten Satz (Notenbeispiel 10) zeigt uns Joachim, welche Textbehandlung er für „lebendig" erachtet. Der Satz beginnt – wie fünf weitere dieser Sammlung – mit einer Eingangsimitatorik der vier einsetzenden Stimmen. Nachdem er sich ab Takt 6 zur Homophonie wendet – auch dies ist typisch für viele der *Odae sacrae* – wird diese für eine onomapoetische Darstellung noch einmal aufgebrochen: Die Bewegtheit des Lebens wird melismatisch versinnbildlicht und die Stimmen imitieren bicinienartig, während der Tod syllabisch vertont wird. Der Text lautet: „vivimus, et moriemur omnes" (Wir leben, und wir müssen alle sterben).

Weitere Beispiele, die in dieser Sammlung von zwanzig Oden-Sätzen das Vorbild des Musicus poeticus Orlando di Lasso verraten könnten, finden sich nicht. Es sind aber gerade diese vereinzelten Madrigalismen, die als Ausnahmeerscheinungen aus der Faktur Joachims hervorstechen und für sein Œuvre musikhistorische Vorstoß-Punkte markieren. Die motettische Satzweise schlägt sich noch klar nieder in den Eingangsimitationen, die in zwei Sätzen als Bicinien gebaut sind.

---

34 Rostock 1606.

Nach den *Odae sacrae* von 1572 wandte sich Joachim von Burck für zwei Jahre nochmals rein motettischer Schreibweise zu, bevor er gänzlich von seinen Dienstpflichten als Komponist deutscher Kirchenlieder und weiterer geistlicher Oden eingenommen wurde. Hinsichtlich seiner ersten Oden-Sammlung erschöpfen sich die vorausweisenden stilistischen Tendenzen in den dargelegten Ansätzen zur einer Musica poetica, und es bleibt ein stilistisches Schwanken bei starker Verwurzelung in der spät-niederländischen Motette zu bescheinigen.

Anhang

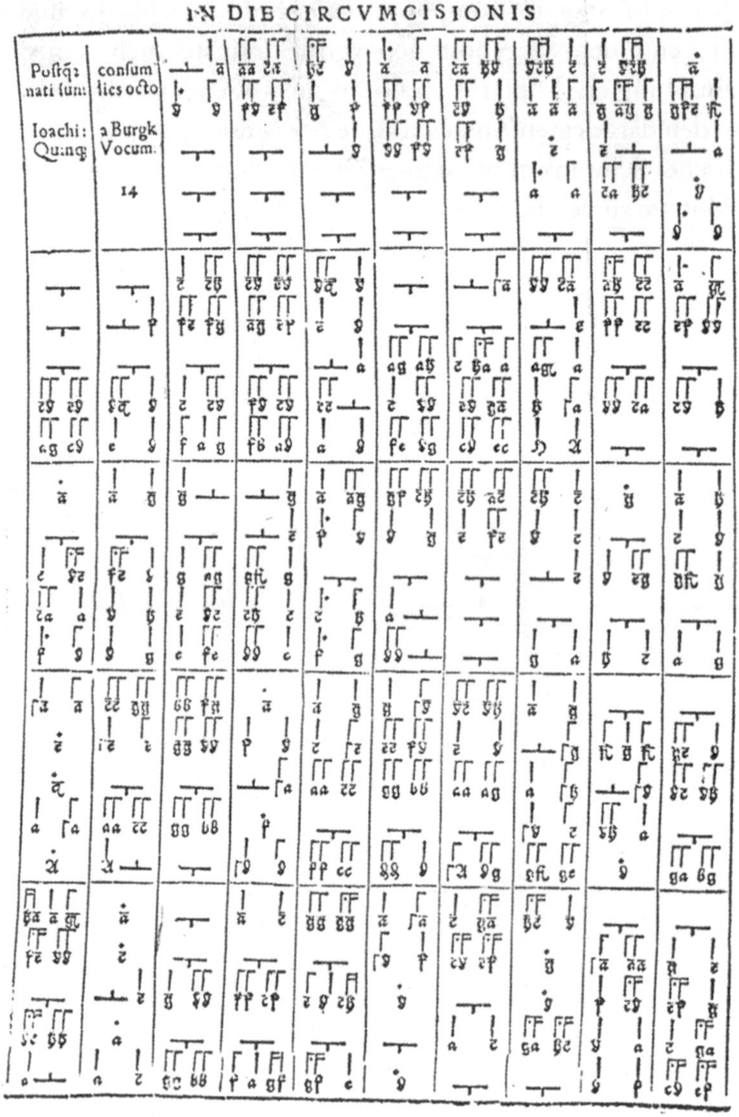

Notenbeispiel 1

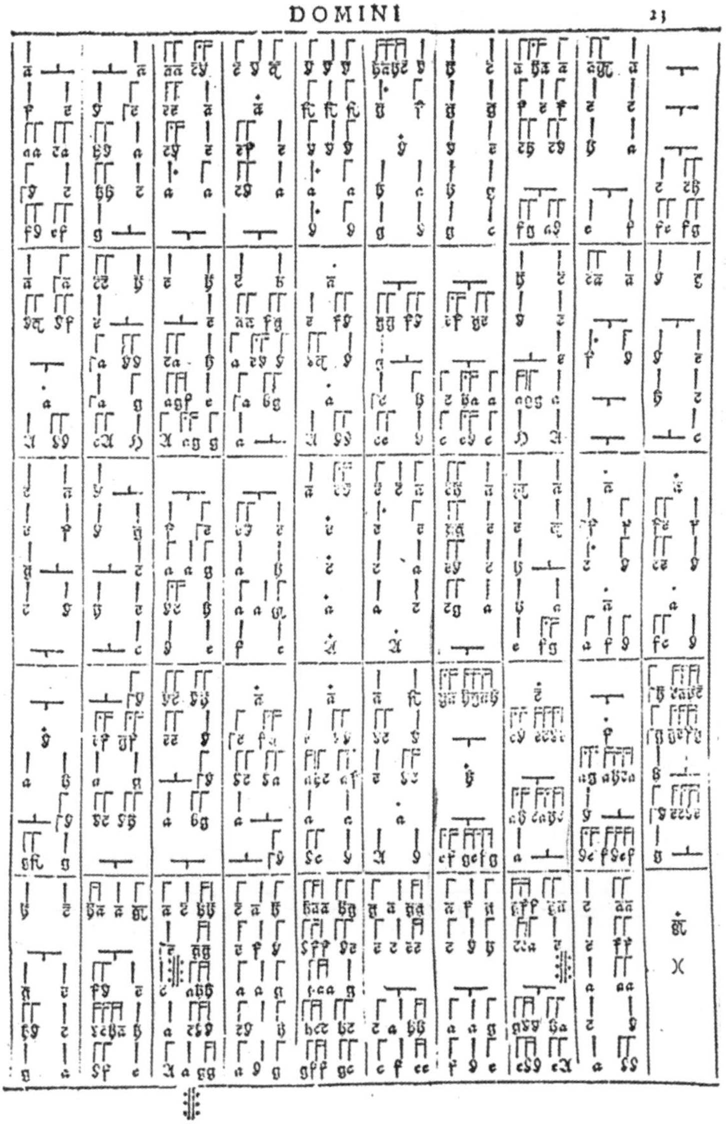

Notenbeispiel 1 (Fortsetzung)

Notenbeispiel 2

Notenbeispiel 2 (Fortsetzung)

56   Joachim von Burcks Odae sacae (1572)

Notenbeispiel 2 (Fortsetzung)

Notenbeispiel 2 (Fortsetzung)

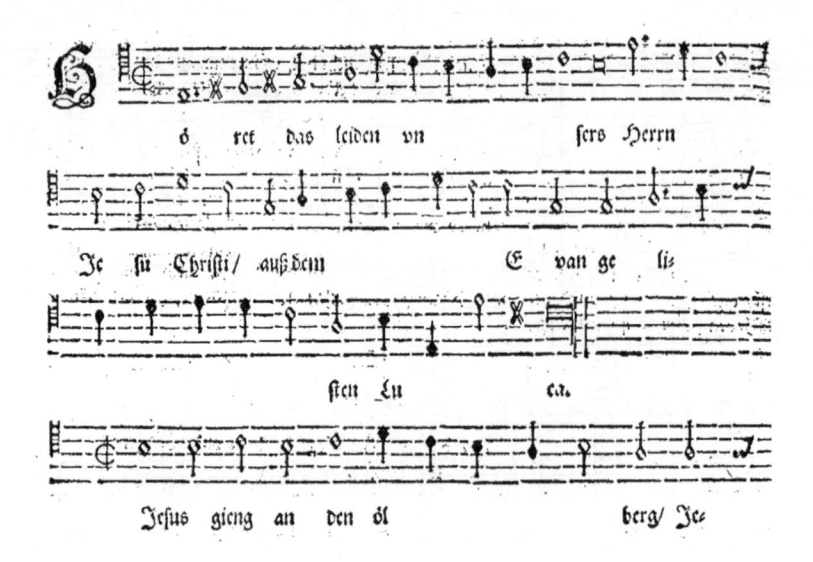

Notenbeispiel 3

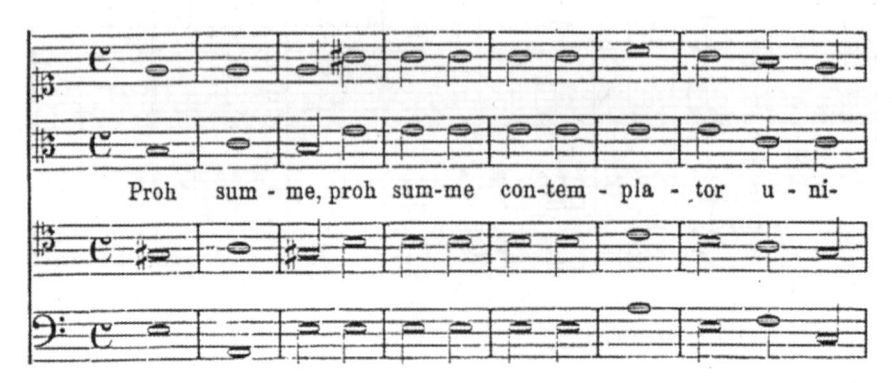

6. De Homicidio.

Notenbeispiel 4

Notenbeispiel 4 (Fortsetzung)

60 Joachim von Burcks Odae sacae (1572)

Notenbeispiel 5

Notenbeispiel 6

Notenbeispiel 6 (Fortsetzung)

Notenbeispiel 7

64 Joachim von Burcks Odae sacae (1572)

Notenbeispiel 8

Notenbeispiel 9

Notenbeispiel 10

Notenbeispiel 10 (Fortsetzung)

Alte Techniken als Impuls zur Innovation?
Felix Mendelssohn Bartholdy und Johann Sebastian Bach

Gegenstand dieses Beitrags ist Mendelssohns *Klavierfuge* op. 35, 1, die in einer Zeit entstand, als der Komponist sich intensiv mit Bachs *Matthäus-Passion* beschäftigte, und die das Spannungsverhältnis zwischen alten Techniken und zeitgenössischem Musikdenken im frühen 19. Jahrhundert exemplarisch deutlich werden läßt. Vorangestellt ist ein Überblick über die Bach-Rezeption in den ersten dreißiger Jahren des 19. Jahrhunderts, die am Beispiel dreier Positionen veranschaulicht wird.

I

Als Felix Mendelssohn Bartholdys Sammlung von sechs *Präludien und Fugen* op. 35 1837 im Druck erschien, hat Robert Schumann ihr eine ausführliche und begeisterte Besprechung gewidmet. An den Anfang stellt er drei Positionen der Auseinandersetzung mit Bach bzw. mit alten Techniken:

„Ein Sprudelkopf [...] definirte den Begriff ‚Fuge' meisthin so: ‚sie ist ein Tonstück, wo eine Stimme vor der anderen ausreißt – und der Zuhörer vor allen', weshalb er auch, wenn dergleichen in Concerten vorkamen, laut zu sprechen und noch öfters zu schimpfen anfing. Im Grunde verstand er aber wenig von der Sache und glich nebenbei dem Fuchs in der Fabel, d. h. er konnte selbst keine machen, so sehr er sich's auch heimlich wünschte. Wie anders definiren freilich die, die's können, Cantoren, absolvirte Musikstudenten und dgl. Nach diesen hat ‚Beethoven nie eine Fuge geschrieben, noch schreiben können, selbst Bach sich Freiheiten genommen, über die man nur die Achseln zucken könnte, die beste Anleitung gäbe allein Marpurg' usw. Endlich, wie anders denken Andere, ich z. B., der ich stundenlang schwelgen kann in Beethoven'schen, in Bach'schen und Händel'schen und deshalb immer behauptet, man könne, wässrige, laue, elende und zusammengeflickte ausgenommen, keine mehr machen heut zu Tage, bis mich endlich diese Mendelssohn'schen wieder etwas beschwichtigt."[1]

Die erste Position, die des „Sprudelkopfes", reicht weit ins 18. Jahrhundert zurück – bis zu Johann Adolf Scheibe, der Bach 1737 in seinem *Critischen Musicus* vorgeworfen hatte, seine Satztechnik mache „den Gesang durchaus unvernehmlich" und streite „wider die Natur".[2] Andere Autoren, auch wenn sie sich nicht direkt auf Scheibe beziehen, äußern ihre Bedenken gegen Kontrapunktik, indem sie Bachs Melodiebildung „sonderbar" nennen und statt dessen Sanglichkeit, Rührung, Empfindung, Natürlichkeit, auch Popularität fordern. Dies sind die zentralen Schlagworte in der musikalischen Ästhetik des ausgehenden 18. Jahrhunderts – man findet sie in zahlreichen Formulierungen, so z. B. in Johann Adam Hillers *Lebensbeschreibungen berühmter Musikgelehrter und Tonkünstler* (1784), einer der ersten biographischen Notizen über Bach, die viel zitiert wurde und auch in Lexikonartikel der Zeit eingegangen ist. Vereinfachend betrachtet, wird daraus im 19. Jahrhundert die Anschauung, daß die Fuge eine veraltete Gattung sei, die – wie z. B. bei Hector Berlioz – allenfalls zur Karikatur tauge.

Die zweite Position, die der Kantoren und absolvierten Musikstudenten, geht auf Künstler wie Friedrich Wilhelm Marpurg, Johann Mattheson, Johann Philipp Kirnberger zurück, die – wie Marpurg es 1752 in seinem Vorwort zur *Kunst der Fuge* formuliert – kontrapunktische Techniken gegenüber „der einreißenden Trödeley eines weibischen Gesanges"[3] durchsetzen wollen. Diese Position wird von zahlreichen Kontrapunktlehrern, auch von Bachs Schülern und Enkelschülern in sofern weitergeführt, als sie die Tradition kontrapunktischer Schulung und besonders des Studiums des *Wohltemperierten Klaviers* als Grundlage einer soliden Musiker- und

---

[1] Robert Schumann: *Gesammelte Schriften über Musik und Musiker*, Reprint der Ausgabe Leipzig 1854, Leipzig 1985, Bd. 2, S. 99 f.
[2] Zit. nach *Bach-Dokumente. Herausgegeben vom Bach-Archiv Leipzig unter Leitung von Werner Neumann*, 3 Bde., Leipzig 1972, Bd. 2, S. 286 f.
[3] *Bach-Dokumente* Bd. 3, S. 16.

Komponistenausbildung bewahren. In der kompositorischen Praxis des 19. Jahrhunderts verkommt diese Position, soweit sie sich z. B. auf Marpurg beruft, laut Schumann zu „wässrigen, lauen, elenden" Fugen.

Die dritte Position, Schumanns eigene, hat sich um 1800 zunächst eher in literarischen Formen herausgebildet. Charakteristisch für diese Position ist die Neubewertung Bachs als Voraussetzung für innovatives Künstlertum. Ich will diese Entwicklung an drei Beispielen verdeutlichen, doch zuvor muß eine andere wesentliche Voraussetzung genannt werden – die Umdeutung Bachs zum Klassiker. Dies geschieht in Johann Nikolaus Forkels 1802 erschienener Bach-Biographie, der ersten Bach-Biographie in Buchform. Im Vorwort heißt es hier:

„Ausgemacht bleibt es, wenn die Kunst Kunst bleiben, und nicht immer mehr zu bloß zeitvertreibender Tändeley zurücksinken soll, so müssen überhaupt klassische Kunstwerke mehr benutzt werden [...]. – Bach, als der erste Klassiker, der je gewesen ist, und vielleicht seyn wird, kann hierin unstreitig die besten Dienste leisten."[4]

Das Studium Bachscher Musik, d. h. auch kontrapunktischer Techniken, steht hier nicht mehr nur für solides Handwerk, das es zu bewahren und zu tradieren gilt, wie noch bei Marpurg; Bachs Musik ist nun zu einem absolut gesetzten Bildungsgut geworden, gegenüber dem die Kunst der Gegenwart arm sei, wie Forkel weiter ausführt, und das man sich, ebenso wie die Werke der Antike erarbeiten müsse. Die Pflege klassischer Kunst bedeutet für Forkel – und das ist die zweite große These in seinem Buch – „eine National-Angelegenheit," Bachs Musik ist ihm „ein unschätzbares National-Erbgut, dem kein anderes Volk etwas ähnliches entgegen setzen kann".[5] In diesem Sinne steht am Schluß seines Buches ein patriotisches Bekenntnis, das auch von einem durch Napoleons Präsenz neu erwachten Nationalgefühl motiviert ist: „Und dieser Mann – der größte musikalische Dichter und der größte musikalische Declamator, den es je gegeben hat, und den es

---

[4] Johann Nikolaus Forkel: *Über Johann Sebastian Bachs Leben, Kunst und Kunstwerke*, Leipzig 1802, Reprint 1968, S. 13.
[5] Forkel, S. 11.

wahrscheinlich je geben wird – war ein Deutscher. Sey stolz auf ihn, Vaterland; sey auf ihn stolz, aber, sey auch seiner werth!"[6] – Ein nachhaltiger Patriotismus, auch bezogen auf Bach, gewinnt erst in den 1870er Jahren, nach der Reichsgründung, Relevanz; die Umdeutung Bachs zum Klassiker aber, und auch der Gedanke, daß seine Kunst der der Gegenwart überlegen sei, und daß man seiner „würdig" werden müsse, haben das Bach-Bild im frühen 19. Jahrhundert wesentlich geprägt.

Nun zu den Beispielen für die Neubewertung Bachs als Voraussetzung für Künstlertum. Sie findet sich erstmals in einer kleinen *Erzählung*, die Johann Friedrich Reichardt 1779 in Berlin veröffentlichte.[7] Hier berichtet er von einem Jüngling, der zur Strafe für eigenmächtiges Improvisieren Bachsche Fugen üben muß, und den diese Musik unerwartet heftig ergreift und begeistert. Dieser Knabe ist offenbar ein wahrer Künstler; dies offenbart sich daran, daß er Bachs Musik als die seine erkennt und daß er mit und dank dieser Musik zu einer selbständigen künstlerischen Position findet.

Die Idee der Entdeckung des eigenen Künstlertums durch Bach hat Friedrich Rochlitz in einem Artikel *Über den Geschmack an Sebastian Bachs Kompositionen, besonders für das Klavier* weiterentwickelt, den er 1803 als fiktiven Brief an einen Freund veröffentlichte. Dieser Text zeigt eine schrittweise Annäherung an Bach; hier wird Bachs Musik – eine eigentlich fremde und veraltete Kunst – systematisch und unermüdlich erarbeitet. Das Verfahren, das Rochlitz beschreibt, ist gleichsam eine praktische Umsetzung von Forkels großem Schlußwort. Rochlitz beginnt mit dem Geständnis, daß auch er einst „gar Vieles in der Ilias langweilig fand, die Vermischung des Komischen und Tragischen im Shakespeare nur mit dem größten Verdruß ertrug, und Goethe's Tasso nur lesen mochte, um schöne Sentenzen daraus abzuschreiben".[8] – Dies ist die von Forkel bekannte Klassiker-These: Homer, den antiken Klassiker, den Klassiker Shakespeare,

---

6 Forkel, S. 95.
7 *Bach-Dokumente* Bd. 3, S. 336 f.
8 *AMZ* ([Leipziger] *Allgemeine musikalische Zeitung*) 1803, Sp. 509.

der erst in den 1780er Jahren in der deutschen Kultur entdeckt und nachhaltig rezipiert wurde, und Goethe, den jüngsten, noch lebenden Klassiker – alle drei muß man sich erarbeiten, erst mit wachsender Reife wird man ihrer würdig, und das gilt auch für Bach. Als Knabe habe Rochlitz widerwillig Bachs Motetten mitgesungen; als pubertärer Jüngling aber – „als ich in die Jahre kam, wo sich mir eine andere Welt allmählig auf-, und mein Organ für den Sopran zuschloß"[9] – entdeckt er, daß diese Musik ihn betroffen macht, zutiefst erschüttert. Anders gesagt, die zuvor als formale Pflichtübung betrachtete Musik Bachs wird nun gleichsam zum Mentor, der den Weg zur persönlichen Reifung, zu wahrem Künstlertum weist. Nach dieser Entdeckung oder Vorahnung habe Rochlitz sich Schritt für Schritt von einfachen Chorälen über Händelsche Fugen bis zum *Wohltemperierten Klavier* emporgearbeitet. – Rochlitz' fiktiver Brief ist getragen von dem Willen, zu Bachs Musik ein positives Verhältnis zu finden, der Musik Bachs „würdig" zu werden; er ist auch getragen von dem Bewußtsein, daß der Weg zu einer neuen, stärkeren Kunst über die Auseinandersetzung mit Bach führen müsse. (Diesen Gedanken hat Rochlitz auch in zwei Artikeln über Mozart formuliert, in denen er veranschaulicht, daß Mozart nicht der sei, der er ist, hätte er nicht Bach kennengelernt.)

Eine dritte Figur in dieser Reihe, gleichsam der große Bruder der beiden Jünglinge, ist der Kapellmeister Kreisler, den E. T. A. Hoffmann 1810 erschaffen hat. Im ersten Stück der *Kreisleriana, Johannes Kreislers, des Kapellmeisters, musikalische Leiden,* läßt Hoffmann seinen Helden eine gutbürgerliche Teegesellschaft, für die Musik und kulinarische Genüsse auf einer Ebene stehen, mit Bachs *Goldberg-Variationen* in die Flucht schlagen.

Gleichsam unter der Kruste der älteren Anschauung, der zufolge Bachs Kunst nur noch zu Studien- und Lehrzwecken, zur Bestrafung eigensinniger Jugendlicher und hier schließlich – in ironischer Verkehrung – zur Rache an einer kunstfeindlichen Umwelt taugt, hat sich ein qualitativ neues Bach-Bild entwickelt: Bachs Musik ist die der Eingeweihten, der Außensei-

---

9 Ebd. Sp. 512.

ter, der wahren Künstler und noch unentdeckten Genies, derer, die die Kunst höher achten als gesellschaftliche Normen, derer auch, die bereit sind, um der Kunst willen Entbehrungen hinzunehmen.

Hinzu kommt, gleichfalls schon bei E. T. A. Hoffmann, eine radikale Umdeutung kontrapunktischer Techniken hin zu einer hermetischen Kunst voller Poesie, die nur Eingeweihten zugänglich ist. „Es gibt Augenblicke", bekennt Kapellmeister Kreisler, – „vorzüglich, wenn ich viel in des großen Sebastian Bachs Werken gelesen – in denen mir die musikalischen Zahlenverhältnisse, ja die mystischen Regeln des Kontrapunkts ein inneres Grauen erwecken. Musik! – mit geheimnisvollem Schauer, ja mit Grausen nenne ich dich! – Dich! In Tönen ausgesprochene Sanskritta der Natur! Der Ungeweihte lallt sie nach in kindischen Lauten – der nachäffende Frevler geht unter im eigenen Hohn!"

Um 1820 war Bach, jedenfalls in Norddeutschland, als Klassiker etabliert. Skepsis gegenüber seiner Satztechnik und Melodiebildung, auch die Antithese der Jahrhundertwende zwischen der einzigartigen Harmonik und dem allzu kunstvollen Satz sind aus der musikalischen Presse verschwunden. Bachs Kunst gilt nun als absoluter Wert; die Kunst der Gegenwart wird ihr gegenüber als schwach betrachtet. Bachs Kontrapunkt gilt nicht mehr als veraltet, sondern wird – etwa bei E. T. A. Hoffmann, bei Carl Maria von Weber und später bei Schumann – als musikalische Poesie gedeutet. Schumann wählte dafür die Metapher, „daß Einzelne wenigstens noch Blumen auf dem Felde ziehen, wo er [Bach] einst so riesenarmige Eichenwälder angelegt".[10] Der Weg zu wahrem Künstlertum führt nun unbedingt über die Auseinandersetzung mit Bach. Zugleich aber bleibt Bachs Kunst noch die der Eingeweihten; daß er auch populär werden kann, zeigte sich erst in den 1830er Jahren im Zusammenhang mit der Wiederaufführung der *Matthäus-Passion*. Diese Wiederaufführung fand am 11. März 1829 unter Mendelssohns Leitung statt – sie wurde zu einem epochalen Ereignis, das die Kunstwelt erschütterte und die Entwicklung mehrerer Komponistengenerationen prägte.

---

10 Schumann: *Gesammelte Schriften*, Bd. 2, S. 100.

Ein paar Worte zur Vorgeschichte: 1791 hatte Karl Friedrich Fasch die Berliner Singakademie gegründet und hier regelmäßig auch Bachsche Chorwerke, darunter einige Motetten aufgeführt. Nach Faschs Tod 1800 übernahm Carl Friedrich Zelter die Leitung und setzte diese Tradition fort. Aus den Probenbüchern weiß man, daß Zelter im Juni 1815 erstmals einzelne Nummern aus der *Matthäus-Passion* in kleinem Kreise geprobt hat. An eine Aufführung solcher Fragmente oder gar des ganzen Werkes dachte Zelter jedoch nicht. Im Gegenteil, er soll die *Matthäus-Passion* als „borstig" bezeichnet haben. Am 1.10.1820 wurden die Geschwister Felix und Fanny Mendelssohn Bartholdy Mitglieder der Singakademie; Felix war damals elf, Fanny 15 Jahre alt. Zugleich erhielten die Geschwister bei Zelter Theorieunterricht. Die erste pianistische Ausbildung hatte die Mutter betreut – eine Schülerin Kirnbergers, der Bachs Schüler gewesen war.

Eduard Devrient, damals junger Tenor an der Berliner Oper und Mitglied der Singakademie, später ein gefeierter Wagner-Interpret, hat über die Vorbereitung der *Matthäus-Passion* ausführlich berichtet.[11] Selbst wenn er seine eigene Rolle überzeichnet haben sollte, ergibt sich doch ein insgesamt glaubwürdiges Bild, das etwa so aussieht: Die Proben unter Mendelssohn begannen im Winter 1827 unabhängig von Zelters Probenarbeit. Teilnehmer waren hauptsächlich junge Leute aus der Singakademie. Mendelssohn übte im Gegensatz zu Zelter nicht einzelne Nummern, sondern größere Zusammenhänge, so daß sich recht bald ein Eindruck des dramatischen Verlaufs ergab. Als der Gedanke einer öffentlichen Aufführung schließlich immer mehr in den Vordergrund rückte, holten die jungen Leute Zelters Erlaubnis ein. In Devrients Darstellung ergibt sich folgende Perspektive: Zelter ist ein alter Meister, er wird verehrt, etwas gefürchtet und etwas belächelt ob seiner altmodischen Anschauungen. Mendelssohn und Devrient, der eine 18, der andere 27 Jahre alt, sind zwei jugendliche Hitzköpfe, die eine phantastische – man könnte auch sagen: „verrückte" – Idee vortra-

---

11 Eduard Devrient: *Meine Erinnerungen an Felix Mendelssohn Bartholdy und seine Briefe an mich*, Leipzig ²1872; auch seine Frau Wilhelmine Schröder-Devrient, gleichfalls Sängerin, hat darüber berichtet (*Jugenderinnerungen*, Stuttgart 1905).

gen. Für die beiden ist ihr Plan ganz selbstverständlich, für Zelter dagegen vollkommen unmöglich, unerhört, undurchführbar, wider allen Kunstverstand und letztlich nur ein Zeugnis der Unreife der beiden. Schließlich lenkt Zelter ein und erlaubt auch, daß seine Singakademie mitwirken darf. Wie sehr Devrient auch ausschmücken und überzeichnen mag: Die Wiederaufführung stand im Zeichen eines Generationskonflikts, in dem unterschiedliche ästhetische Positionen konfrontiert wurden. Zelters Bach war der der Motetten, der kleinen Kirchenkonzerte und der pädagogisch wertvolle. Bach und seine *Matthäus-Passion* dagegen waren Sache der jungen, experimentierfreudigen Generation und auch: die Wiederaufführung war ein Wagnis gegen fest etablierte Konventionen. Mendelssohn und Devrient vertraten die Gruppe der Kunstjünger und „wahren" Künstler; der Kapellmeister Kreisler ist gleichsam ihr Ahne.

Das Wagnis, die *Matthäus-Passion* aufzuführen, konnte u. a. deshalb gelingen, weil erstens die Presse für Bach Position bezogen und ein allgemeines Klima für Bach geschaffen hatte, weil zweitens Adolf Bernhard Marx das Projekt mit einer gezielten „Pressekampagne" förderte,[12] weil drittens Sänger-Solisten, Mitglieder des Berliner Opernhauses, zu dem Projekt standen, weil viertens Mendelssohn und Devrient das Risiko eingingen, den Saal der Singakademie auf eigene Rechnung zu mieten – der Vorstand identifizierte sich nicht mit dem Projekt –, weil fünftens bei den Choristen, zumal bei den Jungen, das Gefühl und der Wunsch bestanden haben muß, bei einem außergewöhnlichen Ereignis dazuzugehören – wer nicht mitsingt, grenzt sich aus –, und sechstens schließlich weil Berlin eine modesüchtige Stadt war: die allgemeine Begeisterung für Bach stand auf einer Linie mit der gleichzeitigen Begeisterung für Paganinis unerhörtes Spiel und für Rossinis Opern; anders gesagt: Bachs *Matthäus-Passion* kam in einer Phase, in der sie als gleichsam exotischer Modeartikel rezipiert werden konnte. Dieser soziologische Aspekt sollte nicht außer acht gelassen werden: man

---

12 Vgl. dazu Martin Geck: *Die Wiederentdeckung der Matthäus-Passion im 19. Jahrhundert. Die zeitgenössischen Dokumente und ihre ideengeschichtliche Deutung* (= *Studien zur Musikgeschichte des 19. Jahrhunderts*, Bd. 9), Regensburg 1967.

sprach von dem Ereignis, es gehörte zum guten Ton, über die *Matthäus-Passion* informiert zu sein. Die Aufführung am 11. März 1829 war ein so überwältigender Erfolg, daß das Werk noch zweimal wiederholt wurde. In den nächsten Jahren folgten Einstudierungen in zahlreichen Städten, zunächst in Norddeutschland, seit den 1840er Jahren auch im Süden und im Ausland. Zugleich entdeckte man die anderen großen Chorwerke, die *Johannes-Passion*, die *h-Moll-Messe*, das *Magnificat*, für den Konzertsaal. Seit jener Zeit sind Bachs Werke – dank Mendelssohn – im Musikleben integriert.

II

Die Sammlung von sechs *Präludien und Fugen,* die Schumann 1837 zum Anlaß für eine Typologie der Auseinandersetzung mit Bach diente, hat Mendelssohn gegenüber Ferdinand Hiller mit den Worten „me voilà perruque"[13] kommentiert – eine Formulierung, die ironische Selbstdistanz deutlich werden läßt und das Wissen darum, daß hier mehr als eine Rückkehr zu alten Techniken verwirklicht ist. Die erste und zugleich kühnste der Fugen entstand bereits 1827, in der Zeit, als Mendelssohn mit der Einstudierung der *Matthäus-Passion* begann und in einer Phase intensiver Auseinandersetzung mit kontrapunktischen Techniken.[14]

Das Thema mit den exponierten Tritoni und verminderten Dreiklängen, die Seufzermotive im zunächst beibehaltenen Kontrapunkt und auch die ersten beiden Durchführungen lehnen sich eng an das Vorbild Bachscher

---

13 Brief vom 10.1.1837, in: Paul und Carl Mendelssohn Bartholdy (Hrsg.): *Briefe aus den Jahren 1830 bis 1847 von Felix Mendelssohn Bartholdy*, 2 Bde., Leipzig 1863, Bd. 2, S. 137 f.

14 Die Beschäftigung mit alten Techniken läßt sich durchweg in Mendelssohns vokaler Kirchenmusik, in seinen Orgelwerken, in zahlreichen Klavierstücken und in mancher Kammermusik nachweisen – beginnend 1821 mit den *15 Fugen für Streichquartett*, endend 1847 mit den *Drei Motetten* op. 69. Phasen vermehrter Auseinandersetzung mit Fugenkomposition fallen in die Zeit um die Wiederaufführung der *Matthäus-Passion* bis zur Vollendung des *Paulus* (Nr. 3 und Nr. 5 der *Sieben Charakterstücke* op. 7, 1827, der langsame Satz des *a-Moll-Streichquartetts* op. 13, 1827, die Finali des *Oktetts* op. 20, 1825 und des *Streichquintetts* op. 18, 1826, *Drei Präludien und Fugen* für Orgel op. 37, 1836/37) und in die Entstehungszeit des *Elias* (*Sechs Sonaten* für Orgel op. 65, 1844/45, *Orgelfuge* B-Dur, 1845, zahlreiche geistliche Chorwerke).

Fugen an. Die Vortragsanweisung „Andante espressivo", die exakt festgelegte Artikulation und die differenzierte Dynamik machen meines Erachtens nicht „den neuen Charakter der Fuge aus", wie Wolf Konold sagt,[15] sondern sie orientieren sich gleichfalls an Bach, genauer an den seit Anfang des 19. Jahrhunderts verbreiteten Ausgaben des *Wohltemperierten Klaviers*, von denen Carl Czernys die prominenteste war. Der Habitus eines lyrisch-poetischen Klavierstücks oder eines Charakterstücks – wie Fugen bei Mendelssohn, Schumann und anderen gelegentlich überschrieben sind – entspricht dem Geschmack der Zeit und ihrem Bach-Verständnis. Die Intervallstruktur des Themas hat R. Larry Todd unter Berufung auf die Erinnerungen des Pastors Julius Schubring als programmatischen Ausdruck der Trauer um einen 1827 gestorbenen Freund Mendelssohns und als Abkehr von alten Vorbildern gedeutet.[16] Dem ist entgegenzuhalten, daß verminderte Dreiklänge, Chromatik und Seufzermotive generelle, auch in Bachs Melodik gebräuchliche Topoi der Klage und Trauer sind.

Zwei weitere Durchführungen sind mit ständig anwachsender Dynamik, der Beschleunigung des Tempos und den hinzukommenden Sechzehntelfigurationen als Überleitung zum zweiten großen Formteil (Takt 41 ff.) gestaltet, dem die Umkehrung des Themas zugrundeliegt. Diese Möglichkeit der Kontrastbildung findet man gelegentlich bei Bach und auch in Mendelssohns Fugen;[17] außergewöhnlich ist hier die Konsequenz, mit der der Kontrast formuliert wird. Das Thema erscheint nicht nur in Umkehrung, es steht außerdem in Dur, ist staccato statt legato und durchweg im Forte statt im Piano vorzutragen. Außergewöhnlich ist auch die harmonische Einführung. Sie geschieht über eine Kadenz in die Dominanttonart h-Moll, zugleich aber bewirkt der exponierte Baßschritt *fis – g* einen Trugschluß. Der Akkord *g – d – fis – h* sollte nicht als h-Moll-Dreiklang mit

---

15 Wulf Konold: *Felix Mendelssohn Bartholdy und seine Zeit*, Laaber 1984, S. 147.
16 R. Larry Todd: *„Me voilà perruque": Mendelssohn's Six Preludes and Fugues op. 35 reconsidered*, in: *Mendelssohn Studies*, hg. von R. Larry Todd, Cambridge 1992, S.162–199, hier S. 192 f.
17 Das prominenteste Beispiel sind die sogenannten „Gegenfugen" in der *Kunst der Fuge*; bei Mendelssohn z. B. in op. 35, 3 und öfter.

hinzugefügter Sexte oder gar als G-Dur-Dreiklang mit großer Septime verstanden werden, sondern als das Zusammenklingen zweier Auflösungen, der in die neue Tonika (h-Moll) und der in deren Trugschluß (G-Dur). Das Tonartenverhältnis zwischen erstem und zweitem Formteil und auch der Kontrast zwischen beiden Themengestalten läßt an die Formverhältnisse in Sonatensätzen denken. Daß diese Assoziation nicht ganz von der Hand zu weisen ist, bestätigt der weitere Verlauf. In Takt 56 ff., einem Abschnitt mit Überleitungscharakter, wird das Fugenthema fragmentiert, in Sequenzen, Fortspinnungen und Abspaltungen verarbeitet. Solche Verfahren findet man in Bachschen Zwischenspielen und gelegentlich als Steigerungseffekt in Schlußbildungen; der jüngere Bezugspunkt für diesen Abschnitt aber sind für klassische Sonatensätze typische Durchführungstechniken. Auch in Takt 73 ff. durchdringen sich Prinzipien von Sonatensatz und Fuge. Die Wiederkehr des Themas in e-Moll (zunächst in C-Dur harmonisiert) und die Integration der Umkehrungsgestalt in die Haupttonart verleihen diesem Abschnitt den Charakter einer Reprise im Sonatensatz; der ausgedehnte Dominantorgelpunkt (Takt 83–89) mit dem akkordisch gesetzten Thema darüber ist zugleich ein geläufiges Modell in Bachschen Fugen. Die Ambivalenz zwischen beiden Formmodellen bleibt offen; Mendelssohn läßt noch zwei weitere Abschnitte folgen, die weder mit einem Sonatensatz noch mit einer Fuge in direkter Beziehung stehen.

Ein ferner Bezugspunkt für die mit „Choral" überschriebene Apotheose mögen Bachs kontrapunktische Choralbearbeitungen sein, an denen Mendelssohn sich später in seinen Orgelsonaten (op. 65; 1844/45) orientiert hat (siehe Notenbeispiel 1, Anhang 2).

Dieser merkwürdige Choral gliedert sich wie ein protestantisches Kirchenlied gleichsam in Verszeilen; die erste erinnert an die Melodie „Was mein Gott will, das g'scheh' allzeit", die folgenden wirken wie eine korrumpierte Variante des Luther-Chorals „Ein feste Burg ist unser Gott".

Mendelssohn war von früher Kindheit an mit dem protestantischen Liedgut vertraut, und er hat den Luther-Choral in der 1828/29 entstandenen sogenannten „Reformationssymphonie" nach der bekannten Form verarbeitet; man darf daher sowohl ausschließen, daß er aus ungenauer Kenntnis falsch zitiert, als auch, daß möglicherweise eine damals im Berliner Raum verbreitete, zersungene Choralvariante zugrunde liegt. Was hier erklingt, ist ein fiktiver Choral, in den deutlich erkennbare Fragmente aus Luthers „fester Burg" wie Bruchstücke aus einer fernen Erinnerung eingearbeitet sind.

In der kleinen Coda kehrt das Fugenthema wieder, nun in Dur und als kantable, periodisch gegliederte Melodiestimme; der ursprüngliche Kontrapunkt ist in begleitende Akkorde verwandelt. Wulf Konold hat Recht, wenn er diese Coda ein „Lied ohne Worte" nennt.[18]

Wenn von der Auseinandersetzung mit Bachs Musik, besonders mit seinen Fugen, tatsächlich ein Impuls zur Innovation ausgeht, wie ihn Reichardt, Rochlitz und E. T. A. Hoffmann um die Wende zum 19. Jahrhundert literarisch vorausnahmen, dann hat er in dieser Fuge Gestalt gewonnen, und zwar in umfassenderer Weise, als Mendelssohn selbst möglicherweise bewußt war: Die Fuge beginnt mit einem Stilzitat in Anlehnung an Bach und an die poetisierende Bach-Interpretation der Zeit. Die Sonatensatzform, deren Prinzipien im weiteren Verlauf die der Fuge durchdringen, gehört 1827 – in Beethovens Todesjahr – gleichfalls bereits zur Geschichte.[19] Unmittelbar greifbar wird historische Distanz in dem bruchstückhaft zitierten Luther-Choral als Apotheose. In den letzten zehn Takten findet das Fugenthema gleichsam in die Gegenwart und zu sich selbst, indem es sich in ein lyrisch-poetisches Klavierstück verwandelt. Die Gattung, als deren Schöpfer und „Klassiker" Mendelssohn in die Geschichte einging, ist das „Lied ohne Worte". Das erste der insgesamt acht Hefte der *Lieder ohne Worte* entstand 1830, drei Jahre nach der Fuge, die zur Verwirklichung dieser Idee beigetragen hat.

---

18 Konold, S. 150.
19 Beethoven starb am 27. März 1827; Mendelssohns Fuge datiert vom 16. Juni 1827.

Anhang I
Daten und Stichworte zur Bach-Rezeption von 1750 bis 1900

1751/52   erscheint die *Kunst der Fuge* im Druck, mit einem programmatischen Vorwort von Friedrich Wilhelm Marpurg.

1754   erscheint die erste biographische Notiz: der Nekrolog, verfaßt von J. F. Agricola und C. Ph. E. Bach, in: Mizlers *Musikalische Bibliothek,* Bd.3, Teil 1, Leipzig (Nachdruck im Bach-Jahrbuch 1920) – Dieser Nekrolog und Briefe von C. Ph. E. Bach bilden die Grundlage für die späteren Biographien.

1784   J. A. Hiller: *Lebensbeschreibungen berühmter Musikgelehrter und Tonkünstler,* Leipzig – Hillers Bach-Würdigung wird bis ins 19. Jahrhundert hinein immer wieder zitiert; sie zeigt die Ambivalenz zwischen Bewunderung der Harmonik, auch Satztechnik und Skepsis gegenüber der „sonderbaren" Melodik.

1793   veröffentlicht Christian Friedrich Schubart einen Bach-Aufsatz (*Deutsche Monatsschrift,* Nachdruck in den *Ideen zu einer Ästhetik der Tonkunst,* Wien 1806, verfaßt bereits 1784/85) – Bach „war ein Genie im höchsten Grade", „unstreitig der Orpheus der Deutschen", Vergleich mit Newton.

seit 1798   gibt Friedrich Rochlitz in Leipzig die *Allgemeine musikalische Zeitung* heraus, hier erscheinen regelmäßig Aufsätze zu Bach.
– In der Zeit zwischen 1750 und 1800 erscheinen strenggenommen keine Werke von Bach im Druck; de facto veröffentlicht werden Ausschnitte aus Werken in theoretischen Abhandlungen zur Demonstration kontrapunktischer Sachverhalte – d. h. Werkauszüge als Notenbeispiele –, gelegentlich auch komplette Fugen, meist aus dem *Wohltemperierten Klavier,* oder komplette andere Stücke als Beispiele in Lehrwerken; einzelne Stücke gelegentlich in Sammelbänden (dazu M. Schneider, *Bach-Jahrbuch* 1906); vierstimmige Choräle (aus den Kantaten und Oratorien) in zwei Teilen, Berlin 1765 und 1769 (Birn-

stiel), zweite, vermehrte Auflage Leipzig 1784–1787 (Breitkopf), dritte Auflage Leipzig 1834. – Über Schüler und „Enkelschüler" wird Bachs Musik und die Pflege seiner Werke weitergetragen – Chr. G. Neefe in Bonn an Beethoven, Kirnberger in Berlin an Zelter und Mendelssohn, Podbielski in Königsberg an E. T. A. Hoffmann, Baron van Suiten, der als Diplomat in Berlin war, an Mozart.

1802 veröffentlicht Johann Nikolaus Forkel die erste Biographie in Buchform: *Über Johann Sebastian Bach's Leben, Kunst und Kunstwerke. Für patriotische Verehrer echter musikalischer Kunst* (Leipzig). Als Quellen dienen der Nekrolog, Hillers Artikel und Briefe von C. Ph. E. Bach; Hintergrund für die laut Forkel übereilte und knapp gehaltene Publikation war eine geplante Bach-Gesamtausgabe, die aber nicht zustande kam.

Im Umfeld der Forkel-Biographie erschienen im Druck (bis 1828) – diverse Ausgaben des *Wohltemperierten Klaviers* – bis dahin war es in Abschriften verbreitet worden: Schwenke und Neefe, Bonn 1801 – Nägeli, Zürich 1801, insgesamt mindestens 26 verschiedene Ausgaben zwischen 1801 und 1852 Sammelausgaben der Klavierwerke: 14 Hefte, Leipzig und Wien 1800–1806 (Hoffmeister & Kühnel) – *Oeuvres pour le clavecin*, Leipzig 1817–1830 (Peters) – *Edition nouvelle* in 16 Heften, Leipzig 1837–1851; *Kunst der Fuge*: Pleyel, Paris 1801 – Nägeli, Zürich 1802; *Goldberg-Variationen*: Wien 1802; *Motetten*, 2 Hefte, Leipzig 1803; *sechs Violinsonaten*, Nägeli, Zürich 1804 – Hug, Paris 1828; *Chromatische Fantasie und Fuge*: Kollmann, London 1806 – Griepenkerl, Leipzig 1819; *drei Sonaten für Violine solo*, Bonn 1809; *Magnificat* (Fassung in Es-Dur), Bonn 1811; *Messe A-dur*, Bonn 1818 *Kantate 80, Ein feste Burg*, Leipzig 1821. Das ist die erste Kantate, die nach Bachs Tod gedruckt wird! *Sechs Suiten für Violoncello allein*, Leipzig 1826, hg. von Dotzauer.

1829 11. März: Wiederaufführung der *Matthäus-Passion* (100 Jahre nach der Uraufführung) unter Mendelssohn Bartholdy in Berlin; Hintergrund: in Berlin war Bachsche Chormusik, insbesondere die Motetten, in einer ungebrochenen Tradition gepflegt worden. – Im Umfeld dieses Ereignisses finden weitere Aufführungen, auch von anderen großen Chorwerken, statt; die Instrumentalmusik dringt in die Konzertsäle vor; es folgen etliche Ausgaben; Bach wird in der musikalischen Presse diskutiert.
Im Umfeld der Wiederaufführung der *Matthäus-Passion* erscheinen im Druck (bis etwa 1851, alle Neuerscheinungen werden in der Presse gewürdigt): *Messe G-Dur*, Bonn 1828; *Matthäus-Passion*, Berlin 1830 (Schlesinger), Klavierauszug von A. B. Marx, ebd. 1830; *Johannes-Passion*, Berlin 1831 (Trautwein), Klavierauszug A. v. C. Hellwig, ebd. 1831; *Kantaten 101–106*, Bonn 1830, hg. von A. B. Marx; *Messe h-Moll*, erster Teil, Nägeli, Zürich 1833, zweiter Teil, Simrock, Bonn 1845; Klavierauszug von A. B. Marx, Bonn 1834 – *Musikalisches Opfer*: Breitkopf & Härtel, Leipzig 1834; weitere Kantaten-Veröffentlichungen: Berlin 1837, hg. von Siegfried Dehn – Berlin 1843–1845 (Trautwein) – in: Winterfeld: *Der evangelische Kirchengesang*, Bd. 3, Leipzig 1847; *Klavierkonzert d-Moll*, Leipzig 1838 (Kistner); Czerny gibt die *Kunst der Fuge* 1838 neu heraus, bis 1850 zehn Auflagen, bis 1874 werden in ca. 25 Auflagen 2695 Exemplare verkauft (vgl. Walter Kolneder: *Die Kunst der Fuge. Mythen des 20. Jahrhunderts*, Wilhelmshaven 1977) *sechs Sonaten für Violine allein*, Leipzig 1843, hg. von F. David – daraus die *Chaconne*: mit Klavierbegleitung von F. W. Ressel, Berlin 1845 – von Mendelssohn Bartholdy, London und Hamburg 1847 – alle *sechs Sonaten* mit Klavierbegleitung von Schumann, Leipzig o. J. *Orgelwerke in 7 Bdn.*, hg. von Griepenkerl und Roitzsch, Leipzig 1844–1847 (Peters) – Einzelausgaben seit 1817; *Konzert a-Moll für Cembalo, Violine, Flöte* – Mainz

1848; *Brandenburgische Konzerte,* Nr.1–4, Leipzig 1850–1851, hg. von S. Dehn.
Anfang der achzehnhundertdreißiger Jahre entwickeln Johann Nepumuk Schelble, Franz Hauser, Moritz Hauptmann und Mendelssohn die Idee einer Bach-Gesamtausgabe; Hauser hatte bereits 1821/22 mit der systematischen Sammlung von Autographen und Abschriften, auch der Erstellung eines *Bach-Catalogs* begonnen.

1843 wird auf Initiative von Mendelssohn ein Bach-Denkmal in Leipzig enthüllt.

1850 wird Bachs 100. Todestag als großes Fest begangen: Gründung einer Bach-Gesellschaft, die die Gesamtausgabe seiner Werke beschließt.1850 erscheint *Johann Sebastian Bach's Leben, Wirken und Werke. Ein Beitrag zur Kunstgeschichte des 18. Jahrhunderts* von C. L. Hilgenfeldt. 1851 bis 1899 erscheint die *Bach-Gesamtausgabe,* Leipzig, in 46 Bänden und einem Supplementband (1932).

1865 *Johann Sebastian Bach,* Biographie in 2 Bänden von C. H. Bitter, 2. Auflage 1881 in 4 Bänden – die erste Monumental-Biographie.

1873 und 1880 *Johann Sebastian Bach* in 2 Bänden von Philipp Spitta – die zweite Monumental-Biographie (nachgedruckt, auch in gekürzten Ausgaben und übersetzt).

1905 *Johann Sebastian Bach, le musicien poète* von Albert Schweitzer, Paris 1905, deutsch Leipzig 1908 – die dritte Monumental-Biographie (erlebte etliche Nachdrucke und Übersetzungen).

1910 *Johann Sebastian Bach* von Philipp Wolfrum, 2 Bde., Leipzig 1910 – die vierte Monumental-Biographie, in programmatischer Absicht „Dr. Richard Strauß" gewidmet.

Anhang II

Notenbeispiel 1. Choral aus op. 35, 1 und mögliche Vorlagen

Notenbeispiel 2, Mendelssohns *Fuge* op. 35, 1

Notenbeispiel 2 (Fortsetzung)

Notenbeispiel 2 (Fortsetzung)

Notenbeispiel 2 (Fortsetzung)

90 Alte Techniken als Impuls zur Innovation?

Notenbeispiel 2 (Fortsetzung)

Was den alten Goethe am jungen Mendelssohn fesselte
Auf den Spuren einer denkwürdigen Begegnung

Vorbemerkung
Dieser kleine Beitrag, der den Genius loci der langjährigen Wirkungsstätte unseres Jubilars in den Mittelpunkt rückt, versteht sich als Extrakt aus Vorarbeiten zu einer größeren Studie *Mendelssohns Ethos in Werk und Wirken*. Über die hier vorgelegte Thematisierung eines speziellen Aspekts daraus wurde auf Bitten der Veranstalter des Mendelssohn-Kolloquiums bereits in Leipzig am 01.11.97 *(Zu Goethes Verhalten gegenüber Mendelssohn)* referiert.
Die Antwort auf die im Titel aufgeworfene Frage kann im gegebenen engen Rahmen zwangsläufig nur kursorisch und in den Belegen zu den Resultaten fragmentarisch erfolgen. Wird der große Einfluß Goethes auf Mendelssohns Denken und Schaffen prinzipiell als ein historischer Fakt angesehen, so soll hier versucht werden, von dem als spektakulär empfundenen Umgang des alten Dichters mit dem jungen Musiker ausgehend, durch Rückschluß erkennbar zu machen, auf welchen Ebenen des geistigen Austauschs diese Einflußnahme vorzugsweise stattfand, durchaus aber auch, wo sich Mendelssohn ihr bewußt verweigerte oder sogar seinerseits zu einer Art „Überzeugungsarbeit" hinsichtlich der Musikanschauung überging. Bei Mendelssohns Aversion gegen bloßes Theoretisieren und Ästhetisieren versteht sich fast von selbst, daß dies insbesondere auf musikpraktische Weise geschah.
Die angestellten Überlegungen anhand von Quellen zur Begegnungsphase und deren Vorgeschichte können im übrigen auch als Kommentar zur These 2 meiner Studie *Mendelssohns Traditionsbewußtsein und dessen Widerschein im Werk* (erschienen im *Dt. Jb. der Mw.* für 1971, Lpz. 1973, S. 34) betrachtet werden.

I

Der Literaturwissenschaftler Claus Träger erwähnt in einer Abhandlung zum Problemfelds „Romantik" – und nicht zufällig in diesem Zusammenhang – Ereignisse und Vorgänge, die Historiographen als ausgesprochene „Ungereimtheiten" ansähen. Einer dieser als widersinnig erscheinenden Sachverhalte bestände darin, daß Goethe „vor Beethoven zurückgeschreckt und in die Arme des jungen Mendelssohn gelaufen[1] sei.

Angesichts eines allgemein festzustellenden Trends sei zunächst der Hinweis erlaubt, daß mit der Trägerschen bildhaften Ausdrucksweise nicht etwa ein homoerotischer Zug gemeint ist, wie ihn Karl Hugo Pruys in seinem Buch *Die Liebkosungen des Tigers*[2] für Goethe nachzuweisen sucht. Mendelssohn wird von diesem Autor übrigens nicht ins Gedankenspiel einbezogen.

Daß Mendelssohn, genau sechzig Jahre jünger als Goethe, für den Dichter eine Art Faszinosum bildete, war gewiß geeignet, auch bei Musikhistoriographen Kopfschütteln hervorzurufen. Verdient jedoch, was sich zwischen 1821 und 1830 in den insgesamt vier Begegnungen des Dichters mit dem zwölf-, dreizehn, sechzehn- und einundzwanzigjährigen Mendelssohn in Weimar zutrug, wirklich, als eine „ungereimte" Episode im Lebensweg Goethes abgetan oder gar in ein kulturhistorisches Kuriositätenkabinett verwiesen zu werden?

Es liegt gewiß nahe, die Hauptwurzel für die ungewöhnliche Art der Zuneigung des greisen Dichters zum jungen Mendelssohn zunächst in der Begeisterung zu suchen, die dessen außergewöhnliches Leistungsvermögen schon im Knabenalter, als Pianist, aber auch schon als schöpferischer Musi-

---

[1] Claus Träger: *Geschichtlichkeit und Erbe der Romantik*, in: *Studien zur Erbetheorie und Erbeaneignung,* Leipzig 1981, S. 273.
[2] Karl Hugo Pruys: *Die Liebkosungen des Tigers. Eine erotische Goethe-Biographie,* Berlin 1977.

ker improvisierend und komponierend in Goethe auszulösen vermochte. Darüber hinaus werden Goethes sichtliche Zeichen tiefer Beglückung durch die Begegnungen mit dem jungen Mendelssohn auf des Dichters – vermeintliche – Einsicht zurückgeführt, Mendelssohns Musikanschauung, wie sie sich auch in dessen Werken niederschlüge, stimme noch weitestgehend mit der eigenen überein – was ja wohl die Trägersche Sentenz auch meint. Diese Vermutung gilt es insbesondere zu prüfen.

Soweit es die Auftritte des Knaben Felix bei der ersten Begegnung betrifft, vermitteln die Berichte von Rellstab, Zelter, Lobe, Adele Schopenhauer,[3] dazu die Briefe Mendelssohns an die Familie,[4] ein ebenso anschauliches wie im ganzen widerspruchsfreies Bild, bei aller gebotenen interpretativen Vorsicht gegenüber den erst viel später aus der Erinnerung aufgezeichneten Berichten.

Aus dem zweiten Brief des Zwölfjährigen verdient für unsere Überlegungen die Stelle festgehalten zu werden:
„Alle Nachmittage macht Goethe das Streicher'sche Instrument mit den Worten auf: ‚ich habe dich heute noch gar nicht gehört, mache mir ein wenig Lärm vor …'."[5]
Hinter der scherzhaften Bemerkung steckt ein durchaus ernster Kern: Für Goethe war – zumindest noch zu diesem Zeitpunkt – textfrei gebotene Instrumentalmusik ein gleichsam inhaltloses, dem Geist keine Richtung gebendes Getön, eben „Lärm". Eine entsprechende Auffassung legt Goethe seinem Helden in *Wilhelm Meisters Lehrjahren* in den Mund:
„Das Instrument sollte nur die Stimme begleiten; denn Melodien,

---

3 Ludwig Rellstab: *Aus meinem Leben*, Berlin 1861, Bd. 2, S. 135–148; Joh. Chr. Lobe: *Ein Quartett bei Goethe. Erinnerung aus Weimars großer Zeit*, in: Gartenlaube, Nr. 1/1867, S. 4–8 (auch Weihnachtsnummer 1867, S. 288–297); Adele Schopenhauer: *Tagebücher*, Bd. 2, Leipzig 1909, S. 113.
4 Felix Mendelssohn Bartholdy: Briefe vom 6. und 10. November 1821, Teilabdruck bei Eric Werner, *Mendelssohn. Leben und Werk in neuer Sicht*, Zürich–Freiburg. i. Br. 1980, S. 44/45.
5 Ebenda, S. 45.

Gänge und Läufe ohne Worte und Sinn scheinen mir Schmetterlingen oder schönen bunten Vögeln ähnlich zu sein, die wir allenfalls haschen und uns zueignen möchten; da sich der Gesang dagegen wie ein Genius gen Himmel hebt und das bessere Ich in uns zu begleiten anreizt."[6]

Denken wir dabei an den Schöpfer von ausgerechnet wortlosen Liedern, wird allein schon der grundlegende Unterschied in einer wesentlichen musikästhetischen Position erkennbar.[7]

Erwähnt sei ferner aus Adele Schopenhauers Aufzeichnungen die Bemerkung, Mendelssohn vereinte damals „zwei seltsam verschiedene Naturen in sich; die eines wilden, fröhlichen Knaben und die eines schon reifen Künstlers."[8] Mit der Bescheinigung eines durchaus altersgemäßen Allgemeinverhaltens, in dem sich der Spaß als „seine zweite Natur" erweist, erhält der in der Literatur hinsichtlich Goethes eigentümlichem „Umgang mit einem Kinde" zuweilen ins Kalkül gezogene Wunderkind-Begriff ein Korrektiv. Goethe und Zelter verwarfen eine derartige Kennzeichnung, waren sich jedoch durchaus der großen Gefahren bewußt, die mit der offenkundigen nervlichen Überreife verbunden sind.[9] Mit dem dubiosen Begriff Wunderkind wird im übrigen auch meist nur eine frappierende musikalisch-technische Fertigkeit benannt, die keine Lebenserfahrung erfordert. Ignaz Moscheles, der den fünfzehnjährigen Mendelssohn erlebte, schrieb in einem Brief:

„Was sind alle Wunderkinder neben ihm? Sie sind eben Wunderkinder und sonst nichts; dieser Felix Mendelssohn ist schon ein reifer Künstler[...]."[10]

---

6 *Wilhelm Meisters Lehrjahre*, 2. Buch, 11. Kap., in: *Goethe, Werke, Weimarer* oder Sophien-Ausgabe 1898, Nachdruck München (dtv) 1987, Abt. I Bd. 21, S. 203–204.
7 In Goethes anthropologischer Sicht waren Instrumente lediglich ein „Surrogat" der Menschenstimme.
8 A. a. O. (Fußnote 3), S. 113.
9 S. hierzu die Berichte (Fußnote 3), am umfänglichsten zitiert und kommentiert bei Eric Werner, a. a. O. (Fußnote 4), S. 39–47.
10 Charlotte Moscheles: *Aus Moscheles Leben*, Leipzig 1872, Bd. 1, S. 93.

Lobe übermittelt aus einem beim ersten Weimarer Besuch Mendelssohns geführten Gespräch mit Goethe dessen Bemerkung:

"Wir haben schon so manches vielversprechende Talent falsche Wege einschlagen und unsere großen Erwartungen täuschen gesehen."[11]

"Falsche Wege?" Nun, Goethe blieb – pauschal gesagt in allen kunsttheoretischen, speziell auch musikästhetischen Fragen unverkennbar ein Kind des späten 18. Jahrhunderts. Das Leitbild Mozart verlor auch für den greisen Goethe nichts an Wert des Absoluten. Schon die Musik der Generation Beethovens, um so mehr die Webers und Schuberts – und nicht zuletzt die Musik von diesem selbst – war ihm zu "elementarisch", zu "melancholisch", zu "gefühlsbetont", oft sogar zu "hypochondrisch".[12]

"Fortschritt" wird von Goethe als schrittweises Fortschreiten, etwa im Hegelschen dialektischen Doppelsinn der Aufhebung des Alten durch das Neue und zugleich im Neuen verstanden. Mendelssohn, der an der Berliner Universität Hegelsche Vorlesungen gehört hatte, mußte Goethe 1830 bei seinem letzten Weimarer Besuch nicht nur von Hegel berichten, sondern ihm, in entsprechender Umsetzung dieser Gedanken in die der Musik eigene Historizität, "von allen verschiedenen großen Komponisten nach der Zeitfolge" vorspielen und "erzählen, wie sie die Sache weitergebracht hätten."[13] Inwieweit das Postulat der Kontinuität, das Mendelssohn sein Leben lang vertreten wird, auf Goethes Einfluß zurückzuführen ist, muß offen bleiben. Jedenfalls wird auch von ihm ein evolutionäres Fortschreiten ebenso bejaht wie ein revolutionärer Bruch verworfen. "Reform" wird bei beiden zu einem Schlüsselwort.[14] Der Zusammenhang einer solchen

---

11 A. a. O. (Fußnote 3), S. 6 bzw. 291.
12 Brief von Goethe an Zelter vom 22. Januar 1808, in: *Briefwechsel zwischen Goethe und Zelter 1799–1832*, hg. von Max Hecker, 3 Bde., Frankfurt am Main 1913, Repr. 1987, Bd. 1, S. 204.
13 Brief vom 25. Mai 1830, in: *Reisebriefe von Felix Mendelssohn Bartholdy aus den Jahren 1830–1832*, hg. von Paul Mendelssohn Bartholdy, Leipzig 1862, S. 8.
14 Vgl. etwa bei Mendelssohn, Brief an seine Schwester Rebekka Dirichlet vom 23. Dezember 1834: "Reformen sind das, was ich in allen Dingen, in Leben und in Kunst und in Politik, und im Straßenpflaster und Gott weiß wo nicht, wünsche und liebe ...", in: *Briefe aus den Jahren 1833–1847 von Felix Mendelssohn Bartholdy*, hg. von Paul und Dr. Carl Mendels-

Grundeinstellung mit ihrer jeweiligen charakterlichen Veranlagung dürfte kaum von der Hand zu weisen sein. Bei Mendelssohns – mit Nietzsche – „halkyonischem", stets auf friedvollen Ausgleich bedachtem Naturell konnte es ihm ebensowenig darauf ankommen, dem „Epochengefühl innerer Zerrissenheit" (Wulf Konold) künstlerischen Ausdruck zu verleihen, wie es Goethe mit seiner „harmonistisch" zu nennenden Mentalität eingefallen wäre, mit Kunst eine ausgesprochene Oppositionshaltung zur gesellschaftlichen Realität zu demonstrieren.

Untersucht man die beiderseitigen, in den verschiedensten Zusammenhängen geäußerten Maximen zu ihrer Lebens- und Kunstanschauung, so läßt sich das Ergebnis auf einen einfachen – auch bei näherer Betrachtung nur in geringem Maße zu modifizierenden und differenzierenden – Nenner bringen: Wo es um spezifisch musikalische Fragen geht, wo kompositionstechnische, musikästhetische Prinzipien im engeren, stilistischen und methodischen Sinne angesprochen werden, triften die Meinungen Goethes und Mendelssohns teilweise deutlich auseinander. [15] Wo es um die philosophische Grundhaltung, um Gesinnung geht – auch dort, wo sie musikalisch relevant wird, die Tonkunst in ihren gesellschaftlichen Funktionen, als Faktor der Erziehung, der gemeinschaftsbildenden Kraft[16] und ihrem ethischen Gehalt zur Diskussion steht –, kann die geistige Verwandtschaft zwischen Goethe und Mendelssohn kaum größer gedacht werden. Um dies zu verstehen, werfen wir einen Blick in die Vorgeschichte der Begegnungen.

---

sohn Bartholdy, Leipzig 1864, S. 72; vgl. bei Goethe, Gespräch mit Eckermann vom 4. Januar 1824, in: *Gespräche mit Goethe*, hg. von H. H. Houben, Leipzig 1948, S. 435.

15 Über die unten – Abschnitt IV und V – zur Sprache kommenden (unterschiedlichen) Auffassungen zum Wort-Ton-Verhältnis und zur Bewertung (textloser) Instrumentalmusik hinaus kann im gegebenen engen Rahmen keine weitere differenzierte Behandlung der komplexen musikästhetischen Problematik erfolgen. Hingewiesen sei hinsichtlich der beiderseitigen Einstellungen zur Instrumentalmusikästhetik auf die Arbeit von Thomas Christian Schmidt, *Die ästhetischen Grundlagen der Instrumentalmusik Felix Mendelssohn Bartholdys*, Stuttgart 1996, zur Liedästhetik auf das Kapitel XIII in der Mendelssohn-Biographie von Wulf Konold (Fußnote 17).

16 Die sozialisierende Kraft der Musik, von der Goethe insbesondere in der „Pädagogischen Provinz" seines Erziehungsromans *Wilhelm Meisters Wanderjahre* spricht, war für Mendelssohn ein ethischer Leitgedanke seiner Musikästhetik.

II

Wohlbegründet läßt W. Konold die Chronik in seiner Mendelssohn-Biographie[17] – anders als üblich in der Reihe *Große Komponisten und ihre Zeit* – nicht mit dem Geburtsjahr, sondern achtzig Jahre früher mit der Jahreszahl 1729 beginnen. Es ist eben nicht nur das Geburtsjahr Lessings, den Mendelssohn nicht anders als Goethe hoch verehrte, und das Entstehungsjahr der vom zwanzigjährigen Mendelssohn genau hundert Jahre später recht eigentlich erst zu geschichtlichem Leben erweckten Matthäus-Passion J. S. Bachs. Es ist auch, für den Enkel primär, das Geburtsjahr von Mendelssohns Großvater Moses. Dessen überragende Vorbildwirkung hinsichtlich Lebensführung und Denkweise versteht im Grunde erst, wer sich mit dessen unglaublich steinigem und dennoch am Ende zu höchsten geistigen und moralischen Höhen gelangendem Lebensweg vertraut gemacht hat.[18] Wir müssen uns hier begnügen, dafür H. Heine gleichsam resümierend sprechen zu lassen. In seiner Schrift *Zur Geschichte der Religion und Philosophie in Deutschland* heißt es, wo er sich mit den Denkkategorien der sogenannten Popularphilosophen befaßt:

„[...] das sittliche Bewußtseyn ist die einzige Quelle ihrer Erkenntniß [...] In der Religion sind sie Razionalisten. In der Politik sind sie Weltbürger. In der Moral sind sie Menschen, edle, tugendhafte Menschen, streng gegen sich selbst, mild gegen Andere."[19]

Für diese Charakterzüge und Persönlichkeitsmerkmale, an denen die enge Verflechtung von Philosophie, Religion und Ethik besondere Beachtung verdient, wird anschließend als erster der „ausgezeichnetsten" Moses Mendelssohn aufgeführt. Eigenschaften werden hier benannt, die uns nun in geradezu exemplarischer Weise auch bei seinem Enkel Felix entgegentreten.[20]

---

17 Wulf Konold: *Felix Mendelssohn Bartholdy und seine Zeit,* Laaber 1984.
18 Die Biographie von Eric Werner (a. a. O., Fußnote 4) enthält wichtige Fakten hierzu im Kapitel 1: *Das Erbe der Ahnen,* dazu bibliographische Hinweise im Literaturverzeichnis.
19 In: Heinrich Heine, *Historisch-kritische Gesamtausgabe der Werke.* hg. von M. Windführ, Stuttgart 1979, Bd. 8/1, S. 70–71.
20 Vgl. auch die Einschätzung Schumanns in seinen *Erinnerungen an Felix Mendelssohn Bartholdy. Nachgelassene Aufzeichnungen von Robert Schumann,* hg. von G. Eismann, Zwickau 1948. Darin finden sich Stichworte, die Heines Kennzeichnung der Popularphilosophen

Was dabei über die religiöse Grundhaltung gesagt wird, läßt sich aber durchaus auch für Goethe feststellen. So war eine entscheidende Erkenntnis, die Lessing von seinem Freund Moses Mendelssohn zuteil wurde, auch Goethe vertraut: Der „jüdische Sokrates" – wie Moses Mendelssohn von seinen Kennern und Verehrern genannt wurde – erhob gegen jeden Fanatismus, wohlgemerkt: auch unter den eigenen Glaubensbrüdern, Anklage. In der Ringparabel von Lessings *Nathan der Weise* verlieh der Dichter bekanntlich der ethischen Grundhaltung seines Freundes das dichterische Gewand: Die Träger aller drei Ringe (d. h. Religionen: Judentum, Islam, Christentum) verletzen wahres sittliches Verhalten, machen sich letztlich der Inhumanität schuldig durch den Anspruch alleiniger Rechtmäßigkeit des Glaubens.

Moses Mendelssohn hat – was kaum über enge Fachkreise hinaus bekannt sein dürfte – deshalb nichts so gehaßt wie den Begriff „Toleranz". Für ihn war „Toleranzgleisnerei noch gefährlicher als offene Verfolgung."[21] Er verband mit diesen Worten „nicht Weisheit und Nächstenliebe, sondern die effektivste Methode der Judenbekehrung."[22] Und Goethe? In seinen Maximen und Reflexionen heißt es: „Toleranz sollte eigentlich nur eine vorübergehende Gesinnung sein: sie muß zur Anerkennung führen. Dulden heißt beleidigen."[23]

Die gleichsam doppelte geistige Väterschaft Goethes und Moses Mendelssohns für dessen Enkel erschwert – oder macht es sogar unmöglich –, dessen Gesinnungsmerkmale in klarer Trennung auf einen von beiden zurückzuführen.

---

genau entsprechen, z. B.: „Strengste Erfüllung s. Pflichten gegen Gott und Menschen" (S. 14); „Selbstkritik, die strengste, gewissenhafteste, die mir je an e. Künstler vorgekommen" (S. 8); „Glück- u. Segen verbreitend überall" (S. 9).
21 Brief Moses Mendelssohns an Herz Homberg, 4. Oktober 1783; zit. in: E. Werner, a. a. O. (Fußnote 4), S. 549.
22 Selma Stern-Täubler: *The First Generation of Emancipated Jews,* in: *Yearbook XV of the Leo Baeck Institute,* London 1970, S. 21, zit. in E. Werner, a. a. O. (Fußnote 18), S. 19.
23 Nr. 877, Ausgabe Dieterich, hg. von W. Hoyer, Leipzig 1953, S. 145.

Eine weitere Feststellung, die dem Verhalten Goethes dem jungen Musiker gegenüber schon von der ersten persönlichen Begegnung an ein besonderes Gepräge geben mußte, betrifft den ungemein hohen Stellenwert, der im geistigen Leben der Familie Mendelssohn Goethe beigemessen wurde. Eine einzige Briefstelle möge die kaum zu steigernde Hochachtung charakterisieren. In einem an Karl Friedrich Zelter gerichteten Brief – er bildet übrigens den Auftakt zum freundschaftlichen Verkehr zwischen diesem und Goethe – schrieb Vater Abraham, einundzwanzigjährig, aus Frankfurt am Main, er habe „einen Menschen gesehen, der mir eine Menschheit wert war, Goethe."[24] Ostentativer kann sich kaum die fast religiös zu nennende Verehrung Goethes äußern. In sie war aber auch Felix gleichsam von Kindesbeinen an im Hause Mendelssohn eingebunden. Diese ehrfurchtvolle Haltung gegenüber dem Weimarer „Dichterfürsten" war für weiteste Kreise des Bürgertums in der Zeit der Begegnungen keineswegs die Regel, im Gegenteil recht ungewöhnlich. Hatte sich doch Goethe vor allem dadurch unbeliebt gemacht, daß er sich dort, wo man patriotische Töne von ihm erwartete, weltbürgerlich gab, und sich leistete, den Heiden hervorzukehren, wo man ein christlich Wort von ihm zu finden hoffte.

Wir sind mit den – hier nur angedeuteten – Tatbeständen in der Vorgeschichte der persönlichen Begegnungen Goethes mit Mendelssohn gleichsam auf der Hauptspur, um das scheinbar „Ungereimte" in der Art des Umgangs miteinander verständlich zu machen. Alle Lebens- und Wirkungsbereiche Mendelssohns – und so auch sein musikalisches Schöpfertum waren durchdrungen, ja determiniert von einem ihn in einzigartiger Weise beseelenden Ethos.[25] Goethe spürte es als dem eigenen in wesentlichen Zügen sehr verwandt auf. Diese seine Einsicht gewann bei den Weimarer Besuchen Mendelssohns in einem solchen Maße Gewicht, daß der

---

24 Brief vom 1. September 1797 an K. F. Zelter; zit. in: Eckart Kleßmann: *Die Mendelssohns, Bilder aus einer deutschen Familie,* Frankfurt/Main und Leipzig 1993, S. 85.
25 Dieser nach Auffassung des Verfassers zentrale Aspekt im Verhalten Goethes zu Mendelssohn kann hier gleichsam nur resümierend behandelt werden.

junge Musiker beim letzten, vierzehntägigen Zusammensein 1830 dem Chronisten wie ein Intimus des Dichters erscheint. Von einem „gleichberechtigten Gedankenaustausch" (Konold) zwischen dem Einundachtzig- und dem Einundzwanzigjährigen darf gesprochen werden, wobei der Dialog – weit über die, gewiß im Zentrum stehende, Musik hinausgehend – eine breite Palette der Themen aufweist, wie aus den Briefen Mendelssohns an die Familie hervorgeht.[26]

III

Welch nachhaltigen Eindruck Mendelssohn auf Goethe gemacht hatte, geht zunächst schon daraus hervor, daß der Dichter mit immer neuen Begründungen die Abreise seines jungen Freundes so weit wie möglich hinauszuschieben suchte.[27] Nachdem Goethe Mendelssohn endlich hatte ziehen lassen – am 3. Juni 1830 brach dieser zu seiner großen Italienreise auf –, berichtete der Dichter noch am gleichen Tag Zelter, gleichsam unmittelbar das „Erlebnis Mendelssohn" reflektierend. Seinem musikalischen Mentor gegenüber suchte Goethe verständlicherweise vor allem den Wert von dessen Präsenz hinsichtlich der Förderung des eigenen Musikverständnisses deutlich zu machen. Der folgende, darauf sich beziehende Passus verdient vollständig zitiert zu werden:

„Mir war seine Gegenwart besonders wohltätig, da ich fand: mein Verhältniß zur Musik sei noch immer dasselbe; ich höre sie mit Vergnügen, Antheil und Nachdenken, liebe mir das Geschichtliche; denn wer versteht irgendeine Erscheinung, wenn er nicht von dem Gang des Herankommens penetrirt. Dazu war denn die Hauptsache, daß Felix auch diesen Stufengang recht löblich einsieht, und glücklicherweise sein gutes Gedächtniß ihm Musterstücke aller Art nach Belieben vorführt. Von der Bachischen Epoche an, hat er mir wieder Haydn, Mo-

---

26 Es handelt sich um insgesamt drei Briefe, in denen Mendelssohn der Familie vom Ablauf seines Weimarer Aufenthaltes berichtet und in denen Stichworte die Vielfalt der in den Gesprächen behandelten Themen erkennen lassen: zwei Briefe aus Weimar (21. und 25. Mai) und einer aus München (6. Juni); in den *Reisebriefen*, a. a. O. (Fußnote 13), S. 1–13.
27 S. Brief vom 6. Juni, *Reisebriefe*, a. a. O. (Fußnote 13), S. 11.

zart und Gluck zum Leben gebracht; von den großen neuern Technikern hinreichende Begriffe gegeben, und endlich mich seine eigenen Productionen fühlen und über sie nachdenken machen."[28]

Dürfen wir davon ausgehen, daß Goethes Wortwahl weitestgehend seiner inneren Einstellung entspricht, so kommt diesem Textabschnitt hinsichtlich des Dichters Musikanschauung hohe Aussagekraft zu. Vielsagend ist allein schon der Sprachgebrauch bei der Aufzählung dessen, was ihm Mendelssohn vorgespielt hat. Von den namentlich aufgeführten Komponisten, die ihm Mendelssohn „zum Leben gebracht" habe, geht er zu ungenannt bleibenden, als „Techniker" gleichsam denunzierten „neuern" Komponisten über, von denen es ihm genügte, „hinreichende Begriffe" erhalten zu haben. Das „emotionale Decrescendo" des Sprachgebrauchs endet im „Nachdenken" über Mendelssohns eigene Kompositionen, eine Formulierung, deren kritisch gemeinter Inhalt an einer Stelle aus den Eckermannschen Gesprächsberichten mehr als deutlich wird. Am 12. Januar 1827 ließ sich Goethe Mendelssohns Klavierquartett op. 3, das dieser dem Dichter 1825 gewidmet hatte, erneut vorspielen.[29] Eckermann notierte Goethes verbale Reaktion so:

„Es ist wunderlich, sagte Goethe, wohin die aufs höchste gesteigerte Technik und Mechanik die neuesten Compositionen führt; ihre Arbeiten bleiben keine Musik mehr, sie gehen über das Niveau der menschlichen Empfindungen hinaus und man kann solchen Sachen aus eigenem Geist und Herzen nichts mehr unterlegen. Wie ist es Ihnen? mir bleibt alles in den Ohren hängen."[30]

---

28 Brief vom 3. Juni 1830, in: *Karl Friedrich Zelter – Johann Wolfgang Goethe. Briefwechsel. Eine Auswahl*, Leipzig 1987, S. 393.
29 Im Bericht vom genannten Tage (12. Januar 1827) heißt es bei Eckermann, a. a. O. (Fußnote 14), S. 158, zwar nur, „Goethe hatte gewünscht, das Quartett eines berühmten jungen Komponisten zu hören." Doch kann kein Zweifel bestehen, daß es sich dabei um Mendelssohns, Goethe gewidmetes, Klavierquartett op. 3 handelt. Eckermann hat den Namen Mendelssohn auch in einem anderen Fall, wo jede Unsicherheit des Bezuges auf ihn auszuschließen ist, verschwiegen (Bericht vom 22. März 1831: ... *Brief eines jungen Freundes aus Rom*).
30 A. a. O. (Fußnote 29), S. 158.

Wer vornehmlich mit den „neuern Technikern" gemeint war, erhellt eine Stelle im Brief Mendelssohns vom 25. Mai 1830 an die Familie:

> „An den Beethoven wollte er gar nicht heran. – Ich sagte ihm aber, ich könnte ihm nicht helfen und spielte ihm nun das erste Stück der c-moll-Symphonie vor."[31]

Einen tiefen Einblick in die für Goethe generell geltende Eigenart, seine Meinung über eine Musik im Hörakt „wachsen" zu lassen, gibt uns die anschließende Schilderung Mendelssohns, wie der Dichter auf das Vorspiel reagierte:

> „Das berührte ihn ganz seltsam. Er sagte erst: ‚Das bewegt aber gar nichts; das macht nur Staunen; das ist grandios,' und dann brummte er so weiter und fing nach langer Zeit wieder an: ‚Das ist sehr groß, ganz toll, man möchte sich fürchten, das Haus fiele ein; und wenn das alle die Menschen zusammenspielen.' Und bei Tische, mitten in einem anderen Gespräch, fing er wieder damit an. ‚... und wenn das alle die Menschen zusammenspielen ...'."

Macht man sich eigentlich immer recht klar, was selbst eine Goethe, von dem als Pendant zu seiner Farbenlehre der Entwurf einer Tonlehre vorliegt, wirklich von seinem großen Zeitgenossen Beethoven kannte? Einen Sinfoniesatz, und den erst durch Mendelssohn gewissermaßen im Klavierauszug. In Weimar war seit 1819 der Österreicher Joh. Nepomuk Hummel, Schüler Mozarts, als Hofkapellmeister tätig. Dieser und ungezählte weitere Musiker, mit denen Goethe in Verbindung stand, hatten es allesamt nicht fertig gebracht, ihn von der Größe Beethovens zu überzeugen! Erst der Goethe menschlich nahestehende junge Mendelssohn vermochte es, durch die Kundgabe seiner eigenen Verehrung und im künstlerischen Einsatz für den – aus Goethes Sicht – politisch und musikalisch ungebärdigen „Rebellen" zumindest unüberwindbar scheinende Barrieren abzubauen.

---

31 *Reisebriefe*, a. a. O. (Fußnote 13), S. 8.

IV

Daß sich die – jüdischer Tradition verpflichtete – ausgesprochen puritanische Haltung Mendelssohns zum lebenslang den Komponisten begleitenden „Leiden an der Oper" auswachsen würde, konnte Goethe, dem diese extreme Sittenstrenge freilich auch im hohen Alter noch fremd blieb, nicht ahnen.[32] Als Manko hat er sie Mendelssohn gewiß nicht verargt. Stand dieser doch noch in einem Alter, in dem man – bei entsprechender Erziehung – hohe Ideale nicht nur aufzustellen, sondern auch rigoros zu vertreten pflegt. Alfred Einstein, der Mendelssohn in seinem Buch *Größe in der Musik*[33] bezeichnenderweise sowohl im Kapitel *Fraglosigkeit* als auch in dem mit *Fragwürdigkeit* überschriebenen als Demonstrationsobjekt heranzog, formulierte hierzu: „Zu wahrer Größe" fehlte ihm „der Mut, das Letzte zu sagen; im Erotischen, im Tragischen."[34]

Nietzsche, der Mendelssohns Musik gegen die nach seiner Meinung zweitrangige Theatermusik eines Weber, Marschner, Wagner lobend abhebt, bedauert – wohlbemerkt: bedauert –, daß Mendelssohn „um seiner leichteren reineren beglückteren Seele willen schnell verehrt und ebenso schnell vergessen wurde [jetzt erst kommt der meist allein zitierte und dadurch seine Bedeutung für Nietzsche verfälschende Passus]: als der schöne Zwischenfall der deutschen Musik."[35] Wird Musikgeschichte als Geschichte einer sich wandelnden Kompositionstechnik aufgefaßt, so sind sich die Analytiker zwar im klaren darüber, daß dieser historische Prozeß keinen Bogen um Mendelssohn herum macht, aber auch nicht – auf einem der beiden (neudeutschen bzw. klassizistischen) „Hauptkanäle" – „durch ihn hindurchgeht": Als *Das Problem Mendelssohn*[36] ragt er quasi monolithisch

---

32 Vgl. hierzu im Gespräch Goethes mit Eckermann am 16. Dezember 1828 über Byrons „Kühnheit, Keckheit und Grandiosität" die Antwort auf Eckermanns Eintreten für „reine Menschenbildung:" „Wir müssen uns hüten, es [das Bildende ist gemeint] stets im entschieden Reinen und Sittlichen suchen zu wollen;" a. a. O. (Fußnote 14), S. 243.
33 Alfred Einstein: *Größe in der Musik*, Zürich 1951.
34 A.a.O. (Fußnote 33), S. 59.
35 Friedrich Nietzsche: *Jenseits von Gut und Böse*, in: *Werke in sechs Bänden*, hg. von K. Schlechta, München 1966, Bd. IV, S. 712.
36 Vgl. Vorwort von C. Dahlhaus zu *Das Problem Mendelssohn*, Bd. 41 der *Studien zur Mu-*

zwischen den anderen großen Gestalten des 19. Jahrhunderts auf, indem er, mit Carl Dahlhaus, „Klassizist war, ohne Epigone zu sein".[37] Versagt letztlich die Einordnung und bleibt so eine gewisse Ratlosigkeit zurück, so deshalb, weil die Untersuchungen auf der reinen Ebene der Kompositionsmittel, des „Stiles", zu keiner tieferen Begründung seiner Sonderstellung zu führen vermögen. Die Antworten auf die ästhetische Grundfrage nach dem Warum-so-und-nicht-anders sind vielmehr in den oben angesprochenen Bereichen des Ethischen und Soziologischen zu suchen. Inwieweit – so ist in unserem thematischen Zusammenhang zu prüfen – konnte sich Goethe gewissermaßen in Denk- und Schaffensweise des jungen Mendelssohn wiederfinden? Wo ging andererseits der junge Musiker, aus dem „strahlenden Licht" der „Sonne von Weimar" – um mit Mendelssohn selbst zu sprechen – heraustretend, mit oder ohne Billigung Goethes seinen eigenen Weg?
In einem Brief an Freund Klingemann, in dem er ihn um ein Gedicht zur Vertonung bittet, heißt es:

> „Wenn bei anderen Gedichten, namentlich Goethe, die Worte sich [...] allein behaupten wollen, so rufen Deine Gedichte nach dem Klang ...".[38]

„Worte sich allein behaupten wollen": Zur Problematik der Goethe-Gedicht-Vertonung steuert hier Mendelssohn gleichsam den Kernsatz bei. Alle namhaften Liedkomponisten des 19. Jahrhunderts mußten sich, trotz ihres Riesenrespekts vor dem Dichter, „gegen Goethe" (Walter Vetter) entscheiden, wollte sich doch bei ihnen – um Mendelssohns Redeweise aufzugreifen – umgekehrt „die Musik behaupten". Bei Mendelssohn zeigt sich dies nicht nur durch die Art der Textbehandlung, sondern auch durch weitgehende Aussparung Goethescher Lyrik überhaupt.[39] Bei *Meeresstille*

---

sikgeschichte des 19. Jahrhunderts, Regensburg 1974: Der Terminus „Klassizismus" würde als Topos „weniger beim Namen genannt als gedankenlos abgetan."
37 Dahlhaus, *Mendelssohn und die musikalischen Gattungstraditionen*, in: Ebd. (Fußnote 36), S. 60.
38 *Felix Mendelssohn-Bartholdys Briefwechsel mit Legationsrat Klingemann in London*, hg. von Karl Klingemann, Essen 1909, S. 86.
39 Während der Begegnungsphase zwischen Goethe und Mendelssohn schuf dieser kein einziges Lied auf einen Goethetext. Das Duett *Hatem und Suleika* vertonte Mendelssohns

und Glückliche Fahrt, wo Mendelssohn gleichsam den Gedichten, im Gegensatz zu Beethoven und Schubert,[40] nur die Stimmung entnimmt, um sie textlos in eine Konzertouvertüre zu transformieren, erreicht die Zurückhaltung geradezu demonstrativen Charakter.[41]

V

Dort, wo Mendelssohn einmal die Scheu ablegte, Goetheworten ein musikalisches Gewand anzulegen, wird zugleich am eindrucksvollsten erkennbar, auf welcher Kommunikationsebene sich das Gefühl tiefer innerer Verbundenheit am stärksten ausbildete. Gemeint ist die – von Goethe als Ballade bezeichnete – *Erste Walpurgisnacht.* Das heute ziemlich allgemein als gewichtigster Beitrag zur Gattung des weltlichen Oratoriums des 19. Jahrhunderts betrachtete Werk bildet gewissermaßen den krönenden kommunikativen Abschluß zwischen Goethe und Mendelssohn.

Schwester Fanny. Soweit erkennbar, ließ er bei seinen Besuchen auch kein anderes Lied von ihm (entstanden waren je zwölf Gesänge op. 8 und 9) Goethe zu Gehör bringen. Vermutlich wollte er nicht in Konkurrenz zu seinem Lehrer Zelter treten. Möglicherweise war sich Mendelssohn aber auch des schon gewonnenen Abstandes zur ästhetischen Haltung der Berliner Liederschule bewußt, die für Goethe liedästhetischen Modellcharakter trug.
40 Bekanntlich schuf Beethoven daraus ein Chorwerk (op. 112), Schubert aus dem erstgenannten Gedicht ein Sololied.
41 Zu E. Werners Kennzeichnung der Mendelssohnschen Konzertouvertüre *Meeresstille und Glückliche Fahrt,* sie sei „eine beinahe abstrakte Ton-Malerei, eine Studie in Ruhe und Bewegung" (a. a. O., Fußnote 4, S. 133), s. besonders die Auseinandersetzung T. C. Schmidts (a. a. O., Fußnote 15) mit Mendelssohns Begriff der „Bestimmtheit," insbesondere S. 171 ff. Mendelssohn schiene, heißt es dort, „die Kunsttheorie der Aufklärung beim Wort zu nehmen," deren „Charakteristikum eben nicht Beschreibbarkeit, sondern intuitive Wiedererkennbarkeit und Unverwechselbarkeit waren" (S. 171). Was Mendelssohn in seiner musikalischen Diktion anstrebt und mit dem Wort „Bestimmtheit" begreift, sei hier, um a priori ein Mißverständnis des Gemeinten zu vermeiden, durch das Attribut imaginativ ergänzt. Diese imaginative Bestimmtheit, die Mendelssohn als kommunikative Brücke zum Hörer schlagen möchte, ist deutlich von einer rationalen Bestimmtheit abzugrenzen, die Mendelssohn nicht allein im Sinne einer „Aussage" über Musik, als einem wortsprachlich Fixierbaren, weitestgehend bestreitet, sondern auch den Worten als solchen abspricht: „der eine denkt dabei nicht das, was der Andere" (Brief vom 15. Oktober 1842 an Marc André-Souchay, a. a. O., Fußnote 14, S. 337/338). Während sich hinsichtlich der musikeigenen „Bestimmtheit" Mendelssohns Meinung grundlegend von der Goethes unterscheidet, konnte er sich mit Bezug auf die fehlende wortsprachliche „Bestimmtheit" auf Goethe berufen, der sich in *Dichtung und Wahrheit* ganz ähnlich äußert.

Auf der Fahrt von Weimar nach Italien, in Wien, war in Mendelssohn der Entschluß dazu gereift. Ausgerechnet – ist man versucht zu sagen – in Rom vertiefte er sich in das Sujet Goethes, in dem heidnische Priester, Druiden, christlichen Missionaren eine Lektion erteilen. Im Brief, mit dem Mendelssohn Goethe den Abschluß der Arbeit meldete und dem Dichter seinen besonderen Dank sagte „für die himmlischen Worte", heißt es weiter:

„Wenn der alte Druide sein Opfer bringt, und das Ganze so feierlich und unermeßlich groß wird, da braucht man gar keine Musik erst dazu zu machen, sie liegt so klar da, es klingt Alles schon, ich habe mir immer schon die Verse vorgesungen, ohne dass ich dran dachte."[42]

Musikalische Verse, deren Klang der Komponist eigentlich nur nachzuvollziehen, nachzusingen brauchte? Gewiß, das hatte u. a. Zelter getan, nicht weniger als fünfundsiebzigmal Gedichte von Goethe, gleichsam im wörtlichen Sinne, „vertont". Er hatte den Dichter „verstanden", d. h. hier: Goethes Willen vollzogen, der ihm nicht zuletzt deshalb zu seinem musikalischen Berater erhob. Für Mendelssohn war seine Einsicht umgekehrt dazu angetan, immer wieder seine Bedenken zu nähren, Goethes Verse einer, gewissermaßen zusätzlichen, Musikalisierung zu unterziehen.[43] Wenn er sich, trotz der ausdrücklichen Bekundung, daß in den Versen der *Ersten Walpurgisnacht* „schon alles klingt", an die Komposition heranwagt, dann konnte es nur daran liegen, daß Mendelssohn in diesem Werk jenem Inhalt und jenem Charakter eines Sujets begegnet war, nach dem er in der Gestalt eines Operntextes in der Zeit der Begegnungen mit Goethe bereits unermüdlich gesucht hatte – vom Vater immer wieder stimuliert, von Freund Eduard Devrient mit dem Satz aus Schillers Don Carlos angestachelt:

„Zweiundzwanzig Jahre und noch nichts für die Unsterblichkeit getan"[44] – was damals so viel hieß wie: mit einer Oper den Durchbruch zur Weltgeltung zu erzielen.

Im Antwortbrief weist Goethe auf die „hochsymbolische" Intention der Ballade hin im Sinne einer Exemplifikation für einen weltgeschichtlichen Vorgang, der „sich immerfort wiederholen" muß. Es sei die Übergangszeit (Goethe spricht von „Mittelzeit"), „wo der Haß noch gegenwirken kann und mag [...] prägnant genug dargestellt, und ein [...] unzerstörbarer Enthusiasmus" lodere noch einmal auf „in Glanz und Wahrheit".[45] Mußte nicht Mendelssohn in seiner Situation als getaufter Jude davon innerlich ungemein berührt werden?

Der Goethe, der gerade mit *Faust II* und *Wilhelm Meisters Wanderjahren* sein Weltbild in dichterischer Form der Nachwelt übergab, entdeckte für sich in diesem Enkel von Moses Mendelssohn eine Geisteshaltung, in der die Gretchenfrage nach dem Verhältnis zur Religion einen Kernbereich bildete. Was Goethe am jungen Mendelssohn primär bewunderte, waren jene in den Begegnungen erkennbar gewordenen Merkmale in dessen Denken und Handeln, die mit dem Begriff religio in ihrem umfassenden (lateinischen) Bedeutungsfeld am besten zu kennzeichnen sind (s. These 4 des in der Vorbemerkung genannten Aufsatzes, S. 35).

Wie Goethe auf ein musikalisches Erlebnis der *Ersten Walpurgisnacht* reagiert hätte (die Uraufführung fand bekanntlich erst nach Goethes Tod statt), darüber lassen sich nur Vermutungen anstellen. Suchte doch Goethe stets vorurteilsfrei zu bleiben, ließ sich Neuheiten immer wieder vorspielen, um sich nicht voreilig, vor allem im Sinne von Verurteilungen, festzulegen. Doch Mendelssohns sehr persönliche Ausdeutung des Werkes, mit detaillierter szenischer Charakterisierung, dürfte sehr wahrscheinlich Goethe enttäuscht, vielleicht sogar erschreckt haben. Hatte doch Mendelssohn selbst

---

44 Eduard Devrient: *Meine Erinnerungen an Felix Mendelssohn-Bartholdy und seine Briefe an mich*, Leipzig 1891, S. 107 (Fußnote).
45 F. W. Riemer: *Mitteilungen über Goethe*, Leipzig 1841, S. 611 ff., zit. nach E. Werner, a. a. O. (Fußnote 18), S. 230.

schon seine liebe Not damit. Ganz im Gegensatz zu seiner ausgeprägten mentalen Ausrichtung auf ruhigen, temperierten Umgang mit den Menschen nicht anders als mit den musikalischen Mitteln, galt es für ihn hier, den Erfordernissen eines Sujets gerecht zu werden, das an etlichen Stellen regelrechten „Lärm" verlangt, so der Chor der Wächter der Druiden:

„Kommt! Mit Zacken und mit Gabeln und mit Glut und Klapperstöcken lärmen wir bei nächt'ger Weile durch die leeren Felsenstrecken".

Vom Einsatz geräuschvoller Mittel spricht Mendelssohn nicht weniger als dreimal in Briefen. Schließlich heißt es:

„Der ganze Brief schwebt in Ungewißheit, oder vielmehr schwebe ich darin, ob ich die große Trommel dabei nehmen darf oder nicht: ‚Zacken, Gabeln und wilde Klapperstöcke' treiben mich eigentlich zur großen Trommel, aber die Mäßigkeit rät mir ab [...] Ich bin doch unschlüssig. Großer Lärm muß auf jeden Fall gemacht werden."[46]

VI

Überschaut man den gesamten Quellenbefund zu den Begegnungen und ihrer Vorgeschichte, so erweist sich das ungewöhnliche Verhalten des alten Goethe gegenüber dem jungen Mendelssohn, das den doppelten Generationsunterschied schier irrelevant werden ließ, als nichts weniger denn ein historisch paradoxer Vorgang. Die Begründungen seien im folgenden thesenhaft zusammengefaßt.

1. In Mendelssohn stand Goethe eine Ausnahmeerscheinung aus der Enkelgeneration gegenüber. Die Erfahrungen, die Goethe mit Mendelssohn als ausübendem und schöpferischem Musiker machte, waren sehr wohl geeignet, Bewunderung auszulösen, nicht aber, um deshalb dem jungen Adepten der Tonkunst in geradezu stürmischer Weise Zuneigung entgegenzubringen. Vielmehr fand sich der Dichter offensichtlich in seiner geistigen

---

46 Brief vom 27. April aus Neapel, *Reisebriefe*, a. a. O. (Fußnote 13), S. 143–144.

Grundhaltung bestätigt. Die hohe Übereinstimmung mit den Anschauungen Mendelssohns in fast allen Themen des geistigen Austauschs mußte Goethe, der schon in hohem Alter stand, ungemein beruhigen:
Ist also die Entwicklung – so etwa mag er sich gefragt haben – doch nicht über mich hinweggegangen? Werden meine Maximen für eine harmonische Persönlichkeitsentfaltung also noch geachtet und befolgt? Ja, und bürgt nicht ein Mendelssohn mit seinem geschichtlichen Denken, mit seinem Genie und mit seiner edlen Gesinnung, allen geschmacklichen Verfallserscheinungen zum Trotz, für einen Fortbestand hoher Tonkunst?
Goethe erlag insofern einer Selbsttäuschung, als er wohl glaubte, in Mendelssohn den zukünftigen Repräsentanten eines sich zu allgemeiner Gültigkeit entwickelnden Geistesbewegung sehen zu dürfen, in der seine eigene Lebens- und Kunstanschauung paradigmatische Bedeutung behalten würde. In Wirklichkeit hatte er im jungen Felix aus dem Hause Mendelssohn, in dem Goethesches Denken geradezu als sakrosankt galt, einen durchaus atypischen Vertreter seiner Generation vor sich. Mit anderen Worten: Goethe schaute in wesentlichen Zügen von Mendelssohns geistiger Grundhaltung, zudem hinsichtlich der seelischen Verfassung wie in einem Spiegel.

2. Bildung – ein Wort, das für Goethes geistige Existenz noch einen Schlüsselbegriff im universalen Sinn – mit den „Humaniora" im Zentrum – darstellte, begann immer mehr – im Zuge der Herausbildung des Industriezeitalters – zu einer gleichsam unverbindlichen Privatsache außerhalb des fachgebundenen Wissens und Könnens zu schrumpfen. Durch Mendelssohn erfuhr der alte Bildungsbegriff noch einmal eine glänzende Aufwertung. Für Goethe, der in Mendelssohn auch noch den Bildungsmusiker im umfassenden Sinn erkannte, stellte diese Einsicht offensichtlich einen Grund mehr dar, ihn froh zu stimmen in der Hoffnung, daß vielleicht doch noch nicht das „Ende der Kunstperiode" (Heinrich Heine) gekommen sei.
Gerade aus der Weite des geistigen Horizonts, aus der tiefen Einsicht in das Leben der Gesellschaft und der Natur mit ihrer ungeheuren, letztlich unergründlichen Fülle, resultiert, daß sich beide, Goethe wie Mendelssohn, um

das Ureigenste ihrer Weltansicht und ihres Lebensgefühls auszusprechen, nicht der Wissenschaftssprache bedienten, sondern der Bilderwelt ihres jeweiligen künstlerischen Metiers: Goethe der Wortbilder als Dichter, Mendelssohn der Klangbilder als Tondichter.

3. Im Kontext dieses Bildungsbegriffs spürte Goethe auch für seine Musikanschauung, und zwar in sozialethischer – dagegen nur höchst bedingt: in musikästhetischer – Hinsicht, die Nähe Mendelssohns. Beide stimmten darin überein, die Musik als Kunst habe in einer der jeweiligen gesellschaftlichen Funktion angemessenen Form, zeitlos Gültiges anzustreben. „Die Heiligkeit der Kirchenmusiken, das Heitere und Neckische der Volksmelodien" seien „die beiden Angeln, um die sich die wahre Musik herumdreht."[47] Die Schönheit dürfe nicht nur „Interessantem" geopfert werden. Die Musik habe dementsprechend – poetisch ausgedrückt – dem Geiste Nahrung und der Seele Balsam zu geben: eine Sinnesart, die Mendelssohn geradezu vor- bzw., auf Goethe bezogen: nachlebte.

4. Hatte für denselben Goethe, der mit Emphase das turbulente Weltgeschehen verfolgte (nach dem Motto: „... und wir können sagen, wir sind dabeigewesen..."), die Musik für seelische Befriedung zu sorgen, so zeigt Mendelssohn eine ganz entsprechende Sinnesart. Daß er „alles wußte, was in der Welt vorging", dem man „nichts Neues berichten"[48] konnte, bescheinigt ihm Schumann mit der gleichzeitigen Versicherung, in Mendelssohn den „hellsten Musiker, der die Widersprüche der Zeit am klarsten durchschaut und zuerst versöhnt"[49] erkannt zu haben. „Durchschaut", jedoch „versöhnt": In der Tat, Mendelssohns Musik bleibt „versöhnlich". Mit ihr reflektiert er weder Weltgetümmel noch menschliche Abgründe. Er blickt gleichsam durch den Spiegel seiner eigenen inneren Harmonie mit dem Medium Musik auf die Welt.

47 Goethe: *Maximen und Reflexionen*, a. a. O. (Fußnote 23), Nr. 489, S. 82.
48 Erinnerungen, a. a. O. (Fußnote 20), Blatt 5 (Vorderseite).
49 Robert Schumann: *Gesammelte Schriften über Musik und Musiker.* Zwei Bände, hg. von M. Kreißig, Leipzig 1914, Bd. 1, S. 500.

Gefragt sei: Ließe sich nicht auch von Goethe sagen, er habe mit seinen Dichtungen die Welt durchschauen, aber sich zugleich auch durch seine Dichtungen mit der Welt versöhnen wollen?

5. Die in Mendelssohns Schaffen wirksame geistige Grundhaltung läßt sich auf die lapidare Formel bringen, er habe seine musikalische Profession als ethische Konfession betrachtet.[50] Leon Botstein kommt, ebenfalls die musikphilosophische Situation bei Mendelssohn prüfend, sogar zu einem noch weiter reichenden Ergebnis. Für Mendelssohn wäre „infolge des immanenten ethischen und religiösen Wesens der Musik" die Möglichkeit gegeben gewesen, „ein kulturpolitisches Ziel anzustreben, das nur durch Musik und Musikkultur"[51] erreichbar sei.
Auf unserer Suche nach Begründungen für Bewunderung und Zuneigung Goethes zum jungen Mendelssohn, heißt das, die Trennlinie zu erkennen, wo der Dichter, wäre ihm eine derartige Zielstellung Mendelssohns bewußt geworden, auf geistige Distanz hätte gehen müssen.

6. Zeigen die Ermittlungen beiderseitige Gesinnungsprofile von frappierender Ähnlichkeit: Was bleibt vom Schein der „Ungereimtheit" im Verhältnis Goethe – Mendelssohn? Die Zugehörigkeit zu Generationen, die ein ganzes langes Menschenleben auseinanderliegen, bewahrt gewiß der hohen Affinität in Weltanschauung und Lebensgefühl den Charakter des Ungewöhnlichen. Wird aber nicht – was erfreulicherweise immer seltener geschieht – in ideengeschichtlicher Abstraktion mit dem wirklichkeitsfremden begrifflichen Gegensatzpaar: hier Goethe der Klassiker, dort Mendelssohn der Romantiker[52] gearbeitet und darin gedacht, läßt sich sehr wohl

---

50 Eigenzitat aus dem einleitenden Referat *Mendelssohns ästhetisch-philosophische Verwurzelung* im Wissenschaftlichen Kolloquium *Felix Mendelssohn Bartholdy*, Leipzig 2. November 1972.
51 Leon Botstein: *Lieder ohne Worte. Einige Überlegungen über Musik, Theologie und die Rolle der jüdischen Frage in der Musik von Felix Mendelssohn*, in: *Felix Mendelssohn – Mitwelt und Nachwelt. Bericht zum 1. Leipziger Mendelssohn-Kolloquium am 8. und 9. Juni 1993*, Wiesbaden u. a. 1996, hg. vom Gewandhaus Leipzig, S. 111.
52 Zur Stellung Mendelssohns innerhalb der komplexen Romantik-Problematik s. den

im Wissen um die besondere historisch-biographische Konstellation, zudem im Aufspüren wesentlicher Züge psychischer Disposition, ein guter Reim darauf machen, daß Goethe „in die Arme des jungen Mendelssohn" lief, umgekehrt: vor Beethoven, dem Revolutionär im musikalischen wie im politischen Denken, „zurückschreckte".[53]

MGG-Artikel (1998) *Romantik und romantisch* des Verfassers.
53 Zu diesem ersten Teil der Trägerschen Sentenz (s. Fußnote 1) liegt vom Verfasser eine (bisher noch ungedruckte) Studie vor mit dem Titel *Goethes Beethoven-Syndrom* als Pendant zur vorliegenden Abhadlung.

Rossini und Felix Mendelssohn
Zu den Voraussetzungen von Heines Mendelssohn-Kritik

Eine Parallele zwischen Mendelssohns *Paulus* und Rossinis *Stabat mater* muß auf den ersten Blick befremdlich, ja beinahe absurd erscheinen.[1] Weder scheinen die beiden Werke in Text, Stil oder formaler Anlage vergleichbar zu sein, noch ihre in Alter, Herkunft und Schaffen denkbar unterschiedlichen Komponisten. Der 1792 geborene Opernkomponist Rossini „verstummte" – mit Ausnahme weniger nicht-dramatischer Werke – 1829, im selben Jahr, in dem der gerade erst zwanzigjährige Mendelssohn mit der von ihm geleiteten Wiederaufführung von Johann Sebastian Bachs *Matthäus-Passion* hervortrat. Dem Unterschied der Generationen schließlich entspricht der der Gattungen, in denen sie hervortraten. Wenn also Heinrich Heine in einem 1842 für die Augsburger *Allgemeine Zeitung* verfaßten Artikel über *Rossini und Felix Mendelssohn*[2] beide Werke und ihre Verfasser miteinander vergleicht und dabei den Älteren gegen den Jüngeren ausspielt – und dies ohne jede Absicht einer Vergangenheitsverklärung –, so scheinen auch in diesem Falle die bei Heine immer schnell ins Feld geführten „persönlichen Motive" oder seine politischen Überzeugungen[3] ausschlaggebend gewesen zu sein.

---

1 Eric Werner nennt sie „eine an sich schon sinnlose Gegenüberstellung" (*Mendelssohn. Leben und Werk in neuer Sicht*, Zürich u. Freiburg i. Br. 1980, S. 190). Mendelssohns *Paulus* war 1836 in Düsseldorf uraufgeführt worden, Rossinis *Stabat mater* zunächst 1833 in Madrid in einer von Giovanni Tadolini fertiggestellten Fassung und schließlich am 7. Januar 1842 in der von Rossini vervollständigten Gestalt.
2 Heinrich Heine: *Säkularausgabe*, Berlin u. Paris 1970 ff. (im folgenden zitiert als *HSA*), Bd. 10, *Pariser Berichte 1840–1848*, S. 147 ff. (*Rossini und Felix Mendelssohn*); *Historisch-kritische Gesamtausgabe der Werke (Düsseldorfer Ausgabe)*, hg. von Manfred Windfuhr, Hamburg 1973–1997 (im folgenden zitiert als *DHA*), Bd. 14, S. 11 ff. *(Lutezia XLIII)*. Während in der *Düsseldorfer Ausgabe* die hier relevante Journalfassung der *Lutezia*, zu der Heine die Artikel später überarbeitete, erst über den Apparat erschlossen werden muß, widmet ihr die *Säkularausgabe* einen separaten Band.
3 So beispielsweise Gerhard Müller in seinem Vorwort zu der sehr instruktiven Textsammlung *Heinrich Heine und die Musik* (Leipzig 1987), insbesondere S. 24.

Persönliche Motive scheinen zunächst um so näher zu liegen, als sich Heine und Mendelssohn seit ihren ersten Begegnungen keineswegs sympathisch waren.[4] Anders als beispielsweise Liszt, der Heine bald nach dessen Ankunft in Paris als einen der „ausgezeichnetsten Männer" bezeichnete, die Deutschland aufzuweisen habe,[5] stand Mendelssohn diesem ebenso distanziert gegenüber wie anderen deutschen Emigranten. In einem Brief an seine Familie vom 11. Dezember 1831 äußerte er, Börne sei ihm „mit seinen abgequälten Einfällen, seiner Wut auf Deutschland und seinen französischen Freiheitsphrasen ebenso zuwider wie Dr. Heine mit allen ditos".[6] Und an Carl Immermann schrieb er am 11. Januar 1832 nach Düsseldorf:

„Heine sehe ich selten, weil er ganz und gar in die liberalen Ideen oder in die Politik versenkt ist; er hat vor einiger Zeit sechzig Frühlingslieder herausgegeben; mir scheinen nur wenige davon lebendig und wahr gefühlt zu sein, aber die wenigen sind auch prächtig. Haben Sie sie schon gelesen? Sie stehen in dem 2ten Bande der „Reisebilder" *[Neuer Frühling]*. Börne will noch einige Bände Briefe folgen lassen; wir schwärmen zusammen für die Malibran und die Taglioni; alle die Herren schimpfen und toben auf Deutschland und alles Deutsche, können aber nicht ordentlich Französisch sprechen; das will mir gar nicht behagen."[7]

Die Distanz des jungen Berliner Bankierssohns zu seiner Person, seinen Werken und seiner politischen Position kann Heine kaum verborgen ge-

---

4 Die erste persönliche Begegnung fand im März 1829 im Hause Mendelssohns in Berlin statt. Heine wohnte auch der Wiederaufführung von Johann Sebastian Bachs *Matthäus-Passion* unter Mendelssohns Leitung bei (vgl. Fritz Mende: *Heinrich Heine. Chronik seines Lebens und Werkes,* Stuttgart u. a. ²1981, S. 75).

5 In einem Brief an Marie d'Agoult schreibt Liszt 1833: „Il me semble, Madame, que vous m'aviez demandé l'autre soir de vous *conduire* et présenter notre célèbre compatriote Heine. C'est un des hommes les plus distingués d'Allemagne et si je ne craignais de lui faire tort par la comparaison j'emploierais volontiers à son sujet le fameux adverbe *extrêmement* trois fois répété. D'après ce préambule, me permettrez-vous de l'emmener avec moi mardi en huit?" (*Correspondance de Liszt et de la Comtesse d'Agoult,* hg. von Daniel Ollivier, Paris 1933–1934, Bd. 1, S. 19). Vgl. Kleinertz: „*Wie sehr ich auch Liszt liebe, so wirkt doch seine Musik nicht angenehm auf mein Gemüt*" – *Freundschaft und Entfremdung zwischen Heine und Liszt,* in: *Heine-Jahrbuch* 37 (1998), S. 107–139.

6 Zitiert nach Werner: *Mendelssohn,* S. 218.

7 Felix Mendelssohn Bartholdy: *Briefe aus den Jahren 1830 bis 1847,* hg. von Paul u. Carl Mendelssohn Bartholdy, ⁵1882, Bd. 1, S. 230 f.

blieben sein. Eine Reaktion hierauf stellte zweifellos die beiläufige Erwähnung Mendelssohns in *Über die französische Bühne* als „ein gewisses junges Genie", ohne jedoch den Namen zu nennen, dar. Dabei hätte es im Rahmen der Thematik dieser *Vertrauten Briefe an August Lewald,* wie der Untertitel lautete, der Erwähnung eines nicht in Paris wirkenden Komponisten gar nicht bedurft. Vor dem Hintergrund der ausführlichen Würdigung Rossinis und Meyerbeers im *Neunten Brief,* der von der Frage ausgeht: „Aber was ist die Musik?" und Berlioz', Liszts und Chopins im *Zehnten Brief* muß das „explizite" Übergehen Mendelssohns jedoch als gezielter Affront nicht nur gegen diesen, sondern gegen das zwischen „Wissenschaft und Trommel" eingeengte deutsche Musikleben – und dies zielte insbesondere auf Berlin – gewertet werden:

„Meyerbeer schreibt jetzt eine neue Oper, welcher ich mit großer Neugier entgegen sehe. Die Entfaltung dieses Genius ist für mich ein höchst merkwürdiges Schauspiel. Mit Interesse folge ich den Phasen seines musikalischen, wie seines persönlichen Lebens, und beobachtete die Wechselwirkungen, die zwischen ihm und seinem europäischen Publikum stattfinden. Es sind jetzt zehn Jahre, daß ich ihm zuerst in Berlin begegnete, zwischen dem Universitätsgebäude und der Wachtstube, zwischen der Wissenschaft und der Trommel, und er schien sich in dieser Stellung sehr beklemmt zu fühlen. Ich erinnere mich, ich traf ihn in der Gesellschaft des Dr. Marx, welcher damals zu einer gewissen musikalischen Regence gehörte, die, während der Minderjährigkeit eines gewissen jungen Genies, das man als legitimen Thronfolger Mozarts betrachtete, beständig dem Sebastian Bach huldigte. Der Enthusiasmus für Sebastian Bach sollte aber nicht bloß jenes Interregnum ausfüllen, sondern auch die Reputazion von Rossini vernichten, den die Regence am meisten fürchtete und also auch am meisten haßte. Meyerbeer galt damals für einen Nachahmer Rossinis, und der Dr. Marx behandelte ihn mit einer gewissen Herablassung, mit einer leutseligen Oberhoheitsmiene, worüber ich jetzt herzlich lachen muß. Der Rossinismus war damals das große Verbrechen Meyerbeers; er war noch weit entfernt von der Ehre, um seiner selbst willen angefeindet zu werden. Er enthielt sich auch wohlweislich aller Ansprüche, und als ich ihm erzählte, mit welchem Enthusiasmus ich jüngst in Italien seinen Crociato aufführen sehen, lächelte er mit launiger Wehmuth und sagte: ‚Sie compromittiren sich, wenn Sie mich armen Italiener hier in Berlin loben, in der Hauptstadt von Sebastian Bach!'"[8]

Als Entstehungszeit gab Heine im Titel an: „Geschrieben im May 1837, auf einem Dorfe bey Paris", doch zog sich die Fertigstellung der insgesamt zehn Briefe noch zumindest bis Ende August hin.[9] Am 26. August 1837 sandte er „den Rest seiner Arbeit für die Theater-Revüe" an Cotta und am 30. September hielt Lewald in Hamburg den vollständigen Text in Händen.[10] Damit ist, sofern es keine nachträglichen Änderungen gab,[11] allem Anschein nach auszuschließen, daß Heine noch vor der Fertigstellung des Manuskripts von Robert Schumanns am 5. September 1837 in der *Neuen Zeitschrift für Musik* erschienenen *Hugenotten*-Rezension erfuhr.[12] In diesem berühmt gewordenen Artikel spielt Schumann „die zwei wichtigsten Compositionen der Zeit" gegeneinander aus, Meyerbeers *Hugenotten* und Mendelssohns *Paulus*:

„Von einer Nebenbuhlerschaft, einer Bevorzugung des Einen vor dem Andern kann hier keine Rede sein. Der Leser weiß zu gut, welchem Streben sich diese Blätter geweiht, zu gut, daß, wenn von Mendelssohn die Rede ist, keine von Meyerbeer sein kann, so schnurstracks laufen ihre Wege auseinander, zu gut, daß, um eine Charakteristik Beider zu erhalten, man nur dem Einen beizulegen braucht, was der Andere nicht hat, – das Talent ausgenommen, was Beiden gemeinschaftlich."

---

8 *DHA* 12, S. 277.
9 Vgl. *DHA* 12, S. 1072 ff.
10 Briefe Heines an Johann Georg von Cotta vom 26.8.1837 (*HSA* S. 225) und Lewalds an Heine vom 30.9.1837 (*HSA* 25, S. 80).
11 Zu *Über die französische Bühne* ist vor dem Journaldruck kein Überlieferungsträger erhalten.
12 *Fragmente aus Leipzig. 4*, in: *Neue Zeitschrift für Musik* 7, Nr. 19 vom 5.9.1837, S. 73–75, unterzeichnet mit „Robert Schumann". – Vgl. auch Leon B. Plantinga: *Schumann as Critic*, New Haven u. London 1967, S. 160 ff.

Aus dieser nur scheinbar objektiven Perspektive stellt Schumann nun nicht nur die Handlung der *Hugenotten* als für „einen guten Protestanten" empörend dar („Und der Erzkluge aller Componisten reibt sich die Hände vor Freuden!"), sondern auch die Musik selbst sei ein reines Machwerk:

„Geist kann man ihm leider nicht absprechen. – Alles Einzelne durchzugehen, wie reichte da die Zeit aus. Meyerbeer's äußerlichste Tendenz, höchste Nicht-Originalität und Styllosigkeit sind so bekannt, wie sein Talent, geschickt zu appretiren, glänzend zu machen, dramatisch zu behandeln, zu instrumentiren, wie er auch einen großen Reichthum an Formen hat. Mit leichter Mühe kann man Rossini, Mozart, Herold, Weber, Bellini, sogar Spohr, kurz die gesammte Musik nachweisen. [...] *– – Was aber ist das Alles gegen die Gemeinheit, Verzerrung, Heuchelei, Unsittlichkeit, Un-Musik des Ganzen? Wahrhaftig, und der Herr sei gelobt, wir stehen am Ziel, es kann nicht ärger kommen, man müßte denn die Bühne zu einem Galgen machen, und dem äußersten Angstgeschrei eines von der Zeit gequälten Talentes folgt im Augenblicke die Hoffnung, daß es besser werden muß.*"[13]

Dem stellt nun Schumann Mendelssohns *Paulus* gegenüber. Hier werde man zum Glauben und zur Hoffnung gestimmt und ruhe wie unter Palmen in einer „blühenden Landschaft". Niemand könne diesem Werk „den reinen christlichen Sinn" ableugnen, „all das Musikalisch-Meisterlich-Getroffene", das „meisterliche Spielen mit allen Formen der Setzkunst", so daß Schumann resümierend zu dem Schluß kommt, Meyerbeers *Hugenotten* seien „das Gesammtverzeichniß aller Gebrechen und der einigen wenigen Vorzüge seiner Zeit", während Mendelssohns *Paulus* „die Vorrede zu einer schönen Zukunft" sei, „wo das Werk den Künstler adelt, nicht der kleine Beifall der Gegenwart".

Diese harsche Kritik Schumanns stand in diametralem Gegensatz zu Heines Apologie des Werkes im Neunten Brief *Über die französische Bühne*, bei der er sich nicht nur mit dem Pariser Publikum eins wußte, sondern auch

---

13 Ebd., S. 74 f. Die originalen Sperrungen sind hier durch Kursive wiedergegeben.

mit dem Urteil Berlioz' und Liszts.[14] Für Heine war Meyerbeer nicht nur „ein Mann der Ueberzeugung", dessen Herz „für die heiligsten Interessen der Menschheit" glühe und der unumwunden „seinen Cultus für die Helden der Revoluzion" gestehe, sondern insbesondere seine *Hugenotten* seien

> „ein Werk der Ueberzeugung, sowohl in Hinsicht des Inhalts als der Form. Wie ich schon bemerkt habe, während die große Menge vom Inhalt hingerissen wird, bewundert der stillere Betrachter die ungeheuren Fortschritte der Kunst, die neuen Formen, die hier hervortreten. Nach dem Ausspruch der competentesten Richter müssen jetzt alle Musiker, die für die Oper schreiben wollen, vorher die Hugenotten studiren."[15]

Das berühmte Duett des vierten Akts sei bewundernswert und müsse geradezu als Inbegriff dramatischer Wahrheit gelten:

> „Was mich betrifft, so glaube ich, daß Meyerbeer diese Aufgabe nicht durch Kunstmittel gelöst hat, sondern durch Naturmittel, indem jenes famose Duo eine Reihe von Gefühlen ausspricht, die vielleicht nie, oder wenigstens nie mit solcher Wahrheit, in einer Oper hervorgetreten, und für welche dennoch in den Gemüthern der Gegenwart die wildesten Sympathien auflodern."

Schumanns Rezension kann Heine kaum unbekannt geblieben sein. Schumann selbst merkt in der 1854 erschienenen Ausgabe seiner *Gesammelten Schriften* in einer Fußnote an, der Artikel habe ihm „seiner Zeit bedeutende Angriffe eingebracht, namentlich in Pariser und Hamburger Blättern".[16] Der Verriß der *Hugenotten* zugunsten eines Oratoriums von Mendelssohn stand nicht nur in krassem Gegensatz zu Heines eigener Mei-

---

14 Berlioz hatte zunächst in drei Artikeln über die Uraufführung von *Les Huguenots* berichtet (*Revue et Gazette Musicale de Paris* 3, 6., 13. u. 20.3.1836) und widmete später noch zwei Artikel ausschließlich der Partitur (*Les Huguenots. La Partition*, in: *Jounal des Débats*, 10.11. u. 10.12.1836). Auch Liszt äußerte sich in seiner *Revue musicale de l'année 1836* enthusiastisch über dieses Werk (*Sämtliche Schriften*, hg. von Detlef Altenburg, Bd. 1: *Frühe Schriften*, hg. von Rainer Kleinertz, kommentiert unter Mitarbeit von Serge Gut, Wiesbaden 1999 [im Druck], S. 338 ff.).
15 *DHA* 12, S. 281.
16 Schumann: *Gesammelte Schriften über Musik und Musiker*, Leipzig 1854 (Reprint: Wiesbaden 1985), Bd. 2, S. 229.

nung, sondern mußte jedem in Paris als letztlich unbegreiflicher Gefälligkeitsdienst, als „Koterie" und vielleicht sogar chauvinistische Überheblichkeit erscheinen.

Die Aufführung von Teilen des *Paulus* und Rossinis *Stabat mater* in einem Konzert der *France Musicale* am 27. Januar 1842[17] bot Heine die Gelegenheit, die von Schumann prononciert vertretene Antithese von echter Kunst und Religiosität bei Mendelssohn und bloßem Kalkül bei Meyerbeer in Frage zu stellen.[18] Der Artikel erschien in der Augsburger *Allgemeinen Zeitung* am 9. Mai 1842 unter dem Titel *Rossini und Felix Mendelssohn*. Ausgehend von einer Prozession in Sète, bei der Kinder die Passion darstellten, hebt Heine die Naivität des südländischen Katholizismus hervor („was nachbarlich spanische Sitte zu sein schien") und stellt sie der „Berliner Glaubenslüge" gegenüber, was auf die schon in seinen *Briefen aus Berlin* kritisierte preußische Religionspolitik zielt:

> „Das war keine Nachäffung im historischen Großstyl, keine schiefmäulige Frommthuerei, keine Berliner Glaubenslüge: das war der naivste Ausdruck des tiefsinnigsten Gedankens."[19]

Indem Heine das *Stabat mater* Rossinis, der „nur die frühesten Kindheitsklänge wieder aus seinem Gemüth hervorzurufen" brauchte, dieser südländisch-katholischen Naivität zuordnet, fällt Mendelssohns *Paulus* im Rahmen der zuvor aufgestellten Dichotomie unausgesprochen der „Berliner

---

17 Vgl. die Erläuterungen in *DHA* 14, S. 319 ff.
18 Kurz zuvor, am 28. Dezember 1841, war zudem in der von Schumann geleiteten *Neuen Zeitschrift für Musik* ein Artikel über *Rossini's Stabat Mater* von Richard Wagner erschienen (unterzeichnet mit dem Pseudonym „H. Valentino"), eine Satire über die Entstehung und den Streit um die Rechte an dem Werk (vgl. *DHA* 14, S. 312 f.). Nur in der Einleitung kommt Wagner auch auf die Religiosität Rossinis und auch Mendelssohns zu sprechen: „In Erwartung anderer herrlichen musikalischen Dinge [...] erregt und fesselt nichts so die fieberhafte Theilnahme dieser schwelgerischen Dilettanten-Welt, als – *Rossini's Frömmigkeit*. Rossini ist fromm, – alle Welt ist fromm, und die Pariser Salons sind Betstuben geworden. – [...] Wahr ist es, die Frömmigkeit hat schon seit längerer Zeit, zumal in der hohen Societät Wurzel gefaßt; – während in Berlin diesem Drange durch philosophischen Pietismus abgeholfen wird, während ganz Deutschland Felix Mendelssohn's poetischer Religion sein Herz erschließt, wollen auch die vornehmen Pariser nicht zurückbleiben." (Bd. 15, Nr. 52, S. 205).
19 *HSA* 10, S. 148. Vgl. *DHA* 14, S. 12 u. 311 ff., u. 6, S. 30 u. 432 f.

Glaubenslüge" zu. Damit ist aber – trotz aller scheinheiligen Versicherungen Heines, nicht „gegen einen so verdienstvollen Meister wie der Verfasser des Paulus [...] einen Tadel aussprechen zu wollen" oder gar „an der Christlichkeit des erwähnten Oratoriums zu mäkeln, weil Felix Mendelssohn-Bartholdi von Geburt ein Jude ist" – der Boden bereitet für die Diffamierung Mendelssohns als seine Wirkung kalkulierender „Schauspieler", dessen „gänzlicher Mangel an Naivetät" ihn unfähig mache, den Plan einer Großen Oper für Paris auszuführen:

> „Wird unser junger Landsmann sich diesem Geschäft mit Glück unterziehen? Ich weiß nicht. Seine künstlerische Begabniß ist groß; doch hat sie sehr bedenkliche Gränzen und Lücken. Ich finde in talentlicher Beziehung eine große Aehnlichkeit zwischen Hrn. Felix Mendelssohn und der Mademoiselle Rachel Felix, der tragischen Künstlerin. Eigenthümlich ist beiden ein großer, strenger, sehr ernsthafter Ernst, ein entschiedenes, beinahe zudringliches Anlehnen an classische Muster, die feinste geistreichste Berechnung, Verstandesschärfe und endlich der gänzliche Mangel an Naivetät. Gibt es aber in der Kunst eine geniale Ursprünglichkeit ohne Naivetät? Bis jetzt ist dieser Fall noch nicht vorgekommen."[20]

Damit spricht Heine Mendelssohn die Fähigkeit ab, mit Rossini und auch Meyerbeer auf deren eigenem Gebiet zu konkurrieren, und zwar nicht etwa auf Grund mangelnder Kunstfertigkeit, sondern auf Grund einer der dramatischen Kunst unentbehrlichen „Naivetät", wodurch Heine nicht zuletzt Schumanns Vorwurf der Unwahrhaftigkeit und des bloßen Raffinements gegenüber Meyerbeer ins Gegenteil verkehrt.

Wie sehr es Heine bei dem Vergleich zwischen Rossini und Mendelssohn tatsächlich gerade auch um Meyerbeer – und damit um die für ihn fortschrittlichste Musik seiner Zeit – ging, belegt über seine schmeichlerischen Töne hinaus ein Brief Heines an Meyerbeer vom 24. Mai 1842:

> „Mein Aufsatz in der Allgemeinen Zeitung über Rossini und Mendelssohn hat sehr viel Glück und Spektakel gemacht. Wie sehr schwer es ist

---

20 *HSA* 10, S. 151.

über Musik zu schreiben ohne den Namen Meyerbeer zu nennen (und doch mußte dieser Namen vermieden werden) davon haben Sie keinen Begriff. In der That, um Ihren Namen dreht sich die ganze Geschichte der Musik seit 10 Jahren und bey jedem Musiker, den man jetzt zu besprechen hat, wird man unwillkürlich auf die Frage gerathen in welchem Verhältniß er zu der Meyerbeerschen Musik gestellt ist oder sich gestellt hat."[21]

Tatsächlich mußte Heine Meyerbeers Namen vermeiden, um diesen in Berlin nicht zu kompromittieren und als bestellte Parteinahme erscheinen zu lassen, was in Wirklichkeit Heines Überzeugung entsprach.

Doch Heine beschränkte sich nicht darauf, auf Schumanns Vergleich zwischen Meyerbeers *Hugenotten* und Mendelssohns *Paulus* mit einem entgegengesetzt akzentuierenden Vergleich zwischen Mendelssohns Oratorium und Rossinis *Stabat mater* zu antworten. Vielmehr versuchte er, seiner Mendelssohn-Kritik durch eine erkennbare Anknüpfung an Hegels Vorlesungen über die Ästhetik gewissermaßen einen höheren Standpunkt zu verleihen.[22] Hegel selbst war bekanntlich ein großer Bewunderer Rossinis und hatte andererseits ein Ereignis wie die Wiederaufführung der *Matthäus-Passion* durch Mendelssohn – bei der auch Heine anwesend gewesen war – lediglich mit distanziert-historischem Interesse verfolgt.[23] Indem Heine nun eine gegen die Künstlergruppe der „Nazarener" gerichtete Passage der *Ästhetik,* die Heinrich Gustav Hotho postum herausgegeben hatte (Berlin 1835–1838), aufgriff und auf den zum Protestantismus übergetretenen Felix Mendelssohn übertrug, konnte er dessen *Paulus* als historisch obsole-

---

21 *HSA* 22, S. 28.
22 Welche Bedeutung Hegels *Ästhetik* gerade auch für die Musikberichte Heines hatte, läßt die Einleitung des Artikels über die *Musikalische Saison in Paris* vom 20. April 1841 erkennen (*HSA* 10, S. 99; *DHA* 13, S. 124 f.).
23 Vgl. Carl Dahlhaus: *Hegel und die Musik seiner Zeit,* in: ders.: *Klassische und romantische Musikästhetik,* Laaber 1988, S. 230 ff. – Dahlhaus' Behauptung, die Hervorhebung von Bachs Kirchenmusik, insbesondere der „erst im Protestantismus vollendeten Form des Oratoriums" in der *Ästhetik* (Bd. 2, S. 318) spreche „eine gänzlich andere Sprache als der von Zelter überlieferte Satz" [„das sei keine rechte Musik; man sei jetzt weiter gekommen"] (S. 245; vgl. Notenbeispiel 24) ist im Kontext der geschichtsphilosophisch ausgerichteten Ästhetik Hegels keineswegs schlüssig.

ten Versuch darstellen, vergangene Kunstformen und Glaubensinhalte wiederzubeleben, und sich dabei implizit auf denselben Philosophen berufen, bei dem auch Felix Mendelssohn in Berlin Ästhetik gehört hatte.[24]
In dem Unterkapitel *Das Ende der romantischen Kunstform,* das den Abschnitt über *Die romantische Kunstform* und damit den zweiten Teil der *Ästhetik* beschließt, bemerkt Hegel:

„In unseren Tagen hat sich fast bei allen Völkern die Bildung der Reflexion, die Kritik, und bei uns Deutschen die Freiheit des Gedankens auch der Künstler bemächtigt und sie in betreff auf den Stoff und die Gestalt ihrer Produktion, nachdem auch die notwendigen besonderen Stadien der romantischen Kunstform durchlaufen sind, sozusagen zu einer tabula rasa gemacht. [...] Es hilft da weiter nichts, sich vergangene Weltanschauungen wieder, sozusagen, substantiell aneignen, d. i., sich in eine dieser Anschauungsweisen fest hineinmachen zu wollen, als z. B. katholisch zu werden, wie es in neueren Zeiten der Kunst wegen viele getan, um ihr Gemüt zu fixieren und die bestimmte Begrenzung ihrer Darstellung für sich selbst zu etwas Anundfürsichseiendem werden zu lassen."[25]

Diesen Gedanken Hegels führt nun Heine weiter und überträgt ihn auf Mendelssohn:

„Wie bei den Malern, so herrscht auch bei den Musikern eine ganz falsche Ansicht über die Behandlung christlicher Stoffe. Jene glauben,

---

24 Vgl. den nach der Wiederholung der *Matthäus-Passion* am 21. März 1829 geschriebenen Brief Zelters an Goethe: „Nun haben wir auf vieles Begehren die Passionsmusik bei vollem Hause abermalen wiederholt. Die alten sind wieder- und neue Hörer dazugekommen. Die Urteile sind billig verschieden, und von vielen soll nur einer genannt sein, der das Recht hat zu urteilen wie jeder andere und vor andern. Philosophen, welche das Reale von dem Idealen trennen und den Baum wegwerfen, um die Frucht zu erkennen, sind mit uns Musikern etwa so daran wie wir mit ihrer Philosophie, von der wir nichts weiter verstehen, als daß wir ihnen den gefundenen Schatz vor die Tür bringen. So Hegel. Er hält eben mit seinem Kollegium bei der Musik. Was ihm Felix recht gut nachschreibt und wie ein loser Vogel höchst naiv mit allen persönlichen Eigenheiten zu reproduzieren versteht. Dieser Hegel nun sagt, das sei *keine* rechte Musik; man sei jetzt weiter gekommen, wiewohl noch lange nicht aufs Rechte." (Karl Friedrich Zelter – Johann Wolfgang Goethe: *Briefwechsel. Eine Auswahl,* hg. von Hans-Günter Ottenberg, Leipzig 1987).
25 Hegel: *Ästhetik,* hg. von Friedrich Bassenge, Berlin 1985, Bd. 1, S. 579 f.

das wahrhaft Christliche müsse in subtilen magern Contouren und so abgehärmt und farblos als möglich dargestellt werden; die Zeichnungen von Overbeck sind in dieser Beziehung ihr Ideal. Um dieser Verblendung durch eine Thatsache zu widersprechen, mache ich nur auf die Heiligenbilder der spanischen Schule aufmerksam; hier ist das Volle der Contouren und die Farbe vorherrschend, und es wird doch Niemand läugnen, daß diese spanischen Gemälde das ungeschwächteste Christenthum athmen und ihre Schöpfer gewiß nicht minder glaubenstrunken waren als die berühmten Meister, die in Rom zum Katholicismus übergegangen sind, um mit unmittelbarer Inbrunst malen zu können. Nicht die äußere Dürre und Blässe ist ein Kennzeichen des wahrhaft Christlichen in der Kunst, sondern eine gewisse innere Ueberschwänglichkeit, die weder angetauft noch anstudirt werden kann in der Musik wie in der Malerei, und so finde ich auch das Stabat von Rossini wahrhaft christlicher als den Paulus, das Oratorium von Felix Mendelssohn-Bartholdi, das von den Gegnern Rossini's als ein Muster der Christenthümlichkeit gerühmt wird."[26]

Rossini brauchte „den Geist des Christenthums nicht erst wissenschaftlich zu construiren, noch viel weniger Händel oder Sebastian Bach sklavisch zu copiren; er brauchte nur die frühesten Kindheitsklänge wieder aus seinem Gemüth hervorzurufen". Dabei ist auch Rossinis *Stabat mater* für Heine keineswegs im eigentlichen Sinne ein Werk seiner Zeit. Es ist für ihn insofern „christlicher", als es gewissermaßen „Kindheitsklänge" darstellt, die zwar schön, zugleich aber auch ebenso eindeutig der Vergangenheit angehören wie die Prozession in Sète, die ihn an seine eigene Kindheit erinnert hatte: „Ich hatte dergleichen oft in meiner Kindheit am Rhein begegnet, und ich kann nicht läugnen, daß jene Töne eine gewisse Wehmuth, eine Art Heimweh in mir weckten."

26 *HSA* 10, S. 149.

Daß Mendelssohn sowohl Rossini als auch den „Nazarenern" sehr distanziert gegenüberstand, kann Heine, dem glühenden Bewunderer Rossinis,[27] seit ihren ersten Begegnungen nicht verborgen geblieben sein (zumindest in bezug auf letzteren). Wenn er daher Mendelssohn – zurückgreifend auf Hegel – gewissermaßen „protestantisches Nazarenertum" vorwarf und ihm als Beispiel echter Religiosität ausgerechnet den in Deutschland vielfach als Inbegriff der „Frivolität" gebrandmarkten Rossini entgegenhielt, so entsprach dies zweifellos seinen persönlichen Überzeugungen, die er zugleich jedoch in einer Weise ausformulierte, daß das Ergebnis einer kalkulierten Boshaftigkeit gleichkam.

Die Aufführung von Mendelssohns *Schottischer Symphonie* op. 56 (Nr. 3, a-Moll) durch die Société des concerts du Conservatoire am 14. Januar 1844 bot Heine den Anlaß, die wesentlichen Punkte seiner Mendelssohn-Kritik noch einmal aufzugreifen.[28] Diesmal dient ihm der „urweltliche", „antediluvianische" Hector Berlioz[29] als Kontrast für den „ordentlichen", „modernen" Felix Mendelssohn-Bartholdy. Zunächst „würdigt" Heine die Symphonie Mendelssohns, indem er sich – entgegen seinem üblichen Stil – parodierend des üblichen Jargons von Musikkritiken bedient:

„Obgleich diese Symphonie Mendelssohns im Conservatoire sehr frostig, ja mit empörender Kälte aufgenommen wurde, verdient sie dennoch die Anerkennung aller wahrhaft Kunstverständigen. Namentlich

---

27 Noch in die Apologie Meyerbeers als des Komponisten seiner Zeit in seinem neunten Brief *Über die französische Bühne* mischt Heine ein deutliches Bekenntnis zu Rossini: „Ich beschränke mich darauf, Beide [Rossini und Meyerbeer] zu lieben, und keinen von Beiden liebe ich auf Unkosten des Anderen. Wenn ich mit Ersterem vielleicht mehr noch als mit Letzterem sympathisire, so ist das nur ein Privatgefühl, keineswegs ein Anerkenntniß größeren Werthes. [...] Einem solchen Menschen [wie mir] muß Rossini besser zusagen als Meyerbeer, und doch zu gewissen Zeiten wird er der Musik des Letzteren, wo nicht sich ganz hingeben, doch gewiß enthusiastisch huldigen." (*DHA* 12, S. 274). In ähnlicher Weise stellt Heine im zehnten Brief Chopin und Liszt einander gegenüber (vgl. Kleinertz, wie Notenbeispiel 5).

28 Der Artikel erschien unter dem Titel *Musikalische Saison. I* in der Beilage der Augsburger *Allgemeinen Zeitung* vom 8. Mai 1844 (*HSA* 10, S. 229 ff.) und wurde von Heine später für die *Lutezia* (Hamburg 1854) überarbeitet (*DHA* 14, S. 127 ff.).

29 Auch hier greift Heine Motive aus früheren Artikeln, in diesem Fall aus seinem zehnten Brief *Über die französische Bühne* auf (vgl. *DHA* 12, S. 287).

ist der zweite Satz (scherzo in f dur) und das dritte Adagio in a dur charaktervoll, und mitunter von ächter Schönheit. Die Instrumentation ist vortrefflich und die ganze Symphonie gehört zu Mendelssohns besten Arbeiten."[30]

Dann aber erwähnt Heine nicht nur explizit den früheren Mißerfolg des *Paulus,* sondern greift zugleich auch das zentrale Motiv seines Artikels von 1842 auf:

„Mendelssohn bietet uns immer Gelegenheit über die höchsten Probleme der Aesthetik nachzudenken. Namentlich werden wir bei ihm immer an die große Frage erinnert: was ist der Unterschied zwischen Kunst und Arbeit? Wir bewundern bei diesem Meister sein großes Talent für Form, für Stylistik, seine Begabniß sich das außerordentlichste anzueignen, seine reizend schöne Factur, sein feines Eidechsenohr, seine zarten Fühlhörner, und seine ernsthafte, ich möchte fast sagen passionirte Indifferenz."

Ähnlich wie Ludwig Tieck werde Mendelssohn trotz allen Bemühens kein großes dramatisches Werk gelingen: „Er wird es wohl versuchen, aber es muß ihm mißlingen, da hier Wahrheit und Leidenschaft zunächst begehrt werden." Dabei stellt der Gegensatz „Kunst und Arbeit" bereits eine Abschwächung dar, nachdem Gustav Kolb, der Redakteur der *Allgemeinen Zeitung,* eine erste, schärfere Fassung zurückgewiesen hatte.[31] Der Beginn

---

30 HSA 10, S. 229 f. – Diese Absichtlichkeit wurde auch von den Zeitgenossen erfaßt. In einer Besprechung des Artikels in der *Zeitung für die elegante Welt* vom 22. Mai 1844 bemerkt Heinrich Laube: „Ganz anders stellt und benimmt er sich Mendelssohn gegenüber. Wir wissen alle, daß er ihn nicht leiden kann. Er nennt ihn also den ‚hochgefeierten Landsmann,' einen ‚ordentlichen modernen Menschen' neben dem wüsten Berlioz, und eifert sich über die empörende Kälte, mit welcher die Franzosen auch jetzt wieder die von Mendelssohns Freunden und Gönnern endlich auf's Repertoir gebrachte Symphonie aufgenommen. Aber die Kunstverständigen blieben ihm, und um dies zu zeigen spricht der Bösewicht vom *sherzo* [sic] in *F-Dur* und vom dritten Adagio in *A-Dur,* Worte die er sich in prämeditirter Bosheit in die Schreibtafel hat diktiren lassen für solchen Zweck. (Nr. 21, S. 335)" Vgl. hierzu auch Michael Mann: *Heinrich Heines Musikkritiken,* Hamburg 1971 *(Heine-Studien 1),* S. 35 f. u. 122.

31 Vgl. *DHA* 14, S. 279 f. In dieser Fassung hatte es noch geheißen: „Wo hört bey ihm die Lüge auf und fängt die Kunst an?" In der *Lutezia* hat Heine dann die abgeschwächte Formulierung der Journalfassung („Kunst und Arbeit") wieder durch „Kunst und Lüge" ersetzt.

der Mendelssohn-Passage in dieser Fassung läßt denn auch die Zielrichtung dieses erneuten Angriffs, der inhaltlich nichts Neues bringt, erkennen: „Welch ein ordentlicher, moderner, königl. preußischer Mensch ist dagegen unser Felix Mendelssohn Bartholdi."[32] Daß dies auch in der gemäßigteren Journalfassung noch so verstanden wurde, legt ein Brief Heines an Ferdinand Lassalle nahe. Heine bemühte sich im Winter 1845/46 um die Zusicherung der preußischen Regierung, unbehelligt nach Berlin reisen zu dürfen, um dort den ihm bekannten Arzt Johann Friedrich Dieffenbach aufsuchen zu können. In diesem Zusammenhang hatte ihm Lassalle offensichtlich geraten, die Angriffe gegen Mendelssohn zu unterlassen, denn Heine antwortete ihm am 11. Februar 1846:

„Jedenfalls melde ich Ihnen, daß alles, was Sie wünschen, geschehen soll. In Bezug Mendelssohns – wie Sie auf diese unbedeutende Sache Werth legen können, begreife ich nicht – in Bezug Felix Mendelssohns füge ich mich gern Ihrem Wunsche, und es soll keine böse Sylbe mehr gegen ihn gedruckt werden – Ich habe Malice auf ihn wegen seines Christelns, ich kann diesem durch Vermögensumstände unabhängigen Menschen nicht verzeihen, den Pietisten mit seinem großen, ungeheuren Talente zu dienen. – Je mehr ich von der Bedeutung des letzteren durchdrungen, desto erboster werde ich ob des schnöden Mißbrauchs. Wenn ich das Glück hätte, ein Enkel von Moses Mendelssohn zu seyn, so würde ich wahrlich mein Talent nicht dazu hergeben, die Pisse des Lämmleins in Musik zu setzen. Unter uns gesagt, der nächste Grund, warum ich manchmal Mendelssohn prickelte, betraf einige hiesige Stockenthousiasten desselben, die ich ärgern wollte, – z. B. Ihren Landsmann Frank [Eduard Franck], auch Heller, – und die unedel genug waren, jenen Angriffen das Motiv unterzulegen, ich wollte dadurch Meyerbeer den Hof machen."[33]

32 *DHA* 14, S. 279.
33 *HSA* 22, S. 194.

Heine spricht hier noch einmal den zentralen Aspekt seiner Mendelssohn-Kritik an: Mendelssohns Komposition eines großen, oratorischen Werks mit christlicher Thematik erschien dem Hegelianer Heine als bloßes „Christeln", als historisch obsoleter Versuch, einen Stoff zu behandeln, „der nicht für ihn selbst unmittelbar das Substantielle seines Bewußtseins ist".[34] Damit aber verlor in seinen Augen die Kunst ihren Wahrheitsanspruch, sie stellte sich in den Dienst einer Ideologie, die gerade jene Ideen des Fortschritts und der Aufklärung verriet, für die der Name Moses Mendelssohn einstand. – Persönliche, ästhetische und politische Gründe verbinden sich hier zu einer für Heines Musikkritik insgesamt paradigmatischen Einheit.

---

34 Hegel: *Ästhetik*, Bd. 1, S. 579 *(Das Ende der romantischen Kunstform)*.

Die Goethe-Vertonungen Robert Schumanns

1. Die literarischen Interessen Robert Schumanns unter der besonderen Berücksichtigung des Werkes von Goethe

Robert Schumann wuchs in einer musikalisch und literarisch hochgebildeten Familie auf. Sein Vater besaß eine große Bibliothek mit vielen Kostbarkeiten der Weltliteratur. Zudem war August Schumann Herausgeber von Klassiker-Taschenbüchern. Er gründete zwei Zeitungen und ließ von 1818 an eine *Bildergalerie der berühmtesten Menschen aller Zeiten und Völker* erscheinen. Robert Schumann verfaßte hierfür ab seinem 14. Lebensjahr kleinere Beiträge.[1] Seine besondere Liebe galt den Werken Jean Pauls und Johann Wolfgang von Goethes.

Goethes *Faust* las Schumann als Schüler mehrmals. Er konnte viele Passagen des Textes auswendig vortragen und handelte sich durch die Rezitation des „Eingangs-Monologs" bei seinen Mitschülern den Spitznamen „Faust" ein.[2] Bereits als Schüler des Zwickauer Ratsgymnasiums schrieb Schumann Gedichte und Erzählungen. Im Dezember 1825 gründete er einen literarischen Schülerverein, der reichlich drei Jahre lang existierte.[3] Dieser befaßte sich u. a. mit Problemen der deutschen Literatur-Entwicklung. Schillers Dramen wurden hier gelesen und mit verteilten Rollen vorgetragen. Aus Schumanns Primanerzeit datieren 26 literarische Arbeiten, darunter acht längere Gedichte und ein Aufsatz *Über die innige Verwandtschaft der Poesie und der Tonkunst.*[4]

Während seiner Leipziger Zeit lernte er im Frühjahr 1837 Johann Wolfgang von Goethes Enkel Walther Wolfgang von Goethe kennen und freundete sich mit ihm an. Dieser studierte in Leipzig Musik und Philosophie.

---

1 Paul Frenzel: *Robert Schumann und Goethe,* Veröffentlichungen der Robert-Schumann-Gesellschaft, Leipzig 1926, S. 8.
2 Ebd., S. 11.
3 Ebd., S. 7. Schumann war der erste gewählte Vorsitzende des Vereins. Er hatte die Satzung verfaßt und über dreißig Sitzungen Protokolle angefertigt.
4 Ebd., S. 9.

Ihm widmete Schumann einen seiner schönsten und bekanntesten Klavierzyklen, die 1838 fertiggestellten *Davidsbündlertänze* op. 6.
In Robert Schumanns Leipziger Briefen an die Mutter in Zwickau finden sich sehr häufig Goethe-Zitate. Im Brief vom 21. September 1831 heißt es z. B.:

„Hier fällt mir eben ein herrlicher Vers von Goethe ein, den ich zufällig gestern las: ‚Weite Welt und breites Leben, / Langer Jahre redlich Streben, / Stets geforscht und stets gegründet, / Nie geschlossen, oft geründet, / Ältestes bewahrt und Treue, / Freundlich aufgefaßt das Neue, / Heitern Sinn und reine Zwecke: / Nun man kommt wohl eine Strecke!' Ist das nicht herrlich? ... Und hat da nicht jedes Wort Kopf und Hand? Raune mir diesen Vers manchmal zu!"[5] Anfang Mai 1832 schrieb Schumann in einem Brief an seine Mutter u. a.: „Was hab ich doch Goethen zu verdanken! ..."[6]

Auf seiner Reise nach Heidelberg besuchte Robert Schumann am 14. Mai 1829 auch das Geburtshaus Goethes in Frankfurt am Main. In seinen Notizen hielt er fest:

„Um Göthe'n richtig fassen zu können, gehört fast ein eben so grosser Geist, wie Göthe selber zu."[7]

Unter dem Datum vom 13. Oktober 1831 vermerkte er in seinem *Leipziger Lebensbuch*:

„... Schreibe einfach u. natürlich. Göthe wird immer ein schönes Vorbild bleiben ..."[8]

Um dieselbe Zeit, am ersten und neunten Oktober 1831, spielte die damals zwölfjährige Clara Wieck Goethe in Weimar einige Klavierwerke vor und erhielt von ihm als Geschenk eine Medaille mit der Aufschrift „Der kunstreichen Clara Wieck" überreicht.[9]

---

5 Ebd., S. 13.
6 Zit. nach Frenzel, ebd., S. 14.
7 Robert Schumann: *Tagebücher*. Band I, 1827–1838, hg. von Georg Eismann, Leipzig 1971, S. 69.
8 Ebd., S. 372.
9 Frenzel, a. a. O., S. 15.

Diese Begegnung mit dem berühmten Dichter gehörte zu den nachhaltigsten Eindrücken in Claras Künstlerlaufbahn. Clara Wieck und Robert Schumann, ab 1840 ein Ehepaar, waren sich in der Hochachtung für den großen deutschen Dichter einig. In Schumanns Familie wurde Goethes Geburtstag alljährlich festlich begangen.[10]

Robert Schumann las in seinem ersten Ehejahr u. a. Goethes *Dichtung und Wahrheit*. Er hatte sich schon vorher mit den „Nachgelassenen Werken" und mit Schriften über Goethe und Riemer befaßt. Diese Lektüre empfand er als „prägend und erziehend."

In Schumanns *Tagebüchern* finden sich sehr häufig Bemerkungen über seine Beschäftigung mit Goetheschen Dichtungen, dramatischen Werken und Schriften. Beispielsweise heißt es im Band II:

> „Im Juni [1837] Reise nach Weimar zu Göthe ... – Göthe's Haus-Grab – im Theater Faust (Kunst) – Gretchen, die Lortzing – mit Walther von G.[oethe] zurückgereist ..."[11]

Unter dem 4. Dezember 1837 notierte er nach dem Besuch eines Konzertes, in dem Beethovens *Egmont*-Musik aufgeführt wurde:

> „... Spät noch im *Egmont* [von Goethe] gelesen unter heißen Tränen."[12]

Im März 1838 schrieb Schumann:

> „... am 22sten, an Goethes Sterbetag, den Briefwechsel zwischen Zelter u. Goethe, zufällig zu Ende gelesen."[13]

Und im Juli 1841 hielt er fest:

> „Dagegen hab' ich in Göthe's *Wahrheit u. Dichtung* wieder schöne Stunden verlebt und mich an diesem gesunden, großen umfassenden Geist im Innersten erfreut."[14]

Er nahm Werke von Goethe 1844 sogar auf seine große Rußlandreise mit; u. a. vermerkte er in St. Petersburg:

10 Ebd.
11 Robert Schumann: *Tagebücher*. Band II, 1836–1854, hg. von Gerd Nauhaus, Leipzig 1987, S. 33.
12 Ebd., S. 47.
13 Ebd., S. 52.
14 Ebd., S. 176.

„Sonntag d. 13./25. [Februar·1844] ... Faust von Göthe gelesen, doch mit Anstrengung."[15]

Am Dienstag, dem 15./27. Februar, schrieb Schumann:

„Faust, 2ter Theil [von Goethe] – Ob W.[ilhelm] Meister [von Goethe] zur Oper zu verwandeln."[16]

Auf dieser Rußlandreise begann er, die Schlußszene aus *Faust* II zu vertonen. Die Verehrung für Goethe teilte der Komponist mit dem fast gleichaltrigen Richard Wagner. Über eine interessante Begegnung mit Wagner, bei der es u. a. um *Faust* ging, berichtet Schumann in seinem Tagebuch unter dem Datum vom 17. März 1846:

„Montag ... im gr.[oßen] Garten [in Dresden] zufällige Begegnung mit R. Wagner. Er besitzt eine enorme Suade, steckt voller sich erdrückender Gedanken; man kann ihm nicht lange zuhören. Die 9te Symphonie v. Beethoven, die am Palmsonntag gegeben wird, wollte er durch eine Art Programm mit Motto's aus Göthe's Faust dem Publicum näher zu bringen suchen. Ich konnte ihm deshalb nicht beistimmen."

Wagner verwirklichte seinen Plan im Palmsonntagskonzert der Königlichen Kapelle am 5. April 1846 im alten Dresdner Opernhaus, das einst Daniel Pöppelmann errichtet hatte, und erzielte damit Erfolg.[17]

Außer den zahlreichen Angaben Schumanns zu Goethes Werk in seinen *Tagebüchern* findet man in vielen seiner Briefe und Schriften Zitate und Aussprüche des Weimarer Dichters.

Im Dezember 1831 debütierte der Musikpublizist Schumann mit einem Beitrag über Chopins *Don-Juan-Variationen* op. 2 in der *Leipziger Allgemeinen Musikalischen Zeitung*. Ab 1834 gab er die *Neue Zeitschrift für Musik* heraus, in der er jeder neuen Nummer ein Motto voranstellte. Von Goethe stammen über 160 Sprüche und Sentenzen, u. a. aus *Faust*, dem *West-östlichen Diwan*, aus *Tasso*, den *Xenien* und den *Gesprächen Goethes mit Eckermann*.[18]

15 Ebd., S. 284.
16 Ebd.
17 Ebd., S. 548, Anm. 707.
18 Frenzel, a. a. O., S. 21.

2. Zur Liedästhetik Schumanns

1827 vertonte Robert Schumann seine ersten Lieder. Er tat dies zu einer Zeit, als Franz Schubert den größten Teil seines Liedschaffens bereits vollendet hatte. Schumann ging von Beginn seines Liedschaffens an einen bemerkenswerten Schritt über Schubert hinaus: Er entwickelte den Typ des Stimmungsliedes, dessen musikalische Gestaltung auf die dichterischen Intentionen in besonderem Maße reagiert. Das Klavier hat einen beträchtlichen Anteil an der poetischen Auslotung des Textes. Wir bezeichnen dies als „Charakterbegleitung."

Ein Text der von Schumann im Jahre 1827 komponierten Lieder, *Der Fischer,* stammt von Goethe. Verfasser weiterer Lieder-Texte sind Ernst Schulze, Lord Byron und Schumann. Am 13. August 1828 notierte Schumann in seinem Tagebuch: „Im Gesang ist das Höchste vereint, Wort u. Ton, der unarticulirte Menschenbuchstabe: er ist die eigentliche extrahirte Quintessenz des geistigen Lebens."[19] Den frühen Liedvertonungen folgte eine dreizehnjährige Unterbrechung des Liedschaffens. Von 1829 bis zu seiner Verheiratung mit Clara Wieck verfaßte Schumann fast ausschließlich Klavierkompositionen. Erst 1840, im sogenannten Liederjahr, komponierte er 138 Lieder, – mehr als die Hälfte seines gesamten Liedschaffens. Darunter befinden sich sechs Goethe-Vertonungen: fünf im Zyklus *Myrten* und ein vierstimmiger Männergesang, *Rastlose Liebe* op. 33 Nr. 5.

Die Lieder knüpfen an die Klavierkompositionen der dreißiger Jahre an. Zumeist findet man in ihnen eine technisch anspruchsvolle Klavierbegleitung mit z. T. ausgedehnten Vor- und Nachspielen. Die Verflechtung von Klavierpart und Singstimme ist derart eng, „... daß in manchen Fällen geradezu von einem ‚Klavierstück mit unter- oder überlegtem Text' gesprochen werden kann".[20]

Dieser Stil steigerte sich in den Liedkompositionen vom Jahre 1849 zu einer vertieften Auslotung des gesungenen Textes. Zur Rolle der Klavierbegleitung bemerkt Robert Schumann in dieser Zeit:

19 Schumann: *Tagebücher.* Band I, a. a. O., S. 105.
20 Arnfried Edler: *Robert Schumann und seine Zeit,* Laaber 1982, S. 213.

„Im Zusammenhange mit der fortschreitenden Dichtkunst ist der Franz Schubert'schen Epoche bereits eine neue gefolgt, die sich namentlich auch die Fortschritte des einstweilen weiter ausgebildeten Begleitungsinstruments, des Claviers, zu Nutze machte. [...] Die Singstimme allein kann allerdings nicht alles wirken, nicht alles wiedergeben; neben dem Ausdrucke des Ganzen sollen auch die feineren Züge des Gedichts hervortreten, und so ist's recht, wenn darunter nicht der Gesang leidet ..."[21]

Gegen Ende der vierziger Jahre notierte der Komponist: „... in Wirklichkeit ist vielleicht das Lied die einzige Gattung, in der seit Beethoven ein wirklich bedeutender Fortschritt geschehen."[22]

Um 1848 spaltete sich die deutsche Musikszene in „Klassizisten" und „Neudeutsche". Schumann hielt sich aus dem Parteienstreit heraus. Er befolgte als Liederkomponist einen Mittelweg. Um die ästhetischen Positionen beider Richtungen darzulegen, seien folgende Charakteristika hervorgehoben:

Die „Neudeutschen" plädierten für eine enge Verschmelzung von Dichtung und Musik. Sie bevorzugten Texte von Zeitgenossen bzw. Dichtern des Vormärz. Sie waren zudem der Meinung, daß die Melodik prosodisch dem Text zu folgen habe. Bei Liedvertonungen bevorzugten sie die durchkomponierte Anlage. Die Klavierbegleitung erfuhr durch sie eine enorme Aufwertung, ja sie erhielt mitunter neben der Gesangsstimme einen erheblichen Eigenwert.

Die „Klassizisten" hingegen sahen das Kunstlied mehr als eine primär musikalische Gattung an. Die Texte ihrer Lieder entstammten vorzugsweise klassischen und romantischen Dichtern. Das Strophenlied schätzten sie besonders.

Schumann fühlte sich seit seinen frühen Leipziger Schaffensjahren als Vertreter des musikalischen Fortschritts. Die Premiere von Giacomo Meyer-

---

[21] Robert Schumann: *Gesammelte Schriften über Musik und Musiker,* Bd. IV, Reprint der Ausgabe Leipzig 1854, Leipzig 1985, S. 217 f.
[22] Ebd., S. 263.

beers Oper Die *Hugenotten* (1836) bewirkte in ihm jedoch ein Überdenken seiner ästhetischen Position bezüglich des Kunstliedes. War er bis dahin der Meinung gewesen, daß das Lied eine gewisse Öffentlichkeits- und Breitenwirkung beanspruchen solle, so sprach er sich nach 1840 dafür aus, daß das Lied eher eine Gattung intimen Musizerens sei und nicht in den großen Konzertsaal gehöre. Um sich an die breite Öffentlichkeit zu wenden, bedürfe es anderer musikalischer Gattungen als der des Liedes, z. B. der Oper, des Oratoriums und der Sinfonie.

Mit den neu gewonnenen Erfahrungen vertonte er im Frühjahr und Sommer 1849 die Gedichte aus Goethes *Wilhelm Meisters Lehrjahren* op. 98 a, daran anschließend das *Requiem für Mignon* op. 98 b (nach Goethes *Wilhelm Meister*) und setzte daraufhin die Komposition der bereits 1844 in St. Petersburg begonnenen Szenen aus Goethes *Faust* fort. In seinem zweiten ertragreichen Liederjahr, 1849, beschritt Schumann zudem neue Wege bei der Vertonung von Liedern. Fortan wandte er sich verstärkt dem „Gesang" zu, den er als eine Neuerung und Steigerung gegenüber dem traditionellen „Lied" empfand. Auch der Anteil der von ihm vertonten Goethetexte erhöhte sich in seinem zweiten Lieder-Jahr beträchtlich.

Um 1848 verstärkten sich, wie bereits gesagt, die ästhetischen Diskussionen um die weitere Entwicklung des deutschen Kunstliedes.[23] Ein heiß umstrittener Punkt dabei war der Umgang mit dem Text. Insbesondere interessierte die Komponisten das Problem, ob Textwiederholungen und Umstellungen der dichterischen Vorlage durch den Komponisten zur besseren Eindringlichkeit von Liedern zulässig seien oder ob der Text in seiner vom Dichter fixierten Gestalt unverändert erhalten bleiben sollte. Ersteres Verfahren führe konsequenterweise zum „Gesang", während die originale, vom Komponisten nicht beeinflußte Textfassung in ihrer vertonten Version als „Lied" zu bezeichnen sei. Beim G e s a n g handle es sich unter Aufgabe der Periodik und Symmetrie um das Verfahren der Durchkomposition.

---

23 Siehe: Ulrich Mahlert: *Fortschritt und Kunstlied. Späte Lieder Robert Schumanns im Licht der liedästhetischen Diskussion ab 1848.* Freiburger Schriften zur Musikwissenschaft, Bd. 13, München-Salzburg 1983, S. 36 ff.

Die Komponisten maßen der Textausdeutung hohe Bedeutung bei. Sie gingen u. a. der Frage nach, wie die Wort-Ton-Beziehungen zu gestalten seien. Viele Komponisten bevorzugten Texte, die auf eine hymnisch erhabene oder balladenartige dramatische Subjektivität der Aussage abzielten. „Gesänge" zeichnen sich gegenüber dem „Lied" schon äußerlich durch größere Dimensionen aus.

Beim L i e d dagegen dienen Vers und Strophe als Formgerüst für die musikalische Anlage. Periodensymmetrie und Strophenbau der Dichtung sollten ihre formale kompositorische Entsprechung im Strophenlied haben. Der Klavierpart von Liedern berücksichtigt weitgehend charakteristische und oft wiederholte Begleitmodelle. Im allgemeinen zeichnen sich Lieder durch Intimität und äußere Kürze aus.

Chronologie der Goethevertonungen Robert Schumanns

1827   *Der Fischer* (als Sonderbeilage im Heft 1 des 100. Jahrgangs der *Neuen Zeitschrift für Musik* [1933] veröffentlicht)
1840   Februar, aus *Myrten* op. 25
         Freisinn op. 25, 2
         Sitz ich allein op. 25, 5
         Setze mir nicht, du Grobian op. 25, 6
         Talismane op. 25, 8
         Lied der Suleika op. 25, 9 (Text von Marianne von Willemer, wahrscheinlich nur die 3. Strophe von Goethe)
1840   aus *6 Gesänge für 4st. Männergesang* op. 33, 5: *Rastlose Liebe*
1840   Liebeslied *Dir zu eröffnen* op. 51, 5
1844   Juli/August, Schlußszene aus dem II. Teil des *Faust*
         (1. Fassung [Chorus mysticus])
1847   April und Juli, Schlußszene (2. Fassung)
1848   Mai, Faust III/4, *Gerettet ist das edle Glied* (Chor)
1849   März, aus *Balladen für Chor* op. 67
         a) *Der König von Thule* op. 67, 1
         b) *Heidenröslein* op. 67, 3

1849   Mai, aus dem *Liederalbum für die Jugend* op. 79
      a) *Die wandelnde Glocke* op. 79, 18
      b) *Lied Lynceus des Türmers* op. 79, 28
      c) *Mignon* op. 79, 29

1849   Mai/Juli, *Lieder und Gesänge aus Goethes Wilhelm Meister* op. 98 a
      a) *Mignon* op. 98 a, 1 (= „Kennst du das Land?")
      b) *Ballade des Harfners* op. 98 a, 2 (= „Was hör ich draußen vor dem Tor?")
      c) *Nur wer die Sehnsucht kennt* op. 98 a, 3 (Mignon)
      d) *Wer nie sein Brot mit Tränen aß* op. 98 a, 4 (Harfner)
      e) *Heiß mich nicht reden* op. 98 a, 5 (Mignon)
      f) *Wer sich der Einsamkeit ergibt* op. 98 a, 6 (Harfner)
      g) *Singet nicht in Trauertönen* op. 98 a, 7 (Philine)
      h) *An die Türen will ich schleichen* op. 98 a, 8 (Harfner)
      i) *So laßt mich scheinen, bis ich werde* op. 98 a, 9 (Mignon)

1849   Juli, *Requiem für Mignon* für Solostimmen, Chor und Orchester op. 98 b

1849   Juli/August, *Faust I*
Szene im Dom, II 3 (= „Wie anders, Gretchen, war dir's")
Szene im Garten, I/1 (= „Du kanntest mich, o kleiner Engel, wieder")
Gretchen vor dem Bild der Mater dolorosa, I/2 (= „Ach neige, du Schmerzensreiche")
Faust II
Ariel, II/ 1 (= „Die ihr dies Haupt umschwebt im luft'gen Kreise")
Fausts Verklärung, III (7 Kantatensätze, außer *Chorus mysticus* und *Gerettet ist das edle Glied*)

1849   September, aus *Duette, Ich denke dein* op. 78, 3

1849   *Talismane* op. 141, 4. Doppelchöriger Gesang für größere Männergesangvereine

1850   April, *Nachtlied* op. 96, 1 (= „Über allen Gipfeln ist Ruh"), für eine Singstimme mit Begleitung des Pianoforte

1850   April, Mai, *Faust* II
       Mitternacht, II/2 (= „Ich heiße der Mangel")
       Fausts Tod, II/3 (= „Herbei, herein, ihr schlotternden Lemuren")
1851   Dezember, Ouvertüre zu *Hermann und Dorothea* op. 136
1853   Mai, Klavierauszug zu den *Faust-Szenen*
1853   August, Ouvertüre zu den *Faust-Szenen*

3. Die Goethe-Vertonungen des Jahres 1849

Anhand der Statistik der Schumann-Lieder läßt sich nachweisen, daß Schumann im Jahre 1849 besonders viele Goethe-Texte vertonte. Das hat vor allem in den Goethe-Feierlichkeiten aus Anlaß des hundertsten Geburtstages des Dichters seinen Grund.

1849 war auch in kompositorischer Hinsicht Schumanns ertragreichstes Jahr. An Ferdinand Hiller schrieb er am 10. April 1849:

„Sehr fleißig war ich in dieser ganzen Zeit – mein fruchtbarstes Jahr war es – als ob die äußern Stürme den Menschen mehr in sein Inneres trieben, so fand ich nur darin ein Gleichgewicht gegen das von außen so furchtbar Hereinbrechende."[24]

Im folgenden seien zwei Kompositionen Schumanns aus dem Jahre 1849 näher betrachtet, der *Wilhelm Meister-Zyklus* op. 98a und die *Faust-*Schlußszene.

Zunächst zum *Wilhelm Meister-Zyklus:* Bevor Schumann in der Zeit von Mai bis Juli 1849 die Wilhelm Meister-Gedichte vertonte, hatte er den Goethe-Roman bereits dreimal gelesen. Er hegte sogar die Absicht, eine Oper nach diesem Goethe-Werk zu komponieren.

Der Weimarer Dichter hatte den Roman *Wilhelm Meisters Lehrjahre* 1777 begonnen und 1796 fertiggestellt. Die Gedichte aus *Wilhelm Meister* waren zudem separat in einem Goetheschen Gedichtband erschienen. Schumann verwendete die Gedichte aus dem Roman, die im Wortlaut geringfügig von der Fassung im Gedichtband abweichen. Den Komponisten faszinierte

---

24 *Robert Schumanns Briefe,* Neue Folge, hg. von F. G. Jansen, 2. vermehrte und verbesserte Aufl., Leipzig 1904, S. 302.

vor allem die „tiefe Schmerzlichkeit." Aus den *Haushaltbuch*-Eintragungen vom Jahre 1849 kann man die Entstehungsdaten der Lieder und des *Requiems für Mignon* genau ablesen. Der Kompositionszeitraum erstreckte sich vom 12. Mai bis zum 12. September 1849. Über das Lied *Kennst Du das Land* schrieb Schumann am 23. Juni 1849 in einem Brief an seinen Verleger Hermann Härtel: „Ich habe es freilich nicht ohne Erregung, aber unter wahrhaftem Kinderlärm in Kreischa komponiert."[25] Die Vertonungen ordnete Schumann so an, daß sich die Lieder und Gesänge der Mignon mit denen des Harfners abwechseln. Einzige Ausnahme ist die Einflechtung des Liedes der Philine, Nr. 7, *Singet nicht in Trauertönen* zwischen zwei Gesänge des Harfners.

Der von Schumann gewählte Titel *Lieder und Gesänge* aus *Wilhelm Meister* verrät, daß der Zyklus beide genannten Ausprägungen des klavierbegleiteten Sololiedes enthält. In den *Gesängen* ist das angedeutete neue Verhältnis von Singstimme und Klavierpart offenkundig. Der Gesangspart tendiert stellenweise in eine mehr deklamatorische Richtung. Die Klavierbegleitung besitzt einen erhöhten Eigenwert. Sie dient dem Wort und deutet es, quasi kommentierend, aus. Wortwiederholungen, Wiederholungen von Versen und Strophen sind besonders auffällig. Im Ergebnis entstand die bedeutendste Gruppe der späten Schumann-Vertonungen.

Die Lieder und Gesänge op. 98a basieren auf dem Gestus eines musikalischen Sprechgesangs, der seine „Sinngebung aus Satzinhalt und Wortbedeutung empfängt". (Mahlert)

Schumann selbst spürte, daß er mit den *Wilhelm Meister*-Liedern und -Gesängen eine neue kompositorische Stufe erklommen habe. In einem Brief vom 17. Juni 1849, gerichtet an Adolf Brendel, umriß er das Neue dieser Werkgruppe folgendermaßen:

„Ach ja – von den Schmerzen und Freuden, die die Zeit bewegen, in der Musik zu erzählen, dies, fühl ich, ist mir vor vielen Andern zuertheilt worden. Und daß sie es den Leuten manchmal vorhalten, wie

---

25 Ebd., S. 308.

starck eben meine Musik in der Gegenwart wurzelt und ganz anderes will, als nur Wohlklang und angenehme Unterhaltung, dies freut mich und muntert mich auf zu höherem Streben ..."[26]

Die *Lieder und Gesänge aus Wilhelm Meister* unterscheiden sich in mehrfacher Hinsicht von den Liedern, die Schumann 1840 komponiert hatte. Klavier- und Gesangspart erhalten jeweils einen hohen Eigenwert. Im Klavierpart fällt die Binnenpolyphonie auf. Schumann reagiert minutiös auf den Text. Auf rhythmischem und harmonischem Gebiet entdeckt der Komponist neue Reize und Farbwerte (Dissonanzen, Modulationen, überraschende Wendungen).

Der Klavierpart enthält im Vergleich zu den 1840 vertonten Liedern kaum größere Vor- und Nachspiele. Die kurzen und konzentrierten instrumentalen Anfangs- und Schlußtakte führen unmittelbar zum Gesang hin bzw. schließen ihn, Gedanken weiterführend, ab.

Im *Wilhelm Meister*-Zyklus verwandte Schumann verschiedene Formen wie Strophenlied, Ballade und den durchkomponierten „Gesang". Durch sehr genaue Interpretationsvorschriften, häufige Tempowechsel und viele dynamische Angaben gelang Schumann eine neuartige Synthese von Wort und Musik. Schumann hatte sich mit dem Text und den Goetheschen „Regieanweisungen" im Roman sehr intensiv auseinandergesetzt.

Das Ergebnis überzeugt durch die neugewonnene kompositorische Qualität. Schumann verfügt über die Gabe, das Handlungs- und Dialog-Umfeld der Harfner- und Mignongedichte in einer neuen Einheit von Sprache und Musik als „Gesamtkunstwerk" zu formulieren.

---

26 Robert Schumann: *Briefe und Schriften*, hg. von Richard Münnich, Weimar 1956, S. 290.

4. Die Beteiligung Schumanns an der Vorbereitung und Durchführung der Dresdner Feierlichkeiten zum 100. Geburtstag J. W. von Goethes

Nach dem Tode Goethes hatte das öffentliche Interesse an dem Werk des Weimarer Dichters vorübergehend etwas nachgelassen. Erst im Zuge der Vorbereitung der Goethe-Gedenkfeiern von 1849 kam es wieder zu einer stärkeren Rezeption der Werke des Weimarer Dichters. Im Dresdner Hoftheater z. B. standen 1848/49 *Faust I, Die Geschwister, Götz von Berlichingen, Clavigo, Iphigenie, Torquato Tasso* und *Egmont* auf dem Spielplan.
Große Verdienste um die Dresdner Goethe-Renaissance erwarb sich Carl Gustav Carus, der zur Vorbereitung und Durchführung der geplanten Goethe-Feiern ein Komitee, bestehend aus Gelehrten, Schriftstellern und Künstlern, in Dresden gründete. Diesem Komitee gehörte auch Robert Schumann an. In Schumanns *Haushaltbüchern* findet man sieben diesbezügliche Eintragungen.
Nach Robert Schumanns und Eduard Devrients Angaben fand die erste Zusammenkunft des Goethe-Vorbereitungs-Komitees am 14. Juli 1849 auf der Brühlschen Terrasse in Dresden (wahrscheinlich im Café „Torniamenti") statt. Einzelne Mitglieder des Komitees, zu dem auch Karl Gutzkow gehörte, plädierten für drei bis vier Tage währende Feierlichkeiten, um den 28. August herum. Schumann nahm an den Zusammenkünften regelmäßig teil.
Nachdem Schumann im Juli 1849 die Vertonungen des *Wilhelm Meister*-Zyklus op. 98 a und des *Requiem für Mignon* op. 98 b abgeschlossen hatte, stürzte er sich mit Feuereifer auf die Fortsetzung der Komposition von Szenen aus Goethes Faust. Die Schlußszene des zweiten Teils gedachte er unter dem Titel *Fausts Verklärung* am 29. August 1849 selbst zur Uraufführung zu bringen.
Bereits im Sommer 1844 hatte er eine erste Fassung dieser Schlußszene vorgelegt und diese in revidierter Form am 25. Juni 1848 vor einigen Freunden und Bekannten aufgeführt. Am 30. Juni 1848 schrieb er an Carl Reinecke:

> „Vorigen Sonntag haben wir hier zum erstenmal die Schlußscene aus Faust mit Orchester, aber nur im engeren Kreis aufgeführt. Ich glaubte mit dem Stück nie fertig zu werden, namentlich mit dem Schlußchor – nun hab' ich doch recht große Freude daran gehabt."[27]

Nach dieser ersten Aufführung nahm Schumann weitere Korrekturen an der Schlußszene vor. Die Arbeit an diesem Werk machte ihm offensichtlich großen Spaß. In einem Brief an den Verleger Hermann Härtel vom 28. Juli 1849 schrieb Schumann:

> „Für die Aufführung der Szene aus Faust zum 29. August habe ich mich nun jetzt entschieden. Das Konzert soll im Palais des großen Gartens sein und außerdem noch die Walpurgisnacht gegeben werden. Gleichzeitig und namentlich nach dieser Aufführung soll an verschiedenen Punkten des Gartens gesungen, musiziert und jubiliert werden; man möchte eine Art Volksfest, wenn nicht Jupiter pluvius dagegen Einsprache tut."[28]

An dieser Stelle muß angemerkt werden, daß Schumann als Republikaner nach der Revolution in Dresden einen schweren Stand hatte. Man bezog ihn nicht in die offizielle Goethe-Ehrung des Hoftheaters mit ein, sondern führte daselbst Szenen aus *Faust II* in der Vertonung von Carl Gottlieb Reißiger auf. Daraufhin beschloß Schumann, eine Konkurrenzveranstaltung im Palais des Großen Gartens durchzuführen. Ein großes Volksfest sollte die Feierlichkeiten abrunden.

Der Dresdner Hof befürchtete jedoch nach den Dresdner Maitagen ein erneutes Aufflackern von Aufruhr. So konnte das von Schumann initiierte Volksfest nur im kleinen Rahmen vonstatten gehen. Das Festkonzert im Palais wurde aber in der von Schumann geplanten Form durchgeführt.

In den *Haushaltbüchern* finden sich mehrere Eintragungen, diese Festveranstaltung betreffend: „28. ... Göthefeier – Im g.[roßen] Garten in d. Saal d. Palais mit Schubert, Kl.[ara] pp.-"[29], „29. Im gr.[oßen] Garten. Früh

---

27 Schumann: *Briefe,* Neue Folge, a. a. O., S. 284.
28 Schumann: *Briefe und Schriften,* a. a. O., S. 251.
29 Schumann: *Tagebücher,* Bd. III, Teil 2, hg. von Gerd Nauhaus, Leipzig 1982, S. 501.

Probe im gr. [oßen] Garten – Freude – Um 4 Uhr Concert – ... Volksfest."[30]
Auf dem Programm des Festkonzerts, das im Palais im Großen Garten stattfand, erklangen als erstes die Kantate *Erste Walpurgisnacht* von Felix Mendelssohn Bartholdy unter der musikalischen Leitung Carl Gottlieb Reißigers. Im 2. Teil wurde unter der Leitung des Komponisten die Schlußszene aus Goethes *Faust II* von Robert Schumann aufgeführt. Als Solisten wirkten u. a. mit: Franziska Schwarzbach, Johann Weixlstorffer und Anton Mitterwurzer. Chor: Verein für Chorgesang, Orchester: Königliche Hofkapelle.[31]
An demselben Tag fand auch im Leipziger Gewandhaus unter der musikalischen Leitung von Julius Rietz eine Goethefeier statt. Auf dem Programm standen dieselben Werke wie in Dresden. Und schließlich ließ es sich Franz Liszt nicht nehmen, aus Anlaß von Goethes Geburtstag in Weimar die Schlußszene aus *Faust II* in der Vertonung von Schumann aufzuführen.
Das Programm an Goethes 100. Geburtstag verlief in Dresden folgendermaßen: Vormittags: Erinnerungsfeiern in Dresdner Schulen. Um 12 Uhr mittags: öffentliche Vorträge von Carl Gustav Carus, Dr. H. W. Schütz und Dr. Reichenbach im Saal der „Harmonie".
In der Festveranstaltung im Hoftheater am Abend des Geburtstages wurden aufgeführt: *Die Laune des Verliebten* von Goethe, lebende Bilder aus Goetheschen Dichtungen, *Der Raub der Helena* und Szenen aus Goethes *Faust II,* in zwei Akten eingerichtet von Karl Gutzkow. Die Musik zu letzterem stammte von Carl Gottlieb Reißiger. Zu Beginn der Veranstaltung wurde ein Prolog von Theodor Winkler (Theodor Hell) gesprochen. Nach der Aufführung fand ein Festbankett im Saale der „Harmonie" statt.[32]
Schumanns Schlußszene zu *Faust II* wurde in Dresden und Weimar enthusiastisch aufgenommen. Dagegen reagierte die Leipziger Presse recht reserviert. Schumann benötigte für die Komposition der *Faust*-Szenen insge-

---

30 Ebd.
31 Theodor Müller-Reuter: *Lexikon der deutschen Konzertliteratur,* Bd. 1, Leipzig 1909, S. 170.
32 Schumann: *Tagebücher,* Bd. III, Teil 2, a. a. O., S. 777 ff., Anm. 714.

samt neun Jahre. Am 13. Juni 1844 notierte er in seinem Tagebuch: „Faustanfänge". – Ursprünglich hatte er die Absicht gehabt, den *Faust* Goethes als Oper zu vertonen (Projektantenbuch 1840). Er ließ diesen Plan jedoch fallen. Im Oktober 1844 kam ihm die Idee, den ganzen Stoff als Oratorium zu behandeln. Doch auch dieses Vorhaben verwarf Schumann.
Schließlich entschied er sich, einzelne Szenen aus *Faust* in Form von Kantaten zu vertonen. Doch bis zur privaten Uraufführung der Schlußszene des II. Teils im kleinen Kreis am 25. Juni 1848 hegte Schumann immer wieder große Bedenken hinsichtlich der Vertonung eines derart inhaltsschweren Textes.[33] Am 26. Juni 1848 schrieb er an den Verleger Friedrich Wilhelm Whistling:

> „Einstweilen haben wir gestern den *Faust* gehört. [...] Von vielen ist mir gesagt worden, die Musik erleichtere das Verständnis des Textes, und dies hat mich sehr gefreut."[34]

Die Auswahl der Textstellen traf Schumann nach eigenem Ermessen. Es ist aufschlußreich, daß er mit dem Teil des Textes begann, der bei Goethe am Ende des Werkes steht, dem *Chorus mysticus*. Im Mai 1848 folgte dann die Nr. 4 aus der III. Abteilung *Gerettet ist das edle Glied* (*Faust* II), welche den „Schlüssel zu Faust's Rettung" enthält und in unmittelbarem Zusammenhang mit dem *Chorus mysticus* steht. Im Juli 1849 schloß Schumann die gesamte III. Abteilung unter dem Titel *Fausts Verklärung* ab, die er dann am 29. August 1849 in Dresden aufführte. Im Juli/August 1849 folgten kompositorisch die I. Abteilung und die Szene II/1 *Ariel*. – Bis auf die Teile II/2 („Vier grausame Weiber – Mitternacht"), II/3 *Fausts Tod* und die Ouvertüre hatte Schumann damit seine großdimensionierte Komposition im Jahre 1849 nahezu fertiggestellt.
Zur Textbehandlung sei angemerkt, daß Schumann keinerlei Wortveränderungen oder -umstellungen vornahm. Er behielt sich lediglich die Freiheit vor, einige Textstellen zu wiederholen. Bei der Kompositionsanlage fällt des

---

33 Müller-Reuter, a. a. O., S. 169.
34 Schumann: *Briefe und Schriften*, a. a. O., S. 284.

weiteren auf, daß Schumann die Gesangspartien häufig colla parte mit einzelnen Orchesterinstrumenten koppelt. Ein prägnantes Beispiel hierfür ist die Szene im Garten. Tempoveränderungen auf engem Raum, Affektfiguren, z. B. Seufzer-Vorhalte, und „diabolische" Tritonus-Intervalle verdeutlichen die Szenerie. Schumann arbeitet gelegentlich mit sehr feinfühligen psychologischen Momenten: An der Stelle „Hilf! Rette mich vor Schmach und Tod" verläuft das musikalische Geschehen scheinbar ruhig, monoton. Die Bratschen indessen zerstören die Ruhe durch das Pochen der im Forte erklingenden synkopischen Triolen. – Schumann hielt sich ansonsten beim Umsetzen von Stimmung und Atmosphäre an Goethes Regie-Anweisungen.
Über die erfolgreiche Aufführung der Schlußszene aus Goethes *Faust* in Dresden berichtete Schumann Franz Brendel in einem Brief vom 1. September 1849:

> „Die hiesige Aufführung war eine so gute, wie sie nach nur zwei kurzen Orchesterproben es sein konnte. Die Chöre gingen vortrefflich und sangen mit der größten Lust. Auch die Solopartien waren ausgezeichnet. [...] Das Publikum hörte mit der gespanntesten Aufmerksamkeit ..."[35]

Dagegen fand die Aufführung in Leipzig nicht die von Schumann erhoffte Beachtung. Er sah die Gründe hierfür in einer verfehlten Programmzusammenstellung. Im Brief an Brendel heißt es:

> „Ein Versehen des Leipziger Concertarrangements war es vielleicht auch, daß Sie das Stück zu Anfang des Concertes setzten. Die Scene hat in ihrer ganzen Gestaltung einen Schlußcharakter; die einzelnen Theile sind keine ausgeführten; es muß alles rasch und rund ineinander greifen, um zur höchsten Spitze, die mir in dem ersten Auftreten der Worte: ‚Das Ewig-Weibliche zieht uns hinan' (kurz vor Anfang des lebhaften Schlußchores) zu sein scheint, zu gelangen."[36]

Franz Liszt, der 1849 Schumanns Komposition in Weimar zur Aufführung brachte, lobte das Werk als den gelungenen Versuch,

---

35 Schumann: *Briefe, Neue Folge*, a. a. O., S. 311.
36 Ebd.

„die verschiedenen Formen der Vokal- und Instrumentalmusik in Werken für den Konzertsaal um das Oratorium, das einer weniger lebendigen Handlung als die Oper bedarf, zu gruppieren und anstatt der von der Darstellung auf der Bühne bedingten dramatischen Wechselbeziehungen die Episoden der Erzählung eine der anderen folgen zu lassen, dabei aber das Hauptinteresse wechselweise von dem Orchester in den Chor und wieder von diesem in das Orchester zu verpflanzen."[37]

Vermutlich beflügelte der Weimarer Erfolg Schumann zur Weiterführung der Komposition der *Faust-Szenen*. 1850 wurden die erste Abteilung (I/1–3) und die zweite Abteilung (II/4–6) abgeschlossen. Am 15. August 1853 beendete er die Komposition mit der Fertigstellung der *Faust*-Ouvertüre. Von letzterer fertigte er am 18. und 19. August eine Klavierfassung an, die er am 21. August 1853 in ein Arrangement für Klavier zu vier Händen umarbeitete.

Die Ouvertüre zu den *Faust-Szenen* legte Schumann seiner Frau Clara am 13. September 1853 neben anderen eigenen Werken auf den Geburtstagstisch. Damit war für ihn die Komposition, die ihn von allen seinen Werken am längsten beschäftigt hatte, abgeschlossen. Dieses gewaltige opus ultimum Schumanns krönt und beschließt sein kompositorisches Œuvre. Wenige Monate später, am 27. Februar 1854, stürzte er sich in einem Anfall von Schwermut in den Rhein.

Die erste vollständige Aufführung der *Faust-Szenen* von Schumann erfolgte erst im Januar 1862 unter der musikalischen Leitung von Ferdinand Hiller in Köln. Clara Schumann weilte unter den Zuhörern. Nach dieser Aufführung schrieb sie am 25. Januar 1862 an Johannes Brahms:

„... Zum *Faust* bin ich nach Köln gegangen, und habe einen Genuß gehabt, so vollkommen, wie selten in meinem Leben. Dieses Werk wird meiner Ueberzeugung nach einmal seinen Platz neben den größten Werken überhaupt einnehmen."[38]

37 Franz Liszt: *Dornröschen*, 1856, zit. nach Michael Stegemann, in: Einführungstext zur CD-Aufnahme von Schumann, *Szenen aus Goethes Faust*, EMI, 1982, S. 7.
38 Clara Schumann: *Ein Künstlerleben. Nach Tagebüchern und Briefen von Berthold Litzmann*, 3. Bd., 5. u. 6. Aufl., Leipzig 1923, S. 115.

Während sich die meisten Komponisten, die im 19. Jahrhundert wirkten, ausschließlich dem ersten Teil von Goethes *Faust* zuwandten, ist Schumann mit der Auswahl der *Faust-Szenen* eine Ausnahmeerscheinung geblieben. Zwei von drei „Abteilungen" seiner Vertonung entnahm er dem zweiten Teil von Goethes Dichtung. Schumann hatte nicht das Musiktheater, sondern den Konzertsaal als Aufführungsort im Sinn. Ihm, wie übrigens auch seinem Zeitgenossen Hector Berlioz, erschien bezüglich der musikalischen Umsetzung der *Faust*-Thematik die Opernbühne als zu eng für die Propagierung der Botschaft Goethes.

Zusammenfassend läßt sich feststellen, daß sich Schumann während seiner gesamten Schaffenszeit mit dem Werk Goethes beschäftigte. Es inspirierte ihn zu einigen seiner schönsten Schöpfungen. Die musikalische Auseinandersetzung mit der Lyrik Goethes bewog ihn, auf den Gebieten des Solo-Liedes, der mehrstimmigen Vokalmusik und Chorsinfonik neue Bahnen zu beschreiten.
Einige dieser wertvollen Kompositionen führen heute im Konzertsaal lediglich ein Randdasein. Es gibt in Schumanns Œuvre noch viele Schätze zu entdecken. Auch hierfür soll der vorliegende Beitrag ein Anreiz sein.

Reflexe und Umdeutungen musikalisch-rhetorischer Figuren in Liszts späten Klavierstücken

Franz Liszts eigenwillige Kompositionen lassen sich als Symptom einer Krise der klassisch-frühromantischen Ästhetik interpretieren, an erster Stelle ihres quasi architektonischen Formverständnisses. Liszt selbst, mehrere zeitgenössische Anhänger seines Stils, später auch Hugo Riemann und andere Musikwissenschaftler sahen hier „psychologische Formen" an die Stelle von architektonischen treten, wobei der Gestus der neuartigen Werke „insgesamt an eine Selbstinszenierung" erinnere.[1] In neuerer Zeit hat Martin Geck einen über die architektonischen und psychologischen Perspektiven hinausgehenden r h e t o r i s c h e n Aspekt in die Diskussion gebracht, der nach seiner Auffassung näher an den Sachverhalt heranführt:

„Liszt ist als ein sich selbst darstellender Virtuose dem klassischen Redner vergleichbar, der von eigenen Erfahrungen ausgeht, in konkrete Situationen hineinspricht, seinen Vortrag suggestiv aufbaut und bei alledem auf deutlich strukturierende Elemente nicht verzichtet."[2]

Geck denkt hier vor allem an Liszts *h-Moll-Sonate;* hier gelte es, über die alternative Analyse der „objektiven" und „subjektiven" bzw. „architektonischen" und „psychologischen" Form hinauszukommen und stattdessen Kriterien zu entwickeln, die das Regelhafte der individuellen Rede und das Individuelle innerhalb regelhafter Rhetorik aufspüren und zu beschreiben gestatten.[3]

Nach Gecks Vorstellungen ist dabei die musikalische Rhetorik des Barock im Auge zu behalten. Tatsächlich treten rhetorische Gesichtspunkte in der mittleren Schaffensperiode Liszts, der die *h-Moll-Sonate* angehört, zunehmend hervor, sind aber schon in seinen frühen Pariser Werken angelegt. Im

---

[1] Martin Geck: *Architektonische, psychologische oder rhetorische Form? Franz Listzs Klaviersonate h-Moll*, in: *Festschrift Klaus Hortschansky zum 60. Geb.*, hg. von Axel Beer und Laurenz Lütteken, Tutzing 1995, S. 429; s. auch die zitierte Literatur S. 430 f.
[2] Ebd., S. 432.
[3] Ebd. S. 432 f.

Gegensatz zu den abstrahierenden Tendenzen in der Tonsprache der Wiener Klassik und der deutschen frühromantischen Musikästhetik kannte die französische Romantik keine Abwertung des Affektausdrucks und seiner rhetorischen Umsetzung in Musik. Vielmehr hielt sie an Rousseaus Definition der Musik als „langage du coeur" fest und wollte diese Sprache steigern, nicht, wie in Deutschland, in die Sprache des Unaussprechlichen, Absoluten, sondern in die des plastischen, leidenschaftlichen Gefühlsausdrucks. Weit davon entfernt, die Sprache der Worte überwinden zu wollen, ringt Liszts Tonsprache nach Worten. Gerade die für Liszts Stil insgesamt so bezeichnende, immer wieder kritisierte Technik der bloßen Sequenzierung von Themen und Motiven anstelle ihrer klassischen Entwicklung im Sinne Haydns oder Beethovens läßt sich als r h e t o r i s c h e r Gestus der Steigerung, des Insistierens verstehen, wie er als Figur auch in barocken Musikwerken auf Schritt und Tritt begegnet und mit Begriffen wie Gradatio, Epizeuxis, Paronomasia etc. beschrieben wird. Offensichtlicher noch ist das Ringen nach Worten, wenn man die unklassische Fülle von Tempo-, Ausführungs- und Ausdrucksbezeichnungen in Liszts Partituren betrachtet. In dieselbe Richtung zielen die sprechenden Überschriften seiner Klavierstücke oder ganze von ihm erfundene Gattungen, wie die Symphonischen Dichtungen und die Ungarischen Rhapsodien. Deren erste, 1846 komponiert, trägt vorweg die Vortragsbezeichnung „Lento, quasi recitativo"; und tatsächlich spielt das instrumentale Rezitativ in diesen Rhapsodien, vor allem in ihrem ersten langsamen Teil „Lassan", wie auch in sehr vielen anderen Werken von Liszt, eine dominante Rolle.

Freilich ist damit zunächst nur der a l l g e m e i n e sprachhafte oder rhetorische Charakter der Musik Listzs umrissen, noch ohne konkreten Bezug auf bestimmte musikalisch-rhetorische Traditionen. Diese treten aber gegen Ende seines Lebens und Schaffens deutlicher hervor.

Im Spannungsfeld zwischen Historisten und Fortschrittlern nimmt der späte Liszt eine eigenartig zwielichtige Stellung ein. So gehen gerade die späten, mit programmatischen Titeln versehenen Klavierstücke mit ihren unaufgelösten Dissonanzreihen einerseits rücksichtslos über alle ästhetischen Vorstellungen des Jahrhunderts hinaus. Entsprechend werden diese Stücke gern als kühne Vorwegnahmen impressionistischer oder expressionistischer Kompositionen gewertet. Andererseits interessierte sich Liszt, vor allem seit den fünfziger Jahren, seit seiner Übersiedlung nach Weimar, mit romantischer Begeisterung für die große Kunst der Vergangenheit, nicht nur, wie schon früher, für Dante oder Shakespeare, sondern auch für alte Musik, den Tendenzen der Zeit entsprechend besonders für Palestrina und Johann Sebastian Bach. Schöpferischer Widerhall dieser Verehrung sind seine cäcilianisch inspirierten Kirchenwerke sowie seine Bearbeitungen von Werken und Themen Bachs.[4] Gerade Liszts Bach-Rezeption, wohl mehr als die Mendelssohns, Schumanns oder Brahms' stellt über die Wiederaufnahme einer Gattungstradition hinaus den affektiv-rhetorischen Aspekt der alten Musik heraus und formt ihn gleichzeitig im Sinne eines romantischen Ausdrucksgestus um, wobei einer Verbindung mit zum Teil radikalen Neuerungen prinzipiell nichts im Wege steht.[5]

Dies gilt nun nicht nur für Werke, die sich direkt auf Musik der Vergangenheit beziehen. Auch in scheinbar rein romantische Stücke dringen Reflexe älterer Musik und ihrer rhetorischen Figuren ein. Zum Teil sind die Bezüge offenkundig, zum größeren Teil aber unterschwellig vorhanden, und es ließe sich oft darüber streiten, inwieweit sie dem Komponisten überhaupt bewußt waren. Jedenfalls handelt es sich nicht um bloße historische Zitate, sondern um Anverwandlungen und Umdeutungen.

Im Folgenden soll anhand von drei kurzen Klavierstücken die differenzierte Nähe Liszts zur rhetorischen Tradition und ihren musikalischen Figuren herausgestellt werden, wie sie von den systematisierenden Veröffentlichungen des Rostocker Gymnasialprofessors Joachim Burmeister zu Beginn des 17. Jahrhunderts bis gegen Ende des 18. in breiter Tradition theoretisch

---

4 Vgl. besonders *Fantasie und Fuge über das Thema BACH* (1854/55, umgearbeitet 1871). Zur generellen Bedeutung Bachs für Liszt siehe Peter Raabe: *Liszts Schaffen*, Stuttgart–Berlin 1931 (Reprint Tutzing 1968), S. 63 ff. sowie im Werkverzeichnis die Nr. 22, 23, 24, 119, 120, 381, 382, 402, 403.

5 Liszts Janusgesicht beschreibt Geck mit den Worten: „Hinsichtlich des Niveaus seines Geschichtsbewußtseins und seines Anteils an der allgemeinästhetischen Diskussion der Gegenwart ist Liszt als Komponist kaum zu überschätzen." A. a. O., S. 433.

und vor allem natürlich praktisch entfaltet wurden. Dabei soll auch gefragt werden, was Liszt an diesen Figuren im Hinblick auf seinen modernen Ausdrucksgestus fasziniert hat.

Einer der Hauptzüge Lisztscher Kompositionen ist der Ausdrucksgestus der Klage. Er bestimmt nicht nur in der Regel den „Lassan"-Teil seiner *Ungarischen Rhapsodien,* sondern begegnet auf Schritt und Tritt zunehmend in seinem gesamten Œuvre und wird auch vom Komponisten als künstlerische Grundhaltung reflektiert, etwa mit den Worten:
> „Wie viele sannen dem Leid nach, welches Millionen Herzen erdulden mußten, ehe die Zahl angstvoller Eindrücke zu dem Strome anwachsen konnte, den wir eine Kunst nennen?"[6]

– Wie unter anderen Hans Wolfgang Schneider in seiner aufschlußreichen Dissertation über *Instrumentale Trauermusik im 19. und frühen 20. Jahrhundert* festgestellt hat, kann von einer „unerwartet großen Ähnlichkeit" barocker und romantischer Trauermotive gesprochen werden.[7] Freilich hat sich deren ursprünglich begrifflich-bewußte Verwendung zunehmend in eine gefühlsbestimmte Satztechnik verwandelt.

Einer der alten Klagetopoi ist der meist im Rahmen einer Quarte halbtonweise abwärtsschreitende Gang, Passus duriusculus (harter Schritt) oder, in ostinater Folge, Lamentobaß genannt. Er wurde durch Monteverdis 1608 komponiertes *Lamento d'Arianna* berühmt und vielfach nachgeahmt. Liszt befaßte sich mit dieser Figur schon 1859 in seinem *Präludium nach Johann Sebastian Bach „Weinen, Klagen, Sorgen, Zagen"* oder 1862 in den *Variationen über ein Motiv von Bach.*[8]

---

6 *Gesammelte Schriften,* hg. von Lina Ramann, Leipzig 1880–1883, Bd. III, S. 119.
7 Regensburg 1987 (= *Kölner Beiträge zur Musikforschung* 148), S. 20, vgl. auch S. 89. In Schneiders Untersuchung spielen Lisztsche Werke eine größere Rolle; allerdings beschränkt er sich auf solche, die aus Anlaß eines Trauerfalls geschrieben wurden oder das Wort „Trauer" im Titel tragen.
8 Franz Liszt: *Musikalische Werke – Neue Liszt-Ausgabe,* hg. von der Franz-Liszt-Stiftung, Leipzig 1907–1936, Bd. II, 9, S. 35 ff., 43 ff.

Notenbeispiel 1

Noch 1885 begegnet der chromatische Abwärtsgang in einem der letzten Klavierstücke des Komponisten, im 18 Takte umfassenden *Preludio funèbre*.[9]

Notenbeispiel 2

[9] *Musikalische Werke*, a. a. O., I, 12, S. 90 (Erstveröffentlichung 1927). Dem Stück folgt attacca ein Marsch, der seinerseits eine (weitere) achttaktige Einleitung hat. Der deutsche Titel lautet *Trauervorspiel und Trauermarsch*.

Der Titel stellt das Stück von vorn herein in den Bereich der Trauer und Klage.[10] Die Baßfigur aber läßt einerseits die Analogie zum Lamentobaß deutlich erkennen – durch die wiederholt in gleichförmigen Vierteln „andante" abwärtsschreitenden, zum Teil chromatischen Töne –, ist aber andererseits, im Unterschied zu den früheren genannten Werken, ganz untraditionell strukturiert. Ihre Töne fallen nicht alle Halbton für Halbton im Quartrahmen ab, sondern durchmessen eine Oktave, die spiegelsymmetrisch gefüllt wird: in der Mitte steht eine große Terz, darum herum lagern sich jeweils zwei kleine und schließlich je eine große Sekunde. Diese konstruierte symmetrische Skala widerspricht allen herkömmlichen diatonischen Modi. Anstelle von Bezügen im Quint- und Dur- oder Molldreiklangsrahmen umschreiben die Ecktöne ihrer beiden Hälften einen übermäßigen Dreiklang, der sich dann auch in den Akkorden der rechten Hand unaufgelöst bestätigt. Trotz des Unkonventionellen dieser Tonreihe steht ihr Ausdruck nicht in Frage. Vielmehr führt die ungleichförmige Abfolge der Intervalle und die ständige Vermeidung von reinen zugunsten von übermäßigen Quinten zu einer Intensivierung des Klagegestus. Dem entspricht die Unaufgelöstheit der Dissonanzen, die wiederum einem antifinalistischen Zeit- und Formverlauf entspricht, wie er für den späten Liszt immer bezeichnender wird, im Gegensatz zur generellen Tendenz der vorhergehenden abendländischen Musik. Im *Preludio funèbre* läßt sich der gesamte Formverlauf etwa so beschreiben: die thematische Baßskala im Rahmen eines übermäßigen Akkordes wird viermal unverändert wiederholt, dabei in zunehmender Stärke von ebensolchen Akkorden, aber in kompakter, punktierter Form, in der rechten Hand begleitet; nach einer Generalpause setzt die Baßskala mehrfach erneut an (als Anapher), kommt aber in den aus der rechten Hand übernommenen Punktierungen erst im vierten Anlauf über den ersten Sekundschritt hinaus, läuft einmal durch und wiederholt als Epipher zweimal die letzten vier und einmal augmentiert die letzten zwei Töne. Statt von Entwicklung ist hier eher von Retardierung

---

10 Das Werk gehört zum Repertoire der Trauer um August Göllerich und wurde im September 1885 komponiert.

und Zurücknahme zu sprechen. Der einzige Parameter, der eine steigende Entwicklung aufweist, ist die Dynamik, die sich, unbeirrt durch die als neuerliches Unisono verdünnte Satzstruktur, zum Fortissimo steigert. Insgesamt ist dadurch das Ziel- bzw. Auswegslose der Motivik und Form mit dem Unerbittlichen der Dynamik zum Verzweiflungsgestus gekoppelt und geht somit nicht nur technisch, sondern auch ausdrucksmäßig weit über den Ausgangspunkt des barocken Lamentos hinaus. Schon dieses Beispiel zeigt, wie sehr Liszt bestrebt ist, traditionelle Ansätze zu überbieten und fast bis zur Unkenntlichkeit umzustrukturieren.

In einem anderen Fall, dem 1879 entstandenen und erst 1969 veröffentlichten Klavierstück *Sospiri!*, ist denn auch der Bezug zur rhetorischen Tradition weniger offenkundig.[11] Der Titel freilich erinnert an die Figur der Suspiratio (oft auch mit der Tmesis (Schnitt) identifiziert[12]), eine Klagefigur, in der die Töne durch kurzatmige Pausen unterbrochen werden, die, wie bereits Athanasius Kircher 1650 definiert, „die Affekte der klagenden und seufzenden Seele ausdrücken".[13] Bemerkenswerterweise hat Liszt schon um 1848 eine Etüde komponiert, die 1860 bei Meissonier in Paris unter dem Titel *Un sospiro* erschien.[14]

Hier wird die Melodie, ähnlich wie in der alten Suspiratio, „affettuoso" Ton für Ton von Achtelpausen unterbrochen. Solche kurzen Pausen haben im Französischen den Namen „soupir" behalten. Trotz der kompositions-

---

11 Hg. von Robert Charles Lee: *Franz Liszt, Drei späte Klavierstücke*, Kassel 1969, Vorwort und S. 12 ff. sowie Humphrey Searle: *The Music of Liszt*, New York ²1966, S. 150 und Raabe (II) S. 255, Nr. 60, Zusätze S. 9, Nr. 60.
12 Die Tmesis wiederum steht in nächster Verwandtschaft zu Figuren wie Abruptio oder Aposiopesis, auch zur Dubitatio und Suspensio. Alle diese Pausenfiguren dienen vor allem der Affektdarstellung der stockenden Rede aufgrund von Zweifel, Sehnsucht, Klage, Schmerz, Tod; sie verbinden sich gerne mit anderen Figuren, die diesen Ausdrucksbereich weiter intensivieren, also besonders dissonanten oder chromatischen Figuren, wie Parrhesia, Pathopoia, Saltus und Passus duriusculus, Relationes non harmonicae.
13 *Musurgia universalis*, Rom 1650, Bd. II, S. 144. – Vgl. als besonders eindrucksvolles Beispiel den Abschied von Rom in Monteverdis *L'Incoronazione di Poppea*, 3. Akt, 7. Szene.
14 *Musikalische Werke*, Bd. II, 3, S. 114 ff.; vgl. auch das Vorwort von F. Busoni in Bd. II, 1, S. X. – Die Autorisierung der Überschrift durch Liszt ist nicht gesichert. Die Erstausgabe war 1849 bei Kistner in Leipzig erschienen.

3. (UN SOSPIRO)

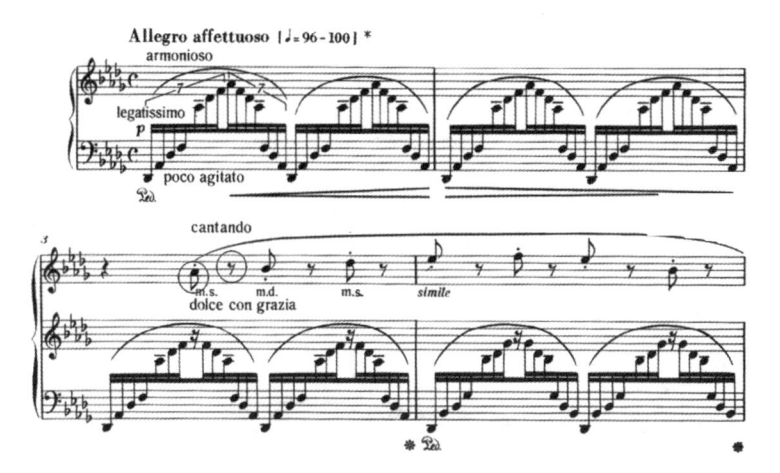

Notenbeispiel 3

technischen Parallelität finden hier die „Affekte der klagenden und seufzenden Seele" insgesamt wenig Beachtung; bereits das Tempo (Allegro) und die üppige Tonart (Des-Dur), auch die Vortragsbezeichnung „dolce con grazia", widerstrebt ihnen, ebenso die etüdenhaft durchrauschende Begleitung mit ihrem reichlichen Pedalgebrauch. Allenfalls verleihen die getropften Achtel in der rechten Hand der Etüde einen leicht sentimentalen Zug.

Erst gegen Ende seines Lebens und Schaffens macht Liszt immer deutlicher, daß auch in seinen virtuosen, brillanten Werken, analog zu seiner Beschreibung der Zigeunermusik, „ein unendlicher Schmerz nur durch die Lust verkappt ist."[15] Jetzt erst tritt die expressive Verdichtung des verdeckten Seufzens zum Schrei oder zur resignativen Verzweiflung unverhohlen zu Tage.

15 *Gesammelte Schriften*, a. a. O., Bd. III, S. 118 f.

158 Reflexe und Umdeutungen musikalisch-rhetorischer Figuren

Notenbeispiel 4

Der bemerkenswerteste Teil der *Sospiri!* ist die zehneinhalbtaktige atonale Einleitung. Melodisch baut sie sich aus einer zweieinhalbtaktigen Phrase auf, die in Sequenzen und Abspaltungen zum Hauptteil überleitet. Ihre vier Abschnitte werden jeweils durch Generalpausen unterbrochen. Freilich ähnelt die Oberstimmenmelodik weniger einer barocken Suspiratio mit ihren punktuell gesetzten Tönen als dies in *Un sospiro* der Fall war, doch bringt Liszt diese Satzart in der linken Hand, deren eingeworfene Achtel durch Staccatopunkte noch verkürzt werden und eine abrupte Wirkung hervorrufen. Überhaupt hat die ganze Einleitung den Charakter des Abgebrochenen oder Fragenden, ein Eindruck, den viele Werke Liszts hervorrufen, insbesondere wegen ihrer, auch hier begegnenden fortwährenden Sequenzierungen kurzer Phrasen, wobei ein Abschluß immer wieder hinausgeschoben wird. Auch das aufsteigende Intervall am Ende jeder Phrase stellt den Fragecharakter heraus.[16]

Etwas Seufzend-Stockendes und Fragendes hat aber auch der über einen chromatischen Zwischenton erreichte tonale Hauptteil der Komposition und die neuntaktige, wieder atonale Coda. Der 68 Takte lange Hauptteil „verarbeitet", besser gesagt: paraphrasiert die in der Einleitung sequenzierte kurze Phrase, die, jeweils verbunden durch eine chromatische Überleitung, immer wieder wörtlich oder variiert wiederholt wird. Bemerkenswert ist dabei auch hier die Unabgeschlossenheit aller einzelner Phrasen und Abschnitte; sämtliche Teile enden in fast immer chromatischen Überleitungen, die wieder zum Thema zurückführen. So entsteht der Eindruck eines ausweglosen Kreisens. Die vielfachen Wiederholungen haben also, anders als barocke Satzwiederholungen oder Wiederholungsfiguren, nicht den Sinn, die Komposition dramatisch zu steigern. Indem sie die in der Einleitung dargebotenen Satzelemente bis zuletzt bestätigen, vor allem die Unabgeschlossenheit der Phrasen bzw. das Hinausschieben der Kadenz, bewirken sie vielmehr eine quälende Monotonie. Auch die Pausen, die seit den Madrigalisten und Kircher ebenfalls zur Darstellung der schmerzlichen Af-

---

16 Es fällt nicht schwer, neben den (freilich wenig traditionell verwendeten) Pausen, alle genannten Elemente mit dem musikalisch-rhetorischen Umfeld der Suspiratio in Verbindung zu bringen: das Abbrechen von Phrasen mit der Abruptio, Stillstände innerhalb des Satzes oder zweifelhafte harmonische Fortschreitungen mit der Dubitatio, das fortwährende Hinausschieben der Kadenz mit der Suspensio und das aufsteigende Intervall am Ende einer Phrase mit der Interrogatio.

fekte gehören, behalten, nach ihrer ostentativen Darstellung in der Einleitung, im weiteren Verlauf der Komposition eine besondere Bedeutung, vor allem dadurch, daß der erste Ton des Themas im ersten Abschnitt immer durch eine Achtelpause unterbrochen wird – wie eine echte Suspiratio –, dann in der Linken durch die den Begleitfiguren jetzt jeweils vorangestellten Achtelpausen.[17]

Liszts persönlicher Klagegestus ist in seinem Spätwerk so allgemein und durchschlagend, daß er gelegentlich auch Figuren in seinen Bann zu ziehen vermochte, die ursprünglich gar nichts mit ihm gemein haben. Solche Figuren wurden in der klassisch-romantischen Musikpraxis zunächst ihres spezifischen rhetorischen Charakters entkleidet, sozusagen neutralisiert; dadurch entzogen sie sich einerseits der begrifflichen Festlegung und standen andererseits offen für neue, individuelle Inhalte. Beispiele hierfür sind etwa der verallgemeinerte, d. h. nicht mehr unbedingt traurige Seufzer bei Mozart[18] oder die zahllosen kreisenden Melodieverläufe in Werken romantischer Komponisten, die an die alte Figur der sinusförmigen Circulatio erinnern. Diese läßt die Melodie in lückenlosen Sekundgängen eine Sinuskurve nachahmen. Die Circulatio gehörte nicht zu den Affektfiguren, sondern zu den abbildenden Figuren (Hypotyposis) und beschrieb alles Runde, auch im platonisch übertragenen Sinne des Vollkommenen, Göttlichen.[19] Früher als bei den Affektfiguren erlosch um die Mitte des 18. Jahrhunderts das Interesse an solchen symbolhaften Figuren, die als will-

---

17 Ein anderes Beispiel für Liszts romantische Bearbeitung der rhetorischen Suspiratiofigur bietet das Kyrie seiner *Missa choralis*. Hier wird im Christe-Teil und am Ende des zweiten Kyrie-Teils das Wort „eleison" in den drei Oberstimmen mehrfach von Viertelpausen zerstückelt, wodurch der seufzende Affekt des Wortes herausgestellt wird. Von der an der Vokalpolyphonie des 16. Jahrhunderts orientierten Gesamtkonzeption der *Missa choralis* aus gesehen ist diese rhetorische Verdeutlichung übrigens als „moderne" Abweichung zu betrachten, so daß hier die Vielschichtigkeit des Lisztschen „Historismus" deutlich wird.
18 Zur Bedeutung der „Suspension" (Aufhalten) bzw. der empfindsamen Neuinterpretation der Suspiratio (als „Eindruck eines erregten Stockens im Atmen") für Couperin und vor allem Mozart vgl. Vjaceslav V. Medusevskij: *Arten von musikalischen Bedeutungen*, in: *Sinn und Bedeutung der Musik*, hg. von Vladimir Karbusicky, Darmstadt 1990, S. 150 mit Anm. 7.
19 Siehe Warren Kirkendale: *Circulatio-Tradition, Maria Lactans, and Josquin as Musical Orator*, in: *Acta Musicologica* 56 (1984), S. 69–92.

kürlich konstruiert und unnatürlich empfunden wurden. Trotzdem bestehen sie im 19. Jahrhundert in unbegrifflicher Form fort, nicht nur in der technischen Figur des weiterhin beliebten Doppelschlages.[20] Das Werk Schuberts ist geradezu von kreisenden Strukturen durchsetzt;[21] auch Liszts Schaffen wird dadurch zunehmend bestimmt, allerdings mit einem anderen inhaltlichen Hintergrund.

Für Liszt eher untypisch, aber im alten Circulatio-Sinne eindeutig auf eine Kreisbewegung bezogen und satztechnisch nahezu korrekt umgesetzt erscheinen sinusförmige Melodien in dem undatierten, jedenfalls späten Klavierstück *Caroussel*.[22] (Notenbeispiel 5)

Untypisch im alten Sinn, aber für Liszt umso bezeichnender ist das 1877 komponierte Klavierstück *Resignazione*[23] (Notenbeispiel 6). Weder der Titel läßt hier Kreisfiguren erahnen, noch zeigt der Themenkopf ein sekundgängiges Kreisen. Aber der weitere Verlauf der ersten viertaktigen Phrase entspricht einer strengen Kreisbewegung. Diese Struktur bleibt maßgeblich für das ganze Stück: mehrmals beginnt der Melodieverlauf intervallisch ausgreifend – und verläuft dann, zweimal sehr schnell und zweimal vier Takte hinausgeschoben, zu einer kreisenden Bewegung in Sekunden, in der die Melodie zuletzt stets wie überleitend allein bleibt. Eigenartig ist dabei nicht nur die Insistenz, mit der die kreisende Melodik aufgegriffen wird, sondern auch die Tatsache, daß der Kreis fast niemals geschlossen wird;[24]

---

20 Siehe Peter Tenhaef: *Magische Kreise in Franz Schuberts Melodram Die Zauberharfe*, in: *Festschrift Klaus Hortschansky zum 60. Geb.*, hg. von Axel Beer und Laurenz Lütteken, Tutzing 1995, S. 367–384.
21 Siehe Peter Tenhaef: *Die Kreisfigur in der Musik Franz Schuberts*, in: *Internationales Franz Schubert Institut – Mitteilungen* 22 (1999), S. 67–108.
22 Franz Liszt: *Drei späte Klavierstücke*, hg. von Robert Charles Lee, a. a. O., S. 10 f., Takt 1–8 und 25–28.
23 *Musikalische Werke*, a. a. O., Bd. I, 12, S. 56.
24 Die einzige Ausnahme sind die Takte 14–18, doch kommt auch hier keine „runde" Wirkung zustande, da die Septakkord-Harmonisierung in Takt 18 der scheinbaren Abgeschlossenheit der Melodie widerspricht.

CARROUSEL DE MADAME P–N

Notenbeispiel 5

Notenbeispiel 6

anstelle des sekundgängig erreichten Schlußtons setzt die Melodie immer wieder durch einen Sprung aufwärts neu an. Penetrant gesteigert wird dies, nachdem schon im neunten Takt eine irreguläre Verlängerung der Überleitung erfolgte, im einstimmigen Schluß, der vier Circoli mezzi aneinanderreiht, den letzten augmentiert, gleichsam ausgestreckt, ohne daß ein Schlußton oder überhaupt eine Schlußwirkung erreicht wird. So endet das Stück nicht mit einer Bekräftigung der Ausgangstonart E-Dur, sondern verläuft smorzando (verlöschend) ins Offene. Dem wird auch die Periodenstruktur des Stücks gerecht, indem sich die gereiht wiederholten Glieder (A A' B B') von vier- über fünf-, acht- bis zu zwölftaktigen Phrasen stetig erweitern, sozusagen ins Uferlose tendieren und eine Fortsetzung hinauszögern. Die Rückkehr zur viertaktigen Anfangsphrase wäre von daher unglaubwürdig. Und auch die Möglichkeit, immer wieder kreisend von vorne anzufangen, wie die letzte Mazurka Chopins mit der Vortragsbezeichnung „Da capo senza fine", vermeidet diese Musik; Liszt läßt sie, wie er im Titel bekundet, resignieren. Damit ist die ursprüngliche Symbolik der Kreisbewegung – man denke nur an die vollkommene, ewige Bewegung der Planeten in der Sphärenharmonie – auf den Kopf gestellt. – Übrigens steht der kreisenden Oberstimmenmelodik eine achtmalig abfallende Baßbewegung gegenüber, die mit ihren chromatischen Tönen im Quartrahmen dreimal stark an den Lamentobaß erinnert, obwohl einer der Sekundschritte groß ist. Die dazwischen ausgespannte Harmonik ist ebenfalls stark chromatisch, wenngleich tonal, wobei das vom *cis'* erniedrigte *c'* im Alt von Takt 24 (gegenüber der Parallelstelle Takt 16) einen subtilen, aber entscheidenden resignativen Einbruch der Musik zum Ausdruck bringt.

Das Beispiel *Resignazione* zeigt noch einmal deutlich, daß die alten, ursprünglich objektiven Figuren für Liszt nur der Ausgangspunkt oder das Material einer wesentlich persönlich bestimmten Musik sind. In den drei interpretierten Werken lassen sich die Figuren bis zur Verkehrung in einen übergeordneten Gestus hineinziehen, der, wie gezeigt, in formaler Hinsicht auf Wiederholung, Innehalten, ja Statik anstelle von organischer Entwicklung hinausläuft und damit gleichzeitig inhaltlich dem Gestus der Resignation, der Klage, der Verzweiflung entspricht. Damit steht er übrigens im Gegensatz zu vielen früheren Werken Liszts, die finalistisch auf eine Apotheose hin angelegt sind. – Indem Liszt die Ausdruckstendenz des klassisch-romantischen Kunstwerks auf die Spitze treibt, zerstört er deren quasi organische, eigentlich architektonische Ästhetik, wie sie einem Brahms oder Hanslick heilig blieb, und eröffnet, unter unkonventioneller Verwendung alten rhetorischen Figurenmaterials, die expressionistische Moderne.

Die musikalische Verarbeitung von Faust-Texten im 19. Jahrhundert

Um 1480 wurde der historische Faust in Knittlingen (Württemberg) geboren, er starb zwischen 1536 und 1539 in Staufen (Breisgau).[1] Die Sagenbildung um seine Person und ihre Überlieferung setzte schon zu Lebzeiten ein: Dr. Johann Faust wurde er nun genannt.[2] Eine erste größere Kompilation der umlaufenden Sagen faßte der Verleger Johann Spieß 1587 in Frankfurt zur *Historia von Dr. Johann Fausten, dem weitbeschreyten Zauberer und Schwarzkünstler* zusammen. Dramatisierungen der Geschichten im Puppenspiel brachten weitere Verbreitung in ganz Europa, der englische Schauspieler Christopher Marlowe verfaßte um 1590 ein Schauspiel dieses Themas für das Theater. Im 18. Jahrhundert gewann der Stoff allgemein Aktualität, von weitreichender Bedeutung war Gotthold Ephraim Lessings Behandlung des Faust im 17. *Literaturbrief* vom 16. Februar 1759 sowie das Drama *Fausts Leben* (1778) von Maler Müller und der Roman *Fausts Leben. Taten und Höllenfahrt* (1794) von Friedrich Maximilian Klinger. Johann Wolfgang von Goethes *Urfaust* wurde 1790 veröffentlicht, seine Beschäftigung mit dem Sujet führte 1774/75 zu ersten Aufzeichnungen und geht letztlich auf die Kinderzeit zurück, in der Goethe Puppenspiele besuchte.

Goethes erster und zweiter Teil der Tragödie wurden 1808 bzw. 1832 (postum) veröffentlicht. Durch den Erfolg des Stücks sind weitere Faust-Texte des 19. Jahrhunderts in den Hintergrund gedrängt worden: meist

---

1 Die historischen Grundlagen von der Sage abzugrenzen bemüht sich Günther Mahal: *Faust. Die Spuren eines geheimnisvollen Lebens*, Bern–München 1980.
2 Horst Wolfram Geissler: *Gestaltungen des Faust*, 3 Bde, München 1927.
A. Kippenberg: *Der Wandel der Faust-Gestalt bis Goethe*, 1936.
Karl Theens: *Doktor Johann Faust. Geschichte der Faust-Gestalt vom 16. Jahrhundert bis zur Gegenwart*, Meisenheim 1948.
Charles Dédéyan: *Le Thème de Faust dans la Litérature européenne*, 4 Bde, Paris 1954–61.
Hans Henning: *Faust-Variationen*, München 1993.
Hans Henning: *Faust-Bibliographie*, 3 Bde, Berlin–Weimar 1966–1976.
Hans Henning: *Faust. Eine Anthologie*, 2 Bde, Leipzig 1967.

dramatische Gestaltungen von Adelbert von Chamisso (1803), Christian Dietrich Grabbe (1829), Nikolaus Lenau (1836), Heinrich Heine (1847) u. a.; dies gilt bis ins 20. Jahrhundert zu Paul Valéry (1946) und Thomas Mann (1947).

Vor dem Hintergrund der zahlreichen vorliegenden Faust-Texte ist es aufschlußreich zu überprüfen, welche Texte Musiker zur Vertonung ausgewählt haben, und wie sie mit den Texten umgegangen sind.

Aus der Zeit vor Goethe sind nur wenige musikalische Zeugnisse bekannt. Es waren vor allem Lieder und Balladen, die sich des Faust-Themas annahmen. Teilweise gehörten sie zu den Puppen- und Volksschauspielen, denn Musik war elementarer Bestandteil der Bühnenstücke. Dies gilt auch für die Schauspielkunst, wie in Goethes Faust noch genau zu verfolgen ist. Die Gesangseinlagen des *Faust I* haben zahllose Vertonungen erfahren, die berühmtesten von Franz Schubert und Richard Wagner, der auch eine *Faust-Ouvertüre* komponiert hat. Natürlich wurde Goethes Fassung des Faust-Stoffes im 19. Jahrhundert zur beherrschenden, ihre Wirkung war eine europäische; keine Auseinandersetzung mit dem Sujet konnte an dieser Arbeit vorbeigehen.

Dabei war der Umgang mit dem Goetheschen Text zunächst recht unbefangen, er entsprach gängiger Theaterpraxis. Heinrich Gottfried Schmieder konzipierte für Ignaz Walter das Libretto einer Oper *Doctor Faust,* die 1797 in Bremen uraufgeführt wurde. Der Text, der mühsam rekonstruiert werden mußte,[3] besteht neben anderen Quellen aus einer Kompilation von Goetheschen Texten der Lieder und Motive verschiedener Vorlagen, besonders von Klinger und Maler Müller. Bezeichnenderweise ist eine Vorherrschaft Goethes hier noch nicht gegeben. Dies gilt sogar noch für eine zweite Auseinandersetzung Walters mit dem Stoff aus dem Jahre 1819 in Regensburg, für die C. A. Mämminger den Text verfaßte. Obgleich im Titel ausdrücklich die Bezeichnung „nach Göthe" auftaucht, sind es wie bei

---

3 In den Aussagen zum Libretto stütze ich mich vor allem auf die Arbeit von Andreas Meier: *Faustlibretti. Geschichte des Fauststoffs auf der europäischen Musikbühne nebst einer lexikalischen Bibliographie der Faustvertonungen,* Frankfurt a. M. 1990.

Schmieder nur die Gesangseinlagen, die dem Goetheschen Vorbild entnommen sind. Die gesamte Handlung enthält verschiedenste Vorbilder.
Ähnlich verhält es sich auch mit Louis Spohrs 1813 vollendeter Oper *Faust*, deren Libretto Josef Karl Bernhard verfaßt hat. Wieder finden sich Anlehnungen an Goethe bis hin zu wörtlichen Zitaten („Zwei Seelen wohnen, ach! in meiner Brust, Die eine will sich von der andern trennen."), während die Handlung insgesamt sich „Ritterstücken mit den Schauereffekten der volkstheaterhaften Maschinenkomödie"[4] nähert.
Ein so freier und unbelasteter Umgang mit Goethes Werk war nach seinem Tode offenbar in deutschsprachigen Ländern nicht mehr möglich. Es gibt im 19. Jahrhundert nach Spohr keine einzige deutschsprachige Faust-Oper mehr (Ferdinand C. Füchs' Oper *Guttenberg* von 1846 ist eine Ausnahme oder darf auch vernachlässigt werden, da Faust nicht Titelfigur ist). Alle deutschsprachigen Komponisten, die sich in diesem Zeitraum des Stoffes annahmen, verwendeten originalen Goethe-Text. Da es aus leicht einsehbaren Gründen nicht möglich war, die gesamte Tragödie zu vertonen, wurden einzelne Textpassagen aus dem Werk herausgenommen und neu zusammengefügt. Robert Schumann ist ein berühmtes Beispiel für dieses Vorgehen. Zum 100. Geburtstag Goethes komponierte er weite Passagen der Schlußszene aus *Faust II* und ergänzte sie in den folgenden Jahren um zwei Teile und eine Ouvertüre.
Schumanns *Szenen aus Goethes Faust* waren ein umstrittenes Werk und sind es heute noch, obgleich ihre Reputation erheblich zugenommen hat. Teils wurden sie vom Makel des Schumannschen Spätwerks belastet, teils wurde der Umgang mit dem Text kritisiert. Noch 1971 veröffentlichte der Kritiker K. H. Ruppel (in der *Süddeutschen Zeitung* vom 22. Mai[5]) eine Besprechung des Werkes unter dem Titel *Schumann – an Goethe vorbei*. Man solle das Werk „getrost im Schoß der Vergangenheit ruhen lassen,"

---

4 Meier: *Faustlibretti*, S. 182.
5 Zitiert nach Friedhelm Krummacher: *„an Goethe vorbei?" Gedanken zu Schumanns Faust-Szenen*, in: *Analytica. Studies in the description and analysis of music. Festschrift Ingmar Bengtsson* (= Acta Universitatis Upsaliensis. Nova Series 10), Stockholm 1985, S. 187–202.

„Schumanns schon zerfallender Geist" sei nicht mehr fähig gewesen, „ein dem Sprachbild Goethes adäquates Klangbild zu finden." Dies sind Konstanten in der Schumann-Rezeption. Franz Brendel nannte schon 1859 Schumanns *Faust-Szenen* „vereinzelte Bruchstücke,"[6] die keinen Werkzusammenhang ergäben. Schumann habe vieles komponiert, „was nicht componirt werden kann."

„Wie Schumann verfahren ist, haben wir nur etwas Halbes: ein zu großes Uebergewicht der Musik und dann wieder eine Beeinträchtigung derselben, so daß keine rechte Einheit, keine organische Verschmelzung zustande gekommen ist. Das ist das Mißlichste. Die eigentliche Aufgabe einer Faustmusik ist demnach noch ungelöst."[7]

Peter Lohmann[8] schwankt in seiner Besprechung aus dem Jahre 1860 „zwischen höchster Begeisterung und einem Bedauern […], daß diese Begeisterung nicht ungetrübt sein kann."[9] Es müsse „die Spreu von dem Weizen" geschieden werden, weil nur einzelnes „auf dem geistigen Gipfelpunkte Schumann'scher Wirksamkeit" entstanden sei, anderes in einer Zeit, „wo an die Stelle der Klarheit und Frische Düsterkeit und Monotonie getreten war – im Haupte, wie in den Werken."[10] Gespalten ist auch Selmar Bagge, er spricht von einem „ächt modernen Kunstwerk […] mit allen Vorzügen und Schattenseiten eines solchen."[11] James Simon lehnt die Aufführung der Faustszenen ab und spricht vom Scheitern des Projekts;[12] viele ähnliche Zeugnisse ließen sich anführen. In jüngster Zeit hat sich vor allem Friedhelm Krummacher für Schumanns Faustmusik eingesetzt.[13]

Noch einige entsprechende Textauszüge aus Goethes *Faust* sind im 19. und noch im 20. Jahrhundert für eine Vertonung zusammengestellt worden: zu

---

6 Franz Brendel: *Die Aufgabe einer Faustmusik mit Rücksicht auf Schumann und Lindpaintner*, in: *Anregungen für Kunst, Leben und Wissenschaft* 4 (1859), S. 400.
7 Brendel: Die *Aufgabe*, S. 401.
8 Peter Lohmann: *Ueber Robert Schumann's Faustmusik*, Leipzig 1860, S. 3–32.
9 Lohmann: *Ueber Robert Schumann's Faustmusik*, S. 3.
10 Lohmann: *Ueber Robert Schumann's Faustmusik*, S. 4 f.
11 Selmar Bagge: *Robert Schumann und seine Faust-Scenen* (= Sammlung musikalischer Vorträge, hg. von Paul Graf Waldersee, 1. Reihe, Nr. 4), Leipzig 1879, S. 124–140, hier S. 139.
12 James Simon: *Faust in der Musik*, Berlin 1906, S. 26.
13 Krummacher: „an Goethe vorbei?", passim.

nennen sind Ferdinand von Roda (1872), Heinrich Zöllner (1887), Alfred Brüggemann (1909) und Marc André Souchay (1940). Die Problematik, die sich bei solchen Textzusammenstellungen ergibt, besteht darin, daß trotz originalen Goethe-Textes sich doch immer eine andere Interpretation des Stoffes ergibt. Ein Extrem findet sich bei Ferdinand von Roda; trotz des originalen Goethe-Textes löst er sich streckenweise inhaltlich von der Vorlage und ändert teilweise den Handlungsverlauf. Obgleich Heinrich Zöllner sehr viel behutsamer vorging, löste er mit seiner Arbeit bei Johannes Brahms offenbar schieres Entsetzen aus. Max Kalbeck überliefert folgenden Brief von Brahms an Hans von Bülow:

„Aus Köln kommt übrigens gerade die empörendste Novität, die es geben kann: der Zöllnersche ‚Faust'. Ich habe gar keine Worte dafür, aber ich werde keine schlimmeren mehr gebrauchen gegen Gounod und Boito. Ein Knabe legt sich wohl Tragödien von Sophokles und Shakespeare aufs Klavierpult und paukt und heult seinen Enthusiasmus in die Höhe. Aber wie ein Verbrechen, wie eine Sünde habe ich es behandelt, als mir einmal ein blutjunger Mensch die Kerkerszene, in Partitur gesetzt, brachte; es wollte mir ein Zeugnis scheinen gegen den ganzen Menschen und Künstler. Wenn das nun ein Mann von Unbildung und Verrücktheit Bruckners verübt hätte! Aber nein, ein ganz ordentlicher, gebildeter Mann denkt und arbeitet durch Jahre darüber, setzt sich jeden Tag mit dem bloßen A… auf ein Heiligtum und besch- bearbeitet es. Lächerlich ist es nicht, empörend, ganz unverzeihlich …"[14]

Goethes *Faust* als „Heiligtum" anzusprechen, war durchaus keine Besonderheit in der Goethe-Rezeption des 19. Jahrhunderts, die ähnlich der Beethovenrezeption einen starken Zug der Sakralisierung im Sinne bürgerlicher Kunstreligion besaß. Die Unveränderlichkeit eines Textes, seine Unantastbarkeit, verweist ganz deutlich auf seine sakrosankte Bedeutung. In diesem Sinne wurden philologische Methoden zu künstlerischen Prinzipien. Für die musikalische Faust-Rezeption in Frankreich schuf Berlioz mit den

14 Max Kalbeck: *Johannes Brahms*. Bd. 4. Erster Halbband. 1886–1891, ²Berlin 1915, S. 48. Siehe auch Meier: *Faustlibretti*, S. 155 f.

Huit Scènes de Faust ein Beispiel des Rückgriffs auf reinen Goethe-Text, indem er acht von Goethe mit Musik gedachte Szenen des ersten Teils *Faust* vertonte. Gérard de Nerval hatte das Drama übersetzt und – im Rahmen einer breiteren Rezeption deutscher Literatur – damit die Grundlage für eine Auseinandersetzung mit diesem Stück gelegt. Das *Faust*-Sujet war in Frankreich durchaus geläufig, wie das Libretto Marie Emmanuél Guillaume Théaulons (1827, für Beancourt) und das Drama Antony Bérauds (1828, Boieldieu zur Vertonung vorgelegt) beweisen. Daß Goethes Einfluß auch in Frankreich erheblich wuchs, zeigen neben Berlioz' *Scènes* die Oper *Fausto* von Louise-Angélique Bertin (1831, Komposition und Libretto nach Goethe von L. A. Bertin) und das Poème lyrique *Marguerite et Faust*, von Victor Doinet verfaßt und von Henry Cohen komponiert (1846). Nun ist auffallend, daß trotz des Goetheschen Einflusses der freie Umgang mit dem Text, so wie er alter Theatertradition entsprach, nicht wie in Deutschland aufgegeben wurde. Gerade Berlioz' weitere Beschäftigung mit dem Sujet, seine dramatische Legende *La damnation de Faust* (1846), verfolgt ganz eigene Ideen und löst sich ohne Mühe von Goethes Vorbild.

Aus dem Vorwort zur Erstausgabe der *damnation* geht hervor, daß Berlioz sich der Problematik des Vorbilds Goethe selbstverständlich bewußt war. Er verweist darauf, daß schon der Titel seines Werks eine Verwechslung mit Goethes weltberühmtem Gedicht ausschließe, das schließlich mit Fausts Rettung ende. Allerdings habe er einige Szenen dem Goetheschen Werk entlehnt und in seinen Plan eingefügt (es handelt sich vor allem um die eingearbeiteten *Huit Scènes de Faust*).

> „Wäre er [der Komponist] indess auch der Goetheschen Idee treu gefolgt, so hätte er dennoch jenem Vorwurfe, der ihm von mancher Seite her, zum Theil nicht ohne Bitterkeit, entgegengehalten worden ist, schwerlich ausweichen können, nämlich: ein Denkmal des Geistes verstümmelt zu haben."

Da es unmöglich sei, ein Gedicht von einiger Länge, geschweige von der Länge des *Faust*, ungekürzt zu vertonen, sei ein Eingriff in keinem Falle zu vermeiden, und damit in jedem Falle ein „crimen laesae majestatis", ein

Majestätsverbrechen, gegeben. Beachtenswert ist der Unterschied in der Wortwahl von Berlioz, „Denkmal des Geistes" und „Majestätsverbrechen", und der von Brahms, „Heiligtum", dem das Sakrileg entspricht. Berlioz verteidigt sein Vorgehen mit dem Verweis auf *Don Giovanni* (Molière, Da Ponte, Mozart) und andere bekannte Opern, die auf klassischen Dramenstoffen basieren. Eine besondere Schwierigkeit sieht er voraus, die einer Aufführung seines Werks in Deutschland erwächst:

„Was nun die deutschen Verse anlangt, die in *Fausts Verdammung* gesungen werden, so müssen sie zum Theil allerdings als sehr getrübte Goethesche Verse ein deutsches Ohr beleidigen, wie die Racineschen Verse, die im Texte zu Glucks *Iphigenie* grundlos verstümmelt worden sind, ein französisches Ohr verletzen. Nur möge man nicht vergessen, daß die Partitur dieses Werkes auf einen französischen Text komponirt wurde, der in manchen Theilen selbst aus dem Deutschen übertragen ist, und daß später der sehnliche Wunsch des Komponisten, sein Werk dem musikverständigen Publikum in Europa zur Beurtheilung vorzulegen, wieder die Rückübersetzung einer Übersetzung nothwendig machte."

Es ist vollkommen zeittypisch, daß Berlioz eine Aufführung in der Originalsprache, wie heute üblich, überhaupt nicht in den Sinn kam, so selbstverständlich waren Aufführungen in der jeweiligen Landessprache. Der Operntext gehörte als verständliche Mitteilung untrennbar zur Gattung, undenkbar war eine anders als aus der Not geborene Aufführung in der Originalsprache, wie sie heute in der Auffassung des Textes als authentischem Klangkörper die Oper zu „absoluter Musik" umdeutet.[15] Typisch ist auch, wie die Übersetzung ins Deutsche gestaltet wurde. In einer Anmerkung wird stolz vermerkt:

„In der vorliegenden Ausgabe sind die Worte Goethes der Musik u n v e r ä n d e r t [Sperrung original] unterlegt."

Es ist leicht zu ermessen, welche Eingriffe in die Musik dies erfordert.

---

15 Helmut Loos: *Originalsprache oder Übersetzung? Zu einem Problem in der Aufführungsgeschichte der Oper*, in: *Festschrift Hubert Unverricht zum 65. Geburtstag*, hg. von Karlheinz Schlager, Tutzing 1992, S. 149–159.

Angesichts der Erfahrungen, die Berlioz' mit seinen Faustmusiken gesammelt hatte, ist es nicht verwunderlich, daß er als Kritiker beim Erscheinen des Gounodschen *Faust* im Jahre 1859 ironisch auf die „Attentate" anspielte, die das „phantastische Drama" erfahren habe.[16] Gounod kannte Berlioz' *damnation* und die anderen französischen Werke dieses Sujets, die daneben entstanden waren (Jaques Mathieu Joseph Gregoir, M. Couder [Text Michel Florentin Carré], Adolphe d'Ennery [Drama] sowie Parodien des Stoffs). Jules Barbier und Michel Carré nahmen Goethes *Faust I* als Vorlage und verwandelten den Stoff in ein bühnenwirksames Libretto. Schon der oben zitierte Brahms-Brief deutet die Reaktion auf die Oper in Deutschland an, die bezeichnenderweise hier unter dem Titel *Margarethe* gespielt wurde (und das bis heute).

Eduard Hanslick kann stellvertretend für die deutsche Kritik der verschiedenen *Faust*-Vertonungen herangezogen werden. Berlioz' Libretto müsse jeder Deutsche

„als eine mitunter barbarische Verstümmelung empfinden. Berlioz reißt einem poetischen Organismus eine beliebige Anzahl ‚effektvoller' Stücke aus, zu dem bedenklichen Zweck, dramatisch Gedachtes und Ausgeführtes undramatisch nachzubilden."[17]

Musikalisch hafte Berlioz' Gesangskompositionen etwas „Mitleiderregendes" an:

„Unsangbarere Partien sind kaum geschrieben worden, kläglichere Melodien selten erfunden worden, als die Gretchens und Fausts, Mephistos und Branders."[18]

Den großen Erfolg von Gounods Oper in Deutschland erkennt Hanslick an. Aber je mehr Bühnen der Darmstädter Erstaufführung folgten,

„desto heftiger erhob sich eine leidenschaftlich teutonische Opposition dagegen. Mit einem Gerassel von Gesinnung, das an Menzel's Franzo-

---

16 Hector Berlioz: *Gounod. Faust* (26. März 1859), in: ders.: *Die Musiker und die Musik* (= *Literarische Werke*, Bd. 9), Leipzig 1903, S. 192.
17 Eduard Hanslick: *Aus dem Tagebuche eines Musikers. (Der „Modernen Oper" VI. Theil.) Kritiken und Schilderungen*, ²Berlin 1892, S. 214.
18 Hanslick: *Aus dem Tagebuche eines Musikers*, S. 216.

senfresserei erinnerte, wurde die neue Oper schlechtweg als ehrenrührige Parodie des Goethe'schen *Faust* gefaßt, deren Aufführung auf deutschen Bühnen geradezu als eine Art musikalischer Landesverrath zu strafen sei."[19]

Demgegenüber fällt Hanslicks Urteil überraschend milde aus, zumindest, was die Formulierung angeht. Natürlich hat er grundlegende Mängel zu kritisieren und gemessen am höchsten Anspruch bleibe Gounods *Faust* „ohne Frage maustodt".[20] Übrigens verurteilt Hanslick auch Liszts *Faustsinfonie* als „entsetzliche[s] Flickwerk",[21] einzig Schumanns *Faustszenen* vermögen ihm Sympathien zu entlocken:

„Bei Schumann überall das treue, nur zu bescheidene Streben, den Sinn des Dichters richtig zu fassen und in jedem Worte wiederzugeben."[22]

Vor diesem Hintergrund bedarf es bei Gounod keiner harschen Worte mehr. Im *Neuen Handbuch der Musikwissenschaft* beschreibt Carl Dahlhaus die Situation wie folgt:

„Daß Gounod für das deutsche Publikum – das seine künstlerische Gesinnung ebenso suspekt wie seine Melodik unwiderstehlich fand – nicht nur Komponist des ‚Faust', sondern auch der des ‚Ave Maria' (1853) ist, ergab ein Bild, in dem eines zum anderen paßt: Das Sakrileg an Goethe wurde durch das an Bach ergänzt."[23]

Zwar kritisiert Dahlhaus anschließend den dieser Einstellung zugrundeliegenden Vorwurf unzureichender Nähe zu Goethe als „sinnwidrig oder zumindest schief", um ihn aber sogleich durch die Feststellung dramaturgischer Konstruktionsfehler und mangelnden literarischen Taktgefühls zu ersetzen. So bleibt es in alter deutscher Tradition bei der Einschätzung einer „zum Drame lyrique heruntergekommenen metaphysischen Tragödie". Vor allem die „Beimischung von Religiösem" lasse „im Rückblick aus der Ge-

---

19 Eduard Hanslick: *Die moderne Oper. Kritiken und Studien,* Berlin 1900, S. 199.
20 Hanslick: *Die moderne Oper,* S. 202.
21 Hanslick: *Aus dem Tagebuche eines Musikers,* S. 239.
22 Hanslick: *Aus dem Tagebuche eines Musikers,* S. 240.
23 Carl Dahlhaus: *Die Musik des 19. Jahrhunderts* (= Neues Handbuch der Musikwissenschaft, Bd. 6), Laaber 1980, S. 230.

genwart das Drame lyrique [insgesamt] als ‚schlechtes 19. Jahrhundert' erscheinen."[24] Wenn Dahlhaus gerade die Frömmigkeit, das Religiöse der Gounodschen Komposition von der deutschen Kritik als Goethe unangemessen bemängelt sieht, so sollte auch die mit dem Wort „Sakrileg" schon angedeutete Grundlage dieses Urteils nicht unerwähnt bleiben, die religiöse Deutung des *Faust*, wie sie besonders in den Werken Schumanns und Mahlers – übrigens nicht Liszts – zum Ausdruck kommt.[25] So stehen sich letztlich die stärker traditionell christlich geprägte Auffassung Gounods und eine bürgerlich-kunstreligiöse unvereinbar gegenüber, weltanschauliche Fragen also, was die Schärfe der Argumentation gerade von deutscher Seite verständlich macht.

Neben der Umbenennung in *Margarethe* wurde Gounods Oper in Deutschland wie Berlioz' *damnation* durch die Übernahme Goethescher Verse in der Übersetzung zu retten versucht. Bemerkenswert bei der sonst landesüblichen Ehrfurcht vor dem authentischen Text der Musik und bezeichnend für die Einschätzung der Gounodschen Komposition sind die massiven Eingriffe in die Musik, die bei dieser Textunterlegung in Kauf genommen werden.

Ein kurzer Blick auf die italienische *Faust*-Oper *Mephistofele* (1868) von Arrigo Boito zeigt eine sehr enge Anlehnung an Goethe, eine weitgehende Übernahme einzelner Textpartien, und eine mit Boitos künstlerischem Credo vollkommen übereinstimmende Nähe zu der deutschen Auffassung (besonders in der ersten Fassung). Doch nun ist es gerade die Anlehnung an Goethe, die Hanslick empört. Wörtlich erscheint der Osterchor „Vom Eise befreit sind Strom und Bäche". Dazu schreibt Hanslick:

„Es gibt mir einen Stich ins Herz. Diese Stelle, eine der herrlichsten, die Goethe gedichtet, ist mir und wohl Tausenden ein Heiligthum; so lange ich zurückdenken kann, schlage ich sie an jedem Ostersonntag-

---

24 Dahlhaus: *Die Musik des 19. Jahrhunderts*, S. 231.
25 Helmut Loos: *Johann Wolfgang von Goethes „Faust" in der Musik. Schumann – Liszt – Mahler*, in: *Festschrift für Winfried Kirsch zum 65. Geburtstag*, hg. von Peter Ackermann, Ulrike Kienzle u. Adolf Nowak (= *Frankfurter Beiträge zur Musikwissenschaft*, Bd. 24), Tutzing 1996, S. 280–302.

Morgen auf wie ein Gebet. Und nun kommt dieser Boito'sche Operntenor und singt mir die Götterworte auf eine süßliche, den Badechor in den *Hugenotten* anklingende Melodei vor! Wenn ich vielleicht gegen einzelne Theile des *Mephistopheles* bis zur Unbilligkeit eingenommen bin, so geschieht es aus Empörung über ihr freches Anklammern an die Goethe'schen Worte. Möglich, daß manche dieser Kantilenen, auf einen andern Text und nicht von Faust und Gretchen, sondern von Peppino und Peppina gesungen, mich höchstens langweilen würden. So aber wird mir dabei zu Muthe, als würde Goethe beschmutzt [...]."[26]
Es bedarf kaum noch der Ergänzung, daß die zeitgenössische deutsche Übersetzung der Oper wiederum originalen Goethe-Text verwendet und ihm die Musik anpaßt.
Der Umgang, den Komponisten und Librettisten im 19. Jahrhundert mit der übermächtigen Goetheschen *Faust*-Vorlage pflegten, und die Aufnahme der Werke in der Kritik belegen für den deutschen Sprachraum ein spezifisches Textverständnis, das für das große Kunstwerk eine sakrosankte Sphäre der Unantastbarkeit erfordert und ihren Bruch als Sakrileg ahndet. Dieses gewissermaßen philologische Textverständnis korrespondiert mit einem Verständnis von Werktreue im emphatischen Sinne, das von bestimmten instrumentalen Gattungen wie Kammermusik und Sinfonie abgeleitet ist. Bei einer Übertragung auf andere Gattungen wie Oper oder Kirchenmusik wird auf die hier traditionelle Musizierpraxis ein fremdes Prinzip angewendet. Dieses unangemessene Vorgehen ist durchaus auch auf bestimmte Kulturregionen angewendet worden, in denen unterschiedliche Musikauffassungen gelten können, man denke etwa an die eines lebendigen „Musikantentums". Dadurch wird die kulturelle Vielfalt der Musikgeschichte und die gleichzeitige Existenz verschiedener Musiktraditionen einem bestimmten Wertmaßstab unterworfen, der seinerseits eine regional und historisch bestimmbare Geltung hat. So ist das historisch Unangemessene eines Vorgehens nicht von der Hand zu weisen, das ein philo-

---

26 Eduard Hanslick: *Aus dem Opernleben der Gegenwart. (Der „Modernen Oper" III. Theil.) Neue Kritiken und Studien*, [4]1889, S. 14 f.

logisches Textverständnis zum Maß der Musikgeschichte erklärt, wie es beispielsweise auch eine Themenstellung *Musik als Text* suggerieren könnte.[27]

Vor diesem Hintergrund wäre es interessant, nun *Faust*-Vertonungen im 20. Jahrhundert weiter zu verfolgen. Auf den ersten Blick fällt auf, daß der Goethesche Text weitgehend gemieden wird, und Komponisten von Ferruccio Busoni bis Alfred Schnittke in ihren deutschsprachigen Werken auf ältere Fassungen des Sujets – hier das Spießsche Faustbuch – zurückgreifen. Es scheint nicht weit hergeholt zu sein, dies auch als Befreiungsversuche und Bewältigung eines künstlerischen und weltanschaulichen Komplexes zu interpretieren, der seine Wirksamkeit noch nicht verloren hat.

---

27 Die Thematik wurde vom Autor erstmals während des Colloquiums *Komponist und Literatur im Kulturambiente der Neuzeit* des XXIX. *Internationalen Musikfestivals Brno* 1994 vorgetragen und erscheint hier in leicht überarbeiteter Fassung. *Musik als Text* war das Generalthema des Internationalen Kongresses der Gesellschaft für Musikforschung, Freiburg i. Br. 1993.

Der Franz-Liszt-Bund und sein Verhältnis zum Allgemeinen Deutschen Musikverein

Im Vorstands- und Verwaltungsarchiv des Allgemeinen Deutschen Musikvereins befindet sich ein kleiner Aktenbestand unter dem Titel „Franz-Liszt-Bund".
Der Allgemeine Deutsche Musikverein (ADMV) wurde 1861 in Weimar gegründet, Initiatoren waren Franz Brendel, Redakteur der *Neuen Zeitschrift für Musik,* und als eigentlicher Spiritus rector Franz Liszt. Der ADMV entwickelte sich rasch zum ersten und renommiertesten Musikverein zur Aufführung und Förderung zeitgenössischer Musik. Seine Mitglieder kamen aus allen europäischen Ländern. Mitgliederverzeichnisse und Aufführungsprogramme der jährlichen Tonkünstlerversammlungen, die an wechselnden Orten stattfanden, nennen nicht nur Namen wie Franz Liszt, Richard Wagner, Johannes Brahms, Richard Strauss, Gustav Mahler, Arnold Schönberg und Paul Hindemith, sondern auch Hector Berlioz, Camille Saint-Saëns, Peter Tschaikowsky, Edvard Grieg, Antonin Dvořák oder Béla Bartók. Es gab im späten 19. und frühen 20. Jahrhundert kaum einen Musiker von Rang, der nicht Mitglied gewesen wäre. Dem Musikausschuß, der neue Werke zur Aufführung auswählte, gehörten im 19. Jahrhundert u. a. an: Franz Liszt, Hans von Bülow, Hans Bronsart von Schellendorf, Felix Draeseke, Eduard Lassen, Hermann Kretzschmar, Richard Strauss, Eugen d'Albert, Engelbert Humperdinck. Im 20. Jahrhundert waren Engelbert Humperdinck, Fritz Steinbach, Jean Louis Nicodé, Felix Weingartner, Hans Pfitzner, Hermann Abendroth, Volkmar Andrae, Alexander von Zemlinsky, Peter Raabe, Joseph Haas, Heinz Tiessen, Paul Hindemith, Hermann Scherchen, Alban Berg, Ernst Toch und Hermann Reutter Mitglieder dieses Gremiums.
Der Verein bemühte sich nicht nur um die künstlerische Förderung der Musik und der Musiker, sondern auch um die Durchsetzung der Urheberrechte, inhaltliche und rechtliche Probleme der Ausbildung etc.; er schuf

Stiftungen zur sozialen Unterstützung der Musiker, zur Finanzierung großer Werkaufführungen und zum Druck von Kompositionen sowie wissenschaftlicher Arbeiten. Der ADMV wurde 1937 zur Selbstauflösung gezwungen.[1] Die Akten des Franz-Liszt-Bundes reichen zeitlich von 1926 bis 1937. Die Datierung der Akten beginnt mit dem 1. August 1926, d. h. im unmittelbaren Anschluß an die „Deutschen Festspiele" des „Bayreuther Bundes der Deutschen Jugend", die vom 18. bis 31. Juli 1926 in Weimar stattfanden. Der Franz-Liszt-Bund ist nicht zu verwechseln mit der Franz-Liszt-Gesellschaft, die ihren Sitz in Berlin hatte. Der Verein konstituierte sich als „Franz-Liszt-Bund zur Förderung der deutschen Festspiele in Weimar". Seine Aufgabe wird in seinem ersten Aufruf deutlich:

„Zu dem Gedanken, die Brennpunkte deutschen Kunst- und Geisteslebens: Weimar und Bayreuth, enger zu verbinden, um sie zu Symbolen einer höheren Weltanschauung zu machen, wird jeder Deutsche freudig zustimmen. Für die kulturbewußten Kreise Weimars ist die Festspielidee eine heilige Aufgabe! Der Franz-Liszt-Bund will ihnen Gelegenheit geben, diese Aufgabe zu erfüllen. Die Beschaffung eines durch die Unterzeichneten verwalteten Festspielfonds ist das erste Mittel zur Erreichung des Ziels."[2]

Unterzeichner des Aufrufes waren: Dr. Elisabeth Förster-Nietzsche, Prof. Dr. Werner Deetjen (Direktor der Landesbibliothek), Dr. Konrad Dürre (Hauptschriftleiter des *Türmer,* dessen Herausgeber Friedrich Lienhard war), Prof. Dr. Max Hecker (Archivar am Goethe- und Schiller-Archiv), Major a. D. Max Oehler (Archivar am Nietzsche-Archiv, Vetter Elisabeth Förster-Nietzsches, später Herausgeber der wohl frühesten Nietzsche-Darstellung in nationalsozialistischem Sinne: *Nietzsche der Philosoph und Poltiker,* 1931). Protektorin des Bundes war die aus einem preußischen Fürsten-

---

1 Der Nachlaß des ADMV befindet sich in Weimar, s. a. Irina Kaminiarz: *Zur Geschichte des Allgemeinen Deutschen Musikvereins,* in: *Richard Strauss. Briefe aus dem Archiv des ADMV,* Weimar 1995, S. 9 ff.; und dies: *Die Rettung der Bibliothek des Allgemeinen Deutschen Musikvereins,* in: *Weimar Journal* 5/1993, S. 34 ff.
2 GSA 70/324; s. a. Friedrich Lienhard: *Der Meister der Menschheit. Beiträge zur Beseelung der Gegenwart.* Dritter Band: *Reichsbeseelung.* Stuttgart 1921.

geschlecht stammende Fürstin Sophie von Albanien, die in Weimar, das sie als ihre geistige Heimat ansah, lebte. Sie war zugleich Ehrenmitglied des „Bayreuther Bundes der deutschen Jugend".

Die Idee der Weimarer Festspiele des 20. Jahrhunderts geht auf Adolf Bartels (1862 Wesselburen – 1945 Weimar) zurück, der entsprechend seiner völkisch orientierten Geisteshaltung Weimar und Bayreuth als die kulturelle Basis Deutschlands ansah.

Adolf Bartels ließ sich 1895 in Weimar nieder. Vom 6.–24. Juli 1909 gab es die ersten „Nationalfestspiele für die Deutsche Jugend" in Weimar. Hatte sich Bayreuth als Festspielort für das Musikdrama Richard Wagners etabliert, so sollte Weimar als Festspielort für das „Wortdrama" fungieren. Erinnert wurde dabei auch an die Idee Liszts und Wagners, ein Festspielhaus in Weimar zu errichten. Das anspruchsvolle Konzept Franz Liszts der „Goethestiftung in Weimar", das die Residenzstadt zum Mittelpunkt der Gegenwartskunst entwickeln wollte durch jährliche Wettbewerbe, abwechselnd für die einzelnen Künste, spielte dabei kaum eine Rolle.[3] Zu den Festspielen 1909 wurden u. a. Schillers *Wilhelm Tell,* Lessings *Minna von Barnhelm,* Kleists *Prinz von Homburg* und Goethes *Egmont* aufgeführt. Außer den Jugendlichen aus dem deutschen Reichsgebiet kamen auch ca. 600 Schüler vor allem deutscher Herkunft aus Antwerpen, Brüssel, Petersburg und aus Österreich zu den Veranstaltungen.

Von 1913–1920 war die Tradition der Festspiele unterbrochen. Vom 9.–31. Juli 1921 gab es die „Festspiele der Deutschen Jugend" wieder. Für das DNT war damit ein Aufschwung des Theaterlebens gegeben, gelang es doch, neue Publikumskreise zu gewinnen, womit Geld in die notorisch knappen Kassen des Hauses floß. Hinzu kam, daß damit nicht nur auswärtige Besucher, sondern auch das Interesse der überregionalen Presse zu gewinnen war. Aspekte, die sich insbesondere während der Thüringer Theaterkrise der neunzehnhundertzwanziger Jahre als bedeutsam erwiesen.

---

3 Franz Liszt: *De la Fondation-Goethe à Weimar,* in: *Sämtliche Schriften,* Bd. 3, herausgegeben von Detlef Altenburg und Britta Schilling-Wang, kommentiert unter Mitarbeit von Wolfram Huschke und Wolfgang Marggraf, Wiesbaden–Leipzig–Paris 1997, S. 22. ff.

Vor allem seit Dr. Ernst Praetorius (1880 Berlin–1946 Ankara) 1924 Generalmusikdirektor und zugleich Lehrer für Dirigieren an der Staatlichen Musikschule Weimar wurde, gewann die Festspielidee neuen Aufschwung. Er sah in ihr nicht die Verwirklichung völkischer Kulturkonzepte, sondern vor allem die Voraussetzung zu großen Aufführungen, für die im normalen Repertoirebetrieb kaum Möglichkeiten bestanden.
Das betraf bereits die Osterfestspiele 1925 mit der *Faust*-Inszenierung des Generalintendanten Franz Ulbrich. Ernst Praetorius verstärkte zur Aufführung von Werken bestimmter Komponisten, die mit Thüringen in besonderer Verbindung standen – Franz Liszt, Richard Strauss, Max Reger – die Staatskapelle (ständig sechzig Musiker) durch Mitglieder des Loh-Orchesters und des Altenburger Theaters auf 100 Musiker. Anwesend war der frühere Weimarer Kapellmeister Richard Strauss, der als Höhepunkt des Festes am 14. April 1925 seinen *Rosenkavalier* dirigierte und dann von der Stadt Weimar die Ehrenbürgerwürde verliehen bekam.
Die Osterfestspiele 1926 standen im Zeichen des zehnten Todestages Max Regers. Vom 18.–31. Juli 1926 fanden die „Deutschen Festspiele" des „Bayreuther Bundes der Deutschen Jugend" in Weimar statt. Der Anlaß war das fünfzigjährigen Bestehen des Bayreuther Festspielhauses. Aus den Mitteilungsblättern des „Bayreuther Bundes der Deutschen Jugend" war zu erfahren, wer die Festspiele konzipiert hatte:
> „Friedrich Lienhard, der Künder Reichsbeseelung, Siegfried Wagner, der Hüter des heiligen Grals, Hans von Wolzogen, der große Idealist, gaben dem Spielplan zu Weimar das Gepräge."[4]

Aufgeführt wurden die Opern von Siegfried Wagner *Der Bärenhäuter* und *Sternengebot,* Hans von Wolzogens Morgenfeier *Longinus* und schließlich die *9. Sinfonie* Ludwig van Beethovens. Außerdem gehörten Kranzniederlegungen am Goethe-Schiller- und am Franz-Liszt-Denkmal zu den Veranstaltungen im Rahmen der Festspiele sowie ein Fackelzug durch die Straßen Weimars zum Hause Lienhards, wo die „Ehrung der anwesenden

---

4 GSA 70/324, s. a. Friedrich Lienhard: *Der Meister der Menschheit. Beiträge zur Beseelung der Gegenwart.* Dritter Band: *Reichsbeseelung.* Stuttgart 1921.

Meister: Siegfried Wagner, Hans von Wolzogen, Franz Stassen und Wilhelm Kotzde" stattfand.[5]

Den Stellenwert des Ereignisses bewertete Dr. Otto zur Nedden, 1926 Leiter des „Bayreuther Bundes der Deutschen Jugend" für den Gau Baden und Saar in Karlsruhe, als Chefdramaturg des DNT im Jahre 1940:

> „[...] mit den ‚Deutschen Festspielen des Bayreuther Bundes der Deutschen Jugend' 1926 kündigt sich bereits eine neue Zeit an. Aber erst die nationalsozialistische Revolution und das Jahr 1933 schaffen die Voraussetzungen für das eigentliche ‚Nationaltheater', das es nun mehr denn je gerade von Weimar aus zu gestalten gilt."[6]

In Darstellungen der 1980er Jahre findet das Ereignis eine wenig differenzierte Erwähnung,[7] während Gottfried Wagner darin das kulturelle Gegenkonzept zur avantgardistischen Kunst der Weimarer Republik sieht.[8]

Der „Bayreuther Bund der Deutschen Jugend" wurde am 1.8.1925 in Bayreuth gegründet. Dem Ehrenpräsidium gehörten Siegfried und Winifred Wagner, Houston Stewart Chamberlain und Frau Eva, Hans von Wolzogen u. a. an. Noch im gleichen Jahr bildeten sich Ortsgruppen in Weimar, Arnstadt, Eisenberg, Dessau, Hamburg und Dresden, dann in allen Teilen des Landes. Das Ziel des Bundes war,

> „den Teil der deutschen Jugend zusammenzufassen, der auf der Grundlage von Bayreuth als Pflegestätte deutschen Kulturlebens die Pflege aller künstlerischen und ethisch wertvollen deutschen Geistesschöpfungen aus Gegenwart und Vergangenheit sich zum Ziel setzt".[9]

---

5 Ebenda: Franz Stassen (1869–1949), war Maler. Er war ein Jugendfreund Siegfried Wagners und Wagnerianer. Stassen gestaltete u. a. den *Türmer*, den Lienhard herausgab, sowie auch Lienhards *Wege nach Weimar* mit seinen Zeichnungen aus. Wilhelm Kotzde (1878–1948) war Volksschullehrer, dann Schriftsteller, insbesondere Jugend-Autor. Er vertrat eine völkisch orientierte Geisteshaltung und gehörte frühzeitig zu den Anhängern des Nationalsozialismus.
6 Otto zur Nedden: *Aus der Geschichte des Weimarer Nationaltheaters*, in: *Deutsches Nationaltheater. Zur feierlichen Wiedereröffnung des Hauses*. Weimar 1940, S. 26.
7 Karl-Heinz Köhler: „Erschallet ihr Lieder, erklinget ihr Saiten." Weimar 1986, S. 80 f.
8 Gottfried Wagner: *Wer nicht mit dem Wolf heult*. Köln 1997, S. 101, s. a. die grundlegende Arbeit von Michael Karbaum: *Studien zur Geschichte der Bayreuther Festspiele (1876–1976)*. Regensburg 1976.
9 „Bayreuther Bund der deutschen Jugend:" Satzung, §1. In: Mitteilungsblatt, Sonderaus-

Das eigentliche Anliegen des „Bayreuther Bundes der deutschen Jugend" bestand darin, den Festspielgedanken Richard Wagners für die Förderung von „künstlerisch und ethisch wertvollen Geistesschöfpungen" der Gegenwart zu adaptieren, insbesondere aus dem Umfeld Bayreuths, Siegfried Wagners, Hans von Wolzogens, Housten Stewart Chamberlains. Auf dem Programm der zweiten „Deutschen Festspiele" des „Bayreuther Bundes der deutschen Jugend" 1927, die parallel zu den „Bayreuther Festspielen" in Bayreuth stattfanden, standen neben dem Besuch des *Parsifal* zu besonders günstigen Konditionen, u. a. die Aufführung von Houston Stewart Chamberlains *Der Tod von Antigone* und Heinrich von Steins *Bach in Arnstadt* auf dem Programm. Hinzu kamen Feierstunden und der Besuch der musealen Stätten.

Dem Arbeitsausschuß der ersten „Deutschen Festspiele" in Weimar gehörte Dr. Konrad Dürre aus Weimar an, Ortsgruppenleiter in Weimar war Dr. Günther Wahnes, Leiter der Weimarer Festspiele war Otto Daube, der zugleich Leiter des „Bayreuther Bundes der Deutschen Jugend" war.[10] Die Pressevorbereitungen hatte neben den Bayreuther Publikationen, vor allem der in Weimar erscheinende *Türmer* übernommen. Der *Türmer* war die wohl bedeutendste nationale Rundschau. Er wurde 1898 von Jeannot Emil Freiherr von Grothfuß gegründet, seit 1920 wurde er von Friedrich Lienhard, seit 1928 von Karl August Walther herausgegeben.

Der „Bayreuther Bund der deutschen Jugend e. V." hatte im Jahre 1926 nach eignen Angaben 2500 Mitglieder, die eine „Auslese der deutschen Jugend überhaupt darstellen" sowie „hochstehende und einflußreiche Persönlichkeiten".[11] Dennoch traten bereits während der Festspiele eklatante

---

gabe vom 1.1.1927, S. 1.
10 GSA 70/326. Otto Daube hatte Lienhard zu einer Bürgschaft von 2000 M veranlaßt, als dieser nur 500 Mark zahlen wollte, drohte ihm Daube mit Veröffentlichung in der Presse, wobei er auf die Angriffe der nationalsozialistischen Presse gegen Lienhard anspielte und fragte: „Sollen Ihren Gegnern so willkommene Waffen in die Hände gegeben werden." Hier deutet sich durchaus auch das Phänomen an, daß viele Persönlichkeiten, die aus der völkisch-nationalen Orientierung kamen und eine Revolution von Rechts wünschten, aber mit der Herausbildung nationalsozialistischer Machtstrukturen, einen „Karriere-Knick" erlebten.
11 GSA, 70/324.

Fehlkalkulationen in der Finanzierung auf. Schließlich wandte man sich mit einem „Notruf des Bayreuther Bundes der Deutschen Jugend S. O. S." an die Öffentlichkeit. Darin wurde um sofortige finanzielle Unterstützung gebeten, wer kein Bargeld habe, möge mit einem Darlehen oder einer Bürgschaft helfen. Das Außergewöhnliche solchen Ansinnens erklärte der Notruf pathetisch:

„Diese Hilfe kann nur von deutschen Männern und Frauen kommen, die begreifen, dass mit dem Zusammenbruch der Weimarer Deutschen Festspiele nicht nur der Kunst ein schwerer Schlag versetzt wird, nicht nur hinfort alle Kulturbestrebungen einer deutschen Gesinnungs- und Herzensgemeinschaft wirkungslos sind –, nein mit dem Zusammenbruch der Deutschen Festspiele in Weimar stürzt die idealistische Weltanschauung überhaupt zusammen. [...] Wir beschwören die Geister Richard Wagners und Goethes. Die Persönlichkeit im Sinne des heiligen Grals wird über die Zukunft der d e u t s c h e n Kultur entscheiden."[12]

Es ist nicht zu übersehen, daß diese Festpiele getragen wurden von Persönlichkeiten, deren geistiges Konzept sich in eklatantem Widerspruch zur Weimarer Republik und ihrer Kultur befand. Bereits in der Wilhelminischen Ära, in der es zwar offiziell noch absolutistische und moralische Strenge gab, in der sich jedoch nicht nur allgemeine künstlerische Strömungen wie Naturalismus und Symbolismus, Impressionismus und Expressionismus, sondern auch völlig individuelle Strömungen herausbilden konnten,[13] scharten sich um Weimar und Bayreuth die Gegner der Fin-de-siècle-Kultur und der Moderne seit Ende des 19. Jahrhunderts als Bewahrer eigentlichen deutschen Geistes und deutscher Kultur. Sie verstärkten ihre Intentionen mit der Gründung der ersten deutschen Republik. Ihre Haltung war sowohl gekennzeichnet von deutlicher Distanzierung von der Gesellschaft, in der sie lebten, als auch von der Hinwendung zur Gemeinschaft Gleichgesinnter.[14] Ob als die „Stillen im

12 Ebenda. Hervorhebungen im Originaltext.
13 Victor Klemperer: *LTI*, Leipzig o. J., S. 32.
14 Justus H. Ulbricht: *Kulturelle Opposition gegen Avantgarde, Moderne und Republik*, in:

Lande"[15] oder als das „geheime Deutschland":[16] allen gemeinsam war das Unbehagen an der Avantgarde ebenso wie an der sich ausprägenden Unterhaltungs- und Massenkultur.
Friedrich Lienhard, der seit 1917 in Weimar lebte, schrieb an den Weimarer Komponisten Karl Goepfart, der sich mit der Bitte um Unterstützung bei der Aufführung seiner Werke an ihn gewandt hatte:
„Wie sehr kann ich Ihnen nachfühlen, daß Sie Ihr Werk gern zu lebendiger Wirkung gebracht sähen! Aber zugleich muß ich meinen verhältnismäßig geringen Einfluß beteuern, Ihnen hierbei helfen zu können. Ich selbst mit meinen Dutzend Dramen werde von den Bühnen so gut wie gar nicht beachtet. Der Zeigeist geht andere Wege. Und so habe ich mein Arbeitsgebiet verlegt und widme mich anderen Formen literarischer Tätigkeit."[17]
Im Jahr 1921, zu den ersten „Nationalfestspielen" nach dem Krieg, wandte sich Lienhard an die Jugend, für die diese Festspiele vor allem gedacht waren, mit dem Aufruf, daß man das Leben erneuern müsse:
„nicht von unten aus der Masse, noch von oben aus einer Kaste, nicht von rechts noch von links, sondern parteilos von innen heraus umgestalten, wo die Kernzelle glüht, wo der Gral leuchtet [...]".[18]
Es entsprach also der inneren Logik der „Festspielidee", daß der „Bayreuther Bund der Deutschen Jugend" Veranstaltungen in Weimar durchführte. Man bezog sich weniger auf die verwandschaftlichen Wurzeln Siegfried Wagners in Weimar, auf die man sich dann allerdings besann, als es

Weimar 1930. Poltitik und Kultur im Vorfeld der NS-Diktatur, hg. von Lothar Ehrlich und Jürgen John. Weimar, Köln, Wien 1998, S. 141.
Manfred Gangl: *Grenzen der Gesellschaft und Grenzen der Gemeinschaft. Zur philosophischen Anthropologie bei Ferdinand Tönnies und Helmut Plessner*, in: *Die Weimarer Republik zwischen Metropole und Provinz. Intellektuellendiskurse zur politischen Kultur*, hg. von Wolfgang Bialas und Burkhard Stenzel, Weimar, Köln, Wien 1996, S. 201–218.
15 Friedrich Lienhard: *Die Stillen im Lande*, in: *Die Stillen im Lande sind auch die Starken. Betrachtungen.* Stuttgart o. J., S. 7 ff.
Hugo von Hofmannsthal: *Das Schrifttum als geistiger Raum der Nation*, in: *Reden und Aufsätze III. 1925–1929.* Frankfurt a. M. 1980.
16 S. a. Stefan George: *Das Neue Reich*, Berlin 1928.
17 Friedrich Lienhard an Karl Goepfart. Brief vom 5.10.1922. HSA/NKG 10.
18 Friedrich Lienhard: *Die Kernkraft. Ein Wort an die Jugend*, in: *Weimarer Blätter* 3, 1921, S. 344.

galt die „Deutschen Festspiele" finanziell zu retten. Hinzu kommt, daß Bayreuth 1926 ganz im Zeichen des fünfzigjährigen Bestehens des Festspielhauses und der Werke Richard Wagners stand. Es wäre kaum opportun gewesen, die „Deutschen Festspiele", deren Anliegen sich auf bestimmte Bereiche der Gegenwartskunst bezog, am gleichen Ort durchzuführen. Für Weimar als Festspielort sprach außerdem das bekannte Engagement Ernst Praetorius' für Festaufführungen und die Förderung zeitgenössischer Musik sowie die Verbindung des Nietzsche-Archivs durch Elisabeth Förster-Nietzsche zu Bayreuth und Siegfried Wagner. Daß es sich 1926 eigentlich um Siegfried-Wagner-Festspiele handelte, zeigt nicht nur die Programmgestaltung, sondern auch eine Eintragung im „Tätigkeitsbericht des Nietzsche-Archivs 1926", in dem verzeichnet ist „Siegfried Wagner-Festspiele in Weimar Ende Juni".[19]

Bei allen Vorbehalten gegen Elisabeth Förster-Nietzsche und ihren Umgang mit dem Nachlaß Friedrich Nietzsches, war sie dennoch eine kulturelle Instanz in Weimar. Sie stand nicht nur mit den Künstlern und Intellektuellen des „Neuen Weimar" der Jahrhundertwende um Harry Graf Kessler und Henry van de Velde in Verbindung, sondern sie gehörte nahezu zeitgleich auch dem Kreis an, den Ernst Wachler[20] um den „Jungbrunnentisch" versammelte, dem u. a. Adolf Bartels, Peter Gast, Adolf Emge, Bruno Heinrich Eelbo und – wenn es um Vorspiele der Kompositionen von Peter Gast ging – auch Aloys Obrist angehörten.[21]

---

19 GSA 72/1596. Besuche Siegfried Wagners im Umfeld der Festspiele gemeinsam mit Frau Winifred und den Schwestern Daniela Gräfin von Gravina und Blandine Thode sind in den Jahresberichten 1926 und 1929 des Nietzsche-Archivs verzeichnet.
20 Ernst Wachler (18.2.1871 Breslau – Oktober 1945 Theresienstadt); er kam 1902 als Chefredakteur der *Weimarer Zeitung* nach Weimar, versammelte seit September 1902 im „Restaurant Jungbrunnen, Schillerstraße" Gleichgesinnte am „Jungbrunnentisch" um sich. Bereits 1903 gründete er in Thale das Harzer Bergtheater, wo er Thing-Festspiele und Edda-Abende am Wothans-Altar veranstaltete. Er arbeitete an verschiedenen völkischen und antisemitisch orientierten Zeitschriften mit.
Adolf Emge war Opernrepetitor und Klavierlehrer in Weimar.
Bruno Heinrich Eelbo (1853 Bremerhaven–1917 Weimar) war Architekt (Landesversicherungsanstalt/Erfurter Straße, Dresdner Bank/Steubenstraße), Leiter der „Großherzoglichen Zentralstelle für Kunstgewerbe" und Verfasser von Dramen.
21 GSA102/550.

Zur finanziellen Sanierung der Festspiele wurde nunmehr ein „Franz-Liszt-Bund zur Förderung der deutschen Festspiele in Weimar" gegründet. Auch in den „Tätigkeitsberichten des Nietzsche-Archivs" gibt es mehrfach den Verweis auf die Mitarbeit an der Gründung und Förderung des Bundes. Auffallend ist, daß der Name Peter Raabe, der in Weimar im Zusammenhang mit Franz Liszt unumgänglich war, zunächst nicht in den Akten erscheint.[22] Erst 1927 wandten sich zunächst Oehler, dann Staatsminister Dr. Arnold Paulssen[23] als Vorsitzender des „Franz-Lizst-Bundes zur Förderung der deutschen Festspiele in Weimar", an Raabe, um Adressen von Persönlichkeiten zu erfahren, die für die Liszt-Gesellschaft geworben werden können. Raabe schrieb umgehend an Paulssen:

„Ich muß offen sagen, dass nach meiner Ansicht die Gesellschaft nur einen vernünftigen Zweck hätte, wenn durch ihre Tätigkeit auch einmal für Lizst selbst etwas geschähe, das heisst, wenn einige Mittel für das Liszt-Museum aufgebracht würden. [...] So geht es uns jetzt fortwährend: Es kommen Handschriften auf den Markt, deren sich jetzt in der schlechten Zeit die Nachkommen von Liszts-Schülern entäussern müssen, wir bieten darauf, werden aber bei unseren bescheidenen Mitteln fast regelmäßig überboten, die Handschriften gehen ins Ausland, meist nach Amerika. [...] Vielleicht wäre es möglich, in das Programm der Gesellschaft als einen wichtigen Punkt aufzunehmen, dass sie dazu bestimmt ist, den Ankauf Lisztscher Handschriften für das Weimarer Liszt-Museum zu ermöglichen."[24]

In der ersten Veröffentlichung der Satzungen 1927 ist dann ohne Untertitel nur noch vom „Franz-Liszt-Bund" die Rede, im §1 seiner Satzung heißt es:

---

22 S. a. Irina Kaminiarz: *Peter Raabe und der Allgemeine Deutsche Musikverein*, in: *Zu Geschichte, Struktur und Bedeutung des Allgemeinen Deutschen Musikvereins als Institution zeitgenössischer Musik (1861–1937)*, Weimar 1966, unveröffentlicht.

23 Arnold Paulssen (1864 Sömmerda – 1942 Weimar) war Innenminister des letzten Weimarer Großherzogs Wilhelm Ernsts von Sachsen–Weimar–Eisenach, wurde aber bald wegen seiner liberalen Haltung nach Berlin versetzt. 1919–1921 und 1927–1930 wurde er zum Thüringischen Staatsminister berufen. Von 1926–1930 war er Vorsitzender der „Gesellschaft der Freunde des Nietzsche-Archivs".

24 GSA 70/326.

„Seine Aufgabe ist die Förderung künstlerischer Veranstaltungen sowie die Unterstützung junger Künstler, denen die Mittel zu ihrer Ausbildung fehlen."[25]

Das Festkonzert des Bundes im Juni 1929 stand unter der Leitung von Siegfried Wagner, Josef Pembauer war der wohl bedeutendste Solist. Es gab eine musikalische Feierstunde, und im DNT fand die Weimarer Erstaufführung von Siegfried Wagners Oper *Banadietrich* statt. Am 16. und 17. 6. 1929 tagte die Generalversammlung, auf der sich der Franz-Liszt-Bund neu gründete. Peter Raabe nahm teil und stellte während der Statutendiskussion sowohl sein Liszt-Bild als auch eine Konzeption des Bundes vor:

„Was will der Bund? Das Wichtigste für ihn ist die Pflege des Lisztmuseums sowie Förderung der Lisztforschung. Das Erfreulichste ist, daß einmal etwas für Liszt geschieht, er hat sein ganzes Leben nur für andere gearbeitet, jetzt soll etwas für ihn getan werden. Wer war Franz Liszt? Wer war dieser rätselhafte Mann, dieser Grandseigneur? Dies muß die Welt erkennen lernen. Wenn Liszt noch lebte, so wäre er der fortschrittlichste Musiker seiner Zeit. Alle stehen auf dem Boden, den er vorbereitet hat, sei es ein Reger oder Hindemith. Das Lisztmuseum müßte zu einem Archiv des musikalischen Fortschritts ausgebaut werden, alles müßte dort zu finden sein, was junge Musikforscher suchen. Diesen musikalischen Fortschritt zu schaffen, ist keine Weimarer Angelegenheit, sondern eine Angelegenheit der Welt."[26]

Raabe machte deutlich, daß es darauf ankomme, möglichst viele Namen bekannter Persönlichkeiten im Vorstand zu haben, da der Bund ein Weltbund sein müsse und sich „über die Grenzen des Vaterlandes erstrecken soll". Er nannte u. a. die Namen Conrad Ansorge, Alexander Siloti, Eugen d'Albert, Frédéric Lamond, Emil Sauer, Arnold Schering. Es müsse auf alle Fälle vermieden werden, daß es aussehe, als ob der Franz-Liszt-Bund eine Weimarer Angelegenheit sei. Die Generalversammlung beschloß nun:

25 Ebenda, Satzungen des Franz-Liszt-Bundes, angenommen in der Hauptversammlung am 26.10.1927 in Weimar.
26 GSA, alt, GNM 343.

„Zweck ist: die Förderung der Liszt-Forschung, des Liszt-Museums in Weimar und der Bestrebung der Franz-Liszt-Stiftung; künstlerische Veranstaltungen im Geiste Liszt's."[27]
Peter Raabe wurde zum ersten Vorsitzenden, Ernst Praetorius zum Stellvertreter und Major a. D. Dr. Gustav Ulrich zum Schriftführer und Schatzmeister gewählt. In den Akten des Vereins spiegeln sich von 1926 an deutlich zwei unterschiedliche Konzeptionen wider. Einerseits die Tendenz, Weimar und Bayreuth als geistige Orte der Nation mit Hilfe des Liszt-Bundes zu beleben, der sich an Persönlichkeiten wendet, die sich intellektuell und künstlerisch an der nationalen Symbolik beider Orte orientieren. Andererseits zeigt sich die Tendenz, den Bund als Ort der Weltoffenheit im Sinne Liszts, wie ihn Raabe beschrieb, zu verstehen. Diese Polarität spiegelt sich auch darin wieder, daß es neben dem o. g. Vorstand einen „Arbeitsausschuß" gab, der aus den örtlichen Vorstandsmitgliedern des „alten" Bundes bestand, sowie in divergierenden Namens- und Adressenlisten. So existiert eine Liste von unbekannter Hand, die vor allem Namen aus Weimar und Bayreuth enthält, darunter auch Namen von Lehrern der Staatlichen Musikschule: Frl. von der Osten, Prof. Reitz, Frau Schulz-Birch, Frl. Ilse Stapff, Prof. Strub, Herr Speidel, Herr Grell, Prof. Hinze-Reinhold, Prof. Wetz, sowie von Bodelschwingh, Graf Wedel, Prof. Deetjen, Prof. M. Hecker, Prof. H. Wahl, Prof. J. Wahle, H. Lilienfein, C. von Schirach, Dr. O. Reuter, Dr. H. S. Ziegler, S. Wagner, E. Chamberlain, Prof. Thode, H. v. Wolzogen. Außerdem gibt es eine Liste von der Hand Arthur Seidls, die aus den Jahren 1926–1928 stammt. Prof. Dr. Seidl stand über den Allgemeinen Deutschen Musikverein und seine freundschaftlichen Kontakte zu Elisabeth Förster-Nietzsche mit dem Franz-Liszt-Bund in Verbindung. Er empfahl, „etwa nicht zu vergessen für Deutschland" (u. a.):
Conrad Ansorge, Berlin-Westend, Nußbaumalle 27 / Hermann Abendroth, Köln a. Rhein / Gerhard von Keußler, Hamburg / Dr. Friedrich Schnapp, Hilfskapellmeister der Staatsoper zu Berlin / Siegmund von

27 Ebenda.

Hausegger, Präsident der Akademie der Tonkunst, München / H. W. von Waltershausen, Komponist, Direktor der Akademie München-Schwabing / Paul Schwers, Herausgeber der Allgemeinen Musik-Zeitung, Berlin-Schöneberg / Gen. Mus. Dir. Prof. Dr. Peter Raabe, Aachen / Prof. Dr. Rich. Wetz, Erfurt / Prof. Dr. Oscar Bie / Walter Gieseking // zu befragen sind die Häuser Siegfried Wagner, Thode, Gravina, Chamberlain, die Schriftleitung der Bayreuther Blätter,

für Österreich (u. a.): Frau Alma Mahler, Wien / Dr. Jul. Korngold, Musikschriftsteller, Wien / Erich Wolfgang Korngold, Komponist, Wien / Jos. Schalk, Operndirektor, Wien / Dr. Paul Stefan, Wien / Prof. Dr. Guido Adler, Wien / Prof. Dr. Wilhelm Kienzl, Komponist, Wien / Fr. Hegar, Kapellmeister der Wiener Staats-Oper / Dr. Richard Strauss, Belvedere, Wien / Hugo von Hofmannsthal, Schriftsteller, Wien / Dr. Egon Wellesz, Komponist u. Dozent, Wien. Außerdem werden österreichische Musikvereine genannt, wie z. B. der Akademische Richard-Wagner-Verein, der Hugo-Wolf-Verein und der Conrad-Ansorge-Verein,

Schweiz (u. a.): Prof. Dr. Friedrich Klose, irgendwo in der Schweiz / Volkmar Andrae, Komponist und Kapellmeister, Zürich / Prof. Felix v. Weingartner, Basel / Dr. Alfred Wassermann, Basel / Othmar Schoek, Komponist, St. Gallen,

Tschechoslowakei und Ungarn (u. a.): August Stradal, Pianist, irgendwo an der böhmischen Grenze / Rud. Freiherr Prochátzka, Komponist, Prag / Jos. B. Foerster, Komponist u. Direktor des Konservatoriums, Prag / Béla Bartók, Zoltan Kodály.[28]

Auf der Adressenliste Arthur Seidls befinden sich die Namen angesehener Mitglieder des ADMV, von denen viele bereits wenige Jahre später verfemt und verfolgt wurden. Peter Raabe spielte nun eine dominierende Rolle im Franz-Liszt-Bund, der 1930 eine Mitgliederzahl von 112 Personen hatte,

---

28 GSA, alt, GNM 341. Prof. Dr. Arthur Seidl (1862–1928), Dramaturg, Musikpublizist und Archivar des Nietzsche-Archivs, später Bibliothekar und Archivar des Allgemeinen Deutschen Musikvereins.

die aus ganz Deutschland kamen. Hierzu gehörten außer den o. g. Gründungsmitgliedern, Bruno Hinze-Reinhold, der zwar brieflich immer wieder Kritik übte und sich lieber selbst für Liszt einsetzte, der Volksliedsammler und -forscher Heinrich Möller aus Naumburg, Josef Pembaur, Max Slevogt, Ludwig von Hofmann, Max Brockhaus, Hellmuth Kellermann u. a. Zu den Förderern des Franz-Liszt-Bundes gehörten das Thüringer Volksbildungsministerium, die Landeshauptstadt Weimar, der Städtische Gesangverein Aachen sowie der ADMV.

Raabe (1872 Frankfurt/Oder – 1945 Weimar) war seit 1899 Mitglied des ADMV, er gehörte seit 1919 dem Vorstand an und war seit 1919 für die kritische Gesamtausgabe der Werke Franz Liszts durch den ADMV zuständig. Die *Großherzog Carl Alexander-Ausgabe der musikalischen Werke Liszts*, erschien bei Breitkopf & Härtel, finanziert wurde sie vor allem durch die Franz-Liszt-Stiftung. Mit der Auflösung des ADMV 1937 wurde die Herausgabe nach 34 Bänden eingestellt und blieb unvollständig. Raabe nahm in seinen Reden zu den Tonkünstlerversammlungen des ADMV in den zwanziger Jahren vehement Stellung gegen den Theater- und Orchesterabbau. Er kam 1907 als GMD an das Weimarer Hoftheater, nach dem Tode Aloys Obrists 1910 wurde er auch Kustos des Liszt-Museums. Dieses Amt hatte er bis zu seinem Tode am 12.4.1945 in Weimar inne. Seine Dirigate, seine Liszt-Biographie, das Werkverzeichnis Liszts sowie die Mitarbeit an der Liszt-Gesamtausgabe wiesen ihn als profunden Kenner aus. Nach seiner Promotion in Jena unterrichtete er auch zeitweilig an der Weimarer Musikschule das Fach Musikgeschichte. Als Dirigent setzte er sich ein für Liszt, Berlioz, Wagner, Brahms, d'Albert, Strauss, Mahler, aber auch für Beethoven, Mozart und Haydn, nicht zuletzt auch für zeitgenössische Komponisten, darunter Siegfried Wagner, Hans Pfitzner, Richard Wetz und Arnold Schönberg. Nach Diskrepanzen in Weimar ging er 1920 nach Aachen. 1935 wurde er Präsident der Reichsmusikkammer und gleichzeitig Vorsitzender des ADMV. Als Raabe unter massivem Druck des Ministeriums für Volksaufklärung und Propaganda geriet und Goebbels die Selbstauflösung des ADMV durchgesetzt hatte, fielen die eigentlichen Entscheidungen zur Musikpolitik in der Abteilung „Musik" des o. g. Ministeriums. Welches Image der Franz-Liszt-Bund vor allem in nationalistisch orientierten Kreisen seit der Neuorientierung durch das Eingreifen Peter Raabes inzwischen erhalten hatte, verdeutlicht die Ablehnung Carl Baily Norris von Schirachs vom Mai 1929, im Vorstand mitzuwirken:

„Aus grundsätzlichen Erwägungen möchte ich ausser der Deutschen Shakespeare-Gesellschaft nur dem ‚Kampfbund für Deutsche Kultur', zu dessen Vorstande ich gehöre, als Mitglied zugezählt werden. Die Erfahrung der Kriegs= und namentlich der Nach=Kriegszeit lassen mir jede Entwicklung im Sinne eines Aufbaus, auch auf kulturellem Gebiete, auf irgend einer anderen als rein=völkischen Grundlage als völlig aussichtslos erscheinen."[29]

Der Franz-Liszt-Bund führte nun in Weimar jährliche Mitgliederversammlungen durch, zu deren Festkonzerten das Werk Franz Liszts im Mittelpunkt stand. Im Programm vom Juni 1930 wurden u. a. folgende Werke Franz Liszts aufgeführt: *Hunnenschlacht* (dirigiert von Peter Raabe), *Der Entfesselte Prometheus* (dirigiert von Ernst Praetorius), das *Es-Dur-Klavierkonzert* (gespielt von Frédéric Lamond unter der Leitung Peter Raabes). Es gab eine „Morgenfeier" zu der Liszt-Transkriptionen erklangen, sowie eine Festaufführung von Wagners *Lohengrin*, der hier vor achtzig Jahren seine Uraufführung erlebt hatte; die Leitung hatte der Leipziger Mirag-Intendant Ludwig Neubeck (die Mirag war „Vorläufer" des MDR).

Raabe initiierte für den Bund seit 1930 auch eine Schriftenreihe, die Leben und Werk Lizsts gewidmet war. Friedrich Schnapp veröffentlichte 1930 unter dem Titel *Franz Liszt in Paris* die vollständige Rezension von Alphonse Louis Dieudonné Martainville in *Le Drapeau blanc* über das Kon-

---

29 Weimar, den 3.5.1929, GSA 70/327; Carl Baily Norris von Schirach (1873–1949) wurde von Großherzog Wilhelm Ernst 1908 zum Intendanten des Weimarer Hoftheaters berufen und im November 1918 entlassen. Sein jüngerer Sohn Baldur von Schirach (1907 Berlin–1974 Kröv) geriet frühzeitig in den Einflußbereich Hans Severus Zieglers und Adolf Bartels'. Er war 1929–1940 Reichsjugendführer der Hitlerjugend, danach Gauleiter in Wien, 1946–1966 befand er sich in Berlin-Spandau in Haft, 1967–68 verfaßte er seine Erinnerungen unter dem Titel „Ich glaubte an Hitler".

zert des zwölfjährigen Franz Liszt am 8. März 1824 im Pariser Théatre Royal Italien. Die nächste Publikation, ebenfalls von Friedrich Schnapp, veröffentlichte die wichtigsten testamentarischen Verfügungen Liszts mit einer Dokumentation des jeweiligen Standortes der Handschriften, Kunstschätze etc. Peter Raabe dokumentierte als dritte Gabe für die Mitglieder des Franz-Liszt-Bundes 1932 in Wort und Bild die wichtigsten Weimarer Liszt-Stätten.[30]

Mehrfach gelang es, aus Mitteln des Bundes Handschriften des Meisters für das Liszt-Museum zu erwerben, die sich heute im Goethe-Schiller-Archiv befinden. Außerdem nutzte Raabe den Franz-Liszt-Bund geschickt dazu, nun etwas im ADMV durchzusetzen, das sowohl Aloys Obrist als auch er selbst früher vergeblich versucht hatten: das Archiv des ADMV nach Weimar zu holen, das sich seit dem Tode Arthur Seidls kaum betreut in Berlin befand. Das entsprach auch ganz seiner bereits zitierten Absichtserklärung, daß das Liszt-Museum zu einem „Archiv des musikalischen Fortschritts" ausgebaut werden müsse.

Dieses Vorhaben ist gleichwohl als Variante eines älteren Konzepts des ehemaligen ADMV-Vorstandsmitgliedes und Chefs des Verlages Breitkopf & Härtel, Oscar von Hase, aus dem Jahre 1910 anzusehen. Es sah vor, aus Anlaß des hundertsten Geburtstages von Franz Liszt, ein „Deutsches Tondichter-Museum" in der Altenburg einzurichten, wo sowohl Liszts Nachlaß als auch das Archiv des ADMV zu Forschungszwecken zur Verfügung stehen sollten. Der Grundgedanke war, mit den reichen Weimarer Musikbeständen so zu verfahren wie mit den Nachlässen der literarischen Klassik, nämlich Museum und Forschungsstätte zu trennen. Das Liszthaus in der ehemaligen Hofgärtnerei sollte Museum bleiben, die Altenburg, in der Liszt seine wichtigsten Weimarer Jahre verbrachte, sollte „Deutsches Tondichter-Museum" und Forschungsstätte werden. Richard Strauss schrieb, daß er Hase – seinem Gegner im Kampf um die Urheberrechte – zwar kei-

---

30 Friedrich Schnapp: *Franz Liszt in Paris. Eine Rezension aus dem Jahre 1824*. Hermann Böhlaus Nachf., Weimar 1930.
Friedrich Schnapp: *Liszts Testament*. Hermann Böhlaus Nachf., Weimar 1931. Peter Raabe: *Weimarer Lisztstätten*. Hermann Böhlaus Nachf., Weimar 1932.

ne idealen Absichten zutraue, aber Weimar der richtige Ort für ein „modernes Deutsches Tonkünstlermuseum" sei. Großherzog Wilhelm Ernst sah die Altenburg bereits als Mittelpunkt musikwissenschaftlicher Forschung in Deutschland.[31]

Im Protokoll der Mitgliederversammlung des Franz-Liszt-Bundes vom 22.6.1930 heißt es, daß der ADMV-Bestand vorläufig in den Nebenräumen des Liszt-Museums aufgestellt werden solle. Es werde mit Prof. Schultze-Naumburg verhandelt, ob in der Kunstschule, gegenüber dem Liszt-Haus, ein freistehendes Atelier zur Verfügung gestellt werden könne. Abschließend wird mitgeteilt: „Die Kisten lagern vorläufig noch im Goethehaus."[32] Paul Schultze-Naumburg stellte keine Räume in der Nachbarschaft bereit, dennoch konnte bald berichtet werden, daß der Bestand in den unteren Räumen des Liszthauses aufgestellt und ein gültiger Katalog vorhanden sei. Die Verwaltung des Bestandes übernahm Dr. Ernst Preatorius. Erinnert sei daran, daß Praetorius 1930 von der ersten nationalsozialistischen Regierung, die es in Deutschland gab, entlassen worden war. Er selbst klagte erfolgreich vor dem Berliner Schiedsgericht des Bühnenvereins, und viele Weimarer hatten ihre Stimme gegen die Entlassung des geachteten und beliebten Generalmusikdirektors erhoben. Die Kündigung mußte von der Thüringischen Regierung zurückgenommen werden. Daß Praetorius in dieser Situation mit der Verwaltung des ADMV-Notenarchivs betraut wird, spricht für die Loyalität und Kollegialität Raabes zu dieser Zeit. Praetorius hatte sich fachlich mehrfach für diese Aufgabe empfohlen,

---

31 Irina Kaminiarz: *Die Rettung der Bibliothek des Allgemeinen Deutschen Musikvereins*, in: Weimar Journal 5/1993, S. 34 ff.
In den fünfziger und sechziger Jahren unseres Jahrhunderts gab es umfangreiche Bemühungen des Verbands Deutscher Komponisten unter der Federführung von Günther Kraft, die Idee des „Deutschen Tonkünstlermuseums in Weimar" wiederzubeleben. Es wurden zur Erweiterung der vorhandenen Bestände weitere Notenhandschriften und Erstdrucke erworben, u. a. Werke Franz Liszts, das Autograph von Conrad Ansorges *Ein Requiem* op. 25. Es gab eine Vereinbarung zwischen dem Verband Deutscher Komponisten und dem Goethe- und Schiller-Archiv aus dem Jahre 1960, die besagt, daß vom Goethe- und Schiller-Archiv, sobald ein Tonkünstlermuseum errichtet ist, die gesamten Materialien übergeben werden.
32 GSA/GNM 342.

die nicht nur aus bibliotheksmäßiger Verwaltungsarbeit bestehen konnte. Praetorius war nicht nur anerkannter Dirigent und Wissenschaftler, sondern auch langjähriger Erster Vorsitzender der „Öffentlichen Musikbücherei". In diesem Amt setzte er sich vehement für die musikalische Bildung auch eines größeren Publikums ein. Es ging ihm nun darum, daß die vorhandenen Bestände des ADMV künstlerisch, wissenschaftlich und publizistisch genutzt wurden, und er bemühte sich um deren Erweiterung.

Das Jahr 1933 änderte vieles. Ernst Praetorius wurde als Generalmusikdirektor nun endgültig entlassen und sah sich veranlaßt, sein Amt als Stellvertretender Vorsitzender des Franz-Liszt-Bundes niederzulegen. Seine Stelle nahm Ernst Nobbe ein, der 1933 Generalintendant des DNT wurde. Ebenfalls kam neu in den Vorstand Hans Severus Ziegler, der zu diesem Zeitpunkt Schauspieldirektor am DNT war.

Im Feburar 1937, wenige Monate vor der erzwungenen Selbstauflösung des ADMV, sah sich Peter Raabe veranlaßt, auch die Auflösung des Franz-Liszt-Bundes bekanntzugeben:

> „Die dem Franz-Liszt-Bund bisher zugefallenen Aufgaben sind von anderen Stellen im Deutschen Reich übernommen und werden von ihnen durchgeführt. Insbesondere auch wird das Deutsche Nationaltheater in Weimar sich die Pflege Liszt'scher Musik und Tradition neben dem Liszt-Museum angelegen sein lassen. Aus diesen Gründen hat der Gesamtvorstand des Franz-Liszt-Bundes [...] einstimmig beschlossen, den Franz-Liszt-Bund, nachdem er seine Aufgabe erfüllt hat, aufzulösen."[33]

Zusammenfassend läßt sich zum Verhältnis von Franz-Liszt-Bund und ADMV sagen, daß Raabe, seit er eine führende Position im Franz-Liszt-Bund einnahm, die Tradition und das Ansehen des ADMV für die Veränderung des Bundes nutzte. Andererseits nutzte er die Verbindung zwischen Bund und Musikverein, um endlich die bedeutenden Bestände des ADMV-Archivs aus Berlin an den Gründungsort des Vereins nach Weimar zu holen.

---

33 GSA/GNM 346.

Statutengemäß fiel der Nachlaß des Bundes an den Allgemeinen Deutschen Musikverein. Das Vermögen des Franz-Lizst-Bundes wurde mit der Auflösung auch des Allgemeinen Deutschen Musikvereins in die "Vereinigten Stiftungen des ehemaligen Allgemeinen Deutschen Musikvereins" aufgenommen, deren Spuren 1943 enden.[34] Die Akten des Franz-Liszt-Bundes wurden Bestandteil des ADMV-Nachlasses. Nach den Kriegsauslagerungen im Keller des Wittumspalais, kam der Nachlaß 1951 in die Staatliche Hochschule für Musik Weimar, gemäß der Entscheidung des letzten ADMV-Vorstandes, den Bestand nicht an das Goethe-Schiller-Archiv abzugegeben, um die Option einer eigenständigen musikwissenschaftliche Forschungsstätte in Weimar offenzuhalten. Der ADMV-Nachlaß an Noten, Büchern und Akten war seit 1937 gesperrt und blieb dies auch zu DDR-Zeiten. Daraus erklärt sich sein beklagenswerter Zustand. Das Vereins- und Verwaltungsarchiv wurde 1987 an das Goethe-und Schiller-Archiv in Weimar übergeben, das Notenarchiv mit der dazugehörigen Handbibliothek verblieb in der Hochschule und ist Teilbestand des Hochschularchivs, das darüberhinaus Notenhandschriften und Musiksammlungen vom 18. bis zum 20. Jahrhundert in archivischer Obhut hat.[35]

Dank großzügiger Förderungen durch die Richard-Strauss-Gesellschaft München, die Ernst-von-Siemens-Stiftungen, das Thüringische Ministerium für Wissenschaft, Forschung und Kultur sowie durch Sponsoren aus der Wirtschaft und Privatpersonen, insbesondere von Nachkommen früherer ADMV-Mitglieder, sind große Teile der Bestände restauriert und verfilmt worden, so daß sie für Forschung und Wiederaufführungen wieder nutzbar sind.

---

34 Irina Kaminiarz: *Zur Geschichte des Allgemeinen Deutschen Musikvereins.* In: *Richard Strauss. Briefe aus dem Archiv des ADMV.* Weimar·Köln·Wien 1995, S.17.
35 Irina Kaminiarz: *Die Musiksammlungen im Archiv der Hochschule für Musik FRANZ LISZT Weimar.* In: *Forum Musikbibliothek* 1/1997, S. 14 ff. Das Hochschularchiv wurde am 1.10.1995 aus den Beständen des Verwaltungsarchivs der Hochschule und denen des Archivs und Instituts für Volksmusikforschung gegründet. Die Forschung ging an das 1990 gegründete Institut für Musikwissenschaft über. Die Bestände zur Volksmusik umfassen ca. 8% der Musiksammlungen. Die Aktenlage zeigt, daß es pragmatische Gründe waren, die dazu führten, daß Günther Kraft 1951 ein „Archiv und Institut für Volksmusikforschung" gründete.

Marginalien zur Trinkszene der Cavalleria rusticana

Die folgenden dramaturgischen Notizen opponieren einer seit Hanslicks Kritiken unaufhaltsam schwelenden Unterstellung, die bis vor einem Jahrzehnt auch der Verfasser zu befestigen half: Veristische Opernszenen hätten, im Soge des Naturalismus, der mit dem Etikett „e vero" sich drapiert, grell ausgemalten Oberflächenbildern allein sich zugewandt, Darunterliegendes als überflüssig beiseitegelegt, vielsträngige Situations- und Aktionsgeflechte auf einzelne, sogenannt dramatische, weil zuschlagende Momente reduziert, die es glaubhaft zu machen, psychologisch auszustatten gegolten habe. Dabei seien musikalisch-dramaturgische Formen und Formungsprinzipe, denen sowohl in der französischen wie auch italienischen Opern hochgradige Bedeutsamkeit für eigentliche Vorgänge zukommt, ganz und gar unter den Tisch gekehrt worden.

Daß eine Regiestudentin der Hochschule für Musik „Hanns Eisler" das Trinklied aus Mascagnis Oper *Cavalleria rusticana* zu inszenieren hatte, rief dramaturgische Notate des Verfassers auf den Plan, die einhelfen sollten; dabei gerieten seine Vorurteile gerade diesem Werk gegenüber zu Fall.

Diese Notate zu entfalten gehorcht der Ehrfurcht gegenüber einem Musikhistoriker, der über viele Jahrzehnte sich mit der italienischen Oper befaßt und Bücher über Verdi und Puccini geschrieben hat, die heute noch lesenswert sind; einem Hochschullehrer, an dessen Wirkungsstätte Künstler und Wissenschaftler sich begegnen.

I. Der Gottesdienst ist zuende, man geht nach Hause; Männer und Frauen vergewissern sich des bevorstehenden sonntäglichen Mittagessens, des ehelich-familiären Zusammenseins, darin ein jeder seinen angestammten Platz hat – wehe dem, der ihn unerlaubt verläßt; die Zäune und Wände haben große Ohren, und es könnte tödlich für ihn ausgehen!

Turridu versucht mit Lola zu reden, sie weist ab, da auch sie sich zuhause erwartet glaubt.

Turridu lädt zum Umtrunk – auch das ist nicht ungewöhnlich: Männer, teilweise auch ihre Frauen dürfen unterwegs einkehren, solange das Mittagsmahl, das familiäre Zusammensein nicht gefährdet ist. Ohnehin erweist sich die Schenke als Reversbild der Kirche – beides ist Öffentlichkeit außer Haus, tuchfühlige Gemeinschaft, gemeinschaftliche Atzung – im Wein wird das Abendmahl prolongiert, profanisiert; man trinkt, nachdem man gebetet hat!
Turridu stimmt ein Trinklied an, die anderen akklamieren. Toast auf Toast! Alfio kommt hinzu, begrüßt die anderen – auch dies kommt nicht unerwartet.
Turridu bietet, wie sollte es anders sein, ihm Wein an. Alfio weist ihn zurück – erst dies kündigt an, daß etwas nicht stimmt, schlimmer noch, ein Eklat sich vorbereitet. Angstvoll verlassen die Frauen den Platz, Lola vorsorglich mit sich ziehend. Alfio und Turridu stehen als Gegner sich gegenüber, ihnen zur Seite die Männergemeinschaft.

II. Rekapituliert sei das Vorgeschehen: Einst liebte Turridu die schöne Lola; sie wies ihn zurück, also ging er zu Santuzza, sich zu trösten; Lola heiratete Alfio. Daß Turridu jedoch anderweitigen Trost gefunden hatte, machte sie eifersüchtig – auf jenen, den sie abgewiesen hatte, auf jene, die ihn tröstete, liebte, liebt: Grund genug, um ihn zu werben, und dies mit erwartetem großem Erfolg. Turridu liebt, begehrt Lola immer noch und aufs Neue; Santuzza, gut genug, ihn zu trösten, steht im Wege, brutal stößt er sie beiseite; damit gewinnt er ihren Haß. Und es ist ihr Weg zu Alfio sehr kurz; wenige Worte genügen, damit seine immerwährende Eifersucht wie eine Stichflamme an die Oberfläche dringt, in rasende Wut sich entlädt auf Turridu und Lola gleichermaßen; sie verlangt, daß Blut fließe.
Also geht er auf den Platz vor der Schenke, um Turridu zu treffen, und weist er den ihn angebotenen Wein ab, so wissen die Anwesenden, daß ein tödlicher Zweikampf bevorsteht. Alfio gibt das Zeichen, indem er seinen Feind umarmt und ihm ins Ohr beißt. Turrido findet sich zu verzweifelter Bereitschaft, es gibt keinen Ausweg.

III. Sein Trinklied scheint vor der Schwelle der Katastrophe: Strahlend sein Ton, ehern das Schrittmaß, dreiteilig in der Großform (A B A), geradtaktig, ein Viertakter soll dem anderen folgen; Fermaten am Zeilende mögen das Erwartete, Voraussehbare der Folgezeile genüßlich hinauszögern, damit es umso vehementer eintritt. Ehern scheint über weite Strecken auch das Verhältnis zwischen Singstimme und Orchester – letzteres, um mit Wagner zu reden, eine „riesengroße Guitarre" – einfache Baßfundamente, Akkordnachschläge.
Regelmäßig scheint der Bau des einzelnen Zweitakters: Sechzehntelbewegung in der einen Taktzeit, Achtel in der anderen, Achtel wiederum zu Beginn des nächsten Taktes, während die zweite Takthälfte einen Ruhepunkt verheißt; wohlgeordnet scheint die Drehbewegung, das stufenweise Aufwärts, die Sequenzierung des ersten Zweitakters.

1. Und doch: Es fällt der Übereifer auf, der dem Sechzehntelbeginn eingeschrieben ist – warum beginnt Turrido nicht mit den Achteln, um sie hernach in Sechzehntel aufzulösen, wieso fällt er mit den schnellsten Notenwerten gleich einer Türe ins Haus? Auch ist, im zweiten Takt, die zweite Zählzeit getilgt, das zweite Achtel der ersten übergebunden ins an- und abschließende Viertel. Kommt es dadurch zur Synkope, so schleppt sie sich diminuiert in die nächste Taktgruppe, in den Beginn des Nachsatzes; wird sie darin überwinden, so hat ihr Verunsicherndes anderen Parametern sich aufgeladen: der zweite Zweitakter des Nachsatzes gehorcht dem Achtelschlag, jedoch er findet keinen gültigen Abschluß – er kurvt umher; die erwartete Dominante wird umkreist, der Weg dahin durch plötzliche Chromatik der Orchesterstimmen getrübt, ja, irritiert; ein Ritardando verstärkt solche Disproportion.

2. Aber nicht nur die anfängliche Verkehrung der Bewegungsabläufe, die Synkopierungen, das Umkreisen des erwarteten dominantischen Halbschlusses, die orchestrale Chromatik vor der Doppeldominante gehorchen der Irritation, sondern bereits die ersten Takte der Orchesterbegleitung:

Es lassen die Fundamentschritte und Akkordnachschläge mitsamt den Streichinstrumenten auf sich warten bis zur Wiederkehr des gesamten Achttakters; Note gegen Note wird der erste vokale Viertakter begleitet – dies potenziert das Unwägbare der Synkope im zweiten und vierten Takt. Und es finden sich, anstelle der erwarteten Tragfläche der Streicher, nur wenige Holzbläser bereit zu einem dünnen, indessen vierstimmigen Satz – als ob ein Organist Turridus Trinklied mit gedacktem Register wie Kirchengesänge traktiere! Der nächste Viertakter behält solch befremdliches Gewand, auf daß die Irritationen zunehmen – die Chromatik vor der Penultima spitzt dies nur zu.

Kontrastiert das dünnstimmige Bläserspiel höchst unerwartet die lärmenden Vortakte des Orchestertuttis, so bietet es dem Liedsänger eine überaus notdürftige Brücke, die seinen Schwankungen nachgibt, statt sie aufzufangen: Nicht einmal die dem Vokalpart innewohnenden harmonischen Verpflichtungen werden eingehalten – Ordnungsgemäß beginnt der Gesang in der Tonika G, umschreibt er im ersten Zweitakter die authentische Kadenz T – D – T; im nächsten Zweitakte setzt er C, die Subdominante, als neue Tonika, im dritten Zweitaktere führt er über die Dominante D zur Tonika G zurück. Die Holzbläser jedoch setzen, anstelle der anvisierten Dominante D, in der zweiten Hälfte des ersten Taktes, die Doppelsubdominant F ein, und wird dieser Schritt umstandslos rückgängig gemacht, so ist der authentischen Kadenz G – D – G des Vokalparts die potenziert plagale G – F – G der Instrumente befremdlich zugesellt: Es wird just dieser Plagalschritt die Subdominanttransposition des kommenden Zweitakters vorwegnehmen; damit sind G und C nicht allein sukzessiv, sondern auch simultan verkoppelt, verfestigt harmonische Progression sich im Raume.

Mit beklemmender Beflissenheit sucht das harmonische Geschehen des dritten und vierten Taktes diese Überlagerung aufzuheben – der $c – g$-Schritt der Bässe gehorcht der authentischen Kadenz, und wiederum sind die nachfolgenden eineinviertel Takte dem Schritt von der Dominant zur Tonika gewidmet; dann jedoch, im zweiten Achtel des zweiten Taktes, wird das mühselig Installierte chromatisch überspült.

3. Einmal installiert, werden Disproportionen um sich greifen: Im zweiten Teil der ersten Liedstrophe, nachdem die Wiederkehr des ersten Achttakters die langerwarteten, den Gesang als Tanzlied fundierenden Akkordnachschläge installiert, das Trinklied sich wenigstens partiell stabilisiert hatte. Es ist der Refrain, der das bislang verpflichtende Ebenmaß der Zwei-Vier-Achttakter außer Kraft setzt: Drei- statt Zwei- bzw. Viertakter folgen aufeinander; der erste Takt ist zwar durch ein leichtes Ritardando gedehnt – dieses aber verdoppelt ihn nicht, und so bleibt es beim zweimaligen Dreitakter; ihm folgt, des Unregelmäßigen nicht genug, ein Sechstakter, notdürftig in zwei Dreitakter unterteilt, überdies auf harmonische Umwege geraten aufs Neue – in die Dominantparallelvariante H, die sich im Orchester chromatisch auf den tonikalen Grundton G zurückführen läßt, dabei jedoch eine Dissonanz nach der anderen auf den Plan ruft. Gerät die eherne Quadratur zuschanden, so ist das harmonische Geschehen in Mitleidenschaft gezogen. Bedarf es der Anstrengung, die fortwährende Destabilisierung des Gefüges aufzuhalten, so entpuppt sie sich als Überanstrengung – sie steht dem Singenden zu Gesichte als unerkannter Vorbote der Katastrophe.

4. Überanstrengung waltet auch im Ton: Geradezu brutal sind die Vortakte – volles Orchester, Beckenschläge –, dann aber läßt das Orchestertutti den Sänger im Stiche; überlaut stimmt Turridu in beiden Strophen den Refrain an, jenen Liedteil allerdings, der die Periodik außer Kraft setzt; Fermaten kommen der Überanstrengung zuhilfe; später, am Schluß der zweiten Strophe, ist es geradezu wildwuchernde Chromatik – ein Fremdkörper im Diatonischen!
Und die Vivatrufe der anderen, mit denen die zweite Strophe, quasi der Mittelteil des Trinkliedes anhebt? Blockhaft und laut, erinnern sie an Jagd-, ja Hatzrufe, an brutales Zuschlagen; darin artikuliert sich eine Gemeinschaft, die den Faustschlag nicht verschmäht, wenn man ihr in die Quere kommt: Nicht ausgeschlossen, daß sie den einzelnen, also auch Turridu in die Enge treibt, nötigenfalls erschlägt!

5. Ist der Überanstrengung, der martialischen Gewalt ebenso wie dem befremdlichen Rückzug des Orchesters am Beginn der ersten Strophe das Verhängnis eingeschrieben, so läßt es nicht auf sich warten. Nach einer donnernden, aufs Neue befremdlich chromatisch gesetzten Stretta, zerbricht Turridus Trinklied: Alfio kommt, ihn flankieren dröhnende, jedoch keineswegs formstiftende Fanfaren gleich Siegestrophäen, die entzweigebrochen sind. Turridu greift sie auf, er will aus diesen Fanfaren ein neues Trinklied bauen, das jedoch mißlingt, weil Alfio in der Untermediante synkopisch dazwischenfährt, sich im düsteren Posaunenklang als Nachfahre des Mozartschen Komturs zu erkennen gibt, der sein Opfer in die Hölle bringen wird. Aber nicht erst sein Eingriff, der Einbruch von außen, bringt Turridus Gelage und Trinklied zu Fall; Komtur-Alfio ist nur der Vollstrecker eines längst gefällten Gerichtsurteils:
Unerkannt, unbegriffen nistet es in Turridus Lied, in seiner Anstrengung, den inneren Zerfall aufzuhalten, die innere, unaufhebbare Gefährdung wenigstens zu übertönen, im Tuchfühligen denn auch der frenetisch akklamierenden Gemeinschaft, die den Sänger über weite Strecken alleine läßt und ihn dem Rächer eiskalt ausliefern wird, wenn die Zeit gekommen ist – es könnte die tuchfühlige Wärme der geschlossenen Gesellschaft auch im Faustschlag oder im Würgegriff sich entladen!

6. Gebietet Turridu, vor der Heimkehr, das Trinkgelage, so liefert er sich eben dadurch dem unerkannten Todesurteil aus; tatsächlich erwartet er Alfio in der Schenke – als ob er ahnt, daß Alfio von seinem Verhältnis zu Lola weiß, daß Santuzza ihn Alfio verriet, ihm also mitsamt Lola zum Verhängnis geworden ist? Soll die gewaltsam angestrengte Trinkgemeinschaft ihm Sicherheit bieten, so gilt es daher, das Trinklied so emphatisch, so gemeinschaftsstiftend wie möglich anzustimmen, damit nichts dazwischen komme: Dies mißlingt.
Was aber wissen, ahnen die anderen, was teilt sich ihrer donnernden Akklamation und ihrem emphatischen Aufgreifen des Trinkliedes mit – teils an mehr oder minder konturierter Vorahnung, teils an Sensationslust, Ge-

waltlust? Sicher ist, daß die so vehement gestiftete, in Wahrheit vorgeordnete Gemeinschaft keinerlei Sicherheit gibt vor dem Totschlag, daß sie, im Gegenteil, Turridu dem Tode ausliefern wird. Denn der Totschlag gehört zur Sache – wer sich an eherne Regeln nicht hält, wer sich im Seitensprung erwischen läßt (und nur dies verstößt gegen die Regel!), wird geopfert ohne Erbarmen.
Turridu weiß also, daß er, wenn Alfio ihn fordert, alleine sein wird.

7. So verhängnisvoll das Trinklied selbst, so erwartet das heraufziehende Verhängnis, so bestürzend dennoch, wenn es eintrifft durch Alfios Feindschaftserklärung: Düstere, choralartige Posaunenklänge der Untermediante Des im Zeichen der Komturszene aus Mozarts *Don Giovanni,* im Zeichen der Wolfsschlucht – ihnen folgt Schweigen, die Musik verstummt, Turridu spricht, statt zu singen.
Und dann ein langsamer, ja lähmender Marcia funèbre, der die Frauen die Schenke verlassen, Lola mit sich ziehen läßt: Ostinato und irrelaufende Klagefiguren, Vorwegnahme einer Totenklage?
Erneutes Verstummen des Orchesters, indessen die Kontrahenten das Nötigste verabreden.
Schließlich – unerwartet? – die ariose Weheklage des Todgeweihten, der dem anderen an die Gurgel muß, wenn er nicht draufgehen will: Der Ton verrät, daß es keinen Ausweg, kein Überleben gibt, daß dem anderen zu drohen vergeblich sein wird.
Alfios Antwort ist lakonisch beredt, nämlich blankes Rezitativ mit gedämpft drohenden Akkorden (diesmal Streicher statt Posaunen!) untersetzt: Alfio ist der Komtur, Turridu Don Giovanni im Angesicht des Untergangs. Und dem Opfer bleiben wenige Augenblicke flatternder Angst mitsamt der Pflicht, eben diese Angst nicht den anderen – den männlichen Zuschauern, der geschlossenen Gesellschaft – kundzutun. Für ihn wird Musik zu reden haben – ariose Rezitative, schließlich die zweite klagende Arie, trostloser noch als die erste, weil das Ende naht.

8. Formen sind beredt für Außermusikalisches, für Normensysteme, denen sie aufs Haar gleichen, die in ihnen sich sedimentieren, für eherne Regelwerke also, diesseits und jenseits direkter Verabredung zwischen Einzelnem und Gruppe. Und sie haben die einzelne Artikulation im Griff, auch dann, wenn sie das Ganze zu beherrschen oder gar außer Kraft zu setzen vorgibt. Die Oper, seit der Seria, lebt davon, daß Einzelne von Regelwerken beherrscht werden, in ihnen sich bewegen, gegen sie sich auflehnen, um aufs neue vereinnahmt zu werden.

Umso beredter die Handhabe einzelner Formmodelle, einzelner formgeprägter Gattungen, also auch bestimmter Lied- und Arientypen, die Handhabe vermeintlich eherner Bauregeln musikalischer Perioden, die Handhabe bestimmter Satztypen, jene der vokalen Homophonie eingeschlossen! Am Trinklied und an seinem Zerbruch, an der Totenbeschwörung des Komturs, am Wechsel von Lied, Rezitativ und Arioso bzw. Arie läßt sich ein Gutteil der „Vorgänge hinter den Vorgängen" (Brecht) entziffern. Mitnichten also ist die musikalische Dramaturgie der *Cavalleria rusticana,* auch der hier in Rede stehenden Szene, auf den Schlagabtausch von Oberflächenbildern reduzierbar oder gar dem blinden Nacheinander von Momenten ausgeliefert. Es gibt Regulative; sie haben ihre Traditionen, weil sie dramaturgisch beredt waren und sind; ihre Geschichte muß transparent gemacht werden um der Wahrheit willen, auf die der dem Verismo eingeschriebene Begriff vero = wahr verweist.

Robert Schumann und Roland Barthes
Überlegungen zur Violin-Sonate d-Moll op. 121

1

Der Beginn der Violin-Sonate d-Moll stellt die Ausführenden vor eine Reihe vertrackter Probleme. Es tun sich Widersprüche auf. Die Partitur bezeichnet und verlangt Dinge, die nicht einfach miteinander zu vereinbaren sind (Notenbeispiel 1, Takt 1–23; im Anhang).
Ein achttaktiger Satz, der wiederholt, dabei verändert und erweitert wird, klar gegliedert und stabil ist. Aber sein „Inhalt", das, was sich innerhalb dieses Rahmens abspielt, erfüllt ihn nicht; ist mal – zu Beginn – zu wenig, damit er sinnfällig würde, mal – in der Solo-Kadenz der Violine – viel mehr, als er zu fassen vermag.
Ähnlich gespannt ist das Verhältnis zwischen dem extrem langsamen Tempo (Viertel = 46), dem vorgezeichneten Dreiviertel-Takt und den Einsatzabständen. Mal ist die Zahl der Klangereignisse zu gering, ihre Folge nicht dicht genug, um das Metrum zu realisieren; mal – und wieder ist die Kadenz gemeint – sind die rhythmischen Werte zu zahlreich und klein, als daß sie vom metrischen Netz erfaßt würden.

Die Gewichtsverhältnisse, die durch die Akkordfortschreitungen impliziert sind, bisweilen scheinbar erzwungen werden – etwa durch die Progression Dominante-Tonika in Takt 3, reiben sich nicht bloß mit dem vorgezeichneten Takt, sondern laufen in schwer greifbarer Weise neben ihm her. Schließlich ist auch das Verhältnis der Instrumente zueinander in mehrfacher Hinsicht prekär. Der Beginn rechnet offenbar mit einem, Violine und Klavier integrierenden Großinstrument, die Textur scheint vollständig durch den Tonsatz bestimmt, während sich die Violine im Takt 5 unvermutet ausklinkt – zunächst, indem sie sich auf das Geige-Sein in Form eines Einzelklangs besinnt, dann idiomatisch, durch eine weit ausholende Figuration.

Je weiter man sich in die Partitur vertieft, umso deutlicher wird, daß sämtlichen Fragen nach dem Wie, nach Verhältnissen und Verläufen, das Problem zugrundeliegt, worin diese Musik ihr „Thema" hat; was sie in Bewegung setzt und hält. Die verwirrende Erfahrung, daß Darstellungsmittel, von denen man gewohnt ist, daß sie sich wechselseitig stützen, auseinandertreten, bedarf eines Referenzpunktes, um weiterzukommen. Zu suchen ist ein „Etwas", das als inneres Zentrum der Musik fungiert in dem Sinne, daß es die beschriebenen Divergenzen zu fassen erlaubt.

2

„Aus den *Kreisleriana* von Schumann höre ich eigentlich keinen einzigen Ton, kein Thema, kein Motiv, keine Grammatik, keinen Sinn heraus, nichts, aus dem sich irgendeine verstehbare Struktur des Werks erschließen ließe. Nein, was ich höre, sind Schläge: ich höre das im Körper Schlagende, das den Körper Schlagende oder besser: diesen schlagenden Körper."[1]

Von der syntaktischen Organisation erwartet man im allgemeinen, daß sie Zugang zu den Gedanken verschafft, die entwickelt werden sollen. Das gilt für die Musik – jedenfalls für die europäische Kunstmusik der vergangenen vierhundert Jahre – nicht anders als für die Sprache. Barthes' These besagt, daß in Schumanns Musik das Verhältnis von Gedankenentwicklung und Syntax verändert sei, weil sich im musikalischen Diskurs ein „Anderes" – er nennt es den Körper oder das Begehren[2] – kundtue. Man versteht diese Musik, so Barthes, nicht, solange man ausschließlich den Faktoren folgt, die üblicherweise das Verständnis ermöglichen.

„Und was wird in dieser Semantik des musikalischen Körpers, in dieser ‚Kunst der Schläge', die die Musik im Grunde wäre, aus dem tonalen System? Stellen wir uns vor, daß die Tonalität einen doppelten Status

---

[1] Roland Barthes: Rasch, in: *L'obvie et l'obtus. Essais critiques* III, Paris 1982 (Seuil), S. 265–277 dt. in: *Der entgegenkommende und der stumpfe Sinn,* Kritische Essays III, Frankfurt/Main 1990 (S. 299). Im folgenden wird nach dieser deutschen Übersetzung zitiert, diese dabei fallweise nach dem französischen Original revidiert.
[2] S. 311.

hat, dessen Seiten sich widersprechen, aber dennoch gleichzeitig vorhanden sind. Einerseits ist der gesamte tonale Apparat eine schamhafte Abschirmung, eine Illusion, ein *Maja*-Schleier, kurz, eine *Sprache,* die den Körper gliedern soll, aber nicht nach seinen eigenen Schlägen (seinen eigenen Zäsuren), sondern nach einer bekannten Anordnung, die dem Objekt jede Möglichkeit zu delirieren nimmt. Andererseits, im Widerspruch – oder in dialektischem Verhältnis – dazu, wird die Tonalität zur geschickten Dienerin der Schläge, die sie auf einer anderen Ebene zu bändigen vorgibt."[3]

Der Körper, das „Andere", das sich gegen und durch die historisch gefaßte Syntax hindurch kundtut; das Andere, das Musik daran hindert, tönender Diskurs zu werden und im Vollzug von Verknüpfungen aufzugehen, wird von Barthes ausdrücklich nicht jenseits der klanglichen Gestalt angesiedelt. Nicht als metaphysische Bedeutung, die konventionelle Bedeutungssysteme transzendiert, ist es gefaßt, sondern als Körperlichkeit, deren Äußerungen die syntaktische Formung der Klänge, der sie zugleich angehören, permanent unterlaufen. „Im" System der Klänge, die in jedem Takt syntaktisch formiert sind, jedoch dieser Formung sich in jedem Augenblick entziehend – wie ließe sich diese Struktur, die Barthes an Schumanns Musik bemerkt, näher bestimmen?

3

Der langsamen Einleitung, die den Kopfsatz der Violin-Sonate d-Moll eröffnet, liegt das Modell der Sarabande zugrunde. Was bedeutet das? In einer Sarabande bewirkt der metrische Impuls der ersten Zählzeit eine – motivisch, klanglich oder durch schiere zeitliche Ausdehnung – aktivierte, prolongierte zweite Zählzeit. Ein Impuls ruft zeitlich gestaffelte Wirkungen hervor.

Der melodische Kontrapunkt, durch den die Geige ab Takt 9 die Sarabande ergänzt, ist motivisch-klanglich-harmonische Ausführung der aktivierten

3 S. 308.

zweiten Zählzeit. Die „Eins" fungiert als metrisch-körperlicher Impulsgeber, die „Zwei" als charakteristisch hervortretendes motivisch-klangliches Ereignis, die „Drei" ist Bestandteil des Wirkungsfeldes und macht also – insofern sie ausgefüllt ist – nicht eigene Ansprüche geltend, dient vielmehr ganz der Ausgestaltung der (durch die „Eins" angestoßenen) „Zwei".[4] Dasselbe gilt bereits für das Sechzehntel in Takt 3. Es gehört zum Wirkungsbereich der vorhergehenden „Zwei"; es ist antizipiertes Rudiment des melodischen Kontrapunkts, der in Takt 9 erstmals komplett erscheint, nicht Auftakt.[5]

Das Sarabanden-Modell, das in der Einleitung exponiert wird, umfaßt, genau betrachtet, also: einen metrisch bestimmten Bewegungs-Typ (generell charakteristisch für die Sarabande), der sich in der Dauernfolge Viertel-Halbe manifestiert (Typ A, Takt 1 ff.), und einen Typ klanglich-harmonischen Nachschlagens (Typ B, Takt 9 ff.), der – eine Teilfunktion der Sarabande entwickelnd – seine Intensität aus der unter einer Synkope verborgenen Zählzeit bezieht. Dieser Typ präsentiert sich als Folge Achtel-Viertel.[6]

Was ist das Thema des Satzes? Daß die langsame Einleitung die erste und – wie sich mit einigem Recht sagen läßt – prägnantere Version des Hauptthemas darstellt[7] und insoweit die thematische Substanz nicht nur andeutet oder vorbereitet, sondern im umfänglichen Sinn enthält, wäre ange-

4 Man kann sich über die metrischen und klanglichen Verhältnisse spielend Rechenschaft geben, indem der Pianist in der zweiten Themenversion ab Takt 9 die zweite Zählzeit ein wenig verzögert. Ihre auslösende Funktion für den Geigenkontrapunkt – oder umgekehrt: seine prolongierende Rolle – wird unmittelbar erfahrbar.
5 Vgl. Takt 3 und Takt 23.
6 Immer dann, wenn der Abstand zwischen „synkopierten" Ereignissen eine Viertel beträgt, handelt es sich um den ersten Typ, dem der Bezug auf das Metrum wesentlich ist; immer dann, wenn der Einsatzabstand den Wert einer Achtelnote (oder weniger) hat, liegt ein primär klangliches Ereignis der zweiten Art vor, ein zeitlich gestaffelter Gesamtklang. In der Schlußgruppe der Exposition sind die beiden Modelle sehr schön zu unterscheiden. Takt 90 und 91 folgen dem Achtel-Modell: Das im Abstand von halben Noten tönende c im Baß produziert, zeitlich versetzt, klangliche Wirkungen in den oberen Regionen. In Takt 92 hingegen erscheint das Viertel-Modell.
7 Das *Lebhaft*-Thema stimmt in den Außenstimmen wörtlich mit dem Sarabanden-Thema überein. Daß man dieser Verknüpfung beim ersten Hören kaum gewahr wird, liegt an der Veränderung vom 3/4 zum 4/4-Takt, vor allem aber am Fehlen des metrischen Modells Viertel-Halbe, das nur in motivischer Funktion, in Takt 24 aufgenommen wird.

sichts der Tatsache, daß der Satz ersichtlich kein thematischer Diskurs ist, eine unbefriedigende Auskunft. Die thematischen Verhältnisse sind nur ein Aspekt, der durch das Sarabanden-Modell gesteuert und in seiner Reichweite und Wirkung also auch erst recht verständlich wird, wenn man dies Modell, nicht seine thematischen Teilaspekte als Kern des Satzes begreift.

Damit aber hat man sich bei der Wahl des „Motors", der den Satz bewegt, nicht nur für einen anderen Kandidaten, sondern für eine andere Art von Kandidaten entschieden. Ein Thema ist zwar auch an sich, als Setzung expressiv, jedoch nur unvollkommen und provisorisch. Damit sein Ausdrucksgehalt, sein Reichtum an Möglichkeiten sich wirklich entfaltet, ist es angewiesen auf thematische Prozesse, auf die Stadien und Formen, die es im Rahmen seiner Verarbeitung durchläuft. Ein Thema „ist" nicht, sondern „wird".[8] Erklärt man hingegen ein Modell wie das der Sarabande zum Wirk-Zentrum eines Satzes, so bekommt man es mit einem anders gearteten Verhältnis zwischen solchem Zentrum und dem darauf zentrierten Verlauf zu tun. Das Sarabanden-Modell ist unabhängig und an sich vollständig. Es braucht all die Verwicklungen, in die es hineingezogen wird, nicht, um ganz Sarabande zu sein. Es „wird" nicht, sondern „ist". In diesem präzisen Sinne greift es „von außen" in die motivischen und harmonischen Vorgänge ein und offenbart dadurch, daß es im Sinne von Barthes einer anderen Ordnung angehört.

Präzisieren wir die These, daß es die Sarabande sei, die den Kern des Satzes bildet.
1. Die Differenz der beiden Typen (A und B), die das Sarabanden-Modell in der Einleitung hervorbringt, ist die Grundunterscheidung des Satzes. Sie ist allen thematischen, motivischen, harmonischen und texturalen Unterschieden vorgängig. Ihr folgend erschließen sich andere Zusammenhänge dem Verständnis der Spieler wie der Hörer.

8 August Halm hat auf die Gefährdungen hingewiesen, die der thematischen Individualität durch ihre primäre Einbindung in den thematischen Prozeß erwachsen.

2. Die beiden Typen A und B erfüllen unterschiedliche Funktionen je nach der harmonischen und motivischen Situation, in der sie auftreten. Dieser Sachverhalt läßt sich umgekehrt fassen derart, daß die wechselnden Situationen sich hinsichtlich der Form und des Ganzen eben durch das je spezifische Verhältnis qualifizieren, das sie den beiden Typen geben.

Was den Seitensatz in Gang hält und die Teilphrasen durch Erzeugung einer Innenspannung verbindet, ist das Sarabanden-Derivat Typ A (Notenbeispiel 2). Es tritt an letzter Position innerhalb einer Phrase auf, fungiert als Schluß-Glied, wirkt dort jedoch, seiner Natur entsprechend, als bewegungsinitiierendes Element. In diesem Konflikt von Substanz und Funktion manifestiert sich die „Außen"-Stellung des Modells. Dort, wo es auftritt, ist ein Anfang gesetzt: in Takt 57 ebenso wie in Takt 60, in den Takten 64, 66, 68 und so fort. In Takt 57, in Verbindung mit einem Seufzer-Motiv, wirkt es „natürlich", in Takt 60, angewendet auf einen Vorhalt, der sich aufwärts löst, eher aufgesetzt; in Takt 64 schließlich, mehr noch in Takt 66 verwandelt das Modell Zäsuren, die durch einen Textur-Wechsel (Takt 64) respektive eine vollständige Kadenz (Takt 66) gebildet werden, nicht ohne Gewaltsamkeit in Impulszellen. Doch bliebe die Vorhaltsgruppe $e' - f'\!/f''$ ohne solchen metrischen Impuls, so fielen der Trugschluß in Takt 64 und der Ganzschluß in Takt 65 auseinander.[9] Gerade in diesem Fall, da der Eingriff des Modells auffällig gegen die Gravitation der melodisch-harmonischen Geste geht (und deshalb vom Interpreten bewußt vorgenommen werden muß), garantiert also dieser Eingriff die angemessene Verknüpfung der Teilphrasen. Obgleich „außerhalb" der syntaktischen Ordnung stehend, wirkt das Modell innerhalb dieses Rahmens und zwar keineswegs durchweg destabilisierend.

Typ B, das Klang-Modell, ist – anders als der metrische Impuls-Typ A, der streckenweise von der Bildfläche verschwindet – nahezu im gesamten Satz in irgendeiner Form präsent. Umso wichtiger ist die Unterscheidung der

---

9 Die Geigenstimme zeigt den Zusammenhang ganz deutlich; sie spielt – keineswegs nur begleitend – das Gerüst: die Töne $g' - a' - f'$ respektive $d' - e' - f'$.

Gestalten, die es annehmen kann und die sich in zwei Gruppen zusammenfassen lassen: mal ist das Nachschlagen mit motivisch Bedeutsamem, mal mit Material verbunden, das nur der akkordischen Ausfüllung dient. Zu Beginn des „Lebhaft"-Themas (Takt 21) werden in diesem Sinne die beiden Takthälften unterschieden; sie differieren in ihrem motivischen "Informationsgehalt" und im Grad von Gestalthaftigkeit: die Folge *d – e – f – cis* ist prägnant, der Rest Akkordzerlegung.

Im letzten Teil des Seitensatzes und der anschließenden Schlußgruppe der Exposition (ab Takt 74 bzw. Takt 80; Notenbeispiel 3) wird Schritt für Schritt der Übergang von motivisch differenzierten Varianten in Figuration, die durch Harmonie bzw. einen Hauptton bestimmt ist (Maximum in Takt 88 ff.), auskomponiert. Man beachte die Variante auf der ersten Zählzeit von Takt 87: motiviert durch das Auftreten des Modells A nimmt die Figuration für die Dauer eines Viertels wieder motivische Gestalt an. In der Durchführung schließlich finden sich die motivische und die akkordisch-klangliche Version in deutlicher Hierarchie geschichtet (Takt 115 f.). Hauptstimme ist hier der thematische Baß, erste Nebenstimme das motivische Nachschlagen; die harmonische Variante füllt auf.

Die Hauptstimme der Takte 155–159, mit denen der zweite Teil der Durchführung beginnt, ist eine gespreizte, zeitlich ausgefaltete Variante des motivischen Gehalts des Modells B, das in Takt 159 und Takt 160 entsprechend als geraffte Version des Vorangegangenen erscheint (Notenbeispiel 4). Doch dieses zunächst motivische Ableitungsverhältnis wird in seinem musikalischen Sinn erst verständlich, wenn man den Blick, anstatt ihn auf den motivischen Aspekt zu fixieren, auf die Wirkungsweise des Modells B richtet.

Die beiden Teilmomente des Modells B – Klangstaffelung und Gestalthaftigkeit – treten zu Beginn des zweiten Teils der Durchführung auseinander und begleiten sich selbst. Das Modell gewinnt einerseits, und zwar als ganzes, melodische Qualität. Es wird zur filigranen Arabeske (Takt 159 und 160). Dieser maximale Grad von Individualisierung wird vorbereitet und begleitet durch die maximale Intensivierung auch des rein-klanglichen

Aspekts. Beginnend in Takt 139, mit einem ersten Höhepunkt in den Klangverschiebungen der Takte 151 f. (Abstandswert 1/16-tel), wird das Nachschlagen als hörbare Verschiebung von Baß und um ein Achtel versetzter Melodiestimme zum durchgängigen Prinzip der Takte 155–177.

Durch Rekurs auf die beiden Sarabanden-Modelle erschließt sich auch die zweiteilige Anlage der Durchführung sowie die Funktion, die der Textur für die Komposition zukommt. Durchgängig wirkt hier das Modell B. Die harmonische Aktivität ist weitgehend reduziert, das diastematische Material im wesentlichen eine Abhängige der Satztechnik, die ihrerseits durch Registerverschränkung und auf der Grundlage des ständigen Nachschlagens den Eindruck eines kontinuierlichen Klanges erzeugt, der Produkt eines „ideellen Gesamtinstruments", nicht zweier verschiedener Instrumente ist, und so die breit ausgeführte Tonartenstation c-Moll/Es-Dur (Takt 155–176) zur Darstellung bringt. Die zeitliche Rasterung des Klangs durch Nachschlagen läßt im Innern des Klangfeldes Züge, kürzere oder weiter gespannte Stimmen – struktureller, nicht vordergründig expressiver Natur – hervortreten, die allmählich den Eintritt des Sekundintervalls *b'– a'* (Takt 178 und Takt 186) respektive *b"– a"* (Takt 182 f.) vorbereiten, jenes Intervalls, das auch in der Einleitung eine zentrale Rolle spielt (Takt 4/5, 7/8, 19/20).[10]

Im Unterschied zum zweiten Teil, in dem der Tonsatz direkt durch die Eigenschaften des Modells bestimmt wird, besteht der erste Teil der Durchführung aus vier Abschnitten, die thematisch (jeweils durch Haupt- bzw.

---

10 Daß unmittelbare Einheit des Klangs und interne Artikulation linearer Verknüpfungen vereinbar sind; wie Züge hervorgehoben werden können, ohne daß der Primat des Klangs gebrochen wird, ist z. B. an Takt 172 zu studieren. Die strukturell wichtige Verbindung *b – as*, die als Gerüst auch der Arabeske in der Violine zugrundeliegt, wird im Klaviersatz dadurch akzentuiert, daß jeder der beiden Töne je zwei unterschiedliche harmonische Bedeutungen erhält. Das *b* gehört zunächst einem Dominantseptakkord auf *C*, dann dem verminderten Septakkord auf *des* an; die Fortschreitung zum *as* wirkt als Auflösung nach Des-Dur; jedoch ist der Baßton seinerseits ja nur Wechselnote, und deshalb wird *as* als Bestandteil eines Quartsextakkords auf *C* uminterpretiert.

Seitenthema) und harmonisch begründet und unterschieden sind. Die Modelle greifen modifizierend ein, etwa das Modell A im ersten Abschnitt in derselben Art wie es das schon in der Exposition des Seitensatzes getan hatte. Die Satztechnik aber orientiert sich an der Faktur der Themen, die den jeweiligen Abschnitt bestimmen. Ab Takt 98 herrscht das Prinzip des durchbrochenen Satzes, das der Eigenart des Seitensatzes, auf den hier rekurriert wird, besonders entgegenkommt, indem es die Begleitung profiliert und so einen strukturierten, stützenden Hintergrund für die Melodie schafft (Notenbeispiel 5). Der harmonische Verlauf folgt der Gliederung des Themas, faßt zu Gruppen von vier Takten zusammen, was melodisch zwei Takte umfaßt und entsprechend auf die beiden Instrumente verteilt ist (Takt 100–103 g-Moll: (D_7) T_3 S^N $D^{5<}$ Tg; Takt 104–107 analoge trugschlüssige Wendung, ausgehend von einer Zwischendominante nach f-Moll).

Ab Takt 115 wird Hauptsatz-Material neu konfiguriert und in Gruppen zu vier (plus zwei) Takten sequenzartig durchgeführt. Der modulatorische Ablauf geht von der kadenziell befestigten Ausgangstonart b-Moll aus und beruht auf Kleinterz-Verhältnissen (Takt 121 g-Moll; Takt 127: e-Moll). Ein dritter Abschnitt, der wieder auf den Seitensatz zurückgreift und wie der Durchführungsbeginn zweimal die Kadenzformel aus Takt 64 ff. verwendet, basiert harmonisch im wesentlichen auf Quintverwandtschaften. Der vierte und letzte Abschnitt schließlich enthält die große Kadenz in e-Moll, die sich in mehreren Anläufen über insgesamt 13 Takte erstreckt.

Zusammengefaßt: Erster und zweiter Teil der Durchführung unterscheiden sich nicht nur in ihrer harmonischen Anlage (modulierend vs. tonart-fixierend), sondern hinsichtlich der Rolle, die Harmonik überhaupt spielt. Ist sie im ersten Teil – in Verbindung mit der Thematik und verdeutlicht durch die Satztechnik – bestimmender Bestandteil eines reich gegliederten, ausdifferenzierten, auf Gestalthaftigkeit beruhenden Satzes, so tritt sie im zweiten Teil in die Ungeschiedenheit einer Klanglichkeit zurück, in der akkordische Progression zugunsten klanglichen Pulsierens respektive linearer Zusammenhänge verblaßt.

Der zweite Teil erfüllt in formaler Hinsicht die Rolle einer Rückführung, die einsetzt, nachdem die Durchführung im eigentlichen Sinn beendet ist. Insofern hier das Modell B aus der Latenz einer Determinanten heraustritt und den Haupttext dominiert, direkt den Verlauf der Komposition bestimmt, steht die Rückführung in die Exposition der langsamen Einleitung nahe. Mit ihr teilt sie nicht nur den statisch-gespannten Charakter und die nachdrücklich herausgestellten Strukturtöne $b'-a'$, sondern vor allem eben die unmittelbare Beziehung auf ein Modell. Wer die Einleitung nicht auf das historische Modell der Sarabande bzw. die Rückführung in die Exposition nicht auf das Sarabanden-Modell bezieht, das Schumann durch die Einleitung und das, was folgt, konstruiert hat, kann die motivischen und harmonischen Zusammenhänge und die eigenwillige Textur nicht verstehen und spielen.

4

Die Sarabande ist ein (stilisierter) Tanz. Ihre Teilfunktionen, die Schumann in der Einleitung zu eigenständigen Teil-Modellen ausdifferenziert (Typ A, Typ B), sind Aspekte körperlicher Bewegungen. Eine derartige Feststellung ist – im Zeitalter historischer Aufführungspraxis zumal[11] – erläuterungsbedürftig. Das Skandieren, das Hervorheben metrischer Schwerpunkte durch Nachdrucksakzente, verkennt, daß Taktschwerpunkte nur „Schatten des Tanz- oder Marschakzents" (Carl Dahlhaus) sind. Roland Barthes wehrt Mißdeutungen seiner These von den „Schlägen", die bei Schumann zu hören seien, mit dem Hinweis, daß es sich nicht darum handle,

11 Wenn man das Schumannsche Klavierkonzert oder Mendelssohns Musik zum *Sommernachtstraum* (ich erinnere mich eines Konzerts des Freiburger Barockorchesters 1993) einseitig unter dem Aspekt des selbständigen, durchgängig aktivierten Metrums spielt, die Musik buchstäblich und sichtbar durch Bewegungsimpulse antreibt, so treten einzelne Stellen frisch und plastisch hervor, andere Passagen hingegen bleiben stumm. Das Werk wird auf diese Weise sicherlich nicht begriffen, aber als ein Experiment, in dem hörbar wird, wo ein verabsolutierter Begriff von Metrum greift und wo nicht, hat die Sache gleichwohl ihren Reiz.

"mit den Fäusten an die Tür zu hämmern, wie dies vermeintlich das Schicksal tut. [...] Der Schlag kann diese oder jene Gestalt annehmen, die nicht unbedingt die eines heftigen, wütenden Akzents ist".[12]

Entsprechend haben die analytischen Einlassungen zur Schumannschen Violin-Sonate gezeigt, daß das Modell gerade nicht einen eigenen Bezirk errichtet, in dem ein ganz anderes Reglement gilt, sondern ausschließlich innerhalb der harmonisch und motivisch begründeten Syntax existiert und wirkt. Jedoch:

"Der – körperliche und musikalische – Schlag darf niemals Zeichen eines Zeichens sein: Die Betonung ist nicht expressiv."[13]

Barthes' These vom Schlagen gilt der Expressivität der Musik. Sie besagt, daß die Bedeutungen, die an ihrem Sprachcharakter haften, die eigentliche Bedeutung der Musik – Barthes spricht an einer Stelle ungeschützt gar von ihrer „Wahrheit"[14] – erst freigeben, wenn auf eine elementare Schicht rekurriert wird.[15] Ob es dazu kommt, hängt vom Interpreten ab.

"Bei Schumann werden (nach meinem Geschmack) die Schläge zu zaghaft gespielt; der Körper, der von ihnen Besitz ergreift, ist fast immer ein unzulänglicher, dressierter Körper, ausgelöscht durch Jahre der Ausbildung oder Karriere, oder ganz einfach durch die Bedeutungslosigkeit, die Gleichgültigkeit des Interpreten: er spielt die Akzente (den Schlag) wie ein bloße rhetorische Markierung."[16]

Es ist der Körper des Interpreten, das „organe-obstacle" (V. Jankélévitch) der Klangerzeugung, der den Ausschlag gibt, ob „unter der tonalen, rhythmischen und melodischen Rhetorik das Netz der Akzente auftauchen"[17] kann. In der Konfrontation des durch die Partitur bezeichneten Werkes und der Körperlichkeit des Interpreten wird die Dialektik des Musikali-

---

12 Barthes: S. 301 und S. 303.
13 S. 302.
14 S. 302.
15 Der Philosoph Alain unterscheidet in ähnlicher Weise den Plural der „signes relatifs" vom Singular des „signe absolu", die kommunizierbaren Einzelmitteilungen vom Verstehen überhaupt.
16 Barthes: S. 302 f.
17 S. 302.

schen, die Barthes meint und gegen ihre rhetorische Verflachung verteidigt,[18] immer neu vollzogen. Nicht um bildhafte Schilderungen in der Nachfolge Scheringscher Hermeneutik handelt es sich, wenn Barthes schreibt: „in der ersten der Kreisleriana rollt es sich und dann webt es, in der zweiten streckt es sich, dann erwacht es […]"[19] usw. Gesprochen wird hier aus der Perspektive des Ausführenden, der im Spannungsfeld des Sinngefüges Partitur und der Eigengesetzlichkeit des körperlichen Apparats agiert.

Charakteristisch für Schumanns Spätwerk ist, daß rhetorische Indifferenz an ihm hörbar scheitert. Man kann den Seitensatz der Violinsonate nicht spielen, wenn man die Sarabanden-Elemente nicht anfaßt. Sie sind nur „da", wenn man sie „macht". Man kann den Suspensions-Charakter des zweiten Teils der Durchführung nur erfahren und hörbar werden lassen, wenn das metrische Sarabanden-Element, das hier ausgespart bleibt, im übrigen präsent ist. Doch sollte nicht übersehen werden, daß Barthes seine These an einem der repräsentativen Klavierzyklen der 1830er Jahre entwickelt, nicht an späten Kompositionen. Daran wird deutlich, daß der diskutierte Sachverhalt weder auf bestimmte Werke noch auf bestimmte Phasen im Schaffen Schumanns beschränkt ist und letzten Endes natürlich auch kein „personalstilistisches" Merkmal dieses einen Komponisten bildet. Es scheint allerdings, als sei das Werk Schumanns durch eine Musikpraxis, die weder Partituren ernstnimmt noch Sinn hat für das sinnlich-haptische Moment des Instrumentalspiels, in besonderem Maße gefährdet.[20]

---

18 Vgl. auch seinen Aufsatz: *Le grain de la voix*, a. a. O., S. 236–244, dt. *Die Rauheit der Stimme*, a. a. O., S. 269–278.
19 S. 299.
20 Von der Violin-Sonate d-Moll sind mir zwei Aufnahmen bekannt, auf denen man das Stück verstehen kann (Ulf Hoelscher/Michel Béroff und Hansheinz Schneeberger/Jeanques Dünki).

Anhang

Notenbeipiel 1

Notenbeispiel 1 (Fortsetzung)

Notenbeispiel 2

Notenbeispiel 2 (Fortsetzung)

Notenbeispiel 3

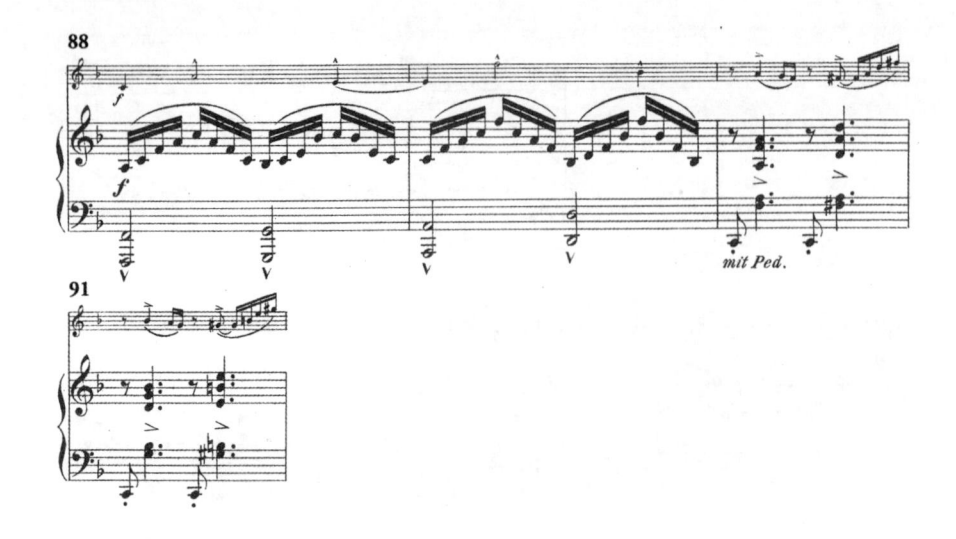

Notenbeispiel 3 (Fortsetzung)

Notenbeispiel 4

Notenbeispiel 4 (Fortsetzung)

Notenbeispiel 5

Carl Goldmark und die Moderne

„Man kann wohl heute keine neue Musikzeitung in die Hand nehmen, ohne auf jeder Seite so und so oft das Wort: *Fortschritt* zu finden."
Mit diesen Worten beginnt ein mit „Gmunden, Oktober [1]905" datiertes Autograph, *Über musikalischen Fortschritt. „Eine Mahnung"*, aus der Feder des ungarisch-österreichischen Opernkomponisten Carl Goldmark. Bei diesem Aufsatz handelt es sich um eines von drei nachgelassenen, zu Lebzeiten unveröffentlichten Manuskripten Goldmarks, die im Archiv der Ungarischen Staatsoper in Budapest aufbewahrt werden und von denen zwei schon im Titel dem musikalischen Fortschrittsproblem gewidmet sind: *Eine Ansicht über Fortschritt* (16 Seiten, datiert Pest, 11. Juli 1858), *Gedanken über Form und Stil (eine Abwehr)* (71 Seiten, datiert Bad Fusch 1896) und schließlich *Über musikalischen Fortschritt. „Eine Mahnung"* (24 Seiten, datiert Gmunden, Oktober 1905).[1]
Carl Goldmark, geboren am 18. Mai 1830 in Kesthely am ungarischen Plattensee, gestorben am 2. Jänner 1915 in Wien, gehört zweifellos zu den „vergessenen Größen" der österreichischen Musikgeschichte des 19. Jahrhunderts. Hätte man um 1910 einen Österreicher nach den größten Opernkomponisten seiner Gegenwart gefragt, hätte er neben Richard Strauss vermutlich seinen Landsmann Carl Goldmark genannt. Zeitgenossen wie der Brahms-Biograph Max Kalbeck standen nicht an, Goldmark

---

1 Die drei Autographe, die man nur in der ungarischen Ausgabe des *Brockhaus-Riemann-Musiklexikons* (*Brockhaus Riemann Zenei Lexikon*, Budapest ²1984, Bd. 2, S. 50; István Kecskeméti) verzeichnet findet, waren Teil einer Goldmark-Ausstellung im Foyer des Budapester Opernhauses, 1995, die im Sommer 1996 vom Burgenländischen Landesmuseum in Eisenstadt übernommen wurde; siehe Ausstellungskatalog *Carl Goldmark (1830–1915) – Opernkomponist der Donaumonarchie*, Eisenstadt 1996, Kat.-Nrn. 9, 40 und 55. An schriftstellerischen Arbeiten Goldmarks sind bisher nur die aus dem Nachlaß des Komponisten veröffentlichte Autobiographie, *Erinnerungen aus meinem Leben*, Wien 1922, ²1929 (Autograph in der Ungarischen Nationalbibliothek „Széchényi") und Konzertberichte in den Jahrgängen 1862/63 der Wiener *Constitutionellen Österreichischen Zeitung* bekannt (siehe dazu auch Harald Graf: *Carl Goldmark. Studie zur Biographie und Rezeption*, Diplomarbeit Univ. Wien 1994, masch., Literaturverz., S. 115).

eine „europäische Zelebrität" zu nennen; Richard Specht bezeichnete ihn zu dessen Tod sogar als den „Mittelpunkt", das „Herz" der österreichischen Musikszene; um die Jahrhundertwende war der Komponist Gegenstand eines wahren „Goldmark-Kultus", und selbst Karl Kraus bezeichnete ihn als den größten lebenden Musikdramatiker seit Richard Wagner.[2] Der zeitgenössische Ruhm Goldmarks, der sich hauptsächlich auf den Opernerfolgen *Die Königin von Saba* (1875) und *Das Heimchen am Herd* (1896, nach Charles Dickens) gründete, ist heute stark verblaßt. Auch die Tonträgerindustrie hat – wenn man von Ungarn absieht, wo der Name Goldmark stets Teil einer nationalen Musiktradition geblieben ist – die Werke dieses Komponisten kaum noch für sich entdeckt. Goldmarks Œuvre umfaßt neben sechs Opern auch eine ganze Reihe Orchester- und Kammermusik, aber es ist vor allem sein Hauptwerk, *Die Königin von Saba,* mit dem Goldmark seine herausragende Position in der Musikgeschichte des 19. Jahrhunderts behauptet. Mit der *Königin von Saba,* die 1875 in Wien uraufgeführt wurde, gilt Goldmark, historisch gesehen, geradezu als musikdramatischer Repräsentant der franzisko-josephinischen Epoche, sozusagen als österreichisch-ungarische Entsprechung zu Giuseppe Verdi, Richard Wagner oder Jules Massenet. Dies wird nicht nur rein äußerlich durch die Tatsache dokumentiert, daß es – obwohl Goldmarks Opern auch in New York, Chicago oder Philadelphia aufgeführt wurden – gerade das Wiener und das Budapester Opernhaus waren, an denen sie sich am nachhaltigsten im Repertoire hielten. (Während Wien auch als Uraufführungsort der überwiegenden Anzahl von Goldmarks Opern figuriert, kann Budapest auf eine starke und eindrucksvolle Aufführungstradition verweisen.) Vielmehr widerspiegelt Goldmarks Opernwerk auch die geistige Physiognomie der Donaumonarchie, und mit der *Königin von Saba* scheint Goldmark geradezu den Nerv seiner Epoche getroffen zu haben. Durch ihre orientalistisch gefärbte opulente Klanglichkeit gilt *Die Königin von Saba* als musikalisches Pendant zu den üppig-exotischen Monumentalgemälden Hans Makarts

---

2 Vgl. dazu Harald Graf, ebd., Einleitung S. 1 ff.

und bildet ein wichtiges Dokument des Fin de siècle-Historismus österreichisch-ungarischer Prägung.[3] Diese Charakterisierung wird durch die Biographie des Komponisten sogar noch unterstrichen. Goldmarks Aufstieg als Komponist verläuft synchron mit der Geltungsdauer des gründerzeitlichen Liberalismus im letzten Drittel des 19. Jahrhunderts; der Erfolg der *Königin von Saba* wäre undenkbar außerhalb des großbürgerlich-liberalen Klimas des franzisko-josephinischen Wien, eines Milieus, von dem nicht nur der historische Baustil der Wiener Ringstraße, sondern auch der Traditionalismus eines Komponisten wie Brahms (mit dem Goldmark nähere Kontakte pflegte) oder die Monumentalexzesse des Malers Hans Makart (mit dem Goldmark verglichen wurde) getragen waren.[4] Goldmark stellt nämlich das Musterbeispiel eines assimilierten jüdischen Künstlers dar, der in dem von weitestgehender religiöser Indifferenz geprägten bürgerlichen Wiener Milieu dieser Zeit seine Karriere machen konnte. Goldmarks Vater ist ein aus Westgalizien stammender Jude, der sich im ungarischen Kesthely und, ab 1834, in dem am ungarischen Westrand gelegenen Deutschkreutz (heute Mittleres Burgenland, Österreich, etwa 15 km von Raiding, dem Geburtsort Franz Liszts, entfernt) als Kantor und Notar der ungarischen Gemeinde seine Existenz gegründet hatte. Deutschkreutz, von den jüdischen Bewohnern Zelem genannt, zählte damals zu den Sheba Qehillot, den berühmten „Sieben Gemeinden"[5] auf Fürstlich Esterházyschem Herrschaftsgebiet, wo es unter dem Protektorat des Fürsten seit dem Ende des 17. Jahrhunderts zu einer bedeutenden und systematischen jüdischen Neubesiedelung[6] gekommen war. Gerade um 1840,

---

3 Vgl. dazu *Pipers Enzyklopädie des Musiktheaters,* hg. v. Carl Dahlhaus, Band 2, München 1987, S. 782 ff. (Sieghart Döhring).
4 Vgl. dazu William M. Johnston: *Österreichische Kultur- und Geistesgeschichte. Gesellschaft und Ideen im Donauraum 1848 bis 1938,* Wien ²1980, sowie Carl E. Schorske: *Fin-de-Siècle-Vienna. Politics and Culture,* Cambridge 1981, S. 24 ff.
5 Vgl. z. B. Alfred Zistler: *Geschichte der Juden in Deutschkreutz,* in: Hugo Gold: *Gedenkbuch der untergegangenen Judengemeinden des Burgenlandes,* Tel Aviv 1970, S. 57–74, sowie Nikolaus Vielmetti: *Das Schicksal der jüdischen Gemeinden des Burgenlandes,* in: *Burgenländische Forschungen,* Sonderheft III, Eisenstadt 1971, S. 196–213.
6 Carl Goldmark, nebenbei, gehört auf diese Weise neben Joseph Haydn, Johann Nepomuk Hummel, Franz Liszt und Joseph Joachim nicht nur in die Reihe großer Musikerpersönlich-

der Jugendzeit Carl Goldmarks, erlebte die jüdische Gemeinde von Deutschkreutz, die auch eine eigene Talmudschule besaß, ihre größte Blüte. Goldmark hat am Ende seines Lebens, in seiner Autobiographie, die Behauptung aufgestellt, er sei durchwegs Autodidakt gewesen und habe erst mit zwölf Jahren Lesen und Schreiben gelernt.[7] Das mag so allenfalls für die deutsche Schriftsprache gelten, denn der Sohn eines Kantors einer jüdischen Gemeinde, die für die Pflege der Orthodoxie bekannt war, war zweifellos zunächst in der jüdischen Schrifttradition aufgewachsen. Nichts mag die Haltung eines assimilierten bürgerlichen Juden seiner eigenen Herkunft gegenüber besser charakterisieren als dieses kleine Detail einer stillschweigenden autobiographischen Unterschlagung.

Um zum Thema zurückzukehren: Carl Goldmarks nachgelassene Manuskripte, von denen zwei aus der Spätphase seines Lebens stammen, repräsentieren, schon was die biographische Konstellation betrifft, zweifellos interessante Zeitdokumente: Sie enthalten die teilweise noch unsystematisch zusammengestellten, aber gegen den Strom der Zeit gerichteten Gedankengänge eines Komponisten, der den Zenit seines Erfolges bereits hinter sich weiß und sich bei ihrer Niederschrift, indem er sich kritisch mit den herrschenden Themen seiner Zeit auseinandersetzt, offensichtlich über seine eigene Position klar zu werden versucht. Es ist wohl dieses intime therapeutische Moment der Selbstvergewisserung, das dafür verantwortlich sein mag, daß Goldmark sich letztlich doch nicht durch ihre Publikation der öffentlichen Diskussion auszusetzen entschloß.

Im dritten und jüngsten der drei Manuskripte, *Über musikalischen Fortschritt. „Eine Mahnung"*, rechnet der bereits fünfundsiebzigjährige Komponist mit beispielloser Schärfe mit dem Begriff des musikalischen „Fortschritts" ab, wie er zu Ende der fünziger Jahre des 19. Jahrhunderts von Franz Brendel im Rahmen seiner Konzeption einer „Neudeutschen Schule"

---

keiten, die die Geschichte des westungarisch-burgenländischen Raumes aufzuweisen hat; sein Name verbindet sich indirekt auch mit dem des Fürstenhauses Esterházy, dem in der Musikgeschichte dieser Region wohl eine führende Rolle zukommt.

7 *Erinnerungen aus meinem Leben,* Wien 1922, S. 13; siehe auch Harald Graf: a. a. O., S. 26.

formuliert worden war, sich im Rahmen einer „Fortschritts-" oder „Zukunftspartei" institutionalisiert hatte[8] und zu Beginn des 20. Jahrhunderts noch immer eine der zentralsten musikästhetischen Leitideen bildete:

„Befinden wir uns wirklich im Fortschritt? Sind die Jüngsten, Modernen, sind wir Alle wirklich im Fortschritt? Im Fortschritt über Beethoven? Wir gebrauchen so ein Wort hundertmal, bei jeder Gelegenheit ohne es auf seine Wahrheit zu prüfen."[9]

Bei seiner kritischen Hinterfragung des musikalischen Fortschrittsbegriffs ist Goldmark geneigt, die neudeutsche Werteskala gleich von Anfang an auf den Kopf zu stellen. Wenn man unter Fortschritt eine „allmählige Entwicklung zur Vollkommenheit" versteht, so habe eine solche allenfalls v o r Beethoven stattgefunden, etwa in der Entwicklung der Notenschrift, im musikalischen Formenbau, in der Harmonik, in der Erschließung orchestraler Ausdrucksmittel. Dies habe mit Beethovens letzter Periode seinen „außerordentlichen, formalen Abschluß" gefunden. Was man „in der sogenannten Moderne als Bereicherung der Kunstmittel" betrachte (und was die Neudeutsche Schule ursprünglich als ihr Beethovensches Erbe ansah, das es zu erwerben galt um es zu besitzen), seien samt und sonders Verfallserscheinungen, Zeugnisse der Dekadenz:

„I: Polyphonie, die aber keine echte Bachische, aus der selbständigen individuellen Gestaltung der Stimmen resultierende ist. Zumeist übereinander gestülpte und gehäufte Motive, die manchmal klingen, manchmal aber auch nicht, nur dazu dienen den Klang unschön, dickflüssig – die Klarheit zu trüben und schwerverständlich zu machen. Das erscheint geistreich und gelehrt.

II: Bereicherung der Harmonie, oder besser ihr Gegentheil, der Dishармonie, der Dissonanz. Wer wird läugnen, daß diese der Musik Spannung, Interesse, stärkere Erregung verleiht und daß die Musik ohne

---

[8] Vgl. Detlef Altenburg: Artikel *Neudeutsche Schule*, in: *MGG*, zweite, neubearbeitete Ausgabe, Sachteil, Band 7, Kassel u. a. 1997, Sp. 66 ff.
[9] Goldmark: *Über musikalischen Fortschritt*, S. 1.

dieselbe in Fadheit erschlaffen und ersterben würde. Aber der so billige Mißbrauch dieses Kunstmittels bringt es um seine Wirkung. Die Kakophonie, der abscheuliche Mißklang dominiert.

III: Die überladene Häufung der Orchestermittel. Auch hier gebe ich zu, daß unsere größeren Theater und Concertsäle nicht mehr das Orchester unserer Großväter verträgt. Auch unsere Ohren, unser Aufnahmsvermögen sind anders geworden. Genau genommen benöthigt jeder musikalische Gedanke sein eigenes orchestrales Gewand, seine eigene Erscheinungsform.

Was müssen aber das für collossale Gedanken sein, die ein solches Orchester verlangen, wie wir es heute haben! Zumeist stehen sie in umgekehrtem Verhältniß; je kleiner der Gedanke, desto größer die Schallmasse, 8 Hörner, 8 Trompeten, 8 Posaunen u. s. w. Der *C-Dur*-Accord von solchem Orchester wirkt schon als Sensation. Und Alles nennt man Fortschritt?"[10]

Goldmark befindet sich mit seinen Beobachtungen zweifellos an einem neuralgischen Punkt der Musikgeschichte: Man ist geneigt, die eigenhändige (nachträgliche?) Datierung des Autographs, Oktober 1905, für irrtümlich oder falsch zu halten und zu vermuten, daß das Manuskript genau ein Jahr später, im Oktober 1906, verfaßt wurde, denn Anfang Oktober 1906 war in der Stuttgarter *Neuen Musikzeitung* jenes folgenreiche Pamphlet *Die Konfusion in der Musik. Ein Mahnruf* von Felix Draeseke erschienen, der eine über mehrere Jahre hinweg wirkende publizistische Kontroverse auslöste.[11] Draesekes Kampfschrift ist, ohne daß dieser namentlich genannt wird, auf Richard Strauss und die Uraufführung der *Salome* gemünzt, die im Dezember 1905 in Dresden stattgefunden hatte. Goldmarks Ausführungen, in denen sich wiederum kein Hinweis auf Draesekes Schrift findet, stimmen im Grundtenor sowie in einigen merkwürdigen Details[12]

---

10 Ebd., S. 2 f.
11 Draesekes Kampfschrift sowie die nachfolgende Kontroverse sind vollständig dokumentiert in: „Die Konfusion in der Musik." Felix Draesekes Kampfschrift von 1906 und ihre Folgen, hg. v. Susanne Shigihara (= *Felix Draeseke, Schriften* 4), Bonn 1990.
12 So z. B. kann das Anführungszeichen im Untertitel von Goldmarks Schrift „Eine Mah-

so sehr mit dieser überein, daß es schwierig ist, die Vermutung abzuweisen, sie seien ohne deren Kenntnis verfaßt worden. Auf diese Weise könnte die Lektüre von Draesekes Artikel bewirkt haben, daß Goldmark die Gedanken, die ihm schon lange auf der Seele lagen, unmittelbar zu Papier brachte. Draesekes Kampfschrift markiert eine wichtige Wendestelle in der Musikgeschichte des beginnenden 20. Jahrhunderts, nämlich den Punkt, an dem sich die „ursprüngliche" neudeutsche „Fortschritts"-Richtung des 19. Jahrhunderts von der sog. „Moderne"[13] abspaltet, die sich hier um Richard Strauss unter den „Fortschritt" formiert und ihn weiter trägt. Dem Artikel kommt und kam deswegen ein solches Gewicht zu, weil es eben ein Neudeutscher der ersten Stunde ist, der mit den neuesten Konsequenzen, die Strauss aus der Idee des „Fortschritts" zieht, nicht mehr mitkann.

Ob Goldmark Draesekes Aufsatz gelesen hat oder nicht: Für beide komponierenden Altersgenossen – Draeseke ist nur fünf Jahre jünger – ist die neueste „Moderne" aus dem inneren Lot geraten. Goldmark wird nicht müde, immer wieder auf die Hauptcharakteristika der musikalischen Dekadenz hinzuweisen: orchestrale Überfrachtung, satztechnische Unklarheit, überreizte Harmonik durch Übersättigung an Dissonanz („Dissonanzen-Peitsche"),[14] Originalitätshascherei, Formlosigkeit und „Übertreibung" der Kunstmittel auf allen Ebenen, oder – wie Wagner wohl gesagt hätte – die Herrschaft des „Effekts" als „Wirkung ohne Ursache".[15] Und, wenn auch Draeseke selbst seinen einstigen Weimarer Lehrmeister, was die geistige Urheberschaft betrifft, nicht von einer Teilschuld an der nachfolgenden Ent-

nung" als eine Replik auf denjenigen von Draesekes Pamphlet *(Ein Mahnruf)* aufgefaßt werden. Draesekes Beispiel einer harmonischen Überwürzung, „[...] selbst weit entfernte Harmonien wie D dur und es moll werden uns zu gleicher Zeit (also zusammenklingend) vorgesetzt" („*Die Konfusion in der Musik*", a.a.O., S. 58), scheint bei Goldmark, wenn er über den „harmonischen Fusel" spricht, ihren Reflex zu finden: „Darüber hinaus ist es wohl nicht möglich, auch wenn wir schließlich ein ganzes Stück oder ein dreistündiges Werk in *D-Moll* und *Es-moll* gleichzeitig und ununterbrochen spielenlassen, [ohne] daß uns die Ohren krachen." (Goldmark, S. 11 [gestrichen], S. 21).
13 Zur „Moderne" als Epochenbegriff vgl. Carl Dahlhaus: *Die Musik des 19. Jahrhunderts* (= *Neues Handbuch der Musikwissenschaft,* Bd. 6), Laaber 1980, S. 279–285.
14 Goldmark: S. 11.
15 Vgl. *Oper und Drama,* in: *Gesammelte Schriften und Dichtungen,* Leipzig ³1897, Bd. 3, S. 301 (dort auf Meyerbeer gemünzt).

wicklung freisprechen kann,[16] so kommt die Programmusik bei Liszts westungarischem Landsmann Goldmark nicht weniger schlecht weg. Die Konzeption der Symphonischen Dichtung sei „vom theoretischen Standpunkt" bedenklich, weil sie des „erklärenden Wortes" bedürfe, ohne Vokalmusik zu sein. Sie folge „bloß äußerlichen Motiven", nicht „logisch-musikalischen" Gesetzen. Ähnlich auch wie Draeseke, der mangelnde „Deutlichkeit" beklagt, argumentiert Goldmark hörpsychologisch: Jeder musikalische Gedanke habe zu seiner Verständlichkeit die „Übersichtlichkeit" in Form und Gestalt nötig. Weil Musik aber in der Zeit abläuft, bedürfe sie des Prinzips der Wiederholung, da man bei erstmaligem Hören am Ende einer Periode ihren Anfang bereits vergessen hätte. Wenn aber aus Gründen des Programms auf Wiederholung verzichtet würde, verliere die Musik die nötige Übersichtlichkeit und die Form ihre Wirkung.[17]

Es kennzeichnet die Situation, daß es nicht mehr die „Konservativen" oder „Reaktionäre" alten Schlages sind, die solche Vorwürfe erheben, sondern die „Fortschrittlichen von einst" oder „gemäßigt Fortschrittlichen" wie Carl Goldmark,[18] der sich mehrmals und noch jüngst in jener Kompositionsform betätigte,[19] die er nun „vom theoretischen Standpunkt" aus verurteilt. Draeseke und Goldmark zeigen, daß man um 1905 nicht mehr „gemäßigt" an den „Fortschritt" herangehen kann. Der „Fortschritts"-Begriff ist offenbar zu diesem Zeitpunkt das Synonym für eine musikgeschichtliche Schwelle, an der sich die Generationen in Für und Wider spalten. Der Musikschriftsteller Rudolf Louis, der 1909 einen Schlußstrich unter die „Konfusions"-Debatte zog, bestätigt, daß es sich bei diesem Thema um einen Nervenpunkt in der „geistigen Lage der Zeit" handelt: Vor die

---

16 Vgl. Draeseke: a. a. O., S. 45 ff.
17 Vgl. Goldmark: S. 4 ff.
18 So z. B. macht Goldmark geltend, daß ihn Hanslick selbst einst als „Dissonanzenkönig" bezeichnet hätte („Wird Goldmark, der gewaltige Dissonanzenkönig, es über sich gewinnen, dem Mai zuliebe seine schneidenden Akkorde zu verabschieden?" Vgl. *Orchesterconcerte 1889*, in: *Der Modernen Oper 6. Theil*, Berlin 1890, S. 270; gemeint ist die Ouvertüre *Im Frühling* op. 36; vgl. dazu auch Harald Graf: a. a. O., S. 64).
19 Neben einer ganzen Reihe von Fantasie-Ouvertüren enthält Goldmarks Werkverzeichnis auch die Symphonische Dichtung *Zrinyi* (op. 47, 1902).

Aufgabe gestellt, in der Musik die „ganz ungeheuer vielgestaltige und widerspruchsvolle Gegenwart" mit einem einzigen Worte zu bezeichnen, so müßte man sagen, daß die musikalische Gegenwart unter „der fast einstimmig anerkannten, kaum je mehr ernstlich angefochtenen Herrschaft eines ihr eigentümlichen Dogmas" lebe, „des Dogmas vom musikalischen Fortschritt".[20] Wenn man den Begriff mit „Entwicklung zum Besseren" gleichsetze, so entpuppe er sich als dogmatischer Aberglaube, als „willkürliche Annahme, die jeden Augenblick durch das tatsächliche Geschehen widerlegt" werde.[21]

> „Allgemein versteht man heute unter Fortschritt Exaggeration, Uebertreibung, und die Möglichkeit einer Richtungsänderung, der Gedanke, dass es zur Erzielung eines wirklichen, nicht bloss scheinbaren Fortschritts unter Umständen auch nötig sein könnte, die Arbeit der Vergangenheit nicht in gleicher Linie fortzuführen […] diese Möglichkeit scheint dem Gesichtskreis der überwiegenden Mehrheit unserer fortschrittlich-gesinnten Musiker und Musikfreunde vollständig entschwunden zu sein."[22]

Louis – im Zweifel, ob er sich der Meinung der „Fortschrittsgläubigen" anschließen soll oder jenen, die sich „mit Unkenrufen von einem drohenden oder gar schon hereingebrochenen Verfall" vernehmen lassen[23] – plädiert dafür, die Begriffe „Entwicklung" und „Fortschritt", den „ästhetischen" vom „historischen" Aspekt zu trennen, um den letzteren, den er für unverzichtbar hält,[24] für die Musikgeschichtsschreibung zu retten. Eine solche musikhistorische Differenzierung kann Goldmark allerdings nicht aufbringen: Der historische Fortschritt ist für ihn nichts als ästhetischer Verfall. Er bezweifelt, daß die Moderne der „Sauerteig" sei, aus der sich eine „Neue Kunst" erheben werde („Aber Sauerteig als Genußmittel ist nicht

---

20 Rudolf Louis: *Vom musikalischen Fortschritt*, in: *Die deutsche Musik der Gegenwart*, München 1909, S. 11–44 (siehe auch *Die Konfusion in der Musik*, a. a. O., S. 410–432); Zitat hier S. 12.
21 Ebd., S. 15.
22 Ebd., S. 16.
23 Ebd., S. 37.
24 Ebd., S. 31.

jedermanns Sache, daher es noch so Mancher – mit der alten Kunst hält.")[25] Nur widerwillig gesteht er der jüngeren Generation auch das Recht der Jüngeren zu, ihre Eigenart – auch im Häßlichen – zu betätigen („Jeder Lump glaubt sich schon auf die 9te Symphonie berufen zu dürfen").[26] Der Zeitgeist ist ihm beherrscht von der „Macht der Suggestion, der Agitation"; die „Propaganda" sei nun die stärkste „Institution der Römischen Hierarchie", eine Macht, die man auch im Antisemitismus und im Sozialismus[27] verkörpert sehe – womit Goldmarks ästhetische Perspektive auch eine wissenssoziologische Facette erhält: der Standpunkt des „liberalen" Bürgers gegen die neuen Massenbewegungen in der Donaumonarchie.

Was aber stellt die positive Gegeninstanz dar? Goldmark nennt immer wieder Komponisten wie Schubert oder Chopin, denen es gelungen sei, abseits des Fortschritts-„Mainstreams", sozusagen in einer musikgeschichtlichen Nische, ihre „persönliche Eigenart" auszuprägen. Seine diesbezüglichen Erwägungen konzentrieren sich im Begriff der „Melodie". Die „Melodie" ist für Goldmark das nach „inner-musikalischen Gesetzen", „logisch", d. h. „organisch" gebaute Gebilde, das sich in „Form" und „Inhalt" vollständig im Lot befindet und gleichzeitig „persönlichen" Ausdruck und individuelles Idiom ausprägt. Freilich, die „Erhabenheit" der Beethovenschen Melodie werde nicht mehr zu erreichen sein, bereits bei Chopin sei eine sentimentale „Verflachung" der Melodie eingetreten, die er als „Obertastenmelodie"[28] bezeichnet. Von der „Höhe" bei Beethoven bis zur „flachen Ebene der Moderne" sei sie in ständiger Rückbildung begriffen. Die allgemeine „künstlerische Umwertung" habe also auch die Melodie ergrif-

25 Goldmark: S. 19. (Goldmark spielt in diesem Zusammenhang auf zeitgenössische kunstgeschichtliche Parallelen an, indem er den Begriff „Secession" verwendet; ebd.)
26 Ebd., S. 23. In der nachfolgenden, allerdings wieder gestrichenen Passage nennt Goldmark als die „hohen Begabungen" der Jetztzeit neben Richard Strauss (einzige Erwähnung!) vor allem Gustav Mahler (charakteristischerweise mit dessen *Vierter Symphonie*, 1901) und Siegmund von Hausegger (die Symphonische Dichtung *Barbarossa*, 1902).
27 Auch Draeseke stellt die Verbindung zwischen „Fortschritt" und drohender Herrschaft der Sozialdemokratie her; a. a. O., S. 61.
28 Goldmark: S. 13 f. Goldmark findet übrigens durchaus positive Worte für Berlioz' „Melodie".

fen; auch an ihre Stelle sei „künstlerische Willkür" getreten. Trotzdem ist es nach wie vor die „Melodie", die für Goldmark geradezu zum Synonym „persönlicher Eigenart" wird.

Das erste der drei, anfangs erwähnten unveröffentlichten Manuskripte, *Eine Ansicht über Fortschritt,* verfaßt 1858 während Goldmarks Pester Lehrzeit, stammt gleichsam noch aus den Pioniertagen des musikalischen Fortschritts, ein Jahr, bevor Franz Brendel den Begriff der „Neudeutschen Schule" offiziell prägen wird.[29] Goldmark wendet sich zunächst gegen die Ansicht, „daß auf dem Gebiete der rein instrumentalen Composition nichts Bedeutendes, Neues mehr zu schaffen sei", aber im weiteren Verlaufe wird klar, daß er zwischen den bestehenden Spielarten der Diskussion um den „Fortschritt" vermitteln und mit seiner solcherart dargebrachten „stillgehegten Ansicht" gleichsam einen neuen Ausblick eröffnen möchte.[30] Der Hauptteil seines Artikels konzentriert sich auf das Moment von „Skaleneigentümlichkeiten": Mendelssohn etwa, dem „kein eigentlicher Fortschritt in bezug der Schaffungsmittel zuzuschreiben" sei, habe dessen ungeachtet einen „originellen Typus der Melodie",[31] ein unverwechselbares persönliches Idiom hervorgebracht. Dies beruhe unter anderem auf seinem Geschick, wie er mit den Eigentümlichkeiten einer bestimmten Spielart der Mollskala umgehe. Es komme daher, so Goldmark, nicht auf die „Erweiterungen und Bereicherungen" im Sinne des „Fortschritts" an, sondern eine „originelle Melodien-Charakteristik" genüge, um der Komposition eine neue Farbe zu verleihen.[32] Goldmarks Gedankengänge laufen auf

---

29 Franz Brendel: *Zur Anbahnung einer Verständigung. Vortrag zur Eröffnung der Tonkünstler-Versammlung,* in: *Neue Zeitschrift für Musik* 50 (1859), S. 265–273.
30 *Eine Ansicht über Fortschritt,* S. 1. Die Schrift ist sehr wahrscheinlich angeregt oder ausgelöst durch den Aufsatz *Zur gegenwärtigen Parteistellung auf musikalischem Gebiete* von Selmar Bagge, der im Mai 1858 in der Wiener *Monatsschrift für Theater und Musik* (Jg. 4, 1858, S. 298–302) erschienen war und abrißartig die verschiedenen Standpunkte wiedergibt; vgl. dazu auch Norbert Meurs: *Neue Bahnen? Aspekte der Brahms-Rezeption 1853–1868* (= Musik und Musikanschauung im 19. Jahrhundert. Studien und Quellen 3) Köln 1996, S. 98 f., Gleichzeitig verrät Goldmarks Wortwahl, daß er mit der Instrumentalmusik-Diskussion, wie sie um 1853 in der *Neuen Zeitschrift für Musik* diskutiert wurde, vertraut ist.
31 Goldmark: a. a. O., S. 7 f.
32 Ebd., S. 9.

den ihrerseits höchst originellen, die Nationalen Schulen vorwegnehmenden Vorschlag hinaus, die internen Skalenverhältnisse (die „Scaleneigenthümlichkeiten") verschiedener Nationalweisen – Goldmark liefert einige Exempel im Notenbeispiel – als Basis von nationalen Musikkulturen zu nehmen, die mit den neueren technischen Errungenschaften so auf eine „Kunststufe" erhoben werden könnten![33] (Es ist merkwürdig, daß Goldmark, der in diesem Zusammenhang die ungarischen Opern Erkels und Dopplers nennt, die *Ungarischen Rhapsodien* Franz Liszts[34] unbekannt zu sein scheinen, die ja z. T. auf Zigeunerskalen basieren und im Hinblick auf eine ungarische Nationalmusik komponiert sind.)[35] Schon in dieser frühen Schrift Goldmarks läßt sich, unter dem Deckmantel einer Spielart des „Fortschritts" gehörige Skepsis diesem Begriff gegenüber ablesen sowie der Versuch, die Musik vom Zwang der geschichtsphilosophischen Teleologie zu befreien, ohne andererseits in die Verhaltensmuster des „Reaktionären" zu verfallen.

Die ausführlichste Darlegung von Goldmarks musikästhetischem Koordinatensystem findet sich allerdings in der mittleren und ausführlichsten Schrift, *Gedanken über Form und Stil (eine Abwehr).* Zunächst als Replik („Abwehr") auf das Presseecho der Berliner Erstaufführung von Goldmarks Oper *Das Heimchen am Herd,* 1896, entstanden, ließ sie aber offensichtlich, in dem Maße, wie Goldmark prinzipielle Fragen anschnitt, ihren Anlaß nach und nach hinter sich. Das Manuskript weist Spuren einer Überarbeitung auf, die etwa um 1899/1900 stattgefunden haben muß, so daß diese Schrift und *Über musikalischen Fortschritt* von 1905/6 auch chronologisch nahe zueinanderrücken.

[33] Ebd., S. 9 ff.
[34] Erst dreißig Jahre später wird Goldmark mit einer *Ungarischen Fantasie für Klavier (Magyar Ábránd)* neben Liszts *18. Ungarischen Rhapsodie* gemeinsam mit anderen Komponisten in einem Sammelalbum zur ersten ungarischen Landesaustellung vertreten sein; vgl. dazu István Kecskeméti: *Liszt und Goldmark im „Austellungsalbum ungarischer Tondichter, 1885",* in: Bruckner und die Musik der Romantik (= Bruckner Symposion 1987), Linz 1989, S. 83–93.
[35] Liszts Buch *Des Bohémiens et de leur musique en Hongrie* erschien allerdings erst 1859; vgl. dazu Detlef Altenburg: *Liszts Idee eines ungarischen Nationalepos in Tönen,* in: Studia Musicologica 28 (1986), S. 213–223.

Die Arbeit ist auf weiteste Strecken dem Begriff des „Stils" gewidmet. Goldmark will damit dem Vorwurf der „Stillosigkeit" begegnen, mit dem seine Opern belegt wurden, wobei unter diesem Wort eigentlich ein „Rückfall" in ältere Opernformen und Gattungstypen, die durch Wagner „überwunden" seien, verstanden wurde. Goldmark kontert damit, daß er „Stil" nicht als historische Kategorie, sondern als Korrelat von „Ausdruck der Persönlichkeit" und „subjektiver Eigenart" auffaßt.[36] „Stil" entstehe durch die möglichst weitgehende Versenkung in den musikalischen Ausdrucksgehalt des jeweiligen Textbuches, nach dem sich auch die „Form" und der jeweilige Zuschnitt der jeweiligen Vertonung richte. Zentrum dieser Versenkung ist für Goldmark abermals die „Melodie", und der Leser findet vieles, was ihm aus der späteren Schrift *Über musikalischen Fortschritt* vertraut ist, an dieser Stelle bereits aufwendiger, nämlich mit Unterstützung von Schopenhauers Musikphilosophie, abgehandelt: Nicht nur der Melodie-Begriff selbst, auch das hörpsychologische Argument, daß Musik zu ihrer Wirkung formal-eigengesetzlicher „Übersichtlichkeit" bedürfe, erfahren auf diese Weise eine metaphysische Überhöhung.[37] Goldmark dreht seinen Kritikern gegenüber also den Spieß um: Seine eigenen Vertonungen der *Königin von Saba* und des *Heimchen am Herd* entsprächen ihrem eigenen Formgesetz und ihrer Eigenart, ebenso wie Wagners „Stilprinzip" (das Goldmark mit der originellen Kurzformulierung: „[...] das deklamierte Wort dem Sänger, die Melodie, das Leitmotiv dem Orchester [...]" charakterisiert)[38] Ausdruck von dessen künstlerischer Persönlichkeit sei. Bei aller Bewunderung für Wagner, die Goldmark ausführlich (mit Zitaten aus seinen Konzertkritiken aus dem Jahr 1862) darlegt, will er doch geltend machen, daß die verschiedenen Stilprinzipien gleichberechtigt nebeneinander stünden und daß man sich keinesfalls dem Wagner-

---

36 Goldmark: *Gedanken über Form und Stil*, S. 17.
37 Ebd., S. 29 u. S. 55 („Wie inhaltsreich und bedeutungsvoll ihre Sprache [der Musik] sei, bezeugen sogar die Repetitionszeichen nach dem Da-capo, als welche bei Werken in der Wortsprache unerträglich wären, bei jener hingegen sehr zweckmäßig und wohlthuend sind: denn um es ganz zu fassen, muß man es zwei Mal hören;" vgl. Arthur Schopenhauer, *Die Welt als Wille und Vorstellung*, I. Band, § 52).
38 Goldmark: a. a. O., S. 30.

Dogma, das von den Wagnerianern propagiert werde, unterwerfen müsse. Auf diese Weise kommt Goldmark dazu, Wagner vor seinen Anhängern in Schutz nehmen zu müssen. Wenn Goldmark am Ende seiner Schrift dann doch für ein „[…] los von Wagner!"[39] plädiert, dann deswegen, um den Jüngeren die freie Luft zur Bewährung ihrer Eigenart zu lassen und sie vor der Epigonalität[40] zu bewahren.

Mit anderen Worten: Die beiden Schriften, *Gedanken über Stil und Form* und *Über musikalischen Fortschritt,* haben dasselbe Angriffsziel, gegen das Goldmark anschreibt: die „Moderne" in Gestalt des „Fortschritts" und des journalistischen Wagnerismus, die Goldmark beide als Terror des „Zeitgeists" erfährt. Dazu paßt, daß in *Gedanken über Form und Stil* den versteckten oder offenen antisemitischen Argumenten, die gegen seine Werke ins Treffen geführt wurden, ein breiter Abschnitt gewidmet werden mußte. Für Goldmark ist es völlig unverständlich, warum ein deutschsprachiger Jude westungarischer Herkunft nicht zur Komposition wahrer „deutscher Musik" – und zu dieser rechnet er sein Gesamtwerk – befähigt sein sollte.

Insgesamt also dokumentieren die beiden Spätschriften die gehörige Verstörung eines Komponisten, der seine Laufbahn durchschritten hatte, angesichts der Fortentwicklung des Metiers, die Goldmark als eine Abwärtsbewegung wahrnimmt. Wenn seine *Gedanken über Stil und Form* noch eine gewisse Spielart „konstruktiver Resignation" erraten lassen, so ist *Über musikalischen Fortschritt* bereits Zeugnis eines schwarzen Ressentiments. Wie immer man ihren sachlichen Gehalt oder auch die Stellung ihres Autors in der Musikgeschichte beurteilen mag: Die Schriften Carl Goldmarks stellen zweifellos unveräcnhtliche Augenzeugenberichte zum Stand der Liszt- und Wagner- („Neudeutschen"-) Rezeption und darüber hinaus zu dem der Musikentwicklung zu Beginn des 20. Jahrhunderts dar – zumal aus der Perspektive eines, der sich nie zum Mitläufer einer Parteirichtung gemacht hat:

---

39 Ebd., S. 69.
40 Nebenbei: Auch Goldmark selbst rangiert als Wagner-Epigone; vgl. Wilhelm Pfannkuch: Artikel *Goldmark*, in *MGG*, Bd. 5, Kassel u. a. 1956, Sp. 483 f.

„Im Übrigen ging ich weiter allein meine Wege, habe mich keiner Parthei, keiner Cotterie, diesen musikalischen Ringen zur Beförderung gegenseitiger Interessen und Lebensversicherung angeschlossen, und – bekam es im Laufe der Jahre gar schmerzlich zu fühlen."[41]

---

41 Goldmark: *Gedanken über Form und Stil*, S. 66.

Franz Liszt und Ferruccio Busoni –
Eine ästhetische Erbfolge?

Das Dargelegte unternimmt es, zugleich mit dem Ansatz ein Ergebnis ins Auge zu fassen. Detailuntersuchungen, welche letzteres zu stützen hätten, wären freilich noch zu leisten. Aber im Aspekt der thematisierten, präsumtiven (und deshalb mit einem Fragezeichen versehenen) Erbfolge habe ich eine Hypothese gewagt. Sie beruht auf dem Postulat Heinrich Besselers, daß Musikgeschichte doch auch die Veränderungen beschreiben möge, welchen die Werke der Musik bei ihrer Weitergabe von Generation zu Generation unterworfen werden. Worauf Besseler letzten Endes abzielte, wäre interpretations-historisches Befassen. Indes scheint die Interpretationsgeschichte der höheren musikwissenschaftlichen Weihen noch zu bedürfen. Ich werde mich deshalb der „Terra incognita" mit gebotener Vorsicht nähern.

Als erstmals eine Schallplatte der durch Busoni eingespielten Klavierkompositionen Franz Liszts auf dem Markte erschien – in der ehemaligen DDR geschah das mit der damals üblichen Verzögerung zu Beginn der siebziger Jahre – war dies die Bestätigung einer Fama. Die um das Jahr 1905 im Welte-Mignon-Verfahren aufgezeichneten Interpretationen zeigten einen Pianisten, welcher sowohl die komplexe klavieristische, als – beispielsweise in der *E-Dur-Polonaise* – auch die spirituelle Seite der Lisztschen Musik auf eine damals noch kaum erlebte Weise reflektiert zu haben schien. Er erhob sich darin – die Platte war Teil der ETERNA-Serie *Große Pianisten der Vergangenheit spielen Liszt* – in spezifischer Weise über seine klavierspielenden Zeitgenossen, etwa Lamond, Stavenhagen oder d'Albert. Und der klavieristische Aspekt seiner Aufnahmen war mit einer Maxime Busonis selbst charakterisierbar, welche auf die hinreichend ja bekannte Forderung abhob, daß die Technik ihren Sitz nicht in den Fingern, sondern im Hirn haben müsse.

Dieses Postulat in der Schrift *Über die Anforderungen an den Pianisten* aus dem Jahre 1910 kommentierend, trifft Ferruccio Busoni sich aufs erste mit Franz Liszt (den er notabene persönlich nicht mehr gekannt und erlebt hatte). Ist in Liszts Adolf-Bernhard-Marx-Schrift die Rede davon, daß „der Musiker nur […] unter der Bedingung Musiker sei, daß nichts Menschliches ihm fremd" bleibe, so verlangt Busoni ähnliches vom Pianisten. Als „Künstler" – man beachte die feine Nuance! – soll er über „ungewöhnliche Intelligenz, Kultur, eine umfassende Erziehung in allen musikalischen und literarischen Dingen und in den Fragen des menschlichen Daseins verfügen". Wobei Franz Liszt, das mag korrekterweise noch hinzugefügt werden, auf ein Moment komplexer Ästhetik zielte, während Busoni (wie schon gesagt) den interpretierend Darbietenden ins Visier nahm. Aber die Übereinstimmung zwischen Liszt und Busoni zumindest in der Kontur ihrer Formulierungen (welche keineswegs nur an dieser einen Stelle sich findet) bezeugt, daß der 1862 geborene Italiener sich nicht nur an die Notentexte Liszts, deren Autographen er mit Hingabe sammelte, edierte und pianistisch umsetzte, sondern auch an dessen Schriften hielt.

Wir stoßen also in der Koinzidents signifikanter Aussagen und Formulierungen auf einen Aspekt von Rezeptionsgeschichte. Was mir insofern buchenswert erscheint, als ich auf wesentliche rezeptionshistorische Spuren des Musikschriftstellers Liszt in dieser Zeit, um die Wende vom 19.- aufs 20. Jahrhundert, sonst nur in Hugo Riemanns *Geschichte der Musik seit Beethoven* aus dem Jahre 1901 gestoßen bin.

Womöglich kommt im Aspekt der Aufnahme Liszt'scher Gedanken durch Ferruccio Busoni dem Umstand eine gewisse Bedeutung zu, daß Riemann, der sich 1878 an der Leipziger Universität habilitiert hatte, den auf Anraten von Johannes Brahms 1885 nach Leipzig gekommenen jungen Italiener förderte und als Komponisten anerkannte. Durch Riemanns Vermittlung nahm dieser dann 1888 eine Lehrtätigkeit auf am Konservatorium Helsingfors, wo er den daselbst konzertierenden Liszt-Schüler Bernhard

Stavenhagen kennenlernte. Mit ihm reiste Busoni 1889 erstmals nach Weimar. Welche nachgelassenen Fährten Liszts er hier kreuzte, müßte vollends noch erkundet werden. (Die von Friedrich Schnapp umfangreich edierten *Briefe Busonis an seine Frau* setzen erst 1895 ein und kommen deshalb als erhellende Quelle hierfür nicht in Betracht.)

Daß Liszt ihm mehr und mehr wesentlich wurde, geht nicht nur aus den interpretationsspezifischen Studien Busonis hervor: „Wahrlich, Bach ist das Alpha des Klaviersatzes und Liszt das Omega", sondern eben jene Briefe vermitteln aufschlußreiche Zeichen und Postulate. „Sich nach allen Seiten menschlich in der Kunst erfüllen!" ist deren eines. Es könnte von Liszt selbst stammen! Jene aber, die ihn und Franz Liszt just deshalb parallelisierten, nannte Busoni „Ochsen, die mit den Hörnern darauf stoßen".

Indes geht es Ferruccio Busoni im *Entwurf einer neuen Ästhetik der Tonkunst,* ähnlich Liszt, um eine spirituelle Komponente der Musik, nicht um Wissenschaft im engen Sinn. Aber ideengeschichtlich eröffnen beide Ausblicke. Und unter der Prämisse, daß sowohl die *Pariser-* als auch die *polemischen Weimarer Schriften* Liszts eine Ästhetik der Tonkunst in der Tat ja enthalten, ergeben sich allerdings Parallelen, oder besser Gedankenlinien, welche aus 1855, d. h. aus Liszts Weimarer Zeit, in Busonis 1917 in Leipzig erschienene und „dem Musiker in Worten, Rainer Maria Rilke, verehrungsvoll und freundschaftlich dargebotene" Schrift führen.

Im essentiellen Liszt'schen Prinzip einer religiös fundierten Gefühlsästhetik und der Programmusik hat Busoni die thematisierte Erbfolge nicht angetreten. Wohl aber gehören Vorstellungen der historisch transzendierenden Entwicklung in die Erbmasse. Franz Liszts Vorstellungen zielten auf das Moment einer inkommensurabel in die Zukunft weisenden, dem Stadium der Adoleszenz gerade erst entwachsenen Tonkunst. Und ebenfalls zukunftsgläubig, ja beinahe leichtsinnig optimistisch, erscheint Busoni die Musik im Kontext ihrer geschichtlichen Existenz gar als ein Kind, genauer:

als ein „schwebendes Kind", dessen Füße, frei von aller Erdenschwere, den Boden nicht berühren. „Seine Materie ist durchsichtig. Es ist tönende Luft. Es ist fast die Natur selbst. Es ist frei." – heißt es ziemlich im Beginn des Entwurfs.

> „Wir [aber, fährt Busoni fort] haben Regeln formuliert, Prinzipien aufgestellt, Gesetze vorgeschrieben. Wir wenden die Gesetze der Erwachsenen auf das Kind an. [Wir] verleugnen die Bestimmung dieses Kindes und fesseln es. Das schwebende Wesen muß geziemend gehen, muß, wie jeder andere, den Regeln des Anstandes sich fügen, kaum, daß es hüpfen darf, indessen es eine Lust wäre, der Linie des Regenbogens zu folgen und mit den Wolken Sonnenstrahlen zu brechen."

Das kommt von Franz Liszt! Sein *Berlioz-Essay* brachte es schon ein halbes Säkulum zuvor dezidiert zum Ausdruck, daß „der Künstler" (und gemeint ist damit selbstverständlich der schaffende Musiker) „das Schöne ausserhalb der Regeln der Schule verfolgen [solle], ohne [dabei] befürchten zu müssen, es dadurch zu verfehlen". Oder in *Marx: Die Musik des 19. Jahrhunderts und ihre Pflege:*

> „Jede Regel ist Ausdruck eines Urteils, das nur ein einzelner Punkt aus einem ganzen System von Anschauungen und Überzeugungen ist, mithin nur im Zusammenhang dieses Systems Lebenskraft und Geltung hat. Für sich selbst ist die Regel nur eine Behauptung."

Bei Liszt führt dies bekanntlich zum Programm, bei Busoni zur Ablehnung des Programms. Busoni läßt aber auch die (im gleichsam positivistischen Sinne) „absolute Musik" nicht gelten, mit deren ästhetischem Anwalt, Eduard Hanslick, sich auseinanderzusetzen, bereits Liszt nicht müde geworden war. Die zwischen Dezember 1854 und Januar -58 (in der von Brendel redigierten *Neuen Zeitschrift für Musik*) veröffentlichten *polemischen* Schriften, zwei riesige Essays und fünf mehr oder weniger umfangreiche Aufsätze, geben dies zu erkennen.

Daran nun knüpft Ferruccio Busoni dadurch an, daß er Hanslick, wie Liszt es – anonym zwar, aber in der Zeit sicher unmißverständlich – getan hatte, als Formalisten und Verherrlicher „tönender Tapeten" klassifiziert. „In Wirklichkeit", so der Entwurf, „ist die Programmusik ebenso einseitig und begrenzt wie das als absolute Musik verkündete, von Hanslick verherrlichte Klangtapetenmuster. Anstatt architektonischer und symmetrischer Formeln [...] hat sie das bindende dichterische, zuweilen gar philosophische Programm als wie eine Schiene sich angeschnürt."

Polemik also nach zwei Seiten? Kaum. Nicht geht es Busoni um Polemik. Vielmehr scheint Versöhnung die Triebkraft seines Wirkens: Versöhnung disparater Gegensätze in der Universalität des pianistischen Repertoires und – für die Erörterung der Erbfolge ganz sicher noch viel wesentlicher – Versöhnung des im ästhetischen Parteienkampfe Getrennten im Begriff der „jungen Klassizität" (den hier noch einmal zu kommentieren, ich mir erspare).

Die Retrospektive aber verweist auch auf ein gleichsam tragisches Moment insofern, als der Versöhner das zu Versöhnende, nämlich die ästhetisch-spirituelle Basis der Liszt'schen Programmusik und den – wie Dahlhaus ihn so einleuchtend darzustellen vermochte – idealistisch determinierten und deshalb keineswegs schematischen Formbegriff Eduard Hanslicks, mißverstanden hat. Andererseits sind in Busonis *Entwurf einer neuen Ästhetik der Tonkunst* durchaus auch deutliche Spuren Hanslick'schen Musikdenkens vorhanden. Sie finden sich dort, wo Busoni ästhetische Überlegungen anstellt, welche sich auf das Verhältnis von Darbietung und Rezeption beziehen. Er postuliert die Beseitigung jenes immer wieder beklagten Rezeptionshindernisses, das im Publikumswillen bestehe, welcher auf starken menschlichen Erlebnissen insistiere und deshalb des essentiell Künstlerischen nicht teilhaftig werden könne. Busoni trifft sich darin mit Hanslick in jenem Punkt, welchen dieser mit dem Begriff des „pathologischen Hörens" markiert hatte. (Auf die Wahrscheinlichkeit, daß Busoni Hanslick'sches Musikdenken über Theodor Billroths nachgelassene Schrift *Wer ist musikalisch* aufgenommen haben könnte – der *Entwurf* legt diesen Schluß in mehr als nur einer Hinsicht nahe –, machte Günther Weiß in *Theodor Billroth – Chirurg und Musiker* aufmerksam.)

In diesem rezeptionstheoretischen Aspekt, welchen er zugleich in seiner interpretationspraktischen Konsequenz des quasi „kaltgehaltenen Materials" reflektiert, verhält Busoni sich ohne jede Frage kritisch zu Liszts gefühlsästhetischem Prinzip: Wenn Liszt in *Hector Berlioz und seine Haroldsymphonie* das Programm eben nicht als rezeptionsspezifisches Hilfsmittel definiert, sondern als eine universelle Methode zur Erkenntnis der reinen Idee aus dem Gefühl, welche, vor allen anderen Künsten, nur die Musik „ohne die Hülfe der Reflexion" offenbare, hebt Busoni ab aufs Spiel. Auf ein S p i e l freilich, das allein durch Reflexion in der angemessenen Weise aufgenommen werde.

Darin nun schließt sich der Kreis dieser Betrachtung, denn der Pianist Busoni, wie er in den wenigen und deshalb unschätzbaren Klang-Dokumenten aus dem Beginn unseres Jahrhunderts fortlebt, intendierte eine Liszt-Rezeption, welche nicht, wie Liszt selbst es beabsichtigte, auf Identifikation, sondern auf Reflexion abhob. Vom Ende unseres Jahrhunderts auf dessen erstes Jahrzehnt zurückblickend, sei deshalb die Hypothese gewagt, daß zuerst Ferruccio Busoni just durch diese neugesetzten Vorzeichen Liszt – abgesehen selbstverständlich von den Editionen – für das 20. Jahrhundert kommensurabel erhielt.

Literatur

Altenburg, Detlef: *Vom poetisch Schönen. Franz Liszts Auseinandersetzung mit der Musikästhetik Eduard Hanslicks*, in: Festschrift Heinrich Hüschen, hg. von D. Altenburg. Köln 1980.

Berg, Michael: *Entwürfe zu einer Theorie der Musikkritik in den Weimarer Schriften Franz Liszts*, (Habil.-Schrift) Rostock 1994 (Typoskript).

Besseler, Heinrich: *Die Musik des Mittelalters und der Renaissance. Handbuch der Musikwissenschaft*, hg. von Ernst Bücken. Potsdam 1931.

Billroth, Theodor: *Wer ist musikalisch?* Hg. von Eduard Hanslick, Berlin 1885. Reprint: Hamburg 1985.

Busoni, Ferruccio: *Briefe an seine Frau*, hg. von Friedrich Schnapp. Mit einem Vorwort von Willi Schuh. Erlebach–Zürich 1935.

derselbe: *Entwurf einer neuen Ästhetik der Tonkunst*, Leipzig 1917.

derselbe: *Wesen und Einheit der Musik*. Neuausgabe der Schriften und Aufzeichnungen Busonis, revidiert und ergänzt von Joachim Herrmann. Berlin 1956.

derselbe: *Von der Macht der Töne*. Ausgewählte Schriften, hg. von Siegfried Bimberg, Leipzig 1983.

Dahlhaus, Carl: *Klassische und romantische Musikästhetik*, Laaber 1988.

Hanslick, Eduard: *Vom Musikalisch Schönen. Ein Beitrag zur Revision der Ästhetik der Tonkunst*, Leipzig 1854. Reprint: Darmstadt 1976.

Liszt, Franz: *Hector Berlioz und seine Haroldsymphonie*, in: Neue Zeitschrift für Musik, Bd. 43/1855, S. 25 ff., 37 ff., 49 ff., 77 ff., 89 ff.

derselbe: *Marx: Die Musik des neunzehnten Jahrhunderts und ihre Pflege*, in: Neue Zeitschrift für Musik, Bd. 42/1855, S. 214 ff., 225 ff.

Weiß, Günther u. a.: *Theodor Billroth*, Regensburg 1994.

Szymanowskis Dritte Symphonie und Richard Strauss' Also sprach Zarathustra[1]

Die *Dritte Symphonie* op. 27 aus dem Jahre 1916 *Das Lied von der Nacht/ Pieśń o nocy* wird der sogenannten mittleren Schaffensperiode Karol Szymanowskis zu Beginn dieses Jahrhunderts zugerechnet. Obgleich die Uraufführung in St. Petersburg unter dem Dirigat von Alexander Siloti für den 26. November 1916 geplant war, fand sie wegen der Kriegsereignisse erst 1921 statt, und zwar in London unter der Stabführung von Albert Coates. Veröffentlicht wurde das Werk 1925 bei der Universal-Edition.
Im Schaffen des 1882 geborenen Komponisten und vielbewunderten Pianisten nimmt die Symphonie einen außerordentlichen Platz ein, kennzeichnet sie doch den entscheidenden Schritt der radikalen Lösung von Richard Wagner[2] und damit das wesentliche Moment einer künstlerischen Entwicklung, welche nicht zuletzt von den überwältigenden Eindrücken speziell der Reisen nach Sizilien und Nordafrika (1911/1914) befördert worden war.[3] Nach Kriegsausbruch zog sich Karol Szymanowski in die Abgeschiedenheit der Ukraine zurück und suchte dort die notwendige Isolation, um in sich Werke und eine eigene künstlerische Ausdrucksfähigkeit reifen zu lassen, die letztlich auch eine intensive Auseinandersetzung mit den faszinierenden Reiseeindrücken bedeuteten. Solches bahnte sich allerdings

---

1 Professor Peter Winch/Univ. of Ill. sei für Anregungen und Diskussionen postumus mein tiefer Dank ausgesprochen.
2 Die ersten beiden Symphonien op. 15, f-Moll, 1907 (also gleichzeitig entstanden wie Gustav Mahlers *Lied von der Erde*) und op. 19, B-Dur, 1910 stehen unter dem spürbaren Einfluß von Richard Wagner und Richard Strauss.
3 Alle Reisen, die Szymanowski nach der ersten Symphonie unternahm, wurden für seine künstlerische Entwicklung außerordentlich wichtig: Die Italienreisen der Jahre 1908–10, die nach Sizilien 1911, und schließlich und vor allem jene nach Nordafrika 1914, welche ihn – wie das Jahr zuvor schon Béla Bartók, in die Oase Bistra führte. Für Bartók bedeutete diese Reise – wie für Szymanowski – eine wesentliche Anregung; seine musikethnologischen Ergebnisse veröffentlichte Bartók in der *ZsfMw*, II 1919/20, S. 489–522; und wie es für Szymanowski gelten sollte, so finden sich auch im Werk Bartóks im unmittelbaren Reflex auf die neuen Höreindrücke arabische Elemente, die besonders in den *44 Duos für 2 Violinen* (1931) zum Tragen kommen (v. a. Nr. 42).

schon unmittelbar nach der ersten Sizilienreise an, denn jetzt finden sich Orientalismen komplexester Art in seinen beiden Hafiz-Zyklen, den *Sechs Liedern* op. 24 von 1911, umgearbeitet 1914, und *Fünf Liedern mit Orchester* op. 26, 1914.[4] Beide Zyklen beruhen auf Dichtungen Hans Bethges, dem seit 1907 gerühmten Autor der Gedichte, die Mahler seinem *Lied von der Erde* zugrunde legte. Die gewählten Gedichte Bethges zu op. 24 und op. 26 sind Nachdichtungen der Gesänge des Mohammed Hafiz[5] – jenem hochbedeutenden persischen Dichter des 14. Jahrhunderts, dessen Werk durch die 1812–13 erfolgte Publikation bei Cotta – *Der Diwan des Mohammed Schemsed-din Hafis. Aus dem Persischen zum ersten Mal ganz übersetzt von Joseph Hammer-Purgstall* – eine ungeahnte Rezeptionswelle auslöste, und u. a. in Goethes *West-östlichem Diwan* Niederschlag fand.

Mit Ausbruch des ersten Weltkrieges wandte sich Szymanowski verstärkt dem Orientalischen zu, sicher um neue Klangfarben- und Tonbereiche zu erorbern, aber vielleicht auch, um einen Ausweg aus den chaotisch-bedrohlichen und unabsehbaren Zuständen der heillos wirkenden Welt zu finden. – Die dritte Symphonie gibt Zeugnis vom Streben nach nicht nur klanglich neuen Ausdrucksmöglichkeiten, und erst mit der in den Jahren 1918–1924 verfaßten Oper *Król Roger*[6] findet die orientalische Periode ihren vorläufig ersten Höhe- und Endpunkt. Symbolisch für das Zusammenfließen disparatester Kulturen und Traditionen wählt die Oper Sizilien als Schauplatz, wo sich Normannisches, Antikes (Dionysos), Orientalisches und andere Kulturschichten berühren und umfangen. So liegt es nahe, in der Diskussion um die *Dritte Symphonie* auch *Król Roger* mit zu berücksichtigen, denn erst manche Antwort auf Fragen, die das *Lied von der Nacht* als zeittypisches Produkt aufwirft, findet hier ihre Beantwortung.[7]

---

4 Hier werden drei Lieder aus op. 24 instrumentiert.
5 1852: G. Fr. Daume: *Hafis: Neue Sammlungen*, Nürnberg 1852; s. a. Peter Andraschke: *Szymanowskis Bethge-Vertonungen*, in: *Karol Szymanowski in seiner Zeit*, hg. von M. Bristiger, R. Scruton, P. Weber-Bockholdt, München 1984 (Fink-Verlag), S. 85–100.
6 Die Oper *Hagith* 1912/13, die Szymanowski nicht vollendet hatte, ging *Król Roger* voraus. Zu den Werken, welche orientalische Einflüsse aufweisen, zählen noch: op. 31: *Sechs Lieder der Märchenprinzessin*, 1915, und op. 41: *Vier Lieder für Singstimme und Klavier*, nach Worten des indischen Dichters Rabindranath Tagore und op. 42: *Lieder des verliebten Muezzin*: für

Zur Dritten Symphonie

Zwar setzt sich die Symphonie in bewußte Distanz zu Wagner, doch gibt es stattdessen nun markante Einflüsse von Skrjabin, Debussy und Ravel.[8] Anders als die beiden älteren Symphonien pointiert Szymanowski mit der Gattungszuordnung sein Anliegen der Distanzierung, allein indem er das Werk in die Tradition der Chorsymphonie stellt, weil die menschliche Stimme mit einbezogen ist und zwar zum einen als Textträger, nämlich als Sopran-, bzw. Tenorsolo und Chor, und zum anderen als reines Klangkolorit, ohne jegliche Textdeklamation. Selbst wenn der gewählte Titel *Lied von* an ein anderes wohlvertrautes „Lied" gemahnen läßt, nämlich an jenes schon erwähnte *Lied von der Erde* Gustav Mahlers, so liegt grundsätzlich eine andere Gattung, nämlich die der Symphonie, vor. Der äußere Anschein betont ebenfalls den Bruch mit der Konvention, handelt es sich vordergründig doch um ein einsätziges Werk, im Gegensatz zu den beiden älteren Symphonien. Allerdings läßt sich dann jedoch sehr leicht eine latente Mehrsätzigkeit erkennen, mit Einleitung und Coda.

Grundlage der Symphonie ist eine Neu- bzw. Nachdichtung eines Gedichtes aus dem *Zweiten Diwan* des persischen Mystikers und Begründers des Sufi-Ordens Mawlana Dschalal ad-din-Rumi (1207–1273).[9] Für die Her-

---

Sopran und Klavier, 1918, Texte von Jaroslaw Iwaszkiewicz (1894–1980), wobei v. a. das erste Lied Einflüsse der maurisch-spanischen Folklore aufweist.

7 Siehe hierzu: Karol Berger: *King Roger's „Liebesleben",* in: *Karol Szymanowski in seiner Zeit,* hg. von M. Bristiger, R. Scruton, P. Weber-Bockholdt, München (Fink-Verlag) 1984, S. 101–112; Jan Blonski: *Szymanowski und die Literatur,* ebd. S. 21–28; Paolo Emilio Carapezza: *Re Ruggiero tra Dioniso e Apollo,* in: *Storia dell'Arte 38/40, Studi in Onore di Cesare Brandi,* Florenz 1980, S. 471–479; Roger Scruton: *Between Decadence and Barbarism: The Music of Szymanowski,* in: *Karol Szymanowski in seiner Zeit,* hg. von M. Bristiger, R. Scruton, P. Weber-Bockholdt, München (Fink-Verlag) 1984, S. 159–178.

8 Wie vor allem Jim Samson: *The Use of Analytical Models in the Analyes of Szymanowski's Harmonic Language,* in: *Karol Szymanowski in seiner Zeit,* hg. von M. Bristiger, R. Scruton, P. Weber-Bockholdt, München (Fink-Verlag) 1984, S. 149–158 und in: *The Music of Szymanowski,* New York (Taplinger Publishing) 1981, mehrmals dargelegt hat.

9 Die Schreibweise des Namens variiert. Mawlana Dchalal al-din-Rumi war auch ein berühmter Mystiker. Der von ihm begründete Sufi-Orden hatte zum Ziel durch mystifizierende Erlebnisse eine Identifikation von Gott und Mensch mittels Meditation und Askese zu befördern, womit zugleich eine gewisse Problematik innerhalb des Islam evident wird: die Ambivalenz zur Erotik, die sich z. T. in einer außerordentlich erotischen Bildersprache niederschlägt.

ausgabe bei der Universaledition zeichnete abermals Hans Bethge als Übersetzer,[10] für die polnische (identische) Version der Dichter Tadeusz Miciński.[11]

> Schlaf nicht, Gefährte, diese Nacht.
> Du bist Geist, wir sind die Kranken diese Nacht
> Jag den Schlaf von deinem Aug'!
> Das Geheimnis wird sich klären diese Nacht.
> Du bist Jupiter am Himmel,
> Kreist als Stern am Firmamente diese Nacht!
> Gleich dem Adler flieg hinauf!
> Sieh, zum Helden wird dein Geist diese Nacht.
> Wie still ist's, alles schläft ...
> Ich und Gott, wir sind allein diese Nacht!
> Wie es saust! Geht das Glück auf!
> Wahrheit füllt mit lichtem Flügel diese Nacht!
> Schlaf nicht, Gefährte,
> Würd' ich schlafen bis zum Morgen,
> Säh ich niemals, niemals wieder diese Nacht!
> Sind verstimmt der Erde Straßen,
> Blick empor zur Sternenbahn diese Nacht!
> Löwe, Orion,
> Andromeda, Merkurer glänzen rot diese Nacht!
> Dort droht Unheil von Saturnus,
> Venus schwingt den goldnen Schleier diese Nacht!
> Schweigen bindet mir die Zunge,
> Dennoch red' ich ohne Zunge diese Nacht!

10 Merkwürdigerweise hat Bethge diese Nachdichtung nie selbst veröffentlicht, doch weist ihm Teresa Chyliński in der Szymanowski GA die „Übersetzer"-Rolle zu und erwähnt Miciński als Übersetzer überhaupt nicht; die Urheberschaft Tadeusz' Micińskis für den polnischen Text findet sich bei Samson (1981) belegt.
11 Der polnische Dichter Tadeusz Miciński hat noch weitere Gedichte aus dem *Zweiten Diwan* des Rumi übersetzt.

Interessanterweise findet sich im dichterischen Werk des großen Orientforschers Friedrich Rückert (1788–1866), und zwar in seinem *Poetischen Tagebuch* von 1819 unter den *Ghaselen-Dichtungen*[12] eine ältere Übersetzung der Dichtung des Mawlana Dschalal al-din-Rumi; möglicherweise spiegelt sie am genauesten die persische Dichtung wider:

Schlaf nicht, Gastfreund, mein Gedanke! diese Nacht;
Dem ich trauten Zuspruch danke diese Nacht.
Du ein Engelshauch, mir steigend himmelab,
Du bist Arzt, und ich der Kranke, diese Nacht.
Bann' den Schlummer, daß Geheimnis unserm Blick
Trete aus dem Heil'genschranke diese Nacht.
Kreiset hell' ihr Stern' am Himmel, daß zum Licht
Sich empor die Seele ranke diese Nacht.
Edelstein' aus euren Grüften blitzet auf,
Gegen Stern' in süßem Zanke diese Nacht.
Flügle dich hinauf, mein Adler, sonnenwärts,
Und mir nicht im Dunkeln schwanke diese Nacht.
Gott sei Dank, sie schlafen alle. Gott und ich
Stehn allein nun in der Schranke diese Nacht.
Diese Nacht ist hell von Sonnen, leuchtend mild,
Daß davon mein Blick nicht wanke diese Nacht.
Lyra tönt, die goldne schlanke, diese Nacht.
Welch Getümmel wacht am hellen Sternenmarkt;
Löw' und Stier und Widder strahlen Kampf für Licht,
Und Orions Schwert, das blanke, diese Nacht.
Skorpion und Schlange flüchten, Krone winkt,

---

12 Ghasel ist eine Hauptform der persischen Dichtung; damit wird eine bestimmte Strukturierung umschrieben, welche bei Rückert mit drei Zeilen, Bethge mit vier Zeilen wiedergegeben ist; wesentlich ist der persischen Dichtung dabei der Schlußrefrain, welcher sich immer gleich bleibt.

Und die Jungfrau labt mit Tranke diese Nacht.
<u>Schweigend bind' ich mir die Zunge, lustberauscht;</u>
<u>Ohne Zunge sprich, Gedanke, diese Nacht.</u>[13]

Die Parallelen sind zwar evident, doch führt die freiere und knappere Nachdichtung, die die Grundlage für die Symphonie bildet, zu größerer Prägnanz; heftige Wortgesten (wie „jag", „saust", etc.) setzen belebende Akzente; die Wortwiederholungen intensivieren die Aussagen in beinahe dramatisierender Weise, Saturn wird als bedeutungsschwerer Kontrast gewählt, und die Assoziation von Jungfrau = Venus führt zu einer eindeutigen Erotisierung, die die Komposition wesentlich beeinflussen sollte.

Eigenwillig hat Szymanowski den Text nochmals für die Bedürfnisse seiner symphonischen Komposition eingeteilt und neu zusammengestellt, wodurch sich erste Interpretationshinweise abzeichnen:

1. Abschnitt mit Einleitung (Solo und Chor)

Schlaf nicht, Gefährte, diese Nacht.
Du bist Geist, wir sind die Kranken diese Nacht

Jag den Schlaf von deinem Aug'!
Das Geheimnis wird sich klären diese Nacht.

Jag den Schlaf von deinem Aug'!
Das Geheimnis wird sich klären diese Nacht.
Du bist Jupiter am Himmel,
Kreist als Stern am Firmamente diese Nacht!

---

[13] Die Parallelen sind unterstrichen, und wir erkennen, daß der Text, der Szymanowskis Symphonie zugrunde liegt, eine ziemlich freie Nachdichtung ist.

Jag den Schlaf von deinem Aug'!
Das Geheimnis wird sich klären diese Nacht.
Gleich dem Adler flieg hinauf!
Sieh, zum Helden wird dein Geist diese Nacht. (Klimax)

Schlaf nicht, Gefährte, diese Nacht. (ÜL, Chorsolo)

2. Tanzabschnitt-Rondeau
GP (vor Ziffer 72)

ÜL: (Solo und Rezitativ)

Wie still ist's, ... alles schläft ...
Ich und Gott, wir sind allein diese Nacht!
Wie es saust! Geht das Glück auf!
Wahrheit füllt mit lichtem Flügel diese Nacht!

3. Abschnitt
Solo

Schlaf nicht, Gefährte,
Würd' ich schlafen bis zum Morgen,
Säh ich niemals, niemals wieder diese Nacht!
Sind verstimmt der Erde Straßen,
Blick empor zur Sternenbahn
Löwe, Orion,
Andromeda, Merkurer glänzen rot diese Nacht!
Dort droht Unheil von Saturnus,
Venus schwingt den goldnen Schleier diese Nacht!

Chor
Schlaf nicht, Gefährte, diese Nacht
Gleich dem Adler flieg hinauf!
Sieh, zum Helden wird dein Geist diese Nacht
(Klimax)

Coda
Schweigen bindet mir die Zunge,
Dennoch red' ich ohne Zunge diese Nacht!

Chor
Ich und Gott, wir sind allein diese Nacht!

Die ersten beiden Verse – vertont als „Einleitung" – dienen gleichsam als Motto. Sie fordern zur Wachsamkeit auf, wobei sofort die antipodischen Kräfte benannt sind („du/Geist" – „wir/krank"). Dem Geistes-Gefährten wird im weiteren Verlauf die entscheidende Rolle zukommen. Vorbereitet von den ekstatischen Aufforderungen „Jag den Schlaf von deinen Augen" (Z. 5), wird eine mystische Nacht geschildert, deren Geheimnis sich lüften soll. Dreimal ist der Aufruf zur Wachheit zu hören, um das einmalige Ereignis der mystischen Verbindung von Mensch und Gott nicht zu versäumen („Gleich dem Adler flieg hinauf. Sieh zum Helden wird dein Geist diese Nacht"). Die Überleitung zu einem textlosen zweiten Abschnitt/Satz, einem Tanzsatz, wiederholt nochmals in Art eines Zirkelschlusses das Eingangsmotto.[14]

Der zweite Abschnitt, Allegretto tranquillo (Z. 28), nimmt die Stelle eines Scherzos ein, und eine Sektion daraus ist tatsächlich „scherzando" (Z. 38) überschrieben. Es handelt sich um ein Rondo, geformt aus einer Aneinanderreihung von Tanzsätzen.

14 Karol Szymanowski: *Gesamtausgabe,* Serie A, Bd. 2, hg. von Teresa Chylińska, PWM Krakau.

In Reflexion auf das Geschehene hebt danach wieder die Solostimme an und preist die Stille der Nacht, das Glück, die Einsamkeit und das Alleinsein mit Gott. Höchste Glückseligkeit birgt die Offenbarung von Wahrheit in sich. Jene sehr intimen, reflektierenden Gedanken leiten zum letzten Abschnitt über (Z. 77 ff.), der ebenfalls zunächst solistisch deklamiert wird. In einem Rückgriff auf den anfänglichen Aufruf zur Wachsamkeit wird das Geheimnis der Nacht in Worte gebracht. Im Mittelpunkt der Betrachtung stehen bedeutungsschwer die einzelnen Sternenbilder. Als der traditionell unheildräuende Saturn in den Blick fällt, kommt der Chor mit dem Wach-Refrain hinzu. Venus ist die Königin dieser einmaligen Nacht, was eine überwältigende Klimax auslöst; man hört einen Zirkelschluß zur dritten Textquartine, d. h. zum entscheidenden Moment am Ende des ersten Abschnittes, welcher der mystischen und stummen Verklärung des Tanzabschnittes vorausgeht. Doch jetzt führt der Zirkelschluß in die Coda, die die intimen Momente des Alleinseins und der Vereinigung mit Gott beschreibt, deren auflösende Verschmelzung in die Stille eingeht. In mystischer Auflösung verlöscht auch die Symphonie, auf einem *c* (mit beigemischtem *f* und *g*, also den beiden Dominanten) im vierfachen Piano und nachfolgender GP („perdendosi").

Dieses Versinken in die Stille rundet die Komposition, die sich immerhin aus einer vergleichbaren Stille, einem Pianissimo, herausschälte, und wir werden der Intention gewahr, kosmische Ruhe als Grundsituation zu gestalten, erhellt und durchbrochen durch das geschilderte mystische Ereignis. Trotzdem gibt es Unterschiede: Zu Beginn waren der C-Klanglichkeit – einem mächtigen und lange ausgehaltenen Orgelpunkt, auf dem die ganze Einleitung ruht, und der bis in den sogenannten ersten Satz hineinreicht – noch andere Klangsäulen beigemischt, denn wir hören als Ausgangssituation eine Ganztonreihe aus zweimal fünf Tönen, die Debussy nicht verleugnet: *(b – as – ges – fes – d* und *c – d – e – fis – gis.)*. Die beiden Zentren *c* und *b* werden zu den Säulen der Komposition, indem sie Pentatonik und Bitonalität zugleich vereinigen. Dies zollt jedoch auch der Polarität der ersten Verse Tribut („Gefährte-wir"), die erst in der mystischen Vereinigung mit Gott überwunden wird: Am Ende dominiert ausschließlich die C-Klanglichkeit. Von hier aus betrachtet gewinnen der polare Anfang der Symphonie und seine Botschaft am Schluß an entscheidender Stringenz.

Aus dem statisch wirkenden, obgleich doppelgeschichteten Anfang, der alles musikalische Material grundsätzlich bereithält, entwickelt sich allmählich das Klangfarbenmaterial, wie das motivisch-thematische.[15]

Das den zweiten Satz profilierende Tanzelement, welches das Geheimnis der Nacht vorführt – schließlich übernimmt der Chor nur klangliche Aufgaben – kündigt sich schon nach der Einleitung an. Dort löst die Aufforderung zur Wachsamkeit einen stereotypen Tanzrhythmus aus, der sich in Imitation verdichtet und eine schwebende Klangfläche hervorruft (gebrochene Akkorde der Violinen). Unter Beibehaltung und Erweiterung dieser Elemente steigert sich das musikalische Geschehen dann aber nicht zu einer tanzartigen Klimax; vielmehr gestaltet diese die Violinkantilene. Andererseits kommen nun an bestimmten Textstellen und Wortbildern (wie z. B. „Stern") barock anmutende semantische Gesten zum Tragen, welche auf die Verschmelzung am Ende hinweisen und im Bild des „otchadnie" (Adlers) kulminieren: Den Ausbruch des ersten Satzes markieren ein Fortissimo und h^3 des Soprans. – Die Überleitung zum Tanzsatz bringt eine markante Beruhigung, als ob nochmals an die ursprüngliche und allobwaltende Stille erinnert werden sollte; dominierend erklingt das c.

Eine lange Fermate und ein überdehntes *As* lösen die Tänze des sogenannten zweiten Satzes aus; sie zeichnen sich durch mannigfaltige Orientalismen aus. Klangträger sind die beiden Harfen, die Celesta, das Klavier, die Flöten, Oboen, die Klarinetten und die wichtige Percussionsgruppe; die

---

[15] Die ganze Symphonie scheint auf bedeutungsschweren Orgelpunkten zu lasten, die in ihrer Art wesentlich sind und sicher ebenfalls eine semantische Deutung liefern. Die Verwandtschaft der Kantilenen ist durchaus begründet, erweist sich die zweite Kantilene während der ersten Chordeklamation als Wiederholung der ersten (Z. 5) grundsätzlich ähnlich.

Streicher treten zurück. Eine solche Instrumentation beschwört Exotik und wirkt fremd, orientalisch und „entrückt". Hinzu kommt die nicht minder exotisch anmutende Rhythmik, die zwischen punktiertem 3/8 Takt und einer Art Hemiole wechselt. Der Satz ist formal als Bogen-Rondo (A B C B* C A D) angelegt, die Mitte bestreitet ein Scherzo. Pentatonik und sogenannte arabisch fallende Chromatismen (große Sekunden, verminderte Quarten), sowie die Art der Melismatik verstärken die Assoziation mit dem Orientalischen, so wie man es auch in den älteren Hafiz-Liedern wiederfinden kann. Der Chor wird nur als Klangträger verwendet. – Bemerkenswert ist im singulären Abschnitt B (Z. 41) eine grobe Eruption des Blechs, die Walzerklänge assoziiert.

Über einem Orgelpunkt der Triangel, also zu einer schrill-exotischen Klangfläche, klingt der zweite Satz so verhalten aus, wie er begonnen hatte: Nur das rhythmische Muster des Anfangs ist leicht variiert zu hören.

Ein Rezitativ leitet zum Finalsatz über – womit Szymanowski an wohlbekannte symphonische Strukturen anknüpft. Dieser inhaltlich wesentliche Abschnitt, der immerhin der sich vollziehenden mystischen Vereinigung unmittelbar vorangeht, reflektiert über die glückliche Zweisamkeit von Gott und Mensch. Es ist der Einzelne, der sich diesen Überlegungen hingibt – wogegen die Verschmelzung im letzten Satz weltumfassend ist und konsequenterweise dann den Chor miteinbezieht, der immer mehr zum deklamierenden Sinnträger wird.[16]

Allgemein wird diese Symphonie zumindest indirekt mit dem Dionysischen in Zusammenhang gebracht. In unmittelbarer zeitlicher Nähe zur Entstehungszeit hat der Komponist an einem Roman gearbeitet, der fragmentarisch blieb: *Ephebos* (jüngst vom polnischen Literaturwissenschaftler Blonski in Paris wiederaufgefunden), wo Szymanowski – nach eigenen Ideen – den

---

16 Am Ende siegt der Geist, das *c:* über die Bedeutung der Wahl von C-Dur und c-Moll s. a. Hans Pfitzners entsprechende Äußerungen zur *Zauberflöte,* in: *Werk und Wiedergabe,* in: *Gesammelte Schriften* Bd. 3, Augsburg 1929 (Tutzing ²1969), S. 97 ff.
Die Symphonie endet zu Webeflächen der Violinen und den sich auflösenden unterschiedlichen Klangsäulen der einzelnen Protagonisten, des Chores und der Solisten (C/F-Dur und Des[VII]), und über dem Orgelpunkt c (dies ist der gleiche Ton wie der des Solisten).

dionysischen Kult des Schönen und die Liebe als Religion verherrlicht. Wie Blonski dargelegt hat, gab es für Szymanowski einige Vermittler des Dionysos-Bildes: Walter Pater, Friedrich Nietzsche, nicht zuletzt mit seiner Dichtung *Also sprach Zarathustra* und Wieczeslaw Iwanow, abgesehen von den Exponenten des Kreises „der Elite von Zakopane", die den altehrwürdigen Ferienort am Fuße der Hohen Tatra als eine Insel der Freiheit, beinahe als ein mystisches und dionysisches Modell empfunden haben.[17]

Zu Also sprach Zarathustra

Es liegt nahe eine kleine Bemerkung des englischen Musikwissenschaftlers und Philosophen Roger Scruton ernst zu nehmen und einen anderen Komponisten mit einem dionysisch anmutenden Werk heranzuziehen, nämlich Richard Straussens Tondichtung *Also sprach Zarathustra,* op. 30. Sie war die fünfte der insgesamt neun Tondichtungen und stammt aus dem Jahr 1896. Obgleich Strauss sie erst so spät vollenden konnte, reichen die Pläne zu ihrer Komposition in die Weimarer Ära (1889–1894) des Komponisten und Dirigenten zurück, eine Ära, die Strauss als wenig glücklich empfand, da ihn das „traurige Nest und die elenden deutschen Kunstzustände" zutiefst aufregten. Die Tondichtung gilt deshalb auch als des Komponisten indirekte kritische Auseinandersetzung mit seiner Weimarer Zeit,[18] wobei sie die sicher weitaus kritischere, aber auch widersprüchliche Dichtung Nietzsches zugrundelegt.

---

17 Der Künstler und futuristische Schriftsteller Stanisaw Ignacy Witkiewicz kann vielleicht als der wesentliche Vertreter dieser Ideen gelten, wobei sich eine zunehmende Konzentration auf die eigenen metaphysischen Befindlichkeiten beobachten läßt (Omphalopsychismus).
18 Das Werk gehört der sogenannten mittleren Schaffensperiode des Komponisten an, die mit *Ein Heldenleben,* op. 40, 1898 abgeschlossen war. – Ab 1882/83 steigt Strauss' Interesse an der Philosophie. Die Pläne, einen *Zarathustra* zu schreiben, gehen auf Weimarer Anregungen zurück (1889–1894), doch gelang es ihm erst während eines Aufenthaltes in Cortina,1895, solches zu konkretisieren. Als Strauss seine ausgedehnten Griechenland- und Ägyptenreisen unternahm (1892/93), die vor allem zur Stabilisierung seiner Gesundheit dienten, vertiefte er sich immer mehr in Nietzsches Schriften, wobei ihn die messianisch-apologetische Weltsicht besonders anzog.

Stellt man sich die Frage nach möglichen Affinitäten beider Kompositionen, so fällt vordergründig zunächst einmal die parallel anmutende Art von Anfangs- und Schlußgestaltung auf: Denn auch in der Tondichtung findet sich zu Beginn der Komposition ein *c* als Orgelpunkt, im Pianissimo, gefolgt von einem allmählichen Strukturieren des Klangraumes und geknüpft an ein überwältigend anwachsendes Crescendo. Am Ende erklingt gleichermaßen ein *c,* zart getupft und darin ersterbend. Doch hören wir das *c* als eine merkwürdige Infragestellung, denn es scheint, als ob die Komposition schon zuvor in sehr leisen, hohen H-Dur-Klängen zu Ende gehen wollte – diese knüpfen übrigens an Traditionen des Verklärungstodes an – so daß das *c,* welches im Wettstreit mit dem H-Dur liegt, keinesfalls auf eine befriedete Schlußlösung hinweist, sondern nach einer überraschenden Konfrontation beider Tonalitäten letztlich obsiegt. Dies bedeutet aber, daß sich das Ende der Tondichtung völlig anders darstellt, als in der jüngeren Symphonie, die friedvoll verebbt und so in die kosmische Stille zurücksinkt. Bei Strauss erhebt sich eine grundsätzliche Infragestellung und Verunsicherung gerade in jener anderen Art des Versinkens in die Stille, denn überraschend ereignet sich die Rückung von *h* nach *c*.

Auch in der Tondichtung spielt sich eine „heilende", beinahe ans Mystische grenzende Erfahrung ab, die als dionysische Heilserfahrung interpretiert wird, und zwar im Abschnitt „der Genesende", welcher zuvor zwar dank der Wissenschaft erkrankte, aber doch auch aus ihr heraus dann gesundet. Die Gelehrtheit charakterisiert Strauss mit der Fugentechnik, wobei das gewählte Fugenthema in seiner Konstellation und Akkordabfolge äußerst kühn ist und eine grundsätzliche Infragestellung evident werden läßt, mit der Aneinanderreihung folgender Akkorde: C-Dur; a-Moll, Es-Dur; A-Dur. Dies bedeutet eine Abfolge höchst disparater Klänge, mit Tritonus-, bzw. verminderten Quintbezügen.
Die Genesung wird mit einem Naturtopos und orientalischen Tänzen vorbereitet; sie ist eng verknüpft mit der Wissenschaft und löst den darauffolgenden umfänglichen Abschnitt mit verschiedenen Tänzen, unter anderem

dem „Tanzlied" aus, worin sie sich zugleich versinnbildlicht; sie zerfällt durch eine markante Zäsur.[19] – Eine vergleichbare Zäsur kennt auch Szymanowskis Symphonie, doch findet sie sich an einer anderen Stelle, nämlich erst nach dem ekstatischen Tanzrondo, welches eine erste mystische Verschmelzung bedeutet und das Solorezitativ vorbereitet, in dem die Einsamkeit von Gott und Mensch beschworen wird. – Der Zäsur (GP) der Tondichtung jedoch geht ein Ausbruch in eine Klangfläche mit dreifachem Forte voraus, zu einem reinen *c*. Das nun folgende „Tanzlied", der Walzer, endet abermals mit einer Klimax.

Ganz anders bettete Szymanowski das Tanzrondo der Symphonie ein, weil es aus der Stille beginnt und in die Stille verebbt. Vergleichbar ist aber die rondoartige Gliederung der Tanzabschnitte in beiden Kompositionen, und wir werden gewahr, daß die Tondichtung doppelt vorbildhaft wirkte: In der Wahl der Tänze für eine wie auch immer ans Mystische grenzende Heilserfahrung und in der formalen Strukturierung. Hinzu kommt, daß auch die Art der gewählten Tanzelemente Verwandtes birgt. Allerdings nimmt Szymanowski eine entscheidende und bedeutungsvolle Umakzentuierung vor, in der Betonung des sogenannten arabischen Elementes. Strauss – auch hier gibt es Parallelen beider Autoren – kündigt das Tänzerische am Übergang vom Abschnitt „Wissenschaft" zum Abschnitt „Genesung" mit Orientalismen und Vogeltopoi, d. h. mit bukolischen Motiven an, um dann – nach der Zäsur – den entscheidenden Höhepunkt im „Tanzlied" über einer derben, walzerartigen Episode herbeizuführen.

Ähnlich wie es später Szymanowski tun wird, werden also schon vor dem eigentlichen „Tanz" wesentliche Momente mottoartig vorausgenommen. Abgesehen von der Einbettung in die Stille bei der jüngeren Komposition ereignet sich bei Strauss die ekstatische Zuspitzung im Walzer als orgiastische Überformung. – Solches geschieht bei Szymanowski ohne orgiastischen Ausbruch, als Schatten- oder Nachtszene im Piano und unter Verwendung der arabisierenden, exotischen Topoi, wobei auch bei ihm, aller-

---

19 TP.: S. 94/95.

dings nur vorübergehend, ja ebenfalls ein Walzer anklingt. – Orientalismen sind auch Strauss nicht fremd: Sie werden an der Überleitung mottoartig angedeutet und sind ausgestattet mit der typischen Instrumentation von Piccoli, Oboen, Klarinetten, Harfen und Triangel, zu einem scharf punktierten Rhythmus. Allerdings sind sie dergestalt dem Vogelruftopos ähnlich, und außerdem bleiben sie eine flüchtige, schattenhafte Episode.[20] Damit wird offensichtlich, daß es Straussens Absicht nicht war, das Orientalische und Dionysische als mystische Erfahrung zu fokussieren – im Gegensatz zu Szymanowski, der solches verwendet, um eine extrem geheimnisvolle Nacht musikalisch einzufangen und zu versinnbildlichen. Vielmehr scheint er den Orientalismen lediglich die Qualität einer additiven und bereichernden Variatio einzuräumen, sie aber nicht mit einer besonderen Semantik oder Botschaft zu befrachten. Im Walzer nämlich und im scharf punktierten Springtanz – also gewissermaßen im „Bodenständigen", welches eine orgiastische Ekstase auslöst, kommt er zur taumelnden und befreienden Genesungserfahrung. Daran nimmt das Orientalische keinesfalls mehr teil.

Damit werden Divergenzen und Parallelen beider Kompositionen evident. Zweifelsohne erfuhr Szymanowski entscheidende Anregungen durch Strauss – doch die Umdeutung und neue semantische Gewichtung, die der Tanzepisode nun zukommt, hat eine andere Zielrichtung, zumal als wesentlicher Träger der Orient beschworen wird, und das Herausschälen der Episode aus der Stille ihr eine beinahe kosmische Qualität verleiht. Doch bedarf die scheinbar so kühne These des Dionysischen bei Szymanowski

---

20 Allmählich formen sich ekstatische Tänze heraus (ab ca. T. 385 ff.); die Krönung der Ekstase spielt sich im „Tanzlied", einem Walzer, ab (ab T. 409, TP S. 126). Erst das zwölfmalige Ertönen der Mitternachtsglocke bereitet diesem ein Ende (ab T. 879, „Nachtlied").
Die Tanzszene läßt sich gliedern:
A: 409–527: Walzer, Polytonalität;
B: 527–628: Tanz, Walzer, untermischt mit Motiven, die Sehnsüchte und Zweifel einbringen.
C: 629–805: Leidenschaft, Walzer, Sehnsucht, Freude.
D: 805–808: Tanz.
E: 809–875: Walzer: Leidenschaft, Sehnsucht, Zweifel;
nach Julia Liebscher: *Also sprach Zarathustra* (= *Meisterwerke der Musik. Werkmonographien zur Musikgeschichte*, hg. von St. Kunze, Bd. 62), München 1994.

noch einer Erklärung – und mit dieser These scheint auch unmittelbar die so explizite Wahl des orientalischen Topos verknüpft.

Zu Król Roger
Immerhin fehlen eindeutige Zuordnungen zum Dionysischen in der *Dritten Symphonie* selbst; auch der Komponist schweigt sich hierzu aus. Einen indirekten Hinweis darauf bildet das erwähnte, gleichzeitige Romanfragment. – Unbezweifelbar dient der Tanz in der Symphonie einer mystischen Verherrlichung der Nacht, dem wesentlichen Element des Dionysos, wie wir aus Euripides erfahren, und schließlich ist die ganze Komposition der Nacht gewidmet. Einen wesentlichen Beitrag zur Klärung dieser Problematik verdanken wir der wenig später entstandenen Oper *Król Roger*, welche sich ausschließlich um den Dionysoskult dreht. Hinsichtlich der dionysischen Aspekte kommt dem zweiten Akt der Oper eine Schlüsselfunktion für die Interpretation der *Dritten Symphonie* zu. Er spielt sich zu nächtlicher Stunde ab. Wie bei Euripides Dionysos vor Pentheus, so erscheint hier Dionysos unerkannt als Hirte vor König Roger.[21] Der feindliche Empfang des Königs läßt Dionysos seine Macht und die Schönheit seines Kultes demonstrieren, und zwar mit orientalischen Tänzen, die denen des zweiten „Satzes" der Symphonie sehr verwandt sind, nur daß sie noch expliziter orientalisiert sind, hinsichtlich der Klangkolorierung und der Arabesken arabisch anmutender Melismen. Die Tanzepisode der Oper wirkt also als eine direkte Weiterentwicklung des entsprechenden Abschnittes in der Symphonie, jetzt ausgelöst durch des Hirten, d. h. durch Dionysos' Erscheinen – in der Nacht. Zugleich offenbart sich nun die sicher implizierte Sinngebung, nicht nur des zweiten „Satzes", sondern auch der gesamten Symphonie. Denn durch diese Parallelisierung entschleiert sie sich als Manifest des dionysischen Mythos.
Damit wird die Patenschaft Straussens sehr komplex, denn sie betrifft die Idee des Dionysischen, die Wahl des Tanzes als ein Mittel, um Mystik mu-

---

[21] Die Parallele zu Apollo die Carapezza zu ziehen versucht (1980), erweist sich letztlich als unhaltbar.

sikalisch zu gestalten, und die Ekstase als mystische Verschmelzung und Erneuerung. *Król Roger* setzt den Tanz mit denselben Funktionen und in derselben nächtlichen Situation ein wie die Symphonie.

Doch Symbolcharakter und Bedeutung des bemühten Dionysoskultes bei beiden Komponisten divergieren erheblich. Unter anderem beabsichtigte Strauss – gemäß Nietzsches Intentionen – seinen Unmut über manche kulturelle Zumutung als Protest zu äußern, oder zumindest – wie Nietzsche – sie beißend zu verspotten, und dies ist eine wesentliche Intention der Tondichtung. – Dagegen bildete der Dionysos-Kult einen tragenden Pfeiler in der Erneuerungsbewegung des Jungen Polen – also jenem Zakopane-Kreis – dem sich Szymanowski zutiefst verpflichtet fühlte. Hier erwuchs Dionysos zu einer Art Leitfigur nationaler Selbst- und Staatsfindung, wobei Ekstase, Mystik, und daraus resultierende Erkenntnis, Erneuerung und Vervollkommnung die Voraussetzung für die Ausbildung eines jungen und neuen polnischen Staates und Identitätsgefühles waren. Die Oper *Król Roger* verherrlicht nicht nur den Dionysos-Kult, sondern erwuchs auf Grund dessen geradezu zum politischen Symbol.

Die Parallelen zwischen Tondichtung und Symphonie seien unbestritten; doch eklatant ist die grundsätzlich andere Zielrichtung der beiden Werke. Dies wird im für den ekstatischen Tanz gewählten orientalischen Klangkolorit deutlich, aber auch in der Positionierung und Bedeutung des Tanzes: Im Gegensatz zur Tondichtung, wo der Tanz die heilende Ekstase und Orgie in sich birgt, vollzieht sich in der Symphonie die wesentliche mystische Vereinigung erst nach dem Tanz – im Schluß des Werkes. Sie steht als Botschaft am Ende, wobei das Werk befriedet in der Stille verebbt, weil sich zuvor – in der Schlußekstase – Erneuerung und Aufbruch ereignet haben.[22] Solches ist der Tondichtung und ihrem Ende völlig fremd: Zweifel bleibt als Botschaft übrig, der in der polaren Konstellation von H-Dur und C-Dur zum Tragen kommt.

---

22 Die Sicht der späteren Oper fügt dem befriedeten Versinken den Wiedererneuerungsansatz zu einem Jungpolen eigener Kraft und Prägung und Hoffnung bei, wovon die Jahre zwischen den Weltkriegen gekennzeichnet sind.

Eigenartige Beziehungen zwischen Till Eulenspiegel von Richard Strauss und Petruschka von Igor Strawinsky.*

Wenn man die Abneigung von Strawinsky, besonders in seiner Jugend, gegen die deutsche spätromantische Musik kennt, wird der hier unternommene Versuch überraschen, bestimmte Beziehungen zwischen einem Werk von Richard Strauss und einem des russischen Meisters herauszuarbeiten. In dem besonderen Fall von *Till Eulenspiegel* einerseits und *Petruschka* andererseits treten jedoch verwandte thematische Situationen auf, die in sich ähnelnder Weise in die Musik übertragen worden sind. Diese Tatsache wurde bis jetzt, soweit mir bekannt ist, kaum beachtet. Die folgende Untersuchung soll die Ähnlichkeiten näher beleuchten.

I

Als sich Richard Strauss 1894 *Till Eulenspiegel* zuwandte, hatte er in den sechs vorangegangenen Jahren, nämlich seit *Tod und Verklärung*, keine Symphonische Dichtung mehr komponiert. Mit dieser Rückkehr zu seiner damals bevorzugten musikalischen Gattung erteilte der Tonkünstler den ernsten, dramatischen und spannungsreichen Themen der früheren Werke eine bewußte Absage und beschäftigte sich ausschließlich mit Volkstümlichem, der Posse, dem Witz und dem Humor. Ästhetisch betrachtet, zeigte das neue Werk den totalen Bruch mit allem, was er in den zehn Jahren davor geschaffen hatte.

Eine ähnliche Entwicklung ist bei Strawinsky festzustellen. Als dieser 1910 den *Feuervogel* komponierte, bewegte er sich noch, trotz der Originalität des Werkes, vollkommen in der russischen Ästhetik des 19. Jahrhunderts, besonders in der seines Lehrers Rimski-Korsakow. Ein Jahr später aber ver-

---

* Die im folgenden verwendeten Zahlenangaben beziehen sich für *Till Eulenspiegel* auf die Takte und für *Petruschka* auf die Probenziffern. Für das letztere Werk wurde die empfehlenswerte Partitur-Ausgabe von Charles Hamm (Norton Critical Scores, New York 1967, Original Version) benutzt.

läßt der russische Meister die Sphäre des Erhabenen, des Zauberhaften, des orientalisch Märchenhaften, um sich mit *Petruschka* dem Grotesken, dem Volkstümlichen, dem Vulgären und der Jahrmarktstimmung zuzuwenden. Beide Komponisten, sowohl Strawinsky als auch Richard Strauss, befinden sich also bei der Entstehung der oben erwähnten Werke in einer ähnlichen Situation: dem Bruch mit vorangegangener Ästhetik, von einigen Nuancen abgesehen.

II

Wenn man jetzt die Handlung der beiden Werke genau untersucht, stellt man mit Überraschung fest, daß – trotz der beträchtlichen Unterschiede der jeweiligen Situationen – einige Grundelemente ähnlich oder identisch sind. Sie seien hier aufgezählt.
Erstens sind Till und Petruschka eine Mischung von realen und irrealen Wesen. Till ist auf einer Seite eine historische Person im 14. Jahrhundert, aber andererseits auch ein „arger Kobold",[1] so daß er als eine Art Doppelwesen aufgefaßt werden muß. Petruschka ist eine Marionette, die durch die Zauberkunst des Schaustellers plötzlich lebendig wird, so daß man nicht genau weiß, ob er nur ein Hampelmann ist oder ein Artist von Fleisch und Blut. In seiner Art ist er, genau wie Till, auch ein Doppelwesen. Häßlich, lächerlich, aber zart und naiv, bleibt er eine tragische Gestalt, die in der Welt immer auf der Seite der Verlierer steht. Till ist zwar auf einer Seite großsprecherisch und angeberisch, enthüllt sich aber auf der anderen Seite als zarter und liebevoller Schelm. Auch er ist eine tragische Gestalt, die nie mit der realen Welt in Einklang kommt.
Zweitens ist die enttäuschte Liebe beider Helden ebenfalls ähnlicher Natur. Als Till um ein schönes Mädchen wirbt und eine abschlägige Antwort erhält – „Ein feiner Korb ist auch ein Korb", sagt das Programm – wird er

---

1 Wie man weiß, hatte Strauss seinem Werk zuerst kein Programm beifügen wollen. Für den *Musikführer* von Wilhelm Mauke (Stuttgart 1896) hat er jedoch genauere Angaben gemacht, die er direkt in das Partitur-Exemplar des letzteren eintrug. Sie sind hier in der präzisen Wiedergabe von Willi Schuh übernommen (*Richard Strauss,* Zürich 1976, S. 406–407).

wütend und „schwört, Rache zu nehmen an der ganzen Menschheit". Petruschka verhält sich nicht viel anders. Als er sieht, daß die Ballerina, in die er verliebt ist, ein Liebestanz-Duett mit dem Mohren aufführt, wird er von rasender Eifersucht erfaßt und greift ganz wütend seinen Rivalen an.
Drittens und letztens ist das tragische Ende der beiden Helden auch identisch. Till wird zum Tode verurteilt:

„Hinauf auf die Leiter! Da baumelt er, die Luft geht ihm aus, eine letzte Zuckung. Till's Sterbliches hat geendet."

Aber sofort nachher hat Strauss einen kurzen Epilog komponiert, in dem die Unsterblichkeit des Till-Wesens behauptet wird. Petruschka wird durch den Säbel des Mohren getötet. Als die ihn umringende Menschenmenge daraufhin in Erregung gerät, erklärt der Schausteller ruhig, daß es sich doch nur um einen Hampelmann handelt. Während sich die Menge auflöst und den Schausteller allein auf der Bühne zurückläßt, erscheint jedoch der Geist von Petruschka über dem kleinen Theater, bedroht den Zauberkünstler und macht ihm eine lange Nase.

III

Es wird nicht überraschen, daß diese Ähnlichkeit mehrerer Situationen zu verwandten musikalischen Übertragungen führt. Allerdings wäre es nicht angebracht, einer gemeinsamen Thematik, Form oder Schreibweise nachzuspüren. Die Verbundenheit zwischen den beiden Werken steht auf einem subtileren Niveau, das ich hier versuchen will nachzuweisen.
Betrachten wir zuerst das Gebiet der Volkstümlichkeit. Strauss hat, ohne Volkslieder direkt zu benützen, doch zwei volkstümliche Weisen für *Till* komponiert: das Pastor-Thema (Takt 179–186) und das Gassenhauer-Motiv (Takt 375–409). Strawinsky geht viel weiter in diese Richtung, da er fünf russische Volkslieder, zwei Walzer von Joseph Lanner und einen französischen Schlager seinem Ballett einverleibt. Es ist anzunehmen, daß er den Anstoß für das Wagnis eines so mutigen Schrittes von *Till* erhalten hat. Sicher akzentuiert er, was Strauss nur angedeutet hatte. So laviert das Pastor-Thema fast an der Grenze des Vulgären, ohne sie jedoch wirklich zu

erreichen; *Elle avait un' jamb' de bois* von Strawinsky (Ziffer 13) ist dagegen geradezu vulgär. Es liegt also kein Bruch mit dem Straussischen Modell vor, sondern nur eine Radikalisierung der Ästhetik.

Wenden wir uns jetzt der Sphäre des Grotesken zu. Strauss deutet diese Richtung öfter an, ohne jedoch dabei zu weit zu gehen. Er bleibt vorsichtig; man hat vielfach den Eindruck, daß er das Groteske gern stärker betonen würde, daß er es aber nicht wagt. Das oben zitierte Pastor-Thema hat nicht nur einen Stich ins Vulgäre, sondern auch ins Groteske, was die Orchestrierung mit zwei Fagotten für die Melodie und mit zwei Hörnern bei den Kontratempi der Begleitung hervorhebt.

Notenbeispiel 1

Das Philister-Motiv (Takt 294 ff.) hat durch seine Rhythmik und seine Akzente mit alterierter Harmonisierung auch eine groteske Seite.

Notenbeispiel 2

Im Vergleich mit Strauss ist Strawinsky auch auf diesem Gebiet viel gewagter. Die bestgelungene groteske Situation ist sicher der Tanz der Ballerina mit dem Mohren im dritten Tableau. Das gleichzeitige Erklingen beider charakteristischen Themen – einmal das dreitaktige und graziöse Weibliche, zum anderen das zweitaktige und plumpe Männliche – erzielt eine fantastisch komische Wirkung.

Notenbeispiel 3

Wo sonst, wenn nicht bei *Till,* sollte Strawinsky ein Modell für diese Art der Behandlung der Thematik gefunden haben?[2]

[2] Die Ästhetik der Jahrmarktstimmung und des Zirkus, die Jean Cocteau in *Le Coq et l'Arlequin* (Der Hahn und der Harlekin) später anpries und die in Frankreich nach dem ersten

Die turbulente orchestrale Entfaltung, die bei *Till* durch die Verweigerung der Gegenliebe ausgelöst wurde (Takt 263 ff.), findet ihre Entsprechung in der agitato Schreibweise bei dem Streit zwischen Petruschka und dem Mohren im dritten Tableau des Balletts (Ziffer 78).
Merkwürdigerweise ist auch die Ankündigung des Todes in beiden Werken mit erstaunlich ähnlichen Mitteln erzielt. Als bei *Till* das Todesurteil des Gerichts erwartet wird, erdröhnt ein Trommelwirbel mit einer lang anhaltenden leeren Quint, die durch eine mehrmals wiederholte kleine Terz gefüllt wird (Takt 574–604). Diese Terz – *as* – wird von Hörnern und Streichern gespielt.

Notenbeispiel 4

In *Petruschka* benützt Strawinsky, als die Jahrmarktstimmung plötzlich durch das Auftauchen und den anschließenden Tod Petruschkas unterbrochen wird, ein langgehaltenes, orgelpunktartiges *fis*, von drei Trompeten intoniert, das wie bei Strauss einen furchterregenden Effekt auslöst (Ziffer 125)

Weltkrieg so hoch im Kurs stand, war damals – 1910 – noch nirgendwo zu finden. Das allererste Stück, das radikal diese Richtung einschlug, war das Ballett *Parade* von Erik Satie, das 1917 in Paris uraufgeführt wurde.

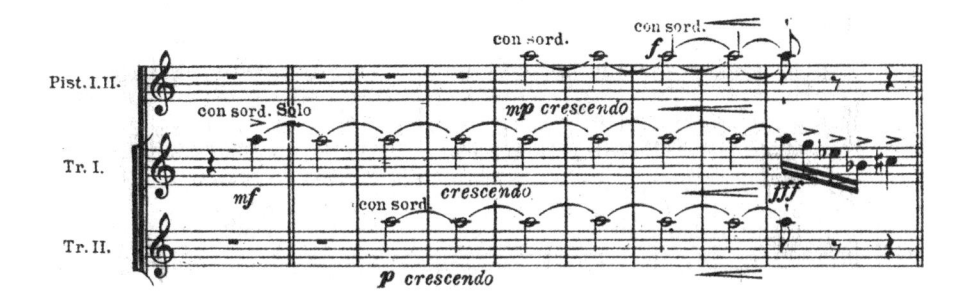

Notenbeispiel 5

Man muß hinzufügen, daß die Wirkung in beiden Werken, desto stärker ist, als diese nüchterne Schreibweise ganz abrupt nach einem enormen orchestralen Tumult erscheint.

Die Ähnlichkeit des Epilogs beider Werke ist noch auffallender. Bei Strauss wird darin zuerst der Anfang des Stückes ziemlich treu wiederaufgenommen (Takt 632–649 und Takt 1–13), um dann mit Tills Hauptthema höhnisch, sarkastisch und schrillend abzuschließen (Takt 650–Ende). In seinem Ballett verfährt Strawinsky nicht anders. Zuerst schafft er eine Stimmung, die an die des Anfangs erinnert, allerdings mit einem viel langsameren Tempo (Ziffer 131), und endet mit dem Petruschka-Motiv, das durch zwei Trompeten im Fortissimo, grell und durchdringend, eine furchteinflößende Wirkung erzielt.

IV

Alle diese oben erwähnten verwandten Stimmungen sind zwar stark genug, um eine Verbindung zwischen den beiden untersuchten Werken anzunehmen, sie würden jedoch allein nicht zu der Behauptung ausreichen, daß Strawinsky von Strauss beeinflußt worden ist, wenn nicht eine noch tiefere, obwohl subtilere Verwandtschaft zu erkennen wäre. Diese letztere ist so fundamental, daß es jetzt an der Zeit ist, unsere ganze Aufmerksamkeit darauf zu lenken.

Sowohl die Persönlichkeit von Till als auch die von Petruschka sind durch ein eigenes Thema charakterisiert. Da es sich aber hier in beiden Fällen um

Doppelwesen handelt (siehe oben, Anfang des II. Abschnitts), haben beide Komponisten ganz folgerichtig auch Doppelthemen entwickelt. Allerdings ist die Verfahrensweise von Strauss anders als die von Strawinsky. Der Grund dafür ist chronologischer Natur. 1894–95 war die musikalische Technik noch nicht so kühn und gewagt wie 1910–11. So konnte Strauss bei *Till* nicht die Bitonalität von *Petruschka* anwenden. Er erzielt jedoch mit seinen ihm zur Verfügung stehenden Mitteln bereits eine ähnliche Wirkung. Zwei Eulenspiegel-Themen charakterisieren die Seele Tills. Das erste (E 1) basiert auf dem Rhythmogramm (Achel, Achtel, Achtel, punktierte Viertel, Achtel) des Namens (Till Eu-len-spie-gel), das vom Horn gespielt wird. Es versinnbildlicht die großsprecherische, selbstsichere und eroberungslustige Seite von Till, also nur sein äußerlich sichtbares Gebaren (Takt 6–11).

Notenbeispiel 6, E 1

Das zweite Thema (E 2) ist als Ergänzung dazu erforderlich, um die innere Seele des Helden darzustellen, und deshalb muß es als das „echte" Eulenspiegel-Thema betrachtet werden.

Notenbeispiel 7, E 2

Diese beiden Themen tauchen im Laufe der Partitur wiederholt auf, und zwar fast immer nacheinander. Nur in der großartigen Pseudo-Durchführung, die Strauss – kurz vor dem Gericht und Tills Todesurteil – vor der Coda einfügt (Takt 485–566), erscheinen sie, immer wieder neu variiert, zu engster Verflochtenheit kombiniert: es sollte der „ganze" Till gerichtet werden. Aber Strauss schien nicht mit der Lösung der zwei verschiedenen Themen wirklich zufrieden zu sein. Deswegen hat er öfters das „echte" Eulenspiegel-Thema (E 2) mit einem alterierten Akkord geschlossen, der auch ganz allein für sich auftreten kann – wie am Ende des vierten Zwischenspiels (Takt 370–374) – und der als eine Art Leitmotiv-Akkord betrachtet werden muß. Während die Eulenspiegel-Themen 1 und 2 auch transponiert vorkommen, bleibt der Leitmotiv-Akkord unantastbar, immer auf denselben Noten, als eine Art Emblem.

Die Analyse dieses Akkords offenbart eine merkwürdige Zweideutigkeit, die in eine semantische Bedeutung einmündet. Die Demonstration dieses analytischen Verfahrens sei hier ausgeführt.[3] Auf einer Seite ist der Leitmotiv-Akkord in der traditionellen harmonischen Interpretation die zweite Umkehrung eines verminderten Septakkords mit aufwärts alterierter Quinte (des ausgelassenen Grundtons), was ihm eine Dominanten-Funktion verleiht. Auf der anderen Seite ruht dieser Akkord immer auf dem *b* der vierten Stufe, was ihn als eine Art Subdominante erscheinen läßt, und dies umso mehr, als er enharmonisch als ein alterierter Septakkord in Grundposition gehört werden kann.

Notenbeispiel 8

---

[3] Ich habe schon die Aufmerksamkeit auf die Besonderheit dieses Akkords gelenkt, aber mehr unter dem technischen Aspekt. Siehe Serge Gut: *Plaidoyer pour une utilisation pondérée des principes riemanniens d'analyse tonale*, in: *Revue Analyse musicale*, Nr. 30 (1993), S. 17.

1. Verminderter Septakkord
2. Verminderter Septakkord mit aufwärts alterierter Quinte
3. Zweite Umkehrung = Leitmotiv-Akkord von Till
4. Enharmonische Interpretation

Die funktionelle Zweideutigkeit bezweckt einen semantischen Dualismus, während die Alterierung dieser Zweideutigkeit eine schmerzhafte Färbung verleiht. Der Dualismus zeigt sich also auf zwei verschiedenen Ebenen:
– Zuerst überträgt er die beiden Aspekte Tills, der zugleich großsprecherisch und schelmisch ist.
– Dann ist er der Ausdruck der Disharmonie zwischen Till und der realen Welt.

Im Gegensatz zu Strauss braucht Strawinsky nur ein einziges Thema, um das Doppelwesen Petruschkas zu personifizieren: es ist das berühmte bitonale Leitmotiv des Balletts. Tatsächlich kann er – dank der fortgeschrittenen musikalischen Technik am Anfang des zweiten Jahrzehnts des 20. Jahrhunderts – die zwei Aspekte von Petruschka mit einem einzigen Janus-Motiv, in dem sich die beiden Tonarten C-Dur und Fis-Dur überlagern, wiedergeben:[4]

---

[4] Es scheint erwähnenswert, daß Strauss in *Also sprach Zarathustra*, das er ein Jahr nach *Till* komponiert hat (1896), durch seinen konstanten Gegensatz zwischen C-Dur und H-Dur, der das ganze Werk prägt, in den Takten 81–84 zu einer ähnlichen Akkordbildung kommt. Während die Geigen die Tonika- und Dominantakkorde der H-Dur Tonart behaupten, markieren die Holzbläser die Töne *c* und *g* der C-Dur Tonalität:

Es fehlt eigentlich nur das *cis*, um den Petruschka-Akkord zu erhalten. Siehe Serge Gut: *Richard Strauss, „Also sprach Zarathustra". Analyse et interprétation sémantique*, in: *L'Education musicale*, Nr. 305 (février 1984), S. 10. Wiedergegeben in: Serge Gut: *Musicologie au fil des siècles*, Paris, P. U. P. S., 1998, S. 183.

Notenbeispiel 9

Damit hatte der Komponist eine meisterhafte Lösung gefunden, um sowohl das Hampelmännische als auch das Menschliche seines Helden global darzustellen.

Wie die beiden Eulenspiegel-Motive in *Till* wird auch dieses Motiv nur in enger Verbindung mit Petruschka selbst benützt und taucht immer wieder auf, wenn der Held erscheint, so daß es als ein wirkliches Leitmotiv – das einzige der Partitur – angesehen werden kann.

Das Petruschka-Motiv findet sich zum erstenmal am Anfang des kurzen zweiten Tableaus (Ziffer 49), in dem es eine beherrschende Position einnimmt. Es taucht dann am Ende des dritten Tableaus beim Streit mit dem Mohren wieder auf (Ziffer 78–80) und noch einmal im letzten Teil des vierten Tableaus (Ziffer 125–132). Die analytischen Erklärungen dieses Motivs sind unterschiedlich. Wenn man jedoch weiß, daß das Werk ursprünglich als Konzertstück konzipiert wurde, und daß Strawinsky überwiegend am Klavier komponierte, scheint die Interpretation von einer Überlagerung eines Dreiklangs auf den schwarzen Tasten mit der linken Hand (*ais – cis – fis – ais*) mit einem Dreiklang auf den weißen Tasten mit der rechten Hand (*c – e – g – c*) von allen am plausibelsten. Aber selbst dabei wird erstaunlicherweise die Grundauffassung dieser merkwürdigen Bitonalität nie erwähnt. Sie ist jedoch gerade in dem vorliegenden Fall von ausschlaggebender Bedeutung.[5] Wenn einerseits die beiden Dreiklänge im Tritonus-Abstand als bitonal erscheinen, resultieren sie andererseits aus der

---

5 In meinem Artikel *Polytonalité* für das Dictionnaire *Science de la Musique* (Paris, Bordas, 1976, Bd. II, S. 821) habe ich schon eine kurze technische Erklärung dieses Motivs gegeben.

Zerlegung eines Moll-Dominantseptnonakkords (*c – e – g – b* [= *ais*] – *des* [= *cis*]) mit Naturundecime (*fis*).

Notenbeispiel 10

1. Natur-Undezimenakkord
2. Natur-Undezimenakkord mit kleiner None
3. Enharmonische Schreibweise der drei oberen Noten
4. Überlagerung von C-Dur und Fis-Dur Dreiklängen

Diese Analyse ist für *Petruschka* besonders interessant, weil sie den Doppelaspekt eines einzigen Wesens musikalisch genau überträgt: C-Dur und Fis-Dur sind zwei verschiedene Komponenten eines einzigen Akkords. Also haben sowohl Richard Strauss als auch Igor Strawinsky eine ähnliche Lösung für ein identisches Problem gefunden. Aber in Übereinstimmung mit den musikalischen Gegebenheiten ihrer jeweiligen Epochen hat der erste aus einem einzigen Akkord eine Doppelfunktion geschaffen, während der zweite eine Doppeltonalität entwickelt hat.
Bei beiden wurde der Leitmotiv-Akkord – um sein Ziel des Doppelaspekts zu erreichen – einer Verzerrung unterworfen, und diese Verzerrung – alterierte Dissonanz bei Till und bitonale Dissonanz bei Petruschka – ist der musikalische Ausdruck für den Lebensschmerz beider Helden.

V

Die Beziehungen zwischen *Till* und *Petruschka* sind so offensichtlich und mannigfaltig, daß schwer zu glauben ist, daß das chronologisch spätere Werk nicht vom früheren beeinflußt worden sein soll. Nie, soweit ich weiß, hat sich Strawinsky darüber geäußert. Höchstwahrscheinlich ist das Petruschka-Thema, als es Strawinsky zuerst im ersten Teil seiner Konzertstück-Fassung komponierte (1910), vollkommen unabhängig von jedem

Till-Einfluß entstanden, obwohl auch da schon dem Musiker die Doppelbedeutung klar war. In dieser ersten Phase der Komposition hat Strawinsky sicher nicht an Strauss gedacht. Erst als durch die Anregung von Diaghilew und unter Mitwirkung von Alexander Benois das Stück in ein Ballett umstrukturiert wurde, spürte Strawinsky offenbar Werken nach, die ihm Anregungen geben konnten. Vermutlich hat er die Symphonischen Dichtungen von Strauss zuerst wegen der Orchestration genau studiert. In der Zeit um 1910 hatte der russische Meister auf dem Gebiet der Instrumentation drei große Vorbilder: Rimski-Korsakow, seinen Lehrer und Meister, Debussy, dessen Musik ihn faszinierte, und Strauss, der die Welt durch sein glänzendes Kolorit immer wieder in Erstaunen versetzte. Lesen wir, was Debussy, der die deutschen Spätromantiker nicht gerade zart behandelte, über *Till* schrieb, als Arthur Nikisch dieses Werk 1901 in Paris dirigierte:

„Dieses Stück gleicht ‚einer Stunde neuer Musik bei den Verrückten': Die Klarinetten vollführen wahnsinnige Sturzflüge, die Trompeten sind immer verstopft, und die Hörner, ihrem ständigen Niesreiz zuvorkommend, beeilen sich, ihnen artig ‚Wohl bekomm's!' zuzurufen; eine große Trommel scheint mit ihrem Bum-Bum den Auftritt von Clowns zu unterstreichen. Man hat gute Lust, lauthals rauszulachen oder todtraurig loszuheulen, und man wundert sich, daß noch alles an seinem gewohnten Platz ist, denn es wäre gar nicht so verwunderlich, wenn die Kontrabässe auf ihren Bögen bliesen, die Posaunen ihre Schalltrichter mit imaginären Bogenstrichen und Herr Nikisch sich auf den Knien einer Platzanweiserin niederließe. Das alles sagt nichts dagegen, daß das Stück geniale Züge besitzt, vor allem eine außerordentliche Sicherheit in der Orchesterbehandlung und eine unbändige Bewegung, die uns von Anfang bis Ende mitreißt und zwingt, alle Streiche des Helden mitzuerleben."[6]

---

6 Claude Debussy: *Concerts Nikisch – La musique en plein-air*, in: *La Revue blanche*, 1. Juni 1901. Siehe *Monsieur Croche* (hg. von François Lesure), Paris 1971, S. 44. Zitiert in der deutschen Übersetzung von Joseph Häusler, Stuttgart 1974.

Diese Beschreibung, der Strawinsky sicher aus vollem Herzen zugestimmt hätte, entspricht genau der ästhetischen Stimmung, die er für *Petruschka* brauchte. Hatte er doch für die erste Fassung seines Werkes folgende Vision der musikalischen Gestalt gehabt:

„[…] die hartnäckige Vorstellung einer Gliederpuppe, die plötzlich Leben gewinnt und durch das teuflische Arpeggio ihrer Sprünge die Geduld des Orchesters so sehr erschöpft, daß es sie mit Fanfaren bedroht. Daraus entwickelt sich ein schrecklicher Wirrwarr, der auf seinem Höhepunkt mit dem schmerzlich-klagenden Zusammenbruch des armen Hampelmannes endet."[7]

Es ist daher leicht zu verstehen, daß für eine solche Vorstellung das *Till*-Beispiel von Strauss durchaus nützlich sein konnte. Aber sehr schnell wurde Strawinsky sicher nicht nur von der virtuosen Orchestrierung fasziniert, sondern auch von der tieferen psychologischen Bedeutung des Leitmotivakkords und von der Gesamtanlage des Werkes, die er mit durchdringendem Scharfsinn erfaßte. Nicht anders sind die zahlreichen Analogien zwischen *Till* und *Petruschka* zu erklären.

Wie aus meiner Darlegung erhellt, sind die Berührungspunkte der beiden Werke nicht an der Oberfläche zu suchen; sie sind von tieferer Bedeutung. Deswegen bleibt auch die geniale Originalität von *Petruschka* vollkommen unangetastet.

---

7 Igor Strawinsky: *Chroniques de ma vie*, Paris 1935, Bd. I, S. 70. Zitiert in der deutschen Übersetzung in: Igor Strawinsky: *Leben und Werk von ihm selbst*, Zürich–Mainz 1957, *Erinnerungen*, S. 40.

Zwei Akkorde

Cur adhibes tristi numeros cantuumque labori?
Eisler: Ausgewählte Gesänge IV

I Präludium

Der rote Faden in diesem essayistischen Beitrag gilt der berühmten, hier etwas variierten Frage Fontenelles: Tonalité que me veux-tu? und soll zu drei Takten Musik von Hanns Eisler führen, dessen hundertstem Geburtstags in diesem Jahr gedacht wird. Eisler hat Vorstellungen von Tonalität zunächst im Bannkreis derjenigen seines Lehrers Schönberg geprägt; unter den Augen des Lehrers entstanden die ersten Kompositionen, die vom Autor als gültig angesehen und, der klassisch bürgerlichen Tradition folgend, mit entsprechender Zählung als Opera publiziert wurden. In der weiteren Entwicklung – das wissen und akzeptieren heute Gegner ebenso wie Freunde und Bewunderer – ging der Schüler eigene Wege, deren Charakterisierung sich nicht auf einen oberflächlichen Gegensatz von politischer und Konzert-Musik reduzieren läßt. Von der persönlichen Dominanz des Lehrers, die allerdings Jahrzehnte nachwirkte, berichtet Hans Bunge in der Ausgabe seiner Gespräche mit dem Komponisten (Bunge, 167 ff.):

> „In Brechts Arbeitsbuch hatte ich für Schönberg die Bezeichnung ‚Tyrann' gefunden. Das Wort stand in Anführungszeichen und war ein Seitenhieb gegen Eisler. Denn Brecht amüsierte sich, wie Eisler ihm verlegen lachend erzählte, er zittere, wenn er zu Schönberg gehe, ob auch seine Krawatte gerade sitze und daß er nicht etwa zehn Minuten zu früh komme. Aber Brecht registrierte gleichzeitig, mit welcher Achtung Eisler von seinem alten Lehrer sprach. Alles, was Schönberg über Eislers Musik sagte, war für Eisler besonders wichtig. Von Schönbergs Lob über die Komposition *Vierzehn Arten den Regen zu beschreiben* berichtete er sofort stolz seinem Freunde Brecht. Eisler besuchte gemeinsam mit Brecht eine Vorlesung Schönbergs *Über modernes Komponieren*. Schönberg war sehr lebhaft und sprach mit polemischer Haltung von der ‚Emanzipation der Dissonanz'. Die Kürze und Überemotiona-

lität der ersten Kompositionen seiner Schule erklärte er mit der Unterentwickeltheit der Technik zu Beginn. Brecht räumt ein, daß er das Musikalisch-Technische nicht verstehen konnte, und doch hätten die Theorien für ihn den Anschein völliger Klarheit gehabt. Es sei ‚ein Jammer, daß man noch nicht einmal so in Musik gebildet wird, daß man wenigstens versteht, was man da nicht versteht'."

Nach dem Vortrag waren Eisler und Brecht zu Schönberg in seine Villa am Sunset eingeladen. Brecht beschreibt den Siebzigjährigen, der ihm gut gefallen hat, als einen „etwas vogelartigen Mann, der viel Charme hat bei angenehmer Trockenheit und Schärfe". Er sähe sich mit Recht historisch.

Als Eisler seinen Lehrer ermahnte, zwei große Werke, darunter eine Oper, fertigzumachen, wehrte Schönberg ab, weil diese Werke doch nicht aufgeführt würden, „solange noch dieser Handbetrieb in der Musik herrscht". Dabei imitierte er sehr lustig einen Bläser und einen Cellisten, die sich abplagen. Dann wurde erwähnt, daß jemand bei einem Preisausschreiben Schuberts „Unvollendete" vollendet habe, und Schönberg antwortete schnell: „Ich könnte es besser machen, aber ich würde es nicht wagen." Die *Leningrader Symphonie* von Schostakowitsch kritisierte er. Er habe sie, von Toscanini geleitet, im Radio gehört und nicht besonders gefunden, „alles zu lang, 35 Minuten mit Material für 12 Minuten".

Daß Schönberg offensichtlich nicht der Gedanke kam, an der Symphonie verstaubtes Material, traditionelle Klangbildungen geschweige den Mangel an seriellen und Permutationsstrukturen zu bemängeln, hat seinen Schüler sicher gefreut, und vielleicht hat er bei sich den Kopf geschüttelt, daß es den „Alten" wieder einmal überhaupt nicht interessierte, wie, wo und wann dieses Werk entstanden und uraufgeführt worden war, vielmehr seine Gedanken sich auf abstrakte Zeitmaße richteten. Primo uomo assoluto, könnte er ironisch gedacht haben.

Als Eisler anfing, den Gott des Reichtums so kritisch anzusehen, wie er ihn dann im *Faustus*-Operntext auftreten läßt, beschäftigte ihn die Möglichkeit einer Neu-Bewertung des bürgerlich musikalischen Gattungsensembles, der Gedanke einer Umwertung und pragmatischen Akzentuierung (Eisler

1, 370 ff.), der dann zwar – unter dem Druck des hic et nunc eines Emigranten – durchaus im Widerspruchsvollen verblieb, als kompositorisches Ergebnis aber ein Liedwerk zeitigte, das, von Ives abgesehen, in singulärer Weise „biographische, ästhetische und politische Momente im Prisma der kleinen Liedform zusammenlaufen" und, vom Charme und Esprit einer faszinierenden Persönlichkeit zusammengehalten, „jenseits aller Gewöhnung und Bequemlichkeit" (Wilkening), zum musikalischen Ereignis unseres Jahrhunderts werden ließ.

Angelpunkt der Haltung Eislers ist seine Ablehnung einer „Fülle des Wohllauts", wie sie der Romancier Thomas Mann seinem spätbürgerlichen Protagonisten Hans Castorp auf seinem *Zauberberg* in den Sinn legt. Freilich geschieht dies unter den kritischen Augen eines Settembrini, eines Mannes der Demokratie und des Siècle de lumière (der auch die Realpolitik der Septembriseurs zu verteidigen wagt). Manns „discographisches" Kapitel führt zunächst zu „fragwürdigster" Psychoanalyse und endlich zum „Donnerschlag" des „großen Krieges der weißen Männer" – so formulierte einmal Arnold Zweig – und des Untergangs der bürgerlichen Welt. Settembrini und Castorp spielen in den Gesprächen Eislers keine Nebenrollen, gehören vielmehr zu den Protagonisten (Mainka 1, 213 f.). Für die Bewertung Eislerscher Notenbilder nun (Paul Dessau prägte das Bonmot vom Zusammenhang zwischen Notenbild und Weltbild) ist die Tonalitätsfrage von großer Wichtigkeit. Eisler hat kaum jemals „ins Blaue" komponiert. Es geht ihm immer um das „was" und das „wem": Was will ich sagen, und zugleich: wem will ich es sagen? Eisler fühlte sich, so hat er oft zum Ausdruck gebracht, als Bote – er müsse etwas abliefern (Er hatte quasi Beethovens Blick im Sinn, der einen Roman Walter Scotts an die Wand warf: „Pfui Teufel, der Kerl schreibt ja für Geld!"). Eisler wollte keine Selbstgespräche, und die Welt war ihm nichts Abstraktes. Soviel Spaß er vermutlich gehabt hätte, den grimmigen Sarkasmus des Nachworts zu lesen (hat er es gekannt?), das Charles Ives seinen *114 Liedern* gab – unmöglich, daß er bei sich anstelle des Vorworts von Brecht zur großen in der DDR publizierten Gesamtausgabe seiner *Lieder und Kantaten* Passagen gestattet hätte: da

hänge jetzt „irgendetwas" an der Wäscheleine und neugierige Nachbarn wundern sich. (Um Irrtümern vorzubeugen – da Ives in Deutschland ähnlich unbekannt ist wie Eisler: „Swimming hand over hand, against the wind; I felt the sea's vain pounding, and I grinned knowing I was its master, /gesprochen:/ not its slave", dieses Ives-Lied könnte auch Eisler-Lied sein, ebenso *West London:* „[…] a better world than ours", und vieles andere (Mainka 2).
Knappheit und Sachlichkeit sind zwei Haupteigenschaften des Eislerschen Liedwerks, Lakonimus und möglichst präzises Engagement, dabei bewundernswerte Weite des Blicks und Größe des Anspruchs, dies alles bestimmt das Verhältnis zur Form, zur Technik und, dies speziell unser Thema, zum Umgang mit Tonalität. Keine Umschweife, kein breites Ausholen, kein langes Anlaufnehmen und schon gar kein genießendes Auskosten. Aber auch nichts Dogmatisches. Direkt! Sogleich! – das heißt auch: keine Schaustellung der Persönlichkeit, keine Künstler-Attitüde. Eisler war Brechtianer (so wie Brecht Eislerist – „Der richtige Mann findet den richtigen Mann" heißt ein Untertitel in einem Eisler gewidmeten Dokumentarfilm), und man kann gut eine Provokation des jungen Theatermachers Brecht hier anführen: das Theater-Transparent „Glotzt nicht so romantisch!" Eislers Schüler André Asriel erzählte einmal: Durch seinen Lehrer habe er vermittelt bekommen, daß es zweierlei Arten von Musik gibt: die eine, bei der man sich bequem zurücklehne, und die andere, die dazu zwinge sich aufzurichten.
Wie sich Hans Werner Henze kürzlich zu Brecht äußerte, bzw. was er, über den Zeitraum eines Vierteljahrhunderts hinweg, variiert wiederholte, kann cum grano salis für Brechts Freund, Arbeitsgefährten und wichtigsten musikalischen Berater übernommen werden:

> „Das Kommen und Gehen von Ideen, Impulsen und Ideologien ist schön und naturgemäß wie die Atemzüge von Ebbe und Flut und die Rhythmen der Jahreszeiten. Wie in der Natur gibt es auch in der Kunst den Éternel retour der Inhalte und der Formen, welche sie einfassen und umrahmen."

Wie Brecht auch Eisler: „zeitlos freundlich unbequem" (Henze; Dümling). An gleicher Stelle schreibt der Regisseur Milos Forman, daß es ihm jetzt leid tue, wie eine engstirnige Obrigkeit ihn in Sachen Brecht verprellt habe. Es wird viele seines (1932) und folgender Jahrgänge geben, bei denen man Ähnliches auch im Falle Eisler beobachten kann.

II Exkurs

> „Non dico però differenti di proportione; ma dico differenti di luogo; perciocché (come hò detto altroue) quando si pone la Terza maggiore nella parte graue, L'Harmonia si fà allegra; & quando si pone nell' acuto si fà mesta."

Dies die bekannten und berühmten Sätze Zarlinos (242, falsch paginiert als 211), die auch heute noch jedem, der mit europäischer Musik umgeht, geläufig sind: bei Brahms gibt es, von Nietzsche bemängelt, sehr viel Mestizia; und Haydn war – er selbst hat es religiös begründet – im Grunde immer „allegro". Die spätere „Wandlung in der theoretischen Grundanschauung" (Borris), die sich bemerkbar machte, als „Hr. Capellmeister Joh. Seb. Bach", der doch kein „durch einen bösen Calcul verdorbenes Ohr hatte" (Marpurg), in 24 Tonarten komponierte (Mainka, 3 und 4), wurde von Christian Daniel Friedrich Schubart auf den Begriff gebracht (Schubart), und bis zur Studienzeit Eislers wirkte sie vor allem in den Formulierungen Schillings nach (Schilling). Zu cis-Moll, das uns im 3. Teil besonders beschäftigen soll, schreibt Schubart:

> „Bußklage, trauliche Unterredung mit Gott, dem Freunde und der Gespielin des Lebens; Seufzer der unbefriedigten Freundschaft und Liebe liegen in seinem Umkreis." (Schubart, 285)

Schilling verweist auf Schubart, zitiert ihn und schreibt weiter:

> „Neben Beethovens bekannter Sonate in cis-Moll erinnern wir uns des herrlichen Liedes von Franz Schubert: *Der Wanderer;* wie ewig wahr fängt derselbe hier an im heimlich Schmerz = kämpfenden und Gott = vertrauenden, aber tiefe Fantasie verkündenden Cis-Dur, geht dann über nach fis-Moll, und von da nach cis-Moll, wo der Wanderer im

trauernden Selbstbetrachten sich verliert mit den Worten: ‚Ich wandle still, bin wenig froh, und immer fragt der Seufzer, wo?' Ergreifend ist kurz darauf sein mit Hoffnung vermischter, freudiger und sehnsuchtsvoller Hinblick auf das Vaterland, wo Schubert ihn in dem verwandten und verklärten E-Dur singen läßt: ‚Wo bist du, mein geliebtes Land? Gesucht, geahnt und nie gekannt. Das Land, so hoffnungsgrün […]', zum Schluß ihn aber den hoffungslosen Seufzer: ‚Wo bist du?' wieder aufnehmen läßt, im klagenden cis-Moll, das endlich mit den Worten: ‚Im Geisterhauch tönt's mir zurück: dort, wo du nicht bist, ist das Glück', seine schönste und im Gott ergebenen Bewußtsein befriedigendste Antwort findet in den tiefen Klängen des, durch vielsagende Dissonanzen aufgehaltenen, endlich sanft verhallenden E-Dur." (Schilling III, 248)
Leicht ist die Traditionskette aufzuzählen von Bachs *cis-Moll-Fuge* im 1. Teil des *Wohltemperierten Klaviers* (das, laut Neefes Zeugnis in Cramers Musikalischem Magazin, der elfjährige Beethoven – in Wirklichkeit war er 13 – „draufhatte") zu der von Schilling genannten *Mondschein-Sonate*, endlich zu Brahms' *cis-Moll* und Mahlers *5. Sinfonie*. Wahrlich ein weites Feld. Aber Eisler hatte es seinerseits auch „drauf", wie wir in Teil III sehen werden.

III Zwei Akkorde

Erinnerung eines Eislerianers: In Petrograd (wie die Stadt zur Zeit der letzten Zarenregierung benannt wurde) kam es zur Gründung des ersten Theater-, Kunst- und Musikwissenschafts-Instituts im Lande (Semzowski). Bei einem Besuch im Jahre 1967 wurde mir, der ich als Lehrer der Hanns-Eisler-Musikhochschule Berlin Gast des dortigen Komponistenverbandes war (damals also: Leningrader; das Institut hieß inzwischen „LGITMIK") mit Stolz von Arnold Sochor ein Eisler-Autograph gezeigt: die Höderlin-Vertonung *An eine Stadt*. Der Komponist hatte es 1957 dem Institut zum Geschenk gemacht. Ich hörte das Lied zuvor schon bzw. noch von Eisler „gesungen"; hier im Leningrader Institut entdeckte ich am Schluß des Autographs die Bemerkung „Franz Schubert gewidmet".

Im drittletzten Takt dieses Eisler-Liedes kommt es (wie es ähnlich in dem Filmmusik-Buch für den B-Dur-Schlußsatz des *Septetts* op. 92a beschriebenen wird; Adorno/Eisler, 165, f.) zum „Aufklaren" in den B-Dur-Akkord (Schubart: „heitere Liebe; gutes Gewissen, Hoffnung; Hinsehen nach einer besseren Welt" (Schubart, 284), dann zu einer phrygisch gefärbten „Verdunkelung" (im pianissimo) und endlich einem sffz-Akkord, einem Aufschrei in cis- (notiert des) Moll. Der Komponist benutzt keine Dissonanz, wie das vielen Komponisten seiner Zeit wohl nahegelegen hätte, sondern greift historische Klang-Charaktere auf. Es wäre Spekulation, diese beiden Akkorde als bewußte Schubert-Adaption zu werten, aber – was immer der Komponist dachte – sie sind „Kurzfassung" der Anfangssätze von Schuberts letzter Klaviersonate, wobei deren cis-Moll-Satz unbestreitbar eine „Wanderer"-Reminiszenz, ähnlich der Schubertschen C-Dur-Fantasie bedeutet (wie ich auch meine, daß Schuberts Streichquintett-Mittelsatz in E-Dur solche Erinnerung aufgreift).
Eisler hat sich gern als „Brahmine" bezeichnet. Diese Haltung sei ihm frühzeitig von seinem Lehrer sozusagen eingeimpft worden. Anders aber als dieser sei er schon jenseits jeglicher Bewunderung für die Wagner-Liszt-Tradition aufgewachsen, mit starker Aversion gegen die damaligen Konzerte, „die voll von Sinfonischen Dichtungen wirklich schauerlicher Art mit Leitmotiv und furchtbar viel Krach" gewesen sind (Notowicz, 166). Schönbergs Verdienst sei „die Besinnung auf die reine Form der Meister" (ebenda) und nicht zuletzt auf Brahmsens Vorstellung von „dauerhafter Musik", die sich bei Brahms gleichermaßen auf harmonisch traditionelle Strukturen wie auch Permutationstechnik gründet (Mainka 5). Brahms hat sich seinerseits immer als Schubertianer erklärt, nannte das Vorbild einen „Götterjüngling", der den „Donner des Jupiters […] gelegentlich absonderlich handhabt" (Brahms), womit er ganz bestimmt vor allem Harmonisches im Sinn hatte. Von Entfernteren wie Gioseffo Zarlino (der ja auch nicht nur Theoretiker war) abgesehen, gibt es meines Erachtens einen festen durchlaufenden Ariadne-Faden Schubert – Brahms – Eisler.

IV Postludium

Beunruhigung und Kühle der Distanz – um auf unseren Beginn zurückzukommen –, Eisler zwang sie durch die Souveränität einer Position zusammen, die sowohl irgendeine Dialektik einer Musica mundana, der zufolge man ab anno 1920 „charakteristische Töne" absolut über Bord zu werfen habe, als auch „eine etwas dumpfe Naivität, die glaubt, daß sie mit einem Lied die Welt erlösen kann", ablehnte (Bunge, 288). Hier trifft sich Eisler dann doch mit Ives, dem Mann der Schönberg-Generation, dessen essayistische Anmerkungen mit der charakteristisch provozierenden Frage schließen: „Muß ein Lied denn immer ein Lied sein?", schließlich hänge „jedermanns Freiheit" davon ab, „sich schutzlos den Fluten des Absoluten (und mögen sie noch so heftig auf ihn niederstürzen) auszusetzen oder zumindest dazu bereit zu sein, und so viel als möglich von jeder Lehre, die die Menschheit vom Unendlichen empfangen und dem Menschen hingeworfen hat, zu nutzen (oder es jedenfalls zu nutzen zu versuchen, oder zumindest keine Angst davor zu haben, es zu nutzen zu versuchen)" (Ives, 115). Und so erhielt auch Eisler von skeptischer und zudem politisch konservatier Seite das Attest: „sofern die Vernunft unteilbar ist, ist die musikalische keine ausschließlich musikalische" (Dahlhaus, 16).

Charakteristisch für Eisler ist der – möglicherweise oder sogar wahrscheinlich fingierte – Dialog mit einer Schülerin: Er habe ihr gesagt:
„Also wissen Sie – Ihre Musik ist so traurig, da kann ich gar nicht mehr zuhören. Sofort bin ich gerührt, und da ich gutmütig bin (ich bin ja auch ein Kavalier in meiner altertümlichen Weise), ist es selbstverständlich sehr schwierig, das alles anzuhören, ohne Tränen zu vergießen – und ich bin eine rohe Natur! Schreiben Sie ein Stück: *Adieu tristesse* – nach dem Moderoman *Bonjour tristesse*. – Das würde sie machen, Ja! Sie war ganz begeistert – sie wird mir das widmen!" (Eisler 3, 308).
Hinter dem „Moderoman" steht natürlich die damalige „Modephilosophie", die dem Autor des *Johannes Faustus* ein starker Dorn im Auge war.

„Die Existenz ist nichts, was man aus der Entfernung denken kann: das muß dich plötzlich überfluten, das bleibt über dir, das lastet schwer auf deinem Herzen wie ein großes unbewegtes Tier – sonst ist da gar nichts." Diese Sätze Sartres kommen auf dem Umweg Giacomo Leopardi in Eislers *Faustus*-Libretto. Sie gehören zu den minimalen Kompostionsskizzen und werden in den *Ernsten Gesängen* wieder aufgegriffen:

Nichts gibt's, was
würdig wäre deiner Bemühungen.
Und keinen Seufzer
verdient die Erde.
Schmerz und Langeweile sind unser Los
und Schmutz die Welt, nichts anderes.
Beruhige dich.

Eislers Singstimme steht hier in c-Moll (Schubart: „Jedes Schmachten, Sehnen, Seufzen der liebestrunkenen Seele liegt in diesem Tone", 284, die Begleitung läßt der Komponist in diffuser Nicht-Tonalität.). Diese Nr. 3 der *Ernsten Gesänge* ist den der Hoffnung gewidmeten Versen Hölderlins (Nr. 4 und 6) gegenübergestellt.
Eisler begründet seine Hoffnung: Das Exzessive des *Tristan* sei gottlob vorbei: „da beißt man auf Granit, denn die Vernunft fehlt, die auch bei uns in der Musik eine gewisse Rolle zu spielen anfängt" (Eisler 3, 309). Ives hätte an solcher Stelle vom musikalischen Rollo oder den Rollos gesprochen – Rollo war Hauptfigur naiv-didaktischer Jugendliteratur des Religionslehrers Abbot. Eisler verteidigt und lobt die Lakonie seines Mitschülers Webern.

„Ich bin also auch gegen Kritiker, die nach dem harmlosen Jugendwerk op. 1 in d-Moll (Passacaglia) schreiben: ‚Der Mann gehört nicht in unsre Konzertsäle. Der Mann hat keine Ohren oder er sitzt auf ihnen […], dieses Anathema, also dieses ‚Abbate satanas', ärgert mich – das ist etwas Pfäffisches" (ebenda).

Selbstverständlich, das sei hier nachdrücklich gesagt, hat man wie die Chronologie notenschriftlich fixierter Antworten auf Fontenelles Frage, recte: die Variante „Tonalité que me veux-tu?", so auch die verbaler Paradoxa zu berücksichtigen.
Eisler benutzte die Tradtion „charakteristischer Töne" im Sinne Schubarts und Schillings und sah in Schönbergs Emanzipation der Dissonanz eine weitere Möglichkeit, Musik widerspruchsvoll zu gestalten. Daß er sich dabei oftmals seinem Mitschüler Berg näherte, war ihm bewußt, und seine, allerdings relativ starke Zurückhaltung dessen Musik gegenüber, die freilich mehr als dem Musikalischen den Stoffen (und damit doch auch wieder den „musikalischen" Inhalten) galt – der Spät-Bürger Wedekind gegenüber dem Nicht-Bürger Brecht –, hat viel damit zu tun, daß man in Wien, wie Eisler sagt, Französisches (Satie, Cocteau, die „Funktionswirkungen" des „französischen" Strawinsky) leider nie richtig verstanden hat, und es geht Eisler dabei um Feinheiten der Unterscheidung: die Schärfe eines Karl Kraus („Sittlichkeit und Kriminalität") gegen Bergs Verschwommenheit, Aufgeregtheit, Rauschsucht (Eisler 2, 86 ff.). Wie bei Eisler die Kritik an Berg, so bei Brecht die ebenfalls etwas „fixierte" Kritik am „Überflüssiges" schreibenden Thomas Mann.

Cur adhibes tristi numeros cantuumque labori? – Zur traurigen Arbeit so viele Gesänge – warum? Eisler beharrt darauf, „auf anständige Weise" traurig sein zu dürfen. Nicht aus Bequemlichkeit bekannte er sich zu Traditionen. Sein mit dem Blick des „Brahminen" komponierter Abschieds-Gesang ist ein ergreifendes Selbstzeugnis. Wie weit die Auditeurs imaginairs dem Des-Dur-Schluß seiner „Ernsten Gesänge" (Schubart: „Des-Dur – Ein schielender Ton, ausartend in Leid und Wonne. Lachen kann er nicht, aber lächeln, heulen kann er nicht, aber wenigstens das Weinen grimassieren. – Man kann sonach nur seltene Charaktere und Empfingungen in diesen Ton verlegen", 285), inwieweit man ihm folgen kann oder er einem „den Spaß verdirbt", wird zunächst offene Frage bleiben. Wer aber wirklich Des-Dur und nicht ein Te deum-D-Dur und nicht eine Musica mundana zu hören bereit ist, wird den unisonen Schluß und den vorangehenden verminderten Septakkord in Rechnung stellen können.

Als die Bilder laufen lernten, als man anfing – wie es in Eislers *Hollywood-Elegien* heißt – „Träume auf Zelluloid" zu produzieren, begann auch musikalisch eine neue Ära. Die musikalische Ästhetik – wie immer – hinkt hinterher, tat und tut sich nach wie vor schwer, gegenüber Allerweltskomponisten Musikern gerecht zu werden, die sich bei der Mosfilm oder Warner Brothers um musikalisches Neuland bemühten. Der Begriff Eklektizismus war und ist bei Schostakowitsch ebenso wie bei Eisler beliebte Ausflucht. Hilfreich kann dem ernsthaften Bemühen, ein Notenbild auf den Begriff zu bringen, Blick und Gehör für den so sympathisch undogmatischen Charles Ives sein.

Keine Frage – oder doch gerade eine zentrale Frage: wer kommt da als Interpret in Frage? Debatten, die ich oft erlebte, erinnern mich – Vergleiche hinken immer – an die Unsicherheit auf der deutschen Schaubühne um 1750 (Mainka 6). Beethovens Lehrer Neefe, ein Aktiver dieser Schaubühne, schrieb im Verwort seiner Gesänge:

„Wenn das der normale Operist in die Hände nimmt, laufen die Empfindenden davon." (Neefe)

Wie breit die Interpretationmöglichkeiten für Eislers Liedwerk sind, lassen zwei hier zum Schluß genannte Einspielungen erkennen: die von Dietrich Fischer-Dieskau (s. u.) und die von Sylvia Anders (Wilkening DG 2530696).

Literatur:

Adorno/Eisler: *Komposition für den Film*, München 1969.

Borris, Siegrid: *Kirnbergers Leben und Werk und seine Bedeutung im Berliner Musikkreis um 1750*, Kassel 1933.

Brahms, Johannes: *Briefe an Adolf Schubring*, in: *Briefwechsel*, hg. von der Deutschen Brahms-Gesellschaft, 16 Bde., Berlin 1908–1922, daraus Bd. 8, S 198 ff.

Bunge, Hans: *Fragen sie mehr über Brecht. Hanns Eisler im Gespräch*, München 1979.

Dahlhaus, Carl: *Politische und ästhetische Kriterien der Kompositionstechnik*, in: *Neue Zeitschrift für Musik*, Heft 1/1972, dass. unter der Überschrift *Thesen über engagierte Musik*, in: *Schönberg und andere. Gesammelte Aufsätze*, Mainz 1978, S. 304 ff.

Dümling, Albrecht: *Laßt euch nicht verführen. Brecht und die Musik*, München 1985, S. 640 ff.

Eisler, Hanns (1): *Musik und Politik. Schriften Bd. 1*, hg. von Günter Mayer, Leipzig 1973, 1982, 1983.

Eisler (2): dass. Bd. 2.

Eisler (3): *Materialien zu einer Dialektik der Musik*, hg. von Manfred Grabs, Leipzig 1976.

Henze, Hanns Werner, in: *FAZ*, 7.2.1998.

Ives, Charles: *Ausgewählte Texte*, hg. von Werner Bärtsch, Zürich 1985.

Mainka, Jürgen (1): *Thomas Mann und die Musikphilosophie des XX. Jahrhunderts*, in: *Gedenkschrift für Thomas Mann*, hg. von Rolf Wiecker, Kopenhagen 1975, S. 197 ff.

Ders. (2): *Dahinziehende Träume oder vom Gespür eines transatlantischen „Brahminen"*, in: *Festschrift Eberhardt Klemm zum 60. Geburtstag*, hg. von Frank Schneider, Giesela Wicke (Ms.), Berlin 1989.

Ders. (3): *Athanasius Kirchners Exemplifizierungen zur Affektenlehre*, in: *Beiträge zur Musikwissenschaft*, Heft 2/1989, S. 81 ff.

Ders. (4): *Frühe Analysen zweier Stücke aus dem Wohltemperierten Klavier*, in: *Musa – Mens – Musici. Festschrift für Walter Vetter*, Leipzig o. J., S 177 ff.

Ders. (5): *Permutationen bei Brahms*, in: *Beiträge zur Musikwissenschaft*, Heft 2/1986, S. 145 ff.

Ders. (6): *„Mein Leipzig lob ich mir." Eine musikalische Bemerkung zur „Gottsched-Gellert-Weisseschen Wasserflut"*, in: *Festschrift Werner Felix zum 70. Geburtstag*, Frankfurt an der Oder 1997, S. 193 ff.

Marpurg, Friedrich Wilhelm: *Versuch über die musikalische Temperatur*, Berlin 1776, Bd. III, S. 815.

Neefe, Christian Gottlob: *Vorwort zu seinen Oden von Kloppstock*, siehe Mainka: *Das Weltbild des jungen Beethoven*, in: Beiträge zur Musikwissenschaft, Heft 3–4/1970, S. 199 ff.

Notowicz, Nathan: *Wir reden hier nicht von Napoleon, wir reden von Ihnen. Gespräche mit Hanns und Gerhard Eisler*, Berlin o. J. [1971].

Schilling, Gustav: *Enzyklopädie der gesamten musikalischen Wissenschaften [...]*, Stuttgart 1835–1838; ähnliche Passagen in ders.: *Versuch einer Philosophie des Schönen in der Musik*, Mainz 1838.

Semzowski, I.: *Bericht über Leningrad*, in: Beiträge zur Musikwissenschaft, Heft 1–2/1968, S. 117 f.

Wilkening, Martin: Beiheft zur CD Teldec 844092 (Co-Produktion mit dem SFB): *Eisler: Lieder und Songs*, gesungen von Dietrich Fischer-Dieskau, am Klavier Aribert Reimann.

Zarlino, Gioseffo: *Le istitutioni harmoniche*, Venedig 1558, Reprint, New York 1965.

Eine Komposition im „alten Stil"?
Bemerkungen zu Schönbergs *Variationen über ein Rezitativ für Orgel* op. 40

I

Seit alte Musik in der ersten Hälfte des 19. Jahrhunderts als historisches Objekt in größerem Umfang für die Gegenwart verfügbar wurde, hat man sich ihrer auf unterschiedliche Weise bemächtigt. Der Stilkopie, vor allem in der einfacheren Kirchenmusik, stand eine produktive Aneignung gegenüber, die in Deutschland quer durch die musikalische Parteienlandschaft ging. Zumal deren nach außen hin führende Köpfe, Brahms vor allem, aber auch Liszt oder Wagner, hatten gegenüber alten Stilen keinerlei Berührungsängste, mochten sie sich auch sonst wechselseitig falschen Fortschrittswahn oder hoffnungslose Rückständigkeit vorwerfen.
Erst zu Beginn des 20. Jahrhunderts fallen Alt und Neu, zumindest in der deutschen Musik, deutlicher auseinander. Je schärfer sich die Grenzen der tradierten Tonsprache abzuzeichnen scheinen, um so bereitwilliger schreibt man Werke, denen das Etikett „im alten Stil" aufgeklebt ist – teils deutlich im Titel sichtbar, teils implizit an der Verwendung von im Titel genanntem älteren Material (wie etwa in Regers Variationen von Themen Hillers und Mozarts) ablesbar. Es steht jetzt für eine nicht mehr allein durch Gattungs- oder Stilnormen vorgeschriebene, sondern selbst verordnete Regression, die Zurücknahme von Mitteln, derer man sich sonst ohne Zögern bediente.[1]
Gilt diese Stilspaltung einerseits als ein typisch deutsches Phänomen, so zögerte andererseits Adorno nicht, in seiner *Philosophie der neuen Musik* ihre Konsequenzen als eine generelle Teilung der Musikgeschichte der ersten Hälfte des 20. Jahrhunderts in einen fortschrittlichen und einen restaurati-

---

1 Dazu neuerdings Wolfgang Dömling: *Das neue Alte: Über „néo-classicisme" und anderes*, in: F. Meyer (Hrsg.): *Klassizistische Moderne. Eine Begleitpublikation zur Konzertreihe im Rahmen der Veranstaltungen „10 Jahre Paul Sacher Stiftung"*, Winterthur 1996, S. 105–119, hier vor allem 105–110.

ven Zweig zu beschreiben: Jenen sah er verkörpert in Schönberg und dessen atonaler sowie (mit Abstrichen) serieller Musik,[2] diesen in Strawinsky und dem Neoklassizismus.

Nur auf den ersten Blick gleicht Adornos Sichtweise derjenigen Schönbergs. Die Verengung der Musikgeschichte auf eine durch deutsche Komponisten repräsentierte Fortschrittslinie und die kritische Bewertung des Neoklassizismus passen zu Schönbergs berühmtem Diktum von der durch ihn geretteten Vorherrschaft der deutschen Musik ebenso wie zu seiner scharfen Attacke auf den „kleinen Modernsky" sowie den „neuen Klassizismus" (in seinen *Satiren* für gemischten Chor von 1925). Auf den zweiten Blick indessen stellen sich Zweifel ein an einer rigorosen Einverleibung Schönbergs in den musikalischen Fortschritt. Denn Schönberg hat in den Jahren nach 1925 mehrfach Stücke im „alten Stil" geschrieben, und das bedeutete bei ihm nicht in erster Linie, wie noch 1897,[3] die Übernahme alter Formen und Gattungen. An die hatte er auch in seinen seriellen Kompositionen angeknüpft. Gemeint waren damit vor allem Instrumentalstücke, deren Harmonik und Melodik nicht durch eine Zwölftonreihe, sondern – in welcher Art auch immer – „tonal" fundiert ist.[4] Sie entstanden im wesentlichen in den Jahren des amerikanischen Exils. (Ihnen voraus gingen nicht nur zahlreiche tonale Fragmente, sondern auch die beiden in den

---

2 Zu Adornos Schönberg-Bild vgl. Giselher Schubert: Eine „*dialektisch-geschichtsphilosophische*" *Kritik einer Kompositionsmethode: Adorno und die Zwölftontechnik*, in: St. Litwin u. a. (Hrsg.): *Stil oder Gedanke? Zur Schönberg-Rezeption in Amerika und Europa*, Saarbrücken 1995 (= Schriftenreihe der Hochschule des Saarlandes für Musik und Theater 3), S. 147–156.

3 In diesem Jahr komponierte Schönberg eine *Gavotte und Musette für Streichorchester (im alten Style)*. Vgl. Josef Rufer: *Das Werk Arnold Schönbergs*, Kassel u. a. 1959, S. 84.

4 Was unter „tonal" im einzelnen zu verstehen ist, wird uns später noch beschäftigen. – Die enge Verbindung, die Schönberg zwischen dem „alten Stil" und der „tonalen" Schreibweise herstellte, zeichnet sich schon in seinen Werken der atonalen Phase ab (es genügt, an die Dur- und Mollklänge des letzten Stücks „O alter Duft aus Märchenzeit" aus *Pierrot lunaire* zu erinnern). Daß Schönberg an seiner Sichtweise des „alten Stils" bis zuletzt festhielt, verdeutlicht unmißverständlich der folgende Passus aus seinem 1948 geschriebenen Text *On revient toujours*, wo es heißt: „[...] eine Sehnsucht, zu dem älteren Stil zurückzukehren, war immer mächtig in mir; und von Zeit zu Zeit mußte ich diesem Drang nachgeben. Also schreibe ich manchmal tonale Musik. Für mich haben stilistische Unterschiede dieser Art keine besondere Bedeutung." Vgl. Arnold Schönberg: *Stil und Gedanke. Aufsätze zur Musik*, hg. von Ivan Vojtěch, Frankfurt am Main 1976 (= *Arnold Schönberg. Gesammelte Schriften* 1), S. 147.

frühen dreißiger Jahren geschriebenen Werke nach barocken Vorbildern: das *Konzert für Violoncello und Orchester* nach Monn und das *Konzert für Streichquartett und Orchester* nach Händel).[5] Solche scheinbar restaurativen Werke Schönbergs sind in Adornos Geschichtsbild nicht leicht einzupassen. Nahe lag daher die Versuchung, sie lediglich als Nebenwerke neben den dodekaphonen Hauptwerken zu tolerieren.[6] Doch handelt es sich schon deshalb kaum um Parerga, weil Schönberg sich offen zu ihnen bekannt hat.[7]

Exkurs 1

Zu den Stücken im „alten Stil", die in Amerika entstanden, zählte Schönberg expressis verbis die *Suite für Streichorchester*[8] und die *Variationen über ein Rezitativ für Orgel* op. 40.[9] Ihre Eigenschaft als nicht dodekaphone Instrumentalwerke teilen sie mit der *2. Kammersymphonie* op. 38, *Kol nidre* für Sprecher, Chor und Orchester op. 39 sowie *Thema und Variationen für Bläser* op. 43A.[10] Schönberg war zeitweise unentschlossen über ihre Stellung in seinem Œuvre. 1944 schrieb er an Fritz Reiner, das Bläserstück sei nicht eines seiner Hauptwerke, „denn es ist keine Komposition mit zwölf

---

5 Vgl. Rudolf Stephan: *Schönberg und der Klassizismus*, in: ders.: *Vom musikalischen Denken. Gesammelte Vorträge*, hg. v. R. Damm u. A. Traub, Mainz 1985, S. 146–154, hier S. 153 f. Zum Konzert nach Händel vgl. Joseph H. Auner: *Schoenberg's Handel Concerto and the Ruins of Tradition*, in: JAMS 49 (1996), S. 264–313.
6 Daß sich eine solche Haltung bei Adorno abzeichnet, hat Carl Dahlhaus hervorgehoben. Vgl. dessen Text *Zum Spätwerk Arnold Schönbergs*, in: ders. (Hg.): *Die Wiener Schule heute*, Mainz 1983 (= *Veröffentlichungen des Instituts für Neue Musik und Musikerziehung Darmstadt* 24), S. 19–32, hier S. 21. Zu kritischen Stimmen über Schönbergs nicht-dodekaphone Spätwerke vgl. auch Heinz-Klaus Metzger: *Arnold Schönberg von hinten*, in: ders. u. R. Riehn (Hrsg.): *Arnold Schönberg. Musik-Konzepte Sonderband*, München 1980, S. 29–34, hier S. 29–31.
7 Vgl. den in Fußnote 4 zitierten Text, insbesondere den Schlußsatz.
8 Der autographe Titel lautet: *Suite im alten Stile für Streichorchester von Arnold Schönberg*. Vgl. Rufer (wie Fußnote 3), S. 63.
9 In einem Brief an René Leibowitz vom 4. Juli 1947 schrieb Schönberg, seine *Variations on a Recitative* (so der englische Originaltitel) stellten seine „‚Stücke im alten Stil' dar." (Vgl. *Arnold Schönberg. Briefe*. Ausgewählt und hg. v. Erwin Stein, Mainz 1958, S. 260.)
10 In den drei letzten Werken hat Schönberg den tonalen Stil durch Vorzeichen unmißverständlich zum Ausdruck gebracht: es-Moll/G-Dur/es-Moll in der *2. Kammersymphonie*, g-Moll in *Kol nidre* sowie in den *Bläservariationen*.

Tönen".[11] Legt man diesen Maßstab an, müßten ihm freilich, wie Carl Dahlhaus betonte, auch *Ein Überlebender aus Warschau* op. 46, das *Prélude* op. 44 und die *Drei Volkslieder* op. 46 als Hauptwerke zum Opfer fallen.[12] Außerdem hat Christian Martin Schmidt darauf aufmerksam gemacht, daß Schönberg von der *2. Kammersymphonie* an auch den „tonalen" Werken wieder Opuszahlen zugewiesen und sie damit offenkundig doch zu seinen Hauptwerken gezählt habe.[13] Bemerkenswert ist in diesem Zusammenhang auch (ich komme darauf später zurück), daß Schönberg, der zuvor meist tonale Kompositionen abgebrochen hatte, Anfang August 1941 seine seriell konzipierte *Sonata for Organ* nicht vollendete,[14] die kurz danach begonnenen „tonalen" Variationen für dasselbe Instrument hingegen fertigstellte.

Adornos Neigung, Elemente des Alten nur solange zu tolerieren, wie die atonale oder serielle Konstruktionsbasis nicht tangiert ist, wird Schönbergs Komponieren offenbar nicht gerecht, in dem der Umgang mit der Tradition viel weiter gehen konnte. Schönbergs Kritik am Neoklassizismus zielte keineswegs pauschal auf die Anlehnung an ältere Muster, sondern in erster Linie auf jede Form unreflektierter, bloß einer modischen Attitüde folgenden Komposition in alten Gleisen, auf die falsche Aneignung einer Tradition also, von der man nichts begriffen hat und in die man sich nicht zuletzt

11 Rufer (wie Fußnote 3), S. 55.
12 Dahlhaus (wie Fußnote 6), S. 21 f. Dieter Schnebel *(Schönbergs späte tonale Musik als disponierte Geschichte,* in: ders.: *Denkbare Musik, Schriften 1952–1972,* hg. v. Hans Rudolf Zeller, Köln 1972, S. 195–197. Der Schönberg-Text wurde 1955–56 verfaßt.) zählte zu Schönbergs tonalen „oder wenigstens tonal orientierten Werken" zusätzlich noch das *Violinkonzert,* das *Klavierkonzert,* das *4. Streichquartett* und die *Ode an Napoleon Buonaparte.* Doch wird Schnebels Ansicht, wie es scheint, allenfalls in Bezug auf die *Ode* geteilt: Auch Rufer betonte, dort werde die Dodekaphonie durch tonale Klänge „ausgeweitet" (vgl. Josef Rufer: *Die Komposition mit zwölf Tönen,* Kassel ²1966, S. 141).
13 Vgl. Schmidts Einleitung zur Philharmonia-Studienpartitur (Nr. 461) der *2. Kammersymphonie,* S. 4.
14 Vgl. dazu Glenn E. Watkins: *Schoenberg and the Organ,* in: *Perspectives of New Music* 4 (1965), S. 119–135, hier S. 130–134. Die Fragmente der Sonate gab Christian Martin Schmidt zusammen mit den *Variationen* op. 40 heraus in: *Arnold Schönberg, Sämtliche Werke,* Abteilung II, Reihe A, Bd. 5: *Werke für Orgel, Werke für zwei Klaviere zu vier Händen, Werke für Klavier zu vier Händen,* Mainz u. Wien 1973, S. 3–28 und 173–180.

deshalb flüchtet, weil man sein Handwerk nicht versteht. Seine eigene Verpflichtung der Tradition gegenüber stand für ihn nie zur Disposition.[15] Und auch in seiner Rückwendung zum „alten Stil" orientierte er sich an den großen Vorbildern. Wie Beethoven, Mozart, Wagner und Brahms trachtete Schönberg nach einer produktiven Anverwandlung des Alten in den eigenen Werken. Welche Ergebnisse ein solcherart produktiver „alter Stil" zeitigen konnte, hat Schönberg selbst in seinem schon zitierten Brief an René Leibowitz[16] angedeutet: „Die Harmonik der Orgel-Variationen", so heißt es dort, „füllt die Lücke zwischen meiner Kammersymphonie und der ‚dissonanten' Musik aus. Viele ungenützte Möglichkeiten sind darin zu finden." Von daher wird verständlich, daß beispielsweise Jan Maegaard in den Orgelvariationen statt eines alten einen „neuen Stil" empfand[17] – ohne freilich näher auszuführen, welche Merkmale dieser neue Stil habe. Ob aber das Produktive, Neue in Schönbergs Orgelvariationen nur in der Harmonik liegt, diese Frage wäre ebenso erst noch zu beantworten wie die, was denn das Alte im „alten Stil" wirklich ausmache.[18] Beiden Fragen wird im folgenden nachgegangen. Dabei soll Altes und Neues in Schönbergs Orgelvariationen unter drei verschiedenen Aspekten untersucht werden: Erstens unter dem Gesichtspunkt der Form „Thema und Variationen", zweitens unter dem Gesichtspunkt der Tonalität und drittens unter dem Gesichtspunkt des verwendeten Instruments, der Orgel.

---

15 Vgl. dazu jetzt Beat Föllmi: *Tradition als hermeneutische Kategorie bei Arnold Schönberg*, Bern u. a. 1996.
16 Vgl. oben Fußnote 9.
17 Vgl. Jan Maegaard: *Schönbergs quasi-tonaler Stil um 1930*, in: Rudolf Stephan (Hg.), *Bericht über den 1. Kongreß der Internationalen Schönberg-Gesellschaft*, Wien 1978, S. 126–139, hier S. 126. Auch Robert U. Nelson (*Schoenberg's Variation Seminar*, in: *MQ* 50 [1964], S. 141–164, hier S. 160) hob eher fortschrittliche Züge an op. 40 hervor: hier habe Schönberg seine in der „Litanei" des *2. Streichquartetts* erstmals exponierten Variationstechniken zu höchster Vollendung geführt.
18 Zu den Interpretationen von Schnebel und Metzger vgl. den kritischen Kommentar von Dahlhaus (wie Fußnote 6), S. 24 f.

II

Daß das Variieren bei Schönberg zu den zentralen kompositorischen Mitteln zählt, braucht angesichts des in Arbeiten über ihn nahezu unvermeidlichen Begriffs der „entwickelnden Variation" nicht besonders betont zu werden. Darüber hinaus ließe sich auch die Dodekaphonie, „bei großzügigem Umgang mit der musikalischen Terminologie, selbst bereits als ‚Variationsverfahren'"[19] bestimmen, nämlich als permanente Veränderung der Reihe als Grundgestalt. Auch die Variationsform hat Schönberg ganz offensichtlich besonders geschätzt und sich ihr immer wieder zugewandt: zuerst in einzelnen Sätzen innerhalb größerer Werke – Variationen enthalten das *2. Streichquartett*, die *Serenade* op. 24 und die *Suite* op. 29 –, dann in selbständigen Kompositionen: den *Variationen für Orchester* op. 31, den *Variationen über ein Rezitativ für Orgel* op. 40 und in *Thema und Variationen für Bläser* op. 43A.[20]

Exkurs 2

Die meisten Stücke markieren wichtige Stationen in Schönbergs Komponieren. Im *2. Streichquartett*, dem Werk des Übergangs von der tonalen zur atonalen Kompositionsweise, fungiert der Variationssatz, die „Litanei", als „Brennpunkt der zyklischen Konzeption".[21] Der Variationssatz der *Serenade* op. 24 zählt zu den unmittelbaren Vorstufen zur Dodekaphonie,[22] und

---

19 Carl Dahlhaus: *Arnold Schönberg. Variationen für Orchester*, op. 31, München 1968 (= *Meisterwerke der Musik* 7), S. 11 f. Der Autor verwies auf entsprechende Äußerungen Weberns, der sich seinerseits auf Schönberg berief.

20 Einen Variationssatz enthält auch das frühe, von Schönberg nicht publizierte Streichquartett in D-Dur von 1897 (vgl. Rufer, wie Fußnote 3, S. 85). Unvollendet blieb ein 1922 begonnenes, für seinen Sohn Georg und sich selbst geschriebenes Variationsstück *Gerpa* in F-Dur; vgl. dazu Jan Maegaard: *Studien zur Entwicklung des dodekaphonen Satzes bei Arnold Schönberg*, Bd. 1, Kopenhagen 1972, S. 114. Nelson (vgl. Fußnote 17, S. 147) zählte auch die „Passacaglia" aus *Pierrot lunaire* zu Schönbergs Variationswerken, weil ihn deren freizügige Formbehandlung irritierte. Doch scheint es, als habe Schönberg zwischen „Thema und Variationen" auf der einen Seite und der Arbeit mit gleichbleibenden intervallischen Zellen (wie in der „Passacaglia") durchaus unterschieden.

21 Vgl. Werner Breig: *Schönbergs „Litanei"*, in: ders. u. a. (Hrsg.): *Analysen. Beiträge zu einer Problemgeschichte des Komponierens. Festschrift für Hans Heinrich Eggebrecht zum 65. Geburtstag*, Stuttgart 1984 (= Beihefte zum AfMw 23), S. 361–376, hier S. 361.

22 Vgl. Erwin Stein: *Neue Formprinzipien*, in: Musikblätter des Anbruch 6 (1924), S. 198,

Rudolf Stephan sah in ihm ebenso wie in einer unvollendeten *Passacaglia* für Orchester von 1920 ein „Versuchsfeld für die Entwicklung der großen Form".[23] Im Variationssatz der *Suite* op. 29 verwendet Schönberg mit der Melodie des Volkslieds „Ännchen von Tharau" erstmals wieder ein tonales Thema (das freilich in ein dodekaphones Ambiente eingefügt wird), und er schreibt Variationen als deutlich voneinander getrennte Abschnitte mit eigenen Charakteren.[24] Die an diese Entwicklung anknüpfenden *Variationen für Orchester* op. 31 sind Schönbergs erstes serielles Orchesterstück und zugleich sein einziges Variationsstück für großes Orchester. Mit den *Variationen über ein Rezitativ für Orgel* op. 40 schließlich (seiner einzigen Orgelkomposition) komponierte Schönberg nicht nur sein erstes und einziges Variationsstück für einen Solisten, sondern sein umfangreichstes Werk für diese Besetzung überhaupt.

Die Wahl der Form für op. 40 war also keineswegs neu. Und gleiches gilt für bestimmte formale Details, an denen Schönberg auch hier festhielt. Alle Variationsstücke enden mit einem gesonderten Schlußteil, den Schönberg teils als Finale (in op. 31 und 43A) überschrieb, teils als Coda (in op. 24 und 29), teils aber auch ohne Titel ließ (in op. 10).[25] Es leuchtet ein, daß er die Überschrift „Finale" am Ende von Binnensätzen vermied und sie selbständigen Variationsstücken vorbehielt, allerdings nur solchen mit großer Besetzung (gewissermaßen mit symphonischem Anspruch).[26] Denn in den Orgelvariationen fehlt sie. Dafür gibt es, offensichtlich als Konzession an die solistische Besetzung, nur hier eine dem Schlußteil vorangehende „Cadenza". Gleichwohl wäre es nicht falsch, die der Cadenza folgende Musik als Finale zu bezeichnen. Erstens ist dieser Teil mit seinen 76 Takten

auch die Besprechung bei Rufer (wie Fußnote 12), S. 60 f.
23 Stephan (wie Fußnote 5), S. 148 f.
24 Vgl. Nelson (wie Fußnote 17), S. 153. Die Trennung der Variationen voneinander deutet sich allerdings in der *Serenade* schon an; insbesondere hat Schönberg Variation IV durch neues Tempo und abschließende Fermaten deutlich von den umgebenden Variationen unterschieden.
25 Vgl. dazu Breig (wie Fußnote 21), S. 364 f.
26 Vgl. Dahlhaus (wie Fußnote 19), S. 21.

beinahe sieben mal so lang wie jede der Variationen,[27] und zweitens teilt er mit dem Finale von op. 43A den fugierten Charakter (der dort allerdings nicht so streng ausgebildet ist).[28] So neu aber in op. 40 die Anlage des Schlußteils als Fuge ist, so ist sie doch auch traditionellen Mustern verhaftet. Wie sich zeigt, trifft Schönbergs auf dem Studium klassischer Variationen (von Beethoven und Brahms) fußender Satz: „often the piece is concluded by a coda, finale or fugue"[29] für seine eigenen Werke dieser Gattung auch ohne das einschränkende „often" zu; ein Beweis mehr für sein ausgesprochen klassizistisches Verständnis der Variationsform.[30]

Aber nicht nur den separaten Schluß haben die Orgelvariationen mit den übrigen Variationsstücken Schönbergs gemeinsam. Auch die Art des Beginnens begegnet zumindest in einigen der vorherigen Werke. Die „Litanei" im *2. Streichquartett* hebt an mit einem instrumentalen Thema, das nicht als melodisch kohärente Gestalt konzipiert wurde, wie es die Tradition verlangt hätte, sondern das Schönberg aus Zitaten zusammenfügte.[31] Das Thema wirkt wie eine Introduktion, die das eigentliche Thema erst vorbereitet. Ein solches „eigentliches" Thema aus vier in Vorder- und Nachsatz gegliederten Takten tritt auch tatsächlich auf, nämlich in der ersten Variation (in der Gesangsstimme). Zwar ist es aus Elementen des zuvor von den Instrumenten gespielten Themas gebildet (und insofern Variation). Aber Schönberg hat es darüber hinaus, wie Breig gezeigt hat, als dem Anfangsthema ebenbürtiges Gebilde verwendet und zu einer weiteren Grundlage der folgenden Variationen gemacht. In den *Variationen für Orchester* griff Schönberg die formale Idee, eine Introduktion voranzustel-

---

27 Wie das Thema, so sind auch die Variationen in op. 40 jeweils elf Takte lang; nur in Variation VI wird die Taktzahl verdoppelt. Ähnliche Proportionen gibt es im *2. Streichquartett* op. 10 (Thema und Variationen jeweils mit acht, Coda mit 28 Takten) und in den *Bläservariationen* op. 43A (Thema und mehr als die Hälfte der Variationen mit 22, das Finale mit 66 Takten). Am umfangreichsten ist das Finale der *Orchestervariationen*: Es umfaßt nicht weniger als 210 Takte, während das Thema und die meisten Variationen nur 24 Takte lang sind.
28 Das Finale beginnt mit einer Introduktion, der in Takt 227 ein Fugato folgt, dessen Thema bereits in Variation VI (Takt 169 ff.) eingeführt worden war.
29 Arnold Schönberg: *Fundamentals of Musical Composition*. Ed. by Gerald Strang and L. Stein, London 1967, S. 167.
30 Dazu erneut Breig (wie Fußnote 21), S. 364.

len,[32] auf, entzog aber dem Thema den noch unfertigen Charakter und übertrug ihn auf einen eigens dafür geschriebenen Einleitungsteil. Zu der in der „Litanei" erprobten Methode einer Verklammerung von direktem und vorbereitetem Anfang kehrte er erst in den Orgelvariationen zurück.[33] Schon die Bezeichnung des das Stück eröffnenden Themas als „Rezitativ" verweist auf dessen eher offene als geschlossene Form. Schönberg bildete sie denn auch aus Motiven, deren Reihenfolge er zwar genau kalkulierte, die er aber durch Pausen bzw. Fermaten voneinander isolierte. Auf den ersten Blick scheint es sich weniger um ein Thema als um eine metrisch vage Motivsequenz zu handeln.[34]

Notenbeispiel 1

Exkurs 3

Der Folge der Motive liegen verschiedene Gestaltungsprinzipien zugrunde.[35] Erstens bindet Schönberg sie in einen sich steigernden und wieder beruhigenden dynamischen wie agogischen Bogen ein, dessen Verlauf

31 Ebd., S. 365 ff.
32 Als Vorbilder könnten Chopins *Variationen für Klavier und Orchester* über Mozarts *Là ci darem la mano* oder Strauss' *Don Quixote* fungiert haben.
33 Allerdings beginnen die Orgelvariationen mit einem einstimmigen Thema, was das Stück nicht mit der „Litanei", sondern mit dem Variationssatz der *Serenade* verbindet.
34 Vgl. dazu auch die Interpretation von Wolfgang Schmidt: *Gestalt und Funktion rhythmischer Phänomene in der Musik Arnold Schönbergs*, Diss. phil. Erlangen–Nürnberg 1973, S. 84–87.
35 Im folgenden stütze ich mich bei meinen Analysen auf den in der Gesamtausgabe von Christian Martin Schmidt vorgelegten Notentext von op. 40 (vgl. Fußnote 14). Dabei handelt es sich um nichts weniger als die erste Druckausgabe des Stückes in Schönbergs eigener Notation; zuvor war lediglich die von Carl Weinrich eingerichtete Publikation des Gray-Verlags greifbar gewesen. Über die Genese dieser Edition wie überhaupt über die Entstehungsumstände von op. 40 sowie über die frühe Rezeption informiert ausführlich die von

durch Lento/mf (1 ff.), poco accelerando/f bzw. ff (4 ff.) und poco a poco rit./diminuendo (8 ff.) markiert wird. Dem entspricht zweitens eine zu- und wieder abnehmende rhythmische Bewegung bzw. eine rhythmische Differenzierung, die durch den Kontrast von Sechzehnteln und Halben in Takt 6 f. ihren Höhepunkt erreicht. Drittens endlich sind die Motive diastematisch aufeinander bezogen. Die beiden ersten beginnen mit einem Quintsprung aufwärts und schließen mit einem „seufzenden" Halbtonschritt abwärts (beide Halbtonschritte ergänzen sich zum *b-a-c-h*-Motiv). Im dritten ist die anspringende Quinte zur Terz verengt, dafür hat Schönberg den Schluß zur fallenden Quarte erweitert. Gleichzeitig werden Anfangs- und Schlußintervall durch einen Quartgang abwärts (dessen letzter Ton *Cis* in die Oberoktave abgebogen ist) verknüpft (schon im zweite Motiv gab es einen Terzgang). In den folgenden Motiven nun dominieren derart absteigende Gänge in unterschiedlicher Länge, Artikulation und Phrasierung. Strukturiert aber werden sie wiederum durch die beiden eingangs demonstrativ exponierten Intervalle: Quinte *(cis – Fis, c – F, H – E)* und Halbton *(Fis – F, F – E, E – Es)*.

Die auf dieses Thema folgende Variation I erweist sich, wie schon in der „Litanei", zugleich als Exposition weiteren thematischen Materials, das sich in der Oberstimme (im folgenden der Einfachheit halber als zweites Thema bezeichnet) ebenso wie im Baß (im folgenden: drittes Thema) in den Vordergrund drängt,[36] während das zu Beginn vorgestellte Rezitativ im Geflecht der Stimmen nahezu untergeht. Und auch hier mutet das neue Material in gewisser Weise „thematischer" an als das eigentliche Thema.

Paul S. Hesselink vorgelegte Korrespondenz Schönbergs: *Variations on a Recitative for Organ, op. 40: Correspondence from the Schoenberg Legacy*, in: Journal of the Arnold Schoenberg Institute 7 (1983), S. 141–196.
36 Auf die Bedeutung des 2. und 3. Themas ist in den bisherigen Analysen von op. 40 wiederholt hingewiesen worden; allerdings mit unterschiedlichen Gewichtungen. Vgl. Watkins (wie Fußnote 14): S. 126, Nelson (wie Fußnote 17), S. 159, Dahlhaus: *Moderne Orgelmusik und das 19. Jahrhundert*, in: H. H. Eggebrecht (Hrsg.): *Orgel und Orgelmusik heute. Versuch einer Analyse.* Bericht über das erste Colloquium der Walcker Stiftung für orgelwissenschaftliche Forschung, Stuttgart 1968 (= *Veröffentlichungen der Walcker-Stiftung* 2), S. 37–54, hier S. 49 f., Jürgen Habakuk Traber: *Versuch über ein „Nebenwerk". Zu Arnold*

Notenbeispiel 2. Oberstimme und Baß aus Variation I

Erstens wird jetzt der vorgezeichnete 4/4-Takt erstmals musikalische Realität (während dem Rezitativ, wie erwähnt, jede metrische Bestimmtheit fehlte), und zweitens ist die Oberstimme periodisch gestaltet: Einem sequenzierend angeordneten aufsteigenden dreitaktigen Vordersatz (Takt 12–14) folgt ein wiederum auf einer Sequenz beruhender absteigender viertaktiger Nachsatz (Takt 15–18);[37] eine formale Anlage, die der Baß durch seine Gliederung in 3+2+2 Takte weitgehend unterstützt. (Inwieweit die neuen Themen mit dem Rezitativ zusammenhängen, wird noch zu klären sein, doch ändert das nichts an ihrem zunächst deutlich ausgeprägten Gegensatz zu ihm.)
Die Vielfalt der motivischen bzw. thematischen Substanz hat Konsequenzen für die materielle Gestaltung der Variationen, die sich nicht mehr nur auf traditionelle Vorbilder oder solche in Schönbergs früheren Variationswerken zurückführen läßt. Während man die Art, wie Schönberg die Va-

Schönbergs Variations on an Recitative op. 40, in: ZfMth 5 (1974), H. 2, S. 29–41, hier S. 31 (wo auch die Beziehungen zwischen Thema 2 und 3 zum Rezitativ zur Sprache kommen), Michael Radulescu: *Arnold Schönbergs Variationen über ein Rezitativ Op. 40. Versuch einer Deutung,* in: MuK 52 (1982), S. 175–183, hier S. 177 f. Schmidt bezeichnete in seiner Kommentierung der Skizzen zu op. 40 Thema 2 als „Gegenthema", ordnete Schönbergs Aufzeichnung des Themas im 4/4-Takt jedoch nicht Variation I zu (wo sie hingehört), sondern Variation IV (wo das Thema aber in einen 12/8-Takt eingepaßt ist). Vgl. *Arnold Schönberg, Sämtliche Werke,* Abteilung II, Reihe B, Bd. 5, hg. von Christian Martin Schmidt, Mainz u. Wien 1973, S. 29.

riationen in bestimmter Weise gruppiert und zu spezifischen Charakteren ausformt, auch schon früher bei ihm beobachten kann (ich werde darauf im weiteren nicht eingehen), geraten bei der Untersuchung der Arbeit mit dem motivisch-thematischen Material neue Aspekte in den Blick. Zunächst noch einmal zurück zum Rezitativ: So isoliert seine einzelnen Motive sind, so hat es doch insofern auch thematischen Charakter, weil es in Gestalt eines unbegleitenden Baßsolos ein Orgelwerk eröffnet. Die Assoziation eines Passacaglia-Beginns ist unvermeidlich (und ohne Zweifel gewollt). Eine Passacaglia aber beginnt, so will es die Tradition, mit einem Thema, in dem es vor allem (neben der Harmonik) auf die Diastematik ankommt, erst in zweiter Linie auf den Rhythmus (das Metrum hatte Schönberg offen gelassen). Damit aber rückt das Rezitativ von Anfang an in die Nähe einer Reihe.[38] Zwar hat Schönberg es nicht den Gesetzen einer Zwölftonreihe unterworfen – es umfaßt 36 Töne,[39] auf die das chromatische Total nur in unregelmäßigen Abständen verteilt ist – und ihm durch den Beginn und das Ende auf *d* eine auffällige Grundtönigkeit verliehen. Dennoch hat er seine Verwendung als Reihe gewiß von Anfang an mitbedacht.

Beide Funktionen des Rezitativthemas, Passacagliathema und serielle Grundgestalt, werden in den folgenden Variationen entwickelt. Zunächst kommt die traditionelle Themenbehandlung zu ihrem Recht. Ähnlich wie in einer Passacaglia tritt das Thema im Baß auf: schon in Variation II, vor allem aber in der marschartigen Variation III (wo es allerdings zum Schluß in den Diskant wandert).[40] Zu beachten sind dabei die Veränderungen des Themas: Die Fermaten fehlen ebenso wie die zahlreichen Pausen – der Re-

37 Eigentlich besteht er aus zwei vollständigen 3/2-Takten und einem Anhang.
38 Vgl. dazu auch Dahlhaus (wie Fußnote 36), S. 49.
39 Man könnte das letzte *d* in Takt 11 noch mitzählen, weil danach erst Variation I beginnt, und käme so auf 37 Thementöne. Andererseits aber beginnt mit dem *d* schon die erste Wiederholung des Rezitativs in Variation I (die beiden nächsten Töne *a* und *gis* erscheinen in der Oberstimme der linken Hand in Takt 12). Die Überlappung der Zäsuren setzt sich später fort, sie ist ein Charakteristikum von op. 40.
40 Das Rezitativ ist sowohl im Baß wie zuletzt im Diskant (wo es als Ziel einer Steigerung fungiert) nicht zu überhören. Trabers Hinweis (wie Fußnote 36, S. 31), es trete in keiner der ersten vier Variationen in den Vordergrund, trifft nicht zu.

zitativcharakter ist getilgt –, und überdies bindet Schönberg das Thema in den ersten Takten an den Verlauf der Oberstimme (vgl. das folgende Notenbeispiel). Damit verleiht er ihm thematische Konturen, die zu Beginn noch gefehlt hatten.[41]

Notenbeispiel 3. Oberstimme und Baß von Variation III, Takt 34–37

Mit den Imitationen zu Anfang von Variation IV beginnt Schönberg die kontrapunktische Verdichtung des Satzes, die er mit den Spiegelungen in der nächsten Variation weiter intensiviert. Vorbereitet wird so die serielle Behandlung des Themas. In Variation IV verteilt Schönberg, wenn auch nur kurz, das dritte Motiv auf zwei Stimmen in der linken Hand (Takt 48), in Variation V läßt er recto- und verso-Gestalten der einzelnen Motive alternieren,[42] und in Variation VI schließlich, vor allem in der ersten Hälfte, sind große Teile des melodischen wie auch harmonischen Verlaufs durch das Thema determiniert. Von einer Reihe unterscheidet es hier nichts mehr.[43] In der Oberstimme von Takt 67 und 68 werden die ersten drei Thementöne gespielt, und zwar nacheinander in der Grundgestalt (= G): *d" – a" – gis"*, der Umkehrung (= U): *gis" – cis" – d"*, wiederum in U *(d" – g" – as")* und in G *(as" – es'" – d'")*. Die Oberstimme in Takt 68 mit der Folge U – G ist also eine Spiegelung der Verhältnisse in Takt 67 (G – U). In den

---

41 In den *Variationen für Orchester* erscheint das Thema zwar auch in der 1. Variation im Baß, aber weit auseinandergezogen und zudem rhythmisch „zerhackt", verliert also seinen geschlossenen Charakter. In den Orgelvariationen verfährt Schönberg genau umgekehrt.
42 Vgl. dazu die Analysen Trabers (wie Fußnote 36), S. 32.
43 Daß die Orgelvariationen „tend to incorporate certain twelve-tone elements", hatte schon René Leibowitz angemerkt (*Schoenberg and His School. The Contemporary Stage of the Language of Music*, New York 1949, S. 116), freilich ohne zu erläutern, worin die „elements" bestehen. Ähnliches gilt für Rufer (wie Fußnote 12, S. 100).

Akkorden der linken Hand sind in Takt 67 der Krebs (= K) der Töne 7–9 *(g – gis – dis')* und in Takt 68 der K der Töne 1–3 *(h – c' – f')* enthalten. Ähnlich geht Schönberg auch im weiteren vor. In Takt 69–70 erklingen die Reihentöne 5–9:[44] *a" – as" – fis" – h" – b"*, dann 1–3 in Umkehrung *(as" – des" – d")*, in Takt 71 schließlich nacheinander die Töne 4–9, dazu in der linken Hand versteckt die Töne 1–3: *d – a – as*. All dies wird in den folgenden drei Takten wiederum gespiegelt. Takt 72–73: *g' – gis' – b' – f' – fis'* (Umkehrung von 5–9), *gis' – dis" – d"* (1–3 in gerader Gestalt), Takt 74: 4–9 in Umkehrung.

Die vollständige Determination des Satzes durch die Reihentöne 10–15 in Takt 75–76 verdeutlicht das folgende Notenbeispiel (in dem zur besseren Übersicht der Rhythmus ebenso wie alle sonstigen Zusätze fortgelassen sind); die Takte 77–78 sind wiederum eine freie Spiegelung.

Notenbeispiel 4. Var. VI, Takt 67–76

44 4. Reihenton ist das vorangehende *d'''* (das zugleich, wie gezeigt, als 3. Reihenton einer transponierten Grundgestalt fungiert).

Neben diese beiden Arten der Themenbehandlung (als Passacagliathema wie als Grundgestalt), tritt in den folgenden Variationen eine weitere Technik, die Schönberg schon in frühen atonalen Werken erprobt hatte: die Abspaltung einzelner Themenmotive, deren jeweiligen Sequenzverlauf er durch die Töne und Intervalle des Themas steuert.[45] Liegen dabei die Thementöne am tiefsten (wie in Variation VIII), so kann sich wiederum ein passacagliaähnlicher Effekt einstellen. Das Thema erscheint in solchen Variationen also erneut auf zwei Ebenen (darin ähnlich der horizontalen und vertikalen Verwendung als Reihe): Einerseits ist es in seinen Tönen und Intervallen vollständig auf die Variationen verteilt, tritt jedoch andererseits in den Hintergrund zugunsten einzelner isolierter Motive, die als „motive of variation"[46] das Ganze oder doch größere Abschnitte dominieren.

Hatte Schönberg in seinen seriellen Variationswerken solche „motives of variation" außer aus dem Thema auch frei aus den jeweiligen Reihenformen entwickelt, so stützt er sich in den Orgelvariationen, die nicht den Gesetzen der Dodekaphonie unterworfen sind (was, wie gezeigt wurde, an serielle Musik erinnernde Abschnitte nicht ausschließt), zur Bildung solcher „motives" ausschließlich auf das eingangs exponierte motivisch-thematische Material. Allerdings hat er wohl im Rezitativ trotz seiner Länge kein so großes Entwicklungspotential gesehen wie in den 48 Modi einer Zwölftonreihe und deshalb das Ausgangsmaterial um die in der ersten Variation exponierten Themen bereichert. Aus der wechselseitigen Akzentuierung des jeweiligen Materials aber gewinnt die Komposition einen wesentlichen Reiz: Bestandteile aus dem Rezitativ können ebenso wie solche aus dem 2. und 3. Thema als „motives of variation" verwendet werden;[47] wie das Rezitativ im Baß prägt (wenngleich seltener) das 2. Thema im Diskant einzelne Variationen

---

45 Beispielsweise in den ersten Takten von Variation VII, in denen das Sechzehntel-Motiv des Rezitativs aus T.4 sequenziert wird.
46 Schönberg (wie Fußnote 29), S. 169. Er führte diesen Terminus wie folgt ein: „In classical music every variation shows a unity which surpasses that of the theme. It results from the systematic application of a *motive of variation*. In higher form the motive derives from the theme itself, thus connecting all the variations intimately with the theme."
47 3. Thema in Variation II, 2. Thema in Variation IX, Rezitativ in Variation VII und VIII.

ganz (Variation IV) oder partiell (Variation X), und zumindest in Variation X verwendet Schönberg auch das 2. Thema ähnlich wie eine Reihe.[48]
Bemerkenswert schließlich ist die Verteilung der Themen auf die einzelnen Variationen (wobei generell zu sagen ist, daß das Rezitativ in allen Variationen – mehr oder weniger deutlich vernehmbar – vorkommt.[49] Das entspricht Schönbergs Grundsatz, in Variationen nie das Thema und seine Merkmale aus den Augen zu verlieren). Zu Beginn werden die Themen exponiert, ohne sich gegenseitig zu nahe zu kommen (das Rezitativ ist in Variation I kaum hörbar). Spätere Schwerpunkte einzelner Themen sind Variation IV (hier dominiert das 2. Thema, wieder im Diskant) sowie Variation VI und VII (hier konzentriert Schönberg sich ganz auf die Verarbeitung des Rezitativs). Alle übrigen Variationen dazwischen und danach bringen Kombinationen der Themen, ebenso wie die abschließende Fuge, in der das 2. Thema den anfänglichen Kontrapunkt und zusammen mit dem 3. Thema wesentliches Material für Zwischenspiele bildet.[50]
Schönberg demonstriert, so zeigt sich, in op. 40 ein in früheren Variationswerken kaum je erreichtes Maß an Flexibilität im Umgang mit dem thematischen Material. Der Bogen der Variationstechniken reicht von der herkömmlichen thematischen Figurierung (beispielsweise des 2. Themas in Variation IV) und der Verwendung eines Passacaglia-Baßgedankens über die motivisch-thematische Arbeit mittels Motivabspaltung und Sequenz bis zur seriellen Variation, der Arbeit also mit verschiedenen Modi einer Reihe (in Variation X sind es sogar zwei Reihen), die im Extremfall zur totalen Fixierung des Materials führt. Alle Variationstechniken sind für sich betrachtet in Schönbergs Œuvre kaum neu, wohl aber ist es die Art, wie sie hier ohne jeden Regelzwang verwendet und miteinander kombiniert werden. Dadurch erhält das Stück wesentliche Impulse. Die Entwicklung des

---

48 Vgl. dazu insbesondere die von Schmidt erschlossenen und kommentierten Skizzen zu Variation X (wie Fußnote 36, S. 46–50).
49 In einem Brief an den Ulmer Organisten Manfred Gräter vom 26. Mai 1948 hob Schönberg denn auch hervor, „that the theme is present in each variation [...]". Vgl. Hesselink (wie Fußnote 35), S. 173.
50 Vgl. die analytischen Bemerkungen bei Traber (wie Fußnote 36), S. 37–39.

Rezitativs beispielsweise in den Variationen IV–VI zu einer seriellen Grundgestalt ist ein Ereignis, das seine Wirkung nicht zuletzt daraus schöpft, daß dasselbe Thema zuvor wie ein herkömmliches Passacagliathema eingesetzt wurde. Schönberg greift also auf Bewährtes zurück, fällt aber nicht im mindesten hinter den erreichten Standard des Komponierens zurück, sondern entwickelt ihn weiter.

III

Ist es also doch die vielzitierte „Tonalität", die in op. 40 den „alten Stil" begründet? Wie aber ist Tonalität hier überhaupt zu verstehen? Schönberg definierte in seiner *Harmonielehre* die Tonalität eines Stückes bekanntlich als eine sich aus dem Wesen des Tonmaterials ergebende formale Möglichkeit, durch eine gewisse Einheitlichkeit eine gewisse Geschlossenheit zu erzielen. Und an anderer Stelle schrieb er:

„Alles, was aus einer Tonreihe hervorgeht, sei es durch das Mittel der direkten Beziehung auf einen einzigen Grundton oder durch kompliziertere Bindungen zusammengefaßt, bildet die Tonalität."[51]

Die Tonalität haftet demnach am jeweils individuellen, beispielsweise als Reihe angeordneten Tonmaterial eines Stückes, in ihr kommt zum Ausdruck, was im Tonmaterial Zusammenhang stiftet, und sie sorgt für musikalische Geschlossenheit. In einem Variationsstück, zumal wenn es mit einem einstimmigen Thema beginnt, ist die Bestimmung des Tonmaterials nicht schwierig, und daß dem Rezitativ, das mit der Quinte *D – A* beginnt und mit einem leeren Quint-Oktavklang auf dem Kontra-*D*, dem ein d-Moll-Akkord folgt, schließt, der Grundton *d* zugrundeliegt, steht außer Frage.[52]

---

51 Arnold Schönberg: *Harmonielehre*, Wien ³1922, S. 28 u. 487.
52 Zu Schönbergs Schwäche für d-Moll (der Tonart der *Verklärten Nacht* op. 4, von *Pelleas und Melisande* op. 5, des *1. Streichquartetts* op. 7 oder des Chors *Friede auf Erden* op. 13, um nur einige wichtige Werke zu nennen) vgl. Oliver Neighbour: *Schönberg*, in: ders. u. a.: *Schönberg, Webern, Berg. Die zweite Wiener Schule*, Stuttgart u. Weimar 1992 (= The New Grove. Die großen Komponisten), S. 9–110, hier S. 52.

Exkurs 4

Schönberg hat es zwar unterlassen, d-Moll in den Orgelvariationen durch eine generelle b-Vorzeichnung als Grundtonart herauszustreichen. Doch lassen d-Moll- oder D-Dur-Akkorde an zahlreichen formalen Nahtstellen des Stückes keinen Zweifel daran aufkommen, daß die D-Tonalität hier tatsächlich das klangliche Gravitationszentrum bildet. Solche Akkorde erklingen in Takt 11 (Rezitativ/Variation I), 23 (Beginn Variation II), 33/34 (Variation II/III), beim Auftakt zu Takt 56 (Beginn Variation V), in Takt 100 (Beginn Variation VIII) und 121 (Beginn Variation X). In Takt 111, wenn Variation IX anfängt, geht einem d-Moll-Klang ein Vorhaltsklang in es-Moll voraus (ebenso zum Beginn der Cadenza in Takt 133, ähnlich auch schon in der rechten Hand beim Übergang zu Variation VI in Takt 66 f.), und mit einem ähnlichen Effekt stattet Schönberg den Beginn der Fuge aus, die demonstrativ in den letzten drei Takten mit vier D-Klängen endet: d-Moll und dreimal D-Dur.

Wie steht es mit der „direkten Beziehung" des Rezitativs zu diesem Grundton? Sie liegt nicht so sehr darin, daß dem Thema nach traditioneller Art latent mit D (Dur oder Moll) quint- und terzverwandte Akkorde zugrunde liegen – obgleich sich zunächst dieser Eindruck aufdrängen könnte (vgl. Notenbeispiel 1): Auf d-Moll/D-Dur folgt in Takt 2/3 offenbar h-Moll (die Parallele von D-Dur), und auf h-Moll können ohne Schwierigkeit cis- und fis-Moll in Takt 4 und 5 bezogen werden. Anschließend aber fehlen derartige Zusammenhänge; auch G-Dur, das in Takt 9 unmittelbar auf gis-Moll folgt (wenn man die Tonfolgen *H – A – G* bzw. *H – Ais – Gis* so interpretieren will), vermag kaum das Gefühl eines traditionellen Kadenzierens nach D zu begründen. Statt durch herkömmliche Klangverbindungen prägt sich die Beziehung des Rezitativs zum Grundton d vor allem durch zwei Intervalle aus, die einerseits eminent tonal (im herkömmlichen Sinne) sind, andererseits aber auch den aus den Erfahrungen mit der Dodekaphonie erwachsenen Ansprüchen Schönbergs an eine Tonalität genügten: Quinte (bzw. Quarte) und Halbton. Gleich zweimal hintereinander exponiert, prägen sie das Thema auch weiterhin: Quarten erklingen in Takt

2–4, Quinten strukturieren die absteigenden Tonfolgen ab Takt 5,[53] und daß sie halbtönig abwärts sequenziert sind, unterstreicht die Funktion des Halbtons noch über seine Präsenz als motivschließendes Intervall hinaus (nur in Takt 4 endet das Motiv mit einem Quartfall).

Quinte und Halbton spielen aber nicht nur im Rezitativ eine tragende Rolle. Sie prägen auch das 2. und 3. Thema, vor allem deren wichtige Anfangsmotive, die Schönberg wie im Rezitativ jeweils wiederholt (in der Oberstimme als Sequenz, im Baß in der Umkehrung; vgl. Notenbeispiel 2). Im Sopran erklingt eine halbtönige Pendelbewegung, die in eine aufsteigende Quinte mündet, und im Baß läßt Schönberg dem Halbton *D – Dis,* nach einer intermittierenden großen Terz, die Quarten *Fis – H – e* und den Halbton *e – es* folgen.

Aus diesen zentralen melodischen Intervallen und zugleich aus der vorab getroffenen Entscheidung, tonalen Akkorden wesentliche Bedeutung einzuräumen, gewinnt Schönberg nichts weniger als das Fundament der Harmonik in op. 40. Dabei greift er auf Erfahrungen mit Klängen und Klangverbindungen aus seinen früheren avancierten tonalen Werken zurück, die er in seiner *Harmonielehre* ausführlicher beschrieb: die Zusammenstellung von Quartenakkorden und der verschiedenen Möglichkeiten ihrer Verbindungen mit tonalen Drei- oder Vierklängen.[54] Wie die erhaltenen Skizzen zu op. 40 zeigen, hat Schönberg an seine Darstellung in der *Harmonielehre* gleichsam angeknüpft, sie aber, ohne Zweifel unter den Prämissen des neuen Stückes, partiell modifiziert.[55]

Schönberg entwirft nahezu ausnahmslos Quartenakkorde, die halbtönig mit tonalen Dreiklängen verbunden sind. (Die Bevorzugung von Halbtonfortschreitungen dürfte durch die Betonung dieses Intervalls im Rezitativ zu erklären sein.) Ganztönige Progressionen werden ebenso wie Tonrepeti-

---

53 Vgl. schon die Bemerkungen im Exkurs 3. Vorstellbar wäre, daß die Taktstriche nicht zuletzt zu dem Zweck gesetzt sind, die Quintstrukturen zu unterstreichen.
54 Schönberg (wie Fußnote 51), S. 478–492, insbesondere S. 484–487. Schönberg weist dabei auf Quartklänge in *Pelleas und Melisande,* vor allem aber in der *1. Kammersymphonie* hin.
55 Vgl. zum folgenden die Edition der Skizzen (wie Fußnote 36), S. 25–27.

tionen vermieden. Zielklänge sind keine tonalen Vierklänge, sondern immer vollständige Dur- oder Molldreiklänge. Progressionen, die nicht zu solchen Zielen führen, werden von Schönberg gar nicht erst erprobt. Quartenakkorde bestehen im allgemeinen nur aus zwei oder drei Quarten, können aber durch weitere, auch alterierte Quarten ergänzt werden. Alle Progressionen umfassen immer nur zwei Klänge. Ketten gleichartiger Akkorde fehlen. Daß Schönberg in der Folge Quartklang-Dreiklang mit halbtöniger Progression ein Grundprinzip der Harmonik seiner Orgelvariationen und darüber hinaus eine Art Kadenzmodell gesehen hat, läßt sich besonders gut am Ende der Cadenza wie der Fuge beobachten. In der Cadenza spitzt sich zuletzt[56] die klangliche Entwicklung (Schönberg wiederholt sie zweimal jeweils eine Oktave tiefer) auf einen aus es-Moll und cis-Moll geschichteten Akkord zu, dessen sechs Töne sich gleichzeitig als auf *b* (bzw. *ais*) aufgebauter fünftöniger Quartklang *(b – es – as – des – ges)* mit zusätzlichem e (als alterierte Quarte unter b) erklären lassen, der, wie unschwer zu erkennen ist, als Strebeklang (um den Terminus „Dominante" zu vermeiden) zu d-Moll fungiert (vgl. Notenbeispiel 5, wo die Schlußklänge als rhythmisch abstrakte Akkorde dargestellt sind). Derselbe Klangaufbau umrahmt die Arpeggien der letzten Zeile, deren drei mittlere Klänge sich alle als stärkere oder geringere Alterationen des Strebeklanges erweisen.

Notenbeispiel 5

Ähnlich verfährt Schönberg am Schluß der Fuge (vgl. die Übersicht über die Klangfolgen in Notenbeispiel 6). Bereits erwähnt wurde die Häufung von Akkorden auf dem Grundton d in den letzten Takten, die, darin den

---

56 *Sämtliche Werke* (wie Fußnote 14), S. 20, vorletzte und letzte Akkolade.

großen Orgelfugen Regers ähnlich, wie eine Schlußapotheose angelegt sind. Aber bereits bei deren Vorbereitung steuert Schönberg immer wieder den d-Moll-Dreiklang an, und wie am Ende der Cadenza geht dem nahezu immer ein auf einem dreitönigen Kern *es – as – des* basierender Quartenakkord voraus.[57] Die Art der Erweiterung des Kerns wechselt zwar, nähert sich jedoch zuletzt (Takt 204 ff.) dem schon am Cadenza-Ende dominierenden Quartklang weitgehend an. In der Apotheose schließlich sorgt Schönberg für eine letzte Klärung dieses Akkordes: Dessen einzig störender Ton, die alterierte Quarte *e*, wird entfernt; allein reine fünftönige Quartklänge alternieren noch mit den D-Akkorden. Aber selbst diese abschliessenden Progressionen verlaufen noch nicht gleichförmig. Die Verbindung zwischen dem ersten d-Moll-Klang in Takt 208 und dem vorausgehenden letzten von drei Quartklängen wird durch einen Ganztonanschluß *(ces – a)* ebenso getrübt wie die Progression zwischen dem folgenden Quartklang und D-Dur durch eine Tonrepetition *(fis – fis)*. Erst die letzte Verbindung ist perfekt. Wie bei einer herkömmlichen Quintfallkadenz, und ebenso wie bei einem Zwölftonakkord am Schluß dodekaphoner Stücke,[58] so kommt auch hier das vom Komponisten gewählte Prinzip der Klangauswahl und ihrer Verbindung am Ende in reiner Form zur Entfaltung.

Notenbeispiel 6

Aus der Art, wie Schönberg hier mit den Quart- und Dreiklängen umgeht, lassen sich verschiedene Schlüsse ziehen.

57 Vgl. die Quartenakkorde in Takt 202 (viertes und letztes Sechzehntel), 203 (zwölftes Sechzehntel), 204 (zwölftes und letztes Sechzehntel), 205 (zwölftes Sechzehntel), 206 (viertes und fünftes Sechzehntel). Der einzige Klang, der eine Ausnahme macht, steht vor dem zweiten Viertel von Takt 204.
58 Beispielsweise am Schluß der *Orchestervariationen* op. 31.

1. Quartklänge erscheinen in wechselnden Ausformungen. Schichtungen von Dreiklängen, von Dreiklängen und Quart-Quint-Klängen, von reduzierten Vierklängen und Quartklängen, aber auch andere Konstellationen sind möglich. Schönbergs Fähigkeit zur Erfindung immer neuer Darstellungsmöglichkeiten von Quartklängen war offenbar unerschöpflich.
2. Schönberg arbeitet gerne mit wechselnden Modifikationen von Quartenakkorden. Reine Klänge sind nicht die Regel. Zumal wenn sie den Grundklang d-Moll ansteuern, geht Schönberg sparsam mit ihnen um, wohl um ihre Wirkung nicht zu schmälern. Wie es scheint, mißt er reinen Quartklängen mit vollständiger Halbtonfortschreitung die größte Strebewirkung zu – was ihm zugleich zahlreiche Möglichkeiten an die Hand gibt, je nach dem beabsichtigten formalen Effekt solche Wirkungen zu schwächen oder zu intensivieren.
3. Quartklänge müssen nicht in jedem Fall zu einem Dreiklang führen. Sie können auch gereiht werden (daß es in Takt 206 f., am Schluß des Werkes, nur halbtönige Verbindungen zwischen ihnen geben kann, versteht sich nahezu von selbst).[59]

Ein wesentlicher Teil dessen, was die „Tonalität" in Schönbergs Orgelvariationen ausmacht, ist damit beschrieben: Die Entscheidung für einen Grundton bzw. Grundakkord, für melodisch zentrale Intervalle (Quinte/Quarte und Halbton) und, darauf fußend, für Dreiklänge und Quartklänge, die halbtönig miteinander verknüpft sind.

Exkurs 5

Daß Schönberg den harmonischen Prinzipien der Variationen besondere Bedeutung beimaß, wurde schon erwähnt.[60] Die „Lücke zwischen meiner Kammersymphonie und der ‚dissonanten' Musik", die die Harmonik sei-

---

59 Der erste Quartklang in Takt 207 resultiert aus Halbtonprogressionen in wechselnden Richtungen: *ces''*, *des'* und *as* werden aufwärts geführt, *ges'* auf- und abwärts, *es* nur abwärts.
60 Vgl. oben.

ner Ansicht nach ausfüllt, besteht Schmidt zufolge in einer mangelnden Durcharbeitung der in der *1. Kammersymphonie* op. 9 exponierten „Spannung zwischen tonalem System und einem Akkordaufbau, der auf Quarten bezogen ist"; erst in op. 40 habe Schönberg den „Quartenaufbau von Akkorden systematisiert" und den „Halbtonschritt zwischen den Tönen von Quartenakkorden als Spannung und den Tönen von Terzenakkorden als Lösung [...] zur Fortschreitungsregel verfestigt."[61] Zwar ist es fraglich, ob Schönberg nach op. 9 tatsächlich 35 Jahre verstreichen ließ, um die Möglichkeiten der Beziehungen zwischen Quart- und Terzklängen kompositorisch weiter zu erproben; Jan Maegaard wies auf unvollendete tonale Werke von 1925 (für Klavier) und 1930 (für Violine und Klavier) hin, deren Harmonik ebenfalls durch Quart- und Terzklänge fundiert sei.[62] Doch wird man Schmidts Interpretation der harmonischen Prinzipien in op. 40 grundsätzlich kaum widersprechen können.

Die Grundlagen der Tonalität in op. 40 dürfen freilich nicht dahingehend mißverstanden werden, als seien sie in immer gleichen Gestalten ständig präsent. Weder basiert der lineare Verlauf ausnahmslos auf Quarten bzw. Quinten und Halbtönen, noch beschränkt sich die Folge der Klänge auf unmittelbar verkettete Quart- und Terzklänge, und auch die „Verfestigung" der halbtönigen Fortschreitung zur Regel, von der Schmidt sprach, hat keineswegs eine extreme Einengung der kompositorischen Freiheit zur Folge; auch andere Progressionsintervalle kommen vor. Die Kunst lag gerade darin, diese Grundlagen einer ständigen Dialektik von Regel und Ausnahme zu unterwerfen. Das motivisch-thematische und klangliche Geschehen mußte bei aller Freiheit immer noch auf die selbst gegebenen Regeln beziehbar sein; zugleich aber durften, ja mußten die Regeln modifiziert werden, ohne jedoch ihre bindende Kraft zu verlieren. In einer seriellen Komposition leistete sich Schönberg, „der über die Dodekaphonie herrschte, statt sich ihr zu unterwerfen",[63] Freiheiten der motivisch-thematischen

---

61 Schmidt (wie Fußnote 13), S. 4.
62 Maegaard (wie Fußnote 17), S. 126–131.
63 Dahlhaus (wie Fußnote 19), S. 17

Arbeit, weil er sich auf die Reihe und ihre Modi verließ; er mußte dabei allerdings in Kauf nehmen, daß allein darauf gegründeter Zusammenhang nicht mehr hörend nachvollziehbar war. Mit der seriellen Kompositionsweise teilt op. 40 einen vom Komponisten selbst gesetzten, individuellen motivisch-thematischen und harmonischen Ausgangspunkt (doch nähert sich Schönberg eher noch Grundsätzen seiner atonalen Phase, weil er hier wie dort nicht auf ein zum System ausgearbeitetes Regelwerk zurückgreift, sondern es sich erst schafft). Anders jedoch als in der Dodekaphonie garantieren die „tonalen" Entscheidungen für op. 40 eine weitaus weniger von der Tradition abweichende Klanglichkeit, erschweren aber (dies wiederum ähnlich wie in den atonalen Werken) die Einhaltung des bisher erreichten Standards, größte Freiheit mit strengster Bestimmtheit zu verbinden, da weder die ältere Tonalität noch Reihenmodi, sondern lediglich wenige melodische und harmonische Grundlagen als Garanten von Zusammenhang zur Verfügung stehen. Insofern überrascht es wenig, daß Schönberg für seine späten „tonalen" Werke weitaus mehr Skizzen benötigte als für seine dodekaphonen Stücke, die in dieser Zeit entstanden.[64] Die Verknüpfung des durch die Themen gesetzten melodischen Ausgangsmaterials mit den daraus abgeleiteten harmonischen Regeln, dazu die flexible, auf die formalen Bedürfnisse eines Variationsstück abgestimmte Handhabung dieser Gesetze und endlich die Komposition der einzelnen Variationen als teils kontrastierende, teils sich zu größeren Einheiten zusammenschließende Charaktere, abgeschlossen durch eine als Summe des vorherigen Variierens konzipierte Fuge: Das waren gleich mehrere Aufgaben, die zu bewältigen ihn einige Mühe und Zeit kostete. Die Wendung zum „alten Stil" ging ihm nicht leicht von der Hand.

---

64 *Arnold Schönberg, Sämtliche Werke,* Abteilung IV, Reihe B, Bd. 13: *Orchesterwerke II,* Krit. Bericht, Skizzen, hg. von Nikos Kokkinis und Jürgen Thym, Mainz u. Wien 1993, S. 139: „Die Rückkehr zu einem wie auch immer gearteten Stil erweiterter Tonalität stellte für Schönberg eine außerordentliche Herausforderung dar, was sich ganz besonders darin ausdrückt, daß weit mehr Skizzen für die tonalen Werke als für die zur gleichen Zeit entstandenen Zwölftonkompostionen überliefert sind."

IV

Schönberg hat in einem vielzitierten Brief unmißverständlich zum Ausdruck gebracht, er sehe in der Orgel ein im Grunde veraltetes Instrument.[65] Von daher läge es nahe, schon deshalb für die Variationen op. 40 auf den „alten", d. h. tonalen Stil zu schließen, weil der neue von der Orgel nicht zu realisieren wäre. Doch die Assoziation der Orgel mit dem „Alten" stand nicht von Anfang an fest. Dazu eine kurze Rekapitulation der Entstehungsgeschichte der Komposition.

Op. 40 war ein Auftragswerk: Der Herausgeber der bei H. W. Gray erscheinenden *Contemporary Organ Series,* William Strickland, bat Schönberg am 2. August 1941, für seine Reihe ein Stück beizusteuern. Schönberg sagte nur vier Tage später zu: er könne sich vorstellen „to write an organ sonata or variations for organ. Also, a series of smaller pieces comes in consideration, perhaps also a suite."[66] Nur einen Tag später begann er mit dem Manuskript einer zwölftönigen Orgelsonate.[67]

Ursprünglich also war von einem Stück im alten Stil keine Rede: Es sollte sich ausdrücklich um zeitgenössische Musik handeln, folglich entschied sich Schönberg für ein dodekaphones Werk. Deutlich wird auch, daß er nicht daran dachte, traditionelle Formen der Orgelmusik wie etwa Choralbearbeitungen aufzugreifen und damit auf die liturgische Funktion des Instruments Rücksicht zu nehmen. Was ihm vorschwebte, waren wohl keine besonders orgeltypischen Gattungen, sondern solche, die ihn persönlich interessierten, und die er schon in verschiedenen Besetzungen komponiert hatte.[68]

---

65 Der Brief an Werner David von 1949 ist größtenteils abgedruckt bei Rufer (wie Fußnote 3), S. 49 f. Eine englische Übersetzung des vollständigen Textes findet sich bei Hesselink (wie Fußnote 35), S. 178–180. Rufer datiert das Schreiben auf den 10. Mai, Hesselink hingegen auf den 19. Mai.
66 Hesselink (wie Fußnote 35), S. 142.
67 Dazu s. o. Fußnote 14.
68 Vor allem der Hinweis auf eine Suite scheint anzudeuten, daß Schönberg orgeltypische Gattungen gleichgültig waren. Daß er, als er Variationen vorschlug, an Orgelvariationen Regers dachte, ist möglich, aber nicht sicher. (Jüngst meinte Michael Zywietz, in op. 40 werde auf Regers *Variationen und Fuge über ein Originalthema* op. 73 Bezug genommen: Art. *Orgelmusik,* in: ²*MGG,* Sachteil 7, Kassel u. Stuttgart 1997, Sp. 1090). – Eine gewisse Unsensibi-

Die dodekaphone Orgelsonate wurde nie vollendet. Wann Schönberg den Entschluß faßte, die Arbeit daran abzubrechen und ein „tonales" Variationsstück in Angriff zu nehmen, steht nicht fest, aber er begann das Manuskript der Variationen am 25. August 1941, drei Tage nachdem ihm Strickland mitgeteilt hatte, er wünsche sich „‚Variations for Organ' of not too great length nor of excessive difficulty".[69] Zweifellos hat dieser Brief Schönbergs Entschluß mit beeinflußt. Ob er aber, wie Hesselink meinte, dafür der einzige Grund war, daran kann man zweifeln. Näher liegt die Vermutung, daß Schönberg sich inzwischen weitaus besser als noch knapp drei Wochen zuvor darüber klar geworden war, was es bedeutete, für die Orgel zu schreiben.

Die vermutlich wichtigste Konsequenz war gewiß die Entscheidung für ein „tonales" Stück. Ob Schönberg diesen Entschluß deshalb faßte, weil ihm, wie Carl Dahlhaus meinte, „die Orchester- oder Expressivorgel des 19. Jahrhunderts, die er voraussetzte, noch nicht orchestral und expressiv genug war, um den Ausdruckscharakteren der dodekaphonen Musik, die [...] einer nachdrücklicheren Darstellung bedürfen, gerecht zu werden",[70] dürfte angesichts von dodekaphoner Kammermusik bei Schönberg eher fraglich sein. Näher liegt es, an bestimmte technische Grundlagen des Orgelklangs zu denken. Dynamische Veränderungen beispielsweise kommen bei der Orgel außer durch den Wechsel zwischen klangschwächeren und -stärkeren Registern vor allem durch Zu- oder Abschaltung von Oktavverdoppelungen und Oktaverweiterungen zustande, die sich aus Registern verschiedener Fußtonlagen ergeben. Schönberg kam diesem Sachverhalt dadurch entgegen, daß er Akkorde mit oktavverdoppelten Tönen schrieb (von unpublizierten Fragmenten abgesehen erstmals seit seinen atonalen

---

lität den Bedürfnissen der Orgel gegenüber hat Schönberg bis zuletzt nicht abgelegt, wie vor allem seine klingend gemeinte, den Umfang der Orgelklaviaturen ignorierende Notation beweist, die zu einer unerschöpflichen Quelle des Ärgers für ihn werden sollte. Schönberg hat auch an anderen Stellen auf die Ausführbarkeit keine Rücksicht genommen: etwa schon in Takt 11, wo die auf der vierten Zählzeit geforderten Klänge von einem Spieler allein nicht gegriffen werden können.

69 Hesselink (wie Fußnote 35), S. 143.
70 Dahlhaus (wie Fußnote 36), S. 50.

Tastenwerken): eine Entscheidung, die eine dodekaphone Kompositionsweise nahezu ausschließen mußte[71] und die Akkordik der Orgelvariationen derjenigen der Werke vor der seriellen Phase Schönbergs annäherte. Schönberg interessierten die Klangfarben der Orgel wenig, und deren dynamische Möglichkeiten, die ihm für eine klare musikalische Sprache unerläßlich schienen, empfand er als ungenügend.[72] Eine unmittelbare Folge daraus war die Vielfalt des motivisch-thematischen Materials. Auf Veränderungen durch wechselnde Klangfarben (mit denen er zuletzt in den *Orchestervariationen* op. 31 souverän umgegangen war) konnte Schönberg nicht setzen, und um diesen Verlust kompensieren zu können, brauchte er eine ausreichend große Materialbasis. Dem gleichen Ziel dienten die zahlreichen Tempi und die häufigen großflächigen Veränderungen der Dynamik (mit stufenlosen Übergängen oder abrupten Wechseln) innerhalb zahlreicher Variationen; Eigenschaften, die bezeichnenderweise in den *Orchestervariationen* op. 31 ebenso fehlten wie einige Jahre später in den *Bläservariationen* op. 43A. Natürlich hängen solche Modifikationen in op. 40 auch mit der Gestalt des Rezitativs zusammen (das sich somit gleichfalls als Konsequenz der Entscheidung für die Orgel interpretieren ließe). Dessen Crescendi und Decrescendi, Accelerando und Ritardando erweisen sich als ebenso thematisch wie seine Intervallstruktur.

Bekanntlich war es Schönberg seit seiner atonalen Phase gewohnt, in seinen Partituren (auch in denen von Bearbeitungen fremder Vorlagen) die jeweiligen Haupt- und Nebenstimmen nicht nur musikalisch zu realisieren, sondern auch entsprechend zu bezeichnen. In einem Orgelstück hingegen erforderten die mangelnden Möglichkeiten, zwischen Haupt- und Nebenstimmen zu differenzieren, eine spezielle Satztechnik. Vor allem waren Hauptstimmen, um ihre Deutlichkeit nicht zu gefährden, sinnvollerweise in die leichter vernehmbaren Außenstimmen zu legen. Daß Schönberg diesem Prinzip folgte, ist unschwer erkennbar: Das Rezitativ erscheint häufig

---

71 Nach den Orgelvariationen kommen derartige Akkorde wieder häufiger vor, besonders in der *Ode für Napoleon Buonaparte,* seltener auch im *Klavierkonzert.*
72 Vgl. erneut den in Fußnote 65 genannten Brief an Werner David.

nach Passacaglia-Art im Baß, während das zweite Thema meist im Diskant erklingt. Erst wenn so die thematische Basis ad aures festgestellt war, erlaubte Schönberg sich Abweichungen. Deshalb treten in der zweiten Hälfte einiger Variationen die tragenden Themen eher zurück.[73] Erst die letzten Variationen gehen in der Verschleierung der thematischen Basis am weitesten. Trotzdem gefährdete Schönberg den Zusammenhang nicht, weil er in der Schlußfuge das thematische Material mit einer Deutlichkeit durchführte, die als einzig sinnvolle Reaktion auf die Verhältnisse in den Variationen zuvor erscheint.

V

In einer Zeit, in der eine „weniger moderne, teilweise populistische, mancherorts sogar antimoderne Phase"[74] der Musik ihren Höhepunkt erreichte, wandte sich auch Schönberg nicht nur intensiver dem „alten Stil" zu, er vollendete auch zahlreiche Werke in dieser Schreibart – und darin liegt der wesentliche Unterschied zu früheren Jahren, in denen er immer wieder „tonale" Kompositionen in Angriff genommen, aber nicht fertig gestellt hatte. Doch war Schönberg kein Renegat. Er verleugnete weder seine Wurzeln noch seine Entwicklung. Nie brach er die Brücken zur avantgardistischen Vergangenheit ab, schrieb vielmehr mit dem *Streichtrio* oder der *Violinphantasie* weiterhin dodekaphone Werke höchsten Anspruchs. Nur scheinbar disparat nehmen sich daneben die *Variationen über ein Rezitativ* oder die *Bläservariationen* aus. Mochte Schönberg von einer „Sehnsucht" zurück sprechen, so blieb er sich doch treu: Auch die Werke im „alten Stil" sind Dokumente einer sich stetig weiterentwickelnden musikalischen Sprache. Wie er es seit jeher gewohnt war, sich in jedem neuen Werk neuen Herausforderungen zu stellen, so auch hier – mit dem Unterschied freilich, daß es jetzt keine überwundenen Stadien des Komponierens mehr gab. An die

---

73 Umgekehrt verhält es sich allerdings in Variation VII, wo erst zuletzt, in Takt 96–98, Motive des Rezitativs im Baß wieder stärker hervortreten.
74 Hermann Danuser: Art. *Neue Musik*, in: ²*MGG*, Sachteil 7, Kassel u. Stuttgart 1997, Sp. 75–122, hier Sp. 89.

Stelle des Hinter-sich-lassens trat das Resumée. Paradigmatisch zeigen die Orgelvariationen, welche Möglichkeiten die Kombination dodekaphoner, atonaler und „tonaler" Mittel bot, Mittel, die Schönberg sich isoliert längst erarbeitet hatte, deren Zusammenführung in einzelnen Werken jedoch erst noch gründlicher zu erproben war. Das bisher praktizierte Nebeneinander der Stile, deren Verteilung auf die einzelnen Schaffensphasen mit ihren jeweiligen Werken verdichtet sich zu ihrem Miteinander in der einzelnen Komposition. Und wie im Großen die einzelnen Schreibarten aufeinander aufbauen und eng verzahnt sind, so offenbart sich nun auch in einer einzigen Komposition ihr enger Konnex. Es wäre kaum übertrieben, ein Stück wie op. 40 gewissermaßen als Summe eines Komponistenlebens zu interpretieren.

Manches spricht dafür, daß das Instrument, die Orgel, den Stil von op. 40 wesentlich beeinflußt hat, vor allem Schönbergs Entscheidung für die hier verwendeten melodischen wie harmonischen Grundlagen. Diesen Stil freilich pauschal als „alten" zu bezeichnen täuscht über das hinweg, was die Schreibart in op. 40 tatsächlich auszeichnet. Gewiß: Schönberg empfand offenbar den Gebrauch tonaler Klänge als essentiellen Ausdruck des Alten. Und man könnte beispielsweise auch eine im Vergleich zu den kompromißlosen dodekaphonen Werken unübersehbare rhythmische Vereinfachung in op. 40 als (in Schönbergs Sicht wohl eher akzidentelles) Argument für den alten Stil anführen. Doch hat auch Maegaards Empfindung eines neuartigen Stils ihr Fundamentum in re. Und das nicht nur, weil Schönberg in den *Orgelvariationen* gewissermaßen liegengebliebene harmonische Probleme aufgegriffen und damit „Lücken" gefüllt hat. Gerade indem er zusammenfaßte – vor allem ältere und neuere Variations- und Klangtechniken – und deshalb auf Altes nicht verzichten konnte, gerade dadurch entstand das Neue. Wie immer man die Akzente setzen will: Auch in seinen späten Werken im „alten Stil" blieb Schönberg der „konservative Revolutionär", der er immer war.

Der Anfang im Ende
Gedanken zu Béla Bartóks *Fuga* aus der
Sonata für Violine solo

Bartókforschung

Man möchte meinen, daß zu einem vergleichsweise populären Forschungsthema wie Leben und Wirken Béla Bartóks das Wesentliche bereits gedacht und geschrieben ist. Schließlich hatte, neben zahllosen internationalen Veröffentlichungen, die Budapester Akademie ihrem ehemaligen Mitglied eine eigene Veröffentlichungsreihe gewidmet, welche bereits vor 1989 ein bewunderungswürdig ideologiefreies Forum für die internationale Bartók-Forschung darstellte.

Doch die Vielseitigkeit Béla Bartóks gab, über das kompositorische Oeuvre und die Biographie hinaus, noch eine Vielzahl von Ansatzpunkten, galt es doch auch dem Pädagogen, Musikethnologen und Interpreten Béla Bartók gerecht zu werden.

Leider waren viele Autoren, die über Bartók schrieben, zu sehr damit beschäftigt, Kunstpolitik oder gar Politik zu betreiben. So verschwanden nicht selten die Werke hinter kühnen Konstruktionen, sei es, daß man es Bartók im Wesentlichen zum Vorwurf machte, nicht Schönberg zu sein,[1] oder ihn wegen seiner angeblichen weltanschaulichen Läuterung via Volksmusik belobigte.[2] Besonders die Werke ab Ende der dreißiger Jahre wurden abwechselnd unter zweifelhaften Vorzeichen glorifiziert oder verdammt.

---

1 Vergleiche René Leibowitz: *Béla Bartók und die Möglichkeit des Kompromisses*, wiederveröffentlicht in: *Béla Bartók*, hg. von Hans-Klaus Metzger und Rainer Riehn (= *Musik Konzepte* 22), München 1981. Auf S. 18 heißt es beispielsweise: „Wohl gelingt es ihm [Bartók; M. T.] zeitweilig das chromatische Total ziemlich hoch anzusetzen, doch aufs ganze gesehen kommt man, wenn sich auch die tonalen Beziehungen als relativ vage und um zahlreiche neue Stufen bereichert erweisen, nicht umhin, in Sachen Materialbehandlung eine gewisse Zaghaftigkeit zu konstatieren."
2 Siehe Lajo Lesznai: *Béla Bartók. Sein Leben, sein Werk*, Leipzig 1961 (1973 für *The Master Music Series* ins Englische übersetzt), wo es etwa auf S. 188 heißt: „Béla Bartók war Angehöriger der bürgerlichen Intelligenz, konnte also den Weg zur fortschrittlichen Klasse, dem Proletariat, nicht als etwas Selbstverständliches finden."

Bartók und die Folklore
Gerade die Personalunion von Volksliedforscher und Komponist führte zu manch publizistischer Unsicherheit. Galt in den Ländern des real existierenden Sozialismus das Attribut „folkloristisch" lange als Gütesiegel der Political correctness, welches den Verbleib eines bürgerlichen Avantgardisten wie Béla Bartók in den Konzertsälen sichern half, so hätte man die Hülsenhaftigkeit dieses Folklorismusbegriffes fernab solcher Zweckgebundenheit beizeiten entlarven können; doch bis in unsere Tage hört man Autoren vom „Verbunkos mit seinen edlen melodische Kurven" im Zusammenhang mit Bartóks Musik orakeln.

Keineswegs soll das Element Volksmusik in Bartóks Werken marginalisiert oder gar weggeleugnet werden, doch gilt es, soweit möglich, substantielle Bedeutung für Tonsatz und Kunstwollen deutlich von nationalem Idiom zu scheiden, denn das bloße Vorhandensein einer sich, bei Bartók meist unmittelbar mitteilenden, Volksmusikintonation bietet nur bedingt Handreichungen zum Verständnis des jeweiligen Werkes. Zu selten wird genau der Stellenwert des gesammelten ethnologischen Materials für das einzelne Stück geprüft. Erschwerend kommt hinzu, auf welch vielfältige Weise sich Bartók künstlerisch mit Volksmusik auseinandersetzt. Die Spanne reicht, ohne hier ausführlicher werden zu können, von Instrumentationen authentischen Materials über Stücke im Volkston bis zur Absorption der Folklore in Kompositionen; dabei wird von Bartóks Seite nicht selten der Werkbegriff stark modifiziert, wenn er beispielsweise mit Klavierbegleitung herausgegebene Bauernlieder[3] mit Opuszahlen versieht, bzw. die *Drei Dorfszenen* in ihrer Instrumentation von 1926 genau genommen „nur" eine Bearbeitung sind.

---

3 Auch die zwei Rhapsodien für Violine und Klavier zählt Bartók zu dieser Art der Bearbeitung. Dabei beschreibt er den Stellenwert, den er ihnen beimißt, folgendermaßen: „The part such transcriptions play in the the whole output of our [Kodálys und Bartóks] works is faintly reminiscent of the part played in the choral melody transcriptions in J. S. Bach's works." Zit. nach: *Hungarian music*, in: *Béla Bartók. Essays* hg. von Benjamin Suchoff, New York 1976.

Yves Lenoirs These von der transzendierten Volksmusik scheint ein wesentlicher Beitrag zur Klärung der Frage, ob sich die Dialektik von Volksmusik und Werk bei Bartók nicht als ein Prozeß der Kristallisation und schließlichen Absorption der Struktur gewordenen Folklore im Werk beschreiben ließe. Desungeachtet, ob sich diese Frage überhaupt beantworten läßt, erweist sich die Gegenprobe zuweilen als aufschlußreich: Versucht man bei Ausschnitten aus Bartókschen Kompositionen, die man intuitiv und mangels einer besseren Bezeichnung als „folkloreinspiriert" bezeichnen möchte, den Weg zurück zur Quelle zu gehen, wird man häufig gewahr, wie bald schon die Spuren verweht sind und der Pfad wohl zur Folklore, aber ebensogut auch zu einem anderen Anknüpfungspunkt führen könnte und kann, wie im Folgenden zu zeigen sein wird.

Spätwerk

Wie problematisch es ist, Schaffensphasen im Werke Bartóks deutlich gegeneinander abzugrenzen, müßte wohl kaum erwähnt werden, wäre es nicht eine beliebte Methode der Bartókkritiker[4] gewesen, den Komponisten der beiden Violinsonaten[5] gegen den des *Konzertes für Orchester* auszuspielen. Eingedenk der historischen, kunstpolitischen Bedingtheit der Frage nach der Avanciertheit des Materials in den Werken Bartóks, muß dennoch im Folgenden die Frage, ob es bei Bartók ein Spätwerk im ideellen Sinne gibt, im Raum stehen bleiben.

Doch was als Einblick in einige Vorüberlegungen gedacht war, soll kein Eigenleben entwickeln; wenden wir uns also unserem Thema zu, wobei der Autor, um sich nicht seinerseits der mangelnden Konkretion schuldig zu machen, dem Leser gerne ein wackeres „ad fontes!" zuriefe, wenn dem nicht das unmittelbare Geständnis folgen müßte, daß es mit der Quelle nicht weit her ist. Die folgende Skizze der Entstehungsgeschichte der *Sonata für Violine solo* dient also eher der Abrundung und ist keinesfalls originell.[6]

---

4 Siehe Fußnote 1.
5 Das Jugendwerk für Violine und Klavier sei hier nicht mitgezählt.
6 Siehe Peter Petersen: *Béla Bartóks Sonata für Violine Solo. Ein Appell an die Hüter der Auto-*

Entstehungsgeschichte

1943 erlebte Belá Bartók in einem Konzert Yehudi Menuhin, der unter anderem Bachs *Sonata für Violine solo* in C-Dur (BWV 1006) und Bartóks *1. Sonate für Violine und Klavier* (1921) spielte. Bartók war äußerst angetan von Menuhins sicherem künstlerischen Instinkt. In einem Brief schreibt er über ihn:

"Ein wirklich großer Künstler benötigt weder Rat noch Hilfe des Komponisten, der Interpret findet selbst den richtigen Weg. Überhaupt ist es sehr erfreulich, wenn ein junger Künstler Interesse an zeitgenössischer Musik hat, die für das Publikum wenig anziehend ist, wenn sie ihm gefällt und er sie auch entsprechend vorzutragen weiß [...]."[7]

Es kam zur persönlichen Bekanntschaft, und im November 1943 bestellte Menuhin bei Bartók ein Werk für Violine solo. Im Frühjahr 1944 fuhr Bartók zu einem Erholungsulaub nach Ashville und vollendete dort am 14. März die *Sonata für Violine solo*. Das Werk gilt als letztes vollendetes Opus,[8] dennoch, oder gerade deshalb sei kurz der Werkbegriff der *Sonata für Violine solo* befragt.

Der Werkbegriff

Nach Fertigstellung des Stückes bekundete Bartók in einem Briefwechsel mit Menuhin, in dem Fragen der spieltechnischen Machbarkeit besprochen wurden, seine Bereitschaft, gegebenenfalls Änderungen vorzunehmen. Für den Presto-Satz, welcher in seiner ursprünglichen Fassung in den einstimmigen Passagen Viertel- und Dritteltöne vorschreibt, bot er dem Interpreten sogar die Option an, bei Nichtgefallen die Mikrointervalle wegzulassen. Dies ist entweder Ausdruck einer zum damaligen Zeitpunkt neuen Facette von Bartóks zuvorkommender Höflichkeit oder aber widerspricht allem, was über Bartóks Willen zur Präzision bei der Aufführung seiner eigenen Werke überliefert ist.

---

graphen, in: *Béla Bartók* (= Musik Konzepte 22), a. a. O., S. 57.
7 Zitiert nach György Kroó: *Bartók Handbuch*, Budapest 1974.
8 Es sei an dieser Stelle ins Gedächtnis gerufen, daß Bartók 17 Takte vor Vollendung der

Im Oktober 1944 lädt Menuhin das Ehepaar Bartók ein und gibt dem Komponisten einen ersten klingenden Eindruck von der Komposition:

„Er spielte mir die *Sonata für Violine solo* vor, obwohl er sie noch nicht vollständig einstudiert hatte. Aber es war sehr gut so, denn so stellte sich heraus, daß es (meinerseits) vieles zu korrigieren gab. Wir diskutierten etwa vier Stunden lang. Aber nun scheint die Sache in Ordnung und das Stück – wenn auch schwierig, so doch glatt spielbar zu sein [...]."[9]

Von der Uraufführung am 26. November 1944 berichtet Bartók:

„Es war eine wunderbare Produktion [...]. Ich hatte Angst, es würde zu lang werden. Denken sie nur, zwanzig Minuten lang nur eine Violine zu hören. Aber alles war in Ordnung, wenigstens was mich anbelangt."[10]

Trotz seiner Zufriedenheit mit dem interpretatorischen Ergebnis der Uraufführung war Bartók noch nicht zufrieden mit der Gestalt der *Sonata*. Am 6.7.1945 schreibt er an Menuhin:

„Trotzdem müssen wir versuchen, die endgültige Form der Solosonate nächsten Winter irgendwo festzulegen; zum Glück ist die Sache nicht so dringend."[11]

Doch zwei Monate später starb Bartók, und das geplante Treffen für eine abschließende Revision der *Sonata* kam demzufolge nicht zustande. Dieser Umstand und die Tatsache, daß Menuhin zur Nutzung seiner ausschließlichen Aufführungsrechte bis 1947 von einer Veröffentlichung absah, wirft einige schwerwiegende Probleme auf: Wir wissen nicht, ob sich die *Sonata* in ihrer jetzigen Gestalt mit den formalen Intentionen Béla Bartóks deckt. Wir wissen nicht, welchen bearbeitenden Anteil Menuhin an seiner, bei Boosey & Hawkes ausführlich mit Strichen und Fingersätzen versehenen Ausgabe hat. Wir wissen nicht, welche kleinen logischen Ungereimtheiten[12] Bartók bei einem Korrekturlesen vor der Drucklegung beseitigt hät-

---

Instrumentation des dritten Klavierkonzertes starb und zum Bratschenkonzert nur einige lose, unsortierte Blätter mit Skizzen in Particellform hinterließ.
9 György Kroó: *Bartók Handbuch*, Budapest 1974, S. 224 f.
10 Ebenda.
11 *Béla Bartók Briefe* Bd.II, hg. von János Demény, Budapest 1973, S. 185 f.
12 Vergleiche Fußnote 6.

te. Es ist nicht eindeutig, von wem die ossia-Passagen stammen. Die Vorzeichnungspraxis ist nicht einheitlich und läßt daher manche Unklarheit im Raume stehen. Nicht zuletzt wird die Fassung des Presto-Satzes mit Mikrointervallen dadurch, daß Menuhin sie nicht veröffentlichte, in einer unzulässigen Weise marginalisiert. Kurz: es ist das Fehlen einer kritischen Ausgabe zu beklagen, die alle Varianten enthält. Unsere Betrachtung wird also im Falle der ersten drei Sätze auf der Menuhin-Ausgabe basieren. Beim 4. Satz gehen wir von Petersens Veröffentlichung des Notentextes nach der Menuhin-Ausgabe mit eingefügten Versetzungszeichen für Viertel- und Dritteltöne aus.[13] Das Risiko, aus einem möglicherweise fehlerhaften Druck ebenso fehlerhafte Schlüsse zu ziehen, nehmen wir im Rahmen dieser Überlegungen in Kauf.

Bezüge zu Johann Sebastian Bach

Bartóks *Sonata für Violine solo* rekurriert ebenso wie die drei Sonaten für Violine solo von J. S. Bach auf die barocke Sonata da chiesa. Als unmittelbare Anregung kann sicher gelten, daß Bartók Menuhin im November 1943 die Bachsche *Sonata* C-Dur (BWV 1006) im Konzert spielen hörte. Außerdem lassen sich im Charakter des ersten Satzes von Bartóks *Sonata für Violine solo* Verbindungslinien sowohl zum Bachschen Schwesterwerk in C-Dur als auch auf den Schlußsatz von Bachs *Partita* d-Moll (BWV 1004) herstellen. Der Presto-Satz des Bartókschen Werkes verweist auf Bachs *Sonata* g-Moll (BWV 1001).

Unnötig zu konstatieren, daß solche, an der Oberfläche verbleibende Beobachtungen nur bedingte Aussagekraft besitzen, und so sei trotz Yves Lenoires[14] gründlicher Analyse der *Sonata für Violine solo* ein abermaliger Blick in die Faktur eines der vier Sätze gewagt.

---

13 Ebenda S. 64–68. Das Verdienst dieser Einrichtung des Notentextes für musikwissenschaftliche Zwecke gebührt Petersen – unter Zuhilfenahme der Aufzeichnungen von Owe Nordwall.
14 Yves Lenoir: *Contributions à l'étude de la Sonate Violon Solo de Béla Bartók*, in: *Studia Musicologica*, hg. von J. Ujfalussy, Budapest 1981.

Analytische Gedanken über Fuga

Läßt sich an Werken wie der *Musik für Saiteninstrumente Schlagwerk und Celesta* oder *Contrasts für Violine, Klarinette und Klavier* eine starke Verklammerung der Formteile beispielsweise durch Anwendung des goldenen Schnittes nachweisen, so ist die musikalische Logik des Satzes *Fuga* aus der *Sonata für Violine solo* zusätzlich[15] auf die extreme Dichte des ein- und mehrstimmigen Tonsatzes zurückzuführen.

Ausgehend von der kleinen Terz zu Beginn des gleichsam stammelnden, von Pausen durchsetzten, nur langsam in Fluß kommenden Fugenthemas (Takt 1 ff.) verdichtet sich der Satz immer weiter zum „chromatischen Total". Da das Thema (der Dux) eine Quinte umspannt, heißt das in diesem Falle: sieben Halbtöne. Innerhalb von fünf Takten entfaltet sich das Thema in mehreren Anläufen zur Siebentönigkeit des letzten, „modulierenden" Taktes, bevor der Comes in der Oberquarte einsetzt (tonale Beantwortung des Themas). Als Kontrasubjekt hat Bartók den „vierten Anlauf" des Themas

Notenbeispiel 1

leicht modifiziert (die zweite Dreitongruppe läuft krebsgängig) abgespalten,

Notenbeispiel 2

welchen er in einer freien (ein Intervall ist umgekehrt) Transposition des Krebses sequenziert,

---

15 Geht man von einer C-Tonalität aus, so läßt sich auch in *Fuga* exakt im Goldenen Schitt, auf dem 2. Viertel von Takt 40, das Erreichen des tritonalen Gegenpols Fis nachweisen; auch der Einsatz des Themas in Takt 37 erfolgt in einer Fis-Tonalität.

Notenbeispiel 3

um in der Unterstimme, bis zum erneuten Einsatz des Dux, eine elftönige[16] aufsteigende chromatische Tonleiter zu verwenden. Beim folgenden Einsatz des Comes wird das, was eben als Unterstimme beschrieben wurde, zur Mittelstimme; die Art des kontrapunktischen Spieles wird, soweit es auf der Violine realisierbar ist, fortgeführt. Spätestens bei Erweiterung zur Vierstimmigkeit ist die Polyphonie nur noch fragmentarisch zu erkennen und schlägt fast zwingend auftaktig in Takt 19 in Homophonie um: Durchweg benennbare Drei- und Vierklänge leiten mit einem Skalenausschnitt aus A-Dur auf eine „Kadenz" in Takt 20/21 über. Die Akkordfolge ergibt jedoch feldartig dieselbe chromatische Dichte wie der vorangegangene polyphone Satz. In Takt 19 erklingen bis zur ersten Tonwiederholung bei Zählzeit „3 +" elf Töne der chromatischen Skala.

Notenbeispiel 4

Die immer wiederkehrende Elftönigkeit läßt sich aller Wahrscheinlichkeit nach von der sechstönigen Folge im Thema, dem späteren Kontrasubjekt, ableiten: transponiert man sie in die Oberquarte, wie es die tonale Beantwortung verlangt, erhält man bei einer die Quinte umspannenden Sechstonfolge Elftönigkeit mit einer Tonwiederholung.
Nach dieser Verdichtung von Einstimmigkeit über Polyphonie zu Homophonie wechselt Bartók im Zwischenspiel zu einem, in seinem Œuvre meines Wissens, einmaligen Montageverfahren (Takt 20–32). Er setzt zwölf-

---

16 Elftönig nur, wenn man b und a der vorangegangenen Sechs-Ton-Folge dazuzählt.

tönige (ab Takt 21), anfangs einstimmige Sechzehntelphrasen neben chromatisch ebenfalls dichte Folgen von Konsonanzen, die wie in Takt 19 fast zwölftönige Felder ergeben, jedoch stets harmonische Beziehungen durchscheinen lassen.
In Takt 21–23 verwendet Bartók zwei Zwölftonreihen (Abbildung der sechs Reihen 1a)–1f), die durch den gemeinsamen Ton *a* in Takt 22 quasi miteinander „verhakt" sind.

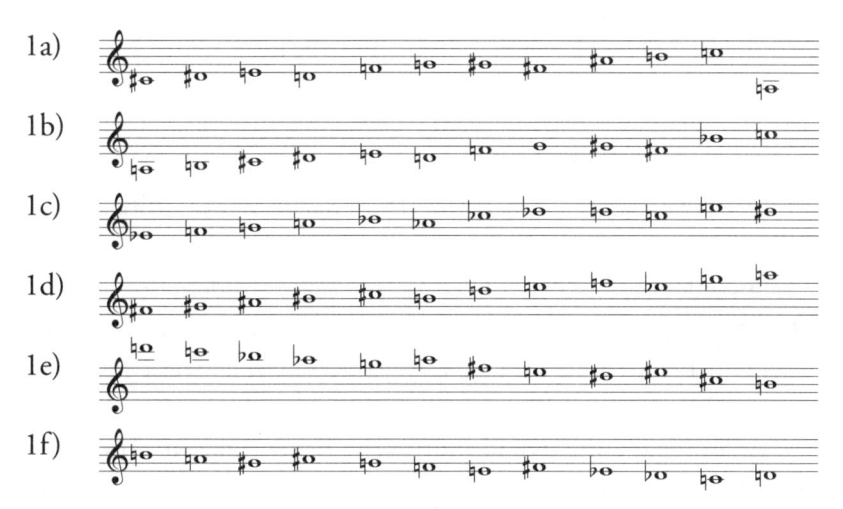

Notenbeispiel 5

Der Ton *a* fungiert als Schlußton von Reihe 1a) und gleichzeitig als Anfangston von Reihe 1b). Bei näherer Betrachtung erweist sich Reihe 1a) als Variante von Reihe 1b). Ab dem dritten Ton ist Reihe 1b)[17] identisch mit den Tönen eins bis neun von Reihe 1a). Der zehnte und zwölfte Ton von Reihe 1a) sind, eine Oktave nach unten transponiert, Reihe 1b) gewissermaßen vorangestellt. Diese Reihe ist aus vier Tönen Ganztonreihe, vier Tönen Diatonik und wiederum vier Tönen Ganztonskala gebildet. In Reihe 1c) (in Takt 25, ab Zählzeit 4+) könnte ein Schreib-, Druck- oder Editi-

---

17 Oder umgekehrt; Reihe 1b) wurde mehr oder weniger willkürlich als Grundgestalt gewählt, weil sich von ihr mehr der Reihengestalten ableiten als von Reihe 1a).

onsfehler vorliegen. Der zwölfte Ton der Reihe stellt eine Tonwiederholung dar. Wäre es ein *fis* und kein *dis*, bliebe die Zwölftönigkeit der Reihen gewahrt. Bei Reihe 1c) handelt es sich ansonsten um eine Transposition von Reihe 1b) um einen Tritonus. Reihe 1d) (Takt 26, ab Zählzeit 4+) ist eine getreue Transposition von Reihe 1b) um eine große Sexte nach oben. Reihe 1e) – auf Zählzeit 4 in der Oberstimme von Takt 29 beginnend – stellt einen Fall dar, der in der Zwölftonmusik nicht vorgesehen ist. Reihe 1e) ist eine Spiegelung von Reihe 1b) an der Achse des Vierteltones zwischen *f* und *fis*. In dieser kurzen Episode vereint Bartók exemplarisch das anscheinend Unvereinbare, wenn er aus dem auftaktigen D-Dur Klang mit nachschlagender kleiner Septime die Oberstimme (Oktave, Septe) als Zwölftonreihe weiterführt (Takt 29–30). Reihe 1f) (volltaktig in Takt 31 beginnend) ist eine Spiegelung von Reihe 1a) an der *fis*-Achse, wobei neunter und zwölfter Ton vertauscht sind.

Danach verschwindet die Zwölftönigkeit für 45 Takte aus dem Tonsatz. Bartók fährt fort in einer nichtdeterminierten, stark chromatischen Schreibweise. Die Terzkette in Takt 32 erweist sich beispielsweise abermals als elftönig. Das Material der Reihe wird nicht gänzlich aus dem Tonsatz verbannt, es erhält sogar zunehmend motivische Bedeutung: in Takt 53 eine freie Spiegelung der ersten Hälfte der zweiten Reihe, zwei Takte später in Takt 55 dann die genaue Transposition besagter Reihenhälfte um einen Ganzton aufwärts und die unmittelbar anschließende, fast wörtliche Spiegelung, nur das erste Intervall erscheint zum Halbton verkleinert.

In Takt 75/76 exponiert Bartók eine neue Zwölftonreihe, Reihe 2.

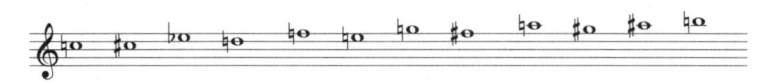

Notenbeispiel 6

Sie besteht im Wesentlichen aus kleinen Terzen und Halbtonschritten – also Transpositionen des *b-a-c-h*-Motivs. Das Auftauchen dieser Reihe ist ein einmaliges Ereignis, sie erklingt simultan in einer Transposition um eine kleine Sexte.

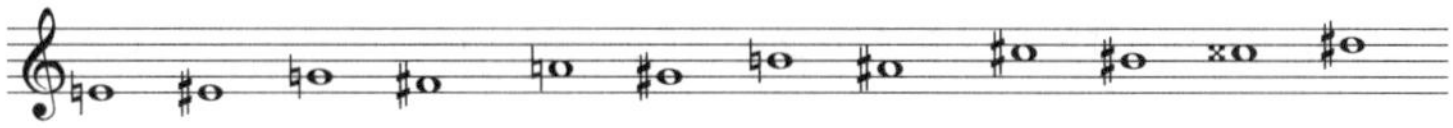

Notenbeispiel 7

Die zwölftönige Sextenfolge endet im fortissimo mit einem C-Dur- und einem Es-Dur-Dreiklang. Danach wieder freie Chromatik, in der immer wieder ungetrübte Dreiklänge aufleuchten, die sich ihrerseits zu chromatischen Feldern verdichten, wie in Takt 80/81, ein direkter Bezug auf Takt 17. Bei „Tempo I" in Takt 85 dann eine letzte Zwölftonreihe – Reihe 3.

Notenbeispiel 8

Sie besteht aus zwei sechstönigen, auf den Grundton abwärts zulaufenden Skalenausschnitten. Die erste Hälfte kann als H-Dur mit neutraler Terz,[18] die zweite als F-Dur mit neutraler Terz gedeutet werden (wieder der Tritonus-Gegenpol). In Takt 86 wird die erste Hälfte der Reihe wörtlich, um eine Oktave versetzt wiederholt, die zweite Hälfte der Reihe erscheint als deren transponierte Spiegelung der Krebsgestalt (Takt 85/86).

---

18 Der Begriff der Neutralen Terz geht auf Edwin von der Nüll zurück und bezeichnet die Gleichzeitigkeit oder unmittelbare Nachbarschaft von Dur- und Moll-Terz. Siehe: Edwin von der Nüll: *Béla Bartók. Ein Beitrag zur Morphologie der Neuen Musik*, Halle 1930.

[Notenbeispiel 9 – Notenzeile]

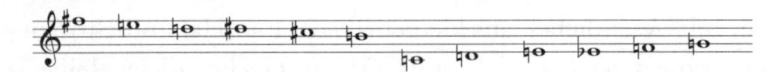

Notenbeispiel 9

Nach dieser letzten zwölftönigen Episode in *Fuga* folgt in Takt 87 die sequenzierte nichtzwölftönige Abspaltung der ersten drei Reihentöne. In Takt 93/94 kehrt das Kleinterzmotiv des Themas zurück, welches in Takt 95/96 noch einmal stark chromatisiert, auf verschiedenen Tonstufen umspielt wird.

Beziehung der drei Reihen zum Thema
Alle drei Reihengestalten die im Verlauf von *Fuga* auftraten sind mehr oder weniger stringent auf das Thema der Fuge zurückzuführen. Reihe 1a) und somit auch die anderen Gestalten von Reihe 1, lassen sich vollständig aus dem Material in Takt 3–4 ableiten: Der erste Tetrachord von Reihe 1a) ist die wörtliche Übernahme der Töne drei bis sechs der Tonfolge, der zweite eine Transposition selbiger Viertongruppe um eine verminderte Quarte nach oben, und der letzte Tetrachord ist eine transponierte Umstellung der Töne eins bis vier oder zwei bis fünf oder drei bis sechs oder vier bis sieben[19] besagter Phrase in Takt 3–4. Es handelt sich dabei um eine Umstellung des *b-a-c-h*-Zitates, welches in Reihe 1a) dann untransponiert, aber immer noch umgestellt, erscheint.

[Notenbeispiel 10 – Notenzeile]

Notenbeispiel 10

Reihe 2 verdankt ihre Gestalt, wie gezeigt, einer zweimaligen Transposition des *b-a-c-h*-Motivs, welches wie für Reihe 1 beschrieben auf das Thema zurückzuführen ist (siehe Notenbeispiel 6).

19 Dieser Abschnitt besteht zum Großteil aus verschachtelten *b-a-c-h*-Permutationen.

Die ersten sieben Töne von Reihe 3 schließlich sind der Krebs einer Spiegelung der ersten sechs Töne des Modulationstaktes (Takt 5) mit einem Achtel Auftakt an der Vierteltonachse zwischen zweigestrichenem *d* und *dis*.

Notenbeispiel 11

Die darin vorgegebene Folge Ganzton, Ganzton, Halbton wird schematisch bis zum Ende der Reihe fortgesetzt, um die Siebentönigkeit zur Zwölftönigkeit zu ergänzen.

Deutungsansätze

Im *2. Konzert für Violine und Orchester* bedient sich Bartók einer zwölftönigen Reihe. Das Hauptthema des ersten Satzes erscheint im Verlauf in einer Vielzahl variierter Gestalten,[20] unter anderem dreimal in einer zwölftönigen Form in jeweils freien Verwandlungen in der Solovioline. Die zwölftönigen Episoden finden vor einem tonalen Hintergrund im Orchestersatz statt. Die Zwölftönigkeit ist dabei kein konstruktives Element der Komposition, sondern stellt nur eine Variante des Themas dar. Anders in der *Sonata für Violine solo*: hier werden freitonale Passagen neben zwölftönige montiert. Die Keimzelle der Zwölftonreihen ist das Fugenthema. Aus ihrer siebentönigen Chromatik entwickelt sich, wie sich am deutlichsten für Reihe 3 zeigen ließ, die Zwölftönigkeit.

Das kompositorische Ergebnis „chromatisches Total" erreicht Bartók von zwei Seiten aus: Einerseits kann Zwölftönigkeit ein Resultat gezielter Materialvorordnung sein – und nur so sind die Permutationen von Reihe 1 erklärbar; andererseits kann Zwölf-, Elf-, oder Zehntönigkeit gewissermaßen ein Nebenprodukt polymodaler Skalenorganisation oder polyphoner Schreibweise sein. Der Einsatz der Reihen in *Fuga* ist konsequent und lo-

---

20 Siehe Dieter Zimmerschied, *Béla Bartók, Konzert für Violine und Orchester*, in: Perspektiven Neuer Musik, hg. von demselben, Mainz 1974.

gisch, aber dennoch nicht notwendig für das Stück. Aus dieser Gewißheit heraus ist es Bartók möglich, strengere permutative Verfahren augenblicklich wieder fallen zu lassen, ohne daß seine Komposition an Dichte verliert; gerade im erwähnten nahtlosen Übergang von Dominantseptakkord zu Dodekaphonie oder der beschriebenen „atonalen Sextenkette" zeigt sich das undogmatische Potential der Komposition und wohl auch ein klein wenig ihrer „Prophetie".

Wie vergleichsweise unverkrampft Bartók über die Handhabung kompositorischer Mittel dachte, illustriert folgender Auszug aus den Harvard Vorlesungen, die zeitlich in unmittelbarer Nachbarschaft zur Enstehung der *Sonata* stehen:

> „So if we say that our music is polymodal, this only means that polymodality or bitonality appears in longer or shorter portions in our work, sometimes only in single bars. So changes may succeed from bar to bar, or even from beat to beat in a bar."[21]

Die Spiegelungen an Vierteltonachsen bereiten die Mikrointervalle als strukturelle Elemente des Presto-Satzes vor, lassen sich also durchaus als klingendes Manifest gegen deren Optionalität interpretieren. Gleichzeitig zeigen diese Spiegelungen einerseits pointiert die Grenzen der Dodekaphonie auf und stellen andererseits leise aber deutlich die Frage nach der Unumstößlichkeit eines „nur" auf Halbtönen basierenden Tonsytems.

Schlußwort

Im Satz *Fuga* aus der *Sonata für Violine solo* läßt sich vielerorts nicht eindeutig klären, ob Béla Bartóks Inspirationsquellen eher im Bereich der Kunstmusik seiner Zeit oder in den Quellen seiner ethnomusikalischen Studien zu suchen sind. Yves Lenoires Einschätzung tendiert, vor dem Hintergrund obiger Analyse, wohl zu stark in Richtung eines folkloregestützten Erklärungsansatzes:

---

21 Benjamin Suchoff (Hrsg.): *Béla Bartók. Essays*, New York 1976, daraus: *Harvard Lectures, The relation between folk music and art music*, S. 381.

„[…]cette ‚fugue' relève d'un système chromatique tempéré et rapelle dans son graphisme le dodécaphonisme et les techniques sérielles. Mais de nouveau, l'atonalité n'est arborée qu'en facade et masque de profondes attaches avec le folclore."[22]

Auch wenn die *Sonata für Violine solo* in ihrer Faktur in massivem Widerspruch zur These vom weltabgewandten, abgeklärten Spätstil Bartóks steht, so wäre es dennoch nicht sinnvoll, ihr die Rolle eines Testamentes, Indiz eines Spätwerkes im Beethovenschen Sinne o. ä, aufzubürden, zumal die Quellen (s. o.) meiner Meinung nach keine unmittelbare Todeserwartung Bartóks zu dieser Zeit erkennen lassen.

Thesen über Komponieren im Exil abzuleiten, bleibe einer vergleichenden Studie vorbehalten. Die gezeigte Verneigung vor Bach und der verschmitzte Gruß an Schönberg via Webern, wie wir sie übrigens in erstaunlicher Ähnlichkeit etwa in Hanns Eislers Hollywood-Liedern finden,[23] seien deshalb, ebenso wie die „polystilistische" Perspektive von *Fuga*, gleichsam als Ausblick in diesen angedeuteten Zusammenhang gestellt.

---

22 Yve Lenoir: *Contributions à l'étude de la Sonate Violon Solo de Béla Bartók*, in: *Studia Musicologica*, hg. von J. Ujfalussy, Budapest 1981.
23 Siehe z. B.: *Dante und Bach* in: Hanns Eisler: *Hollywood Lieder*.

Apoll war nicht nur der Gott des Gesangs, sondern auch jener des Lichts
Die Beziehung von Musik und Licht in Béla Bartóks *Herzog Blaubarts Burg*

„Die Türe tut sich lautlos auf und öffnet ein blutrotes Rechteck, wie eine Wunde in der Wand. Rote Glut wirft, aus der Tiefe kommend, einen langen Lichtstreifen auf den Estrich der Halle."[1]
So wird die Bühne Tür um Tür aus ihrer Finsternis gehoben, mit Licht, farbigem Licht angefüllt, um nach der fünften Tür wieder im anfänglichen Dunkel zu versinken.
Diese Lichtdramaturgie entstammt Béla Bartóks einziger Oper *Herzog Blaubarts Burg* aus dem Jahre 1911 nach einer Ballade von Béla Balázs. Besagte Türen will Judith im Verlauf des Operneinakters öffnen, um deren Geheimnisse sichtbar werden zu lassen. So erbittet sie Schlüssel um Schlüssel für die sieben Türen der düsteren Burg, auf die sie Blaubart trotz des ihn umgebenden Geheimnisses aus Liebe folgte. Drängend fordert sie die Öffnung aller Türen, hinter denen sich die Folterkammer, die Waffenkammer, die Schatzkammer, der Blumengarten, seine Lande, der Tränensee und die früheren Frauen befinden. Das Öffnen der Türen symbolisiert das Eindringen in die Seele des Mannes, welches anfänglich durch die starke Liebe Judiths zu Blaubart und ihrem Willen, ihm Licht zu bringen, motiviert ist. Jedoch nach der fünften Tür, da Blaubart ihr all das offenbart hat, was er preisgeben kann, und seine Burg mit Licht und Sonne erfüllt ist, verdrängt ihre immer stärker werdende Neugier die Liebe. Sie will mehr wissen, als ihre Liebe vertragen kann. Mit der Öffnung der siebenten Tür, hinter der die früheren Frauen als Symbole des Morgens, Mittags und Abends in seiner Erinnerung auftauchen, wird auch Judith bereits zur Erinnerung für Blaubart; sie war seine schönste Frau der Nacht. So wird es wieder dunkel für ewig, ewig.

1 Béla Bartók: *Herzog Blaubarts Burg*, Oper in einem Akt von Béla Balázs, Partitur Universal Edition, S. 37.

Die von Béla Balázs im Libretto festgehaltenen Anweisungen für die Lichtregie stellen einen wichtigen Teil des Gesamteindrucks auf der Bühne dar. Das Licht erhält somit einen dramaturgischen Charakter, wie überhaupt seit der Bühnenrefom Adolphe Appias die vielfältigen und neuen Möglichkeiten des Bühnenlichtes und des Bühnenbildes, die sich „zum Teil aus der technischen Innovation der Einführung der Elektrizität in den achtziger Jahren des 19. Jahrhunderts"[2] erklären, auf die Inszenierungsästhetik Einfluß genommen haben.

Ein Phänomen des beginnenden 20. Jahrhunderts ist die verstärkte Beschäftigung mit synästhetischen Begabungen und deren Umsetzungen im Kunstwerk. Bekannte Namen in diesem Zusammenhang sind Alexander Skrjabin, Wassily Kandinsky und Arnold Schönberg. Indes suchten bereits die französischen Symbolisten des Fin de siècle, ihnen voran Charles Baudelaire, „zum Teil intuitiv, zum Teil systematisch nach Übereinstimmungen zwischen Klang und Farbe".[3]

Auch für Béla Bartóks Oper *Herzog Blaubarts Burg* kann ein Zusammenhang zwischen dem farbigen Licht und der zu diesem Zeitpunkt erklingenden Musik festgehalten werden. Welche Ereignisse und Erlebnisse haben auf ihn und Balázs vorbildhaft gewirkt?

Eine Betrachtung der farbigen Lichtregieanweisungen[4] läßt eine annähern-

---

2 Thomas Schober: *Das Theater der Maler. Studien zur Theatermoderne anhand dramatischer Werke von Kokoschka, Kandinsky, Barlach, Beckmann, Schwitters und Schlemmer*, Stuttgart 1994.

3 Theo Hirsbrunner: *Paul Dukas, Ariane et Barbe-Bleue*, in: *Pipers Enzyklopädie des Musiktheaters in acht Bänden*, hg. von Carl Dahlhaus, Bd. 2: *Werke Donizetti-Henze*, München 1987, S. 75.

4 „Zu Beginn: Die Halle gleicht einer finstern, düstern, leeren Felsenhöhle. Beim Heben des Vorgangs ist die Szene finster. [...] 1. Tür: Die Türe tut sich lautlos auf und öffnet ein blutrotes Rechteck, wie eine Wunde, in der Wand. Rote Glut wirft, aus der Tiefe kommend, einen langen Lichtstreifen auf den Estrich der Halle. [...] 2.Tür: Das Schloß schnappt und lautlos öffnet sich die zweite Türe. Ihre Öffnung leuchtet rötlichgelb, aber auch furchterregend düster. Der zweite Lichtstrahl legt sich neben den ersten auf den Boden. [...] 3.Tür: Judith dreht Schlüssel im Schlosse. Mit warmem, tiefem Erzklang öffnet sich die dritte Türe; ein goldig-leuchtendes Viereck erscheint in der Wand. Der Goldlichtschein ergießt sich neben die anderen Streifen auf dem Estrich. [...] 4. Tür: Blumige Zweige schlagen auf die Szene herein, ein blau-grünes Viereck tut sich in der Wand auf, und der einfallende Schein legt sich neben die anderen. [...] 5. Tür: Die fünfte Tür öffnet sich. Ein hoher Erker ist sichtbar, ein wei-

de Vorstellung der von Balázs angestrebten Ausstrahlung der Bühne aufkommen. Eine große Vorbildwirkung hierfür übten das Theater eines Max Reinhardt und das französische symbolistische Theater auf Balázs und Bartók aus, als sie sich getrennt und mit unterschiedlichen Zielen in den Jahren zwischen 1905 und 1910 in Berlin und Paris aufhielten.

Da der in der Literatur benannte Einfluß des französischen Symbolismus sich nur auf den Stoff, d. h. das Märchen vom Ritter Blaubart, das Balázs in seinem Libretto aufgreift, bezieht, seien zunächst einige Betrachtungen zum Theaterleben nach 1900 in Budapest, welches stark von den Gastspielen Reinhardts geprägt wurde, und Paris unternommen. Die ungarische Bühnenkultur stand zu Beginn des 20. Jahrhunderts der Entwicklung der europäischen Theatermoderne nicht sehr nahe. Die arrivierten Bühnen folgten länger den ästhetischen Konzeptionen des ausgehenden 19. Jahrhunderts als dies z. B. in Wien, München, Berlin oder Paris der Fall war.

So bedeutete die Gründung der Thalia-Gesellschaft, einer Vereinigung von jungen Intellektuellen um György Lukázs, im Jahre 1904 die einzige Chance, gegen den akademischen deklamatorischen Stil und den praktizierten Bühnennaturalismus anzutreten. Ziel der Thalia-Gesellschaft war die Aufführung von „Dramen, die im edleren Sinne des Wortes modern sind, das heißt, daß sie auch zweitausend Jahre alt sein können, – aber unabhängig von der Form oder dem Stil des Dramas, keine modischen, aktuellen, effekthaschenden literarischen Kompromisse enthalten,"[5] wie sich Sándor Hevesi zur Gründung der Thalia-Gesellschaft äußerte. Ihr Stil sollte eine einfachere, feinere, zum Psychologischen neigende Version des Naturalismus sein. Nicht ohne Einfluß darauf waren die ab 1900 in Budapest stattfindenden Gastspiele der verschiedenen Theatergruppen von Max Reinhardt.

ter Ausblick, und in schimmernder Pracht ergießt sich Licht herein. [...] 6. Tür: Es ist als ob sich ein Schatten über die Halle legen würde; sie verdunkelt sich ein wenig. [...] 7. Tür: In diesem Augenblick öffnet sich die siebente Türe und mondscheinsilbernes Licht fällt durch sie herein, Judiths und Blaubarts Züge beleuchtend. [...] Schluß: Es ist wieder völlige Finsternis, in welcher Blaubart verschwindet."
5 nach Eva Kun: *Die Theaterarbeit von Sándor Hevesi. Ungarns Beitrag zur Reform des europäischen Theaters im 20. Jahrhundert,* München 1978, S. 101 f.

Als Schüler des Naturalisten Otto Brahm fand Max Reinhardt in seinen eigenen Theatergruppen (z. B. *Schall und Rauch,* ab 1902 *Kleines Theater*) zu einem Stil, der sich immer mehr vom Naturalismus lossagte und zu einer „impressionibeln Art" hinfand, die „das Irreale, das Schwebende, das Musikalisch-Übersinnliche und das Göttliche in seinem symbolischen Illusionsbereich einzubeziehen"[6] versuchte.

Mittel dazu war ihm vor allem die Aufwertung der anderen Künste, was sich darin widerspiegelte, daß er für Bühnenbild und Kostümgestaltung Künstler wie Max Kruse, Lovis Corinth, Edvard Munch, Max Slevogt, Alfred Roller und Ernst Stern an sein Theater holte. So entstanden solch legendäre Inszenierungen wie 1903 Hofmannsthals *Elektra,* Maeterlincks *Pelléas et Melisande* und 1905 wiederum Hofmannsthals *Salome,* die damals von der Presse als „Markstein in der Geschichte des deutschen Theaters" gerühmt wurden.

Die in den vorangegangenen Jahren durch die Theaterreformer Alfred Roller, Adolphe Appia und Edvard Gordon Craig entwickelten technischen Neuerungen (wie z. B. Drehbühne, verdunkelter Zuschauerraum, Scheinwerferbeleuchtung für den gesamten Bühnenraum, d. h. vor allem auch bewegliche punktuelle und farbige Scheinwerfer) als auch ästhetischen Innovationen (Form, Bewegung, Licht und Farbe wurden zu selbständigen Elementen einer Inszenierung) für die Bühne dienten Reinhardt zur Realisierung einer von symbolhafter Farbe und Licht durchtränkten, die Seelenzustände der Helden offenlegenden Inszenierungsweise, wie sie bis dahin dem Theater in Deutschland und natürlich auch in Ungarn unbekannt war. Reinhardts alljährliche Gastspiele in Budapest blieben nicht unreflektiert. So schreibt Sarmany-Parsons:

„Im Spielstil der ungarischen Schauspielkunst/Bühnenkunst vollzog sich unter dem Eindruck des Reinhardtschen Ensembles der schrittweise Wandel von dem überhöht pathetischen, deklamatorischen Stil zu einer psychologisch durchkonzipierten Darstellung."[7]

---

6 Heinz Kindermann: *Theatergeschichte Europas in zehn Bänden,* Salzburg 1974, Bd. VIII, S. 586.

Mit der nur vier Jahre existierenden Thalia-Gesellschaft wurde ein neuer ungarischer Theaterstil ins Leben gerufen, der der Stadt Budapest wieder zum Anschluß an die Theaterwelt Westeuropas verhalf. Es fanden nicht nur so wichtige Aufführungen wie Ibsens *Nora*, Hauptmanns *Elga*, Wedekinds *Heldentenor* und Gorkijs *Nachtasyl* Eingang in das Repertoire der Theater Ungarns, sondern auch die Bühnenausstattung erfuhr Neuerungen, die den Spuren Appias, Craigs und Rollers folgte.

Neben dem Rheinhardtschen Theater blieben die Entwicklungen in Wien zur Jahrhundertwende, wo die Spielart des Wiener Jugendstils, der Secessionsstil in der Malerei, das Theaterbild ganz entscheidend beeinflußte, im nahegelegenen Budapest nicht ohne Auswirkung. Jedoch aufgrund einer eigenen Malerschule, der Malerkolonie *Nagybánya*, die sich an einer naturgetreuen plein-air Darstellungsweise orientierte,[8] blieb die Secession in Ungarn nur eine Oberflächenerscheinung, die lediglich einige Dramatiker und Bühnenbildner nachhaltig in ihrem Schaffen beeinflußte.

Zu ihnen gehörten u. a. auch Béla Balázs und Miklós Bánffy. Letzterer gab ab 1912 als Intendant des Staatstheaters entscheidende Impulse für die ungarische Opernbühne hinsichtlich ihrer Formen- und Farbmagie und schuf die den Intentionen des Librettisten Balázs weitgehend folgende Bühnengestaltung der Uraufführung von *Herzog Blaubarts Burg* im Jahre 1918.[9]

Balázs' „Mysterienspiel" in einem Akt, 1910 geschrieben, 1911 durch Bartók vertont, jedoch erst 1918 auf die Bühne gebracht, ist unbedingt als ein Kind des Geistes der Jahre um 1910 in Budapest zu betrachten, die ganz im Zeichen der Amalgamierung der westeuropäischen Theaterkultur mit der eigenen ungarischen Tradition stehen.

Balázs' Aufenthalte in Paris (zwischen 1905 und 1907) brachten ihn nun zusätzlich zu dem Reinhardt-Theater mit den französischen Symbolisten in

---

7 Ilona Sarmany-Parsons: *Die Jugendstilbühne – Szenenbild, Kostüme, Inszenierungen in Budapest*, in: *Musiktheater um die Jahrhundertwende. Wien–Budapest um 1900*, hg. von Reinhard Farkas, Wien 1990, S. 41.
8 Ebenda, S. 45.
9 Ferenc Bonis: *Bartóks Herzog Blaubarts Burg in Budapest 1918, 1936, 1959*, in: *Werk und Wiedergabe. Musiktheater exemplarisch interpretiert*, hg. von Sigrid Wiesmann, Bayreuth 1980 (= *Thurnauer Schriften zum Musiktheater* 5), S. 331 f.

Berührung, deren Theater sich dem jungen Balázs in folgenden Bildern zeigte. Die Fin de siècle-Stimmung der Jahrhundertwende, ihr Hang zum Lebensüberdruß, zur Todessehnsucht, zu einer Ästhetik des Sterbens, des Untergangs, brachte keinen anderen Dramatiker des französischen Sprachraums hervor, der all diese Schwingungen der Seele so konzentriert in sich trug und dann mit seinen Werken in die Welt hinaustrug wie Maurice Maeterlinck. Seine dramatischen Frühwerke wie *La princesse Maleine* 1889, *L'Intruse* 1890, *Les Aveugles* 1890, *Pelléas et Melisande* 1892, *Monna Vanna* 1902, *Oiseau bleu* 1909, wollen die Seele der Menschen, ihr Geheimstes, entschleiern.

Kongenial zu Maeterlincks dramatischen Werken erscheint in der Theaterlandschaft von Paris der zunächst als Schauspieler, später in seinem 1903 gegründeten *Théâtre de l'Œuvre als* Regisseur tätige Aurélien Lugné-Poe. Lugné-Poes symbolistischer Inszenierungsstil wird von Kindermann wie folgt beschrieben:

> „[W]enn der Vorhang aufging, war bei Lugné-Poe die Bühne vorerst in mystisches Halbdunkel gehüllt; nur silhouettenhaft konnte man die Gestalten erkennen."[10]

Die Bühnenbildner „gehen von den Grundformen eines Raumes, von seinen Symbolkonturen, von den Symbolfarben und von den Schattierungen der jeweiligen Stimmung aus. [...] Das Bühnenbild soll eine rein ornamentale Fiktion sein. In den meisten Fällen werden ein Hintergrund und einige bewegliche Draperien genügen, um den Eindruck der unendlichen Vielfalt von Zeit und Ort zu erwecken",[11] um beim Zuschauer möglichst ein subjektives Phantasiebild entstehen zu lassen.

Ebenso wie Reinhardt versammelte Lugné-Poe einen Malerkreis in seinem Theater, dem Edouard Vuillard, Pierre Bonnard, Odilon Redon, die eng mit den französischen symbolistischen Dichtern verbunden waren, aber auch Henri Toulouse-Lautrec und Edvard Munch angehörten. Einer ihrer ersten Grundsätze war die Konkordanz der Farbgebung für Bühne und Kostüm, deren symbolischer Farbwert eine große Rolle spielte. Details stan-

---

10 Kindermann: S. 91.
11 Ebenda, S. 93 und 109.

den eher hinter dem Wunsch, die Atmosphäre eines Stückes mit linear vereinfachten Bühnenbildern anzudeuten. So erschien z. B. die Bühne zur Uraufführung von Maeterlincks *Pelléas et Melisande* im Jahre 1893 in einem wahrhaft anderen Licht, als sie sich den Zuschauern bisher gezeigt hatte.

„Es [das Licht] wurde so verwendet, daß die ganze Bühne und die Gestalten auf ihr in ein Geheimnis, ein Mysterium verwandelt erschienen. Keinerlei Rampenbeleuchtung und keinerlei Seitenlicht durfte verwendet werden. Die magische Beleuchtung kam ausschließlich von oben her und ließ alles ‚traumhaft‘ und ‚entrückt‘ erscheinen."[12]

Ein Vergleich der Beschreibungen der Bühne des französischen symbolistischen Theaters und der Bühne Reinhardts mit den Bühnenentwürfen und Lichtregieanweisungen von Balázs, läßt das Streben nach eben der gleichen Stimmung und mystischen Ausstrahlung erkennen.

Auch für Balázs ist das tragende Element nicht eine Handlung im traditionellen Sinne, sondern ein einziger, das ganze Drama durchziehender Dialog will die innersten Zustände der Personen offenlegen. Eine Handlung ist nicht klar determiniert, sie bleibt rätselhaft und unauflösbar, ebenso wie in der symbolistischen Malerei der Sinn der Symbole und Symbolfarben nicht durch intellektuelles Verstehen, sondern nur durch einfühlendes Verstehen zutage gebracht wird. Wie in Maeterlincks frühen Dramen wird in Balázs' Ballade die Bühne zu einem Podium der inneren Sicht, das Gegenständliche auf der Bühne wird zum Symbol.

„Ich nannte den ‚Blaubart' eine Bühnenballade. Weil die Bühne dabei nicht etwa nur der notwendige Raum ist, diesen Dialog auszuführen. Die Bühne spricht mit. Die Bühne spielt mit. Auf dem ungarischen Personenverzeichnis waren drei als Mitspieler angeführt: Blaubart, Judith, die Burg. Denn diese Ballade ist eine ‚Ballade des inneren Lebens'. Blaubarts Burg ist kein realer steinerner Bau. Sie ist seine Seele. Die einsame, die dunkle, die geheimnisvolle: die Burg mit den verschlossenen Türen."[13]

---

12 Ebenda, S. 111.
13 Béla Balázs: *Vorspruch und Randbemerkungen zu Herzog Blaubarts Burg*, in: *Blätter der*

Zahlreiche Aspekte, wie die symbolische Sprache und Konstruktion dieses Kammertheaters, der balladenhafte Ton, sowie die enge Durchdringung von Musik und Bild im allgemeinen verbindet die Oper Balázs'/Bartóks eng mit der zeitgenössischen französischen Bühne.[14]

Insbesondere die Verbindungslinie zu Paul Dukas' *Ariane et Barbe-Bleu* (1907) geht weit über die publike thematische Verknüpfung mit dem Blaubart-Stoff hinaus. Sowohl Balázs als auch Bartók könnten dieses Werk in Paris gehört und gesehen haben: Balázs im Uraufführungsjahr 1907,[15] und Bartók 1910, im Jahre der Wiederaufnahme der Oper an der Opéra Comique.[16] Welch faszinierende Bedeutsamkeit dem farbigen Licht und dessen Symbolik in diesem Werk zukommt, beschreibt Oliver Messiaen in einem begeisterten Artikel über *Ariane et Barbe-Bleue* aus dem Jahre 1936.[17] Bartóks Judith ist ebenso wie Ariane die Lichtbringerin für Blaubart, ein „weiblicher Prometheus",[18] und bestimmt somit eine entscheidende visuelle Komponente der Oper. Der Kontrast von Hell und Dunkel, die Polarität von Weiß und Schwarz ist in beiden Werken ein wichtiges dramaturgisches Element. In Dukas' Oper

> „drückt sich die Macht seines [Barbe-Bleues] düsteren Gebots vor allem im Bühnenbild aus, das vom Orchester musikalisch unterstützt wird: im I. und III. Akt der unheimlich prunkvolle Saal mit den Türen zu den Schatzkammern, im II. Akt die Dunkelheit der unterirdischen Gewölbe. Die Farben der Edelsteine im I. Akt und der schwache Schimmer des Lichts im II. Akt, der nach dem Steinwurf Arianes mit der plötzlich einsetzenden Helle kontrastiert, werden durch Klangfarben im Orchester synästhetisch dargestellt."[19]

Staatsoper und der Städtischen Oper Berlin, 9 (1928) Heft 14, S. 7.
14 György Kroó: *Bartók-Handbuch*, Budapest 1974, S. 59.
15 Erich Doflein: *Herzog Blaubarts Burg. Béla Bartóks Oper wurde vor 50 Jahren komponiert*, in: *Neue Zeitschrift für Musik*, 122 (1961), S. 512.
16 Theo Hirsbrunner: *Debussy und seine Zeit*, Laaber 1981, S. 150.
17 Oliver Messiaen: *Ariane et Barbe-Bleue de Paul Dukas*, in: *Revue musicale*, 166 (1936), S. 79–86.
18 Theo Hirsbrunner: *Dukas*, S. 74.
19 Ebenda, S. 74 f.

Ähnlich gleicht Blaubarts Burg in der Oper von Bartók „einer finstern, düstern, leeren Felsenhöhle", die nach und nach durch das Öffnen der Türen zunächst farbig erhellt wird, dann im gleißenden Licht des Tages erscheint und zum Schluß wieder in der Blaubartschen Düsternis verbleibt. Über diese Analogie hinaus zeigen sich bei näherer Betrachtung noch weitere Parallelen, die für die Fragestellung dieses Arbeit von Bedeutung sind.
In Dukas' wie auch in Bartóks Oper werden mit dem Öffnen der Türen Gegenstände sichtbar, die durch farbiges Licht auf der Bühne symbolisiert sind. In dem einen Falle handelt es sich um die Edelsteine hinter den sechs Türen, die die Amme von Ariane öffnet, in dem anderen sind es die Folter-, die Waffen-, die Schatzkammer, der Garten, die Lande und der Tränensee Blaubarts. Die korrespondierende Musik zum Erscheinen des farbigen Lichtes beschreibt Oliver Messiaen in jener Besprechung des Dukas'schen Werkes mit den folgenden Worten:

„Et cela est exprimé musicalement par une série de variations d'un même thème, présentées dans six tonalités. Ceci est une divination de bien des théories modernes sur les vibrations lumineuses, l'audition colorée, les rapports des couleurs et des sons."[20]

Während des Öffnens der sechs Türen, hinter denen sich die Edelsteine verbergen, durchläuft das musikalische Thema in Variationen sechs verschiedene Tonarten. Jeder Tür, d. h. jedem Stein, ist das entsprechende farbige Licht und eine Tonart zugeordnet: Erste Tür: Amethyste = violett = H-Dur; zweite Tür: Saphire = blau = As-Dur; dritte Tür: Perlen = weiß = C-Dur; vierte Tür: Smaragde = grün = D-Dur; fünfte Tür: Rubine = rot = B-Dur; sechste Tür: Diamanten = diamanten (silbern) = Fis-Dur. Ebenso wie beim Öffnen der dritten Tür korrespondiert mit dem Einbruch der Helligkeit in die Burg nach Arianes Steinwurf im zweiten Akt das Erklingen von C-Dur.[21] Eher intuitiv als systematisch erscheint Dukas' Zuordnung von Farben zu Tonalitäten. Parallelen zu Bartóks Oper sind jedoch evident. Desgleichen verwendet Bartók das Aufscheinen der Farben in den

---

20 Messiaen: S. 80.
21 Ebenda, S. 84.

Türen, die jedoch nicht mit denen in Dukas' Oper kongruieren, und ebenso wird von ihm das Eindringen der Helligkeit mit strahlendem C-Dur umgesetzt.

Bezugnehmend auf einen Aufsatz von Siegfried Mauser,[22] der die Lichtregie in *Herzog Blaubarts Burg* mit ähnlichen Anweisungen in Schönbergs *Glücklicher Hand* vergleicht, erscheint die Frage interessant, ob Bartók ebenso wie andere Komponisten oder Maler der Jahre um 1910 einen Zusammenhang zwischen Farben und Tönen sah und eine Zuordnung von Farben zu Tonalitäten vornahm.

„Die Farbe-Ton-Forschungen setzten im ausgehenden 19. Jahrhundert ein zu einem Zeitpunkt, da mit der Idee des Gesamt- oder Universalkunstwerks neue ästhetische Intentionen nach Kunstsynthesen drängten. Die systematische Erforschung war von erheblichen Schwierigkeiten begleitet. Darauf deutet bereits die Tatsache hin, daß die verschiedenen Systeme, die Komponisten entwickelten, nicht kompatibel sind."[23]

Eine Zuordnung von Tönen und Farben setzt die Gabe des Farbenhörens oder Tönesehens voraus, wobei ersteres wohl die am meisten verbreitete Doppelempfindung oder Synästhesie, d. h. die Verbindung zweier oder mehrerer Sinnessphären in einem Akt der Wahrnehmung, ist.

Der Maler Wassily Kandinsky unternimmt in seiner Schrift *Über das Geistige in der Kunst* aus dem Jahre 1912 eine Zuordnung der Farben zu Klangfarben von Instrumenten. Seine Eindrücke formuliert er äußerst präzis, wobei sein akustisches Empfinden von Farbe nicht am Klang, d. h. einer Tonart, sondern ausschließlich an der Klangfarbe orientiert ist.

„Musikalisch dargestellt ist helles Blau einer Flöte ähnlich, das dunkle dem Cello, immer tiefer gehend den wunderbaren Klängen der Baßgeige; in tiefer feierlicher Form ist der Klang des Blau dem der tiefen Or-

---

22 Siegfried Mauser: *Die musikdramatische Konzeption in Herzog Blaubarts Burg*, in: *Béla Bartók*, hg. von Heinz-Klaus Metzger und Rainer Riehm, München 1981 (= *Musik-Konzepte* 22), S. 69–83.
23 Helga de la Motte-Haber: *Musik und bildende Kunst. Von der Tonmalerei zur Klangskulptur*, Laaber 1990, S. 70.

gel vergleichbar. [...] Violett ist also ein abgekühltes Rot im physischen und psychischen Sinne. Es ist dem Klange ähnlich des englischen Horns, der Schalmei, und in der Tiefe den Tönen der Holzinstrumente (z. B. Fagott)."[24]

Ebenso wie die Ausdruckssprache der Farben scheint die Parallelisierung von Farben und Instrumenten bei Kandinsky vorbildhaft für Schönberg zu sein, verwendet er doch mitunter gleiche Zuordnungen von Instrumenten bzw. deren Klangfarben zu Farben.[25] Der Ablauf der Farben im Windcrescendo des dritten Bildes der *Glücklichen Hand* ist nahezu identisch mit Kandinskys Farbenkreis, dem Ring des Lebens, einer Anordnung der Farben zwischen den Polen des Lebens, zwischen Geburt und Tod, zwischen Weiß und Schwarz.

Alexander Skrjabins Farbe-Ton-Entsprechungen hingegen sind nun ganz anderer Natur. Helga de la Motte-Haber stellt in ihrem Buch *Musik und bildende Kunst* eine Vergleichbarkeit von Schönberg und Skrjabin in Frage.

„Der synästhetische Charakter seiner [Schönbergs] *Glücklichen Hand* rechtfertigt es nur teilweise, dieses ‚Drama mit Musik' in unmittelbare Nachbarschaft mit Alexander Skrjabins *Prometheé* zu besprechen. Die Zuordnung von Farben zu Tönen und Klängen wie auch die durch die Farben gewonnenen Ordnungsvorstellungen sind durchaus verschieden."[26]

Damit sei bereits auf den Unterschied verwiesen, daß Skrjabin gegensätzlich zu Kandinsky und Schönberg eine Zuordnung der Farben zu Tönen vornimmt. D. h. er ordnet Farben dem Quintenzirkel zu, der jedoch nicht die Dur-Moll-Tonalitäten verdeutlicht, sondern nur den jeweiligen Grundton für den sechstönigen Quartenakkord, den „Prometheischen Akkord" angibt. Die Skrjabinsche Farbe-Ton-Entsprechung sieht wie folgt aus: Fis =

---

24 Wassily Kandinsky: *Über das Geistige in der Kunst*, in: *Der Blaue Reiter. Dokumente einer geistigen Bewegung*, neu hg. von Andreas Hüneke, Leipzig 1989, S. 347.
25 Siegfried Mauser: *Das expressionistische Musiktheater der Wiener Schule. Stilistische und entwicklungsgeschichtliche Untersuchungen zu Arnold Schönbergs Erwartung op. 17, Die glückliche Hand op. 18, und Alban Bergs Wozzeck op. 7*, Regensburg 1982 (= *Schriftenreihe der Hochschule für Musik München* 3).
26 Motte-Haber: S. 161.

blau-grell, H = blau-weißlich, E = blau-weißlich, A = grün, D = gelb, G = orange-rosa, C = rot, F = rot-dunkel, B/Es = stahlartig mit Metallglanz, As = purpur-violett, Des = violett.[27]

Die „Luce"-Stimme, die mit zwei Stimmen auf dem obersten System der Partitur des *Promethée* notiert ist, dient zu einer Darlegung und Nachvollziehung der kompositorischen Struktur, zur Verdeutlichung des Klangzentrums. Wesentliche Anregungen dazu soll Skrjabin von Nikolai Rimski-Korsakow erhalten haben, mit dem er sich rege über das Farbenhören austauschte. Doch ob beide nun in jedem Falle synästhetisch empfanden, muß ungeklärt bleiben. Rimski-Korsakows Farbassoziationen hingegen erfolgen zu den Dur-Moll-Tonalitäten des Quintenzirkels, jedoch nicht um den Quintenzirkel angeordnet. Seine systemlosen Assoziationen beruhen eher auf klangmalerisch-stimmungshaften Beziehungen.[28]

Trotz aller Unterschiede, die diese Systeme[29] aufgrund des subjektiven Empfindens und der verschiedenen Ansätze der Komponisten bzw. Maler zeigen, ist eine Übereinstimmung erkennbar. So stellt Gernot Gruber in seinem Aufsatz *Schönberg für Antischönbergianer – Zur ästhetischen Situation der Jahre um 1910* heraus, daß auch die noch so kompliziert erscheinenden Farbe-Ton-Entsprechungen Kandinskys und Schönbergs auf der primären Lichtsymbolik, dem Gegensatz von Hell und Dunkel, basieren. Auf dieser Grundlage werden die einfachen Farben der Natur zu Elementen ihrer Farbkreise.[30]

Die Ordnung der Farben in einem Farbkreis, wie wir ihn nach Goethes Farbenlehre und seinem sechsteiligen Farbkreis kennen, ergibt sich aus einer dreifachen Bestimmung:

1. Bestimmung nach dem Farbton oder der Farbrichtung. Der erste Farbkegel (oder Farbdreieck) setzt sich aus den Elementarfarben Gelb, Rot,

---

27 Dorothea Eberlein: *Russische Musikanschauung um 1900. Von 9 russischen Komponisten*, Regensburg 1978 (= Studien zur Musikgeschichte des 19. Jahrhunderts 52), S. 34.
28 Ebenda, S. 38.
29 Es sollten nur stellvertretend einige genannt werden.
30 Gernot Gruber: *Schönberg für Antischönbergianer – Zur ästhetischen Situation der Jahre*

Blau zusammen. Sie bilden den sogenannten primären Farbdreiklang. Der sekundäre Farbdreiklang setzt sich aus den Farben Orange, Grün, Violett zusammen, die durch Mischung von jeweils zwei Primärfarben entstehen. Eine Erweiterung des Farbenkreises kann durch weitere Mischungen der benachbarten Farben erfolgen.

2. Bestimmung nach der Helligkeit. D. h. jede Farbe kann bis zum reinen Weiß aufgehellt und zum reinen Schwarz verdunkelt werden. Sie sind nicht in den Farbkreis eingereiht, sondern fungieren als zwei Pole.

3. Bestimmung nach der Reinheit (nicht von Gewicht für diese Ausführungen, da wir von den reinen Farben ausgehen). D. h. erfolgt eine Mischung mit Grau, büßen die Farben ihre Reinheit ein. Auch ein Vermischen der gegenüberliegenden Farben würde einen Grauton erzeugen.

Eine wichtige Ergänzung der Farblehre Goethes stellen Philipp Otto Runges Überlegungen zu einer dreidimensionalen Farbenordnung dar. In seiner im Januar 1810 publizierten Schrift mit dem Titel *Farben-Kugel oder Construction des Verhältnisses aller Mischungen der Farben zu einander, und ihrer vollständigen Affinität; mit angehängtem Versuch einer Ableitung der Harmonie in den Zusammenstellungen der Farben* heißt es:

> „Das Verhältnis der drey Farben zu Schwarz und Weiss liesse sich sehr gut durch einen Globus darstellen, nämlich so: den Aequator teile in sechs Teile, nämlich in der Abteilung der drei Farben im Triangel [Gelb, Rot, Blau], durchschnitten von dem Triangel der drey reinen dazwischen liegenden Mischungen [Orange, Violett, Grün]. Der Nordpol sei weiss, der Südpol schwarz."[31]

---

um 1910, in: *Musik und Bildung*, 6 (1974), S. 541.
31 Nach Heinz Matile: *Die Farbenlehre Philipp Otto Runges. Ein Beitrag zur Geschichte der Künstlerfarbenlehre*, München 1979 (= Kunstwissenschaftliche Studientexte 5), S. 155.

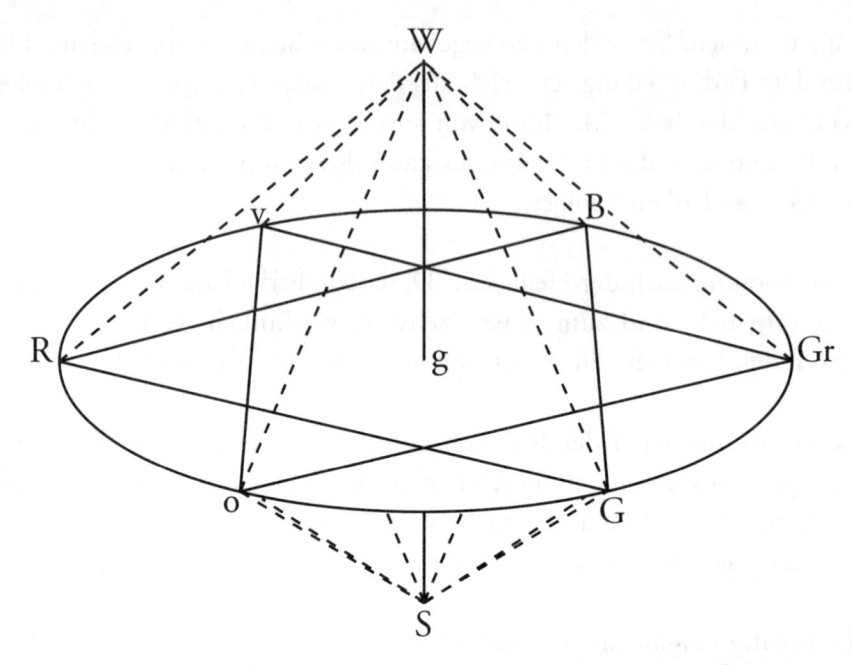

Weiß und Schwarz verhalten sich also wie zwei Pole, die außerhalb jener Kreislinie liegen, die die beiden gleichseitigen Dreiecke der Primär- und Sekundärfarben einschließt. Ein Vergleich der vorgestellten Varianten der Farbe-Ton-Entsprechungen läßt gewahr werden, daß alle zumindest auf eben diesem Spektrum des weißen Lichtes beruhen, wenngleich nicht immer in polarisierter Anordnung (z. B. Skrjabin). Arnold Schönberg verwendet im Windcrescendo im dritten Bild der *Glücklichen Hand* eben jene natürliche Abfolge der Farben des weißen Lichts.

„Es beginnt mit schwach rötlichem Licht, das über Braun in ein schmutziges Grün übergeht. [Mit dem Grün setzt der Farbenkreis der drei Primär- und drei Sekundärfarben ein] Daraus entwickelt sich ein dunkles Blaugrau, dem Violett folgt. Dieses spaltet ein intensives Dunkelrot ab, das immer heller und schreiender wird, indem sich, nachdem es Blutrot erreicht hat, immer mehr Orange und dann Hellgelb hineinmischt; [...]."[32]

32 *Arnold Schönbergs Drama. Die glückliche Hand Drama mit Musik*, op. 18, in: *Der Blaue Reiter. Dokumente einer geistigen Bewegung*, neu hg. von Andreas Hüneke, Leipzig 1989, S. 294 f.

Der Ausgangspunkt von Kandinsky ist zunächst die Unterscheidung bei der Betrachtung von Farben zwischen zwei großen Abteilungen: 1. Wärme und Kälte und 2. Helligkeit und Dunkelheit.

„Die Wärme oder die Kälte der Farbe ist eine Neigung ganz im allgemeinen zu Gelb oder zu Blau. [...] Der zweite große Gegensatz ist der Unterschied zwischen Weiß und Schwarz, also der Farben, die das andere Paar der vier Hauptklänge erzeugen. [...] Beide zuletzt charakterisierten Farben (Orange und Violett) sind der vierte und letzte Gegensatz im Farbenreiche der einfachen primitiven Farbentöne; wobei sie zueinander stehen im physikalischen Sinne so wie die des dritten Gegensatzes (Rot und Grün), d. h. als Komplementärfarben [...]. Wie ein großer Kreis, wie eine sich in den Schwanz beißende Schlange [...] stehen vor uns die sechs Farben, die in Paaren drei große Gegensätze bilden. Und rechts und links die zwei großen Möglichkeiten des Schweigens; das des Todes und das der Geburt."[33]

Aus dieser Anordnung stellt Kandinsky den *Ring des Lebens,* die Gegensätze als Ring zwischen zwei Polen = das Leben der einfachen Farben zwischen Geburt und Tod, auf.[34] Herausfallend bei Kandinsky: durch die Polarisierung von Blau und Gelb ist der Ablauf der Spektralfarben zwischen Grün und Rot gestört, d. h. Blau und Violett sind vertauscht.

Die Berührungspunkte im Denken von Runge und Kandinsky stellt Heinz Matile aufschlußreich dar.[35] Hinter der Folie dieses Exkurses zu Farbe-Ton-Entsprechungen und Farblehren sei nun die Betrachtung des Bartókschen Werkes fortgesetzt.

---

33 Kandinsky: S. 345 und 347 f.
34 nach Reinhard Gerlach: *Rausch und Konstruktion. Farbklang – Klangfarbe,* in: Neue Zeitschrift für Musik, 134 (1973), S. 13.
35 Matile: S. 250–254.

Der Farbenkreis von Kandinsky, d. h. ein Farbenkreis, der die Gegenpole Weiß und Schwarz außerhalb des Farbrings zwischen Rot und Orange und Grün und Violett (bzw. Blau) anordnet, soll als Ausgangspunkt der Beobachtungen zu einer Farbe-Ton-Beziehung in *Herzog Blaubarts Burg* fungieren. Gruppiert man um den Quintenzirkel diesen Farbenkreis mit der Ausrichtung der Schwarz-Weiß-Polarität nach der *fis – c*-Polarität, so kann diese Übereinstimmung von Farbenkreis und Quintenzirkel als ein Ausgangspunkt gelten, wie er in der Literatur konsequent für Bartóks Oper festgestellt wurde: eine Korrespondenz der düsteren Szene zu Beginn mit einem Klang über *fis*, sich aufschwingend zu „gleißendem Licht" mit einem strahlenden C-Dur Akkord und wieder versinkend in der Anfangsstimmung.[36]

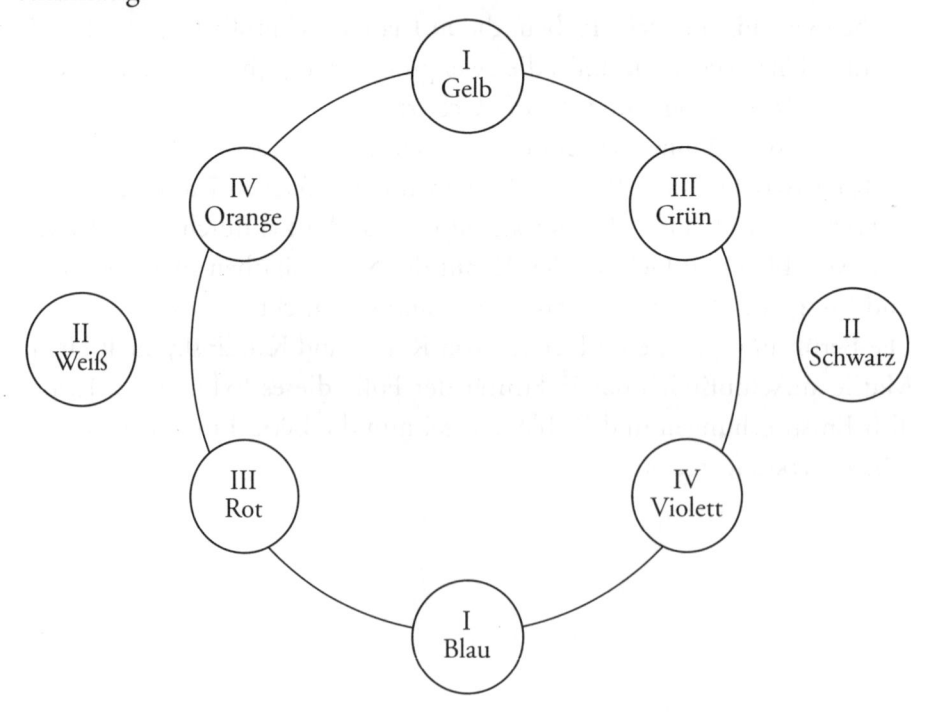

```
         I
        Gelb
   IV           III
  Orange        Grün

 II                    II
Weiß                 Schwarz

   III          IV
   Rot        Violett
         I
        Blau
```

36 Tünde B. Kalotaszegi: *Béla Bartóks Einakter Herzog Blaubarts Burg und seine Zeichenhaftigkeit*, in: *Geschichte und Dramaturgie des Operneinakters*, hg. von Winfried Kirsch und Sieghart Döhring, Laaber 1991 (= *Thurnauer Schriften zum Musiktheater* 10); Ernö Lendvai: *Ein-*

Überdies ist aber auch das Öffnen der einzelnen Türen von Interesse, d. h. insbesondere der ersten bis fünften Tür, da hier die Regieanweisung explizite Umschreibungen von farbigem Licht vornimmt. Beim Öffnen der sechsten und siebenten Tür handelt es sich um Verdunklungen, Zwischenstufen von Weiß bis Schwarz, d. h. daß die Farbe sich zwischen den Polen und nicht auf dem Farbenring und damit auch nicht auf dem Quintenzirkel bewegt.

Bei der Gegenüberstellung von Farbe und Tonalität sind weder die Tonalitäten, die während eines Bildes (Folterkammer, Waffenkammer etc.) durchlaufen werden, noch die Grundtonalität eines Bildes von Bedeutung. Relevant für diese Aufstellung ist nur die Tonalität bzw. der Klang über einem Grund-/Hauptton beim Erscheinen des farbigen Lichtes. Ähnlich dem Skrjabinschen Modell kann der Quintenzirkel bei Bartók nur als Angabe eines Basistones fungieren, da die Tonalitäten oft so geweitet sind, daß sie nur als „Klangraum"[37] wirken.

Die Gegenüberstellung von Klang und Farbe bei entscheidenden Lichtveränderungen auf der Bühne (Anhang 1) läßt sich auf folgende Entsprechungen kurz zusammenfassen: Beginn: düster (schwarz) = Fis; 1. Tür: rot = Ais (B); 2. Tür: rötlichgelb/düster = Fis; 3. Tür: goldig (orange/gelb) = D; 4. Tür: blau-grün = As und H; 5. Tür: schimmernd/Licht (weiß) = C. Eine Übereinstimmung von Farbkreis und den im Quintenzirkel angeordneten Tönen, die über eine Konkordanz der Schwarz-Weiß-Polarität zur *fis* – *c*-Polarität hinausgeht, ist evident. Ohne über eine Theorie von Bartók, die die schriftlichen Zeugnisse auch gar nicht zulassen, Spekulationen zu betreiben, wollte die Verfasserin diese „verblüffende" Tatsache vorstellen. Sei

---

führung in die Formen- und Harmoniewelt Bartóks, in: *Béla Bartók. Weg und Werk, Schriften und Briefe*, hg. von Bence Szabolcsi, Leipzig 1957; Siegfried Mauser: *Die musikdramatische Konzeption in Herzog Blaubarts Burg*, in: *Béla Bartók*, hg. von Heinz-Klaus Metzger und Rainer Riehm, München 1981 (= *Musik-Konzepte 22*); Karl Wörner: *Die sieben Schlüssel. Bartóks Operneinakter Herzog Blaubarts Burg*, in: ders.: *Die Musik in der Geistesgeschichte. Studien zur Situation der Jahre um 1910*, Bonn 1970 (= *Abhandlungen zur Kunst-, Musik- und Literaturgeschichte 92*).
37 Doflein: S. 514.

sie vielleicht nur als ein weiteres Phänomen dieser „syn"-trächtigen Zeit betrachtet, einer Zeit, die Kandinsky voll von Fragen, Ahnungen und Deutungen weiß.

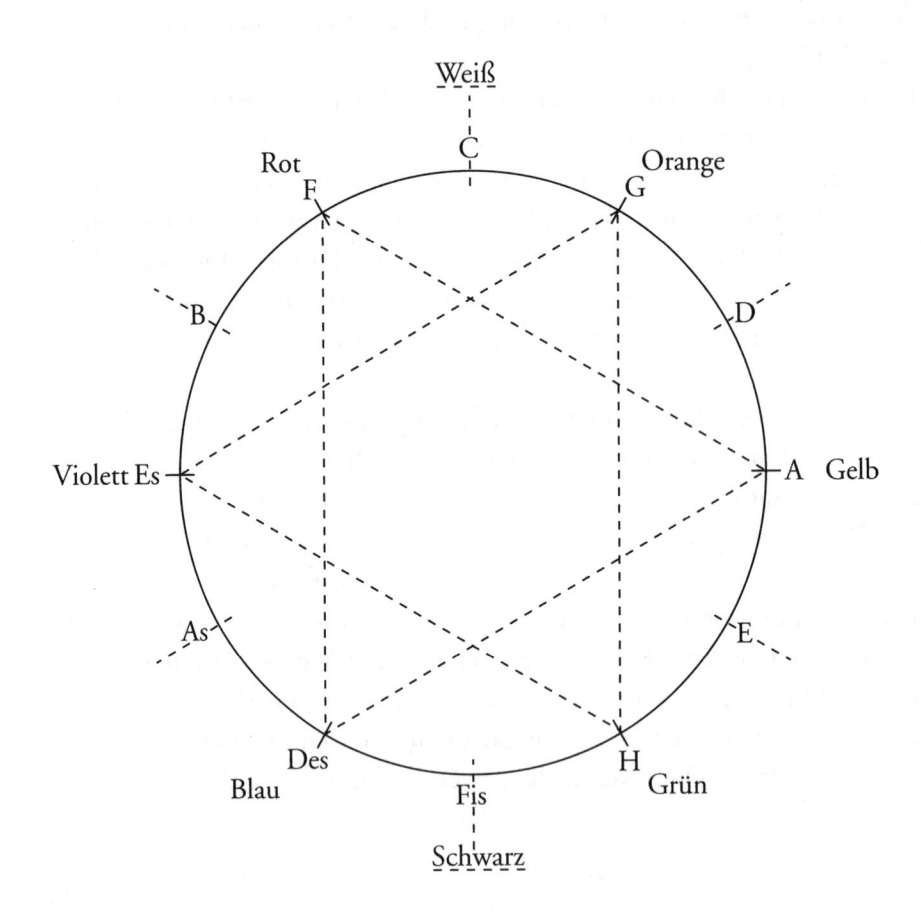

Anhang 1

Ort	Lichtregieanweisung	Partitur	Notenbeispiel
Beginn	finster, düster	Klang über *fis*	(Nr. 1)
1. Tür	blutrot	Es erklingt eine *b/ais*-Tremolo in den Klarinetten und Violinen. Charakteristikum und Klangfarbe dieser Szene ist jedoch die auf- und abschnellende Zweiunddreißigstel-Figur (ein Takt nach dem Öffnen der Tür) in den Flöten, Oboen, der zweiten Klarinette und dem Xylophon, die auf *ais* beginnt und endet.	(Nr.2)
2. Tür	rötlichgelb, düster	Die Farbgebung dieser Szene nennt zwar eine Farbmischung, doch ist eine düstere Stimmung vorherrschend. Es erklingt Fis-Dur.	(Nr.3)
3. Tür	goldig-leuchtend	Streicher, Trompeten und Flöten lassen ein D-Dur mit Septe (in der ersten Flöte) erklingen, das durch Harfe und Celesta zum Glänzen gebracht wird.	(Nr.4)
4. Tür	blau-grün	Grundton dieser Szene ist *es*. Doch klingt zunächst ein Achtklang im Terzaufbau über As-Dur (*as, c, es, g, b, d, f, a*) als eine aufgeteilte Trillermixtur As-Dur/B-Dur an. Ebenso wie die Farbnennung deutlich getrennt ist in zwei Farben erscheinen auch deren Klänge sukzessive. Zunächst 13 Takte die Charakterisierung von Blau, danach durch einen Achtklang im Terzaufbau über H-Dur die Farbe Grün.	(Nr.5)
5. Tür	schimmernd, Licht	Das gesamte Orchester erklingt in strahlendem C-Dur.	(Nr.6)
6. Tür	Schatten	a-Moll	(Nr.7)
7. Tür	mondscheinsilbern	c-Moll	(Nr.8)
Schluß	Finsternis	Klang über *fis*	(Nr.9)

364 Apoll war nicht nur der Gott des Gesangs

Anhang 2

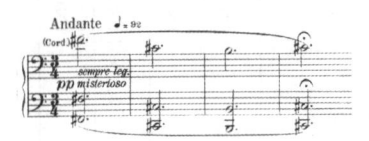

Notenbeispiel 1

Notenbeispiel 2

Notenbeispiel 3

Notenbeispiel 4

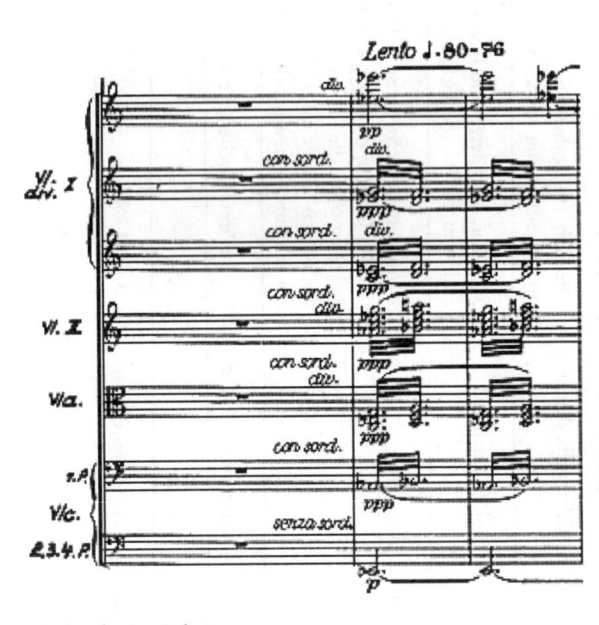

Notenbeispiel 5a

Notenbeispiel 5b

Notenbeispiel 6

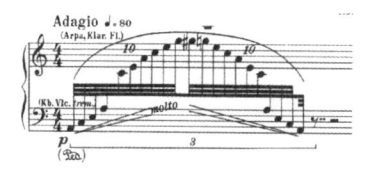

Notenbeispiel 7

Notenbeispiel 8

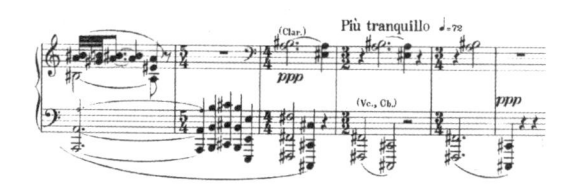

Notenbeispiel 9

Opéra-Oratorio und Musiktheater
Einige Anmerkungen zu Igor Strawinskys *Oedipus Rex* und Wolfgang Rihms *Oedipus*

Keines der Strawinskyschen Bühnenwerke, außer *Oedipus Rex,* beruht auf einem Drama, das die von der klassizistischen Doktrin postulierte geschlossene Form ausprägt. Und in *Oedipus Rex* wurde die Sophokleische Tragödie bei der Anpassung an eine musikalische Werkidee, die zwischen der dramatischen Gattung der Oper und der epischen des Oratoriums vermittelt, gewissermaßen entdramatisiert. Andererseits jedoch wurde die Struktur von Vorlagen, die aus epischen Gattungen stammen, bei der Umformung in ein Libretto nicht aufgehoben oder tiefgreifend verändert, sondern in den Grundzügen bewahrt. Dem „Drama" im engeren Sinn des Wortes ging Strawinsky, der im Gegensatz zu Beethoven, Wagner oder Schönberg kein „dialektischer Komponist" war, eher aus dem Wege, als daß er es suchte.

Oedipus Rex (1926/27), das „offizielle Hauptwerk" des Neoklassizismus, zu dem Jean Cocteau außer dem Text auch die ästhetische Ideologie lieferte, ist von Strawinsky als „Opéra-Oratorio en Deux Actes d'après Sophocle" bezeichnet worden. Und daß es sich um eine Oper „nach Sophokles" handelt, besagt nicht nur, daß die Vorlage, von der Cocteau ausging, die Tragödie des Sophokles war, sondern darüber hinaus, daß der ständige Bezug auf das antike Drama, das dem Publikum als Prototyp bewußt sein soll, zur ästhetischen Substanz des Werkes gehört. *Oedipus Rex* ist ein Drama über ein Drama. Der Sprecher, der in Französisch die Fabel des Librettos skizziert – die Übersetzung ins Lateinische besorgte Jean Danièlou und hält Distanz zum Publikum –, erwähnt anfangs ausdrücklich den Zusammenhang mit der Tragödie des Sophokles, charakterisiert ihn also als Konnex, der ein Teilmoment der Sache selbst und nicht nur der Entstehungsgeschichte darstellt (um die sich das Publikum nicht zu kümmern braucht).

Und am Ende kündigt er den Botenbericht über Jokastes Tod wie ein von alters her überliefertes Prunkstück theatralischer Rhetorik an:

„Et maintenant, vous allez entendre le monologue illustre: ‚La tête divine de Jocaste est morte', monòlogue où le messager raconte la fin de Jocaste." („Und nun hören Sie den berühmten Monolog: Tot ist es, Jokastes göttlich Haupt.")

Während der Worte des Sprechers, der den Bericht kurz zusammenfaßt, setzt der Bote eine Doppeltrompete an seinen Mund, und eine Fanfare von vier Trompeten tönt aus dem Orchester, als ob es sich um das Auftreten eines gefeierten Artisten im Zirkus handelte – prototypisch für die zwanziger Jahre. Dadurch wird der Geist der zu erwartenden erschütternden Erzählung negiert, sie findet allerdings als Bravourleistung des gefeierten Schauspielers gar nicht statt, dreimal setzt der Bote mit dem berühmten Satz an: „Divum Jocastae caput mortuum". In langgezogenen Tönen wird der Text Silbe um Silbe herausgeschmettert, vom Orchester durch pompöse „neapolitanische" Schleiferfiguren unterstützt, doch der Bote kann sich kein Wort mehr abringen. Zur Erstarrung tritt eine Aphasie, die jede Mitteilung abwürgt. Der Chor übernimmt nun die Rolle des Erzählers, und damit bricht Panik los, die Menschen jedoch können sich in Panik nicht mehr klar ausdrücken. Und so bleibt der Text, nicht nur der willkürlichen Betonung wegen, schwer verständlich. Es handelt sich um ein irres Reden auf den Rhythmen einer Tarantella, die einer klassischen Tragödie fern stehen mag, einer Tragödie, die kopflose Verzweiflung wiedergibt, eine Verzweiflung, die sich bei der Plötzlichkeit der Katastrophe über die ganze Tragweite des Geschehens noch nicht im klaren ist. Durch die Tanzrhythmen werden aber auch die Folgen des Schocks merkwürdig ritualisiert und in ihrer Wirkung aufgefangen. Dieser Schrecken wird durch die kultische Handlung, durch einen Beschwörungstanz, ins Kollektive integriert; in einem Individuum würde er eine nicht wieder gut zu machende Zerstörung bewirken. Starrheit und Panik drücken eine Abneigung gegen individuellen, differenzierten Ausdruck aus und erinnern an die archaisch griechischen Darstellungen des Hauptes der Medusa, dessen grinsende Fratze der Sage nach jeden Betrachter versteinerte.

Das Werk, das wie kein anderes den Geist des Neoklassizismus ausprägt, ist also als Drama nicht „primär", sondern „sekundär". Es beruht nicht in sich selbst, sondern existiert in Relation zu früherer Dramatik, zur Tragödie des Sophokles, an die es erinnert, statt sie durch die eigene ästhetische Präsenz in Vergessenheit zu bringen.

Daß der Zeitcharakter, der dem *Oedipus Rex* dadurch anhaftet, einem strikten Begriff des Dramas zuwiderläuft, ist von Cocteau und Strawinsky keineswegs verkannt, sondern deutlich gesehen und sogar gewissermaßen zum Programm erhoben worden. Denn die Bezeichnung „Opéra-Oratorio" besagt, daß das Werk zwischen der Kategorie des Dramatischen und der des Epischen vermittelt. In der Theorie des 19. Jahrhunderts, die aus den poetologischen Kategorien „Epos" und „Drama" die ästhetischen Grundbegriffe des „Epischen" und des „Dramatischen" entwickelte, ist das Oratorium immer wieder – und dies keineswegs ausschließlich wegen des Erzählers –, zu den epischen Gattungen gezählt worden.

Der Sprecher ist ein Einfall Cocteaus, den Strawinsky zunächst nur zögernd akzeptierte, er darf allerdings nicht mit dem Erzähler in der *Geschichte vom Soldaten* gleichgesetzt werden. Er ist nicht der eigentliche Protagonist des Stückes, sondern eine bloße Hilfsfigur, ein Kommentator, dessen Französisch das Latein der Übersetzung einerseits erläutert und andererseits durch den Kontrast als Fremdsprache fühlbar macht. Und daß sich der Sprecher – den Theo Hirsbrunner in seinem Buch *Igor Strawinsky in Paris* als Conférencier bezeichnet – im Frack präsentiert, während die Figuren auf der Bühne in stilisierten Gewändern fast zu Statuen erstarren, besagt unmißverständlich, daß Strawinskys „Opéra-Oratorio" weniger die ästhetische Gegenwart einer Tragödie als die gewissermaßen Stein gewordene Erinnerung an eine Tragödie ausprägt und szenisch darstellt.

Die zentrale Szene zwischen Oedipus und Jokaste, der Anfang des zweiten Aktes, ist bei Cocteau nichts als ein Petrefakt dessen, was sie bei Sophokles war. Um den Wahrspruch des Tireisias, daß Oedipus selbst der Mörder sei, den er sucht, zu entkräften, beteuerte Jokaste wieder und wieder, daß die Orakel lügen, und zum Beweis erzählt sie, daß Lajos, entgegen einem Orakelspruch, nicht durch Sohneshand, sondern durch Räuber an einem Dreiweg erschlagen worden sei. Ihr Bericht aber, der Oedipus beruhigen soll, bestärkt lediglich die Ahnung der Schuld, die ihn bedrückt. Der Grundriß der Szene stammt aus der Tragödie und wurde nicht angetastet. Von dem dialektischen Prozeß aber, der den Dialog gleichsam zu einem Strudel werden läßt, dem Prozeß, daß Jokastes immer inständigere Versuche, Oedipus zu retten, ihn Schritt für Schritt immer rettungsloser an den Abgrund heranführen, in den er stürzen wird und Jokaste mit ihm, ist in Cocteaus reduziertem Text wenig oder nichts erhalten geblieben. Jokaste erzählt, wie Lajos erschlagen wurde, und Oedipus erbleicht, weil er sich selbst in dem Mörder zu erkennen fürchtet: das ist alles. Streng genommen sprechen Jokaste und Oedipus gar nicht miteinander, sondern Jokaste teilt, an Tireisias und Oedipus gewendet, ein Faktum mit, das Oedipus in Panik versetzt.

Man könnte behaupten, daß von Cocteau und Strawinsky die Hegelsche Kategorie der „bestimmten Negation" ins Werk gesetzt worden sei: Dadurch, daß Cocteau den *Oedipus* des Sophokles gewissermaßen versteinern ließ, was er als „Monumentalisierung" – genauer: als Reduktion auf einen gewissen monumentalen Aspekt – bezeichnete, vollzog er in Werkgestalt einen Schritt des Geschichtsprozesses, dem die Tragödie unterworfen ist, und zwar in einer Werkgestalt, die den Text für Strawinsky überhaupt erst komponierbar werden ließ.

„Musiktheater" als Gattungsbegriff nennt Wolfgang Rihm seinen *Oedipus*. Der Ausdruck „Musiktheater" bildet das Stichwort für Bemühungen, eine Opernästhetik zu entwickeln, die weniger vom sprachlich-musikalischen Text als vom Theaterereignis ausgeht. Der Ausdruck besagt, daß der Streit über den Vorrang von Musik oder Sprache – ein Streit, dessen geschichtliche Auswirkung man in dem typologischen Gegensatz zwischen italienischer „Gesangsoper" und Wagnerschem „Musikdrama" zu finden glaubte – eine schiefe, die Opernästhetik irreleitende Kontroverse war, weil Musik und Sprache in der Oper Funktionen des Dramas sind: eines Dramas, von dem man zumindest sagen kann, daß in ihm die szenisch-gestischen Momente nicht weniger bedeutsam sind, als die musikalisch-sprachlichen.

Oedipus, der Mann, der unwissentlich seinen Vater erschlägt und seine Mutter heiratet, der das Rätsel der verderblichen Sphinx löst, nach grausamem Selbstfindungsprozeß die Wahrheit ans Licht bringt und sich im Angesicht seiner Schuld selbst blendet, ist nicht nur die psychoanalytische Symbolfigur für inzestuöse Gewalt, mythologischer Inbegriff unentrinnbarer Schuld, sondern er steht auch für eine „Dialektik der Aufklärung": fortschreitende Erkenntnis und Wahrheitsfindung führen eben nicht nur ins Heil, sondern auch zurück in das Chaos atavistischer Verstrickung. Die Lehre, soweit sie sich daraus schließen läßt, bleibt pessimistisch.
Auch wenn Rihm in seinen Opern – kurz vor *Oedipus* (UA 4. Oktober 1987, Städtische Oper Berlin) wurde die *Hamletmaschine* uraufgeführt –, ein Libretto oder verschiedene sehr bildhafte Texte gleichzeitig verwendet, kommt der eigentliche Impuls seines Musiktheaters aus der Musik, aus Klang, aus musikalischen Zeichen. Die Art, wie mit den Texten umgegangen wird, ist frei, der Zusammenhang nicht linear, sondern assoziativ, durch Spiegelung, Verschachtelung und Schnittechnik hergestellt. Das Libretto, vom Komponisten selbst zusammengestellt, ist in sich vielschichtig: Die Grundlage bildet Hölderlins Sophokles-Übertragung – nicht in Abschnitten oder Sätzen, sondern in ausgesuchten Zeilen, manchmal sogar auf ein einziges Wort reduziert. In der ersten Szene singen die Ältesten bei Rihm: „Asche, die Stadt wankt, kann vom Abgrund nicht mehr und roter Welle."
Bei Hölderlin heißt es:
„Das andere Gezweig häuft sich bekränzt auf Plätzen, bei Pallas zweifachem Tempel, und des Ismenos weissagender Asche. Denn die Stadt, die Du siehst, sehr wankt sie schon, und heben kann das Haupt vom Abgrund sie nicht mehr und roter Welle."
Dieser Text bestimmt die „Szenen", sie spielen – gewissermaßen als Primärschicht – auf der Bühne: die Pest in Theben, Kreons Bericht aus Delphi (die Seuche ist Strafe für den ungerächten Mord an König Lajos), Tireisias Enthüllung – Oedipus war selber der Mörder seines Vaters Lajos –, das Zeugnis des Hirten – er hat das Findelkind aufgenommen –, Jokastas Versuch, den Sohn/Gatten zu retten, ihr Selbstmord, die Selbstblendung Oedipus.

In diese „Szenen" hineingeschoben sind Teile aus Heiner Müllers *Oedipuskommentar*, den Stimmen von irgendwo her, die reflektierend die Ereignisse in der Vorgeschichte des Mythos verkünden, den Kreon übernimmt und der den erst als Blinder zum Sehenden gewordenen Oedipus aus dieser Welt verabschiedet, in der Handeln zur Schuld wird:

„Seht sein Beispiel, der aus blutigen Startlöchern aufbricht. In der Freiheit des Menschen zwischen den Zähnen des Menschen. Auf zu wenigen Füßen, mit Händen zu wenig des Raum greift."

Und in diese „Szenen" hineingeschoben sind auch Teile von Friedrich Nietzsches *Oedipus. Reden des letzten Menschen mit sich selbst. Ein Fragment aus der Geschichte der Nachwelt.* Oedipus „denkt" diese Sätze, nach Kreons Bericht oder nach der Liebesszene mit Jokasta; aber auch Jokasta denkt sie, ehe sie sich erhängt: „Der letzte Seufzer stirbt mit mir."

Nietzsches Idee von Oedipus, der sich selbst vollkommen erkannt hat als den „letzten Menschen", ist für Rihm tragend geworden. Nur erliegt das Werk nie der Versuchung, zur philosophischen Kontemplation zu erstarren. Noch einmal wird an die Vorgeschichte erinnert: in drei Rückblende-„Bildern" – Oedipus und die Sphinx, der Knabe Oedipus, dem die Eltern die Fußsehnen durchnitten, ehe sie ihn aussetzten; Oedipus am „dreifachen Heerweg": unschuldig schuldig erschlägt er seinen Vater. Diese „Bilder" spielen auf einer zweiten Ebene, einer Ebene, die dem Musikalischen gleichgestellt ist.

„Bild" und „Szene" sind wörtlich zu verstehen – nicht im Sinne einer traditionellen Dramaturgie als Akteinteilung im Kleinen. Die „Bilder", in denen retrospektiv und in Zeitlupe die Erinnerungsarbeit des Oedipus Präsenz gewinnt, sind Instrumentalstücke; „keiner hat meinen Gang": Oedipus, das Kind, hinkt durch die Wüste mit einem Schritt, dessen Rhythmus und Gangart – sowohl durch die Orchestermusik als auch durch die in der Bühnenaktion mit den Füßen als Instrument erzeugten Musik – im Laufe des Stückes immer mehr an Bedeutung gewinnt, ebenso der zeitlupenartig vollzogene Mord am dreifachen Heerweg.

Die äußere und innere Handlung stehen sich in sechs Szenen und drei Bildern einerseits und vier Selbstgesprächen und fünf Kommentaren andererseits gegenüber.

Der Bericht Jokastas aber (3. Szene des 3. Aktes bei Sophokles, Beginn des 2. Aktes bei Strawinsky), der Oedipus beruhigen soll, verstärkt die Ahnung von Schuld, die ihn bedrückt. Der Grundriß der Szene wurde auch von Rihm nicht verändert. Von dem dialektischen Prozeß ist in dem fragmentierten Text wenig erhalten geblieben. Die Dialektik, in der die menschliche Substanz der Szene bestand, ist nahezu ausgelöscht.

Einer ähnlichen Reduktion der dialogischen Substanz wurden die Szenen mit dem Boten aus Korinth und dem Hirten unterworfen. Die beiden Alten, von denen Oedipus als Kind gerettet wurde, die also die einzigen Zeugen seiner Herkunft sind, verwickeln sich bei Sophokles in eine Auseinandersetzung, deren tragische Ironie umso schärfer wirkt, als sich das Verhängnis, dessen unbewußte Werkzeuge die beiden sind, unter der Oberfläche eines halb burlesken Auftritts vollzieht. Zwischen dem Hirten, der die wahren Zusammenhänge ahnt, und dem Knecht aus Korinth, der nicht begreift, warum er sich bei einer Botschaft, die er als froh empfindet, stören lassen soll, entspinnt sich eine Intrige, deren Komik das Herz stocken läßt, weil sie eine Komik mit tödlichem Ausgang ist, der dem Publikum längst als unabwendbar bekannt ist. Carl Dahlhaus schreibt über die Hirten- und Botenszenen in der griechischen Tragödie:

„Der Rückgriff auf den ‚niederen Stil‘ wird zum bewegenden Moment der Tragik, deren eigentlicher Ort der ‚hohe Stil‘ ist, und insofern die Stilmischung […] ein Merkmal ‚realistischer‘ Kunst darstellt, ist die Hirten- und Botenszene einer der ‚realistischen‘ Augenblicke der griechischen Tragödie."

Die tragische Ironie der klassischen Vorlage kulminiert – und dieser Peripetie folgt Rihm – im Verhör des Hirten. Die Qual, die Oedipus dem Hirten auferlegt, fügt er sich nun selbst tausendfach zu. Rihm erreicht im *Oedipus* eine in seinem Musiktheater unbekannte Strenge, rituelle Unerbittlichkeit und Geschlossenheit.

Die Verknappung, Fragmentierung der Sophokleischen Tragödie – Heiner Müllers *Oedipuskommentar* besteht an und für sich aus nur 43 Zeilen – setzt eine enorme Musikalisierung bei Rihm in Gang und läßt eine Vielfalt von musikalischen Ereignissen hören, die miteinander kontrastieren und das Spannungsgefüge bilden. Im Großen sind es drei Ausdrucksebenen: Gewalt und Schmerz als Aufschrei, in Klangmassierungen, die vor allem von dem reich bestückten Schlagwerkapparat – von 39 Musikern sind sechs Schlagzeuger – hervorgebracht werden, aber auch vom vierfach besetzten Blech in mehrfachem Forte, bis nahe an die Schmerzgrenze: es zeigt Oedipus' Schicksal von außen, objektiv, quasi als Aufruhr der Elemente, Gewalt, Protest. Zwei Instrumente sind szenisch auf der Bühne: eine große Holzfaßtrommel, auf die Jokasta in rasendem Schmerz einschlägt, und eine große hängende Metallplatte, die Oedipus mehrmals mit seinen Fäusten zu scharfem, ohrenbetäubendem Klang bringt.

Die zweite Ausdrucksebene wird erzeugt durch vornehmlich hohe Holzbläser (Piccoloflöten, Oboen und zweifaches Englischhorn), aber auch durch das dunkle Kontrafagott. Bei der Selbstblendung treten plötzlich zwei Soloviolinen neu in das Ensemble ein – in der Partitur ist notiert, daß die Geiger beim Spielen stehen sollen –, sie erzeugen eine schneidende und grauenerregende Duo-Musik, die Leere, bodenlosen Schmerz und Trauer suggeriert. Hier ist Oedipus' Schicksal gleichsam subjektiv entfaltet, erhält Blindheit: ein musikalisch eindringliches Symbol von klangsinnlicher Armut und Ohnmacht.

Eine scheinbar außermusikalische Ebene ist die dritte: die Momente, in denen die Musik schweigt, ein panisches Verstummen. Jähe Klanglöcher treten auf: Wenn Oedipus und seine Erinnerung, sein Bild als Kind, mit metallenen Schuhen über die Bühne gehend, wenn gesprochener Text hohl über Lautsprecher tönt oder wenn Geräusche oft gefährlich lang die Musik ersetzen. Oder: Während Oedipus nahe an die Erkenntnis seiner Schuld kommt, indem er sich des alten Mannes erinnert, den er bei dem Dreiweg auf der Reise von Korinth nach Theben erschlagen hat, hämmert nur die Pauke auf drei verschiedenen Tonhöhen herum; oder der Augenblick, da

Oedipus die Zusammenhänge erkennt und in lakonischen Formulierungen all seine schuldhaften Verirrungen zusammenfaßt: Nur noch die stockende Wiederholung eines einzelnen Akkordes stellt den Kommentar dar, den das Orchester dazu gibt.

In ihren musikalischen, sprachlichen und dramaturgischen Mitteln der Ballung, der äußerlichen Hintergründigkeit (Tonbandmusiken, unsichtbare Stimmen), der brutalen Härte, den schneidenden Klangfiguren des auskomponierten Entsetzens und der Angst ist die antike Handlung auf den Begriff des Grauens gebracht. Das Lösungswort der Sphinx, „Der Mensch", steht am Anfang der Oper. Ein langer, „ruckartiger" Lachanfall nach der Katastrophe ist das Ende. Dieses Lachen geht über in „fast ein Weinen".

In der Partitur vermerkte Rihm quasi als Nachschrift (7. Mai 1987):

„Heute gelesen: Die Welt zerdacht! Und Raum und Zeiten und was die Menschheit wob und wog, Funktion nur von Unendlichkeiten, die Mythe log." (Gottfried Benn, *Verlorenes Ich,* 1943).

Rihm hat durch radikale Fragmentierung des Hölderlinschen Textes, mit knappen Einschüben des Müllerschen Kommentars und dem reflektierenden Nietzsche-Fragment um die Klage des „letzten Menschen", der sich als erster begriff, eine Werkgestalt geschaffen, die den Text für ihn überhaupt erst komponierbar werden ließ.

Adorno sagt in seiner *Philosophie der neuen Musik:*

„Die Kunstwerke versuchen sich in Rätseln, welche die Welt aufgibt, um den Menschen zu verschlingen. Die Welt ist die Sphinx, der Künstler ihr verblendeter Ödipos und die Kunstwerke von der Art seiner weisen Antwort, welche die Sphinx in den Abgrund stürzt."

Anhang
Heiner Müller
Ödipuskommentar

Lajos war König von Theben. Ihm sagte der Gott aus dem Munde der
Priester, sein Sohn werde gehen über ihn. Lajos, unwillig
Zu bezahlen den Preis der Geburt, die kostet das Leben
Riß von den Brüsten der Mutter das Neue, durchbohrte die Zehen ihm
Sorgsam, daß es nicht über ihn geht, und vernäht sie dreifach
Gab es, daß der auf dem Tisch der Gebirge den Vögeln es auslegt
Einem Diener, *dieses mein Fleisch wird mich nicht überwachsen*
Und verbreitete so den Fuß, der ihn austrat, durch Vorsicht:
Dem geflügelten Hunger das Kind nicht gönnte der Diener
Gab in andere Hände zu retten in ein anderes Land es
Dort das hoch Geborne wuchs auf geschwollenen Füßen
Keiner hat meinen Gang, sein Makel sein Name, auf seinen
Füßen und andern sein Gang ging das Schicksal, aufhaltsam
Jeder Schritt, unaufhaltsam der nächste, ein Schritt ging den andren.
Seht das Gedicht von Ödipus, Lajos Sohn aus Jokaste
Unbekannt mit sich selber, in Theben Tyrann durch Verdienst: er
Löste, weil Fluch vom verkrüppelten Fuß ihm versagt war, das Rätsel
Aufgestellt von der dreimal geborenen Sphinx über Theben
Gab dem Stein zu essen das Menschen essende Dreitier
Und der Mensch war die Lösung. Jahrelang in glücklicher Stadt drauf
Pflügte das Bett, in dem er gepflanzt war, der Glückbringer glücklich,
Länger als Glück ist Zeit, und länger als Unglück: im zehnten
Jahr aus Ungekanntem die Pest fiel über die Stadt her
Solang glücklich. Leiber zerbrach sie und andere Ordnung.
Und im Ring der Beherrschten, das neue Rätsel geschultert
Auf zu großem Fuß stand, umschrien vom Sterben der Stadt, der
Rätsellöser, warf seine Fragen ins Dunkel wie Netze:
Lügt der Bote, sein Ohr zu den Priestern geschickt, Mund der Götter?

Sagt der Blinde die Wahrheit, der mit zehn Fingern auf ihn weist?
Aus dem Dunkel die Netze schnellen zurück, in den Maschen
Auf der eigenen Spur vom eigenen Schritt überholt: er.
Und sein Grund ist sein Gipfel: er hat die Zeit überrundet
In den Zirkel genommen, *ich und kein Ende,* sich selber.
In den Augenhöhlen begräbt er die Welt. Stand ein Baum hier?
Lebt Fleisch außer ihm? Keines, es gibt keine Bäume, mit Stimmen
Redet sein Ohr auf ihn ein, der Boden ist sein Gedanke
Schlamm oder Stein, den sein Fuß denkt, aus den Händen ihm manchmal
Wächst eine Wand, die Welt eine Warze, oder es pflanzt sein
Finger ihn fort im Verkehr mit der Luft, bis er auslöscht das Abbild
Mit der Hand. So lebt er sein Grab und kaut seine Toten.
Seht sein Beispiel, der aus blutigen Startlöchern aufbricht
In der Freiheit des Menschen zwischen den Zähnen des Menschen
Auf zu wenigen Füßen, mit Händen zu wenig den Raum greift.

Friedrich Nietzsche
Oedipus

Rede des letzten Philosophen mit sich selbst.
Ein Fragment aus der Geschichte der Nachwelt.

Den letzten Philosophen nenne ich mich, denn ich bin der letzte
Mensch. Niemand redet mit mir als ich selbst, und meine Stimme
kommt wie die eines Sterbenden zu mir. Mit dir, geliebte Stimme,
mit dir, dem letzten Erinnerungshauch des Menschenglücks, laß
mich nur eine Stunde noch verkehren, durch dich täuschte ich mir
die Einsamkeit hinweg und lüge mich in die Vielfalt und die Liebe
hinein, denn mein Herz sträubt sich zu glauben, daß die Liebe
todt sei, es erträgt den Schauder der einsamsten Einsamkeit
nicht und zwingt mich zu reden, als ob ich Zwei wäre.

Höre ich dich noch, meine Stimme? Du flüsterst, indem du fluchst? Und doch sollte dein Fluch die Eingeweide dieser Welt zu bersten machen! Aber sie lebt noch und schaut mich nur noch glänzender und kälter mit ihren mitleidlosen Sternen an, sie lebt, so dumm und blind wie je vorher, und nur Eines stirbt – der Mensch. – Und doch! Ich höre dich noch, geliebte Stimme! Es stirbt noch Einer außer mir, dem letzten Menschen in diesem Weltall: der letzte Seufzer, d e i n Seufzer, stirbt mit mir das hingezogene Wehe! geseuftzt um mich, der Wehemenschen letzten, Oedipus.

Zeitdualismus in Hans-Jürgen von Boses Ein Brudermord (1990)

Eine grundsätzliche Tendenz besteht bei der Betrachtung des Phänomens „Zeit" in der Aufspaltung der Zeit in zwei verschiedene Kategorien: in die objektive, kontinuierlich dahinfließende Weltzeit und in die subjektive, tatsächlich erlebte Zeit. Dieser Dualismus findet sich in den meisten philosophischen Abhandlungen, zwar in unterschiedlicher Stärke und Ausprägung, aber trotzdem relativ unabhängig von der jeweiligen geschichtlichen Epoche: Ob physikalische oder soziale Zeit (Elias), ursprüngliche oder vulgäre Zeit (Heidegger), quantitative oder qualitative Zeit (Poincaré): der Zeitdualismus als Gegenstand und Ergebnis philosophischer, soziologischer, psychologischer oder physikalischer Betrachtung besitzt gerade im 20. Jahrhundert eine ungebrochene Aktualität.

Vielleicht macht dieser Dualismus als eine Art Aporie der Zeit den besonderen Reiz und Anlaß aus, sich überhaupt mit dem Thema „Zeit" auseinanderzusetzen. Indes läßt sich das Phänomen der Zeit nicht ohne weiteres in ein begriffliches Schema einfügen; sie entzieht sich einer strikten Zuordnung, da sie immer beide Charaktere in sich vereinigt. Und doch ist einer der wichtigsten Gründe für das Fortdauern der Faszination „Zeit" das Fortdauern ihrer begrifflichen Trennung.

Im Unterschied zur Betrachtung der Zeitkonzeptionen in der Philosophie kann es bei einer Untersuchung des Verhältnisses von Musik und Zeit in erster Linie nicht darum gehen, etwa „musikalische Begriffe" der Zeit zu extrahieren. Zumal in der Musik kein bestimmter „Zeitbegriff" zum Vorschein kommt, sondern Musik verwirklicht eine zeitliche Gestalt, „als Ergebnis einer strukturierenden Vorstellungskraft".[1] Die musikalische Konzeption der Dimension der Zeit ist dabei eng an den kulturgeschichtlichen, philosophischen, naturwissenschaftlichen und sozialen Umgang mit der

---

1 Vgl. Andres Briner: *Der Wandel der Musik als Zeit-Kunst*. Wien, Zürich, London 1953, S. 7.

Zeit gebunden; da der Mensch selbst als „zeitliche Instanz" in zweifacher Hinsicht im Zentrum der Musik steht: Einerseits als Komponist, der Musik zeitlich strukturiert, der seine Eigenzeit mit jener des musikalischen Ablaufs äußerlich und objektiv zu synchronisieren gezwungen ist. Andererseits als Rezipient, der durch die Musik in eine andere Seinsweise der Zeit wechselt, nämlich in die eigene Erlebniszeit, der allein damit die Regeln der gemessenen, der objektiven Zeit außer Kraft setzen kann.[2]

Diesem fundamentalen Dualismus liegt die Frage zugrunde, ob die Musik in der Zeit oder die Zeit durch die Musik existiert. Denn der Wahrnehmung der Zeit als abstrakte, äußerliche Wirklichkeit widerspricht nicht selten die Zeiterfahrung beim Hören von Musik. Schon allein die Hypothese, daß die Zeit erst durch die Musik existiert, läßt ahnen, welche Macht der Musik innerhalb der zeitlichen Gestaltung zukommt. Musik kann Zeit erschaffen, sie verlangsamen, beschleunigen und sogar zum Stillstand bringen.[3] Um diese Wirkungsweisen überhaupt benennen zu können, wird die Kontrastebene einer physikalischen „Uhrenzeit" benötigt.

In einem seiner neuesten Projekte, der Oper *Schlachthof 5* (1996), ebenso wie in vielen seiner anderen Kompositionen umkreist Hans-Jürgen von Bose immer wieder das Phänomen der Zeit: So in *Musik für ein Haus voll Zeit* (1977), Variationen für großes Kammerorchester, ebenso wie in den achziger Jahren in seinem *Labyrinth* für großes Orchester, dem *Labyrinth II* für Klavier (1987) und in dem Oboenkonzert ... *other echos inhabit the garden* (1987).[4] Bose zeigt eine besondere Sensibilität in bezug auf zeitliche Strukturen in seinen Kompositionen und skizziert seinen eigenen „zeitlichen" Standpunkt:

„Das Zeitgefühl der traditionellen symphonischen Musik beruht auf einem entwicklungshaften und dualistischen Denken. [...] Mir ist das

---

2 Vgl. Wolf Loekle, Wolfgang Schreiber (Hrsg.): *Musik und Zeit*. Regensburg 1995, S. 7.
3 Vgl. dazu: Eva-Maria Houben: *Die Aufhebung der Zeit*. Stuttgart 1992.
4 Die Thematik des Zeitdualismus in der Musik wird wesentlich vertieft dargestellt in: Sonja Hartmann: *Der Dualismus der Zeit in der Musik des 20. Jahrhunderts* am Beispiel von Peter Ruzickas „Metastrofe" und Hans-Jürgen von Boses „Ein Brudermord". Magisterarbeit, HfM Weimar, 1997.

symphonische-finale Zeitgefühl, der Zeit-Gestus immer fremder geworden. Die Komponisten, die mich in letzter Zeit am meisten beschäftigt haben, Xenakis und Feldman, Ligeti und Birtwistle, und eigentlich immer wieder Strawinsky, haben alle an der Relativierung des Zeitbegriffs gearbeitet, fast an seiner Verräumlichung."[5]
Wenn Bose hier von einer Relativierung und Verräumlichung des Zeitbegriffs spricht, so signalisiert dies eine Kritik an dem objektiven, physikalischen Zeitbegriff[6] und impliziert gleichzeitig, daß die Auseinandersetzung mit dem Dualismus der Zeit in der Musik eine kompositorische Lösung fordert. Anhand seines Oboenkonzertes ... *other echoes inhabit the garden*[7] beschreibt Bose seine (kompositorische) Ausgangssituation:

„der Versuch, die Zeit dergestalt zu verräumlichen, daß die ‚Quadratur des Kreises' gelingt: im Zeitprozeß einen Zustand, sozusagen eine ‚Kugelgestalt der Zeit', einen ‚Zeitkristall', zu komponieren, nicht mit Hilfe von Zitaten, sondern durch eine – noch in künftigen Arbeiten immer wieder als Aufgabe anstehende – Technik einer vielschichtigen Vernetzung musikalischer Strukturen, Gestalten."[8]

Bose weitet jedoch in den darauf folgenden Werken sein Prinzip einer Vernetzung musikalischer Strukturen auch auf Zitatverfahren aus, indem er Zitate überwiegend als Allusionen verwendet. Seine Oper *Schlachthof 5*[9] bildet in dieser Hinsicht den vorläufigen Höhepunkt.

---

5 Aus einem Interview mit Siegfried Schibli, in: *NZ* 149. 1988. 7/8, S. 35.
6 In diesem Zusammenhang ist es wichtig, den Begriff der „Verräumlichung" der Zeit in der Musik von dem Zeitbegriff Bergsons zu unterscheiden. Die „Verräumlichung" der Zeit ist in der Musik gleichbedeutend mit der Betonung des Simultanen und damit der subjektiven, inneren Zeit. Der Zeitbegriff Bergsons „temps l'espace" bezeichnet dagegen die physikalische, lineare Zeit, die anhand von räumlichen Beziehungen beschrieben werden kann!
7 Der Titel der Komposition geht zurück auf eine Textzeile aus T. S. Eliots *Four Quartets*, deren Hauptthema die Metamorphosen des Zeitlichen sind.
8 Vgl. Programmheft *Tage für Neue Musik*, Stuttgart 10. November bis 1. November 1987, *Bernd-Alois Zimmermann*, Hans-Peter Jahn (Red.), S. 30.
9 Untertitel der Oper: „Ein wenig in der telegraphisch-schizophrenen Art über den Bombenangriff auf Dresden, über mehr oder weniger angenehme Geschichten aus den Staaten und über den Planeten Trafamadore, von wo die fliegenden Untertassen herkommen. Friede."

Dagegen werden in Hans-Jürgen von Boses *Ein Brudermord* (1990)[10] nach einer Erzählung von Franz Kafka zwar keine direkten Zitate verwendet, doch es werden zumindest teilweise verschiedene Zitat-Allusionen als „Gesten" zu einem komplexen musikalischen Netz zusammengefügt. Die Komposition ist für Baß-Bariton, Akkordeon, Violoncello und Tonband konzipiert, wobei die Verwendung eines Akkordeons die absurde, groteske und auch komische Situation des *Brudermordes* schon allein klanglich in einer idealen Weise entspricht. Erweitert wird dieses kammermusikalische Ensemble durch ein Tonband, das von diesen drei Musikern vorproduziert wird. In beiden Wirklichkeitsebenen – live und Tonband – werden der Akkordeonist und der Violoncellist als Sänger und Mitkommentatoren eingesetzt. Die Schwierigkeiten, die sich bei einer Kombination von Tonbandaufnahme und der Live-Ebene ergeben, stellen hohe Anforderungen an die einzelnen Musiker, denn die Koordination der Live-Ebene mit dem Tonband verlangt exakte zeitliche Koordination bei der Aufführung.

Entsprechend der Aufteilung der Komposition in Live- und Tonbandebene geht Bose mit dem zeitlichen Verlauf seines „Librettos" ebenfalls auf sehr differenzierte Weise um. Die Erzählung Kafkas wird in ihrer zeitlichen Struktur aufgebrochen und umgeworfen, so daß sich nicht nur andere zeitliche Bezüge einstellen, sondern sich auch die Perspektive innerhalb der Erzählung ändert und gleichfalls zwei Zeit-Ebenen exponiert werden.

Bereits Kafkas Text besitzt eine vielschichtige Struktur, die dem kompositorischen Vorhaben Boses durchaus entgegenkommt. Dabei ist die Handlung von *Ein Brudermord* schnell erzählt: Wese, das Opfer, wird von Schmar, dem Mörder, mit einem Messer auf offener Straße erstochen. Dieser Vor-

10 Hans-Jürgen von Boses *Ein Brudermord* wurde am 8.11.1991 uraufgeführt. Verschiedene Faktoren spielten bei der Entstehung des Werkes eine Rolle: die Vorliebe Boses für die Literatur Franz Kafkas, die Anregung des Akkordeonisten Hugo Noth und die Vergabe eines Auftragswerks des Süddeutschen Rundfunk Stuttgarts (SDR). Kafka zählt zu den „Lieblingsautoren" Boses, doch erst die Anfrage Hugo Noths, ein Werk für Akkordeon zu komponieren, und Boses gleichzeitige Lektüre der *Landarzt*-Erzählungen gaben die entscheidenden Impulse für die Vertonung eines Kafka-Textes. Boses Haltung gegenüber dem Akkordeon war anfangs zwar eher skeptisch, doch die Verbindung mit der spezifischen Atmosphäre in den Erzählungen Kafkas und insbesondere mit derjenigen des Brudermordes schien gerade für dieses Instrument die adäquate Umgebung zu sein.

fall wird von Pallas beobachtet, doch anstatt den Versuch zu unternehmen, das Opfer Wese zu warnen, entzieht sich Pallas dieser Verpflichtung, schweigt und schaut der Mordtat interessiert zu.

Trotz dieser einfachen Handlung ist *Ein Brudermord* eine der schwierigsten und komplexesten Erzählungen der *Landarzt*-Sammlung. Sie ist in einem eigentümlichen Stil geschrieben, einer Mischung aus nüchternem Tatsachenbericht, Sensationsjournalismus, durchsetzt mit Elementen der klassischen Tragödie. Dadurch wirkt die Erzählung schon rein formal als eine Kombination völlig heterogener Elemente.[11]

Die Erzählperspektive in Kafkas *Ein Brudermord* ist vollständig aufgebrochen, es läßt sich keine einheitliche Position des Erzählers festmachen. Von allen Charakteren in der Erzählung besitzt Pallas eine Position, die der eines Erzählers am nächsten kommt. Doch in moralischer Hinsicht klaffen diese Positionen weit auseinander, denn Pallas ist auch die einzige Person, deren Verhalten der Erzähler durchgehend mißbilligt, und sie ist auch der Anlaß zum einzigen direkten Kommentar des Erzählers in *Ein Brudermord:*

„Warum duldete das alles der Private Pallas, der in der Nähe aus seinem Fenster im zweiten Stockwerk alles beobachtete. Ergründe die Menschennatur!"

Kafkas Umgang mit der grammatischen Zeitstruktur in der Erzählung *Ein Brudermord* ist von einem zeitlichen Dualismus geprägt: Die zeitliche Sequenz der Tatsachen basiert auf der linearen objektiven Zeit, da die Geschehnisse durchaus logisch-stringent angeordnet sind. Dagegen findet sich ein zeitlicher (und räumlicher) Bruch in der Erzählzeit, d. h. in dem vom Erzähler verwendeten Tempus der Geschichte. So beginnt die Erzählung im Tempus der Vergangenheit im Stil eines Berichtes über ein Ereignis, welches schon längst geschehen ist. Doch als Wese erstmals erwähnt wird, wechselt der Erzähler ins Präsens: „Endlich ertönt die Türglocke vor Weses Bureau [...]." Diese zeitliche Verschiebung geht mit einem Umschlag der

---

11 Vgl. Helmut Richter: *Franz Kafka*. Berlin 1962, S. 151. Vgl. Gregor B. Triffitt: *Kafka's „Landarzt" Collection*. New York, Frankfurt, Bern 1984.

„räumlichen Verhältnisse" einher, d. h. es findet eine Veränderung der Perspektive statt. Die Distanz des „Polizeiberichtes" weicht der Nähe des unmittelbar bevorstehenden Ereignisses.

Die Trennung der Erzählzeit in Vergangenheit und Gegenwart wird von Kafka nicht kontinuierlich beibehalten, da beispielsweise im Präsens aus einer Perspektive berichtet wird, die einerseits die nähere Zukunft mit einer Gewißheit schildert, welche sich eigentlich nur als Rückblick rechtfertigen ließe:

> „An und für sich sehr vernünftig, daß Wese weitergeht, aber er geht in das Messer des Schmar."

Das Groteske und Absurde von Kafkas Erzählung *Ein Brudermord* zeigt sich somit auch in der Irritation der objektiven, linearen Zeit, indem ein ständiges Oszillieren zwischen den Erzählzeiten und den Erzählperspektiven stattfindet.

Die Pointe der Erzählung bildet sich vor allem in der Absurdität eines völlig sinnlosen Mordes ab. Das Ergebnis der Suche nach einer adäquaten musikalischen Struktur führt Bose zu der kompositorischen Technik des Kontrastes, wobei dieses Kontrastprinzip in verschiedener Hinsicht wirksam wird: Der Text wird neu zusammengesetzt, indem er auf zwei konträre Zeitschichten und Wirklichkeitsebenen verteilt wird. So wird vom Tonband aus die nahezu vollständige Geschichte als eine bereits geschehene berichtet, während der Sänger auf dem Podium verschiedene Fragmente der Erzählung Kafkas verwendet, um eine Art Vision, eine Vorstellung der zukünftigen Tat zu suggerieren.

Die Aufteilung des Textes in die Zeit des Tonbandes und in die der Live-Ebene entspricht dem zeitlichen Dualismus einer historischen Zeit und einer mythischen Zeit, wobei Bose der mythischen, nicht linear verlaufenden Zeit die Priorität einräumt, da sie für ihn die eigentlich reale Zeitebene darstellt.

Eine Art „Metaebene" entsteht bei der Kombination der beiden Textschichten in der konkreten Aufführung, wenn sich die Textstellen wechselseitig ergänzen und dadurch teilweise eine eigenwillige Komik erzeugen. Dieser übergeordnete Bedeutungsgehalt der Textmontage kann vom Hörer nur auf der Wahrnehmungsbasis einer physikalischen Uhrenzeit bemerkt werden, einzig so können die auf verschiedene Wirklichkeitsebenen verteilten Textabschnitte in einem Zusammenhang erscheinen, der ausschließlich durch eine Fixierung auf die sukzessive Anordnung der Text-Fragmente erzeugt wird.

Die Textmontage Boses orientiert sich an der Idee, „einen quasi ‚mythischen' Zeit-Raum zu konstituieren, und trotzdem – eine Quadratur des Kreises – die Geschichte als solche spannend und verständlich, also linear, kausal und final zu erzählen. Die mythische Zeit definiert sich ja vor allem aus dem A-Kausalen, Zyklischen und Nicht-Finalen (weshalb das mythische Lebensgefühl auch als ein nicht Tragisches gilt, da es keinem individuell endgültigen Ende zustrebt)."[12]

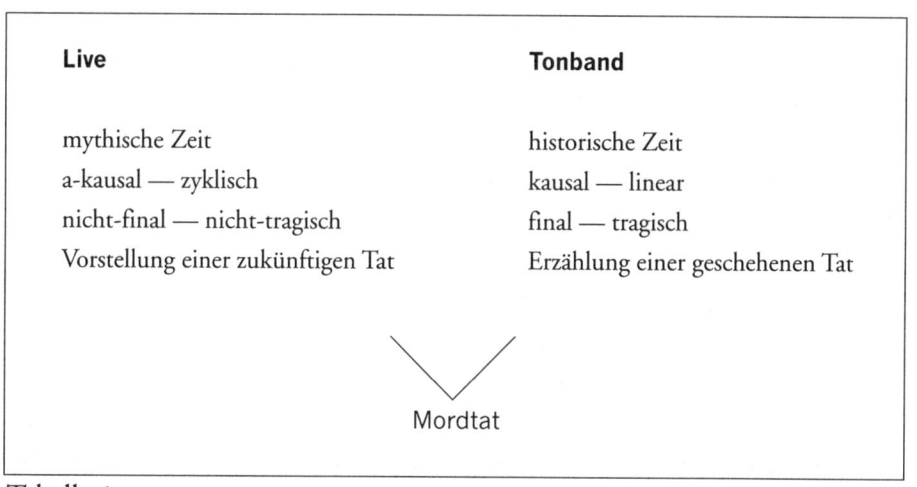

Live	**Tonband**
mythische Zeit	historische Zeit
a-kausal — zyklisch	kausal — linear
nicht-final — nicht-tragisch	final — tragisch
Vorstellung einer zukünftigen Tat	Erzählung einer geschehenen Tat

Mordtat

Tabelle 1

Das Verhältnis der zwei Textschichten läßt sich mit der Schnitt-Technik eines Filmes vergleichen, in dem Rückblenden oder visionäre Traumsequenzen in den chronologischen Handlungsverlauf eingefügt werden. Boses Komposition des Textes zielt darauf ab, „eine durchhörbare, notations-

---

12 Vgl. Hans-Jürgen von Bose: *Auf meinem Schreibtisch*. In: Musica 1990, S. 412.

mäßig nicht überkomplizierte und dramaturgisch auch noch funktionierende Montage-Technik zu schaffen, und zum dritten, damit nun auch noch im guten Sinne zu unterhalten [...]."[13]

Dem Text wird durch die Vertonung Boses ein „Netz" übergeworfen, welches die Funktion erhält, auf komplexe Weise Zusammenhänge herzustellen. Dabei wird auch unabhängig von der Textmontage eine ganz spezifische „Musikzeitlichkeit" geschaffen.

Diese „Musikzeitlichkeit" ist im *Brudermord* vor allem durch die Vernetzung von musikalischen Kontrasten geprägt. Grundlegend für die gedankliche Basis dieses kompositorischen Prinzips sind für Bose vor allem die musikphänomenologischen Untersuchungen von Peter Faltin.[14] Faltin stellt darin ein Modell vor, an welchem die Wahrnehmung des musikalischen Materials und der musikalischen Syntax gemessen wird. Dieses Modell bezieht sich somit auf die wechselseitige Wirkung von Form und Inhalt in der Musik. Musikalische Form wird dabei definiert als „in der Dimension der Zeit ästhetisch sinnvoll gestaltetes Klangmaterial".[15]

Die Zeit ist in dieser Hinsicht keine leere Hülle, in der das Material verteilt wird, sondern die substantielle Kategorie, mittels derer das Material erst zur Musik wird. Zugleich wird die Zeit durch ihre Strukturierung durch das Material überhaupt wahrnehmbar.

Faltin sieht den musikalischen Dualismus der Zeit (Musik in der Zeit oder Zeit in der Musik) aufgehoben, wenn er Musik und Zeit als ein Verhältnis betrachtet, in welchem das Klangmaterial die Zeit aktiviert, aber selbst zugleich durch die Zeit gestaltet wird. Nur das ungestaltete (physikalische) Klangmaterial befindet sich für Faltin innerhalb des homogenen Zeitablaufes. Die Musik als gestaltetes Klangmaterial kann nur in Verbindung mit der erlebten, subjektiven Zeit existieren, „denn sie spielt sich nicht in einer passiv dahinfließenden Zeit ab, sondern entsteht als Ergebnis einer gestör-

---

13 Hans-Jürgen von Bose: *Auf meinem Schreibtisch*. In: Musica 1990, S. 412.
14 Peter Faltin: *Phänomenologie der musikalischen Form. Eine experimentalpsychologische Untersuchung zur Wahrnehmung des musikalischen Materials und der musikalischen Syntax*. Wiesbaden 1979.
15 Faltin, S. 1.

ten Gleichmäßigkeit der an sich gestaltlosen Zeit; sie ist – um mit Schelling zu sprechen – nicht in der Zeit, sondern ‚hat sie in sich selbst'".[16]
Das dialektische Verhältnis von Musik und Zeit kommt in den Beziehungen zwischen den materialen Elementen zum Ausdruck. Sie sind nicht auf das Material, aus dem sie gebildet werden, reduzierbar, sondern gelten als ein geistiges Phänomen. Das Gestalten einer Komposition bedeutet in diesem Sinne, daß Beziehungen gebildet werden, aber auch, unvermeidbar in Beziehung sein, wobei eine Beziehung für das wahrgenommene Material nicht akzidentiell, sondern essentiell ist. Es gibt deshalb kein in der Zeit wahrgenommenes Material, welches keine Zusammenhänge bildet.

Die musikalische Form ist in dieser Hinsicht kein starres Gerüst, welches mit Material aufgefüllt wird, vielmehr ist sie eine komplexe Vernetzung sämtlicher musikalischer Beziehungen.[17] Das bedeutet auch, daß nicht nur das Material selbst geformt wird, sondern vor allem die Beziehungen, die durch das Material gebildet werden. Solche vielschichtigen Material-Beziehungen ermöglichen es dem Komponisten, unendlich viele Kombinationen zu bilden, welche nicht in die überaus begrenzte Anzahl konstruierter Formschemata hineinpassen. Die Diskrepanz zwischen der Fülle an musikalischen Formmöglichkeiten und den „begrifflichen" Formschemata sieht Faltin als Beleg dafür an, daß musikalische Form sich nur unzureichend mittels vorgefertigter Formkriterien fassen und beschreiben läßt; die musikalische Form ist für ihn ein System von Mikro- und Makrobeziehungen, die mit jeder konkreten Komposition immer wieder neu entstehen.
Faltin entwickelt ein eigenes System, um die Elemente der Struktur und die musikalischen Beziehungen zu beschreiben. Dieses Instrumentarium umfaßt dabei die Kategorien der Syntax, definiert als das Ergebnis des In-Beziehung-Setzens der Elemente, die als Erwartungsmuster bzw. Anschauungsformen des Bewußtseins zur Verfügung stehen und dadurch ermöglichen, Elemente in ihren Beziehungen aufzufassen und ihnen einen

16 Faltin, S. 2.
17 Faltin verwendet zur Veranschaulichung einen Vergleich mit einem „Spinnennetz", S. 5.

Sinn zuzuordnen. Der sinngebende Prozeß der Musik beruht somit auf einer permanenten Interaktion zwischen syntaktischen Kategorien und der Eigenart des Materials.

Die Syntax und die Parameter des Materials werden von Faltin in einen zweifaktoriellen Versuchsplan[18] eingebunden, der ein hypothetisches Modell als Grundlage seiner experimentalpsychologischen Untersuchungen darstellen soll.[19]

		Fünf Stufen der Variablen SYNTAX				
		IDEN-TITÄT (1)	ÄHNLICH-KEIT (2)	KON-TRAST (3)	UNÄHN-LICHKEIT (4)	VER-SCHIE-DENHEIT (5)
Vier Parameter der Variablen MATERIAL	MELODIK (A)	A_1	A_2	A_3	A_4	A_5
	HARMONIK (B)	B_1	B_2	B_3	B_4	B_5
	RHYTHMUS (C)	C_1	C_2	C_3	C_4	C_5
	KLANG (D)	D_1	D_2	D_3	D_4	D_5

Der zweifaktorielle Versuchsplan

Tabelle 2

Eine Kombination von verschiedenen Veränderungen eines jeden Parameters eröffnet dem Komponisten eine unendliche Anzahl von musikalischen Ausdrucksmöglichkeiten.

---

18 Faltin, S. 18.
19 Dabei werden den möglichen „Ergebnissen" in der Tabelle einzelne Werte zugewiesen.

Musikalische Vernetzung als Strukturprinzip in Ein Brudermord

Boses *Ein Brudermord* stellt die Sinnlosigkeit und völlige Absurdität, die in der Erzählung Kafkas zum Ausdruck kommt, kompositorisch durch ein variables Kontrastprinzip dar, „das ganz im Sinne des Kreuzworträtsels sowohl simultan als auch sukzessiv funktioniert."[20] Dieses Prinzip wirkt ebenso auf die formale Gestaltung der Gesamtanlage als auch auf die Binnenstruktur des Werkes. So wird der Kontrast auf formaler, makrozeitlicher Ebene schon allein durch die Teilung der Komposition in zwei Zeitschichten (Tonband- und Live-Ebene), die der Trennung der Zeitebenen des Textes entspricht, verwirklicht. Das musikalische Material unterliegt dieser Aufteilung nicht, sondern verbindet diese zwei Ebenen, indem verschiedene musikalische „Signale" und „Szenen" auf der Tonband- und Live-Ebene erscheinen. Damit wird trotz der Aneinanderreihung einzelner heterogener Materialabschnitte ein Zusammenhang hergestellt, der die Komposition formal als einheitliches Ganzes wirken läßt.

Bose vermeidet eine linear-musikalische Entwicklung, die auf einer äußeren, final gedachten Zeit basiert. Im Sinne Faltins versucht Bose im *Brudermord*, Form als ein erst entstehendes komplexes System von Mikro- und Makrobeziehungen kompositorisch umzusetzen. So besteht der erste „Takt" aus einer Generalpause, die Bose in der Partitur überschreibt: „Erstarrung – Pose. Evt. noch im Dunkeln. Mit Einsatz der Musik: Licht an, Bewegung"; auch der letzte Takt ist als Generalpause notiert: „Wie abgerissen. Allgemeine Erstarrung. Blackout." Diese Pausen sind nicht Teil einer beginnenden oder endenden Entwicklung, sondern werden abrupt zum musikalischen Geschehen gesetzt.

Es findet im *Brudermord* kein „äußerer" formaler Prozeß der Komposition statt, der als festgefügtes Formmodell faßbar wäre. Boses kompositorische Technik entspricht einer „vielschichtigen Vernetzung musikalischer Strukturen", die er als Möglichkeit versteht, die traditionelle Entwicklungsmusik aufzuheben. Dabei geht es ihm vor allem um „eine Kritik des musikali-

---

20 Vgl. Bose, in: *Musica* 1990, S. 412.

schen Zeitbegriffs, um die Formulierung eines Widerspruchs, nämlich den des ‚Zustands in der Zeit', sozusagen um eine Vertikalisierung des musikzeitlichen Raumes."[21] Dabei fungiert die „Parataxe" für Bose als eines der wichtigsten konstruktiven Mittel zeitgenössischer Musik: „Gestalten wird so juxtaponiert, daß auf der Makroebene, also auf der formalen, durch ständig in neue Konstellationen gestellte Kontrastwirkungen immer wieder eine scheinbare Entwicklung stattfindet, aber ohne Finalität, ohne an einen wirklich anderen Ort zu führen." Diesem kompositorischen Prinzip ist ein Widerspruch immanent, der überwiegend auf der dualistischen Struktur der Zeit basiert und von Bose im *Brudermord* bewußt aufgegriffen wird. Er betont einerseits die Aufhebung von linearer Entwicklung, andererseits besteht aber der Anspruch, eine Komposition zu schaffen, die durchaus als geschlossenes Werk bezeichnet werden kann und nicht eine bloße Aneinanderreihung von beliebigen Abschnitten darstellt. Um diesen Anspruch zu verwirklichen, müssen kompositorische Zusammenhänge nicht durch linear-motivische Prozesse gestaltet werden, sondern durch andere musikalische Bezüge:

Bose realisiert diese Zusammenhänge im *Brudermord*, indem er sein musikalisches Netz aus einer gegebenen Anzahl musikalischer Elemente, d. h. aus bestimmten „Signalen" oder „Szenen" immer wieder neu miteinander kombiniert und damit ein kontextuell wechselndes Netzwerk von Bezügen herstellt.

Ein solch prägnantes musikalisches Element, das auch durch verschiedene Varianten eine gliedernde Funktion auf der chronologischen Ebene des Tonbandes ausübt, bildet die atmosphärisch sehr dicht komponierte Textzeile „Wo alles friert, glüht Schmar".

---

21 Zimmermann-Programmheft Stuttgart 1987, S. 30.

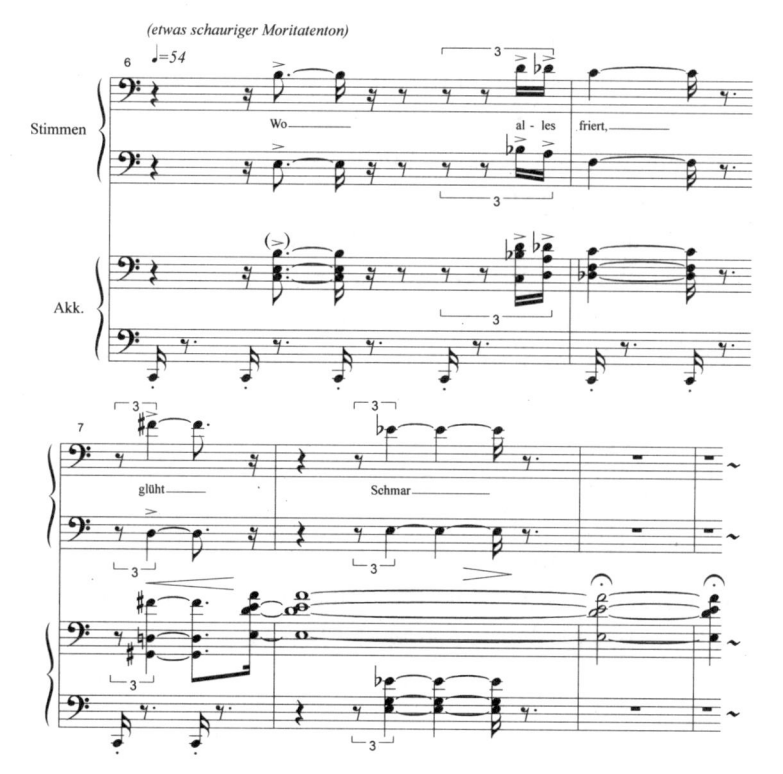

Notenbeispiel 1

Sie erscheint dreimal jeweils abwechselnd (Ziffer 6 – 19 – 37) im Tonband oder live in der Komposition.
Diese Textzeile markiert aufgrund ihres fehlenden unmittelbaren Textzusammenhanges einen Einschnitt; sie wirkt als Fremdkörper und ist weder auf der Tonband-, noch auf der Live-Ebene in den Fortgang der Geschichte eingegliedert, sondern unterbricht den chronologisch linearen Erzählvorgang (Tonband).

Der markante Textabschnitt wird von Bose in der Partitur als ein „schauriger Moritatenton" charakterisiert, der durch ein rhythmisch-statisches Rezitieren des Chores auf der Basis eines dissonanten Akkordeon-Mehrklages

erzeugt wird.[22] Die zäsurhaften Einwürfe erscheinen in drei verschiedenen Varianten: allen dreien ist jedoch der Akkordeon-Akkord gemeinsam, der sich aus zwei Quintschichtungen mit hinzugefügter Sekunde zusammensetzt und ausschließlich auf der Live-Ebene intoniert wird.
Dieser Akkord verändert jedoch seine Position gegenüber dem Chor und tritt auch unabhängig von der Textzeile „Wo alles friert, glüht Schmar" an verschiedenen Stellen des Werkes auf, so in Z. 11 „Kalte, jeden durchschauernde Nachtluft" (live) und in Z. 12 [8] „Er fühlte keine Kälte" (Tb), Z. 24 [4]. Die Verselbständigung dieses Akkordes führt zu verschiedenen Varianten. Durch das wiederholte Erklingen des Akkordes auf der Live- und der Tonband-Ebene wird eine unterschwellig wirkende Klanglichkeit des Werkes hergestellt, die eine einheitsstiftende und verbindende Funktion hat.
Eine ganz ähnliche Aufgabe besitzen auch die Tonband-„Impulse", welche die ganze Komposition durchziehen. Sie haben vor allem illustrative Bedeutung, d. h. sie beschreiben einen szenischen Vorgang durch tonmalerische Gesten. Bose bezeichnet sie hinsichtlich dieser Funktion in der Partitur sehr detailliert:

Z. 4   „wie das sich nähernde Pfeifen eines Messers in der Luft",
Z. 10 „wie Spazierstockgeräusch in nächtlicher Gasse – hier aber fast kein Hall",
Z. 14 „wie schwere, verhallende Schläge an ein Eisentor",
Z. 15 „Messergeräusch + Geräusch sich nähernder Schritte",
Z. 29 „wie eine immer lauter und voluminöser klingende Türglocke",
Z. 33 „trockenes Uhrenticken, etwas überdimensional", usw.

Die rhythmischen Impulse sind vorwiegend an das chronologisch ablaufende Geschehen des Tonbandes gebunden und untermalen durch Geräusche die jeweilige Aktion, die durch den Kafka-Text beschrieben wird.
Die wichtigste Aufgabe der Impulse besteht jedoch darin, die Koordination von Tonband- und Live-Ebene sicherzustellen, denn Aufführungsproble-

---

22 In Kafkas Erzählung markiert dieser Textabschnitt die Mitte der Erzählung und besitzt dadurch eine gliedernde Funktion.

matik des *Brudermordes* liegt zum größten Teil – abgesehen von den hohen technischen Anforderungen an die Musiker – in der synchronen Wiedergabe der Tempi. Die Tonband- und die Live-Ebene müssen genau aufeinander abgestimmt sein, damit eine Realisierung der exakt vorgezeichneten und ständig wechselnden Tempi gelingt. Die Geräuschimpulse geben den Musikern der Live-Ebene die jeweiligen Tempi an und übernehmen so die Funktion des „Vorzählens". Die Impulse sind die Verbindungsglieder der beiden Ebenen, obgleich natürlich die Schwierigkeit der Koordination nur reduziert und nicht getilgt ist.

Ein weiteres einheitsstiftendes und in gewisser Weise auch szenisch-illustratives Element, welches in Boses Sprachvertonung durchgängig erscheint, ist die fast barock anmutende Ausdeutung einzelner Wörter.

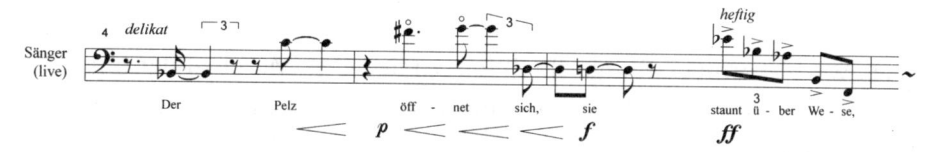

Notenbeispiel 2

Dabei wird mit musikalischen Mitteln der Bedeutungsgehalt des jeweiligen Wortes dargestellt. In einer ganz besonderen Weise kommt die musikalisch-figurative Ausdeutung von einzelnen Wörtern im „Chor" vor, der von dem Akkordeonisten und Cellisten gebildet wird.

Die Funktion des Chores besteht vor allem in der Untermalung des gesungenen Textes. Der Chor greift auch ergänzend ein oder kommentiert das Geschehen. Die Kommentare des Chores verschränken die Tonband- und die Live-Ebene, wenn zum Beispiel der Live-Chor die Szene des Tonbands deutet. Innerhalb dieser wechselseitigen Textmontage kommt die bereits angesprochene „Metaebene" zum Vorschein.

Der Chor wird von Bose ebenso als ein komisch-absurdes Element in die Komposition eingebracht. Die Komik kann sich auf die inhaltliche Kom-

bination der Textfragmente beziehen, aber auch der Chor selbst wirkt in gewisser Hinsicht komisch, da die „Gesangs"-Partien von Instrumentalisten und nicht von Sängern übernommen werden.
Ein weiteres Element der kompositorischen Vernetzung besteht in der prägnanten musikalischen Charakterisierung einzelner Namen durch bestimmte Phrasen, die mehrmals an verschiedenen Stellen der Komposition als Signale auftreten. So erscheint zum Beispiel die musikalische Formel „Wese" (Z. 14/44/46) und „Julia" (Z. 15/27) jeweils dreimal.

Notenbeispiel 3

Die „Wese"-Formel stellt gleichfalls ein zusätzliches Merkmal der musikalischen Vernetzung dar: die Zitat-Allusion durch verschiedene musikalische Gesten. Die „Wese"-Formel wird in traditioneller Opernmanier komponiert, während vor allem die Erzähler-Partien meist in „hyperexpressiver" Pseudo-Dodekaphonie erklingen (Z. 0, 4, usw.). Die Anklänge an musikalische Gesten unterschiedlicher Herkunft werden nebeneinandergestellt und betonen die Heterogenität des musikalischen Materials: Ein hämischer „Kinderabzählreim" (Z. 44) befindet sich zwischen einer homophon gesetzten „neutönerischen" Phrase (Z. 43) und dem opernhaften „Wese"-Abschnitt.
Der ganze *Brudermord* ist durchsetzt mit solch kontrastierenden Teilstücken, die in einigen Fällen mit einer Schnelligkeit wechseln, die Filmschnitt-Techniken gleichen. Dabei geht es Bose primär um die zeitliche Wirkung dieser „Filmschnitte", die durch einen raschen Wechsel der Perspektiven eine annähernd zeitliche Simultanität in der Sukzession erzeugen können.

Der Kontrast zwischen den einzelnen musikalischen Abschnitten ist nicht nur äußerlich durch verschiedene Zitat-Allusionen wirksam, sondern erstreckt sich bis in subtil parametrische Ebenen der Komposition hinein. Der Anfang der Komposition (Z. 0–1) mag als Beispiel für eine analytische Darstellung dieser kompositorischen Struktur dienen: Die erste Textphrase „Pallas, alles Gift durcheinanderwürgend in seinem Leib," wird von Bose im Stile expressiver Zwölftonmusik komponiert.

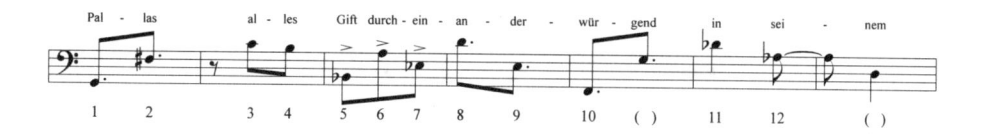

Notenbeispiel 4

Im Vordergrund steht die weite Intervallik, der große Ambitus und eine (fast) zwölftönige Reihe, die für Bose allerdings kein wesentlich konstruktives Mittel der Komposition ist, sondern vielmehr die technische Basis eines bestimmten musikalischen Gestus darstellt. So ist auch schon in der Violoncello-Partie, deren melodisch-rhythmisches Gefüge mit der Singstimme gekoppelt ist, die Zwölftönigkeit abgemildert.
In die kontrapunktischen Linien von Bariton und Violoncello sind die vollgriffigen, sämtliche Töne umfassenden Mehrklänge des Akkordeons eingefügt, die den Satz klanglich dominieren und die rhythmische Formation von Sänger und Streichinstrument aufbrechen.
Alle drei Partien sind rhythmisch ineinander verzahnt, äußerst komplex und variabel gestaltet; im Sinne einer polyrhythmischen Schichtstruktur verlaufen die Stimmen kontrastierend zueinander: der triolischen Teilung des „Taktes" (quasi 3/8-Takt) im Bariton wird grundsätzlich eine gerade Teilung im Violoncello entgegengesetzt und umgekehrt, die rhythmischen Strukturen sind dabei konsequent wechselseitig verschoben.

Notenbeispiel 5

Das rhythmische Gefüge des Akkordeons ist zu diesen beiden Stimmen völlig konträr gesetzt, und falls sich überhaupt ein wahrnehmbares „Takt"-Schema formieren konnte, so wird es durch die Akkordeonstimme gänzlich verwischt.
Diesem Abschnitt (Z. 0) folgt mit der Vertonung der zweiten Texthälfte „steht in seiner zweiflügelig aufspringenden Haustür" ein kontrastierender Teil: Die großräumige, expressive Intervallik weicht Repetitionen im Umfang einer Quinte; die differenzierte rhythmische Teilung macht einem einfachen rhythmischen Modell Platz. Der Wechsel von einem ungeraden zu einem geraden „Takt" und damit zu einem anderen Tempo wird von Bose mittels eines Übergangtaktes (erster Takt Z. 1: quasi 3/4-Takt) äußerst „elegant" gestaltet. Dieser variable Umgang mit „Taktarten" und Tempi, die zwar untereinander kontrastieren, aber doch flexibel ineinander verzahnt simultan und sukzessiv miteinander verbunden werden, ist kennzeichnend für den *Brudermord*.
Im weiteren Verlauf findet eine Veränderung in der Stimmkopplung statt: die Singstimme ist ab Z. 1 mit dem Akkordeon homophon gesetzt, wäh-

rend die Einsätze des Violoncello als rhythmische Nachschläge marschähnlich konzipiert sind. Ebenso wird die vertikale und horizontale „Zwölftönigkeit" in eine überschaubare Akkordstruktur verwandelt.

Dasselbe Prinzip der Vernetzung von kontrastierenden musikalischen Elementen wird von Bose auch bei der Verschränkung von Tonband- und Live-Ebene angewandt. So zum Beispiel in Z. 7, wenn beide miteinander verflochten werden und gleichzeitig innerhalb des Tonbandes die erste mit der zweiten Spur gekoppelt wird. Auch diese „Szene" funktioniert simultan und sukzessiv, indem die einzelnen Stimmen ihre rhythmischen, melodischen und klanglichen Eigenheiten bewahren können, aber durchaus in einer musikalisch sinnfälligen Synchronität verlaufen:
Eingeleitet wird die „Szene" (Z. 7) durch die Impulse des Tonband-Violoncellos der ersten Spur, denn die akzentuierten (vierteltönigen) Töne geben das Tempo (= 108) des Live-Einsatzes einen Takt vor Z. 7 an. Die klangliche Basis der Live-Ebene wird durch den bereits erwähnten Akkordeon-Mehrklang erzeugt; die Gesangspartie („Kalte, jeden durchschauernde Nachtluft") besteht aus einem mit Pausen durchsetzten Sprechgesang, der von einer weiträumigen Intervallik und einer besonderen rhythmischen Feingliedrigkeit geprägt ist. Das Live-Cello „begleitet" den Sänger mit dynamisch differenzierten Viertelton-Tremoli, die annäherungsweise der Phrasierung der Singstimme entsprechen.
In Z. 7 wird dieser Live-Ebene die Tonbandschicht (Spur 2) hinzugefügt, die nach einem völlig anderen musikalischen Prinzip gestaltet ist: Die Textzeile „Warum duldete das alles der Private Pallas" wird als dreistimmiger Chor gesetzt, der vom Akkordeon unterstützt wird. Die zentrale Frage nach dem Sinn des Mordes und des unmenschlichen Verhaltens von Pallas erscheint mehrmals in der Komposition, so zum Beispiel auch in der Live-Ebene in Z. 3. Sie wird in einem einfachen 2/4 Takt rhythmisch konträr zur Live-Ebene (3/4-Takt) gebracht, von der sie sich ebenso melodisch und klanglich absetzt. Die Koppelung der beiden rhythmischen Schichten ist raffiniert angelegt, so stellt der Taktstrich zwar optisch den synchronen

Fortgang her, doch beide Ebenen verlaufen weitgehend unabhängig voneinander, da das Tempo des 3/4-Taktes um ein Drittel gegenüber dem 2/4 Takt des Tonbandes erhöht ist. Die einfache rhythmische Struktur der Tonband-Ebene wird nur durch die Triolen des Akkordeons aufgebrochen. Die Melodik beschränkt sich im Chor auf Sekundgänge, deren Gesamtambitus lediglich eine Quarte umfaßt, während das Akkordeon mit marschähnlich angeordneten Akkorden die Begleitung bildet und mit der Live-Ebene kontrastiert.

Die Verschränkung der ersten Tonbandspur mit der zweiten findet auf der letzten Silbe von „Pal-las" statt. Das Tempo wird auch in der zweiten Spur beibehalten, es ändert sich jedoch der Disposition des Tonsatzes: Die Textzeile „Es ist erwiesen, daß der Mord auf folgende Weise erfolgte" wird im Gestus des Psalmodierens („tonus rectus") vertont. Die Neutralität eines distanzierten Erzählers kommt durch die Tonrepetitionen *(g – as – d)* zum Ausdruck, in deren Verlauf das im Tonband so präsente Taktschema (2/4) gänzlich verlassen wird. In rhythmischer Hinsicht weitgehend mit dem Bariton identisch verläuft das Violoncello melodisch völlig gegensätzlich zur Singstimme, es schafft sich seinen eigenen vierteltönigen Tonraum. Der Phrasenschluß ist wiederum mit der folgenden „Szene" (Z. 8) der Live-Ebene durch die Impulse verschränkt. Ab Z. 8 wird der eigentliche Mord „Und rechts in den Hals und links in den Hals und drittens tief in den Bauch" geschildert und in einem „hyperexpressiven" Gestus vertont, den Bose ironisch mit „schwungvoll" überschreibt.

Der Kontrast als „qualitative Schwelle"[23] gegenüber den Kategorien „Unähnlichkeit" und „Verschiedenheit" kann in Boses *Ein Brudermord* nicht ausschließlich mit den technischen Mitteln der musikalischen Analyse betrachtet werden, denn der Unterschied zwischen den Kategorien betrifft den Stellenwert dieser Elemente im Prozeß der musikalischen Formung und ist somit auch psychologischer und ästhetischer Natur. Der mu-

---

23 Vgl. Faltin, S. 210.

sikalische Kontrast zeichnet sich durch ein Minimum an analytisch feststellbarem Zusammenhang des Materials aus. Die Eigenart der Kategorie Kontrast beruht „auf einer Dialektik der trennenden und verbindenden Elemente eines angestrebten Ganzen: die vom Material her verschiedenen Teile sind hier durch die besondere Qualität ihrer Verschiedenheit auf paradoxe Weise miteinander verbunden".[24]
Die Besonderheit dieser Verbindung liegt in Boses Komposition in der antagonistischen Relation der verschiedenen Teile, die einen starken Bezug aufeinander ausüben, denn der jeweilige Gegensatz, die Negation, kann nur durch den Bezug auf das andere Element zustande kommen. Die permanente Widersprüchlichkeit einer auf Gegensätzen beruhenden Einheit, die nach einem Ausgleich strebt, bildet hier die Grundlage für die dynamische Funktion des Kontrastes.
Eine „Entwicklung", die auf der chronologischen Zeit basiert, ist vor allem in der Kausalität der Ereignisabfolge wirksam, wie sie im Text der Tonband-Ebene erscheint. Ein Entwicklungsverlauf findet in Boses *Brudermord* nur in der Annäherung der Textschichten im Hinblick auf den eigentlichen Mord (Z. 47–49) statt, d. h. wenn bestimmte Textabschnitte gleichzeitig im Tonband und auf der Live-Ebene vorkommen. Diese Art von Entwicklung wird musikalisch als eine scheinbare entlarvt, denn obwohl eine ähnliche kompositorische Struktur in beiden Ebenen wirksam ist, stellt sich keine wirkliche Synchronität der beiden Zeitschichten ein, vielmehr ist auch in diesem Fall die kontrastierende Vernetzung präsent. Exemplarisch für diese „scheinbare Entwicklung" ist die Vertonung der Textzeile „und Wese, der fleißige Nachtarbeiter, tritt dort in dieser Gasse unsichtbar ..." in Z. 33: So ist zwar die Taktvorzeichnung (quasi 2/4, 4/4, 5/4, 4/4, 5/4 ...) für Tonband und Live-Ebene identisch, und ebenso die Töne des Baritons (Tb + live) und des Violoncellos (Tb + live), die rhythmische Gestaltung dieses Parts besteht jedoch in einer konsequenten wechselseitigen Kontrastierung der rhythmischen Werte der einzelnen Stimmen.

24 Faltin, S. 210–211.

Die Impulse des Tonbandes („trockenes Uhrenticken, etwas überdimensional") fungieren als „Taktgeber" und dienen der rhythmischen Orientierung, während Bariton und Violoncello kanonartig einsetzen. Die Sprechstimmen („Wese, der fleißige Nachtarbeiter") ergänzen sich auf der Tonband- und Live-Ebene. Dadurch, daß sich zwar jeweils Bariton und Violoncello hinsichtlich der Abfolge der einzelnen Töne entsprechen, aber jede Stimme rhythmisch variiert wird und wechselseitig verschoben einsetzt, bildet sich ein komplexes Geflecht aus völlig eigenständigen Stimmen.

Fazit

In Boses Komposition *Ein Brudermord* ist für die Formkonzeption und ebenso für das musikalische Detail Vieldeutigkeit grundlegend. Die Kombinationen von tonalen, atonalen und vierteltönigen Schichten, von zahlreichen Zitattechniken, von verschiedenen Aufführungsrealitäten (Tonband und Live-Ebene) werden nicht zu einer eindeutigen Sinnfiguration verschmolzen. Sie sollen durch eine in ihrer Relation zueinander kaum bestimmbaren Heterogenität der Einzelbestandteile – durch Kontrast als Prinzip – Vieldeutigkeit festschreiben.

Der Dualismus einer chronologisch ablaufenden Zeit und einer inneren, diskontinuierlichen Zeit bildet sich nicht primär im musikalischen Material ab, sondern vor allem in der äußeren Disposition der Komposition: in der Teilung der Textschichten in eine chronologisch erzählende und eine diskontinuierlich visionäre Ebene, die jeweils einem anderen „Zeit-Raum" zugeordnet werden. Die „Musikzeitlichkeit" des *Brudermordes* besteht hingegen aus einer Vernetzung von kontrastierenden musikalischen Abschnitten, deren simultane und sukzessive Verknüpfung einem linearen, kausalen, auf einer musikalischen Entwicklung basierenden Zeitempfinden entgegensteht. Die äußere, „historische" Zeit findet ausschließlich auf der Ebene des Tonband-Textes statt.

Boses spezifischer Umgang mit der dualistischen Struktur der Zeit ist von der Erzählung Franz Kafkas motiviert, denn in Kafkas *Brudermord* werden gleichfalls verschiedene Erzählzeiten verwendet, die jeweils mit einem Perspektivenwechsel verbunden sind. Ebenso ist die Geschichte von sehr heterogenen Erzählstilen und der Verwendung von verschiedenen (direkten und indirekten) Zitaten geprägt.

Die chronologische Zeit der Erzählung wird von Kafka durch die Reihenfolge der Ereignisse zumindest äußerlich eingehalten, doch es fehlt durch die Sinnlosigkeit des Mordes eine logische Stringenz der Handlungen. Die Komposition Boses entlarvt auch in diesem Sinne die Oberflächlichkeit der äußeren Zeit: die zwei Zeitebenen des Textes nähern sich einander zwar anläßlich der Mordtat (Z. 47–49) weitgehend an, dessenungeachtet ist diese „Entwicklung" nur eine scheinbare, eine wirkliche Synchronität der Zeitebenen findet musikalisch nicht statt.

„Das Zeitkritische, das Poetische und das Visionäre"
Zu den *Chansons* von Michael Obst

Jene beiden Male, in denen Michael Obst[1] sich der Gattung Chanson angenommen hat, hat er sich ihr auch verpflichtet: dem Liebeslied wie der herben Zeitkritik, die sie beide gleichermaßen charakterisieren. Zum einen in den *Chansons* nach Texten von Erich Fried (1987), zum anderen und weiter hergeholt in *Miroirs* (1989), die in der Vertonung mittelalterlicher und spätmittelalterlicher Chansons der heutigen Welt ihre Unmenschlichkeit im fernen und doch nahen Spiegel vorhalten:[2]

„Auf mich wirkt die Beschreibung dieses Zeitalters [...] als Beispiel und Mahnung. Im ausgehenden 20. Jahrhundert hat sich zu der aufgrund der Bevölkerungsentwicklung unsicheren Zukunft mit ihren möglichen ökonomischen und politischen Folgen, aber auch zu der immer noch bestehenden Gefahr atomarer Vernichtung, die Angst vor den Auswirkungen der Umweltzerstörung, die entgegen jeglicher Vernunft ständig weiterbetrieben wird, hinzugesellt."[3]

Um diese Korrelate zu verdeutlichen, rekurriert Obst auf Trouvère-Lyrik, die auf katastrophale Zustände des ausgehenden Mittelalters reagiert.
Auch die Vertonung von Gedichten Erich Frieds im zwei Jahre zuvor entstandenen Liederzyklus *Chansons*[4] begründet Obst zunächst engagiert:

„Erich Frieds Gedichte zeichnen sich durch ein besonderes humanitäres

---

[1] Michael Obst, geboren 1955 in Frankfurt a. M., studierte u. a. von 1979–1986 Komposition bei H. U. Humpert im Studio für elektronische Musik der Musikhochschule Köln. Einladungen und Kompositionsaufträge der Studios von Gent (IPEM), Stockholm (EMS), Paris (IRCAM), Köln (WDR) und Bourges (GmeB) folgten ebenso, wie zahlreiche Preise bei internationalen Wettbewerben für elektronische Musik. Seit 1996 ist er Professor für Komposition und elektronische Musik in Weimar. (Vgl. Komponistenheft Michael Obst des Verlags Breitkopf & Härtel, Wiesbaden 1996, S. 3.)
[2] Vgl. Michael Obst: „*... keine Zeit für Menschlichkeit*" [Werkeinführung zu Miroirs], in: *Programmheft Donaueschinger Musiktage 1989*, S. 43–46. Dort wurde das Werk am 21. Oktober 1989 uraufgeführt. Der Titel *Miroirs* geht auf Barbara Tuchmans *Der ferne Spiegel* zurück (vgl. ebd., S. 43).
[3] Michael Obst: ebd., S. 44.
[4] Er wurde während der Kölner Weltmusiktage 1987 uraufgeführt.

Engagement aus, in einer Epoche, in der die Menschheit zum ersten Mal in ihrer Geschichte mit der Möglichkeit der Selbstzerstörung leben muß."⁵

In gleicher Weise betont er hier jedoch das Individuelle und Einzigartige des Menschen:

„Zum einen rütteln die Gedichte auf, sollen die Dringlichkeit unserer heutigen Situation verdeutlichen, zum anderen spiegeln sie Empfindungen und Sehnsüchte eines jeden Einzelnen wider."⁶

Bestimmend für die Komposition wird damit jener zentrale Gedanke der Lyrik Frieds, der die beiden selbst hier, in der verbalen Stellungnahme des Komponisten, zum scheinbaren Einerseits-Andererseits stilisierten Positionen ineinander aufhebt: Daß nämlich Zeitkritik sich nur in individueller Sehnsucht, Kritik und Hoffnung formieren kann und erst von dort aus wiederum politisch wirksam wird. Dieser Gedanke geht allerdings nicht nur in Verbindung mit der Lyrik Frieds in das Werk Obsts ein. Denn auch den Zyklus *Miroirs* leitet er mit folgenden Versen Jacques de Cysoings ein:

„Li nouviaus tans que ge voi repairier / m'eüst douné voloir de cançon faire, / mais jou voi si tout le mont enpirier / q'a chascun doit anuier et desplaire;" (Der Frühling, den ich zurückkehren sehe, hätte mich [eigentlich] wünschen lassen, ein [Liebes-]Lied zu machen, aber ich sehe die ganze Welt sich so verschlechtern, daß sie jedermann verdrießen und mißfallen muß; ...).⁷

Diesen zwingenden und bezwingenden Begriff von politischer Aktion, der zeitkritisches Engagement nur durch Individuelles hindurch begründet, macht Obst sich zu eigen – als erstes durch die Wahl der Gattung Chanson.

In dieser Haltung scheinen die beiden Vokalwerke, und besonders das a cappella besetzte Werk *Miroirs*, zunächst eher untypisch für einen Kompo-

---

5 S. Michael Obst: Beiheft zur Partitur *Chansons*, Wiesbaden: Breitkopf & Härtel 1987, S. 1.
6 Ebd.
7 Die Übersetzung ist dem *Programmheft Donaueschinger Musiktage 1989*, S. 46–51 entnommen; diese geht ihrerseits zurück auf: *Mittelalterliche Lyrik Frankreichs II, Lieder der Trouvères*, ausgew., übersetzt und kommentiert von D. Rieger, Stuttgart 1983.

nisten zu sein, der sein Schaffen bis Mitte der 80er Jahre hauptsächlich der elektroakustischen Musik gewidmet hatte. Dabei kämpft Obst gegen „la méfiance envers la musique contemporaine [qui] est due au fait que l'auditeur inexpérimenté est incapable de discerner si le morceau qu'il a entendu en concert était de bonne qualité ou s'il s'est fait avoir par le compositeur."[8] (... das Mißtrauen gegenüber der zeitgenössischen Musik, das auf der Tatsache beruht, daß der unerfahrene Zuhörer nicht unterscheiden kann, ob das Werk, das er im Konzert gehört hat, gut war, oder ob er sich vom Komponisten täuschen ließ. [Übers. S. W.]) Um so schlüssiger müßten in elektroakustischer Musik kompositorische Entscheidungen sein, ist doch die synthetische Musik „für Fehler, Längen und Löcher erheblich empfindlicher als live-aufgeführte Musik": „Man muß überdeutlich sein!"[9] Erst diese Überdeutlichkeit ist für ihn die Lösung eines Zugangs zum Hörer, den er stets sucht.

Ein weiteres Charakteristikum prägt in diesem Zusammenhang seine Musik. Es ist der ab 1986 mit der Erweiterung um ein Instrumentalensemble der quadrophonischen Komposition *Kristallwelt* begonnene Versuch, zu einer Synthese von Instrumentalmusik und elektroakustischer Musik zu gelangen, im Fall der *Chansons* erstmals auch unter Einbeziehung von Gesang mit Text. Elektroakustische Kompositionstechniken werden derart in Tradition eingebunden, daß sich einerseits aus ihnen neue Klangerfahrungen für eine instrumentale Tonerzeugung ableiten lassen, sie dadurch andererseits verständlich und nachvollziehbar sind.

Vor diesem Hintergrund scheint die Feststellung Eric De Visschers eher der Hilflosigkeit musikwissenschaftlichen Umgangs mit elektroakustischer Musik geschuldet:

---

8 S. Michael Obst: *De nouveaux critères pour apprécier la musique électroacoustique*, in: *Esthétique et Musique Electroacoustique I* (1995), S. 71–76, hier S. 71.

9 Michael Obst, zit. nach Friedrich Spangemacher: [Michael Obst], in: Komponistenheft Michael Obst des Verlags Breitkopf & Härtel, Wiesbaden 1989, S. 6. Dieses Bestreben prägt die Kompositionsweise Obsts wohl um so mehr, als Kritiker ausgerechnet ihm bis heute Oberflächlichkeit vorwerfen. Vgl. etwa Josef Häusler über *Diaphonia*: „die glänzend polierte Außenhaut dominiert über die gedankliche Substanz." (in: *Spiegel der neuen Musik: Donaueschingen. Chronik – Tendenzen – Werkbesprechungen*, Kassel–Stuttgart 1996, S. 388).

„Gleich ob Michael Obst elektronische oder instrumentale Klänge verwendet, es tritt bei ihm immer ein zutiefst ‚materielles' Denken hervor, das also dem Klangmaterial selbst entspringt."[10]
Ohne Zweifel tritt bei Obst ein materielles Denken hervor, im Falle des Vokalwerkes allerdings weniger eines, das primär „dem Klangmaterial selbst entspringt". Im Gegenteil: die Struktur des Textes dient zwar als eine Basis für das musikalische Material, sein Gehalt aber sowie seine intellektuelle Verarbeitung und Weiterführung durch den Komponisten wird in den *Chansons* zum Wegweiser der kompositionstechnischen Entwicklung eben dieses Materials im Werk.

Dem Gedanken eines Wechselspiels zwischen Enge und Weite, Intimem und Welthaltigem gemäß ist die Komposition *Chansons* für Mezzosopran, Baßklarinette/Kontrabaßklarinette, Synthesizer, zwei Schlagzeuger und vierkanaliges Tonband, sowie Live-Elektronik in drei Teile gegliedert, die bereits in der Textauswahl auf verschiedenen Ebenen symmetrisch angelegt sind. Schon in der Auswahl aus den Gedichtzyklen Frieds verdeutlichen die Teile I und III diese Verknüpfung, wird doch in beiden Teilen je ein Gedicht aus der Sammlung *Das Nahe suchen*[11] umrahmt von zwei Gedichten aus *Anfechtungen*,[12] so daß eine doppelte Symmetrie entsteht: sowohl innerhalb der einzelnen Teile als auch innerhalb des Zyklus:
Teil I: *Der Weg ins Idyll* (aus *Anfechtungen*) – *Ende gut* (aus *Das Nahe suchen*) – *Verlassenes Zimmer* (aus *Anfechtungen*).
Teil III: *Beschreibung einer Landschaft* (aus *Anfechtungen*) – *Am Morgen* (aus: *Das Nahe suchen*) – *Die Flut* (aus *Anfechtungen*).
In den Teilen I und III überwiegt die Zeitkritik, changierend zwischen Resignation, Zynismus und Verzweiflung:

---

10 S. Eric De Visscher: *Die Musik von Michael Obst,* in: Beiheft zur CD Michael Obst (*Kristallwelt III, Fresko* und *Nachtstücke*), Adòs Nr. 205 832, S. 36.
11 S. Erich Fried: Gesammelte Werke, herausgegeben von Volker Kaukoreit und Klaus Wagenbach, Berlin 1993, Bd. 2, S. 625–686.
12 Ebd. Bd. 1, S. 403–455.

„Als wir beschlossen hatten / Nur jeden Dritten / Zu Tode zu foltern / Und die zwei anderen / Einfach verhungern zu lassen / Fanden sich Freunde / Die ihre Stimme erhoben / Und uns vorschlugen / Für den Friedenspreis [...]" (*Ende gut*)

Jenem Rahmen steht der Mittelteil des Werkes entgegen, dessen fünf Gedichte – bezeichnend – dem Band *Liebesgedichte*[13] entnommen sind:

Teil II: *Strauch mit herzförmigen Blättern – Wintergarten – In der Ferne – Warum – Vorübungen für ein Wunder.*

Unterstützt von der Lichtregie, die im Beiheft zur Partitur vermerkt ist, verstärkt sich zunächst der Eindruck einer in sich geschlossenen Dramaturgie des Werkes, die vom scheinhaften Paradies *(Der Weg ins Idyll)* zur Sintflut *(Die Flut)* oder von der Genesis zur Apokalypse führt. Sieht Obst für den Beginn des Stückes vor, daß „der Saal abgedunkelt [wird]" und dann „im Verlauf des Vorspiels des ersten Liedes [...] alle Scheinwerfer allmählich aufgezogen [werden]", so soll, als Abrundung wie als Gegenpol „im Verlauf des ‚Epilogs' [...] die Beleuchtung bis etwa 1 Minute vor Schluß des Stückes allmählich vollkommen ‚zugezogen' [werden], sodaß absolute Dunkelheit im Saal herrscht."[14] Damit wird die Einbeziehung des Publikums durch eine gemeinsame optische Erfahrung intensiviert. Auch die Raumdisposition integriert es ins Geschehen, verdeutlicht, daß jeder im Saal vom Vorgetragenen betroffen ist, daß an keinem die Aussage des Werkes vorübergehen kann und darf:

„Die Solisten werden [...] im Halbkreis um das Publikum herum angeordnet. Jeder Musiker hat sein eigenes ca. 50 cm hohes Podest [...]."[15]

Trotz der scheinbar klaren Gliederung gestaltet Obst inhaltlich die Übergänge fließend und verwischt so Grenzen. Dazu gehört auch, daß er einen tatsächlichen Beginn des Werkes vermeidet, indem er es in ein Kontinuum

---

13 Ebd., Bd. 2, S. 379–457.
14 S. Begleitheft zur Partitur, S. 7.
15 S. ebd., S. 2.

stellt, der Einstieg also außerhalb eines geschlossenen Werkganzen liegt. Hervorgehoben wird das Zeitkontinuum durch das Ticken einer Uhr:
„Der Einspielung der ‚Uhr' kommt eine eigene dramaturgische Bedeutung zu. Sie soll schon dezent laufen, wenn das Publikum den Konzertsaal betritt – sofern ‚Chansons' zu Beginn eines Programmteiles gespielt wird. Wird vorher ein anderes Werk aufgeführt, dann muß die ‚Uhr' noch während des Applauses leise eingeblendet werden."[16]
Mit diesen Mitteln intendiert und erreicht Obst die Einbettung des Werkes in das „Alltagsgeschehen", verhindert, daß das Werk als beginnendes und endendes Ereignis ohne Vorgeschichte und Konsequenz gesehen wird.

Das unerbittliche, beharrliche Ticken der Uhr wird durch harte Schläge des Schlagzeugs gestört, rhythmisch aus der Gleichmäßigkeit aufgeschreckt. In den Tonhöhen entwickelt Obst nun sein Vorspiel scheinbar aus dem Nichts: der Ton e erklingt, rhythmisch strukturiert im Synthesizer und Tonband und zusätzlich als Halteton. Ebenso improvisiert das Schlagwerk „Einzelschläge nur auf dieser Tonhöhe".[17] Von dort aus steigert Obst nun das musikalische Geschehen sukzessive bis zum Ende des Vorspiels. Die Schlagzeuger wechseln zu immer kräftigeren Instrumenten: Tom-Tom (T. 2) – Conga (T. 9) – Snare drum mit Saiten (T. 35) – Becken (T. 40) und verdichten ihr Spiel von Einzelschlägen hin zu zusammenhängender Motivik. Gegliedert durch Einwürfe des Tonbandes wird der Tonraum überdies um je einen Ton erweitert, sowohl in der Akkordik, als auch in der feingliedrigen Stimme des Tonbands, als auch im Schlagwerk, bis er schließlich folgende Tonreihe umfaßt, die u. a. verschiedene Tritoni überkreuz enthält und von einem fallenden chromatischen Halbtonschritt gerahmt wird: $e - d - b - gis - c - f - fis - es$.
Das rhythmische Gefüge der Tonbandstimme kommt allerdings nicht aus dem Nichts. Vielmehr geht in ihm – ganz im Sinne eines Vorspiels – der spätere Text auf (vgl. Notenbeispiel 1 und 2; im Anhang): Der Buchstabe-

---

[16] S. ebd., S. 3.
[17] Vgl. Partitur, S. 2.

nanzahl der Worte entspricht die Zahl der 16tel, wobei das Ende eines Wortes durch Pausen markiert wird. Ist die Buchstabenanzahl demnach für die rhythmische Struktur verpflichtend, richtet sich die Tonhöhenorganisation nach der Strophenunterteilung: das Hinzufügen eines neuen Tones erfolgt jeweils mit dem rhythmischen Eintritt in eine neue Strophe (Notenbeispiel 1).[18]

Strophe 1: Ich habe eine sehr gute Eigenschaft
(Buchstabenanzahl: 3 – 4 – 4 – 4 – 4 – 11)
Man könnte sie nennen meine innere Ruhe
(Buchstabenanzahl: 3 – 6 – 3 – 6 – 5 – 6 – 4)
[Je ärger die Zeiten / Desto friedlicher wird es in mir.]
(Notenbeispiel 2)
Strophe 8: Wenn mein Glück vollkommen sein wird
(Buchstabenanzahl: 4 – 4 – 5 – 10 – 4 – 4)
Ein stilles harmloses Lächeln
(Buchstabenanzahl: 3 – 7 – 9 – 7)
Dann mag [die Bombe fallen / Mein Haus ist bestellt.]
(Buchstabenanzahl: 4 – 3 …)

Nach Einsatz des Mezzosoprans beginnt jener am Text angelehnte Rhythmus aufs neue (vgl. Notenbeispiel 3), ebenso der systematische Aufbau des Tonfeldes entlang der Reihe, diesmal allerdings in Baßklarinette und Synthesizer. Jenen beiden Instrumenten gibt Obst das Tonfeld vor, innerhalb dessen dann eine gewisse Freiheit zur Improvisation besteht.
Es erstaunt wenig, daß Obst als einen seiner Orientierungsfiguren Luciano Berio nennt. Eben dieser war es, der bereits 1959 die bis heute gültige und nahezu unangefochtene Regel für das Verhältnis von Text und Musik aufstellte, wobei ihm gerade die Mittel der elektronischen Musik prädestiniert schienen, eine solche Beziehung herzustellen:

18 Alle Notenbeispiele sind der Partitur *Chansons*, Wiesbaden: Breitkopf & Härtel 1987 entnommen.

> „Dichtung ist auch eine in der Zeit angeordnete verbale Mitteilung: die Bandaufnahme und überhaupt die Mittel der elektronischen Musik vermitteln uns davon eine reale und konkrete Vorstellung, weit mehr, als eine öffentliche, theatralische Dichterlesung es vermöchte. Mit Hilfe dieser Mittel habe ich versucht, [...] das Wort in den Stand zu setzen, den musikalischen Sachverhalt völlig zu assimilieren und zugleich zu bedingen."[19]

Mit der Verbindung von Text und systematischer Reihenentwicklung stellt der Komponist den semantischen Bezug zum Vorspiel her, ohne die bis dahin erreichte Erregung zu verlieren – in den Lautsprecherkanälen bleibt das einmal aufgebaute Tonfeld erhalten.

Die Musik Obsts verfolgt also eine Intensivierung von Spannung, die jedoch innerhalb des ersten Liedes nicht wieder abgebaut wird. Vielmehr versucht der Komponist u. a. durch ständige Erweiterung des Tonraumes und Verdichtung der Rhythmik sowie der Verstärkung des Instrumentariums und der Lautstärke Spannung aufzubauen. Er widerspricht damit in Noten als erstes den Worten des Gedichts:

> „Je trüber der Alltag / Desto stiller sind meine Freuden / Der
> Zwist der Weltsysteme berührt nicht mein Haus // So halte ich meinen
> Frieden / Und schädige keinen Menschen / Und finde dabei die Ruhe /
> Die jedermanns Recht ist."

Die zunehmend nervöse und erregte Musik kennt diesen Frieden genausowenig wie der „Unterton" Frieds, der ebenfalls die Idylle als scheinhafte entlarvt. Mit Anweisungen für die Gestaltung der Tongruppen in Baßklarinette und Synthesizer wie „immer dichter werden, Akzente!", „cresc. mit Tonband →ff" und dem abschließenden, nach oben strebenden Lauf (die Worte „dann mag die Bombe fallen" kontrapunktierend) hin zum fff inszeniert Obst nicht das Vordergründige des Textes Frieds, sondern das Subtile,

---

19 S. Luciano Berio: *Musik und Dichtung – eine Erfahrung*, in: *Darmstädter Beiträge zur Neuen Musik*, hg. von Wolfgang Steinecke, Mainz 1959, S. 36–45, hier S. 37.

Konnotative. Spätestens dieser gemeinsame Lauf von Baßklarinette und Synthesizer im letzten Takt ruft zu Auflehnung und Aufbruch (Notenbeispiel 3, T. 82).

Ganz im Sinne einer zyklischen Anlage der Chansons, kehrt jener Lauf im letzten Lied *Die Flut* wieder. Nach dessen ersten vier Strophen, die bis auf ein kleines Crescendo in der Mitte im pppp verharren, bricht er im dreifachen Forte ein und geht nunmehr, zu Achteln augmentiert, dynamisch den umgekehrten Weg zurück ins Piano (Notenbeispiel 4).

Dabei zeigt die stete Motivverkürzung um jeweils ein Element in der Baßklarinette (hier um je 3 Achtel) eine Form des Motivspiels Michael Obsts. Die im ersten Lied exponierte Reihe wird wieder aufgegriffen und nimmt im Kern den weiteren Verlauf des Liedes vorweg: denn sie unterliegt im Glockenspiel dem ganzen restlichen Satz. Was Michael Obst im ersten Lied sukzessive aufbaute, nimmt er nun wiederum zum Ton *e* hin stetig zurück, auch dies unter kontinuierlicher Verkürzung der Reihe. Zur regelmäßig aufsteigenden Tonreihe permutiert, wird nun die Zeitspanne verkürzt, indem Obst bei jeder Wiederholung einen Ton wegstreicht und so im Spannungsabbau zum Anfang des Werkes zurückkehrt (Notenbeispiel 5). Die beschleunigende Wirkung dieser Zeitverkürzung wird durch die Verzögerung bei den letzten Tönen ausgebremst, deren Abstand sich von 5 Sekunden über 6 über 7 hin zu 8 Sekunden verlängert.[20]

Weitere Korrespondenzen unterstreichen die Symmetrie. Zielt die Spielanweisung für Baßklarinette und Synthesizer im ersten Lied innerhalb der gebundenen Alleatorik auf zunehmende Verdichtung der Töne (s. z. B. T. 68: „keine Einzeltöne mehr, Motive verdichten", s. T. 73: „nach und nach weniger rhythmisieren, immer mehr zusammenhängende Läufe spielen"), so basiert das letzte Lied auf dem gegenläufigen Prozeß (s. Part. S. 65, kurz vor 14'49, Synthesizer: „nur noch einzelne Töne"). In diesen kompositi-

---

20 Sicherlich ist es kein Zufall, daß im ersten Lied des zweiten Teils, *Strauch mit herzförmigen Blättern*, ausgerechnet den Worten „[... so bebt jedesmal mein Herz] wenn dein Name [auf es fällt]" eben jene Töne der Singstimme zugeordnet sind, die Obst in der Grundreihe des ersten und letzten Liedes aussparte: *cis – h – g* (vgl. *Strauch mit herzförmigen Blättern*, T. 42–45, Mezzosopran, Part. S. 45).

onstechnischen Feinheiten zeigt sich die Auseinandersetzung Obsts mit dem Problem der Zeit, das ihn vor allem im Zusammenhang mit musikalischer Gestik und Klanggestalt beschäftigt:

> „Ihre innere Struktur [die der musikalischen Gestik] ist immer davon abhängig, in welcher Art und Weise Energie aufgebaut wird, die entsprechend deren Intensität den weiteren Ablauf bestimmt. Bei diesem Vorgang spielen Zeitproportionen eine entscheidende Rolle [...]."[21]

Hier jedoch ist der emotionale Eindruck, den dieses Verzögern hervorruft, eindeutig dem vernichtenden Textgehalt Frieds geschuldet und spiegelt überdies dessen Vers- und Strophenanordnung, die mit immer kürzeren Sinneinheiten ebenfalls den Zeitablauf ins Stocken bringt:

> „[...] Ich steige hinauf / In schwarzes Gipfelgebälk / Unaufhaltsam überfällt mich / Und übersteigt mich / Das Meer // Ich halte mich fest / Im Geäst eines treibenden Baumes / Er steigt und fällt / mit der Flut // Ein müder Vogel / Laub im Schnabel / Kauert auf einem Zweig // Vogelfleisch sättigt / Die Knochen / Fallen ins Meer // Blutige Ölblätter segeln / Und treiben fort // Federn treiben / Und Fische fliegen // Mich dürstet"

Schließlich beschränken sich beide Lieder, als einzige Lieder des Zyklus auf gesprochene Sprache, fast als müsse Gesang in der Auflehnung erst entstehen, als wäre er in der Verzweiflung verstummt.

Nachdem im ersten und letzten Teil die Verwendung von Lautsprechern semantisch mit der Öffnung zur Welt belegt ist, zieht sich der 2. Teil des Werkes, unterstützt von der Instrumentation, textlich wie musikalisch ins Individuelle und Private zurück. Michael Obst verzichtet hier auf „anonyme" Tonbandeinspielungen, d. h. die räumliche und zeitliche Ausdehnung wird im zweiten Teil bewußt vermieden. Er wählt dafür den intimen Bereich des Kammerliedes. Dies gipfelt in den drei „inneren" Liedern des Zyklus, in seinem Zentrum also: auch in der musikalischen Form ist und bleibt der Mensch, in seinen individuellen Empfindungen, in seiner Sehn-

---

21 Vgl. Michael Obst: *Dr. Mabuse – Der Spieler. Musik zum Stummfilm von Fritz lang*, Ms. [1997].

sucht nach Liebe der Mittelpunkt des Werkes. An dieser Stelle konzipiert der Komponist nun den Monolog als gedanklichen Dialog zwischen Mezzosopran und jeweils einem anderen der Soloinstrumente: der Baßklarinette in *Wintergarten*, dem Synthesizer in *Warum* und schließlich beim mittleren Lied, mit dem bezeichnenden Titel *In der Ferne*, dem Schlagzeug.

Ebenso schlicht und verständlich wie die ausgewählten Liebesgedichte von Erich Fried, gestaltet der Komponist z. T. die musikalische Struktur. So beispielsweise im zentralen Lied *In der Ferne*, das in Verbindung mit dem Textanfang nun im Kleinen die Idee des ganzen Zyklus zusammenfaßt:

„In der Nähe / schreibt man vielleicht nicht Gedichte / Man streckt die Hand aus / sucht / streichelt / man hört zu / und man schmiegt sich an // Aber das unbeschreiblich / Immergrößerwerden der Liebe / von dem ich schreibe / das erlebt man / bei Tag und bei Nacht / auch in der Nähe"

Dieses Intime wird in einen ebenso engen Tonraum gefaßt, indem das erste, dichte Motiv *gis – a – g – a* (vgl. Notenbeispiel 6) zunächst umgekehrt, dann immer wieder variiert aufscheint. Von dort aus wird der Tonraum konstant erweitert, zunächst indem der Sprung *cis – h* zwischen das Motiv gesetzt wird, fast wie ein erster zaghafter Versuch des Ausbreitens, der sofort zurückkehrt, um dann aber um so intensiver vorangetrieben zu werden. Reprisenartig greift der Schluß die Motivik des Anfangs verändert wieder auf. Fast ausschließlich mit dieser Tonraumerweiterung bestreitet Obst die Wirkung des Liedes (Notenbeispiel 7).

Aus eben jener Konzentration auf das Innere schöpft Michael Obst die Kraft des Auflehnens, wie das letzte Lied des Mittelteils mit dem programmatischen Titel *Vorübungen für ein Wunder* demonstriert, das zurückführt in das „Draußen" (vgl. Notenbeispiel 8):

„Vor dem leeren Baugrund / mit geschlossenen Augen warten / bis das alte Haus / wieder dasteht und offen ist // Die stillstehende Uhr / solange ansehen / bis der Sekundenzeiger / sich wieder bewegt // An dich denken / bis die Liebe / zu dir / wieder glücklich sein darf // Das Wiedererwecken / von Toten / ist dann / ganz einfach"

Die „Uhr" vor und während des ersten Liedes taucht an dieser Stelle scheinbar wieder auf, jedoch nicht als endlose Wiederkehr des Immergleichen, sondern im Gegenteil: instrumentiert mit einem „großen Becken, mit vollem Klang" wirkt sie jetzt als antreibender Motor, der durch die ständige Erweiterung des Walking bass im Synthesizer noch unterstützt wird (Notenbeispiel 8).

Die Textzeile: „die stillstehende Uhr solange ansehen, bis der Sekundenzeiger sich wieder bewegt" wird somit bereits zu Beginn des Liedes antizipiert, nach der Zeile jedoch durch Verdopplung der Geschwindigkeit illustriert (vgl. Notenbeispiel 9). In dieser Agitation wird dann auch jene zweifelnd zaghafte, nur geflüsterte Zuversicht deutlich, die am Schluß des Gedichtes steht: „Das Wiedererwecken von Toten ist dann ganz einfach", während bereits das Tonband mit der angrenzenden, den dritten Teil einleitenden Parkatmosphäre eingespielt wird und aus der Verinnerlichung den Weg in die Außenwelt weist (Notenbeispiel 9).

Jenes Werk, das gemäß seiner Uraufführung während der Weltmusiktage 1987 in Köln, aus der Verbindung von bitterer Zeitkritik und tiefer Menschenliebe die Hoffnung auf eine bessere Zukunft gewinnt, kann mit den verzweifelten Worten Frieds „mich dürstet" (gleichzeitig eines der letzten sieben Worte Christi am Kreuz) nicht enden. So ist der rein instrumentale Epilog des Werkes das Gegenteil eines resignierten Abgesangs. Trotz einer zunehmenden Härte und Denaturierung des Klanges, ist er ist kein Versinken in der Regungslosigkeit sondern Widerspruch und Auflehnung, Ruf und Aufruf, Bewegung und Agitation. Dabei läßt Obst den Interpreten im Rahmen weniger Vorgaben freie Hand, legt Wert auf das Individuelle. In einer fast fünf minütigen ständigen Steigerung aus dem p ins fff, die nur auf Schlaginstrumenten und einem Halteton in der Tonbandstimme basiert, erhebt Obst Einspruch – trotz oder vielleicht wegen des gleichzeitigen Verlöschen des Saallichtes.

Ein zentrales Moment seiner Musik liegt in der Fähigkeit Obsts, mit den Möglichkeiten elektroakustischer Komposition „Energie aufzuladen, da-

durch Räume für die musikalische Entfaltung zu schaffen, Spannung zu erzeugen, Konzentration zu sammeln" – und weiterhin „all das [...] im kompositorischen Prozeß selbst hörbar [werden zu lassen]."[22] Keinesfalls aber erschöpfen sich darin die Möglichkeiten Michael Obsts:
„Musik ist keine Sprache, Musik ist eine Welt", denn „Musik ist viel komplexer als Sprache und vor allem viel weniger steuerbar. Sprache setzt einen Intellekt voraus, Musik kann auch so funktionieren. Je mehr Intellekt [aber] drin ist um so größer kann diese Welt sein":[23]
Das Zeitkritische, das Poetische und das Visionäre – oder wie Wolfgang Marggraf es einmal formulierte: „Gerade in neuer Musik muß eine neue Utopie entstehen!"

---

22 Vgl. Friedrich Spangemacher 1987, S. 5.
23 Michael Obst in einem Interview in Bayern 2 Radio, *Forum Musik* am 3.2.1997.

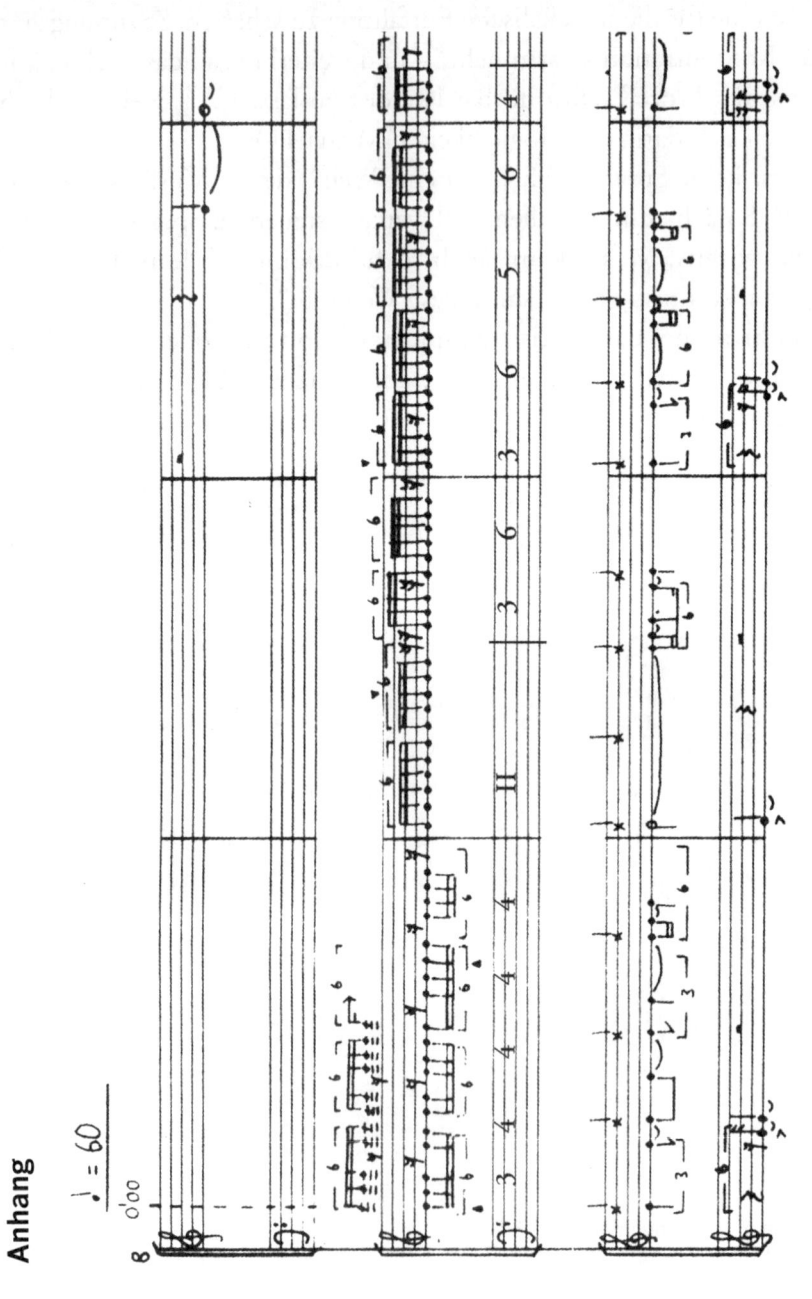

416 „Das Zeitkritische, das Poetische und das Visionäre"

Anhang

Notenbeispiel 1. *Der Weg ins Idyll*, T. 8–11, Part. S. 2, Tonband

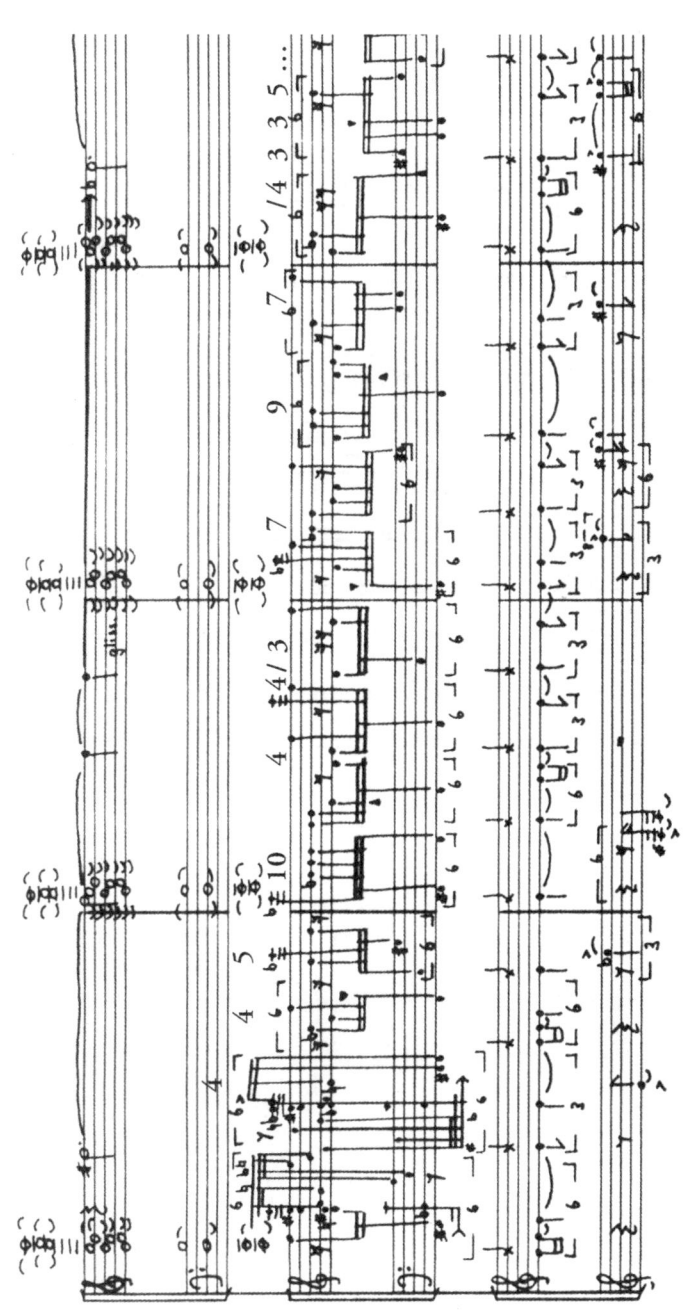

Notenbeispiel 2. *Der Weg ins Idyll*, T. 40–43, Part. S. 7, Tonband

Notenbeispiel 3. *Der Weg ins Idyll,* T. 78–82, Part. S. 14

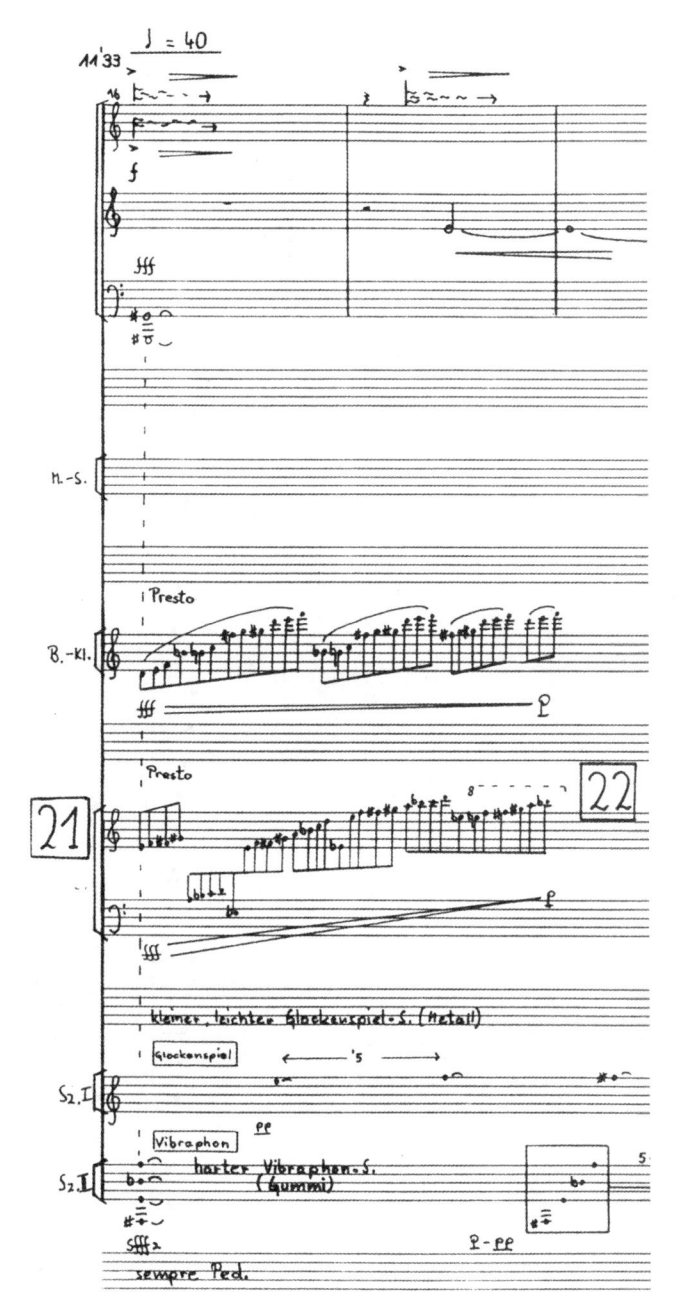

Notenbeispiel 4.
Die Flut,
11'33,
Part. S. 62

420 „Das Zeitkritische, das Poetische und das Visionäre"

Notenbeispiel 5. *Die Flut*, Glockenspiel ab 11'33

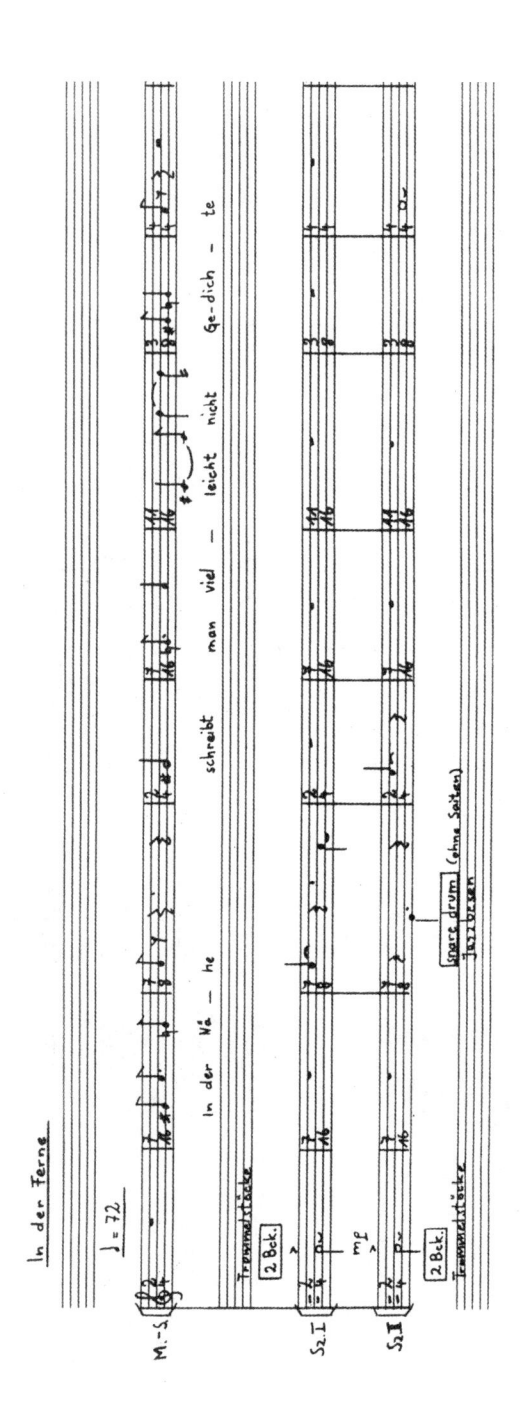

Notenbeispiel 6. *In der Ferne*, T. 1–8, Partitur S. 47

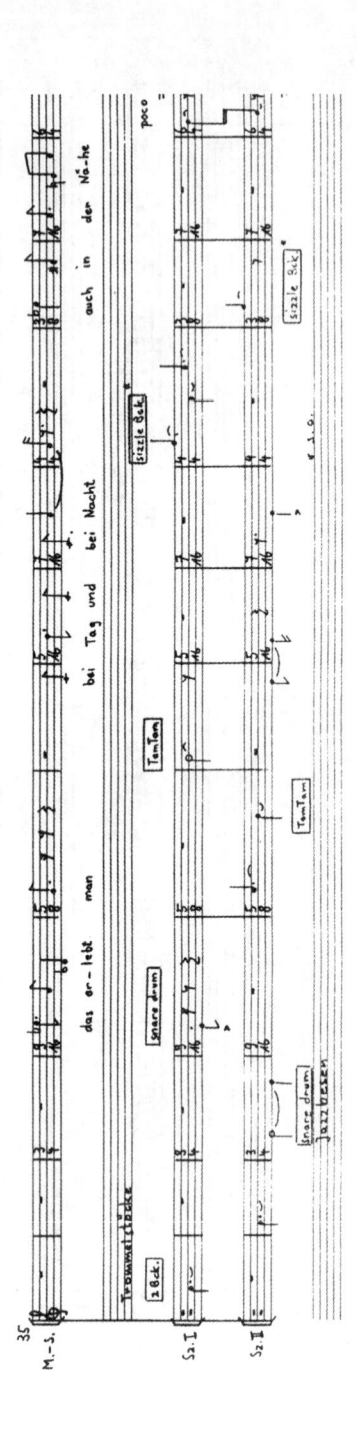

422   „Das Zeitkritische, das Poetische und das Visionäre"

Notenbeispiel 7. *In der Ferne*, T. 36–47, Part. S. 48

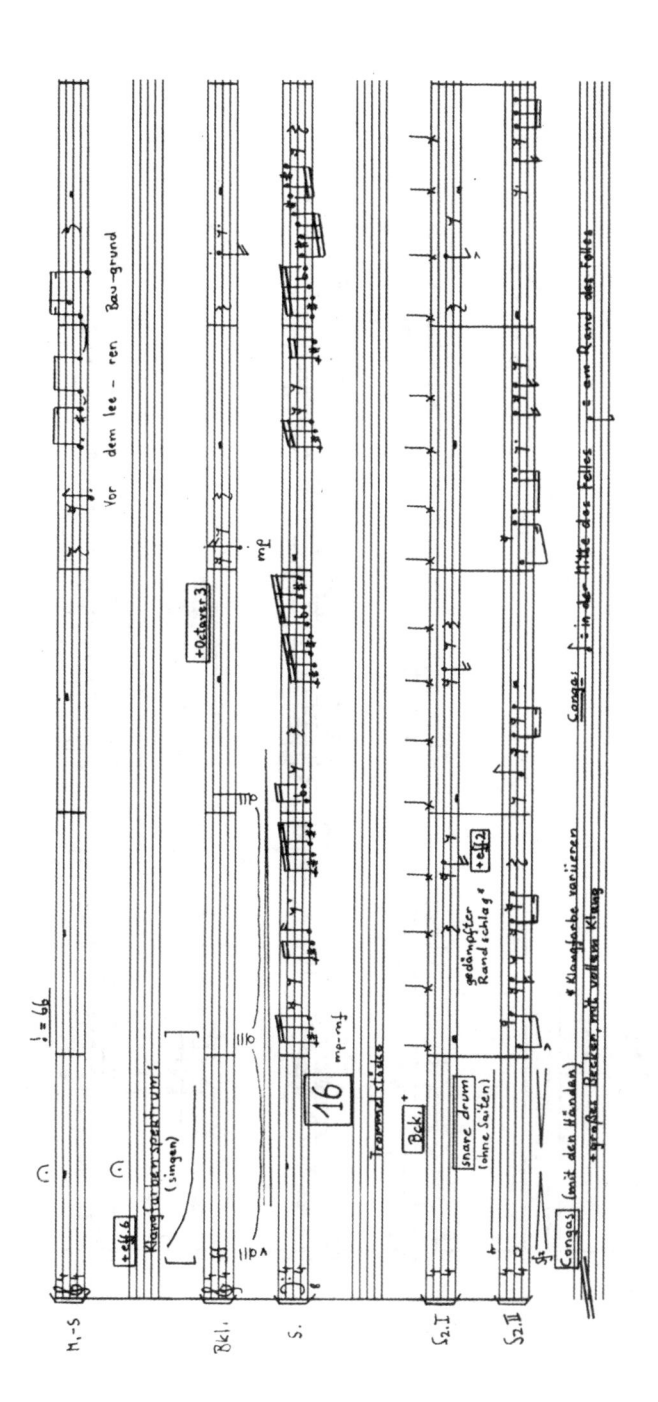

Notenbeispiel 8. *Vorübungen für ein Wunder*, T. 1–5, Part. S. 50

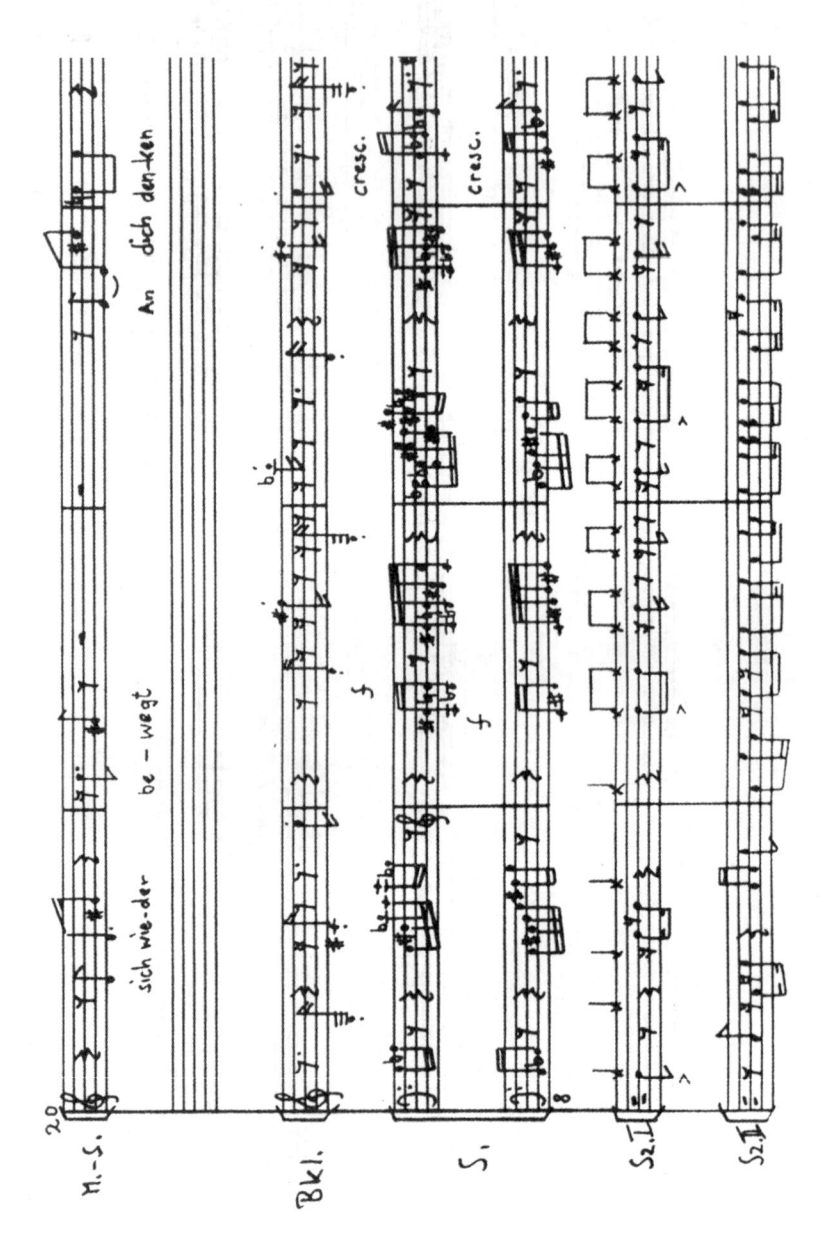

Notenbeispiel 9. *Vorübungen für ein Wunder*, T. 20–23, Part. S. 51

Von den Schubladen der Wissenschaft
Zur Schauspielmusik im klassisch-romantischen Zeitalter

Schauspielmusik zählt traditionell nicht zu den zentralen Forschungsgebieten der deutschen Musikwissenschaft.[1] Dies hängt zweifellos bis zu einem gewissen Grad mit dem Phänomen selbst zusammen. Erstens handelt es sich um funktionale Musik, die im Sprechdrama in der Regel eine eher insulare Stellung einnimmt. Vor dem Hintergrund der die Musikanschauung der Zeit prägenden Paradigmen des großen Kunstwerks im emphatischen Sinne – der Symphonie, der Oper und des Musikdramas – scheint keineswegs festzustehen, ob Schauspielmusik im engeren Sinne überhaupt ein eigener Werkcharakter zukommt. Als das „eigentliche" Kunstwerk gilt der Text des Dramas, die Musik eher als die „Nebensache".[2] Schauspielmusik ist im Verständnis der Musikwissenschaft wegen ihrer funktionalen Bindung zweitens keine eigenständige dramatisch-musikalische Gattung wie die Oper. Unter diesen Vorzeichen ist ein Handbuch der musikalischen Gattungen, das neben der Oper und dem Oratorium auch die Schauspielmusik berücksichtigt,[3] gegenwärtig kaum denkbar. Drittens ist Schauspielmusik ein Phänomen, das zwar in der Theatergeschichte des klassisch-ro-

---

[1] Demgegenüber hat die Musik im Theater des Elisabethanischen Zeitalters und im Restoration Theatre entsprechend ihrer Bedeutung für die Theaterpraxis und die englische Musikgeschichte in der englischen Musikwissenschaft schon früh Beachtung gefunden. In eigenen Editionsprojekten wird seit einiger Zeit das Repertoire erschlossen: *Music for London Entertainment 1660–1800*, hg. von Stanley Sadie, Series A: *Music for Plays 1660–1714*, hg. von Curtis A Price, Tunbridge Wells 1983 ff., Series B: *Music for Plays 1714–1800; Music for the Plays of Shakespeare*, hg. von Andrew Charlton, New York/London 1991. – In den vorliegenden Beitrag sind vielfältige Anregungen aus gemeinsamen Seminaren und Gespräche mit Hans Joachim Kreutzer (Universität Regensburg) eingeflossen. Ihm sei ebenso wie den Teilnehmern der Seminare an dieser Stelle ganz herzlich gedankt.
[2] Wenn der Dachverband der Studierenden des Faches Musikwissenschaft an deutschen Universitäten auf dem von ihm 1997 in Weimar unter dem Rahmenthema „Nebensache Musik" veranstalteten Symposium neben dem Schwerpunkt Filmmusik auch die Schauspielmusik berücksichtigte, so entspricht dies voll und ganz der Einschätzung der Schauspielmusik in der deutschen Musikwissenschaft.
[3] In diesem Punkte orientiert sich auch Siegfried Mausers Planung des neuen *Handbuches der musikalischen Gattungen* (Laaber 1993 ff.) ganz an bewährten Denkkategorien des Faches.

mantischen Zeitalters weithin integraler Bestandteil der Theaterpraxis war, das aber in der Musiktheorie nicht annähernd so intensiv diskutiert wurde wie die Oper. Fast mag man verleitet sein, die Theoriefähigkeit der Schauspielmusik zu bezweifeln. Und viertens ist die Schauspielmusik des klassisch-romantischen Zeitalters in der Theaterpraxis der Gegenwart nicht mehr präsent. Im Gegensatz zur Oper, Symphonie oder zum Streichquartett ist die gesamte Schauspielmusik der Zeit in ihrer ursprünglichen Verbindung mit dem Schauspiel aus dem Repertoire der Gegenwart verschwunden, während nicht wenige der Schauspiele selbst sich im Repertoire gehalten haben.

Dies erklärt allerdings nur zum Teil, warum auch die Überlieferung dieser Musik bislang nur in Ansätzen erforscht ist. Die Vernachlässigung der Schauspielmusik als Forschungsgegenstand hängt durchaus auch mit etablierten Denkkategorien und der „Ressortteilung" des universitären Fächerkanons zusammen. Einzelne Aspekte der Geschichte der Schauspielmusik begegnen in der Forschungsliteratur zwar am Rande in allen möglichen Zusammenhängen, aber im Prinzip ist das gesamte Gebiet weitgehend terra incognita. Einige wenige herausragende Werke wie Mozarts Musik zu Geblers *Thamos, König in Ägypten,* Beethovens Musik zu Goethes *Egmont* und Mendelssohns Musik zu Shakespeares *Sommernachtstraum* wurden nicht nur in den Gesamtausgaben zugänglich gemacht, sondern in der Musikwissenschaft durchaus auch zur Kenntnis genommen,[4] einzelne Teilgebiete wie die Geschichte der Schauspielmusik im Theater der italienischen Renaissance wurden in Einzelstudien näher untersucht,[5] aber von einem Überblick über das Gesamtphänomen, über die Geschich-

---

4 Vgl. z. B. Adolf Fecker: *Die Entstehung von Beethovens Musik zu Goethes Trauerspiel Egmont. Eine Abhandlung über die Skizzen,* Hamburg 1978 (= Hamburger Beiträge zur Musikwissenschaft 18), und Friedhelm Krummacher: „*... fein und geistreich genug."* Versuch über Mendelssohns Musik zum Sommernachtstraum, in: *Das Problem Mendelssohn,* hg. von Carl Dahlhaus, Regensburg 1974 (= Studien zur Musikgeschichte des 19. Jahrhunderts 41), S. 89–117. Eine ausführliche Bibliographie enthält der Artikel *Schauspielmusik* der zweiten, neubearbeiteten Ausgabe der *MGG* (Sachteil, Bd. 8, Kassel u. a. 1998).

5 Vgl. hierzu die grundlegende Untersuchung von Wolfgang Osthoff: *Theatergesang und darstellende Musik in der italienischen Renaissance (15. und 16. Jahrhundert),* 2 Bde., Tutzing 1969 (= Münchner Veröffentlichungen zur Musikgeschichte 14, 1 u. 2).

te der Schauspielmusik, sind wir ebenso weit entfernt, wie von dem Problembewußtsein, daß Schauspielmusik ein integraler Bestandteil der abendländischen Theatergeschichte ist. Das Interesse an dem Phänomen Schauspielmusik ist naturgemäß in der Theaterwissenschaft ungleich größer als in der Musikwissenschaft. In der Literaturwissenschaft zeichnet sich erst seit einigen Jahren die Tendenz ab, in den Kommentaren kritischer Ausgaben auch auf die Bedeutung der die Musik betreffenden Regieanweisungen einzugehen. Aber die Auseinandersetzung mit den einschlägigen theaterwissenschaftlichen Fragestellungen würde die musikwissenschaftliche Erschließung der Partituren voraussetzen;[6] für die am Text des Dramas orientierte Literaturwissenschaft ist die Musik im Schauspiel – zumindest unter quantitativen Aspekten – bis zu einem gewissen Grade tatsächlich nur die Nebensache. Und damit schließt sich der Kreis, denn mit dieser Einschätzung reflektieren Theaterwissenschaft und Literaturwissenschaft nur den Forschungsstand der Musikwissenschaft.

Bereits Heinz Kindermanns zehnbändige *Theatergeschichte Europas*[7] hatte bemerkenswert detailliert die Rolle der Musik mit einbezogen, dabei aber vor allem aufführungspraktische Aspekte akzentuiert. Im Hinblick auf die Frage nach der Bedeutung der Musik in der europäischen Theaterpraxis bietet Kindermanns Werk eine beeindruckende Fülle an Informationen. Wenn man darüber hinaus Manfred Braunecks neue kompendiöse Theatergeschichte *Die Welt als Bühne,* von der bisher zwei Bände erschienen sind, aufmerksam studiert, muß man als Musikwissenschaftler zu der Erkenntnis gelangen, daß es sich bisweilen lohnt, sich über den Umweg einer Nachbardisziplin den Fragen des eigenen Faches zu nähern. Bis zum Erscheinen des dritten Bandes, der das 19. und 20. Jahrhundert behandeln wird, ergänzt Hellmut Flashars Studie *Inszenierung der Antike. Das griechische Drama auf der Bühne der Neuzeit* zumindest ein wichtiges Teilgebiet

---

6 Eine der wenigen neueren Arbeiten, die gleichermaßen theaterwissenschaftliche und musikwissenschaftliche Aspekte berücksichtigen, ist die leider noch ungedruckte Dissertation von Hedwig Meyer (*Die Schaubühne als musikalische Anstalt,* München 1994).
7 Salzburg 1957–1974.

der Theatergeschichte nach 1800. Die *Theatergeschichte* Kindermanns, Braunecks Handbuch und Flashars Untersuchung lassen in der insgesamt umsichtigen Einbeziehung der Funktion der Musik im Theater offenbar werden, daß die Musikwissenschaft auf die Fragen, die die Nachbardisziplinen aufwerfen, keine Antworten zu geben vermag, da in unserer Sicht der Musikgeschichte dieser Traditionsstrang fast nicht präsent ist. Aber nicht nur im Hinblick auf das Erkenntnisinteresse der Theaterwissenschaft, sondern auch mit Blick auf das genuin musikwissenschaftliche Problem der Wechselbeziehungen zwischen den verschiedenen Kompositionsgattungen, also zwischen der Schauspielmusik einerseits und der Oper, dem Oratorium, der Symphonie, der Ouvertüre, der Suite und dem Lied andererseits, werden die Defizite deutlich, und dies nicht etwa deshalb, weil zwischen diesen Gattungen und der Schauspielmusik keine Wechselbeziehungen bestünden, sondern deshalb, weil das gesamte Gebiet der Schauspielmusik in der Musikwissenschaft in der Schublade „Gelegenheitsmusik" abgelegt ist.
In den folgenden Betrachtungen kann und soll es selbstverständlich nicht darum gehen zu insinuieren, daß die Musikwissenschaft mit der Konzentration auf die zentralen Gattungen der Kompositionsgeschichte – wie Oper, Oratorium und Symphonie – eine wissenschaftliche Fehlinvestition betrieben habe, sondern darum, darauf aufmerksam zu machen, daß die Erschließung der Geschichte der Schauspielmusik sowohl für die Musikwissenschaft als auch für die Theaterwissenschaft und die Literaturwissenschaft ein Desiderat ersten Ranges ist. Es ist davon auszugehen, daß die Vernachlässigung der Geschichte der Musik im Theater nicht nur den Blick für einen wesentlichen Aspekt der abendländischen Musikkultur getrübt hat, sondern auch unserem Versuch, die Musikgeschichte als Teilphänomen des komplexen Systems Kultur zu begreifen, Grenzen setzt, weil ein Gebiet dieses komplexen Systems unbekanntes Terrain ist. Der Frage, welche Erkenntnisse von einer wissenschaftlichen Erschließung der Geschichte der Schauspielmusik zu erwarten wären, sollen die folgenden Ausführungen dienen.

I. Arten der Schauspielmusik und ihre dramaturgische Funktion

In der Theaterpraxis des klassisch-romantischen Zeitalters kann eine Schauspielmusik folgende Teile umfassen: 1. Inzidenz- oder Bühnenmusik (im engsten Sinne ausschließlich in Musikszenen), 2. Musik im Kontext von Traumszenen und als Ausdruck des Übersinnlichen sowie 3. Rahmenmusik (Ouvertüre, Zwischenaktmusik und ggf. Schlußmusik).

Grundsätzlich ist zu unterscheiden zwischen denjenigen Teilen der Schauspielmusik, die vom Autor selbst gefordert sind, und den nicht durch den Autor vorgeschriebenen Komponenten, die einerseits selbstverständlicher Bestandteil der Theaterpraxis, andererseits freie Ergänzung der jeweiligen Inszenierung sein können. Regieanweisungen sowie die Erwähnungen im Text legen in der Regel die Mitwirkung der Musik, soweit sie innerhalb der Handlung selbst erwünscht ist, in einem hohen Maße fest. Insbesondere die Bühnenmusik und die Musik im Kontext von Traum- und Geisterszenen sind vielfach vom Dichter selbst geforderte Bestandteile der Dramaturgie. Nicht selten treten in der Praxis zu diesem Grundbestand der vom Autor vorgegebenen Szenen mit Musik zusätzliche Teile der Schauspielmusik hinzu. Dies gilt insbesondere für die Rahmenmusik. Bestimmte Teile der Schauspielmusik erfüllen traditionell theaterpraktische Funktionen (Ouvertüre als Zeichen für den Beginn des Schauspiels, Zwischenaktmusik als Überbrückung von Umbauten, Kostümwechsel, Lampenputzen usw.). Sie können allerdings zugleich einen ganz konkreten Bezug zur Handlung haben wie die Zwischenaktmusiken in Beethovens Musik zu Goethes *Egmont*.

Die verschiedenen Teile der Schauspielmusik sind nicht nur weitgehend an bestimmte Positionen im Drama gebunden, sondern prägen – zumindest im Prinzip – unterschiedliche Arten der Schauspielmusik aus, die unbeschadet vielfältiger Überlagerungen und Ausnahmen ganz unterschiedliche Funktionen erfüllen können:

1. Als Inzidenz- oder Bühnenmusik im engsten Sinne wird die gleichsam als Realitätszitat durch die Handlung motivierte Musik im Schauspiel bezeichnet. Das Spektrum der Möglichkeiten reicht von einfachen Fanfaren,

Nachtwächterliedern oder Trinkliedern über Märsche, Hirtenmusik, Ständchen und Jagdmusik bis hin zur liturgischen Musik eines Requiems. Sie kann sich auf einfache Trompetensignale oder einstimmig gesungene Lieder beschränken, komplexere Instrumentalsätze umfassen oder ganze Opernarien und Opernszenen in das Sprechdrama integrieren. Diese Art der Schauspielmusik ist gleichsam ein Stück der Handlung selbst. Sie kann die Handlung im Sinne des Illusionstheaters ergänzen und als sichtbares und tönendes Requisit (z. B. in der attributiven Verwendung von Instrumenten) die Szene verständlich werden lassen, auch wenn die Zusammenhänge durch den Text nur bedingt unmittelbar zu erschließen sind. Von der Verwendung von Hörnern bei Jagdszenen, der Trompete beim Auftreten von Fürsten, des Dudelsacks in der Welt der Bauern bis hin zur Laute als Instrument des werbenden Liebhabers sind alle Facetten von der emblematischen Instrumentation bis zur späteren Instrumentation im Dienste der couleur locale im Schauspiel des klassisch-romantischen Zeitalters präsent. Zugleich ist die Inzidenzmusik auch nach dem älteren Verständnis der aristotelischen „Imitatio naturae" nur in Ausnahmefällen ausschließlich „tönendes Requisit". Zumeist läßt sich diese Funktion schon in der Schauspielmusik des 17. und 18. Jahrhunderts nicht trennen von den affektiven Konnotationen. Der Blechbläsersatz signalisiert nicht nur abstrakt den Auftritt eines Fürsten, sondern zugleich seine Attribute, nämlich Virtus, Fortitudo usw., der Dudelsack nicht nur die Welt des Bauern, sondern auch fehlende Temperantia usw. Ähnlich verhält es sich mit der Schauspielmusik im klassisch-romantischen Zeitalter. Selbst die reine Inzidenzmusik ist zumeist mehr als ein „tönendes Requisit". Auch ein komponierender Dilettant wie Fürst Radziwill, der die erste große *Faust*-Musik schrieb, gestaltete gerade die von Goethe geforderten Inzidenzmusiken zu einer musikalischen Erzählung der inneren Handlung.[8] Ein signifikantes Beispiel ist der Chor „Christ ist erstanden", der in jenem Moment erklingt, in dem

---

8 Vgl. Detlef Altenburg: *Fürst Radziwills „Compositionen zu Göthe's Faust." Zur Geschichte der Schauspielmusik im 19. Jahrhundert*, in: *Festschrift Christoph-Hellmut Mahling*, hg. von Axel Beer, Kristina Pfarr und Wolfgang Ruf, Tutzing 1997, S. 25–45.

Faust die Giftschale an den Mund setzt. In Radziwills Vertonung bricht der Chor mit elementarer Gewalt in den Monolog und wird zum wahrhaft „festlich hohen Gruß", den Faust zuvor beschwor. Jenseits der Möglichkeiten szenischer Realisierung vollzieht sich gleichsam vor dem inneren Ohr des Protagonisten – den die Musik wie im Teleobjektiv überdimensional vor unserer Imagination erscheinen läßt – ein Auferstehungsoratorium en miniature, das für den Zuschauer und Zuhörer zugleich gewissermaßen die Auferstehung Fausts signalisiert.

Nicht selten enthüllt die Musik – und dies gilt bemerkenswerterweise auch für die vordergründig gar zu leicht als reines Ausstattungselement unterbewertete Bühnenmusik – den wahren Sinn der Handlung. In Schillers *Wilhelm Tell* wird, um ein Beispiel zu nennen, die Musik in den Dienst einer außerordentlich wirkungsvollen Kontrastdramaturgie gestellt. In der Schlüsselszene des vierten Aktes entwickelt sich vor dem Hintergrund einer Alpenidylle, in der der Musik eine zentrale Rolle zugewiesen ist, der Konflikt zur Katastrophe: Die Szene beginnt mit dem Hochzeitszug des Klostermayer, den die Protagonisten ferne von der Höhe herabziehen sehen. Während der Zuspitzung des Konfliktes hört man wiederholt die „heitre Musik" des Hochzeitszuges, der zu dem Zeitpunkt auf der Bühne anlangt, in dem Geßler sein Leben aushaucht. Aus der Hintergrundsmusik des Szenenanfangs ist das dominierende Klangereignis der Bühne geworden: Zur heiteren Musik des Hochzeitszuges, die die wahren Empfindungen enthüllt, verblutet der Tyrann.

2. Die Musik kann zweitens (umgekehrt) dazu dienen, ganze Szenenkomplexe aus dem dramatischen Kontext der „Realität" der Handlung herauszuheben, im Spiel eine eigene, durch die Musik charakterisierte Sphäre des Übersinnlichen zu schaffen. Diese Funktion können gleichermaßen Chöre, Melodramen und Instrumentalstücke, seltener auch Sologesänge erfüllen. Seit Shakespeares Dramen werden durch die Musik nicht nur Traumszenen, sondern auch die Welt der Elfen und das Reich Titanias *(Ein Sommernachtstraum)* oder der Hexen *(Macbeth)* von der fiktiven Realität des Bühnengeschehens abgehoben. Hier kann die Musik, in diesem Falle nicht

selten auch die reine Instrumentalmusik, den Rahmen bilden und sozusagen den Übertritt von der Realität der Handlung in die Sphäre des Traums oder der übernatürlichen Wesen ohrenfällig werden lassen. Ein charakteristisches Beispiel für diese Funktion der Musik im Schauspiel ist der Elfenmarsch in Mendelssohns Musik zum *Sommernachtstraum*. Den Auftritt von Oberon und Titania zur Regieanweisung „Enter Oberon from one side, with his Train; and Titania from the other, with hers" begleitet Mendelssohn mit einer Auftrittsmusik, dem *Elfenmarsch,* der musikalisch gleichsam ins Reich der Elfen führt. Dieselbe Musik erklingt dann in derselben Szene wieder zum Auszug Titanias.

Eine Schlüsselstellung kommt in Szenen, die das Eindringen des Übersinnlichen in die Realität der Handlung darstellen, dem Melodram zu. Im Sprechdrama des späteren 18. und des 19. Jahrhunderts erfreut es sich in Geister- und Spukszenen, im Kontext von Beschwörung und Magie, großer Beliebtheit. Mit der Deklamation der Singstimme vor einer instrumentalen Klangkulisse, die vielfältige Berührungspunkte mit dem Accompagnato-Rezitativ aufweist, wird wie in der Oper der Zeit – das Paradigma par excellence ist die Wolfsschluchtszene in Webers *Freischütz* – die Aura des Unwirklichen evoziert.[9] Zum Teil finden sich gerade in diesen Szenen höchst bemerkenswerte experimentelle Züge (z. B. in Reichardts Musik zu Shakespeares *Macbeth,* IV, 1, und Radziwills Musik zu Goethes *Faust,* Verse 428 ff.[10]).

3. Der dritte Typ der Schauspielmusik umfaßt sämtliche Arten der sogenannten Rahmenmusik, insbesondere die Schauspielouvertüre, die Zwischenaktmusik und (seltener) die Schlußmusik. Auch dieser Typus ist keineswegs erst ein Phänomen des 19. Jahrhunderts, sondern tritt in ganz

---

9 Friedhelm Krummacher hat darauf aufmerksam gemacht, mit welcher Konsequenz Mendelssohn die Musik der Elfensphäre zuordnet. Im dritten Akt des *Sommernachtstraums* werden auch Worte der Handwerker und der Liebenden im Melodram rezitiert (III/1 und 2): „Indes sind sie auch dann nur soweit bedacht, wie die Personen in den Bannkreis der Elfen geraten." (a. a. O., S. 102)

10 Vgl. Detlef Altenburg: *Fürst Radziwills „Compositionen zu Göthe's Faust". Zur Geschichte der Schauspielmusik im 19. Jahrhundert,* in: *Festschrift Christoph-Hellmut Mahling,* hg. von Axel Beer, Kristina Pfarr und Wolfgang Ruf, Tutzing 1997, S. 30 f.

unterschiedlichen Varianten durch die gesamte Geschichte der abendländischen Theaterpraxis in Erscheinung, die die Masque ebenso umfassen wie das Intermedium der Renaissance. Er hat seine ideengeschichtlichen Wurzeln wahrscheinlich in den Embolima der antiken Komödie, d. h. den in die neue Komödie des 4. Jahrhunderts v. Chr. eingeführten Chören, die dort gewissermaßen die Funktion von Zwischenakten erfüllten; seine theaterpraktischen Ursprünge hat er in den Komödienaufführungen der Renaissance. Bemerkenswerterweise gehen die Überlegungen zur Funktion der Musik im Theater in der Theorie des 18. Jahrhunderts nicht von der Bühnenmusik, sondern von der Zwischenaktmusik aus. Nach den Ausführungen Johann Christoph Gottscheds in seinem *Versuch einer Critischen Dichtkunst* (1730) zu urteilen, war die Zwischenaktmusik im Sprechtheater seiner Zeit bereits durchaus üblich. Offenbar richtete sich schon sein Vorschlag, diese Instrumentalmusik durch kantatenartige Stücke zu ersetzen, gegen die Praxis, für die Überbrückung zwischen den Akten entsprechende Instrumentalmusik – er spricht von „allerhand lustigen Stücken"[11] – ohne Beziehung zum Kontext der Handlung frei zusammenzustellen. Genau hier setzte auch Johann Adolph Scheibes Forderung an, daß die „theatralischen Synphonien" – Ouvertüre und die Zwischenaktmusiken – auf den dramatischen Kontext, d. h. insbesondere auf die Affekte, Gefühle, Stimmungen der Handlung, Bezug nehmen müssen.[12] Das klassische Beispiel für die kongeniale Umsetzung der dramatischen Idee einer Rahmenmusik, die der Dichter in diesem Fall selbst vorgesehen hat, ist der Schluß von Beethovens Musik zu Goethes *Egmont,* die „Siegessymphonie", die über den Abschluß der Handlung im Drama hinaus visionär auf die Befreiung der Niederlande vorausweist.

---

11 Johann Christoph Gottsched: *Versuch einer Critischen Dichtkunst,* Leipzig 1730, S. 581.
12 *Der Critische Musikus,* Leipzig ²1745, S. 611 ff.

II. Der Stellenwert der Schauspielmusik im Bewußtsein der Komponisten

Die Frage, welchen Stellenwert Schauspielmusik im Bewußtsein der Dramatiker des 18. und 19. Jahrhunderts einnahm, muß hier nicht eigens erörtert werden. Die Regiebemerkungen und die Erwähnungen der Musik im Dialog in Dramen des späteren 18. und des 19. Jahrhunderts zeigen, in welch hohem Maße die Theaterpraxis mit Musik rechnete. Die Frage nach der Bedeutung der Musik für die Konzeption des Dramas des klassisch-romantischen Zeitalters verdiente im interdisziplinären Diskurs zweifellos mehr Beachtung. Die Tatsache, daß Goethe gleich für mehrere Schauspielmusiken zu seinem *Faust* nicht nur Anregungen gab, sondern auch neue Texte schrieb, ist kein Einzelfall, sondern nur eins von vielen Beispielen für die Zusammenarbeit zwischen Dichter und Musiker im Bereich des Schauspiels im 18. und 19. Jahrhundert. Die in unserem Zusammenhang interessierende Frage ist die nach dem Stellenwert der Schauspielmusik im Bewußtsein der Komponisten.

Eine intensivere Beschäftigung mit der Schauspielmusik des 19. Jahrhunderts läßt Zweifel aufkommen, ob diese im Bewußtsein der Komponisten der Zeit in ähnlicher Weise als Nebensache oder Gelegenheitsmusik gewertet wurde, wie dies für die Musikwissenschaft des 20. Jahrhunderts zutrifft. Das Phänomen war der Forschung zeitweilig so fremd, daß einschlägige Werke nicht einmal korrekt zugeordnet wurden. Eher als einen anekdotischen Aspekt der Biographie mag man werten, daß der junge Berlioz sich für die Drucklegung seines Opus I hoffnungslos verschuldete. Bekanntlich zog er nach der enttäuschenden bzw. ausbleibenden Reaktion seiner Freunde, an die er die meisten Exemplare verschenkt hatte, sein Opus I zurück.[13]

---

13 Vgl. hierzu die Darstellung in den *Memoiren*, Bd. 1 (*Literarische Werke*, Bd. 1, übers. u. hg. von Elly Ellès, Leipzig 1903, S. 120 f.). Die hier von Berlioz gegebene Darstellung ist insofern zu relativieren, als nach der Aufführung des Sylphenchores durchaus noch Korrekturen in der Partitur vorgenommen wurden, und zwar bezeichnenderweise auch in den Nachdrucken. Das bedeutet, daß der Druck keineswegs sogleich zurückgezogen wurde. Vgl. *Catalogue of the Works of Hector Berlioz*, hg. von D. Kern Holoman, Kassel u. a. 1987, S. 62. Die Opuszahl I vergab Berlioz 1839 bei der Drucklegung seiner *Ouverture de Waverly*, die im Autograph als „Grande Ouverture Caractéristique" bezeichnet ist, neu. Bemerkenswert ist,

Lange Zeit wurde in der Berlioz-Forschung dieses Werk, es handelt sich um die *Huit scènes de Faust,* nicht mit der deutschen Tradition der Schauspielmusik in Verbindung gebracht, sondern mit einem älteren Ballettprojekt. Tatsächlich aber handelt es sich bei den *Huit scènes de Faust* um eine Vertonung der von Goethe selbst für eine musikalische Gestaltung vorgesehenen Szenen.[14] Auch wenn die Umstellung des Soldatenchores (nach der *Romance de Marguerite*) darauf hindeutet, daß die Konzeption durchaus bereits auf eine konzertante Aufführung zielt, ist die Verwurzelung in der Tradition der Schauspielmusik unübersehbar.[15] Berlioz hatte sein Debut als Komponist sorgfältig inszeniert. Die Reihe seiner Werke mit Opuszahl, d. h. seiner gültigen Werke, sollte bezeichnenderweise weder eine Oper, die das Ziel eines ambitionierten jungen Komponisten der achtzehnhundertzwanziger- und dreißiger Jahre in Paris sein mußte, noch eine Symphonie, die angesichts der gerade in Paris einsetzenden Beethovenbegeisterung der jungen progressiven Musiker naheliegend gewesen wäre, sondern geradezu programmatisch eine Vertonung der Musik-Szenen aus Goethes *Faust* I eröffnen.[16]

Bei einem Komponisten wie Felix Mendelssohn Bartholdy, der mehrere große Schauspielmusiken für sehr unterschiedliche Dramen schrieb, liegt es nahe, daß das Genre zumindest zeitweilig einen hohen Stellenwert für ihn hatte. Den Bemühungen des Gräzisten Hellmut Flashar ist es zu verdanken, daß in den letzten Jahren neben der Musik zu Shakespeares *Sommernachtstraum* auch die übrigen Schauspielmusiken Mendelssohns wieder

---

daß auch das neue Opus I wiederum von einem literarischen Werk ausgeht.
14 Von den von Goethe für die Mitwirkung von Musik vorgesehenen Szenen fehlen nur wenige, darunter allerdings die Szene „Dom" mit dem „Dies irae" und der Orgel. Zur Konzeption der *Faust*-Szenen vgl. Wolfgang Dömling: *Hector Berlioz. Die symphonisch-dramatischen Werke,* Stuttgart 1979, S. 105–112.
15 Die konzertante oder oratorienhafte Aufführung von ursprünglichen Schauspielmusiken war im klassisch-romantischen Zeitalter keine Seltenheit. Vgl. hierzu z.B. das Vorwort zu Johann Abraham Peter Schulz, *Musik zu Racine's „Athalie",* hg. von Heinz Gottwaldt, Mainz 1977 (= *EdM* 71).
16 Zur Überlieferung vgl. das Vorwort von Julian Rushton in der neuen Berlioz-Gesamtausgabe: *Hector Berlioz, New Edition of the Complete Works,* Bd. 5, Kassel u. a. 1970.

ins Blickfeld rückten und von der Plattenindustrie eingespielt wurden. Für Mendelssohn war das von Friedrich Wilhelm IV. in Potsdam und Berlin geplante Theaterprojekt, das mit der Inszenierung der *Antigone* begann, möglicherweise sogar einer der entscheidenden Gründe, 1841 dem Ruf von Leipzig nach Berlin zu folgen. Die Zusammenarbeit mit dem greisen Ludwig Tieck, den der König aus Dresden abgeworben hatte, und mit dem angesehenen Altphilologen August Böckh, und nicht unbedingt primär die ihm zugedachte Leitung der musikalischen Klasse der Akademie der Künste und die Reform der Kirchenmusik in Preußen bildeten wohl einen wesentlichen Anreiz. Nicht weniger als drei weitere Theaterprojekte folgten der *Antigone*-Aufführung: 1843 Shakespeares *Sommernachtstraum,* 1845 Sophokles' *Oedipus auf Kolonos* (Titel der Partitur: *Oedipus in Kolonos*) und ebenfalls 1845 Racines *Athalie.*

Für die Rezeption der antiken Tragödie auch über die Universitätsphilologie hinaus hatten die Berliner Experimente richtungsweisende Bedeutung. Für Mendelssohn bildeten diese Werke, denen er sich mit ungewöhnlichem Engagement widmete, insbesondere im Hinblick auf seine Vorbehalte gegen die Standards der zeitgenössischen Librettistik, eine wichtige Alternative zur Oper.

Hat Schauspielmusik sicherlich im Œuvre vieler anderer Komponisten des klassisch-romantischen Zeitalters nicht einen derart exponierten Stellenwert wie bei Berlioz und Mendelssohn, so fehlt das Genre doch im Œuvre kaum eines Komponisten der Epoche. Dies gilt für die Trias der Wiener Klassiker ebenso wie für Reichardt, Rossini, Schubert und Schumann, um nur einige Namen zu nennen. Manch ein Werk, das uns in seiner Konzertfassung nur zu vertraut ist, wie z. B. Haydns Symphonie Nr. 60 „Il distratto" und Griegs beide *Peer Gynt-Suiten,* entpuppt sich bei genauerer Betrachtung als ursprüngliche Schauspielmusik.

III. Wechselbeziehungen zwischen Schauspielmusik und Oper

Eins der wesentlichen Ergebnisse der jüngeren Forschungen zur Frühgeschichte der Oper ist die Erkenntnis, daß die frühe Oper den italienischen Intermedien, die in der Theatermusik der Renaissance eine Schlüsselstellung einnehmen, ganz entscheidende Anregungen verdankt. Dies gilt ganz allgemein für die reiche Palette der Instrumentation mit ihren Möglichkeiten der emblematischen Charakteristik der Sphären, ganz speziell aber auch für den experimentellen Prototyp der Gattung, die *Dafne,* die textlich, aber auch stilistisch aus den Florentiner Intermedien von 1589 hervorging.

Ähnliche Wechselbeziehungen dürften für die gesamte Geschichte der Schauspielmusik und der Oper eine Rolle gespielt haben. So ist, um ein Beispiel zu nennen, die Tradition der Bühnenmusik in der Oper nicht zu trennen von den Konventionen der Bühnenmusik im Schauspiel. Auch wenn Bühnenmusik in der Oper wegen der unterschiedlichen Zeitstrukturen, aber auch aufgrund des musikalischen Kontextes keineswegs dieselben dramaturgischen Funktionen erfüllt wie im Sprechtheater, ist für zahlreiche Szenentypen wie die Türkenszene im späten 17. und im 18. Jahrhundert sowie für die religiöse Szene im 19. Jahrhundert die Entwicklung der musikalischen Gestaltungstechniken in Oper und Sprechtheater nicht zu trennen.

Im klassisch-romantischen Zeitalter sind in Ansätzen die vielfältigen Wechselbeziehungen zwischen Oper und Schauspielmusik erkennbar, ohne daß bisher klar bestimmt werden könnte, wie repräsentativ die Beispiele sind. Im Gegensatz zur Oper und zum Oratorium geht die Schauspielmusik nicht vom Libretto als einem durchgehend die Zeitstrukturen der Musik berücksichtigenden Text aus, sondern von einem Text, der nur punktuell Musik vorsieht. Die Musik kann im Schauspiel unbeschadet dieser eher insularen Stellung indes eine wichtige dramaturgische Funktion erfüllen. Das Exemplum classicum des für das Sprechdrama typischen Verhältnisses zwischen gesprochenem und gesungenem Text ist zweifellos Beethovens Musik zu Goethes *Egmont.* Hier ist die Balance zwischen der Schauspielmusik und dem gesprochenen Monolog bzw. Dialog des Dramas insofern gewahrt, als Beethoven über den durch Goethes Regieanweisungen für die Vertonung vorgesehenen Textbestand und die in der Praxis vorausgesetzte Ouvertüre und Zwischenaktmusik nicht hinausgeht. Den Konventionen der Schauspielmusik des frühen 19. Jahrhunderts entsprechend, bildet den Kern der Beethovenschen Musik die Rahmenmusik, nämlich Ouvertüre, Zwischenaktmusik und Schlußmusik (die Siegessymphonie). Beethovens Verfahren, mit der visionären Wiederkehr der Siegessymphonie aus der Ouvertüre am Schluß des Dramas eine Verbindung zwischen weit entlegenen Teilen der Schauspielmusik herzustellen, ist nur die Zuspitzung seiner Technik, ein Netz musikalischer Beziehungen zu knüpfen, die weite Teile seiner *Egmont-Musik* durchzieht,[17] und löst jenseits der speziellen dramaturgischen Funktion, die die Siegessymphonie hier erfüllt, das spezifische Problem der Musik im Sprechdrama, daß ohne die Techniken des Erinnerungs- oder Leitmotivs die einzelnen Teile bzw. Nummern gar zu leicht zu dekorativen Versatzstücken degenerieren. Derartigen Techniken, die z. T. wie in Schillers *Wilhelm Tell* schon in den Regieanweisungen vorgegeben sind, kommt angesichts der herausgehobenen Stellung der Musik im Kontext des Dramas ein ungleich höherer Stellenwert zu als in der Oper. Auffallenderweise nutzen auch Komponisten wie Radziwill und Mendelssohn diese Möglichkeiten. Es stellt sich die Frage, inwieweit die Ausbildung dieser Technik in der Schauspielmusik in einer Wechselbeziehung mit der entsprechenden Entwicklung in der Oper steht.

Ambitionierte Schauspielmusik überschreitet im klassisch-romantischen Zeitalter immer wieder die Bedingungen des Sprechtheaters. So sehr Goethe die Beethovensche Musik zum *Egmont* geschätzt hat, so klar diagnostizierte E. T. A. Hoffmann 1813 das Problem, daß Klärchens Lied „Die Trommel gerühret" letztlich die Konventionen der Inzidenzmusik sprengt und als Zitat der Opernarie, „als etwas ganz fremdartig Hinzutre-

---

17 Vgl. Andreas Ballstaedt: *Musik zu „Egmont" op. 84*, in: *Beethoven. Interpretationen seiner Werke*, hg. von Albrecht Riethmüller, Carl Dahlhaus und Alexander L. Ringer, Bd. 1, Laaber 1994, S. 649–660.

tendes", im Grunde als Bruch im System wirke, da es die primäre dramaturgische Funktion verfehle.[18] Diese Problematik war Fürst Radziwill, der sich der Vertonung von Goethes *Faust* annahm, offenbar bewußt. Doch das Problem der Integration der Musik in das Drama löste er gerade nicht durch Reduktion der musikalischen Mittel, sondern durch eine Ausweitung der Szenen mit Musik zu großen dramatisch-musikalischen Szenenkomplexen. Mit seiner *Faust-Musik* verwirklichte er wie später Mendelssohn mit der Musik zum *Sommernachtstraum* eine Konzeption, die der Musik eine derart tragende Funktion zuwies, daß das Wagnersche Musikdrama und die Literaturoper aus der Perspektive der nachfolgenden Generationen nicht nur als qualitativer Sprung in der Geschichte der Oper, sondern bisweilen auch als letzte Konsequenzen einer sich über das gesamte Drama ausbreitenden musikalischen Dramaturgie verstanden wurden. In eben diesem Sinne bewertete 1854 Franz Liszt Beethovens Musik zum *Egmont* und Mendelssohns Musik zum *Sommernachtstraum* nicht als mißlungene Versuche, sondern eher als ideen- und kompositionsgeschichtlich bedeutsame Experimente auf dem Weg zu Wagners Musikdrama.[19]

Soweit Schauspielmusik in der Theaterpraxis präsent ist, liegt es nahe, daß die Techniken und dramaturgischen Prinzipien von Oper und Schauspielmusik sich wechselseitig beeinflussen. Wenn Alban Berg in seinem *Wozzeck* die dramatische Spannung mit einer Technik, die ihre Wurzeln in der Zwischenaktmusik des Sprechtheaters hat, über eine Dauer von eineinhalb Stunden aufrechterhält, so kann dies als Indiz gewertet werden, daß nach der Aktualisierung der Idee der Schauspielmusik in der richtungweisenden Zusammenarbeit zwischen Max Reinhardt und Engelbert Humperdinck in den Jahren 1905 bis 1912 ein wesentliches Element der Schauspielmusiktradition durchaus auch im 20. Jahrhundert selbst von progressiven Komponisten wie Berg noch nicht als obsolet betrachtet wurde.

18 E. T. A. Hoffmann: *Schriften zur Musik. Aufsätze und Rezensionen,* hg. von Friedrich Schnapp, Darmstadt 1979, S. 174. Hoffmanns Aussagen zur Ästhetik der Inzidenzmusik dürften der herrschenden Auffassung der Zeit entsprechen.
19 Franz Liszt: *Sämtliche Schriften,* hg. von Detlef Altenburg, Bd. 5: *Dramaturgische Blätter,* hg. von Dorothea Redepenning u. Britta Schilling, Wiesbaden 1989, S. 16–26.

IV. Die Schauspielmusik und die Geschichte der Programmusik

Im Zusammenhang mit der Kritik an der Malerei in der Musik vergleicht Sulzer das Verfahren der Tonmalerei mit der übertriebenen Gestik eines Redners.[20] Wie dieser mit extremen Grimassen und wilden Gebärden seinen Worten keinerlei Nachdruck verleihen könne, so wirke Tonmalerei, man müßte nach der Praxis der Zeit ergänzen: die vom Pochen des Herzens bis zum Quaken der Frösche alles in Musik umsetzt, was der Text erwähnt, schlicht und einfach lächerlich. Diese Kritik an der Übertreibung verdiente kaum besondere Beachtung, da sie nur das alte rhetorische Kriterium des „aptum" neu formuliert, stünde dieser Vergleich mit der Mimik bzw. Gebärdenkunst isoliert. Derartige Vergleiche liegen nahe, da bereits Quintilian im Zusammenhang mit dem Vortrag der Rede mehrfach die Musik zum Vergleich herangezogen hatte. Für die musikalische Vortragslehre des 17. und 18. Jahrhunderts hatte dies insofern Konsequenzen, als die Legitimierung verschiedener Prinzipien der Gestaltung durch die Vortragslehre der Rhetorik nachgerade zum Topos wurde. Tatsächlich aber werden auch die Verfahren der Tonmalerei und die Mimik – im zeitgenössischen Sinne: die Schauspielkunst insgesamt – allgemein häufiger miteinander in Beziehung gesetzt. In Bosslers *Musikalischer Real-Zeitung* vom 24.2.1790 (S. 58–62) findet sich in einer anonymen *Lebensbeschreibung Herrn Justin Heinrich Knechts* ein Hinweis auf dessen Symphonie auf den Tod des Prinzen Leopold von Braunschweig. Der Verfasser erklärt, Knecht habe „diese merkwürdige Begebenheit in einer Symphonie malerisch und mimisch bearbeitet". Im Anschluß daran wird ein Brief des Komponisten an den Verfasser des Artikels zitiert, in dem Knecht schreibt:

„Ich liebe dergleichen Sujets zu blossen Instrumentalstüken vorzüglich [...]. Denn ich rechne diese Art von Tonstüken zur *Mimik der Musik*. Man giebt zum ersten und vornehmsten Zweke der Musik die Rührung des Herzens, zum zweiten die Ergötzung des Ohrs mit Recht

---

20 Johann Georg Sulzer: *Allgemeine Theorie der schönen Künste*, Bd. 2, Leipzig 1792, S. 357.

an, glaubt aber mit Unrecht, der erste und vornehmste Zwek werde immer durch solche characteristische und malerische Tonstüke verfehlt."
Ähnlich elementare Ausdrucksmittel, auf die sich die Prinzipien der charakteristischen Musik und der Tonmalerei zurückführen lassen, spielen in der Rhetorik seit Quintilian eine wesentliche Rolle. Dem Heben und Senken der Stimme korrespondierte in der Mimik und in der Gebärde ein entsprechendes Potential an Ausdrucksmitteln. Da Quintilian seinerseits immer wieder in diesem Zusammenhang auf die Musik eingeht, lag es nahe, im Zusammenhang mit der Lehre der Mimik auch auf die Musik zu rekurrieren. Unter diesen Vorzeichen ist es nur folgerichtig, wenn Johann Jakob Engel in seiner zweibändigen *Abhandlung Ideen zu einer Mimik* (1785/1786) mehrfach auf die Musik Bezug nimmt. Die Tatsache, daß elementare Ausdrucksmittel der charakteristischen Musik und der Tonmalerei auch in der Schauspielmusik eine wesentliche Rolle gespielt haben, führte durch das gesamte 18. und 19. Jahrhundert immer wieder zu grundsätzlichen ästhetischen Diskussionen über die Ausdrucksmittel der Musik. Die enge Berührung mit der Auseinandersetzung über die Symphonie à programme bzw. die charakteristische Symphonie läßt auf enge Wechselbeziehungen zwischen der Schauspielmusik und der Instrumentalmusik mit Programm schließen. Die Frage, inwieweit hier dem Charakterbegriff im Zuge der Rezeption der Aristotelischen *Poetik* eine Schlüsselstellung zukommt, wäre näher zu untersuchen.[21]

Die Dissertation von Bärbel Pelker über die deutsche Konzertouvertüre im 19. Jahrhundert, eine erste umfassende Katalogisierung aller bibliographisch nachweisbaren Konzertouvertüren aus dem Zeitraum von 1825 bis 1865, hat gezeigt, in welch hohem Maße die Verwendung von Programmen in der Ouvertürenproduktion vom internationalen Repertoire des

---

21 Wesentliche Hinweise enthalten bereits die Untersuchungen von Jacob de Ruiter: *Der Charakterbegriff in der Musik,* Stuttgart 1989 (= *Beihefte zum Archiv für Musikwissenschaft* 29) und Arnfried Edler: *Gattungen der Musik für Tasteninstrumente,* Laaber 1997 (= *Handbuch der musikalischen Gattungen* 7, 1). Eine umfassende Studie, die die Verbindungen zwischen dem Charakterbegriff in der Theorie der Schauspielmusik und der Ästhetik der Instrumentalmusik systematisch berücksichtigt, steht bislang aus.

Sprechtheaters ausgeht. Leider bleibt die Arbeit die Antwort auf die Frage schuldig, in welchem Umfang diese Ouvertüren mit Titeln wie *Tasso-Ouvertüre, Faust-Ouvertüre* usw. ursprünglich als Einleitung zu Schauspielen dienten. Über den Werkkatalog dieser Dissertation läßt sich in der entsprechenden Rubrik allerdings erschließen, daß nicht wenige dieser Werke als Konzertouvertüren – despektierlich formuliert – gleichsam Recyclingprodukte sind. Angesichts der grundlegenden Bedeutung, die selbst für Liszts Zyklus Symphonischer Dichtungen die Schauspielouvertüre hat – aus dieser Tradition kommen immerhin *Tasso, Prometheus*[22] und *Hamlet* –, verdienen diese Beziehungen zwischen der Schauspielmusik und der Programmusik im 19. Jahrhundert eine stärkere Beachtung.

V. Zur Ästhetik der Schauspielmusik

Die Verbindungen zwischen der Schauspielmusik und den zentralen musikalischen Gattungen des klassisch-romantischen Zeitalters reichen indes sehr viel weiter. Mehr als die Oper und die Symphonie waren Schauspielmusik und Programmusik in diesem Zeitraum der Skepsis und z. T. auch offener, heftiger Kritik ausgesetzt. Eine umfassendere Untersuchung zur Ästhetik der Schauspielmusik zählt gegenwärtig noch zu den Desideraten der Forschung. Nur in den Umrissen ist bislang im 18. Jahrhundert und frühen 19. Jahrhundert die Ausbildung einer Theorie der Schauspielmusik erkennbar. Aber bereits diese wenigen Texte lassen darauf schließen, daß die Ästhetik der Schauspielmusik gleichermaßen ein Schlüssel zur Konzeption des Dramas und zur Theorie der Instrumentalmusik des klassisch-romantischen Zeitalters ist.

Die wesentlichen Stationen der theoretischen Diskussion im 18. Jahrhundert sind die Schriften von Johann Christoph Gottsched, Johann Adolph Scheibe, Gotthold Ephraim Lessing und Ludwig Tieck.[23] War für Gott-

---

[22] *Prometheus* war ursprünglich als Einleitung zu einer szenischen Aufführung von Herders *Entfesseltem Prometheus* bestimmt. Liszt hatte für diese „Dramatischen Szenen" die Chöre vertont. Vgl. Rainer Kleinertz: *Liszts Ouvertüre und Chöre zu Herders Entfesseltem Prometheus*, in: *Liszt und die Weimarer Klassik*, hg. von Detlef Altenburg, Laaber 1997 (= *Weimarer Liszt-Studien* 1), S. 155–178.

sched die Auseinandersetzung mit der Frage nach der Musik im Drama eine Konsequenz seiner Orientierung an der Aristotelischen *Poetik*, so entwickelte der Gottsched-Schüler Scheibe diese Überlegungen zu einer Theorie der Schauspielmusik aus dem Blickwinkel des Musikers mit durchaus eigenständiger Akzentuierung. Gegenstand der Theoriebildung ist bei Gottsched und Scheibe die Frage der Chöre bzw. der Zwischenaktmusiken, nicht das Problem der Inzidenzmusik, obwohl beide Arten der Schauspielmusik in der Theaterpraxis durchaus verbreitet waren.

Bereits Lessing hob in seiner *Hamburgischen Dramaturgie* neben den positiven Aspekten der Musik im Schauspiel aus der Sicht des Dramatikers auch die negativen sehr deutlich hervor. Dem verbreiteten Verfahren, das Scheibe propagiert hatte, in der Zwischenaktmusik mit zweiteiligen Symphonien zwischen dem Affekt des abgeschlossenen und dem Affekt des folgenden Aktes zu vermitteln, erteilte Lessing eine deutliche Absage, weil er die Verselbständigung der musikalischen Dramaturgie erkannte:

„Denn die Musik soll dem Dichter nichts verderben, der tragische Dichter liebt das Unerwartete, das Überraschende, mehr als ein anderer; er läßt seinen Gang nicht gern voraus verrathen; und die Musik würde ihn verraten, wenn sie die folgende Leidenschaft angeben wollte."[24]

Die Einwände Lessings waren tiefgreifender Natur. Ausführlich schilderte er daher seine Vorbehalte gegen die ältere, aber durchaus progressive Ästhetik, die Scheibe vertrat und die auch durch die Bedenken Lessings für die Theaterpraxis nicht ihre Bedeutung verlor:

„Eine Symphonie, die in ihren verschiednen Sätzen verschiedne, sich wiedersprechende Leidenschaften ausdrückt, ist ein musikalisches Ungeheuer."[25]

---

23 Eine Geschichte der Ästhetik der Schauspielmusik müßte neben den in der Fülle der überlieferten Vertonungen erkennbaren unterschiedlichen Konzepten die zahlreichen brieflichen Äußerungen von Dichtern und Komponisten sowie die Rezensionen der gedruckten Schauspielmusiken mit einbeziehen.
24 Gotthold Ephraim Lessing: *Hamburgische Dramaturgie* I, 27. Stück (*Werke*, hg. von Herbert G. Göpfert, Bd. 14, München 1973, S. 354).
25 Gotthold Ephraim Lessing: *Hamburgische Dramaturgie* I, 27. Stück (*Werke*, hg. von Herbert G. Göpfert, Bd. 14, München 1973, S. 356).

Im Zeichen der Shakespeare-Rezeption in Deutschland wurde in die theoretische Reflexion auch die Inzidenzmusik mit einbezogen. Im Zusammenhang mit der Edition seiner Übersetzung von Shakespeares *Sturm* ging Tieck bereits im Vorwort auf die Funktion der Musik ein:

„Die Musik war in diesem wunderbaren Schauspiel unentbehrlich, um die Täuschung zu unterstützen, nur wäre die ganze Wirkung ohne Zweifel verloren gegangen, wenn man aus diesem Stücke eine eigentliche *Oper* hätte machen wollen; ich sprach vieles über diesen Gegenstand mit meinem Freunde, dem Musikdirektor Wessely, und er war hierin völlig meiner Meinung. Er hat daher alle Lieder nicht als Arien komponiert, sondern in einer andern, einfachen Manier, die gewiß unmittelbarer auf die Seele wirkt; weil Musik das Schauspiel heben mußte, habe ich zu gleicher Zeit die Geisterchöre und einige andre Gesänge eingeflochten, wo Shakspear die Musik nur andeutet."[26]

Auf die hier schon unmißverständlich anklingende dramaturgische Funktion der Musik geht Tieck dann ausführlicher in seiner Abhandlung *Über Shakspeare's Behandlung des Wunderbaren* (1793, gedr. 1796) ein. Bei seiner Erörterung, wie es Shakespeare gelingt, den Zuschauer „in eine übernatürliche Welt zu versetzen", kommt er abschließend auf die Musik zurück:

„Das letzte, wodurch Shakspeare unsern Glauben für seine Zaubereien gewinnt, ist ein völlig mechanischer Kunstgriff, – nämlich durch die *Musik*. – Die Erfahrung wird jedermann überzeugt haben, wie sehr Gesang und Musik abenteuerliche Ideen und Vorfälle vorbereiten, und gewissermaßen wahrscheinlich machen. Die Phantasie wird durch Töne schon im voraus bestochen, und der strengere Verstand eingeschläfert [...]"[27]

Relativ ausführlich schildert Tieck dann die dramaturgische Funktion der Musik, die durch Shakespeares Regianweisungen präzise festgelegt ist:

26 Ludwig Tieck: *Schriften in zwölf Bänden*, hg. von Hans Peter Balmes u. a., Bd. 1: *Schriften 1789–1794*, hg. von Achim Hölter, Frankfurt am Main 1991, S. 684. Auf diese Passagen und Funktion der Musik geht bezeichnenderweise dann 1797 August Wilhelm Schlegel ausführlich in seiner Besprechung in der *Allgemeinen Literatur-Zeitung* ein (abgedruckt im Kommentar der Ausgabe von Achim Hölter, S. 1219–1224).
27 Ludwig Tieck: *Schriften in zwölf Bänden*, hg. von Hans Peter Balmes u. a., Bd. 1: *Schriften 1789–1794*, hg. von Achim Hölter, Frankfurt am Main 1991, S. 707 f.

„Lieder und Gesänge sind daher durch den ganzen Sturm zerstreut: Ferdinand tritt auf, indem Ariel ein seltsames Lied spielt, das völlig dem Kolorit der Feenwelt entspricht, und das daher weder Gildon's Tadel, noch Warburton's großes Lob verdient; Ariel schläfert durch Musik Alonso und seine Begleiter ein, und erweckt sie wieder durch Musik, Stephano tritt mit einem Liede auf, Caliban schließt den zweiten Akt, indem Trinkulo und Stephano singen, unter einer feierlichen Musik tragen Geister dem Alonso und seinen Gefährten eine Tafel auf, nach Ariels Verschwindung folgt eine sanfte Musik, eine solche kündigt die Maske an, die Prospero von Geistern aufführen läßt, unter einem feierlichen Gesange treten die Fremden in Prospero's Zauberzirkel, und Ariel singt bald nachher ein fröhliches Lied."

Tieck resümiert schließlich:

„Shakspeare läßt auf diese Art die Musik durch das ganze Stück nicht verstummen, er kannte den Einfluß der Tonkunst auf die Gemüter zu sehr."[28]

Mit dem Problem der Rahmenmusik im Schauspiel setzte sich Wackenroders Kunstfigur des Joseph Berglinger wenig später, 1799, in Tiecks bekanntem Text *Symphonien,* der in den nach dem Tode Wackenroders publizierten *Phantasien über die Kunst* erschien, auseinander. Der Text, der von der Ausdrucksfähigkeit und Wirkung der Vokal- und vor allem der Instrumentalmusik handelt, gilt nicht nur als eine Art Manifest des romantischen Kunstbegriffs, sondern zugleich als Schlüssel auf dem Weg zur Idee der absoluten Musik. Dahlhaus sah hier die neue Auffassung von Musik als einer Welt für sich, „losgelöst von der „Bedingtheit" durch Texte, Funktionen und Affekte", vorbereitet.[29] Tieck geht auf die Wirkung von Instrumentalmusik allgemein ein und dann speziell auf eine Instrumentalkomposition, die Berglinger kürzlich gehört habe:

---

28 Ludwig Tieck: *Schriften in zwölf Bänden,* hg. von Hans Peter Balmes u. a., Bd. 1: *Schriften 1789–1794,* hg. von Achim Hölter, Frankfurt am Main 1991, S. 708 f.
29 Carl Dahlhaus: *Die Idee der absoluten Musik,* Kassel u. a. 1978, S. 68.

„Ich kann nicht beschreiben, wie wunderbar allegorisch dieses große Tonstück mir schien, und doch voll höchst individueller Bilder, wie denn die wahre, höchste Allegorie wohl wieder eben durch sich selbst die kalte Allgemeinheit verliert, die wir nur bey den Dichtern antreffen, die ihrer Kunst nicht gewachsen sind. Ich sah in der Musik die trübe nebelichte Haide, in der sich im Dämmerlichte verworrene Hexenzirkel durch einander schlingen und die Wolken immer dichter und giftiger zur Erde herniederziehn. Entsetzliche Stimmen rufen und drohn durch die Einsamkeit, und wie Gespenster zittert es durch all' die Verworrenheit hindurch, eine lachende, gräßliche Schadenfreude zeigt sich in der Ferne. – Die Gestalten gewinnen bestimmtere Umrisse, furchtbare Bildungen schreiten bedeutungsvoll über die Haide herüber, der Nebel trennt sich. Nun sieht das Auge einen entsetzlichen Unhold, der in seiner schwarzen Höhle liegt, mit starken Ketten festgebunden [...]: um ihn her beginnt der magische Tanz aller Gespenster, aller Larven."[30] usw.

Tieck geht bei seiner Beschreibung aber keineswegs von einer reinen Instrumentalkomposition aus, sondern von einer Schauspielouvertüre – und zwar wahrscheinlich der von Johann Friedrich Reichardt – zu Shakespeares *Macbeth*. Wenn der Text als Dokument der romantischen Ästhetik der Instrumentalmusik rezipiert wurde, so ist zugleich zu bedenken, daß diese Instrumentalmusik als Programmusik gehört wurde, denn Tieck verweist ausdrücklich auf die Vorabinformation, daß es sich um eine Symphonie zu Shakespeares *Macbeth* handle. Unter diesen Vorzeichen hörte man nicht nur diese Symphonie, sondern Tieck beschrieb sie auch so. Mit seinem Hinweis, man solle die Symphonie aber lieber vom folgenden Schauspiel trennen, da sie poetischer als die Szene selbst die Handlung antizipiere, be-

---

[30] Wilhelm Heinrich Wackenroder: *Sämtliche Werke und Briefe. Histor.-krit. Ausgabe*, hg. von Silvio Vietta u. Richard Littlejohns, Bd. 1: Werke, hg. von Silvio Vietta, Heidelberg 1991, S. 244 f. Bei der Interpretation dieses Textes wird in der Musikwissenschaft nur zu oft die philologische Crux der Berglinger-Texte zur Instrumentalmusik übersehen (*Herzensergießungen*, S. 130–145, insbesondere S. 133 f., und *Phantasien*, S. 216–223 und 240–246). Zum Problem der Autorschaft vgl. den Kommentar von Vietta, Bd. 1, S. 283–288 und 367–372.

kannte er sich, wie die weiteren Ausführungen bei Tieck belegen, im Grunde mit einem neuen Akzent in der Argumentation nur zu den Einwänden Lessings gegen die funktional gebundene Schauspielouvertüre:

„Zu den gewöhnlichen Schauspielen sollte man nie besondere Symphonien schreiben, denn wenn sie nur einigermaßen passen sollen, so wird die Tonkunst dadurch von einer fremden Kunst abhängig gemacht."

Er zog im Gegensatz zu Lessing daher auch die eindeutige Konsequenz und forderte, „unsere großen Schauspiele" ohne Ouvertüre bzw. stattdessen „mit einer kühnen Symphonie" nach der Goetheschen Idee des *Egmont*-Schlusses am Schluß aufzuführen, wo sie dann als gesteigerte Wiederholung den Text nicht verblassen ließe:

„Schöner wäre es wohl, wenn unsere großen Schauspiele oder Opern mit einer kühnen Symphonie beschlossen würden. Hier könnte der Künstler denn alles zusammenfassen, seine ganze Kraft und Kunst aufwenden. Dies hat auch unser größter Dichter empfunden; wie schön, kühn und groß braucht er die Musik als Erklärung, als Vollendung des Ganzen in seinem Egmont! [...] ein Marsch, der sich schon ankündigte, fällt ein, der Vorhang fällt, und eine S i e g e s s y m p h o n i e beschließt das erhabene Schauspiel."[31]

Was Tieck nicht weiter reflektiert, ist die Tatsache, daß mit der Vorinformation „Macbeth" die Symphonie dann wiederum gleichsam als Programmusik gehört würde. Tiecks Text beschreibt insofern auch eher die gemeinsamen ästhetischen Prämissen von Schauspiel- und Opernouvertüre, charakteristischer bzw. charakterisierter Symphonie, Symphonie à programme und programmloser Symphonie als die absolute Musik im Gegensatz zur funktionalen Musik. Daran ändern auch die einleitenden Passagen des Textes nichts, die das Thema der Tieckschen Ausführungen umreißen – die Tonkunst als „das letzte Geheimniß des Glaubens, die Mystik, die durchaus geoffenbarte Religion" (S. 241) – und die die Symphonie als

---

31 Wilhelm Heinrich Wackenroder: *Sämtliche Werke und Briefe. Histor.-krit. Ausgabe*, hg. von Silvio Vietta u. Richard Littlejohns, Bd. 1: *Werke*, hg. von Silvio Vietta, Heidelberg 1991, S. 246. Vgl. hierzu Tiecks frühere Kritik an Goethes *Egmont*-Schluß in seiner Abhandlung *Über Shakspeare's Behandlung des Wunderbaren* (*Schriften in zwölf Bänden*, Bd. 1, S. 690).

„schön entwickeltes Drama" beschreiben. Mit der Definition, „daß alle menschliche Musik nur Leidenschaften andeuten und ausdrücken soll" (S. 243), steht Tieck noch deutlich auf dem Boden der aristotelischen Mimesis. Und zieht man Tiecks Brief an Wackenroder vom 10. Mai 1792 mit heran, in dem Reichardts Symphonien zu *Hamlet* und *Axur* als Inbegriff des Großen und Erhabenen bezeichnet werden,[32] so kann kein Zweifel daran bestehen, daß Tiecks Text noch eher als eine Ästhetik der Schauspielouvertüre denn als eine Ästhetik der absoluten Musik zu verstehen ist. Angesichts der engen Wechselbeziehungen zwischen der Schauspielmusik und so zentralen Gattungen wie der Oper, der Ouvertüre und der Symphonie könnte es lohnend sein, sich nicht nur mit der Geschichte der Schauspielmusik, sondern auch mit deren Ästhetik, die für das 19. Jahrhundert nur in Ansätzen untersucht ist, intensiver zu beschäftigen. In diesem Zusammenhang wäre – und dies soll hier nicht unterdrückt werden – auch der Zwiespalt zwischen der Theorie und der Praxis zu berücksichtigen. Schauspielmusik war im 18. und 19. Jahrhundert z. T. gerade deshalb vehementer Kritik ausgesetzt, weil sich die Einstellung zu funktionaler Musik in einem Umbruch befand. Und manch eine Zwischenaktmusik entsprach mit dem beliebten Flötensolo oder dem trivialen Virtuosenstück keineswegs den Vorstellungen, die Beethoven mit der ästhetischen Funktion dieser Musik verband. Derartige Erscheinungen ändern an der grundsätzlichen Bedeutung und der Präsenz der Schauspielmusik sowie an ihren Wechselbeziehungen mit den repräsentativen musikalischen Gattungen der Zeit wenig oder nichts. Angesichts der Tatsache, daß das Bildungsbürgertum des klassisch-romantischen Zeitalters in einem hohen Maße von seinen literarischen Traditionen geprägt war, ist es eine Verkürzung unseres Bildes von dieser Epoche, wenn wir die Schauspielmusik mit ihren Traditionen ignorieren. Nur in einem interdisziplinären Projekt ist eine systematische Erschließung dieses Gebietes zu leisten.

---

32 Wilhelm Heinrich Wackenroder: *Sämtliche Werke und Briefe. Histor.-krit. Ausgabe,* hg. von Silvio Vietta u. Richard Littlejohns, Bd. 2: *Briefwechsel,* hg. von Richard Littlejohns, Heidelberg 1991, S. 26.

Werke wie Schuberts *Gretchen am Spinnrade,* Schumanns *Faust-Scenen* und Wagners *Faust-Ouvertüre* sind vor dem Hintergrund der Schauspielmusiktradition des klassisch-romantischen Zeitalters zu sehen. Da zur Rezeption des großen Kunstwerks im emphatischen Sinne unabdingbar auch seine Multiplikatoren zählen, wird die volle Bedeutung des Phänomens Schauspielmusik nur zu erschließen sein, wenn man berücksichtigt, daß dies Phänomen sich nicht auf die Aufführung des Dramas mit Musik beschränkt, sondern über die Konzertouvertüre, die konzertante, oratorienhafte Aufführung von Schauspielmusiken[33] und das Lied vielfältige Bereiche der Musikkultur und des Musikdenkens des klassisch-romantischen Zeitalters mitgeprägt hat.

---

33 Vgl. hierzu Karl Konrad Polheim: *Zwischen Goethe und Beethoven. Verbindende Texte zu Beethovens Egmont-Musik,* Bonn 1982.

Zur Rolle Weimars und Hannovers in der deutschen Musikgeschichte zwischen 1850 und 1890.

Städte machen (Musik-)Geschichte. Mit Namen wie Paris, Florenz, Venedig, Neapel oder Wien verbindet der musikalisch Gebildete nicht nur bestimmte Institutionen und Werke, sondern die Vorstellung von ganzen Epochen und Werkgattungen, die an diesen Orten ihren Ausgangs- oder Kristallisationspunkt hatten. Die deutsche Musikgeschichte der zweiten Hälfte des 19. Jahrhunderts ist durch Polarisierungen und Parteienbildungen geprägt, die ebenfalls an Städtekonstellationen festzumachen sind. Die Entwicklung des deutschen Musiklebens seit etwa 1850 verbindet sich nicht nur mit Persönlichkeiten wie Wagner, Liszt, Bülow, Brahms, Brendel oder Hanslick, sondern auch mit den Städten, denen sie durch ihr Wirken ein musikalisches Profil verschafften und deren gesellschaftliche und kulturelle Strukturen andererseits die Grundlage ihrer Wirkungsmöglichkeiten darstellten. In der geläufigen Vorstellung, die vermutlich aus überwiegend mnemonischen Gründen Bipolaritäten favorisiert, sind es die „Schulen" in Leipzig und Weimar, die in dieser Epoche miteinander um die Frage des Musikalisch-Schönen und -Fortschrittlichen stritten und aufs heftigste gegeneinander polemisierten; die von Hans von Bülow erfundenen Verben „entleipzigern" und „verweimarern" kennzeichnen den Sprachgebrauch, der der Einbürgerung dieser Vorstellung auch in der Musikhistorie Vorschub geleistet hat. Daß es aber eine erhebliche Ungenauigkeit bedeutete, würde man diesen Streit analog den aus der Historie bekannten Polarisierungen wie „hie Welf – hie Waiblinger" oder „coin de la reine – du roi" lediglich auf die Formel „Hie Leipzig – hie Weimar" bringen, wird bereits an so fundamentalen Tatsachen deutlich wie der, daß das publizistische Hauptorgan der Weimarer Schule, nämlich die *Neue Zeitschrift für Musik,* ihren Redaktionssitz von Anfang an in Leipzig hatte und ihn bis 1945 dort beibehielt und daß die beiden Tonkünstlerversammlungen von 1847 und 1859, die entscheidend zur Institutionalisierung der späteren „Neudeutschen Partei" beitrugen, in Leipzig abgehalten wurden; erst die eigentliche Gründungsversammlung des Allgemeinen Deutschen Musikvereins fand 1861 in Weimar statt.

Zu den Städten, deren Rolle in der Entwicklung des deutschen Musiklebens nach 1850 nicht unterschätzt werden sollte, ist unter anderen Hannover zu rechnen, das vor allem durch das Engagement Joseph Joachims als Konzertmeister in den Jahren zwischen 1853 und 1866 in das Licht des deutschen und internationalen musikalischen Interesses rückte. Joachims Berufung ist im Zusammenhang mit dem lebhaften Interesse zu sehen, das der letzte Welfenkönig Georg V. an den als progressiv geltenden Musikrichtungen zeigte. Dennoch wendete sich bald nach Joachims Ankunft – spätestens von seinem offiziellem Absagebrief an Liszt vom 27.08.1857 an bis zum Ende seiner Tätigkeit in dieser Stadt, die mit dem Zusammenbruch der Welfenherrschaft 1866 zusammenfiel, die in Hannover vorherrschende Tendenz eher gegen die neudeutsche Richtung – allerdings vorwiegend gegen die „neuweimarische Schule", wie sie damals häufig genannt wurde, während das Interesse an Wagner ungebrochen lebendig blieb und eher noch zunahm. Im Jahr 1860 wurde Hannover sogar als Hauptzentrum der Gegner der in Weimar lokalisierten neudeutschen-Partei betrachtet. Mit Brahms' Übersiedlung nach Wien verstärkte sich die Bedeutung der österreichischen Kaiserstadt, in der 1854 Eduard Hanslick das erste nachhaltige Verdikt gegen die neue Musik aus Weimar formuliert hatte, als Gegenzentrum gegen die „Zukunftsmusik"; im gleichen Maß löste sich diese Funktion von Hannover ab.

Nach der Umwandlung Hannovers in eine preußische Provinzhauptstadt gelangte von 1867 bis 1887 mit Hans Bronsart von Schellendorf ein Intendant an die Spitze des Theaters, der sich lange Zeit als Liszt-Schüler und entschiedener Neudeutscher exponiert hatte. Dazu kam, daß Bronsarts Frau Ingeborg geb. Starck ebenfalls eine hervorragende Konzertpianistin aus der Liszt-Schule war. Jedoch wurde Hannover durchaus nicht zu einer Filiale Weimars bzw. der Neudeutschen. Bronsart vermied es strikt, seine Stellung zu einseitiger Förderung der neudeutschen Position zu nutzen. Er verbot sogar kategorisch die Aufführung eigener Kompositionen in Hannover. Als er 1877 seinen langjährigen Freund aus Weimarer Tagen, Hans von Bülow, für zwei Jahre als Kapellmeister nach Hannover holte, hatte dieser längst als fanatischer Vorkämpfer der neudeutschen Bestrebungen abgedankt, ohne allerdings schlicht zur Gegenpartei überzulaufen. Bronsart war schon vor seinem Dienstantritt in Hannover von der einseitigen Parteinahme für die neudeutsche Schule abgerückt und zu einer ausgewogenen Einstellung gegenüber der Vielfalt der zeitgenössischen musikalischen Strömungen gelangt. Es zeigt sich, daß während Liszts jahrelanger Abwesenheit von Weimar zwischen 1861 und 1864 die neudeutsche Schule – trotz Brendels unveränderter publizistischer Wirksamkeit im Sinn Liszts – immer stärker zu einer reinen Wagner-Bewegung sich zu wandeln begann. Der Zeitraum von 1868 bis 1870 brachte drei Ereignisse im persönlichen Bereich, die diesen Wandlungsprozeß entscheidend beschleunigten: 1868 starb Franz Brendel, 1869 Hector Berlioz (an dem zumindest der Kern der Neudeutschen trotz seiner mehr als reservierten Haltung und seines ruinierten Verhältnisses zu Wagner als Gallionsfigur festgehalten hatte). Von 1864 an entfremdeten sich Liszt und Wagner infolge des Ehedramas Cosima und Hans v. Bülows und Cosimas schließlicher Eheschließung mit Wagner (1870). Zugleich wurde mit den Uraufführungen von *Tristan* (1865), *Meistersinger* (1868), *Rheingold* (1869) und *Walküre* (1870) das Übergewicht von Wagners künstlerischer und publizistischer Wirksamkeit immer erdrückender. Mit den ersten Wagner-Festspielen und der Uraufführung des *Ring* 1876 wanderte das Gravitationszentrum der „Zukunftsmusik" dann endgültig nach Bayreuth.

I. Joachim, Hannover und das Manifest von 1860

Hans von Bülows Brief an seine Schwester vom 28. Dezember 1852 spiegelt die Aufbruchstimmung, die in Weimar an der Jahreswende 1852/53 herrschte.

> „Joachim geht mit Neujahr nach Hannover, wo er eine sehr glänzende und bedeutende Stellung antritt. Sein Weggang würde mich sehr betrüben – auch fällt er mit dem der Arnim'schen Familie, die mir wirklich ans Herz gewachsen ist – zusammen, wenn die Zeit, die ich selbst hier in Weimar noch zu verweilen habe, nicht ebenfalls nach Tagen gezählt wäre."[1]

Die Wege der beiden befreundeten musikalischen Altersgenossen – Bülow 1830, Joachim 1831 geboren –, die auf ihren Instrumenten für die gesamte zweite Hälfte des 19. Jahrhunderts zu Leitfiguren wurden, verliefen nach dem Verlassen des gemeinsamen Weimarer Nestes unterschiedlich: von Joachim, der bereits eine Wunderkindkarriere hinter sich hatte und seit Herbst 1850 in Weimar Konzertmeister der Weimarer Hofkapelle war, wurde eigentlich erwartet, er werde – nach einer triumphalen Darbietung von Beethovens Violinkonzert im Berliner Schauspielhaus – sich in der preußischen Hauptstadt etablieren; der Wechsel nach Hannover überraschte allgemein. Dagegen begann Bülow ein Leben als Reisevirtuose und publizistischer Propagator der „Zukunftsmusik" (wie die Richtung damals in ironischer Anspielung auf Wagners Revolutionsschrift *Das Kunstwerk der Zukunft* genannt wurde); erst drei Jahre später fand er ein erstes festes Engagement als Klavierlehrer am Berliner Sternschen Konservatorium.

Joachims Abwerbung nach Hannover erfolgte im Zug eines planmäßigen Ausbaus des Musiklebens durch den seit 1851 regierenden blinden König Georg V., der seine Residenz zu einer – wenn nicht der – führenden Musikmetropole Deutschlands zu entwickeln beabsichtigte. Der politisch durchaus reaktionäre Monarch zeigte auf kulturellem Gebiet ein reges Interesse an zeitgemäßen und fortschrittlichen Tendenzen. Wenn er etwa in

---

1 Hans von Bülow: *Briefe und Schriften I,* hg. von M. v. Bülow, Leipzig 1895, S. 488.

den *Ideen und Betrachtungen über die Eigenschaften der Musik,* die er 1839 als Kronprinz niederschrieb, die Meinung äußerte, in der Musik werden „Gedanken, Gefühle, Weltbegebenheiten, Naturerscheinungen, Gemälde, Scenen aus dem Leben aller Art, wie durch irgendeine Sprache in Worten, deutlich und verständlich ausgedrückt", dann zeigt das ein Interesse an den damals aktuellen Fragen der Musikästhetik, das er durchaus mit den bürgerlichen Kunstenthusiasten seiner Zeit teilte. Der von 1859 bis 1865 als zweiter Kapellmeister in Hannover wirkende Bernhard Scholz äußerte sich darüber folgendermaßen:

> „Daß Hannover in jener Zeit so vieles bot, verdankte es dem lebhaften Interesse, welches König Georg an der Musik und an dem Schauspiel nahm. Darin fand er Ersatz für das mangelnde Augenlicht. Das Publikum kam bei den Kunstinstituten des Königs wenig in Betracht; des Königs Befehle waren allein maßgebend. Der Adel hatte wenig ernsten Kunstsinn; er bevorzugte die italienischen Opern; die Bürgerschaft freute sich der glänzenden Darbietungen und ließ sich die Bevormundung durch den König gern gefallen, da sie für wenig Geld viel Genuß hatte. Adel und Bürger hatten kaum Verkehr miteinander, bekämpften sich vielmehr aufs heftigste […] Bildung, und zwar tüchtige Bildung war am meisten vertreten in dem trefflichen Beamtenstand, der sich ja auch später in Großpreußen auszuzeichnen wußte […]."[2]

Georg V. verfolgte ähnliche kulturelle Ziele wie der Sachsen-Weimarer Großherzog Carl Friedrich und dessen Frau, die Großherzogin Maria Pavlowna, sowie deren Sohn Carl Alexander. So berichtet Berlioz über seine Konzerte mit eigenen Werken, die er im November 1853 erst in Hannover, dann in Weimar gab, von der durchaus ähnlichen Reaktion der beiden Fürsten. Das hannoversche Königspaar besuchte nicht nur die Konzerte selbst, sondern verbrachte ganze Vormittage in den Proben, um, wie Georg V. zu Berlioz sagte, „besser in die tiefere Bedeutung der Werke ein[zu]dringen und sich mit der Neuheit der angewandten Mittel und Formen ver-

---

2 Bernhard Scholz: *Verklungene Weisen – Erinnerungen,* Mainz 1911, S. 123 f.

traut zu machen." Sowohl der Hannoveraner als auch der Weimarer Potentat baten Berlioz dringend um Wiederkehr und versicherten ihm, daß ihm ihre Hoftheater jederzeit offenstehen würden.[3]

Der offensichtliche Widerspruch zwischen einer politisch reaktionären und einer kulturell progressiven Haltung wurde in der zweiten Hälfte des 19. Jahrhunderts typisch für einige deutsche Fürsten – man denke etwa auch an Ludwig II. von Bayern und den Herzog Georg II. von Sachsen-Meiningen. Zu verstehen ist sie als der Versuch, die Rückständigkeit der politischen Verhältnisse und deren immer deutlicher zutagetretende strukturelle Unangemessenheit gegenüber den realen ökonomischen Erfordernissen durch eine mustergültige Pflege der kulturellen Tradition zu kompensieren und dadurch mit einer gewissen Legitimation auszustatten. Die Annäherung an die kulturellen Vorstellungen des von der politischen Macht ausgeschlossenen Bürgertums offenbart eine von dessen Einflüssen bereits weitgehend geprägte Mentalitätsstruktur der Herrschenden und diente zugleich dem Ziel einer innenpolitischen Versöhnung und Solidarisierung zwischen König und Bürgertum, die sich durchaus gegen den als rückständig geltenden Kunstgeschmack der Aristokratie richteten.

Schon 1836 hatte Robert Schumann festgestellt, die Gegenwart werde „durch ihre Parteien charakterisiert". Wie die politische könne man auch die musikalische Szene in liberale Linke, reaktionäre Rechte und „Mittelmänner" aufteilen, wobei sein eigener Standpunkt als Davidsbündler auf der Linksaußenposition zunächst zweifelsfrei feststand. Obwohl Schumann bereits von eben diesem Zeitpunkt an unverkennbare Absetzbewegungen von der damals unter der Bezeichnung „Neuromantiker" figurierenden Partei des musikalischen Fortschrittsdenkens unternahm – die ihn zusammen mit Meyerbeer und Berlioz als legitimen Fortsetzer Beethovens in-

---

3 Hector Berlioz: *Memoiren* 2.Teil (1878), dt. Wilhelmshaven 1979, S. 468 f.; Georg Fischer: *Musik in Hannover*, ²Hannover 1903, S. 230 f.; Heinrich Sievers: *Hannoversche Musikgeschichte* Bd. II, Tutzing 1984, S. 437–450; Günter Katzenberger: Art. Hannover, IV. 1814–1866, in: ²*MGG/Sachteil* Bd. 4, Kassel 1996, Sp. 33 f.; Wolfgang Marggraf: *Franz Liszt in Weimar*, Weimar 1985, S.21 f. Wolfram Huschke: *Musik im klassischen und nachklassischen Weimar 1756–1861*, Weimar 1986, S. 162–167.

thronisieren wollten (eine Fraktionsgemeinschaft, in die sich Schumann um keinen Preis einreihen wollte) –, sah ihn Franz Brendel, der 1844 sein Nachfolger als Chefredakteur der *NZfM* wurde, zu dieser Zeit immer noch gemeinsam mit Mendelssohn als Anführer der musikalischen Fortschrittspartei – zumindest auf dem Gebiet der Klaviermusik[4] (und die hatte damals ein ästhetisches Gewicht bekommen, das sie mit der Oper vergleichbar erscheinen ließ). Brendel – ein von Hegels Geschichtsphilosophie zutiefst geprägter Verfechter der Fortschrittsidee[5] – betrachtete, im Gegensatz zu Schumann, die Aufgabe einer Zeitschrift wie der *NZfM* vor allem darin, die Kunstkritik über eine bloß ideelle Wirksamkeit auf die individuellen Leser hinaus in kulturpolitische Praxis umzusetzen und zur Organisation einer realen musikalischen Fortschrittspartei voranzutreiben. Seine Bemühungen setzten 1847 mit dem Versuch zur Gründung einer Deutschen Tonkünstlerversammlung ein, zu deren Gründungsveranstaltung Schumann trotz dringender Einladung nicht erschien. In den folgenden revolutionären und nachrevolutionären Jahren geriet Brendel zunehmend in den Bannkreis Wagners, was – zumal nach der flauen Aufnahme der Uraufführung von Schumanns einziger Oper *Genoveva* im Jahr 1850 – zugleich eine Distanzierung von Schumann in sich schloß. So nachdrücklich hatte Wagner in seinen romantischen Opern eine neue musikdramatische Konzeption entwickelt, in seinen Schriften die Stichworte der Debatten (insbesondere das Kunstwerk der Zukunft) geliefert und mit seinem politischen Verhalten während der Revolution die Führung der musikalischen Linken an sich gerissen, daß der persönlich und politisch zurückgezogene Schumann sich plötzlich von den Fortschrittsverfechtern verdächtigt und z. T. heftigen Angriffen (besonders von seiten Theodor Uhligs) ausgesetzt sah. In diese Situation hineingesprochen, mußte sein spätes und isoliertes

---

4 Franz Brendel: *Robert Schumann mit Rücksicht auf Mendelssohn-Bartholdy und die Entwicklung der modernen Tonkunst überhaupt*, in: NZfM 22/1845.
5 Vgl. dazu Robert Determann: *Begriff und Ästhetik der „Neudeutschen Schule"*, Baden-Baden 1989; Peter Ramroth: *Robert Schumann und Richard Wagner im geschichtsphilosophischen Urteil von Franz Brendel*, Frankfurt a. M. 1991.

Plädoyer für den jungen Brahms als jenen Musiker, „der den höchsten Ausdruck der Zeit in idealer Weise auszusprechen berufen wäre",[6] eher kontraproduktiv wirken.

Ein zweiter entscheidender Faktor kam hinzu. Im März 1848 hatte Franz Liszt auf dem Weg nach Weimar, wo er den Kapellmeisterposten antrat, bei Richard Wagner im revolutionären Dresden Station gemacht, und dabei schlossen die beiden ihre lebenslange – wenn auch nicht ungetrübte – Freundschaft, die vor allem durch Liszts Fluchthilfe für Wagner im folgenden Jahr sowie durch die von ihm bewerkstelligte Uraufführung des *Lohengrin* in Weimar besiegelt wurde. Gleichzeitig entwickelte und realisierte Liszt in Weimar – für die gesamte musikalische Welt überraschend – eine umfangreiche Konzeption neuartiger Instrumentalkompositionen, vor allem die Erneuerung der Gattung Symphonie durch die zwölf Symphonischen Dichtungen sowie der *Faust*- und der *Dante*-Symphonie. Die persönliche und künstlerische Annäherung der beiden Protagonisten hatte zur Folge, daß etwa von 1852 an – auf breiterer Basis freilich erst etwa seit der Mitte der fünfziger Jahre – die Propagierung sowohl als auch die Rezeption ihrer Werke zu einem einheitlichen Komlex zusammenwuchsen. Dieser Vorgang erscheint aus der historischen Distanz gesehen geradezu paradox, ließen sich doch die sinfonischen Werke Liszts mit den Musikdramen Wagners nur durch einen äußerlich erzwungenen Kompomiß zwischen ihren im Grunde kontroversen geschichtsphilosophisch geprägten Gattungskonzetionen miteinander verbinden.

Von Anfang an wurde zudem Berlioz als dritter lebender Komponist in diese Gruppierung einbezogen, obwohl er sich selbst dagegen verwahrte und vor allem von Wagner heftig angegriffen wurde. Die publizistischen Auseinandersetzungen zeichneten sich durch eine Schärfe der Polemik und durch

---

6 Robert Schumann: *Neue Bahnen*, in: *Gesammelte Schriften über Musik und Musiker*, hg. von M. Kreisig, Bd. II, Leipzig 1914, S. 301. – Einen Begriff davon, wie sehr Brahms durch diesen Aufsatz (wohl gegen seinen Willen) in die Diskussion um die „Zukunftsmusik" hineingezogen wurde, gibt die *Zukunfts-Brahmanen-Polka*, die ihm sein Freund Julius Otto Grimm ironischerweise zum Geburtstag 1854 schenkte; Abb. in: O. Biba u. a. (Hrsg.): *„... in meinen Tönen spreche ich". Für Johannes Brahms.* Ausstellungskatalog Hamburg 1997, S. 131.

eine Konsequenz und Einseitigkeit in der Verfolgung der gesteckten Ziele aus, wie sie bis dahin unbekannt waren. Nach dem Tod Schumanns wurde der Riß zwischen den Anhängern des „Triumvirats" – noch 1855 hatte August W. Ambros[7] von einem „Doppelgipfel" Wagner – Berlioz gesprochen – und den jungen Musikern, die Schumann als richtungsweisenden Komponisten ansahen, ganz deutlich. – Brendel verstärkte in dieser Zeit seine Bemühungen von 1847 um die Konstituierung eines Allgemeinen Deutschen Tonkünstler-Vereins und erreichte dieses Ziel unter immensem publizistischen Aufwand schließlich 1861; zwei Jahre zuvor hatte er auf einer vorbereitenden Versammlung zum ersten Mal den Begriff „Neugermanische" bzw. „Neudeutsche Schule" geprägt, in deren Dienst er den zu gründenden Verein zu stellen gedachte. Zwischen diesen beiden Jahren lag die Erklärung von Brahms, Joachim, Grimm und Scholz von 1860, das von der Gegenpartei als „Manifest der Hannoveraner" bezeichnet wurde.

Durch das Engagement Joachims 1853 war Hannover in den Kreis derjenigen Musikzentren eingetreten, auf die sich die Aufmerksamkeit der musikalischen Welt richtete. Damit war bereits ein wesentliches kulturpolitisches Ziel Georgs V. erreicht. Was heute kaum mehr vorstellbar ist: um 1850 war für einen von außen kommenden Betrachter Weimar mit Hannover hinsichtlich des städtischen Charakters vergleichbar: beide Städte beherbergten Residenzen deutscher Kleinstaaten, Weimar hatte etwa 15000, Hannover 28000 Einwohner, nur halb so viele wie etwa Braunschweig. Während jedoch Weimar ein beschauliches Residenzstädtchen blieb, vollzog sich in Hannover in den kommenden Jahrzehnten die mit der Industrialisierung verbundene Entwicklung zur Großstadt. Bereits 20 Jahre nach Joachims Eintreffen überschritt die Stadt die 100000-Einwohner-Grenze. Freilich konnte Hannover nicht jenes geradezu religiös gefärbte Geschichtsbewußtsein vermitteln, welches Weimar als Name und Begriff in deutschen Bildungsbürgern um 1850 auslöste:

---

7 August Wilhelm Ambros: *Die Grenzen der Musik und Poesie* (1855), Repr. Hildesheim/New York 1976, S. 153.

„Hier in dieser Gräberstadt, in diesem Pompeji des deutschen Geistes verließ mich zum erstenmal jene Empfindung, daß die Erde nicht mehr fest stehe; jenes unsagbare Gefühl, daß eine Revolution, wie die Weltgeschichte noch keine gesehen, mit ihrem ersten dumpfen Donnergrollen das alte Europa von der Ferse bis zum Scheitel elektrisch durchzuckt hat. Und dieses Gefühl des Friedens und der Sicherheit – es kam mir aus dem Gedanken, daß [...] die Heroen und Propheten des deutschen Geistes, deren sterbliche Reste diese geweihte Erde birgt, [...] erst jetzt im Tode das ewige Leben des Geistes leben, da sie aufgenommen sind in das Pantheon des Genius aller Völker und Zeiten."[8]

Auf die beiden Liszt-Eleven Joachim und Bülow übte Hannover denn auch zunächst einen eher ernüchternden Eindruck aus. So schrieb Bülow an seine Mutter Franziska:

„H. ist ziemlich langweilig. Unerquickliche Stadt; man sieht keinen Menschen auf der Straße [...]. Joachim langweilt sich hier – kennt keinen Menschen und sehnt sich fort. Es ist unbeschreiblich tot hier. Er hat viel Zeit für sich selbst. Das ist das Gute."

Joachim selbst schrieb in ähnlichem Sinn an Liszt und berichtete ihm über die Inangriffnahme der Komposition einer Ouvertüre über *Hamlet*.[9] Der Kontrast zwischen der Hitze der musikalischen Experimentierküche Weimar und dem unter Marschner – dessen kompositorischen Verfall Wagner bereits 1844 anläßlich seiner Oper *Adolph von Nassau* mit einigen Krokodilstränen befeuchtet hatte – und dem auf das italienisch-französische Opernrepertoire fixierten König Ernst-August erstarrten hannoverschen Musikleben hätte kaum größer sein können. Sowohl die *Hamlet*-Ouvertüre als auch Joachims rasch aufeinander folgende Ouvertüren *Demetrius, Heinrich IV., Lustspiel v. Gozzi (Re Cervo), Elegische Ouv.* (dem Andenken

---

8 Adolf Stahr: *Weimar und Jena* Bd. 1, ²Berlin 1871, S. 4.
9 Hans von Bülow: *Briefe und Schriften* II, hg. von M. v. Bülow, Leipzig 1895, S. 152 f. Joseph Joachim: Brief an Franz Liszt v. 21.03.1853, in: J. Joachim/A. Moser (Hrsg.): *Briefe von und an Joseph Joachim* I, Berlin 1911, S. 44 f.

Kleists gewidmet) sind eigentlich Sinfonische Dichtungen. Auch wenn Joachim von Anfang an mit Liszts Personalstil Probleme gehabt zu haben scheint, sind seine fünf Ouvertüren gattungsästhetisch als Beitrag zu den symphonischen Bestrebungen Liszts anzusehen; er rechnete sich selbst damals noch zur „Weimarischen Schule".[10] Die orchestrale Faktur weist jedoch unverkennbare Züge Mendelssohns und Schumanns auf, die Joachim als Student des Leipziger Konservatoriums vermittelt bekommen hatte. Die neu angeknüpften Verbindungen zu dem Ehepaar Schumann und zu dem jungen Brahms ließen Joachim indessen die hannoversche Ödnis bald vergessen: er entwickelte sich musikalisch rasch weiter und wurde sich seiner zwiespältigen Stellung zur „Zukunftsmusik" bald bewußt. Bereits am 25.03.1854 schrieb er anläßlich einer selbstdirigierten Aufführung seiner *Hamlet-Ouvertüre* in Leipzig an Brahms:

„Zum Glück ist mein Musizieren nicht an das gebunden, was man gewöhnlich Erfolg nennt; ich werde nicht aufhören, die ästhetische Galle der Herren zu erregen, wenn mein Gefühl mir Dissonanzen eingibt. Es ist arg, wie die Leutchen überall in Parteien befangen sind; sie glauben, man könnte nicht mit Berlioz und Wagner befreundet sein, ohne gerade so zu komponieren wie die beiden."[11]

Trotz wachsender Distanz zum Weimarer Kreis trug Joachim zu einer zunehmend intensiveren Wagner-Pflege in Hannover bei; zumal die *Tannhäuser*- und *Lohengrin*-Erstaufführungen, bei denen der König mit dem steckbrieflich gesuchten Exilanten persönlich die Aufführungsbedingungen aushandelte, gehen wohl auf seine Anregung zurück, und bis zum Ende seiner Hannoveraner Zeit hat sich daran nichts Grundsätzliches geändert. Die Ablösung Joachims vom Einfluß Weimars setzte aber wohl bereits in den ersten Hannoveraner Jahren ein und ist wesentlich von der immer reservierter werdenden Einstellung Robert und ganz besonders Clara Schumanns zu Liszt und seinem Weimarer Wirken beeinflußt. Clara Schumann brüskierte nicht nur Liszt, indem sie die Einladung zur Mitwirkung an sei-

10 Andreas Moser: *Joseph Joachim. Ein Lebensbild* I, ⁴Berlin 1908, S. 17.
11 Andreas Moser: *Joseph Joachim. Ein Lebensbild* II, ⁴Berlin 1910, S. 77.

nen Mozart-Zentenarfeiern ablehnte, sondern die Weimarer Schule insgesamt. Schon im Dezember 1854 beklagte sich Bülow, daß sie sich ihm gegenüber durch fehlende Rücksichtnahme bei Konzertterminen in Berlin und durch Abwerbung Joachims als Duopartner „uncollegial" verhalte:

„Ein zweites Concert kann ich jetzt [...] nicht geben [...] – außer in dem Falle, daß Joachim so liebevoll ist, mit mir zu spielen – was möglich ist, wenn er sich nicht mit Clara Schumann vollkommen verheirathet hat."[12]

In einem Anfang Juni 1854 geschriebenen Brief Joachims aus Hannover an Gisela v. Arnim findet sich die folgende tiefgründige Charakteristik:

„[...] Liszt ist seit gestern Nacht fort. Mir schwindet im Leben eine Illusion nach der anderen [...] Liszt könnte seinen herrlichen Gemüths- und Geistes-Anlagen nach, ein beglückender Mensch sein – und bedarf dennoch der complicirtesten Maschinerien, sich zu verbergen, daß er selbst unglücklich ist aus Unklarheit. Es ist in all seinem Thun eine Willkür der Ruhelosigkeit, die etwas unheiliges hat, trotz aller moralischen Zwecke. Könnt' ich ihn gesunden!"[13]

Schon Ende 1855 hatte sich Joachims kritische Einstellung zu Liszt entschieden verschärft, wobei die Moral des Künstlertums den Ausschlag gab:

„[...] als mir der Schmerz ward (ich besuchte das Liszt-Concert), einen Menschen den ich oft Freund genannt hatte, dem ich kolossale Irrthümer gerne in Ehrfurcht vor seiner Kraft, vor seinem Genie verziehen hätte, in niedrigster Kriecherei vor dem Publikum, in ekler Heuchelei vor sich selbst zu erkennen. Pfui über den, der sich bessern will und's nicht lassen kann, sein Stöhnen, sein kriechend Weh vor der Gottheit im Bewußtsein missbrauchter Gewalt wieder eitel zum Effekt auszufeilschen."[14]

Am 27.08.1857 zerschnitt Joachim mit einem vielzitierten Brief aus Göttingen an Liszt die letzten Bindungen an Weimar:

---

12 Hans von Bülow: Brief an Franziska von Bülow 08.12.1854, in: *Briefe und Schriften* II, hg. von M. v. Bülow, Leipzig 1895, S. 302.
13 J. Joachim/A. Moser (Hg.): *Briefe von und an Joseph Joachim* I, S. 195.
14 Ebd. S. 298.

„Ich bin Deiner Musik gänzlich unzugänglich; sie widerspricht allem, was mein Fassungsvermögen aus dem Geist unserer Großen seit früher Zeit als Nahrung sog."[15]

Auch wenn davon die Verbindung zu allen Anhängern der Weimarer Schule – insbesondere zu seinem einstigen Freund und Duopartner Hans v. Bülow – betroffen war, verfiel Joachim jedoch keineswegs in eine rigorose Oppositionshaltung. Er stimmte mit Georg V. grundsätzlich darin überein, daß das Ziel, Hannover zu einem musikalischen Zentrum ersten Ranges zu machen war, nicht dadurch zu erreichen sei, daß es als Plattform einer einzigen Richtung – etwa einer „Anti-Weimar-Partei" – diente. Allerdings hegte der König eine ausgesprochene Mißgunst gegenüber Liszt, die – nach dessen Bekunden gegenüber Wagner – dem Einfluß einiger seiner „Freunde" zu verdanken sei[16] – Wichtigster Partner für Joachims Hannoveraner Arbeit wurde der 1859 von Nürnberg als zweiter Kapellmeister neben Carl Ludwig Fischer und als Leiter der neugegründeten Singakademie nach Hannover gekommene, aus Mainz stammende Bernhard Scholz. Die Verschärfung der Auseinandersetzungen, die sich Ende der achtzehnhundertfünfziger Jahre infolge Brendels verstärkter Anstrengungen bezüglich der Institutionalisierung seiner neuen Musikrichtung ergab, führte zu der bekannten Anti-Neudeutschen-Manifestation von 1860, die in Hannover konzipiert wurde. Am 07.08.1859 schrieb Brahms an Joachim:

„Die Weimaraner machen ihren Lärm fort […]. Da man Liszt nie den Titel eines ziemlich guten Komponisten gegeben hat, so müßte wieder einiges Weitere erklärt werden. Die Kompositionen werden immer schrecklicher, z. B. Dante. Ich möchte, es stände nicht einiges entschieden im Wege, um mit den Leuten umgehen zu können; aber es geht doch nicht, oder bin ich wirklich ein Philister? Mich juckt's oft in den Fingern, Streit anzufangen, Anti-Liszts zu schreiben. Aber ich, der nicht einmal seinem liebsten Freund einen Gruß schreiben kann, weil er keinen Stoff hat und was ihm sonst seine Faulheit vorredet! Aber es

15 Ebd. S. 441 f.
16 Georg Fischer: *Musik in Hannover*, S. 190.

wäre herrlich, wenn Du im Sommer in Deutschland säßest, wunderschön komponiertest und nebenbei mit einigen fliegenden Bögen diese Leute totschlügest, und ich säße dabei, freute mich und hülfe Noten schreiben."[17]

Im hannoverschen Abonnementskonzert am dritten März des darauffolgenden Jahres setzte Joachim auf Befehl Georgs V. an die Stelle der zentralen Sinfonie die Uraufführung von Brahms' D-Dur-*Serenade* op. 11 – übrigens mit mäßigem Erfolg. Die Kritik äußerte lediglich die Meinung, der von Robert Schumann sieben Jahre zuvor als musikalischer Messias angekündigte junge Komponist sei auf dem richtigen Wege, indem er „einen Mittel- und Einigungspunkt zwischen Beethoven und den neueren romantischen Schulen (Berlioz eingeschlossen) zu finden suche".[18] Im Vorfeld zu dieser Aufführung wurde der Wortlaut des Manifestes entworfen, in dem gegen die „Entstellung der Tatsachen" in der *NZfM* protestiert wurde. Allerdings gelang es nicht, alle Gesinnungsgenossen von der Nützlichkeit eines solchen Vorstoßes zu überzeugen. Eigentlich sollte – nach der Erinnerung von Scholz vor allem auf das Votum Ferdinand Hillers hin – die Veröffentlichung unterbleiben, erfolgte dann – lediglich unterschrieben von Joachim, Scholz, Brahms und dem damals noch in Göttingen wirkenden Julius Otto Grimm – durch eine nie aufgeklärte Indiskretion dennoch in der Berliner Zeitung „Echo" und wurde postwendend von den Weimarern in der *NZfM* mit einer bissigen Parodie beantwortet.[19] Vor allem fehlten die zwanzig Unterschriften, die durch eine Nachschrift erbeten worden waren – darunter in verblüffender Fehleinschätzung ausgerechnet die Hans v. Bülows.[20] Für den geborenen Polemiker Bülow war das Manifest ein gefundenes Fressen: er bereitete nach eigenem Bekunden „eine Broschüre über die Schumannianer" vor, „die die Form einer kleinen Handgranate annehmen wird

---

17 Bernhard Scholz: *Verklungene Weisen – Erinnerungen*, S. 142 f.
Max Kalbeck: *Johannes Brahms* I, ⁴Berlin 1921, Repr. Tutzing 1976, S. 403 f.
18 Georg Fischer: *Musik in Hannover*, S. 256.
19 Max Kalbeck: *Johannes Brahms* I, S. 404 f.; *NZfM* 52/1860, S. 169 f.
20 Hans-Joachim Hinrichsen, Einleitung zu: *Hans v. Bülow: Die Briefe an Johannes Brahms*, Tutzing 1994, S. 12.

… Das Manifest der Hannoveraner hat hierorts gar keine Sensation gemacht: sie haben nicht einmal so viel Witz ihrer Bosheit zuzusetzen, daß sie die Sache ordentlich stilisieren und zu einem geeigneten Zeitpunkt, etwa zur Eröffnung oder inmitten der Saison evomieren sie ihre Galle […]."[21]

Die Geschichte des „Vierer-Manifests" fällt zeitlich zusammen mit den Überlegungen Wagners und Liszts, die deutsche Erstaufführung der 1859 vollendeten „Handlung" *Tristan und Isolde* am hannoverschen Theater in Szene zu setzen, nachdem sich entsprechende Pläne in Karlsruhe und Wien zerschlagen hatten. Die Sonderbedingungen, die Wagner in einem Brief vom 27.01.1860 von Paris aus stellte – Vorauszahlung des Honorars in Höhe von 5 000 Francs, sowie Anwesenheit des Kapellmeisters und der Sänger beider Titelpartien bei der in Paris geplanten Uraufführung unter Wagners eigener Leitung – wurden vom Intendanten Platen rundweg abgelehnt; lediglich eine Aufführung zu den Konditionen der früheren Wagner-Produktionen in Hannover wurde angeboten. Obwohl sowohl der Sänger Albert Niemann als auch Franz Liszt bei Gelegenheit der Pariser *Tannhäuser*-Proben im Herbst 1860 die Meinung vertraten, Hannover sei ein für das Vorhaben gut gewähltes Terrain, weil der „in Kunstpassionen" „liberale und splendide" König bereit sein werde, zu einer Musteraufführung jeden Sänger und jede Sängerin zu engagieren, verfolgte Wagner den Plan nicht weiter.[22]

Über den scharfen Polemiken, die zu dieser Zeit das musikalische Klima bestimmten, wurde vielfach übersehen, daß sich in den folgenden 1860er Jahren die scheinbar so starren und unversöhnlichen Frontlinien zu einem guten Teil auflösten. Der schrittweise Rückzug Liszts aus Weimar seit 1858 und seine jahrelange gänzliche Übersiedelung nach Rom leiteten jene Umwandlung der neudeutschen Richtung zur bloßen Wagnerpartei ein, auf die schon eingangs hingewiesen wurde und die um 1870 weitgehend abge-

---

21 Hans von Bülow: *Briefe und Schriften* IV, hg. von M. v. Bülow, Leipzig 1898, S. 315; in Marie v. Bülows Edition wurden die heftigsten Verbalinjurien dieses Briefes sogar noch unterdrückt, vgl. Hans-Joachim Hinrichsen, Einleitung zu: *Hans v. Bülow: Die Briefe an Johannes Brahms*, S. 13, Anm. 16.
22 Georg Fischer: *Musik in Hannover*, S. 189 f.

schlossen erscheint. Das Zentrum der „Zukunftsmusiker" verlagerte sich endgültig 1876 nach Bayreuth; bis dahin gab es jedoch noch einige Nachhutgefechte.

Aber auch in Hannover gelang es Joachim und Scholz nicht im gewünschten Ausmaß, ihre Vorstellungen einer mustergültigen, zeitgemäßen Musikpflege zu verwirklichen. Das lag im wesentlichen an den Strukturen des Hoftheaters, die Bernhard Scholz folgendermaßen charakterisierte:

„Der König liebte direkten Verkehr mit seinen Künstlern und verwöhnte seine Lieblinge, allen voran Niemann [der berühmte spätere Wagner-Tenor; d. V.], der sich alles erlauben durfte und dem zu Liebe fünf gerade sein mußten. Wenn er etwas wollte, fuhr er mit Umgehung des Intendanten direkt zum Könige und erreichte fast immer seinen Zweck ... Diesem Beispiele folgten alle, die sich beim Könige wohlgelitten wußten: man ließ sich melden und wurde gnädig empfangen. Daß dadurch die Stellung des Intendanten unleidlich werden mußte, bedachte der König nicht; so riß eine von oben geförderte Anarchie ein. Wäre Graf Platen ein Charakter gewesen, so hätte er das nicht geduldet, sondern die Kabinetsfrage gestellt. Das tat er aber nicht; er ließ sich schlecht behandeln und blieb. Dagegen verlegte er sich aufs Intriguieren und suchte nach dem Grundsatz ‚Divide et impera' einen gegen den anderen auszuspielen: Fischer gegen Marschner, mich gegen Fischer und so con grazia weiter. Ein klares ‚Nein' konnte er nicht sagen, aber es war auch kein Verlaß auf sein Wort. Wie der König ihn im Stiche ließ, so ließ er seine Beamten im Stiche, wenn die Ausführung einer von ihm angeordneten Bestimmung ihm Unannehmlichkeiten zu bringen droht."[23]

Sowohl Joachim als auch Scholz unternahmen zunehmend Absetzbewegungen von Hannover. Beide empfanden es letztlich als schwer erträglich, „in der Zeit lebhaft politischer Erregung einem Hofe zu dienen, an dem unsere politischen und religiösen Anschauungen doch eigentlich verpönt waren!"[24]

23 Bernhard Scholz: *Verklungene Weisen – Erinnerungen*, S. 148.

Scholz verließ 1865 seinen Kapellmeisterposten, ging auf Anregung von Jessie Laussot zunächst für ein gutes halbes Jahr nach Florenz und übernahm – nach einem Zwischenspiel in Berlin – 1871 die Nachfolge des wegen seiner „allzu heftigen Propaganda für Liszt und Wagner" ausgeschiedenen und nach New York übergesiedelten Leopold Damrosch als Leiter der Konzerte des Orchestervereins in Breslau.

Nach seiner Überzeugung war „das hohe Kunstinstitut in Hannover immer demoralisierender" geworden. Er, Scholz, danke Gott, daß er „nicht mehr brauche mit den Welfen zu heulen."[25]

Ein Jahr danach zog das Ende der Welfenherrschaft die Eingliederung des hannoverschen Musiklebens in die zentralistische preußische Kulturpolitik nach sich. Joachim, der sich von Georg V. immer wieder zum Bleiben hatte bewegen lassen, ging nun als Leiter der „Lehranstalt für ausübende Tonkunst" nach Berlin, kehrte aber häufig konzertierend nach Hannover zurück. In Berlin zerbrach 1871 die Freundschaft zwischen Scholz und Joachim und wurde erst dreißig Jahre später wieder gekittet. Einige der Kritikpunkte von Scholz am Persönlichkeitbild Joachims ähneln denjenigen, die neun Jahre später beim Konflikt zwischen Joachim und Brahms eine Rolle spielten.[26]

---

24 Ebd. S. 180.
25 Bernhard Scholz: Brief an Max Staegemann v. 14.11.1865, Niedersächsisches Handschriftenarchiv, Stadtbibliothek Hannover.
26 Bernhard Scholz: *Verklungene Weisen – Erinnerungen*, S. 244 f. Bernhard Scholz: Brief an Joseph Joachim v. 19.05.1871, Niedersächsisches Handschriftenarchiv, Stadtbibliothek Hannover; Johannes Brahms: Brief an Amalie Joachim, Dezember 1880; vgl. Karl Geiringer: *Johannes Brahms. Sein Leben und Schaffen* [1955], ²Zürich/Stuttgart o. J., S. 157 ff.

II. Bronsart und Bülow in Hannover

Als Hans von Bronsart nach der Einverleibung Hannovers in Preußen als Intendant eingesetzt wurde, hatte er keinen leichten Stand. Gerade in jener Zeit, als Joachim sich in Hannover von Liszt löste, befanden sowohl er als auch seine spätere Gattin Ingeborg Starck sich in Weimar in nächster Nähe zu Liszt. Sie gehörten zu jenem engsten Kreis von begabten jungen Musikern, deren Kompositions- und Klavierstudien in der Altenburg von Liszt angeregt und überwacht wurden und die ihrerseits am Entstehen von Liszts eigenen Werken teilhatten;[27] gerühmt wurden u. a. die Aufführungen der Symphonischen Dichtung *Ce qu'on entend sur la montagne* mit Liszt und Bronsart an zwei Klavieren. Bronsart spielte mit großem Erfolg 1857 die Uraufführung von Liszts zweitem *Klavierkonzert,* das ihm gewidmet ist; in demselben Konzert wurde Bronsarts Liszt gewidmetes *Klaviertrio* op. 1 aufgeführt. Im gleichen Jahr unternahm Bronsart eine Konzertreise nach Berlin, Hannover und Paris, wo er als „Clavierspieler aus der weimarischen Schule [...] durch seine ungewöhnlichen Leistungen als Interpret und Componist die bessere musikalische Gesellschaft in nicht geringe Bewunderung versetzt hat."[28] Er war in den Jahren 1861/62 Dirigent der Leipziger „Euterpe"-Konzerte gewesen, jener Institution also, die im Zentrum der Mendelssohn-Schumann-Tradition als neudeutscher Brückenkopf galt. Er betrieb diese Tätigkeit neben einer hauptamtlichen Anstellung als Kapellmeister des Fürsten von Hohenzollern-Hechingen in Löwenberg/Schlesien. Nach einigen Dirigaten in Dresden übernahm Bronsart die Leitung der Konzerte der auf Bülows Initiative hin 1863 als neudeutsches Podium gegründeten Gesellschaft der Musikfreunde in Berlin, als dieser von Wagner nach München geholt wurde.

Das Ehepaar v. Bronsart war den Hannoveranern 1867 nicht unbekannt. Schon auf dem Weg nach Paris hatte Hans v. Bronsart 1857 ein Konzert am hannoverschen Hof gegeben, und im März 1859 spielte er mehrmals

---

27 Vgl. etwa die Schilderungen bei Wendelin Weissheimer: *Erlebnisse mit Richard Wagner, Franz Liszt und vielen anderen Zeitgenossen,* Stuttgart/Leipzig 1898, S. 39 ff.
28 *Correspondenz aus Paris,* NZfM 46/1857, S. 216.

im Museumssaal; in seinem Programm figurierte neben Werken von Chopin und Liszt Bachs *Chromatische Fantasie und Fuge*. Über ein Konzert in Dresden, auf dessen Programm diese Stücke auch standen, erschien eine Rezension, in der Bronsart als eine „nicht häufige Erscheinung" bezeichnet wurde, als eine jener

„Naturen, die nach dem Tiefinnerlichen sich hingezogen fühlen, auch einer Begeisterung Raum zu geben vermögen, die ungewöhnliche Grenzen beschreitet."[29]

In einer mit Joachim gemeinsam veranstalteten Kammermusiksoirée erklang u. a. Beethovens c-Moll-Trio op. 1/3. Seitdem waren beide Bronsarts häufiger in den hannoverschen Konzertsälen zu Gast gewesen; Ingeborg v. Bronsart hatte 1863 den Titel einer Königlich Hannoverschen Hofpianistin erhalten. Was den Joachim-verwöhnten Hannoveranern ihren neuen Intendanten verdächtig machen mußte, waren drei Punkte: erstens war man überzeugt davon, er sei von Berlin eingesetzt, um das Theater stramm auf den Kurs der preußischen Kulturpolitik zu bringen. Zweitens war er nicht souverän in seinen Entscheidungen, sondern unterstand dem Generalintendanten der Königlichen Oper in Berlin, Botho von Hülsen, der ihn tatsächlich in der Folgezeit an ziemlich kurzer Leine hielt. (Erst unter Bronsarts Nachfolger B. v. Lepl-Gnitz wurde diese Abhängigkeit beendet.) Drittens eilte Bronsart der Ruf eines Exponenten der Neudeutschen Schule voraus: zu der politischen (auch der kulturpolitischen) Okkupation durch den Berliner Gegner schien die musikalische durch denjenigen aus Weimar hinzuzukommen. Indessen unterzog sich Bronsart seiner delikaten Aufgabe offenbar mit großem Geschick, wiewohl auch einige vermutlich von der welfischen Partei ausgestreute Sticheleien umliefen: Cosima Wagner kolportierte, man erzähle sich, „er schicke immer die Hälfte der Theater-Subsidien, die er von Berlin [erhalte], wieder zurück, wofür er auch einen Orden erhalten habe."[30]

29 NZfM 50/1859, S. 148.
30 Cosima Wagner: *Die Tagebücher* I, hg. von M. Gregor-Dellin/D.Mack, München/Zürich 1976, S. 608.

Seine natürliche Veranlagung zu Mäßigung und Ausgleich, sein striktes Pflichtbewußtsein sowie sein persönlich gewinnendes Wesen kamen Bronsart zugute, dazu kam das Mißbehagen vieler Hannoveraner am Zustand ihres Theaters in den letzten Jahren der Welfenherrschaft. Ein Bericht aus dem November 1865 skizziert die Situation:

> „[…] in der Oper gerade hat eine einseitige, den äußeren Effect cultivierende Richtung die Oberhand gewonnen, die auf den Geschmack unseres Publicums bereits verderblich eingewirkt hat. Das [sic!] mit der Zeit das Orchester selbst auch darunter leiden würde, unterliegt kaum einem Zweifel; hätte Joachim in den Symphonieconcerten nicht ein wohlthätiges Gegengewicht abgegeben, so würden die schlimmen Folgen jener Richtung sich auch im Orchester schon gezeigt haben … – Scholz hatte beim besten Willen nicht die künstlerische Kraft und Directionstalent genug, um wirksam einzugreifen […]."[31]

Als der Sänger Max Staegemann Bernhard Scholz gegenüber 1867 seine Bedenken hinsichtlich des zukünftigen Intendanten in einem Brief nach Berlin geäußert hatte, beruhigte jener ihn mit folgenden Argumenten:

> „Wenn es ferner nun sehr thöricht erscheinen mag den jungen Intendanten mit Ihrem Onkel Eduard [Devrient; d. V.] zu vergleichen, so muß ich Ihnen andererseits sagen, daß ich zehnmal lieber Herrn v. Bronsart als Gf. Platen zum Chef gehabt hätte; ich hätte mich glücklich geschätzt einen Vorstand zu haben, von dem ich weiß, daß er das Gute will … Sollte ferner die Vernachlässigung Ihrer Person in Bronsarts geselligem Verkehr nicht seinen Grund in der schiefen Stellung in die Sie gegen ihn gerathen zu sein scheinen, haben? Versuchen Sie's doch einmal anders mit ihm! Nähern Sie sich ihm mit Vertrauen und setzen Sie nicht voraus, daß er es schlimm mit Ihnen meine. Lassen Sie sich nicht versetzen, mein Lieber! Dazu ist in Hann.[over; d. V.] immer die größte Gefahr."[32]

---

31 *Signale für die musikalische Welt* 23/1865, S. 840.
32 Bernhard Scholz: Brief an Max Staegemann v. 19.09.1867, Niedersächsisches Handschriftenarchiv, Stadtbibliothek Hannover.

Die beiden „neudeutschen Hans v. B. s", wie sie oft tituliert wurden – die im gleichen Jahr 1830 geborenen Bronsart und Bülow also – waren seit Bronsarts Eintritt in den Weimarer Kreis 1853 ebenso eng befreundet wie charakterlich und musikalisch konträr. Dem impulsiv-extravaganten, launisch-divahaften, darüber hinaus stets angriffslustigen, extrem scharfzüngigen und meist polarisierend wirkenden Bülow trat in Bronsart ein vornehm-zurückhaltender, diplomatisch-beherrschter, stets ausgleichend wirkender Charakter gegenüber, dem auch musikalisch das hohe Pathos und die beträchtliche Lautstärke mancher Neudeutscher nicht behagten. Seinem exzellenten Klavierspiel wurde bescheinigt, es sei „überwiegend zart, weich, gemüthreich, lebenswarm". Bronsart „zeige sich [...] auf eine Weise, die die Leute gemeinhin wol nicht als die charakteristische eines ‚Zukunftsmusikers' betrachten, da man sich einen solchen gewöhnlich nur als einen ins Schrankenlose Strebenden vorzustellen pflegt."[33] Der bekannte Klavierpädagoge Louis Köhler charakterisierte anläßlich ihrer Konzerte in Königsberg 1860 Bronsart und Bülow geradezu als polar entgegengesetzte Vertreter der Liszt-Schule:

„H. v. Bronsarts Spiel ist [...] von sehr gediegener Art, außerordentlich edel und geistig, das Virtuose innig mit dem Inhaltlichen verschmelzend; nach Seiten der Kraft und Bravour begrenzter als v. Bülows Spiel, ist das v. Bronsart'sche dem selben doch an Art verwandt; die beiden Künstler verhalten sich etwa so zueinander, wie ein seltenes Paar von Bruder und Schwester, die von gleichem Gehalt sind, vorzugsweise zueinander stehen. Sie gehören, von den Sonnenstrahlen ihres Meisters Liszt beglänzt, in der gegenwärtigen Klaviervirtuosen=Generation nebeneinander, an Jedem von ihnen kann man den Andern erkennen lernen [...]."[34]

Es gab auch kritische Stimmen. So wurde ihm nach dem Vortrag von Moscheles' *Concerto pathétique*, Chopins *As-Dur-Ballade* op. 47 und der 6. *Ungarischen Rhapsodie* von Liszt im Leipziger Gewandhaus bescheinigt, er biete

---

33 Franz Brendel: H. v. *Bronsarts Concert in Leipzig*, in NZfM 48/1858, S. 42 f.
34 Louis Köhler: *Aus Königsberg*, in: NZfM 52/1860, S. 6.

„viel Anzuerkennendes, wenn auch nichts Hervorstechendes und Außergewöhnliches. Seine Fingerfertigkeit ist ziemlich bedeutend, aber sein Ton nur klein und seine Technik noch nicht bis zu dem Grade durch- und ausgearbeitet, daß man sie als völlig correct und infallibel in allen Einzelheiten bezeichnen könnte. Man darf sagen: Herr von Bronsart hat viel Anlagen zum Bravourspiele, aber er besitzt diese Bravour selber noch nicht; das bewiesen […] die Passagen, welche Energie und Mark verlangen. Alle zarteren Stellen hingegen waren besser und wie überhaupt bei ihnen der mehr weiche als kräftige Anschlag des Spielers gut an seinem Platze. Die Haupteigenschaft des modernen Clavierspiels, das freie und lose Handgelenk, besitzt übrigens Herr von Bronsart in gutem Maße, wie die Oktavenstellen in der Lisztschen Rhapsodie bewiesen. Daß der Vortrag des Herrn von Bronsart einen gebildeten Sinn und Geschmack verräth, erwähnen wir noch mit Vergnügen […]."[35]

Daß Bronsart sich nicht nur im musikalischen Habitus, sondern teilweise auch in seinen Gesinnungen zumindest von dem radikalen Flügel der Neudeutschen unterschied, zeigt die Broschüre *Musikalische Pflichten,* die als Erwiderung auf einen 1857 in der *Augsburger Allgemeinen Zeitung* vorgetragenen Angriff Bronsarts Beitrag zu den oben beschriebenen Auseinandersetzungen um die Zukunftsmusik darstellt; mit der Kategorie der „Pflicht" verband sich für den aus einer ostpreußischen Offiziersfamilie stammenden Bronsart – wie aus seiner Korrespondenz zu ersehen ist – eine für jedwedes Handeln grundlegende Einstellung. Bronsarts Streitschrift hebt sich zum einen von anderen gleichzeitigen Polemiken durch ein bemerkenswertes Maß von Sachlichkeit und durch eine unüberhörbare Tendenz zu Mäßigung und Toleranz ab. In seiner Verteidigung des „Triumvirats Berlioz, Wagner, Liszt" machte er darauf aufmerksam, daß das in diesem Diskurs vorherrschende Vokabular nicht nur des Gegenstandes unwürdig sei, sondern auch die Grenzen des einfachen Anstandes überschreite.

35 *Signale für die musikalische Welt* 15/1857, S. 590.

„Wir sind immer als Pygmäen, Barbaren, Vandalen, Saracenen, Normanen, Hocus-Pocus- und Scandalmacher, Querköpfe, tönende Götzen, Rand- und Bandlose, Lohnpfotenhauer, gefährliche Leute u.s.w. u.s.w. betitelt, und natürlich der völligen Gesetzlosigkeit, der machtlosen Überschwenglichkeit, dem grobsinnigen Taumel, hohlem Scheinwesen, barockem Ungeschmack, flachem Coquettiren, frechen Lärmen u.s.w. überantwortet. Mit gelehrten Untersuchungen über das Wesen der Kunst, mit metaphysischen oder höflich diplomatisch=hypothetischen Redensarten, mit einer Sprache in mediis terminis ist solchen Gegnern gegenüber nichts auszurichten [...] Welch bescheidenes Selbstbekenntnis von Mangel an Überzeugungsgründen," war Bronsarts Kommentar.[36]

Zum anderen ist es bezeichnend für Bronsarts Schrift, daß die philosophische Begründung des musikgeschichtlichen Verlaufes, die den Dreh- und Angelpunkt von Brendels Argumentation bildete, kaum ansatzweise entwickelt erscheint. Zwar verteidigte auch Bronsart den „Fortschritt" und die „Zukunftsmusik", jedoch nur im Sinn einer moralischen Rüge des polemischen Stils und den oberflächlichen Umgang mit Schlagworten; er verzichtete weitgehend auf den Nachweis tieferer Begründungszusammenhänge oder der „Notwendigkeit" musikhistorischer Prozesse, wie er in der Nachfolge der Hegelschen Geschichtsphilosophie eigentlich unumgänglich war. Am entschiedensten rückte er – wenn auch nicht explizit – in der Frage der gesellschaftlichen Funktion der Musik von der neudeutschen Position ab.

„Ist es ferner nicht die letzte Zuflucht der Böswilligkeit, auf eine ihr verhaßte Richtung den gehässigen Verdacht zu werfen, sie stamme aus den politischen Bewegungen von 1848. War es schon absurd genug, diese Bewegungen mit der Reformation zu vergleichen, wie dies öfter geschehen ist, so gehört doch noch mehr Mangel an verschiedenen unentbehrlichen Eigenschaften des Geistes und Gemüthes zu dieser neuen Behauptung, da die Kunst der Politik noch viel ferner steht als die

---

36 Hans von Bronsart: *Musikalische Pflichten*, ²Leipzig 1858, S. 37 f.

Religion. Denn während die religiösen Fragen bis zu einem gewissen Grade in die politischen Verhandlungen hineingehören, ist es doch bisher noch Niemandem eingefallen, die ästhetischen Gesetze in das Gebiet der Politik hineinzuziehen, da letztere bekanntlich nur die Zweckmäßigkeit und Nützlichkeit gewisser Staatsformen und der socialen Verhältnisse zu erörtern hat, aber in durchaus keiner Beziehung zu der Lehre vom Schönen steht, mit der es die Kunst zu thun hat."[37]

Mit dieser Einschätzung stellte sich Bronsart nicht nur geradezu auf den Standpunkt des Hauptgegners der Zukunftsmusik, Eduard Hanslick, der drei Jahre zuvor in seiner Schrift *Vom musikalisch Schönen* eben diese radikale Trennung der Reiche des Schönen und des Realen proklamiert hatte,[38] sondern gab im Grunde jene gesamte Tendenz preis, die seit der neuromantischen „Beethovener"-Bewegung der achtzehnhundertdreißiger Jahre die enge Bezogenheit der Musik auf die historisch-politische Realität propagiert hatte. Überdies konnte ein solches Votum aus der Feder eines Neudeutschen zu diesem Zeitpunkt selbst einen unbefangenen Beurteiler kaum überzeugen, war doch die Verbindung der Zukunftsmusik mit den revolutionären Ereignissen durch die anhaltende steckbriefliche Verfolgung von deren Hauptfigur, Richard Wagner, als gegenwärtige Realität nicht weniger offenkundig und der Öffentlichkeit bewußt als etwa die politische Einstellung des als "republikanischer Baron" bei den nach 1848/49 politisch Tonangebenden durchaus zweifelhaft beleumundeten H. v. Bülow, der aus seinen Sympathien für die Achtundvierzigerrevolution nie ein Hehl machte.

In der Tat versuchten die Neudeutschen nach 1849 in teilweise opportunistischer Haltung, sich den ungeliebten politischen Gegebenheiten anzupassen. Die darüber gelegentlich auftretenden internen Streitigkeiten belegt ein Bericht H. v. Bülows in einem Brief an Wagner vom 24.08.1859 von

---

37 Ebd. S.12.
38 „Die ästhetische Untersuchung weiß nichts und darf nichts wissen von den persönlichen Verhältnissen und der geschichtlichen Umgebung des Componisten, nur was das Kunstwerk selbst ausspricht, wird sie hören und glauben [...] Ihr Reich ist in der That ‚nicht von dieser Welt.'" Eduard Hanslick: *Vom musikalisch Schönen* [1854], Reprint Darmstadt o. J., S. 45.

der Tonkünstlerversammlung in Leipzig 1859: Franz Brendel habe einen „taktlosen feigen Trinkspruch [...] auf [König] Johann [v. Sachsen] den muntren Staatskutscher, den ‚Beschützer der Künste und Wissenschaften' ausgebracht, bei dem ich so frei war, mein volles Glas unter den Tisch zu werfen zum Entsetzen der Zukunftsgänse; außerdem erhob sich der Ultraroyalist Hans von Bronsart, eilte auf die Tribüne zu, um die Kehrseite der Münze zu weisen – aber auf dem Wege hielt ihn die Hand und die fast wehmütig bittende Miene unseres Meisters [Liszt] zurück, der ihm die ‚Sage' streng verbot."[39]

Das war natürlich ironisch gemeint, weist aber doch in der Tendenz auf die politisch wie ästhetisch keineswegs monolithische Haltung innerhalb der neudeutschen Partei hin. Über Bronsarts Haltung um diese Zeit geben seine Briefe an Brendel im Zusammenhang mit der Programmgestaltung der Leipziger Euterpe-Konzerte Aufschluß. Wie militant damals gedacht und geschrieben wurde, bezeugt sein Brief vom 18.08.1861; in ihm ging es um die Uraufführung von Liszts Oratorium *Die Legende von der Heiligen Elisabeth,* dessen Komposition erst im folgenden Jahr abgeschlossen wurde. Bronsart schrieb:

„Dieß nach Liszts Andeutungen sehr mild und größtentheils zart und anmuthig gehaltene kurze Werk dürfte seines Erfolges ebenso sicher sein, als Prometheus. Wir müssen durchaus Liszt ganz besonders [...] nachdrücklich, wenn auch vorsichtig bethonen –, wollten wir weniger von ihm bringen als in der vergangenen Saison, so wäre es gottjämmerliche Feigheit, und ich bin fest entschlossen, in diesem einen Puncte unter keinen Bedingungen dem Comité [der Euterpe-Konzerte; d. V.] nachzugeben, und sollte ich meine Wege gehen und nur die 200 Rtl. Conventionstrafe von irgendeinem Juden (nur nicht von Bernsdorff oder Jadassohn) borgen müssen. Wagner ist durchgedrungen; Berlioz wird wenigstens als pikanter Leckerbissen (mit etwas zu viel Haut gout und Cayenne-Pfeffer) von Gleich und anderen Langohren beschnüf-

---

[39] Hans v. Bülow: *Neue Briefe,* hg. von R. Graf Du Moulin Eckart, München 1927, S. 435.

felt; Liszt hat ein Dezennium lang seine Haut zu Markte getragen für Andere; es ist also höchste und einstweilen fast ausschließliche Pflicht, ihn zur Anerkennung zu bringen, um die „Bresche" zu vervollständigen, ohne welche ein Sieg sobald nicht erfochten werden kann. Daß Sie ein „Brechschießen" proclamirt haben, kann die neudeutsche Schule nur mit Hurrah! und Vorwärts! begrüßen; das Prinzip des langsamen Aushungerns und des kleinen Minenkrieges ist in der That so langwierig wie unerquicklich [...]."

Doch schon zu dieser Zeit bemühte sich Bronsart, der heftigen Polarisierung zwischen den Neudeutschen und dem Brahms-Joachim-Kreis entgegenzuwirken. In diesem Sinn schrieb er im gleichen Brief an Franz Brendel:

„Daß Sie nunmehr meiner bereits mehrmals angesprochenen Idee, mit Brahms anzuknüpfen, sich anschließen, freut mich sehr; er ist jedenfalls eine bedeutende Erscheinung, die von der neudeutschen Schule nicht ignorirt darf, selbst wenn er sich bemühen möchte dieselbe zu ignoriren; wir können höchstens dieses Ignoriren ignoriren. Ich erwäge an Joachim zu schreiben und ihm – wenn mir von Ihnen als im Namen des Vorstandes kein Einspruch binnen 14 Tagen geschieht – ein Concert ausschließlich für die Namen Schumann, Joachim und Brahms proponiren; ihm selbst müßte man natürlich ganz die Wahl seiner Werke anheimstellen; Brahms könnte sein Concert und außerdem kleinere Clavierstücke eigener Wahl spielen; danach wäre dann zu richten, was von Schumann zu nehmen wäre [...]."[40]

Im übrigen begann Bronsart während der ersten Jahre seiner Ehe mit der schwedischen Liszt-Schülerin Ingeborg Starck im Jahr 1861 seine eigene öffentliche pianistische Aktivität zu reduzieren – anscheinend, um sich in

40 Hans v. Bronsart: Brief an Franz Brendel v. 18.08.1861, Haupt- und Staatsarchiv Weimar, Nachlaß Hans Bronsart v. Schellendorf Nr. 127. – Die Bereitschaft zu verstärkter Einbeziehung des Brahms-Joachim-Kreises ist vor dem Hintergrund der lebhaften Kritik an der einseitig neudeutschen Auswahl zeitgenössischer Kompositionen in den „Euterpe"-Programmen zu sehen. So heißt es etwa in den *Signalen für die musikalische Welt* 19/1861, S. 193: „[...] scheint es, daß Hr. v. Bronsart eigentlich mit der Mission betraut war, uns Leipzi-

puncto Pianistik vorwiegend auf die Förderung seiner überaus begabten Frau zu konzentrieren. Es hat den Anschein, daß dieser Rückzug aus der Solistenkarriere in den achtzehnhundertsechziger Jahren zugleich eine schrittweise Distanzierung von der in dieser Zeit mehr und mehr zur bloßen Wagner-Partei mutierenden neudeutschen Schule beinhaltete. Als Komponist verfolgte Bronsart ebenso wie seine Frau weniger eine dezidiert neudeutsche Richtung als eine Synthese der drei großen Klavierkomponisten Schumann, Chopin und Liszt – mit einem gehörigen Schuß Adolf Jensen und Theodor Kirchner. In den Programmen der Bronsartschen Abonnementskonzerte dieser Jahre in verschiedenen Städten tritt deutlich das Bemühen hervor, die Werke von Schumann, Mendelssohn, Gade und Brahms mit solchen von Chopin, Liszt, Draeseke u. a. gemeinsam zu präsentieren und damit zur Überwindung der Spaltung des deutschen Musiklebens beizutragen, was nur gegen den erheblichen Widerstand des immer dogmatischer und unflexibler werdenden Brendel möglich war. Er überzeugte 1862 sogar Hans von Bülow – der in dem in Fußnote 21 zitierten Brief von 1860 selbst Brendel des kompromißlerischen Beschreitens einer „Mittelstraße" bezichtigt hatte – von der Notwendigkeit, einen „Protest gegen Brendeleien mitzusignieren". Hauptsächlich von Bronsarts diplomatischer Haltung ging offensichtlich jene Tendenz zu einer gewissen Konzilianz und Mäßigung aus, im Gefolge derer schließlich auch Bülow seinen Radikalismus nach und nach ablegte und 1864 gar in einem Brief an Raff die Parteilichkeit des Allgemeinen Deutschen Musikvereins vollends in Abrede stellte; er betonte, dessen Mitglieder

„Kiel, Volkmann u. a. gehören nicht der Weimarischen Schule an. Wenn Brahms und Joachim beisteuern – werden sie ebenfalls bei den

ger Heiden das Evangelium der Liszt'schen Lehre zu predigen. Diese Missionspredigten zu St. Euterpe haben jedoch wenig Erfolg gehabt; die guten Leipziger […] bezeugen nicht die mindeste Lust, […] neben dem reichbevölkerten Musikolympe auch noch die allein seligmachende Liszt'sche Kirche anzuerkennen." – Vgl. dazu: James Deaville: *The New-German School and the Euterpe Concerts, 1860–1862: A Trojan Horse in Leipzig*, in: A. Beer u. a. (Hrsg.): *Festschrift Christoph-Hellmut Mahling zum 65. Geburtstag* Bd. I, Tutzing 1997, S. 253–270.

Versammlungsconcerten berücksichtigt. Wo steckt also die ‚imperialistische' Tendenz – außer etwa in meinem Innern?"[41]
Dennoch scheint Bülows fanatischer Einsatz für Wagner und die Sache der Neudeutschen erst im Gefolge seiner Ehekrise am Ende der 1860er Jahre einer distanzierten Sicht gewichen zu sein. Mit den Uraufführungen von *Tristan* 1865 und *Meistersinger* 1868 in München hatte Bülow entscheidend zum Durchbruch Wagners beigetragen. In Bülows Münchener Zeit kam es zu einem ernsthaftem Dissens zwischen ihm und Bronsart, der offenbar mit dessen konzilianter Haltung zusammenhing. Ende 1867 wurde er durch eine formelle Versöhnung bereinigt; Bronsart lud Bülow gleich nach seinem Dienstantritt zu einem Konzert nach Hannover ein und schrieb ihm dazu:

„daß wir Beide Alles das ad acta legen und als ungeschehen ansehen, was uns höchst überflüssigerweise zum zweiten Mal einander entfremdet hatte und [...] uns selbst zweifelhaft erscheinen lassen sollte, als erstrebten wir Ein und Dasselbe. Laß uns jeder seinen eigenen Weg nach Rom wandern."[42]

Darauf antwortete Bülow:

„Nein, unsere Wege werden sich nicht mehr trennen! Betrafen nicht alle unsere zeitweiligen Dissensionen nur die Wahl der Mittel, um einen gemeinsamen Zweck zu erreichen? Sind wir nicht beide aus der Opposition in die Regierung getreten? [...] Ich mache sonst keine Konzertreise. Die Exkursion nach Hannover hätte eben ihre ganz spezielle Bedeutung: Konferenz mit Dir über Meistersinger und allerlei anderes."[43]

Tatsächlich gehörte Hannover mit seiner *Meistersinger*-Erstaufführung im Jahr 1870 zu den ersten Theatern, die dieses Werk – wenn auch nach Bronsarts Auskunft an Wagner mit mäßigem Erfolg[44] – nachspielten.

[41] Hans v. Bülow: *Briefe und Schriften* IV, hg. von M. v. Bülow, Leipzig 1898, S. 604.
[42] Hans v. Bronsart: Brief an Hans v. Bülow v. 26.11.1867, Haupt- und Staatsarchiv Weimar, Nachlaß Hans Bronsart v. Schellendorf Nr. 46.
[43] Marie v. Bülow: *Hans von Bülows Leben dargestellt aus seinen Briefen*, S. 213.
[44] Cosima Wagner: *Die Tagebücher* I, hg. von M. Gregor-Dellin/D. Mack, München/Zürich 1976, S. 250; Wagner fragte sich, „wie es kommt, daß die Meistersinger hier vom Repertoire verschwunden seien, während früher Hannover ein Hauptort für seine Sachen gewesen

In den auf diesen Brief folgenden Jahren spielte sich die Ehetragödie Bülows mit der Folge der persönlichen Entfernung von Wagner ab, die aber keineswegs zugleich eine künstlerische war. Bronsart empfand offenbar – ebenso wie sein Mentor Liszt und überdies aus freundschaftlicher Solidarität zu Bülow – den persönlichen und gesellschaftlichen Skandal von Cosimas und Wagners Heirat als unerträglich und weigerte sich noch fünf Jahre danach, als Wagner anläßlich einer *Lohengrin*-Aufführung am 10.04.1875 Hannover besuchte, ihn persönlich zu begrüßen. In einem Brief an Bülow begründete er eine Woche zuvor seine Haltung:

„Nächsten Sonntag will Wagner hier den Lohengrin hören, am folgenden Tage gibt ihm der Künstlerverein ein Bankett, wozu er die Einladung angenommen. Ich werde dafür danken – und dem Vorstande erwidern, daß ich Dein Freund bin. Zu einer Feier des größten Komponisten unserer Zeit bin ich jederzeit mit Enthusiasmus bereit, sobald derselbe dabei durch seine persönliche Abwesenheit glänzt."

Doch Bülow reagierte entsetzt:

„Ich bitte Dich aufs inständigste, ich beschwöre Dich bei allem, was z. B. dem Autor der nächsten Sonntagsoper heilig zu sein nicht die Ehre hat – erscheine am nächsten Montag im Künstlerverein. Tu mir die Liebe! Nicht obgleich, sondern weil mein Freund! Wäre Liszt in Hannover, würde es ihm sicher gelingen, Dich umzustimmen. – Sieh – es wäre doch – mit gütiger Erlaubnis Deiner Frau Gemahlin – eine Nationalschande, wenn Bayreuth, i. e. die Nibelungentetralogie nicht zustande käme. Der moralische Mißkredit, der zur Befestigung seines ästhetischen ditto mit so ungeheurem Enthusiasmus von Größen wie Joachim und Geringeren auf den großen Meister angehäuft wird – hat allerorten – glaub mir, dem Vielgewanderten (nicht Vielgewandten) enormen Schaden getan, Interesse in Indifferenz, Indifferenz in Feindseligkeit verwandelt [...].Wenn Du mich ein wenig achtest und liebst – bringe der Parole „Weimar" ein Opfer und zwar ein vollständiges."[45]

---

sei." Ebd. S. 608 f.
45 Haupt- und Staatsarchiv Weimar, Nachlaß Hans Bronsart v. Schellendorf Nr. 46; Marie

Daß Bülow an Bronsart appellierte, die „Parole ‚Weimar' in Hannover hochzuhalten und ihm dies geradezu als seine nationale Pflicht darstellte, zeigt, daß er geschickt nicht nur auf realen Klaviaturen, sondern auch auf psychischen wie derjenigen von Bronsarts Patriotismus und Pflichtbewußtsein zu spielen verstand. Er begab sich damit in klaren Widerspruch zu Äußerungen aus dieser Zeit, in denen er anderen gegenüber seine längst vollzogene Distanzierung von Weimar bekundete. So hatte er ein halbes Jahr zuvor Jessie Laussot gegenüber seine veränderte Position in der musikalischen Parteienlandschaft mit einem der bei ihm häufig begegnenden selbstbezüglichen Sarkasmen so beschrieben:

> „Wenn Sie große Augen machen, auf die Vermutung kämen, ich würde immer reaktionärrischer – so sind Sie nicht ganz weit von der Wahrheit entfernt. Mein ‚Neudeutschtum' ist bis zu jener homöopathischen Dosis zusammengeschrumpft, in welcher der Demokratismus beim Duc de Mouchy oder Paione vertreten ist. Werde künftig nur für Waldtrompeten und Feldhörner instrumentieren."[46]

Als am 18. Oktober 1876 ein Telegramm aus Weimar ankündigte, daß Liszt auf der Reise nach Rom einen Umweg über Hannover machen werde, ähnelte Bülows Reaktion ein wenig derjenigen von Joachim zwanzig Jahre zuvor: „Ich bange mich [...] etwas vor diesem Wiedersehen [...]." Und nach dem Besuch wurde er noch deutlicher:

> „Er ist noch immer der wunderbare Zauberer von ehemals, geistig und körperlich rüstiger und frischer als ichs nach unserer letzten Begegnung vor 2 Jahren in Tivoli erwartete. Ich vermag ihm aber in seinen Proteusbewegungen nicht zu folgen, er ist mir geradezu unheimlich – ich fühle mich ihm total entfremdet [...]."[47]

Zu diesem Zeitpunkt war ihm gerade die Uraufführung der *ersten Sinfonie* 1876 in Karlsruhe unter Dessoff zum Schlüsselerlebnis geworden: unter

---

v. Bülow: *Hans von Bülows Leben dargestellt aus seinen Briefen*, S. 287 f.
46 Hans v. Bülow: Brief an Jessie Laussot aus London vom 19.10.1874, in: Marie v. Bülow: *Hans von Bülows Leben dargestellt aus seinen Briefen*, Leipzig 1921, S. 283.
47 Marie v. Bülow: *Hans von Bülows Leben dargestellt aus seinen Briefen*, S. 303.

Anspielung auf das von Sarasate gespielte *zweite Violinkonzert* von Bruch schrieb er kurz danach in seinen Reiserezensionen aus England:

„Erst seit meiner Kenntnis der zehnten Symphonie, alias der ersten Symphonie von Johannes Brahms, also erst seit sechs Wochen, bin ich so unzugänglich und hart gegen Bruch-Stücke und dergleichen geworden. Ich nenne sie die zehnte, nicht, als ob sie nach der „neunten" zu rangieren wäre; ich würde sie eher zwischen die zweite und die Eroica stellen, ähnlich wie ich behaupte, daß unter der „Ersten" (C-Dur) nicht die von Beethoven, sondern die von Mozart componierte, unter dem Namen Jupiter bekannte, zu verstehen sei."[48]

1876 war Bülows Gesundheit durch den Raubbau, den er – zumal auf seinen Tourneen durch England, Rußland und durch die USA – mit seiner Physis getrieben hatte, ruiniert, und das Ehepaar v. Bronsart nahm ihn bei sich in Hannover auf und pflegte ihn gesund. Bei dieser Gelegenheit gelang es Bronsart, der nach Meinung Bülows mit seiner Intendantentätigkeit „eigentlich der Kunst entsagt" hatte,[49] gegen die Vorbehalte des Berliner Generalintendanten v. Hülsen das Engagement des von Anfang an widerstrebenden Bülow zwei Jahre lang als Kapellmeister durchzusetzen. Es bedurfte eines erheblichen Aufwands an diplomatischem Geschick, Bülow daran zu hindern, die Aufgabe bereits nach zwei Monaten hinzuwerfen: Bronsart hatte ihm nahezubringen, daß er die Unbeherrschtheiten und Sarkasmen, mit denen er in den Proben Sänger und Musiker reichlich bedachte, einzuschränken und abzumildern habe. Bülow behauptete, er habe bei seiner Abreise aus „Welfenheim" „bis Minden geheult" und gelobte guten Willen bei der „Zähmung" seiner „Heftigkeit", die er jedoch nie werde „kastrieren" können.[50]

Das musikalische Angebot, das Bülow dem hannoverschen Publikum in den zwei Jahren seines dortigen Wirkens vorlegte, knüpfte hinsichtlich Reichhaltigkeit, Gewicht und Qualität der Darbietung an die Glanzzeit

---

48 Hans v. Bülow: *Briefe und Schriften* II, hg. von M. v. Bülow, Leipzig 1896, S. 369.
49 Brief an Carl Bechstein v. 29.11.1876, in: Hans v. Bülow: *Neue Briefe*.
50 Marie v. Bülow: *Hans von Bülows Leben dargestellt aus seinen Briefen*, S. 317.

des Musiklebens unter Joachim an. Besonders denkwürdig war die hannoversche Erstaufführung von Brahms' *Sinfonie I* in seinem dritten Abonnementskonzert am 20.10.1877, der enorme technische Schwierigkeit, zugleich aber „Keuschheit" und „Adel" des Ausdrucks attestiert wurde und die man immer noch in der Nähe der Symphonik R. Schumanns ansiedelte. Das Werk erweckte große Anteilnahme beim Publikum, dem bis dahin von Brahms vorwiegend Lieder und das Deutsche Requiem bekannt waren. Etwas getrübt werde

> „der Reichtum musikalischer Schönheiten [...] lediglich durch den Nebelflor grübelnder Reflexion, erst im vierten Satz „löst sich der Schleier, und mit dem Allegro non troppo con brio braust der Strom der Empfindung mit gewaltiger Kraft daher, die Herzen der Zuhörer im Sturm mit sich fortreißend [...]."[51]

Auch wurde Hannover der Ort, an dem Bülow nach Jahrzehnten der Entfremdung erstmals wieder mit Joachim musizierte, und für das *Klavierkonzert* fis-Moll seines Freundes und neuen Vorgesetzten Bronsart setzte er sich intensiv ein.[52] Auf dem Gebiet der Oper machte Bülow die Hannoveraner mit Neuigkeiten wie Glinkas *Iwan Sussanin* (dessen Premiere allerdings verunglückte) und Berlioz' *Benvenuto Cellini* bekannt.[53] Zeitweilig fühlte sich Bülow in Hannover offenbar wohl – was bei ihm viel bedeutete, da es selten vorkam:

> „Ich darf wohl sagen, daß mir Hannover in letzter Zeit immer behaglicher geworden ist, daß ich in einem frischen, durch mich selber erfrischten Element schwimme [...]."[54]

Doch war diese gute Meinung nicht von Dauer; als sich neun Jahre später der junge Richard Strauss überlegte, sich statt um das weimarische dritte um

---

51 Rezension in: *Neue Hannoversche Zeitung* vom 23.10.1877.
52 Im Briefwechsel mit Bülow finden sich kritische Bemerkungen Bronsarts zum Klavierkonzert, an dem Ingeborg v. Bronsart noch unmittelbar vor der Aufführung Änderungen vornahm. Haupt- und Staatsarchiv Weimar, Nachlaß Hans Bronsart v. Schellendorf Nr. 46.
53 Georg Fischer: *Hans von Bülow in Hannover*, Hannover/Leipzig 1902, S. 28 ff.; Marie v. Bülow: *Hans von Bülows Leben dargestellt aus seinen Briefen*, S. 326 f.
54 Hans v. Bülow: Brief an Franziska v. Bülow 21.12.1878, in: Marie v. Bülow: *Hans von Bülows Leben dargestellt aus seinen Briefen*, S. 326.

das erste Kapellmeisteramt in Hannover zu bewerben, lautete Bülows Rat: „Hätte ich Muße, ich würde es für Pflicht erachten, Ihnen die mir für Sie höchst bedenkliche Velleität auszureden, die Ufer der Ilm gegen die der Leine zu vertauschen. – Hören Sie folg[ende] Reminiszenz: 1878 H. v. Br[onsart]: Du wirst ein gräuliches Publikum kennenlernen: die Hannoveraner sind die – Baiern – (pardon – ich zitiere) des Nordens. H. v. Br. (4 Wochen später): Weißt Du, lieber Freund, – trotz aller unliebsamen persönl. Erfahrungen in M[ünchen] muß ich den Hannoveranern des Südens doch den Vorzug einräumen […]."[55]

Die Freundschaft zwischen Bronsart und Bülow wurde durch das aufbrausende Temperament des Dirigenten und seine Neigung zu beleidigend scharfen Urteilen über Musiker, insbesondere Sänger, hart auf die Probe gestellt. Auf die eingebrachten Klagen mußte Bronsart meistens zuungunsten Bülows entscheiden, was dieser zunächst anstandslos akzeptierte.[56] Geradezu tragisch gestaltete sich dann aber das Ende von Bülows Amtszeit in Hannover. Es wurde ausgelöst durch rhythmische Unsicherheiten des Tenors Anton Schott in der Aufführung des *Lohengrin* vom 26.09. und Bülows heftige Reaktion. Die Auseinandersetzungen führten diesmal zum Demissionsgesuch, dem Bronsart stattgeben mußte.[57] Die jahrzehntelange Freundschaft war zunächst zerbrochen und brauchte Jahre zur Wiederherstellung. Von der Dramatik der Auseinandersetzungen zeugen Passagen aus den Briefe Bülows an Bronsart wie die folgende:

„Verehrter Freund, Daß Du meine dringende Bitte, mich in meinem überaus peinlichen Nervenzustande vor Donnerstag unbehelligt zu laßen, nicht erfüllt hast, damit hast Du Dich auf Seite meiner Feinde gestellt, oder, Deine Worte zu gebrauchen, die Freundschaft gekündigt […]."[58]

---

[55] Hans v. Bülow: Brief an Richard Strauss 18.05.1887, in: Gabriele Strauss (Hrsg.): *Lieber Collega! Richard Strauss im Briefwechsel mit zeitgenössischen Komponisten und Dirigenten* Bd. 1, Berlin 1996, S. 60.
[56] Ebd. S. 51.
[57] Ebd. S. 50–59; Marie v. Bülow: *Hans von Bülows Leben dargestellt aus seinen Briefen*, S. 331–337.
[58] Hans v. Bülow: Brief an Bronsart v. 24.03.1879, Haupt- und Staatsarchiv Weimar,

Als Bülows Frau Marie lange nach Bülows Tod Bronsart um Mitwirkung bei der Edition von dessen Korrespondenz bat, antwortete der vierundsiebzigjährige Bronsart wie immer diplomatisch:

„Fast möchte ich dazu neigen, [...] eine Erklärung zu geben, daß es einem berufenen Biographen vorbehalten bleiben müßte, das Entstehen der unnatürlichen Entfremdung zwischen zwei so innig befreundeten Künstlern in den einzelnen Phasen zu schildern die aber zu widernatürlich war, um dauernd bestehen zu können, und wiederum zum alten Freundschaftsbunde führen mußte."

Bronsart bezeichnete als Grund für den Konflikt „die Tragik in Bülows Leben', [die] ihn mit zunehmendem Alter immer nervöser werden ließ, anstatt sein Wesen zu beruhigen und harmonischer zu gestalten."

Und er glaubt sich auch zu diesem Zeitpunkt dafür rechtfertigen zu müssen, Schott in Schutz genommen zu haben:

„Liszt äußert sich wiederholt in den Briefen an die Fürstin höchst anerkennend über den in der That hochbegabten und begeisterten Verehrer Bülows Schott, und spricht unumwunden aus, daß er von Bülow maltraitiert worden. Und es mag eine unbedachte Äußerung Schotts gewesen sein, durch die er es für alle Zeit mit Bülow verdorben: ‚wir haben uns in den Londoner Concerten künstlerisch ergänzt.' Anstatt darüber zu lachen, faßte Bülow diese thörichte Renommisterei als schwere Beleidigung auf [...] Sehen Sie, meine gnädigste Frau, das sind aber Intimissima, sozusagen ‚hinter den Coulissen', die man doch der Öffentlichkeit nicht auftischen kann, die jedoch zur völligen Klarstellung unerläßlich wären."[59]

Acht Jahre nach diesem schmerzlichen Abgang beendete Bronsart selbst seine zwanzigjährige hannoversche Dienstzeit. Der Grund lag darin, daß dem Grafen Bolko von Hochberg die Nachfolge des verstorbenen Berliner Generalintendanten Botho von Hülsen übertragen und damit Bronsart,

---

Nachlaß Hans Bronsart v. Schellendorf Nr.126.
59 Hans v. Bronsart: Brief an Marie v. Bülow aus Pertisau v. 10.08.1904, in: Niedersächsisches Handschriftenarchiv, Stadtbibliothek Hannover.

der sich Hoffnungen auf diese Funktion gemacht hatte, übergangen wurde. Voller Verbitterung schrieb Bronsart am 01.05.1887 an den Preußischen Minister Graf Stollberg:

„Alles, was ich im Königlichen Dienste erreicht habe, ist der durch meine Ernennung zum Kammerherrn erfolgte Übergang aus der dritten in die zweite Rang Klasse; nicht einmal eine Gehaltserhöhung ist mir zu Theil geworden, ja selbst bei der allgemeinen Gehaltsaufbesserung im Jahre 1873 war ich von allen Beamten des Königlichen Theaters der einzige, der leer ausging. Daß ich aber als alter Intendant unter die künstlerische Oberleitung des Herrn Grafen von Hochberg gestellt wurde, der niemals eine Bühne geleitet hatte – eine Lage, in welche noch nie bisher ein Intendant versetzt worden – mußte nothwendigerweise eine Einbuße des äußeren Ansehens meiner Stellung mit sich bringen, so daß ich hier gerade einen Rückschritt zu verzeichnen habe. Wären Euere Erlaucht geneigt, bei der definitiven Gestaltung der Verhältnisse mir als dem ältesten Intendanten, dem die wohl nicht ganz unberechtigte Hoffnung, der Nachfolger des verewigten Herrn von Hülsen zu werden, zerstört werden mußte, die Oberleitung der drei auswärtigen Königlichen Theater mit den Competenzen eines Generalintendanten zu übertragen: so würde Euere Erlaucht damit das Gefühl einer erlittenen Kränkung von mir nehmen und zugleich mir eine Beförderung gewähren, wie sie vielleicht im Hinblick auf zwanzig Jahre aufreibende Amtsthätigkeit nicht als unverdiente Bevorzugung erscheinen dürfte."[60]

Bronsarts Anliegen blieb unerfüllt, die erlittene Kränkung veranlaßte ihn zum Wechsel in die entsprechende Position nach Weimar, obwohl sein dortiges Einkommen nur 7 000 Mark jährlich gegenüber 9 000 Mark in Hannover betrug.[61]

---

60 Hans v. Bronsart: Brief an Minister Graf v. Stollberg 01.05.1887, Haupt- und Staatsarchiv Weimar, Nachlaß Hans Bronsart v. Schellendorf Nr. 130.
61 Premier Lieutenant v. Cranach: Brief an Bronsart aus Berlin v. 15.05.1887. Haupt- und Staatsarchiv Weimar, Nachlaß Hans Bronsart v. Schellendorf Nr. 18.

III. Weimarer Epilog

Bronsarts nach dreißig Jahren vollzogene Rückkehr von Hannover nach Weimar bedeutete indessen mehr als lediglich eine Notlösung zu dem Zweck, das Gesicht zu wahren. Vielmehr leitete Bronsart ein Jahr nach dem Tod Franz Liszts ganz offensichtlich das Bewußtsein, seine Pflicht sei es nunmehr, dessen künstlerisches Vermächtnis zu bewahren. Bronsart als „alter Vorkämpfer für die neueren Meister", sah seine Aufgabe – wie er es gegenüber Richard Strauss formulierte – darin, „ganz ausschließlich die Verantwortung für die künstlerische Thätigkeit des Weimarer Theaters" zu tragen.[62] So war es konsequent, daß er sich 1888 zum Vorsitzenden des Allgemeinen Deutschen Musikvereins wählen ließ. Im Gegensatz zu seinem Vorgänger in diesem Amt, Carl Riedel, konnte er nicht mehr auf den autoritativen Rat Liszts zurückgreifen, der bis zu seinem Tod im Hintergrund die Fäden des Vereins in der Hand gehabt hatte, sondern er mußte als erster Vorsitzender selbst den Kurs bestimmen. Vor diesem Hintergrund ist seine Einschätzung zu werten, daß sich die Aufgaben des Vereins gegenüber den Zeiten seiner Gründung verschoben haben:

„[...] es gibt keinen angefeindeten Liszt, Wagner oder Berlioz mehr und der Nachwuchs, der Hervorragendes leistet, findet zum Glück heutzutage Anerkennung genug, daß er den Verein kaum mehr braucht. – Dessen ungeachtet kann der Verein die modificierte Aufgabe, seinen Mitgliedern die interessantesten Erscheinungen der Neuzeit vorzuführen, immerhin weiter verfolgen, und damit zugleich eine Verständigung unter den verschiedenen berechtigten Kunstrichtungen hervorrufen."[63]

Offensichtlich war Bronsart Vorsitzender eines Vereins, von dessen funktionaler Notwendigkeit er nicht mehr völlig überzeugt war: die „modificirte Aufgabe" formulierte er deutlich unverbindlicher als es die nach lang-

---

62 Hans v. Bronsart: Brief an Richard Strauss 08.07.1890, in: Gabriele Strauss: *Lieber Collega! Richard Strauss im Briefwechsel mit zeitgenössischen Komponisten und Dirigenten* Bd. 1, Berlin 1996, S. 173.
63 Hans v. Bronsart: Brief an Richard Strauss 24.10.1897, ebd. S. 189.

wierigen Verhandlungen 1861 durchgesetzten Statuten bestimmten, die er konsequenterweise gleichfalls „modificirte", und zwar auf eine Weise, daß 1905 Richard Strauss, der zu dieser Zeit Vorsitzender war, von einer „absolut konfusen Fassung" sprach.[64]

Dementsprechend war der Kurs, auf dem Bronsart den ADMV die zehn Jahre von 1888 bis 1898 steuerte, keineswegs unumstritten: der Verein zerfiel nun seinerseits in ein konservatives und ein progressives Lager, und aus dem letzteren wurde herbe Kritik an der Politik der Vereinsführung geübt, die den Lisztschen „Esprit de corps„ mit „Kirchensprengelinteressen" und „Regimentseitelkeit" verwechsele und die jungen Progressiven zu „verbotenen Autoren" mache.[65] Zum Austrag gelangte dieser Konflikt im Verhältnis zwischen Bronsart als Intendanten und dem vierundzwanzigjährigen Strauss, den er selbst nach Weimar als dritter Kapellmeister neben (oder genauer: unter) Eduard Lassen und Karl Müllerhartung geholt hatte. Strauss hatte gezögert, die Stelle anzunehmen: München wollte er auf jeden Fall verlassen, doch die Bedingungen, die ihm Bronsart in Weimar anbieten konnte, sagten ihm weder hinsichtlich des Gehalts noch der Tatsache zu, daß ihm der angestrebte Titel „Hofkapellmeister" verweigert wurde. So überlegte er, ob er sich um die Nachfolge des geistig erkrankten Ernst Frank als Erster Kapellmeister in Hannover bewerben solle, wovon ihm jedoch Hans v. Bülow mit den oben zitierten Argumenten abriet. Mit großem Enthusiasmus kam Strauss im Herbst 1889 nach Weimar:

> „Nach Weimar! Neben Lassen und unter Bronsart als Intendanten! Das ist doch ein famoser Tausch gegen München! In die Zukunftsstadt Weimar, an den Platz, wo Liszt so lange wirkte! Ich erhoffe mir sehr viel von dort! Bronsart ist ein famoser Kerl, ein Ehrenmann vom Scheitel bis zur Sohle (ganz wie Perfall), außerdem ist Lassen alt und müde und freut sich auf Entlastung."[66]

---

[64] Irina Kaminiarz: *Richard Strauss: Briefe aus dem Archiv des Allgemeinen Deutschen Musikvereins*, Weimar, 1995, S. 146.
[65] Irina Kaminiarz: *Richard Strauss: Briefe [...]*, S. 14.
[66] Richard Strauss: Brief an Dora Wilhan 09.04.1889, in: *Richard Strauss: Dokumente*, hg. von E. Krause, Leipzig 1980, S. 278.

Doch schon ein gutes halbes Jahr nach der Weimarer Bestallung war die Desillusionierung komplett: das „bis jetzt noch nicht gekannte Ideal eines Intendanten" entpuppte sich als ein „Fortschrittler von vor dreißig Jahren", mit dem „es wohl noch harte Kämpfe setzen" werde.[67]

Bronsart hatte sich zu einer künstlerischen Abmahnung veranlaßt gesehen, weil Strauss – unter Berufung auf Wagner – gebeten hatte, als Kapellmeister dem Regisseur grundsätzlich übergeordnet zu werden. Unter Verweis auf die durch Liszt begründete Wagner-Tradition Weimars wies er Strauss' Vorstellungen, die sich eng an die Bayreuther Inszenierungspraxis anlehnten, zurück und bestritt – nicht ohne Seitenhieb auf die „höchst unzuverlässige" Quelle, auf die sich Strauss stütze, nämlich die „unmusikalische, wenn auch übrigens sehr geistvolle Witwe des großen Meisters" – vehement den Bayreuther Alleinvertretungsanspruch in Sachen Wagnerpflege: eine „Filiale Bayreuths" dürfe die Weimarer Bühne nicht werden.

„Das würde Liszt selbst nie gelitten haben."

Während beispielsweise in Bayreuth das zweite Bild von *Rheingold* „absolut styllos" inszeniert werde, „haben wir in Hannover die stylvollste Inszenierung der ‚Nibelungen' erlebt."[68] Strauss persönlich forderte Bronsart zu einer „Modificierung Ihrer ultraradicalen Anschauungen" und dazu auf, „mir [...] in Ausführung meiner Bestrebungen aufrichtig helfend zur Seite zu stehen."

Im übrigen äußerte er den Verdacht, „daß diese ganze, mir, beiläufig gesagt, durchaus widerstrebende, ja unsympathische ‚Richtung', durch äußerliche Einflüsse, denen Sie sich blindlings hingeben, in Sie hineingetragen werden." Diese Richtung sei die des „übertriebenen, ungestümen, exclusiven Wagnercultes,"; sie äußere sich in „u. a. ... Ihrer, oft zur Willkür werdenden Freiheit in der Temponahme."

---

67 Richard Strauss: Brief an Hans v. Bülow 08.10.1889, in: Gabriele Strauss (Hg.): *Lieber Collega! Richard Strauss im Briefwechsel mit zeitgenössischen Komponisten und Dirigenten* Bd. 1, S. 85; Richard Strauss: Brief an Cosima Wagner 29.07.1890, in: *Cosima Wagner – Richard Strauss: Ein Briefwechsel,* hg. von F. Trenner, Tutzing 1978, S. 56.

68 Die Erstaufführung des *Ring* in Hannover wurde von Bronsart in seinen letzten dortigen Jahren in die Wege geleitet und fand zwischen 1884 und 1890 (erste zyklische Aufführung) unter den Kapellmeistern Frank und Kotzky statt.

"Sie überwagnern Wagner – von Beethoven gar nicht zu reden. Sie, mein lieber Strauss, dirigieren oft selbst Wagner so, daß ich nicht einsehe, weshalb Sie nicht ad Beliebitum auch andere Instrumente, andere Harmonien etc. setzen. Daß ich, und mit mir gewiss jeder Musiker, diese ‚metrischen Umarbeitungen' ganz interessant finde, ist eine Sache für sich; ein Musiker von Ihrer Begabung macht aber nichts langweilig. Aber in gewissem Sinne ist dieses ‚car tel est mon plaisir' doch recht bedenklich, denn dem Publicum wird mit fascinierender Beredsamkeit eine falsche Vorstellung von dem plausibel gemacht, was die Meister – ich nehme in manchem Satze selbst Wagner nicht aus – gewollt [...]."
Insgesamt fühlte sich Bronsart von Strauss' ungehemmtem Ausleben seiner Individualität im Dirigieren und von seinem harschen Umgang mit Musikern und Theaterleuten an die unliebsamen Erfahrungen mit „unserem eben so großen wie unglücklichen Freund Hans von Bülow" und dessen Abschied von Hannover erinnert. Doch auch am Komponisten Strauss übte er Kritik.

„Daß Ihre Tondichtungen auf mich selbst bedeutend gewirkt haben, beweist nur, wie groß Ihre schöpferische Begabung ist, und ich bin weit davon entfernt, die von Ihnen gewählte Form zu verwerfen; sie hat ihre Berechtigung wie eine andere. Das Bedenkliche ist nur, daß Sie diese „Richtung" der programmatischen Musik als das Alleinseligmachende proclamieren."
Letztlich befürchtete Bronsart, daß, nachdem der ganze tolle Spuk des „Wagnerianismus" wie er einige Decennien hindurch überall Unfrieden und wüthenden Parteihader stiftete [...], nun Gott sei Dank vorüber sei, durch den „roten Radikalismus" von Strauss der „beispiellose Anachronismus" des musikalischen Parteienkampfes wiederaufleben werde.[69] Strauss selbst berichtete über den ersten der beiden eben zitierten Briefe an Cosima Wagner, Bronsart habe

---

69 Hans v. Bronsart: Briefe an Richard Strauss 08.07.1890 und 05.08.1890, in: Gabriele Strauss: *Lieber Collega! Richard Strauss im Briefwechsel mit zeitgenössischen Komponisten und Dirigenten* Bd. 1, S. 171–177.

> „auf einen sehr dringenden Brief, den ich ihm in unserer Regisseursangelegenheit [...] geschrieben [...], in einer sehr albernen und verschrobenen Weise geantwortet. Abgesehen davon, daß er meine Bitte „prinzipiell" (?) nicht erfüllen kann, nahm er wieder einmal Gelegenheit, mich vor meinen Irrwegen vor der Lasterbahn des Fortschrittes zu warnen und was derlei dummes Zeug mehr ist [...]."[70]

Das Ziel, Weimar als zentrale Pflegestätte der Liszt-Wagner-Tradition und als Gegengewicht gegen den nach seiner Meinung in Bayreuth grassierenden überspannten Wagnerkult auf Dauer zu etablieren (womit er das Vermächtnis seines Idols Liszt zu erfüllen hoffte), erreichte Bronsart nicht.

In den Jahren nach dem Rückzug von der Weimarer Intendanz und vom Vorsitz des ADMV lebte das Ehepaar v. Bronsart in Pertisau (Tirol), Rottach-Egern und München. Ihre Antipathie gegen die musikalische Moderne, wie sie sich bereits in der Haltung gegenüber dem Weimarer Wirken von Strauss zeigte, pflegten die beiden ehemaligen Protagonisten des musikalischen Fortschritts nun in konzentrierter Form privat zu äußern – wie etwa in den Sonetten, die Hans von Bronsart regelmäßig jedes Jahr seiner Gattin zum Geburtstag schenkte[71] –, oder sie kam in unveröffentlichten Texten und Konzepten wie denen zu Erinnerungen an Franz Liszt, einer Huldigung an denselben (1902), oder in einem Aufsatz über die musikalische Moderne von 1896 zum Ausdruck.[72] Zu Weimar wie zu Hannover hatten sich die Beziehungen allmählich gelockert. Doch in dem Dankesbrief, den Bronsarts Sohn Fritz an die Intendanz des hannoverschen Theaters bezüglich deren Kondolenzbrief zu Bronsarts Tod 1913 richtete, heißt es:

> „Mein Vater hat noch beim letzten Mittagessen lange von der unvergesslichen Zeit in Hannover gesprochen, wo er wohl, wie meine Mutter, die glücklichste Zeit seines Lebens verbracht hat."[73]

---

70 Richard Strauss: Brief an Cosima Wagner 29.07.1890, in: *Cosima Wagner – Richard Strauss: Ein Briefwechsel*, S. 56.
71 Haupt- und Staatsarchiv Weimar, Nachlaß Hans Bronsart v. Schellendorf Nr. 34.
72 Haupt- und Staatsarchiv Weimar, Nachlaß Hans Bronsart v. Schellendorf Nr. 42, Nr. 45.
73 Personalakte Bronsart v. Schellendorf, Theatermuseum Hannover, Lit. B No. 90.

Joachim und Bronsart gehörten zu den frühen bedeutenden Vertretern der weimarischen Schule, die innerhalb der ersten anderthalb Jahrzehnte des 20. Jahrhunderts starben. Die Zeiten, in denen sie in Weimar und Hannover im Zentrum der musikalischen Auseinandersetzungen gestanden hatten, waren ferne und verblaßte Vergangenheit.

Zur Telemann-Opernpflege in Magdeburg 1962 bis 1996 – ein Rückblick*

Wie schon Hellmuth Christian Wolff in seinem grundlegenden Werk *Die Barockoper in Hamburg* (1957) erklärte, konnte Telemann in der Freien und Hansestadt Hamburg mit der Bevorzugung des heiteren Genres im Bühnenschaffen an ältere, am dortigen Opernhaus wirksame Traditionen anknüpfen und diese erfolgreich fortsetzen.[1] Erkennbar war er dabei um Differenzierung und Optimierung bemüht; unter seinen erhaltenen Opern vorwiegend heiteren Charakters befinden sich nach den von ihm selbst verwendeten Bezeichnungen folgende Typen:

1. „das musikalische Lustspiel",
2. „das scherzhafte Sing-Spiel" und
3. „das lustige oder scherzhafte Zwischenspiel" (Intermezzo).[2]

Mehrmals begegneten uns diese drei Arten bei den szenischen und konzertanten Darbietungen der Bühnenwerke Telemanns in dessen Geburtsstadt Magdeburg.

Nach früheren Aufführungen in den Jahren 1929 und 1956 hörten und sahen wir bei den 1. Magdeburger Telemann-Festtagen 1962 das bekannte

---

* Überarbeitete und erweiterte Fassung meines Referates anläßlich der 13. Magdeburger Telemann-Festtage am 14. März 1996.
1 Vgl. Hellmuth Christian Wolff: *Die Barockoper in Hamburg*, Bd. I, Wolfenbüttel 1957, S. 117 f., 311 ff. und 332 ff.; ders: *G. Ph. Telemann und die Hamburger Oper*, in: *Beiträge zu einem neuen Telemannbild*, Konferenzbericht (= KB) der 1. Magdeburger Telemann-Festtage 1962, Magdeburg 1963, S. 38 ff. – Vgl. auch Hans Joachim Marx: *Geschichte der Hamburger Barockoper*, ein Forschungsbericht, in: *Hamburger Jahrbuch für Musikwissenschaft*, Bd. 3, Hamburg 1978, S. 20 ff.
2 Vgl. Bernd Baselt: *Zum Typ der komischen Oper bei Georg Philipp Telemann*, in: *G. Ph. Telemann, ein bedeutender Meister der Aufklärungsepoche*, KB der 3. Magdeburger Telemann-Festtage 1967, Magdeburg 1969, Teil 1, S. 73 ff.; ders: *G. Ph. Telemann und die Opernlibrettistik seiner Zeit*, in: *Telemann und seine Dichter*, KB der 6. Magdeburger Telemann-Festtage 1977, Magdeburg 1978, Teil 1, S. 33 ff.; ders: *Zu einigen Aspekten des Opernschaffens von Georg Philipp Telemann*, in: *G. Ph. Telemann, Leben – Werk – Wirkung*, Berlin 1980, S. 35 ff. – Vgl. auch Martin Ruhnke: *Komische Elemente in Telemanns Opern und Intermezzi*, in: *Bericht über den internationalen musikwissenschaftlichen Kongreß Bayreuth 1981*, Kassel, Basel und London 1984, S. 94 ff.; Peter Revers: Art. *Komische Oper*, in: ²MGG Bd. 5, 1996, Sp. 489 f.

Intermezzo *Pimpinone oder Die ungleiche Heirat* (Hamburg 1725, TWV 21:15) unter der Leitung von Gottfried Schwiers, dem damaligen Magdeburger GMD und Vorsitzenden des dortigen Arbeitskreises „Georg Philipp Telemann". Beeindruckend sangen und agierten in diesem von italienischer Buffa-Diktion geprägten lustigen Zwischenspiel Gisela Beer als listige Kammerzofe Vespetta und Wolfgang Ruhl als geprellter Ehemann Pimpinone.[3]

In einer von Bernd Baselt vorgelegten und später in der Auswahl-Ausgabe (TA) der Werke Telemanns edierten Fassung folgte 1965 zu den 2. Festtagen das musikalische Lustspiel *Der geduldige Socrates* (TWV 21:9), mit welchem Telemann seine Tätigkeit an der Hamburger Gänsemarktoper am 28. Januar 1721 erfolgreich eröffnen konnte.[4] Die musikalische Leitung der Magdeburger Aufführung lag wieder in den Händen von Gottfried Schwiers.

An Telemanns Vertonung beeindruckte seine alle Spielarten des Humors einbeziehende Kunst der musikalischen Charakterisierung unterschiedlicher Personen und Situationen durch entsprechende figürliche Motivik und Melodik sowie abwechslungsreiche Instrumentierung. So erlebten wir Wolfgang Hansen als introvertierten Philosophen schon in seiner Auftritts-Arie (I, Nr.1) *Vergnüge dich, mein stiller Mut* (G-Dur, 6/8-Takt), wozu 4 Violinen (senza Cembalo) die ruhige Atmosphäre im Studierzimmer stimmungsvoll ausmalen[5] (Notenbeispiel 1).

---

3 Vgl. auch künftig die Einführungen in die genannten Bühnenwerke in den Programm-Festschriften der Magdeburger Telemann-Festtage 1962, 1965, 1967 usw., für *Pimpinone* außerdem Rudolf Pečman: *Zur Interpretation der Opern des 18. Jahrhunderts unter besonderer Berücksichtigung von Telemanns ‚Pimpinone'*, in: KB 1967 (s. o. Fußnote 2), Teil 1, S. 88 ff.; Hellmuth Christian Wolff: *Geschichte der komischen Oper*, Wilhelmshaven 1981, S. 60 f.; Susanne Baselt: *Pietro Pariatis Libretto Pimpinone e Vespetta in den Vertonungen von Tomaso Albinoni (1708) und Georg Philipp Telemann (1725) – ein Vergleich*, Musikwissenschaftl. Diplomarbeit (masch.), Halle 1990.

4 G. Ph. Telemann: *Der geduldige Socrates*, Hamburg 1721, hg. von Bernd Baselt, TA, Bd. XX, 1967; Klavierauszug im DVfM, Leipzig 1967. – Vgl. auch Wolff: a. a. O., 1957, Bd. I, S. 312 ff. und Rudolf Pečman: *Zur Typologie des Librettos der Oper G. Ph. Telemanns ‚Der geduldige Socrates'*, in: *Studien zur Aufführungspraxis und Interpretation der Musik des 18. Jahrhunderts*, Heft 46, Blankenburg/H. 1995, S. 31 ff.

5 TA: Bd. XX, S. 10 f. und Wolff: a. a. O. 1957, Bd. II, Nr. 143, S. 155 f. – Von den 25 Klang-

Signalartige Dreiklangsmotivik bestimmt hingegen das lateinische Trinklied des „Servo ridicolo" Pitho, gesungen und unvergeßlich agiert von Gotthard Kircheis (I, Nr. 9; Notenbeispiel 2).[6]
Im alltäglichen Streit mit seinen eifersüchtigen Frauen Xantippe (Marianne Fischer-Bierke) und Amitta (Eva-Maria Roth) bewies dann Wolfgang Hansen sokratische Gelassenheit, während komische bis parodistische Übertreibungen die heroische Devisen-Arie des Dichters Aristophanes (Günther Kurt) kennzeichneten (II, Nr. 29) *Zum Streit, zum Streit! Die Feder her, nun will ich Tinte hier vergießen* (D-Dur, 4/4-Takt).[7] In einigen Ensemblesätzen – wie dem Chor der Frauen und Männer aus Athen beim Adonisfest (III, Nr. 1) *Ach, Adon ist hin*[8] – wurden jedoch schon Ausdrucksbereiche des Musikdramas Gluckscher Prägung und in verschiedenen Dacapo-Arien solche der Opera seria berührt; letzteres geschah exemplarisch in der Arie der Prinzessin Rodisette (Gisela Beer) *Mich tröstet die Hoffnung mit schmeichelnden Scherzen* (II, Nr. 13: C-Dur, 6/8-Takt).[9] Dieser hier nur angedeuteten differenzierten und stilistisch mehrschichtigen Tonsprache Telemanns im musikalischen Lustspiel *Der geduldige Socrates* folgte auch die einfühlsame Regie von Dietrich H. Litt, welcher mit Erfolg bestrebt war, „eine dem Gestus der Musik entsprechende, moderne Interpretation für ein Publikum, das Vergnügen am Theater haben soll, zu erreichen".[10]
Bei den 3. Magdeburger Telemann-Festtagen 1967 bot das Ensemble der Städtischen Bühnen unter der Leitung von GMD Gottfried Schwiers Telemanns scherzhaftes Sing-Spiel *Der neumodische Liebhaber Damon oder Die Satyrn in Arcadien* (Hamburg 1724, TWV 21:8). Wie Bernd Baselt, der Herausgeber dieser Oper, im Vorwort seiner Edition und in der Mag-

beispielen des Referats (vorwiegend aus Mitschnitten der Magdeburger Festtagsaufführungen) erscheinen hier nur elf als gekürzte Notenbeispiele nach den genannten Editionen.
6 TA: Bd. XX, S. 38 f.
7 Ebd., S. 152 f.
8 Ebd., S. 172 ff.
9 Vgl. Hellmuth Christian Wolff: *Deutsche Barockarien aus Opern Hamburger Meister*, Kassel 1944, Bd. I, Nr. 13 und ders: a. a. O., 1957, Bd. II, Nr. 148, S. 159; TA, Bd. XX, S. 114 f.
10 Dietrich H. Litt: *Einige Erfahrungen mit der opera buffa G. Ph. Telemanns*, in: KB 1967 (s. o. Fußnote 2), Teil 1, S. 92 f.

deburger Programm-Festschrift 1967 darlegte, handelt es sich bei dem scherzhaften Sing-Spiel um eine typische „Satyra", in welcher der Titelheld als „Dissoluto punito" für seine Missetaten bestraft und lächerlich gemacht wird; zugleich werden einige Unsitten und überholte Konventionen der höfischen Gesellschaft im Geist der Aufklärung kritisiert und verspottet.[11]
Nach der Ouvertüre, einem dreisätzigen Violinkonzert, beginnt die „satyrische" Oper mit einem ausdrucksvollen Trauerchor der Schäfer, die den irrtümlich für tot gedachten Tyrsis beklagen und dabei abermals nahezu Glucksche Ausdrucks-Dimensionen erreichen (I, Nr. 1) *Blasser Geist, entschlafn'e Seele, ruhe wohl*, begleitet von Streichern (pizzicato), konzertierenden Flöten und Solo-Violine (c-Moll, 6/4-Takt; Notenbeispiel 3).[12]
Wiederum beeindruckte an Telemanns Vertonung die zur unterschiedlichen Charakterisierung der Protagonisten in wechselnden Situationen treffsicher zum Einsatz gebrachte Vielfalt musikalischer Stile, Mittel und Formen. Der Sanguiniker Damon (Wolfgang Ruhl), der – Don Giovanni vergleichbar – allen Frauen in seiner Umgebung leidenschaftlich nachstellt, erhielt vorwiegend brillante Dacapo-Arien, die von seiner jeweiligen Befindlichkeit künden – z. B. eine typische Jagdarie (I, Nr. 28) mit zwei obligaten Corni da caccia (F-Dur, 4/4-Takt) *Das muntere Leben der schmetternden Hörner*, sodann koloraturreiche, mit verbaler und musikalischer Komik aufwartende Allegro-Arien (I, Nr. 14) *Ich entflamme mit den Blicken* und (II, Nr. 3) *Ich glühe vor Sehnsucht, ich lodre vor Liebe! Mein brennend Verlangen erhitzet die Triebe und macht mich zum Ätna verzehrender Glut* (A-Dur, 6/8-Takt, Allegro; Notenbeispiel 4).[13]
Differenzierter wird als Gegenspielerin die Nymphe Mirtilla (Brigitte Berger-Fehr) charakterisiert; ihre sich wandelnden Empfindungen und ihre Ausdrucksskala reichen von der fünfteiligen kämpferischen Devisen-Arie (II, Nr. 30) *Zur Rache, zur Rache gereizete Helden* (F-Dur, 4/4-Takt) bis

---

11 G. Ph. Telemann: *Der neumodische Liebhaber Damon oder die Satyrn in Arcadien*, Hamburg 1724, hg. von Bernd Baselt, TA Bd. XXI, 1969, Vorwort S. X f. – Vgl. auch dessen in Fußnote 2 genannte Aufsätze.
12 TA: Bd. XXI, S. 18 f.
13 Ebd., S. 117 ff.

zum besinnlichen Lied in zweiteiliger Reprisenform (I, Nr. 27) *Kehre wieder, mein Vergnügen, stelle meinen Geist in Ruh!* (A-Dur, 6/8-Takt; Notenbeispiel 5).[14]

Zur Erarbeitung der Bühnenfassung dieser „satyrischen" Oper mit Kürzungen und Streichungen von Arien und Rezitativen referierte der Gastregisseur der Aufführung, Dietrich H. Litt, auf der Magdeburger Telemann-Konferenz 1967.[15]

Im Verlauf der 4. Festtage folgten 1970
a) eine szenische Darbietung der *Lustigen Arien* aus Telemanns Oper *Adelheid* (TWV 21:17) in der Einrichtung von Wolf Hobohm;[16]
b) eine erfolgreiche Reprise des Intermezzo *Pimpinone* (TWV 21:15) und
c) die konzertante Darbietung von Telemanns Vertonung des Singegedichts von Daniel Schiebeler *Don Quichotte auf der Hochzeit des Comacho* (Hamburg 1761, TWV 21:32); ausgeführt wurde diese von einem Magdeburger Ensemble unter der Leitung von Roland Wambeck, dem damaligen GMD der Städtischen Bühnen, der von 1968–1992 auch als Vorsitzender des Telemann-Arbeitskreises tätig war. In einigen Arien und liedhaften Ensemblesätzen dieses von Bernd Baselt 1991 publizierten Spätwerkes von Telemann[17] waren bereits zukunftsträchtige Merkmale und Bestandteile des frühen deutschen Singspiels zu hören und zu erkennen – z. B. im Chor der

---

14 Ebd., S. 77.
15 Litt: a. a. O. (s. o. Fußnote 10), S. 93 ff.
16 G. Ph. Telemann: *Lustige Arien aus der Opera ‚Adelheid'*, hg. von Wolf Hobohm, Magdeburg 1970. – Vgl. dazu Wolff: a. a. O., 1957, Bd. I, S. 335 f. sowie 1963, S. 39 f. und Bernd Baselt: *G. Ph. Telemann und das deutsche Singspiel* in der Programm-Festschrift der 4. Magdeburger Telemann-Festtage 1970, S. 50 ff.; Wolf Hobohm: *Telemanns Bayreuther Oper Adelheid*, in: *Arolser Beiträge zur Musikforschung*, Bd. 1, Köln 1993, S. 102 ff. und 119 f.
17 G. Ph. Telemann: *Don Quichotte auf der Hochzeit des Comacho. Comic Opera-Serenata*, ed. by Bernd Baselt, *Recent Researches in the Music of the Baroque Era*, vol. 64–65, A-R Editions, Madison 1991. Vgl. dazu Bernd Baselt: *G. Ph. Telemanns Serenade Don Quichotte auf der Hochzeit des Comacho*, in: *Hamburger Jahrbuch für Musikwissenschaft*, Bd. 3, Hamburg 1978, S. 85 ff.; Martin Ruhnke: *Telemanns Umarbeitung des Textes zur Serenade Don Quichotte auf der Hochzeit des Comacho*, in: *G. F. Händel – ein Lebensinhalt, Gedenkschrift für Bernd Baselt (1934–1993)*, Halle, Kassel, Basel u. a. 1995 (*Schriften des Händel-Hauses* 11), S. 369 ff.

Schäfer (Nr. 9) *Die schönste Schäferin beglückt den reichsten Hirten dieser Flur* (E-Dur, alla breve); noch deutlicher wurde dies 1977 bei der szenischen Aufführung einer vom Weimarer Gastregisseur Reinhard Schau besorgten Bühnenfassung dieser heiteren, teilweise auch tragikomischen Serenata.[18]

1973 erlebten wir bei den 5. Magdeburger Festtagen unter Roland Wambecks einfühlsamer Leitung Telemanns Oper *Emma und Eginhard oder Die Last-tragende Liebe* (Hamburg 1728, TWV 21:25) in einer textlichen Neufassung und der musikalischen Bearbeitung von Bernd Baselt[19] – ein Höhepunkt in der bisherigen Magdeburger Telemann-Opernpflege.

Mit ausgewählten Beispielen möchte ich nun die bereits wiederholt angedeutete stilistische Vielfalt der Tonsprache Telemanns an dieser Oper detaillierter demonstrieren.

Emma, die Tochter Kaiser Karls des Großen, ist in dessen Sekretär Eginhard verliebt; bei der ersehnten ersten persönlichen Begegnung bittet sie ihn – im Recitativo semplice mit eingestreuten Bemerkungen, die Eginhard und dem Publikum ihren wahren seelischen Zustand offenbaren – um Schreibunterricht, um ihn möglichst oft und allein bei sich zu haben (II, Nr. 30; Notenbeispiel 6).

Mit emphatisch sich steigernder Begeisterung (in Sekundintervallen aufwärts steigenden Passagen, sog. Climax, Gradatio) liest Emma (Petra-Ines Strate) später – wieder im Recitativo semplice ausdrucksvoll deklamierend – Eginhards poetisch abgefaßten Liebesbrief (II, Nr. 38). Ekstatisch monologisierte sie bereits vorher im Recitativo accompagnato (II, Nr. 28) über ihre – heute würde man sagen – psychosomatische Befindlichkeit: *Das Auge starrt, die Lippen beben, die Hände zittern mir.*[20] In einer großen fünftei-

---

18 Vgl. Reinhard Schaus Ausführungen im Programmheft der 6. Magdeburger Telemann-Festtage 1977, S. 30 ff.
19 G. Ph. Telemann: *Emma und Eginhard oder Die Last-tragende Liebe*, Hamburg 1728. Musikalische Bearbeitung und Neufassung des Textes von Bernd Baselt, Magdeburg 1973. Vgl. dazu Wolff: a. a. O., 1957, Bd. I, S. 320 ff. und Bernd Baselt in der Programm-Festschrift der 5. Magdeburger Telemann-Festtage 1973, S. 24 ff.
20 Vgl. Wolff: a. a. O., 1957, Bd. II, Nr. 164, S. 177 f.

ligen Dacapo-Arie (I, Nr. 21) mit obligatem Corno da caccia kennzeichnete und verglich sie ihren Zustand *im Netze* [der Liebe gefangen – d. V.] *wie ein im Garn verstricktes Reh*.[21] *Vergiß dich selbst, mein schönster Engel, vergiß nur nicht der Liebe Pflicht*, ermahnte sie, die Zaudernde, später Eginhard (Knut Weigmann) in einer ausdrucksvollen Sarabanden-Arie mit zwei konzertierenden Blockflöten (II, Nr. 31, F-Dur, 3/4-Takt).[22] Typische Rachearien der Opera seria erhielten hingegen nach der Aufdeckung der die gesellschaftlichen Grenzen durchbrechenden Mesalliance von Emma und Eginhard der verletzte Kaiser Karl (Heinz Hirsch) *Glühende Zangen, Schwert, Feuer und Rad, rächet den Frevel der schändlichen Tat* (III, Nr. 57) und der intrigante General Alvo (Bernhard Sommer) *Wie Donner und Hagel die Bäume zerschmettern, so muß auch die Rache der Könige wettern* (III, Nr. 61).[23] Subtile Textausdeutung, bildhaft und affektvoll zugleich, inspirierte Telemann in der kunstvollen Gleichnis-Arie der verzweifelten Freundin Emmas, der fränkischen Prinzessin Hildegard (Renate Bromann) *Meine Tränen werden Wellen, meine Seufzer ein Orkan* (II, Nr. 34); absichtsvoll schrieb der Komponist hier eine „Fuga patetica" (e-Moll, 4/4-Takt) in mehrfachem Kontrapunkt, „deren Themen mit malerischer Phantasie die Tränen mit den Wellen, die Seufzer mit einem Orkan vergleichen".[24]

Als zukunftsträchtig ist dann Telemanns musikalische Verarbeitung gegensätzlicher Affekte und Empfindungen in einigen Dacapo-Arien anzusehen – z. B. bei der Urteilsfindung Kaiser Karls (III, Nr. 72) *Die Majestät will Straf' und Rache, jedoch die Liebe* [des Vaters – d. V.] *saget nein*[25] – und noch ausgeprägter durch wiederholten Tempo- und Ausdruckswechsel (Largo-Allegro) beim Entschluß Eginhards, für seine Liebe auch den Tod auf sich zu nehmen (II, Nr. 46) *Laßt mir den letzten Streich nur geben* (Largo, c-Moll, 3/4-Takt, sarabandenartig) – *ich warte seiner ohne Beben* (Alle-

---

21 Ebd., Nr. 162, S. 172 f.
22 In reduzierter Besetzung publizierte Telemann diese „Aria cantabile" in der 6. Lection seines Journals *Der getreue Music-Meister*, Hamburg 1728–29, S. 22.
23 Vgl. Wolff: a. a. O., 1957, Bd. II, Nr. 177, S. 190 f. und Nr. 179, S. 193.
24 Baselt: a. a. O., 1973, S. 27. – Vgl. Wolf: a. a. O., 1957, Bd. II, Nr. 166, S. 180 ff.
25 Wolff: a. a. O., 1957, Bd. I, S. 329 f. und II, Nr. 183, S. 196 f.

gro; Notenbeispiel 7).[26] Bemerkenswert an dieser Oper sind auch mehrere Duette mit kanonischen Imitationen, welche hörbar die Übereinstimmung der Partner signalisieren und klanglich verdeutlichen – z. B. von Hildegard und Emma (III, Nr. 68, g-Moll, 4/4-Takt) *Zu guter Nacht! geliebte Freundin, die Trennung geht mir schmerzlich ein*,[27] besonders von Emma und Eginhard (II, Nr. 40) *Ich folge dir bis zur Welt Ende, ich folge dir bis an den Tod* (B-Dur, 3/8-Takt)[28] – und nach der Bekanntgabe des Todesurteils (III, Nr. 78) *Ich, ich will sterben für dich; soll einer unter uns verderben, so treff' es mich* (Es-Dur, 4/4-Takt; Notenbeispiel 8).[29]

Dazu kam es aber nicht; denn ein Deus ex machina, eine Stimme aus den Wolken (Mladen Filkoff), empfahl dem Kaiser mit Erfolg, Milde und Gnade vor Recht walten zu lassen (III, Nr. 80) *Widerstrebe nicht der Regung, die dich zum Erbarmen führt;* hier antizipierte Telemann nahezu klassische Humanitätsmelodik (D-Dur, 4/4-Takt; Notenbeispiel 9).[30]

Nicht zu überhören war, daß auch in dieser Oper, Hamburger Traditionen folgend,[31] mehrmals die komische Figur, der „Servo ridicolo" Steffen (Thomas Schmieder), als Hofnarr auftritt, das höfische Leben gesellschaftskritisch beleuchtet und realistisch kommentiert (z. B. I, Nr. 7) *Wer nicht mitmacht, wird ausgelacht* (A-Dur, 4/4-Takt; Notenbeispiel 10).[32]

Sozial tiefer stehende Hofangestellte treten ebenfalls mit liedhafter Melodik hervor – wie z. B. Urban (Max Ruda) und Barbara (Gisela Alberti) in einem Duett, in welchem er sie bittet (I, Nr. 24) *Schicke dich, Schönste, mich lieb zu gewinnen,* sie ihn aber entschlossen zurückweist *Schäme dich, Häschen, mir das anzusinnen* (C-Dur, 12/8-Takt).[33] Über diese soziologische Komponente und die Vielfalt im Figurenensemble dieser Opera semi-

---

26 Ebd., Nr. 172, S. 187 f.
27 Ebd., Nr. 182, S. 195.
28 In reduzierter Besetzung auch im Journal *Der getreue Music-Meister, 23.* und *24. Lection,* Hamburg 1729, S. 90 und 94.
29 Wolff: a. a. O., Bd. II, Nr. 184, S. 199.
30 Ebd., Nr. 185, S. 200.
31 Vgl. Wolff: a. a. O., 1957, Bd. I, S. 322 und Ruhnke, a. a. O., 1984, S. 97 ff.
32 Vgl. Wolff: a. a. O., 1957, Bd. II, Nr. 155, S. 166.
33 Ebd., Nr. 163, S. 175 f.

seria, über die „Spannweite von Lebensnähe auf der einen und Kunsthöhe auf der anderen Seite, die den besonderen Realismusgehalt von Telemanns Opern ausmachen", resümierte Reinhard Schau, der Weimarer Gastregisseur der Magdeburger Aufführung, im Podiumsgespräch 1987: *Zur Erschließung der Werke Telemanns für die Musikpraxis*.[34] Dem Vorbild französischer Ballettopern folgend, wurden einige Instrumentalstücke (vorwiegend Tanzsätze) aus anderen Werken Telemanns von Bernd Baselt für die Magdeburger Aufführung ergänzt, was nicht unerheblich zu deren Erfolg beitrug.

Zur Telemann-Ehrung anläßlich der 300. Wiederkehr seines Geburtstages 1981 interpretierten Gesangssolisten, Chor und Orchester der Städtischen Bühnen Magdeburg unter der Leitung von Roland Wambeck in einem festlichen Konzert ausgewählte Arien, Duette und Chorsätze aus Telemanns Opern *Der neumodische Liebhaber Damon* (TWV 21:8), *Gensericus* (TWV 21:10) sowie *Emma und Eginhard* (TWV 21:25). Auch außerhalb von Festtagen sollte man derartige Konzerte mit Opernarien und Ensemblesätzen öfter veranstalten, um noch weitere Hörerkreise mit Telemanns vielschichtiger Bühnenmusik bekannt und vertraut zu machen.

Erneut gelangte 1981 in Magdeburg das musikalische Lustspiel *Der geduldige Socrates* (TWV 21:9) mit einheimischen Kräften zur szenischen Aufführung. Dabei war der Berliner Gastregisseur Martin Schneider bestrebt, „eine Kunstrealität zu schaffen, welche die drei Zeitebenen – Athen um 440 v. u. Z., Hamburg 1721, Magdeburg 1981 – widerspiegelt"; damit wollte er einen Aktionsraum gewinnen, „der zu den Handlungen der Darsteller in dialektischen Bezug tritt und dem Zuschauer vielfältige Assoziationsangebote macht".[35] Überzeugend demonstrierte damals Tomas Möwes in der Titelpartie philosophische Ruhe und Geduld im bürgerlichen Alltag

---

34 Im KB 1987 *G. Ph. Telemann – Werküberlieferung, Editions- und Interpretationsfragen*, Köln 1991, Teil 3, S. 77.

35 Vgl. Martin Schneiders Ausführungen im Programmheft der Bühnen der Stadt Magdeburg 1981 und Gerd Rienäcker: *Oper als Organ bürgerlicher Selbstverständigung – Notate zum Lustspiel Der geduldige Socrates von G. Ph. Telemann*, in: KB 1981 *Die Bedeutung G. Ph. Telemanns für die Entwicklung der europäischen Musikkultur im 18. Jahrhundert*, Magdeburg 1983, Teil 1. S. 96 ff.

mit seinen rivalisierenden Frauen Xantippe (Elke Lautenbach) und Amitta (Petra Lampe), auch beim Unterrichten seiner berühmten Schüler sowie im Verhältnis zum zänkischen Dichter Aristophanes (Rudi Eggert), um wieder nur einige herausragende Interpreten zu nennen.

Erneut erlebten wir dann 1984 bei den 8. Magdeburger Telemann-Festtagen eine szenische Darbietung der *Lustigen Arien* aus der Oper *Adelheid* (TWV 21:17), dieses Mal in der Regie von Günther Imbiel und unter der musikalischen Leitung von Helmut Hagedorn. An diesem scherzhaften Zwischenspiel voller Komik – z. T. auf derbe plattdeutsche Texte – beeindruckte abermals Telemanns Verwendung volkstümlicher Liedintonationen und ostinater Tanzrhythmen.[36]

1987 folgte im Verlauf der 9. Telemann-Festtage als Erstaufführung – was auch (mit Ausnahme von *Pimpinone*) für alle bisher genannten Werke zutrifft – Telemanns Oper *Gensericus oder Sieg der Schönheit* (Hamburg 1722 und Braunschweig 1725, 1728, 1732, TWV 21:10) in der Einrichtung von Ute Poetzsch,[37] in der Inszenierung von Siegfried Haendel und unter der musikalischen Leitung von MD Rolf Stadler. Alle drei Genannten berichteten über ihre Aktivitäten, Konzeptionen und Intentionen im Programmheft und ausführlicher über Streichungen, Kürzungen von Arien und Besetzungsfragen auf dem bereits erwähnten Kolloquium *zur Erschließung der Werke Telemanns für die Musikpraxis*.[38]

Als Gastaufführungen vom Landestheater Eisenach folgten 1987 in Magdeburg *Flavius Bertaridus, König der Longobarden* (Hamburg 1729, TWV 21:27), wieder eine Spielart der Opera seria, und 1990 bei den 10. Telemann-Festtagen *Die wunderbare Beständigkeit der Liebe oder Orpheus* (Hamburg 1726, TWV 21:18), *ein musicalisches Drama*; beide Opern mit ernster Thematik – treuer Gattenliebe bis in den Tod, der im *Orpheus* ein-

---

36 Vgl. Wolff: a. a. O., 1957, Bd. II, Nr. 187–191, S. 201 ff.
37 G. Ph. Telemann: *Gensericus oder Sieg der Schönheit*, hg. von Ute Poetzsch, Magdeburg 1985. – Vgl. dies: *Telemanns Oper Sieg der Schönheit (Hamburg 1722), Überlieferung und Analyse*. Musikwissenschaftl. Diplomarbeit (masch.), Halle 1984 und *G. Ph. Telemanns Oper Der Sieg der Schönheit in Braunschweig*, in: *Barockes Musiktheater im mitteldeutschen Raum im 17. und 18. Jahrhundert. Arolser Beiträge zur Musikforschung*, Bd. 2, Köln 1994, S. 63 ff.
38 KB 1987 (s. o. Fußnote 34), Teil 3, S. 75 f.

tritt – erklangen in textlicher Neufassung und der musikalischen Bearbeitung von Peter Huth, der sich mehrmals detailliert und ausführlich über beide für das heutige Gesamtbild vom Opernschaffen Telemanns aufschlußreichen Werke geäußert hat – einschließlich zu verschiedenen Aufführungen von *Orpheus* in Innsbruck und in Berlin (1994–96).[39]
Als konzertante Erstaufführung erklang dann 1992 bei den 11. Magdeburger Telemann-Festtagen – dargeboten von international bekannten Gesangssolisten und dem Ensemble Musica antiqua Köln unter der Leitung von Reinhard Goebel – *Miriways* (Hamburg 1728, TWV 21:24) in der Fassung von Brit Reipsch.[40] Bemerkenswert an dieser ernsten Oper Telemanns ist u. a., daß ihr damals zeitgenössische Ereignisse in Persien als aktuelles Sujet zugrundeliegen, wofür sich nur wenige Beispiele im Spielplan der Hamburger Barockoper nennen lassen. Hervorzuheben ist auch eine subtil besetzte, menuettartige Schlummerarie (A-Dur, 3/8-Takt) der Perserin Nisibis (Maria Zedelius) mit zwei obligaten Oboi d'amore, gedämpften Violinen, pizzicato ausgeführtem Basso continuo (senza Cembalo) *Komm, süßer Schlaf! Komm, sanfter Schlummer! Vertreibe mir den Seelenkummer* (I, Nr. 14; Notenbeispiel 11).

39 G. Ph. Telemann: *Flavius Bertaridus, König der Longobarden*, Hamburg 1729. Textliche und dramaturgische Neufassung in zwei Teilen und musikalische Einrichtung von Peter Huth, Eisenach 1986; ders: *Die wunderbare Beständigkeit der Liebe oder Orpheus, Hamburg 1726, ein musikalisches Drama in drei Akten*, hg. und ergänzt von Peter Huth, Eisenach 1990. Eine weitere Fassung dieses musikalischen Dramas lieferten Peter Huth und René Jacobs für Aufführungen in Innsbruck und Berlin 1994. – Vgl. dazu die Ausführungen von Peter Huth in den Programmheften in Eisenach 1986, 1990 und in Berlin 1994–96, der Magdeburger Telemann-Festtage 1987, S. 24 f. und 1990, S. 30 f.; ferner von dems: *Telemanns Orpheus – Repertoirewerk oder beim Schopfe gepackte Gelegenheit*, in: *Telemanns Auftrags- und Gelegenheitswerke – Funktion, Wert und Bedeutung*. KB der 10. Magdeburger Telemann-Festtage 1990, Ochsenleben 1997, S. 7 ff. und *Telemanns Hamburger Opern nach französischen Vorbildern*, in: *Arolser Beiträge zur Musikforschung*, Bd. 4, 1996, S. 115 ff. und 133 ff.
40 Georg Philipp Telemann: *Miriways*, Hamburg 1728, hg. von Brit Reipsch, Magdeburg 1991. Vgl. dazu von ders: *Untersuchungen zu G. Ph. Telemanns Oper Miriways*, Musikwissenschaftl. Diplomarbeit (masch.) Halle 1988 und ihren Beitrag in der Programm-Festschrift der 11. Telemann-Festtage, Magdeburg 1992, S. 23 ff. sowie *G. Ph. Telemanns Oper Miriways, Bemerkungen zu Libretto und Partitur*, in: *Magdeburger Telemann-Studien XIII*, 1994, S. 26 ff.

Nicht versäumen möchte ich, im resümierenden Rückblick auf die Magdeburger Telemann-Opernpflege die erfolgreichen Reprisen des lustigen Zwischenspiels *Pimpinone* 1990 sowie 1994 bei den 12. Telemann-Festtagen zu erwähnen. Erinnert sei auch an die szenische Darbietung der Serenata *Don Quichotte auf der Hochzeit des Comacho* (TWV 21:32) im Jahr 1995; diese fand mit Darbietungen des Magdeburger Puppentheaters, mit jugendlichen Gesangssolisten, dem Magdeburger Kammerchor und dem Musikschulorchester unter der umsichtigen Leitung von Friedemann Neef in der Walloner Kirche statt.[41]

Bei den 13. Festtagen 1996 erlebten wir eine überaus erfolgreiche Reprise des scherzhaften Sing-Spiels *Der neumodische Liebhaber Damon* (TWV 21:8) im Gastspiel international bekannter Gesangssolisten (Mechthild Georg als Tyrsis, Michael Schopper als Satyr Damon u. a.) mit dem Frankfurter Ensemble La Stagione unter Michael Schneider.[42] Zur konzertanten Erstaufführung gelangte damals – dargeboten von der Akademie für Alte Musik Berlin und namhaften Solisten (Mária Zádory, Elisabeth von Magnus, Davis Cordier, Ralf Popken, Kai Wessel u. a.) unter der Leitung von Nicholas McGegan Händels Oper *Riccardo I.* (HWV 23) in Telemanns Bearbeitung als *Der mißlungene Brautwechsel oder Richardus I., König von England* (Hamburg 1729, TWV 22:8), eingerichtet und ediert von Wolf Hobohm und Ute Poetzsch.[43] Telemann und der für die deutsche Textfassung verantwortliche Christoph Gottlieb Wend ergänzten hier eine komische Nebenhandlung (mit 7 Arien und 2 Duetten), „weil dergleichen Abwechslung nunmehr nicht nur zur Mode, sondern auch fast zur Notwendigkeit geworden ist", wie das originale Hamburger Textbuch bezeugt. Ferner erklangen 1996 in Magdeburg einzelne Arien aus den Opern *Gensericus* (TWV 21:10), *Narcissus* (TWV 21:5) und *Mario* (TWV 21:6).

41 Vgl. dazu Friedemann Neef im Programmheft zum 4. Musikfest in Sachsen-Anhalt (14. Mai bis 2. Juli), Magdeburg 1995 und die informativen Ausführungen im 4. Mitteilungsblatt der Telemann-Gesellschaft e. V., Magdeburg 1996, S. 42 f.
42 Davon erschien kürzlich eine hervorragende CD-Einspielung (cpo 999 429 – 2) mit einer inhaltsreichen Einführung von Wolf Hobohm.
43 Vgl. Ute Poetzsch und Wolf Hobohm in der Programm-Festschrift der 13. Magdeburger Telemann-Festtage 1996, S. 46 ff.

Ohne Vollständigkeit anzustreben, sollen noch einige Auswirkungen der wissenschaftlichen Erschließung und der verschiedenen Wiederaufführungen der Bühnenwerke Telemanns in Magdeburg erwähnt werden. Nach der seit dessen Lebzeiten (mit Ausnahme von *Pimpinone*) jeweils ersten Wiederaufführung bei den Festtagen erlebten folgende Opern und Intermezzi danach gut besuchte Reprisen im Spielplan der Städtischen Bühnen Magdeburg:

1965   *Der geduldige Socrates*
         22 Vorstellungen im Großen Haus
1967   *Der neumodische Liebhaber Damon*
         7 Vorstellungen im Großen Haus
1970   *Pimpinone* und die *Lustigen Arien aus Adelheid*
         10 Vorstellungen auf der Podiumbühne
         1 Vorstellung im Konzertsaal vom Kloster Unser Lieben Frauen
1973   *Emma und Eginhard*
         16 Vorstellungen im Großen Haus
1977   *Don Quichotte auf der Hochzeit des Comacho*
         1 Vorstellung in den Kammerspielen
         1 Vorstellung im Konzertsaal vom Kloster Unser Lieben Frauen
1981   *Der geduldige Socrates*
         13 Vorstellungen im Großen Haus
1984   Die *Lustigen Arien aus Adelheid* und ein Intermezzo von Hasse
         36 Vorstellungen im Theater auf der Podiumbühne
1987   *Gensericus*
         15 Vorstellungen im Großen Haus.[44]

Erfolgreich gastierte das Ensemble der Städtischen Bühnen Magdeburg 1966 und 1981 mit Telemanns musikalischen Lustspiel *Der geduldige Socrates* bei den 15. und 30. Händel-Festspielen in Halle und 1987 mit

---

44 Nach Angaben der Bühnen der Stadt und des Zentrums für Telemann-Pflege und -Forschung Magdeburg.

dem *Gensericus* im Landestheater Eisenach. Rundfunksendungen von der konzertanten *Miriways*-Darbietung brachten 1992 der MDR, der Süddeutsche Rundfunk und die BBC 1994.

Von Bernd Baselt edierte und kommentierte Arien aus Telemanns Opern propagierten durch Schallplatteneinspielungen vorbildlich Peter Schreier (Tenor) mit der Arie des Melito (II, Nr. 24) *Non ho più core* (Ich hab' kein Herz mehr) aus dem musikalischen Lustspiel *Der geduldige Socrates* (Eterna 826074) und Theo Adam (Baß/Bariton) mit drei Arien (I, Nr. 14, 28 und II, Nr. 3) aus der „satyrischen" Oper *Der neumodische Liebhaber Damon* (Eterna 826 896). Angeregt durch Magdeburger Aktivitäten und auf Empfehlung des dortigen Zentrum für Telemann-Pflege und -Forschung kam es 1987 zur ersten Gesamteinspielung von Telemanns Oper *Der geduldige Socrates* (TWV 21:9) bei Hungaroton (HCD 12957–60) durch international berühmte Gesangssolisten mit der Capella Savaria unter der Leitung von Nicholas McGegan. Und 1993 – kurz vor seinem Tod – erlebte Bernd Baselt noch die Auslieferung der von ihm mit einer informativen Einführung versehenen CD-Einspielung der Serenata *Don Quichotte auf der Hochzeit des Comacho* (TWV 21:32) durch ein Vokalensemble der Akademie für Alte Musik Bremen und La Stagione Frankfurt unter der Leitung von Michael Schneider (cpo 999 210–2).

Abschließend bleibt mir nur zu wünschen übrig, daß möglichst viele Opernhäuser und mit Alter Musik vertraute Ensembles – auch Studenten der Hochschulen für Theater und Musik – für eigene szenische Aufführungen oder für konzertante Darbietungen künftig regen Gebrauch machen von dem vielseitigen Angebot an Bühnenwerken Telemanns mit ihren vorwiegend lustigen und heiteren, aber auch „satyrischen", komischen bis tragikomischen Situationen und Episoden, ernsten Konflikten und Ereignissen, mit unterschiedlichsten Figuren und Personen und nicht zuletzt mit ausdrucksvoller, stilistisch vielschichtiger Musik – ein Angebot, das im Verlauf der letzten 35 Jahre durch die wissenschaftliche Erschließung in Editionen und durch beeindruckende Wiederaufführungen aller überlieferten Opern und Intermezzi in Telemanns Geburtsstadt der Öffentlichkeit bekannt gemacht und z. T. in verschiedenen Inszenierungen im Verlauf von 13 Magdeburger Telemann-Festtagen (seit 1962) zur Diskussion gestellt wurde. In wachsendem Maß hat sich dabei bestätigt: „Telemann was the most important composer of German-language opera in the first half of the 18th century"[45] – und – was schon Dietrich H. Litt als Gastregisseur 1967 in der Elbestadt konstatierte und prophezeite, – „daß es sich lohnt, die Opern des Magdeburger Meisters wieder zu klingendem Leben zu erwecken".[46]

Weiterführende Literatur zum Opernschaffen G. Ph. Telemanns (Auswahl)

Baselt, Bernd: *Zur Rolle der Oper im Schaffen G. Ph. Telemanns*, in: *Telemann-Pflege in der DDR*. Beiträge zur gleichnamigen Ausstellung (vom 14. März bis 17. Mai 1981) im Kloster Unser Lieben Frauen, Magdeburg 1981, S. 42 ff.

Hirschmann, Wolfgang: *Gedanken zum Problem des Personalstils bei Georg Philipp Telemann*, in: *Concerto*, 9. Jg., Sept. 1992, Heft Nr. 76, S. 17 ff., 33 ff.

Ders.: *Georg Philipp Telemann*, in: *Pipers Enzyklopädie des Musiktheaters*, Bd. 6, München und Zürich 997, S. 257 ff.

Hobohm, Wolf: *G. Ph. Telemann und die bürgerliche Oper in Leipzig*, in: *Händel-Jahrbuch*, 36. Jg., 1990, S. 49 ff.

Kleefeld, Wilhelm: *Das Orchester der Hamburger Oper 1678–1738*, in: *Sammelbände der Internationalen Musikgesellschaft*, 1. Jg., 1899/1900, S. 219 ff.

Klessmann, Eckart: *Telemann in Hamburg (1721–1767)*, Hamburg 1980.

Koch, Annemarie: *Die Bearbeitung Händelscher Opern auf der Hamburger Bühne des frühen 18. Jahrhunderts*. Phil. Diss. Halle 1982 (masch.).

Koch, Klaus-Peter: *Reinhard Keiser und Georg Philipp Telemann. Bemerkungen zu ihren Beziehungen untereinander*, in: *Magdeburger Telemann-Studien* XIII, 1994, S. 67 ff.

---

45 Brian D. Stewart: Art. *Telemann, Georg Philipp*, in: *The New Grove Dictionary of Opera*, Vol. IV, London 1992, S. 677.
46 Litt: a. a. O. (s. o. Fußnote 10), S. 100. – Alle Telemann-Forscher und -Freunde werden höflichst gebeten, fehlende Informationen und persönliche Erfahrungen als Ergänzungen zur Telemann-Opernpflege in Magdeburg an das dortige Zentrum für Telemann-Pflege und -Forschung, D-39104 Magdeburg, Liebigstr. 10 zu senden.

Lynch, Robert D.: *Opera in Hamburg 1718–1738. A Study of the Libretto and Musical Style*. Phil. Diss. New York University 1979 (masch.).

McCredie, Andrew D.: *Instrumentarium and Instrumentation in the North German Baroque Opera*. Phil. Diss. Hamburg 1964.

Peckham, Mary Adelaide: *The Operas of Georg Philipp Telemann*. Phil. Diss. Columbia University, New York 1972 (masch.).

Ruhnke, Martin: *Telemanns Hamburger Opern und ihre italienischen und französischen Vorbilder*, in: *Hamburger Jahrbuch für Musikwissenschaft*, Bd. 5, 1981, S. 9 ff.

Schulze, Walter: *Die Quellen der Hamburger Oper (1678–1738). Eine bibliographisch-statistische Studie zur Geschichte der ersten stehenden deutschen Oper*, Hamburg und Oldenburg 1938.

Zelm, Klaus: *Die Sänger der Hamburger Gänsemarkt-Oper*, in: *Hamburger Jahrbuch für Musikwissenschaft*, Bd. 3, 1978, S. 35 ff.

Ders: *Reinhard Keiser und Georg Philipp Telemann – zum Stilwandel an der frühdeutschen Oper in Hamburg*, in: *Die Bedeutung G. Ph. Telemanns für die Entwicklung der europäischen Musikkultur im 18. Jahrhundert*. KB der G.-Ph.-Telemann-Ehrung 1981, Magdeburg 1983, Teil 1, S. 104 ff.

Notenbeispiel 1

Notenbeispiel 1 (Fortsetzung)

Aria

Notenbeispiel 2

Notenbeispiel 3

Notenbeispiel 4, Aria

Notenbeispiel 5

Notenbeispiel 6

Notenbeispiel 7

Notenbeispiel 8

Notenbeispiel 9

Notenbeispiel 10

Notenbeispiel 11

Die akademischen Musiklehrer an der Universität Rostock und ihre Rolle im städtischen Musikleben

In ihrer langen Geschichte sind die Universitäten nicht nur selbst Stätten einer oftmals reichen und blühenden Musikpflege gewesen, sie haben naturgemäß auch – direkt oder indirekt – das Musikleben der sie beherbergenden Städte mitgeprägt. Die eindrucksvollsten Beispiele dafür liefert die Universitätsstadt Leipzig mit ihren so stark in die Öffentlichkeit wirkenden studentischen Collegia musica des 17. und 18. Jahrhunderts, doch die Formen musikalischer Außenwirksamkeit der Universitäten waren und sind weit vielfältiger, als es dieses gleichsam „klassische" Exempel erkennen läßt, und sie haben deutlich nicht nur ihre zeitlichen, sondern auch ihre lokalen Spezifika.

In der Geschichte der 1419 in der Hansestadt Rostock gegründeten Universität stellt die ältere Periode den bei weitem ertragreichsten Teil dar. Zum Zeitpunkt ihrer Gründung die einzige Hochschule in Nordeuropa, galt Rostocks Universität bis zur Mitte des 17. Jahrhunderts als eine führende Bildungsstätte und eines der maßgeblichen geistigen Zentren im Ostseeraum, mit einem hohen Anteil livländischer und skandinavischer Studenten. Die nach dem Dreißigjährigen Krieg beginnende lange Phase des Niederganges von Schiffahrt und Handel in Rostock, mitbegründet durch den Zerfall der Hanse, ging einher mit einem stetigen Bedeutungsschwund der Universität, die zwar das große „Universitätssterben" in den Jahrzehnten um und nach 1800 überlebte, jedoch auf ein mehr oder weniger provinzielles Niveau herabsank. Die durchschnittlichen jährlichen Immatrikulationen lagen um 1820 bei 54, und von etwas mehr als 100 in den achtzehnhundertvierziger Jahren erreichten die Studentenzahlen am Ende des Jahrhunderts Größenordnungen von 352 (1886/87–1891) und 485 (1896/97–1901).[1] Die Landesuniversität des ökonomisch und politisch

---

1 *Geschichte der Universität Rostock 1419–1969. Festschrift zur Fünfhundertfünfzig-Jahr-Feier der Universität*, Berlin 1969. Band I: *Die Universität von 1419–1945*, S. 85 und S. 92.

besonders rückständigen Großherzogtums Mecklenburg-Schwerin gehörte zu den kleinsten im 1871 entstandenen Deutschen Reich oder war zeitweise überhaupt die kleinste.

So entfallen denn auch die Glanzpunkte der Rostocker universitären Musikgeschichte auf die ältere Zeit. Bereits im ersten Jahrhundert des Bestehens der Alma mater Rostochiensis trugen Mitglieder eines offenbar fakultätsübergreifenden Freundeskreises eine Liederhandschrift zusammen, die – seit ihrer Wiederentdeckung 1914 und ihrem Bekanntwerden in den nachfolgenden Jahrzehnten als *Rostocker Liederbuch* bezeichnet[2] – einen reichen Bestand an Gesängen unterschiedlichster Provenienz vereinte, unter dessen 60 erhaltenen Nummern (davon 31 mit Melodien) originär niederdeutsches Liedgut überwiegt. Zeugnisse für ein organisiertes gemeinsames Musizieren von Professoren und Studenten liegen aus der Mitte des 16. Jahrhunderts vor; im ersten Jahrzehnt des 17. Jahrhunderts legten der dänische Student Petrus Fabricius, der 1608 in Rostock den Magistergrad erwarb, und sein Rostocker Studienfreund Petrus Lauremberg ein etwa 200 Stücke umfassendes Lieder- und Lautenbuch an.[3] Die enge Bindung führender städtischer Musiker an die studentische Musiziersphäre wird durch die beiden namhaftesten Rostocker Komponisten des 17. Jahrhunderts, Daniel Friderici und Nicolaus Hasse, nachdrücklich belegt: Friderici, der von 1618 bis zu seinem frühen Tode 1638 das Amt des Marienorganisten bekleidete – an der Rostocker Universität 1619 zum Magister promoviert worden war – nahm in seinen Drucken mit geselligen Liedern wiederholt auf das studentische Musizieren Bezug;[4] er war es auch, der im November 1619 die glanzvollen Feierlichkeiten zur Zweihundertjahrfeier der

---

2 Universitätsbibliothek Rostock, Signatur Mss. phil. 100/2. Erstmals veröffentlicht unter dem Titel *Rostocker Niederdeutsches Liederbuch vom Jahre 1478* durch den Entdecker Bruno Claussen unter Mitarbeit von Albert Thierfelder, Rostock 1919; eine Ausgabe von wissenschaftlichem Anspruch besorgten 1927 Friedrich Ranke und Joseph Müller-Blattau (*Das Rostocker Liederbuch nach den Fragmenten der Handschrift*, Halle 1927). Faksimile-Ausgabe Rostock (Universitätsbibliothek) 1989.
3 Überliefert in der Könglichen Bibliothek Kopenhagen unter der Signatur Mscr. Thott. Quart 841.
4 So heißt es im Titel des *HILARODICON*, Rostock 1632: „... bei Zusammenkünfften guter Ehrlicher Studenten [...] auff unterschiedliche Art gantz füglich vnd wol zu gebrauchen".

Universität leitete. Nicolaus Hasse, von 1642 bis 1670 Organist an der Rats- und Universitätskirche St. Marien, widmete seine 1656 erschienene Tanzsammlung *Delitiae Musicae* den „Herren Magistris und Studiosis der sämptlichen Nationen Auff der Universität Rostock".

Wenn im folgenden nicht von den Musiktraditionen aus der „großen" Zeit der Rostocker Universität, sondern von den Inhabern des musikalischen Lehramtes (Lehrer der Musik, akademischer Musiklehrer) dieser Universität im durchaus provinziell geprägten 19. Jahrhundert die Rede ist, so geschieht dies aus mehreren Beweggründen heraus. Zum einen befinden sich unter diesen Musikern Persönlichkeiten, die als solche das Interesse des Historikers verdienen. Weit obenan steht dabei Hermann Kretzschmar, der ein Jahrzehnt lang an der Universität und in der Stadt Rostock gewirkt hat; mit Abstrichen gilt dies aber auch für seine Vorgänger, namentlich von Ferdinand von Roda. Ausschlaggebender Gesichtspunkt ist indes der, daß mehrere der akademischen Musiklehrer von der Plattform ihres Universitätsamtes aus maßgebliche Akzente im städtischen Musikleben Rostocks gesetzt haben. Darüber hinaus gilt schließlich die Aufmerksamkeit dem Verständnis und der Art des Umgehens mit dem Amt des „akademischen Musiklehrers" an der kleinen mecklenburgischen Landesuniversität – einem Amt, das, seinem Ursprung nach primär auf praktische Unterweisung ausgerichtet, während des 19. Jahrhunderts mancherorts in Deutschland in Richtung auf ein musikwissenschaftliches Lehramt ausgebaut wurde.[5]

Der erste an der Universität Rostock nachweisbare akademische Musiklehrer des 19. Jahrhunderts ist Johann Andreas Göpel (1776–1823), Organist an St. Jacobi von 1808 bis zu seinem frühen Tode 1823.[6] Seine Bestallung

---

5 Vgl. dazu Werner Friedrich Kümmel: *Die Anfänge der Musikgeschichte an den deutschsprachigen Universitäten. Ein Beitrag zur Geschichte der Musikwissenschaft als Hochschuldisziplin*, in: *Die Musikforschung* 20 (1967), S. 262–280, sowie die Artikel *Musikwissenschaft* in ¹*MGG* und ²*MGG*.

6 Die folgende Darstellung greift in einzelnen Partien auf einen vom Verfasser gemeinsam mit Rudolf Eller verfaßten Beitrag über die Geschichte der Musikwissenschaft an der Universität Rostock zurück (R. Eller / K. Heller, *Geschichte der Musikwissenschaft und des Musikwissenschaftlichen Instituts an der Universität Rostock*, in: *Wissenschaftliche Zeitschrift der Universität Rostock*, 19. Jahrgang 1970. Gesellschafts- und sprachwissenschaftliche Reihe, Heft 5, S. 415–426.

zum Universitäts-Musiklehrer erfolgte 1821, so daß er dieses Amt – neben seinem weiterhin wahrgenommenen Organistenamt – nur zwei Jahre ausüben konnte. Über Göpels Tätigkeit in der Funktion des Lehrers der Musik liegen keine näheren Angaben vor, wohl aber verbindet sich sein Name mit einer für das Rostocker Musikleben des 19. Jahrhunderts insgesamt besonders folgenreichen Tat und Leistung: der Gründung des ersten großen bürgerlichen Chorvereins der Stadt und der Veranstaltung des ersten Rostocker Musikfestes. Beide Ereignisse liegen vor der Ernennung Göpels zum akademischen Musiklehrer, nämlich 1818 beziehungsweise 1819, und man geht gewiß nicht fehl in der Annahme, daß das durch sein verdienstvolles und erfolgreiches Wirken im öffentlichen Musikleben gewonnene Renommee letztlich ausschlaggebend für seine Berufung in das Universitätsamt gewesen ist.

Die Gründung des Göpelschen „Gesang=Vereins", der – bald unter dem Namen *Singacademie* – ein Jahrhundert lang die führende Chorvereinigung der Stadt blieb, und das von Göpel anläßlich der Enthüllung des Blücher-Denkmals initiierte Musikfest bezeichnen so gewichtige Markierungspunkte in Rostocks Musikgeschichte, daß ihnen ein kleiner Exkurs gewidmet sei. Im Vorwort zum *Grundriß der Verfassung des Gesang=Vereins zu Rostock* von 1822[7] wird berichtet, „daß im Herbste des Jahres 1818 mehrere Musikliebhaber zu dem Zwecke sich vereinigten, um regelmäßige Übungen im vollstimmigen Gesange vorzunehmen. Der Organist, jetzt auch academische Musiklehrer, Herr Göpel, übernahm, Zeit und Mühe der reinen Kunstliebe zum Opfer bringend, die unentgeltliche Leitung des Ganzen und in dessen Hause fand am 14ten November 1818 die erste Zusammenkunft der […] Theilnehmer jenes Vereins statt". Seine erste öffentliche Aufführung bestritt Göpels Gesang=Verein am Karfreitag 1819 mit Carl Heinrich Grauns Passionskantate *Der Tod Jesu* – ein Konzert, durch dessen überaus positives Echo „bei dem Director der Entschluß zur Reife gebracht" worden sei, „den schon lange im Stillen vorbereiteten Plan für

[7] Universitätsbibliothek Rostock, Signatur Mk–10665 (8⁷).

die Veranstaltung eines großen Musikfestes zu Rostock nach den in Frankenhausen, Erfurt, Lübeck und Hamburg gegebenen Beispielen, in Ausführung zu bringen".

Dieses Musikfest, bei dem neben Göpel der Konzertmeister der Mecklenburg-Schweriner Hofkapelle zu Ludwigslust, Louis Massonneau, als Festdirigent mitwirkte, wurde an die Feier zur Einweihung des auf dem „Hopfenmarkt" (heute Universitätsplatz) errichteten Denkmals für den in Rostock geborenen Fürsten Blücher gekoppelt. Als Hauptwerk erklang am 27. August 1819 in der Jacobi-Kirche Händels *Samson,* in einem zweiten Konzert am darauffolgenden Tage wurden, wie es in einer 1836 erschienenen *Chronik der Stadt Rostock*[8] heißt, „aus vielen bekannten Meisterwerken, z. B. aus der *Schöpfung* von Haydn, einzelne Stellen ausgeführt". Über den Gesamteindruck „dieses großen Musikfestes" berichtet die Chronik in überschwenglichen Worten:[9]

> „Es hatten sich [...] auf geschehene Einladung nicht allein Sänger und Sängerinnen aus Hamburg, Lübeck, Wismar, Stralsund, Neustrelitz, Güstrow, Schwerin, Bützow, sondern auch Musiker der vorzüglichsten Art eingefunden. Die Zahl der Sänger und Sängerinnen betrug 196, davon waren Rostocker 128. Die Instrumental=Musik ward von hundert Künstlern und Meistern mit gefeierten Namen ausgeführt. Eine große Harmonie von 50 Blase=Instrumenten war von einem Mitgliede der Großherzoglichen Harmonie eingerichtet worden. Eine unendliche Menge Menschen strömte der Jacobi=Kirche zu. Man sagt, daß an 3000 Menschen in derselben versammelt gewesen sein sollen. Auf dem weiten Altarplatze war das Amphitheater errichtet, auf welchem die Musiker und Sänger ihre Plätze hatten. [...] So lange Rostock gestanden, ist wohl nie ein ähnliches musikalisches Fest hier gehört worden. [...] Die Wirkung der so schön einstudirten Chöre und die über alle Begriffe gehende Präcision, mit der die Harmonie der 50 Blase=Instrumente den Marsch bei dem Leichenbegängnisse Samsons ausführten,

---

8 Werner Reinhold: *Chronik der Stadt Rostock,* Rostock 1836, ²1911, S. 245.
9 Ebenda, S. 244 f.

war außerordentlich. Wahrlich Verstand und Sinne waren, wie ein damaliger Berichterstatter sagt, wie berauscht, und schwelgten in einem eben so üppigen als moralisch=edlen Genusse. [...]
Rühmlich muß die Beharrlichkeit des Organisten Göpel in Ueberwindung so mancher, gewiß außerordentlichen Schwierigkeiten, so wie die Einsicht und die Leitung des Ganzen noch nach seinem Tode erwähnt werden."

Es war also ganz offensichtlich eine zu eindrucksvollen künstlerischen und organisatorischen Leistungen befähigte Persönlichkeit, die den Reigen der Rostocker akademischen Musiklehrer eröffnete. Da Göpel als den Hauptbereich seiner Tätigkeit auch nach seiner Ernennung zum akademischen Musiklehrer das Kirchenmusiker-Amt an St. Jacobi beibehielt, ist zu vermuten, daß seine Universitätsaufgaben sich auf fakultative praktische Unterweisung vornehmlich im Gesang beschränkten. Jedenfalls gibt es nicht den geringsten Hinweis darauf, daß etwa auch musikhistorische Unterrichtsgegenstände in irgendeiner Form eine Rolle gespielt haben könnten. Solches ist auch für das Wirken von Göpels Nachfolger, des mit dem 1. Februar 1823 zum *Lehrer der Musik* ernannten Anton (Wilhelm Caspar) Saal (1763–1855), nicht zu vermuten, der seine Tätigkeit an der Universität ebenfalls nur im Nebenamt versah; er war seit 1821 Gesangslehrer an der Großen Stadtschule.

Saal, dem der Gründer des Rostocker Musikwissenschaftlichen Instituts, Erich Schenk, in einem Aufsatz von 1935 eine erste eingehende Würdigung hat zuteil werden lassen,[10] stand bereits im 60. Lebensjahr, als er seine Universitätsstelle übernahm, und seine eigentlich maßgeblichen Leistungen lagen bereits hinter ihm. Diese Leistungen liegen auf dem Feld der Musikerziehung. In drei zwischen 1808 und 1820 in Rostock erschienenen Schriften[11] hatte er sich mit Leidenschaft für die Förderung der Musikerziehung in Mecklenburg eingesetzt und als erster Schulmusiker in diesem

---

10 E. Schenk: *Anton Saal, ein mecklenburgischer Schulmusiker des Vormärz*, in: Mecklenburgische Monatshefte XI (1935), S. 2–8. Vgl. auch den Artikel *Saal, Anton Wilhelm Caspar* in ¹MGG 11, Sp. 1207 f. (D. Härtwig).
11 *Über den Werth und Nutzen des Gesanges sowie über die Vernachlässigung desselben in*

Lande die vom Gedankengut Luthers und von den Leitideen Herders und Pestalozzis geprägten Vorstellungen einer Musikerziehung für das ganze Volk vorgetragen. Einen Vorrang hatte dabei für ihn die Hebung des im 18. Jahrhundert immer mehr abgesunkenen Kirchengesanges, und im Bemühen darum erschien es ihm unerläßlich, den Studenten der Theologie an der Rostocker Universität eine Ausbildung in Gesang angedeihen zu lassen. Sieben Jahre nach seinem Amtsantritt an der Universität erreichte er einen Großherzoglichen Kabinettsbefehl, der eine solche Ausbildung als verbindlich festschrieb. In dem Dokument vom 24. Mai 1830 heißt es:[12]

"Wir finden Uns veranlaßt, zur Beförderung und Ausbildung der angehenden Theologen im Kirchen- und Pastoral-Gesange hiedurch zu verordnen: daß ein jeder Theologe, welcher von einem Unserer Ehrn. Superintendenten tentirt zu werden wünscht, außer dem vorschriftsmäßigen Zeugnisse der theologischen Facultät zu Rostock, auch mit einem Zeugnisse des dortigen academischen Musiklehrers drüber versehen seyn muß, daß er den öffentlichen Unterricht desselben im Kirchen- und Pastoral-Gesange gehörig benutzt habe."

Damit war für diesen Bereich der Universität die Musik – beschränkt auf praktische Unterweisung – als verbindliches Lehrfach festgeschrieben. Darüber hinaus mögen auch Studenten anderer Fakultäten den Unterricht des akademischen Musiklehrers wahrgenommen haben, der in den Vorlesungsverzeichnissen nur in sehr pauschaler Form angekündigt wurde: "Sunt etiam magistri publice constituti, qui artem pingende, musicam aliasque doceant" o. ä.
Die Biographie Anton Saals, der auch kompositorisch hervorgetreten ist, enthält viel Ungewöhnliches: Der Musikersohn aus Tiefurt bei Weimar war seit 1782 Bratschist – später, nach weiteren musikalischen Studien beim Weimarer Hofkapellmeister Ernst Wilhelm Wolf, Harfenist – in der Ludwigsluster Hofkapelle, übernahm 1802 das Amt eines Postmeisters zunächst in Wismar, später in Rostock, wo er sich 1808 als Privatmusiklehrer

Mecklenburg-Schwerin, Rostock 1808; *Ein Wort zu seiner Zeit. Bei Gelegenheit des Reformationsfestes in Rostock am 31. Oktober* 1817, ebd. 1817; *Über den Nutzen und die Nothwendigkeit, die Jugend [...] im Singen der Choralmelodien zu unterrichten [...]*, ebd. 1820.
12 Zitiert nach Schenk, a. a. O., S. 5.

niederließ, und ging 1821, achtundfünfzigjährig, als Gesangslehrer in den Schuldienst an der Rostocker Großen Stadtschule, wo er bis 1839 unterrichtete. Als akademischer Musiklehrer an der Universität war er bis in sein 91. (!) Lebensjahr angestellt. Er starb am 1. Januar 1855.

Ob und in welcher Form Saal während seiner Amtszeit als akademischer Musiklehrer auch im öffentlichen Musikleben hervorgetreten ist, läßt sich bislang nicht belegen. Wahrscheinlich hat er zunächst die Leitung des Göpelschen „Gesang=Vereins" übernommen; die in revidierten Fassungen der Statuten dieses Vereins aus den achtzehnhundertdreißiger- bis fünfziger Jahren überkommenen Nachrichten über wiederholte „Reconstituirungen" lassen vermuten, daß es Unterbrechungen und Wechsel in der Leitung gegeben hat. Allein des fortschreitenden Alters wegen wird Saal in der späteren Phase seiner Tätigkeit nicht mehr als Dirigent gewirkt haben. Wie aus einem Aktenvorgang im Universitätsarchiv Rostock hervorgeht,[13] war 1842 ein C. G. [oder C. J.?] Kupsch, „bisher Professor der Musik, Direktor der Königl. Singschule und Kapellmeister des großen Concerts zu Rotterdam", Direktor der Singakademie. Dieser trug am 27. November 1842 der Philosophischen Fakultät seinen Wunsch vor, an der Universität „Vorlesungen über Theorie der Musik (späterhin auch über die Geschichte derselben) für Studierende gratis halten zu dürfen". Daß die Fakultät diesen Antrag positiv beschied und ausdrücklich vermerkte, daß damit „eines an der Universität längst gefühlten Bedürfnisses auf eine wahrhaft erfreuliche Weise Genüge geschehen dürfte", läßt erkennen, daß bereits damals das hohe Alter des akademischen Musiklehrers als Problem empfunden wurde. Übrigens teilte am 12. Dezember 1842 das Ministerium der Philosophischen Fakultät mit, daß „es dem Director der dortigen Singacademie C. J. Kupsch gestattet sein soll für die Dauer des laufenden und des nächsten Semesters Vorlesungen über die Theorie und über die Geschichte der Musik für Studierende gratis zu halten."

---

13 Universitätsarchiv Rostock: Akte *Personalangelegenheiten des Musikwissenschaftlichen Seminars/1842–1946*, Signatur Phil. Fak. 128, unter Buchstaben K.

Die mit diesem Vorgang an der Universität Rostock überhaupt erstmals ins Blickfeld tretende Frage von Vorlesungen über Theorie und Geschichte der Musik wurde bei der Einstellung von Saals Nachfolger, des 1815 in Rudolstadt geborenen Ferdinand von Roda (1815–1876), zu einem Gegenstand vertraglicher Regelung. Die am 4. Juni 1856 ausgestellte Bestallung für Roda als akademischer Musiklehrer enthielt „die ausdrückliche Bestimmung, dass ihm das Recht eingeräumt werde, an Unserer Landesuniversität Rostock Vorlesungen über die Musik und deren Geschichte gegen ein angemessenes Honorar zu halten".[14] Zweifellos deutet sich damit ein Wandel im Verständnis des Amtes des akademischen Musiklehrers, und zwar in Richtung auf eine Akzentuierung der wissenschaftlichen Seite, an. Roda selbst hat, wie aus einem von ihm am 8. Februar 1857 an das Ministerium gerichteten Schreiben hervorgeht, die zitierte Bestimmung dahingehend interpretiert, daß ihm damit „die venia legendi erteilt sei".[15] Auch die Tatsache, daß die Philosophische Fakultät Roda wenige Monate nach seinem Dienstantritt in Rostock zum Doktor der Philosophie honoris causa promovierte,[16] spricht für das Bemühen um eine Aufwertung des Amtes des akademischen Musiklehrers, der von nun an in den Vorlesungsverzeichnissen auch stets namentlich genannt wird.

Ob und in welchem Umfange Roda von seinem Recht, „Vorlesungen über die Musik und deren Geschichte" zu halten, tatsächlich Gebrauch gemacht hat, geht aus den Vorlesungsverzeichnissen nicht eindeutig hervor. Neben den regelmäßigen Ankündigungen der Übungen im liturgischen Gesang

---

14 So die Formulierung in einem Bericht des Bevollmächtigten der Volksregierung an der Universität Rostock vom 22. Mai 1919 an das Ministerium, enthalten in der Personalakte Albert Thierfelder im Universitätsarchiv Rostock, Aktenstück 84. Die Bestallungsurkunde selbst ist im Universitätsarchiv nicht enthalten.
15 Vgl. den in Fußnote 16 zitierten Bericht. Auf den durch das Schreiben Rodas ausgelösten Schriftwechsel zwischen der Philosophischen Fakultät und dem Ministerium kann hier nicht näher eingegangen werden.
16 Universitätsarchiv Rostock: *Missive Ehrenpromotion Ferdinand von Roda*, Signatur PD 13/1856, Ehrendoktordiplom vom 19. Dezember 1856. Im Antrag auf die Ehrenpromotion an die Fakultät sind keine Belege für wissenschaftliche Leistungen von Rodas angeführt; es wird lediglich auf die für einen Musiker ungewöhnlich vielseitige Bildung verwiesen. Als Beweggrund wird die Intention erkennbar, die Stellung des akademischen Musiklehrers „auch äußerlich möglichst ehrenvoll" zu gestalten.

und der Proben eines „chorus symphoniacus" erscheint nur mehrmals die Ankündigung: „[...] artem harmoniologiae musicae et synthetice et analytice illustrabit."
In unmittelbarem Zusammenhang mit seiner Unterrichtstätigkeit steht die einzige von ihm verfaßte größere Schrift: ein *Liturgisches Handbuch,* das, wie es im Vorwort heißt, „zunächst für den liturgischen Gesang-Unterricht an der Universität Rostock bestimmt" war.[17]
Deutliche Schwerpunkte seiner Tätigkeit lagen indes auch bei Roda, der als erster der Rostocker akademischen Musiklehrer dieses Amt nicht mehr neben-, sondern hauptamtlich bekleidete, in Bereichen außerhalb der eigentlichen universitären Aufgaben: beim eigenen Komponieren,[18] beim Bearbeiten von Werken älterer Meister, namentlich Bachs, und beim öffentlichen Wirken als Dirigent der Singakademie sowie kurzzeitig auch des 1843 gegründeten Vereins *Rostocker Liederkranz.*
Aus dem über zwei Jahrzehnte sich erstreckenden Rostocker Wirken von Rodas verdient aus heutiger Sicht vor allem dessen besonderer Einsatz für das Vokalwerk Johann Sebastian Bachs Interesse. Das Anliegen, die vokale Kirchenmusik Bachs der Konzertpraxis der Gegenwart zuzuführen, hatte Roda schon in Hamburg verfolgt, wo er vor seiner Rostocker Zeit knapp eineinhalb Jahrzehnte (1842–1856) als Begleiter und zweiter Dirigent der dortigen Singakademie gewirkt hatte. Sichtbarster Ausdruck seiner diesbezüglichen Bemühungen war die durch ihn 1855 erfolgte Gründung eines Chorvereins, der sich den Namen „Bach-Gesellschaft" gab und dessen vor-

---

17 *Liturgisches Handbuch zum Gebrauche bei dem Haupt-Gottesdienst. Nach dem Cantionale für die evangelisch-lutherischen Kirchen im Grossherzogthum Mecklenburg-Schwerin abgefasst, mit Berücksichtigung der Schullehrer, Cantoren und Gemeindeglieder,* Rostock 1868. In engem Zusammenhang mit diesem Handbuch steht ein gedruckter Vortrag *Über den musikalischen Theil des neuen Mecklenburgischen Cantionals, den inneren Zusammenhang, Bedeutung und Ausführung seiner liturgischen Stücke,* Rostock 1874.
18 Auf das kompositorische Schaffen von Roda, der in den älteren Auflagen des Riemann-Lexikons als ein „nicht zu verachtender Komponist" bezeichnet wird, kann hier nicht eingegangen werden. Es ist handschriftlich zu großen Teilen in der Universitätsbibliothek Rostock überliefert und umfaßt neben einer Reihe von Klavier- und Orchesterwerken u. a. ein Oratorium und ein Passionsoratorium sowie mehrere Gelegenheitswerke, darunter als op. 40 eine *Festmusik zur Einweihung des neuen Universitätsgebäudes* am 27.1.1870.

rangiges Ziel darin bestand, „durch das Studium und eine möglichst vollkommene Aufführung der Werke des großen Thomas-Cantors, den Sinn und das tiefere Verständniß für dessen Kunstschaffen zu wecken und zu fördern."[19] Gesungen wurden zuerst nur Bachsche Choräle, sodann Motetten und schließlich Kantaten beziehungsweise Arrangements aus frei kombinierten und dabei durchgreifend bearbeiteten Kantaten und Kantaten-Einzelsätzen – eine Vorgehensweise, die in der lokalen Kritik zu heftiger Polemik führte.

In Rostock hat Roda wohl 1860 mit Bach-Aufführungen begonnen. Darauf läßt die Formulierung „Joh. Seb. Bach's Einführung in Rostock" in Verbindung mit der Ankündigung eines am 5. März 1860 im Apollo-Saal stattfindenden Kantaten-Konzerts schließen.[20] In einem Subskriptionsaufruf in der *Rostocker Zeitung* vom 16. Februar lädt Roda, der hier als „academischer Lehrer der Musik und Gründer der Hamburger Bach-Gesellschaft" firmiert, zum Besuch dieser „Aufführung mehrerer Meisterwerke des größten deutschen Tondichters Joh. Seb. Bach" ein, die „vermöge gütiger Mitwirkung bewährter Dilettanten" ermöglicht werde. Auf dem Programm standen die Kantaten (beziehungsweise Einzelsätze aus den Kantaten) BWV 144, 104, 105, 102, 137 und 149. Ein zweites Kantaten-Programm folgte am 13. November gleichen Jahres, und am 18. November 1861 erklang erstmals – ebenfalls im Apollo-Saal – die *Johannes-Passion* – mit größter Wahrscheinlichkeit die erste Aufführung einer Bachschen Passion in Rostock. Ihr folgte am 21. Mai 1863 in der Nicolai-Kirche die *Matthäus-Passion*.

Wenn sich heute noch wenigstens andeutungsweise ein Bild über den besonderen Zuschnitt der Bach-Aufführungen Rodas gewinnen läßt, so ist dies dem Umstand zu danken, daß sich handschriftliche Partituren seiner Kantaten-Bearbeitungen[21] und die vollständige Partitur der von ihm her-

---

19 J. Sittard: *Geschichte des Musik- und Concertwesens in Hamburg vom 14. Jahrhundert bis auf die Gegenwart,* Altona und Leipzig 1890, Reprint Hildesheim 1971, S. 356.
20 Den Hinweis auf diese Konzert-Anzeigen in der Rostocker Zeitung verdanke ich Herrn GMD a. D. Gerd Puls, Rostock, wofür ihm herzlich gedankt sei.
21 Universitätsbibliothek Rostock: Signaturen Mus. Saec. XVIII–4/1 *(Bachs Cantaten bear-*

gestellten Fassung der *Johannes-Passion*[22] erhalten haben. Aus diesen Partituren ist ersichtlich, daß Roda sowohl die von ihm aufgeführten Kanten – in Wahrheit so etwas wie „Kantaten-Pasticci" – als auch die *Johannes-Passion* nicht nur durchgehend neu instrumentiert, sondern auch hinsichtlich der Satzzusammenstellung einschneidend verändert hat. In bezug auf die Kantaten bestätigt sich in vollem Umfange die Feststellung, die Josef Sittard im Blick auf die Hamburger Kantaten-Aufführungen getroffen hat:

> „Er [Roda] stellte [...] Arien, Duette und Chöre aus verschiedenen Werken zusammen, instrumentirte sie nach eigenem Ermessen, und nannte dieses Opus eine Bach'sche Cantate."[23]

Um die Richtung der Instrumentationsänderungen anzudeuten, mag es genügen, die ersten Sätze der *Johannes-Passion* heranzuziehen. Roda ergänzt im Eingangschor Klarinetten, Fagotte, Hörner, Posaunen und Pauken, er gibt dem ersten Evangelisten-Rezitativ eine Streicherbegleitung bei (wie überhaupt alle Secco-Rezitative ausinstrumentiert werden), und er läßt in den ersten Turba-Chören Klarinetten, Hörner, Trompeten und Pauken mitspielen. Keine der Arien behält ihre originale Instrumentierung. Dazu ist die Partitur dicht übersät mit Tempo- und Vortragsbezeichnungen u. ä. Wie unbedenklich Roda auch in einem Werk wie der *Johannes-Passion* in bezug auf Streichungen, Umstellungen und Einfügungen verfährt, mag allein seine „Einrichtung" des Schlusses demonstrieren. An den Chor „Ruht wohl, ihr heiligen Gebeine", der dem Solistenquartett übertragen ist, schließt sich als „Schlußchor" ein Satz an, der folgende Teilglieder zu einem Ganzen kombiniert: die Instrumentaleinleitung zum Eingangschor „Herr, unser Herrscher" sowie die Choralbearbeitung „Jesu, deine Passion" und den Chor „So lasset uns gehen in Salem der Freuden" aus der Kantate *Himmelskönig, sei willkommen* BWV 182.

---

beitet von FvRoda für Concert-Aufführung, Kopisten-Reinschrift) und XVIII–4/21.2 (*Cantata per il giorno di Penitenza*; eine Partitur in der Handschrift Rodas, eine weitere als Kopisten-Reinschrift).
22 Ebenda, Signatur Mus. Saec. XVIII–4/4 (Direktionspartitur in der Handschrift Rodas).
23 Sittard: a. a. O., S. 356 f.

Von den Kantaten-Partituren enthält die eine ein Arrangement unter dem Gesamttitel *Cantata per il giorno di Penitenza dal J. S. Bach. Instrumentirt von FvRoda,* das insgesamt 23 Sätze (der letzte Satz ausdrücklich als „Schlußchor" bezeichnet) aus den Kantaten BWV 46, 48, 25, 27, 131 und 21 umfaßt. Die andere Partitur vereinigt unter dem Titel *Bachs Cantaten, bearbeitet von F[erdinand] v[on] Roda für Concert-Aufführung* die Werk- beziehungsweise Satzfolge, die im Rostocker Konzert vom 13. November 1860 zur Aufführung kam. Der Partitur ist eine Inhaltsübersicht mit „Angabe der Beschaffenheit der Originale" und mit Hinweis auf die benutzten Vorlagen vorangestellt, in der Partitur selbst finden sich keine Angaben darüber, welcher Kantate die von 1 bis 26 durchnumerierten Sätze (der letzte auch hier als „Schlußchor" deklariert) entstammen. Auf der Grundlage der Inhaltsübersicht, die die Kantatensätze ebenfalls durchnumeriert und damit zu einem gleichsam als Einheit begriffenen Ganzen zusammenfügt, sei in Kurzform und ohne weitere Kommentierung der Gesamtplan des Kantatenabends wiedergegeben.

Einleitung: Fuge b-Moll BWV 867/2 aus dem *Wohltemperierten Klavier II,* nach d-Moll transponiert und für großes Orchester instrumentiert

a) Vollständige Kantate BWV 2 *(Ach Gott vom Himmel sieh darein)* bei Vertauschung der beiden letzten Sätze [= Nr. 1–6]
b) Vollständige Kantate BWV 14 *(Wär Gott nicht mit uns diese Zeit)* [= Nr. 7–11]
c) Aus Kantate BWV 17 *(Wer Dank opfert, der preiset mich)* Satz 1 [= Nr. 12]
d) Vollständige Kantate BWV 80 *(Ein feste Burg ist unser Gott)* [= Nr. 13–20]
e) Aus Kantate BWV 79 *(Gott der Herr ist Sonn und Schild)* die Sätze 4, 5, 1, 2 und 6 [= Nr. 21–25]
f) Aus Kantate BWV 11 *(Lobet Gott in seinen Reichen)* Satz 1 [= Nr. 26, „Schlußchor"]

Anders als in Hamburg haben die so beschaffenen Bach-Aufführungen Rodas in Rostock offenbar keinen Widerspruch ausgelöst; soweit bislang überschaubar, fehlt es in der Lokalkritik überhaupt an einem Echo.

Als Nachfolger Rodas im Amt des Universitätsmusiklehrers konnte eine Persönlichkeit gewonnen werden, die in ihrer Vielseitigkeit und Wirkungskraft alle Vorgänger weit übertraf: Hermann Kretzschmar (1848–1924). Nach umfassenden philologischen und musikalischen Studien hatte Kretzschmar 1871 in Leipzig den Dr. phil. erworben und danach als Lehrer am Leipziger Konservatorium und Dirigent mehrerer Chorvereinigungen Leipzigs gewirkt. Einer kurzen Tätigkeit als Kapellmeister am Stadttheater Metz folgte im Frühjahr 1877 die Berufung des damals Neunundzwanzigjährigen nach Rostock.

Unter den Tätigkeitsbereichen, die das Rostocker Wirken Kretzschmars bestimmt haben, ist die mit seiner eigentlichen Dienststellung an der Universität verbundene akademische Lehrtätigkeit ein Nebengebiet geblieben. Die Vorlesungsverzeichnisse sagen aus, daß Kretzschmar sich in seiner Unterrichtstätigkeit im wesentlichen auf liturgische Übungen am homiletisch-katechetischen Seminar und auf Gesangskurse für Studierende aller Fakultäten beschränkt hat. In seinem letzten Rostocker Jahr wurden die allgemeinen Gesangskurse durch Übungen mit dem im Sommer 1886 gegründeten „Akademischen Gesangverein zu Rostock" ersetzt. Zu Beginn seiner Tätigkeit, im Wintersemester 1877/78, bot er eine einstündige Harmonie- und Formenlehre an, von dem ihm zugestandenen Recht, „Vorlesungen über die Musik und deren Geschichte [...] zu halten", hat er nur ein einziges Mal Gebrauch gemacht: Im Wintersemester 1882/83 ist eine Vorlesung „Geschichte der Oper, 1stündig, öffentlich und unentgeltlich!", angekündigt.[24]

24 Kretzschmars Rostocker Wirken wird ausführlich behandelt in meinem Beitrag *Das Rostocker Jahrzehnt Hermann Kretzschmars,* in: *Hermann Kretzschmar. Konferenzbericht Olbernhau 1998,* hrsg. von Helmut Loos und Rainer Cadenbach, Chemnitz 1998, S.57–77. Dort auch die Einzelnachweise zu den Kretzschmars Rostocker Tätigkeit betreffenden Informationen.

Es entsteht so deutlich der Eindruck, daß Kretzschmar seine Universitätsaufgaben gleichsam „mit links" erledigt hat – ohne Ambition jedenfalls, das Amt des akademischen Musiklehrers in Richtung auf ein musikwissenschaftliches Lehramt auszubauen. Die Ursachen für das Fehlen jeglichen Ehrgeizes in dieser Hinsicht liegen sicher primär beim damaligen Selbstverständnis Kretzschmars als Dirigent und praktischer Musiker, darüber hinaus mögen aber auch die spezifischen Bedingungen an der kleinen Rostocker Universität eine Rolle gespielt haben. Jedenfalls galt sein Engagement ganz dem Wirken im städtischen Musikleben, und hier vermochte er sehr bald jenes Ansehen zu gewinnen, das ihm bereits im Februar 1879 den Titel „Großherzoglicher Musikdirektor" und 1885 die Ernennung zum Titular-Professor einbrachte.

Daß Kretzschmar sogleich mit seinem Dienstantritt in Rostock in eine führende Position des städtischen Musiklebens gelangen konnte, war zu einem Gutteil in der mehr als problematischen Situation des damaligen Rostocker Musikwesens begründet. Das Amt des Stadtmusikdirektors alter Art war 1872 erloschen, Träger der Konzert- und Theatermusik sowie der Kurmusik in Warnemünde war die nach Genossenschaftsprinzip arbeitende *Städtische Capelle,* deren etwa dreißig Musiker finanziell überaus schlecht gestellt waren. Geschäftliche und künstlerische Erwägungen hatten 1874 zur Bildung einer Arbeitsgemeinschaft zwischen dieser Kapelle der sogenannten „Bürgermusici" und dem Hautboisten-Corps des in Rostock stationierten Füsilierregiments geführt, die sich den Namen *Verein Rostocker Musiker* gegeben hatte. Die Durchführung anspruchsvoller Orchesterkonzerte, in deren Leitung sich die Dirigenten der städtischen und der Militärkapelle teilten, gestaltete sich für den *Verein Rostocker Musiker* zu einem kaum lösbaren finanziellen Problem.

Dies war die Situation, die Kretzschmar bei seinem Dienstantritt in Rostock vorfand, und hier ergriff er sogleich die Initiative: Aus der Einsicht heraus, daß städtischerseits kaum eine wirkungsvolle Hilfeleistung zu erwarten war, drang er auf die Gründung eines „Musikvereins" beziehungsweise – wie die tatsächliche Bezeichnung dann lautete – eines *Concertver-*

eins. Das von Kretzschmar formulierte Konzept für die Arbeitsweise eines solchen Vereins datiert vom Juli 1877, am 20. Oktober wurden in der *Rostocker Zeitung* die „Statuten des Rostocker Concertvereins" veröffentlicht und zugleich bekanntgegeben, „daß Herr Dr. Kretzschmar die Leitung der Concerte übernommen hat." Zehn Tage später, am 30. Oktober, konnte Kretzschmar das erste Konzert – mit Beethovens Klavierkonzert c-Moll und Schumanns Sinfonie d-Moll als Hauptwerken – im bis auf den letzten Platz gefüllten „Apollo-Saal" dirigieren.

Mit der Übernahme der *Concertvereins*-Konzerte lag der wohl wichtigste Bereich des Rostocker Konzertwesens in der Hand Kretzschmars. Ein anderer Hauptbereich, die Direktion der traditionell vom akademischen Musiklehrer geleiteten Singakademie, war ihm von vornherein zugefallen, so daß er faktisch nahezu die Stellung eines städtischen Musikdirektors innehatte. Drei Jahre später, im Dezember 1880, wurde ihm dieses Amt von der Stadt auch offiziell übertragen. Ein entsprechender Antrag war von den Vorständen der Singakademie und des Konzertvereins an den Rat der Stadt gerichtet worden, um den Dirigenten, der vor einem Vertragsabschluß mit Sondershausen stand, in Rostock zu halten. So war Kretzschmar, der als städtischer Musikdirektor ein Jahresgehalt von 1 500 Mark erhielt, in Personalunion akademischer Lehrer der Musik an der Universität und städtischer Musikdirektor.

Zweifellos markiert die zehnjährige „Ära Kretzschmar" einen – wenn nicht den – Höhepunkt im Rostocker Musikleben des 19. Jahrhunderts. Das Repertoire, das unter Kretzschmar zur Aufführung kam, hätte mancher weit größeren Stadt zur Ehre gereicht. Zu ihm gehörten – um nur einige Beispiele anzuführen – die Sinfonien eins bis drei, das B-Dur-Klavierkonzert und alle großen Chorwerke von Brahms, Bruckners *Siebente*, Liszts *Faust-Sinfonie*, Berlioz' *Symphonie fantastique* und *Harold-Symphonie* sowie das *Weihnachts-Oratorium*, beide Passionen und die *h-Moll-Messe* von Bach. Als Kretzschmar von der Saison 1881/82 an auch die „Abbonnements-Concerte" des „Vereins Rostocker Musiker" als Dirigent übernahm, ging sein Bestreben dahin, diesen ein eigenes künstlerisches Profil zu geben. So erwuchs die Idee solcher Konzerte, die – wie Kretzschmar selbst die Zielstellung in anderem Kontext einmal umschrieben hat[25] – „einen leitenden Gedanken durchzuführen", „einem kunstgeschichtlichen Interesse oder einem ästhetischen Zweck zu dienen suchten", indem sie etwa „Wesen und Schaffen einzelner Meister" oder „die Entwicklung bestimmter Formen zu veranschaulichen und das Publikum in geschichtliche und künstlerische Probleme einzuführen" unternahmen.

So lief der Zyklus von 1881/82 unter der Generalbezeichnung *Historische Orchester-Aufführungen* und brachte in zeitlich geordneter Folge Orchesterwerke vom frühen 18. Jahrhundert bis zur Mitte des 19. Jahrhunderts, darunter z. B. eine Sinfonie Carl Philipp Emanuel Bachs. Weit in die vorbachische Zeit zurück führten die beiden ersten Konzerte des Zyklus von 1883/84: Das erste stand im Zeichen der Entwicklung des Opern-Vorspiels und brachte u. a. die Einleitungs-Toccata aus Monteverdis *Orfeo*, eine achtstimmige *Sonata* von Giovanni Gabrieli und eine Opernsinfonia Alessandro Scarlattis, das zweite galt der Orchestersuite und enthielt Werke u. a. von Pezel, Rameau und Bach. Andere Konzerte waren dem Schaffen einzelner Großmeister gewidmet, und schließlich verdienen die Programme, in denen Kretzschmar die „nationalen Schulen" des 19. Jahrhunderts vorstellte, besonderes Interesse. Hier erklangen u. a. Kompositionen von Saint-Saëns, Glinka, Borodin *(1. Sinfonie)*, Grieg und Dvořák *(6. Sinfonie)*. Glanzvoller Höhepunkt von Kretzschmars Rostocker Wirken war das von ihm geleitete *IX. Mecklenburgische Musikfest* vom 24. bis 26. September 1885 in Rostock. An diesen drei Tagen bot Kretzschmar – als einziger Festdirigent – ein Programm, das allein durch die Überfülle der Werke zu beeindrucken vermag. Im Eröffnungskonzert in St. Jacobi erklangen Heinrich Schütz' biblische Szene *Saul, Saul, was verfolgst du mich*, Bachs Kantate *Ein feste Burg ist unser Gott* (gekürzt), die Sätze 1 bis 6 (bis einschließlich *Lacrymosa*) aus dem *Requiem* von Hector Berlioz und als Schlußstück das *Triumphlied* von Johannes Brahms. Das zweite Konzert brachte Händels *Is-*

---

25 *Ein Bachkonzert in Kamenz*, in: *Bach-Jahrbuch* 1913, S. 63 f.

rael in Ägypten und das dritte ein gemischtes Programm u. a. mit vier Sätzen aus Bachs dritter Orchestersuite (BWV 1068), dem *Meistersinger*-Quintett, der *Alt-Rhapsodie* von Brahms und der achten *Sinfonie* von Beethoven. Von den 460 beteiligten Chorsängerinnen und -sängern kamen, wie im Festprogramm nachzulesen, 239 aus Rostock, die übrigen aus Bützow, Güstrow, Schwerin und Wismar; das 95 Mitglieder umfassende Orchester rekrutierte sich überwiegend aus Musikern aus Rostock, Schwerin und Neustrelitz.

Als Kretzschmar im Zusammenhang mit seiner Berufung zum städtischen Musikdirektor vom Rat der Stadt aufgefordert wurde, „selbst diejenigen Functionen bestimmt und detaillirt anzugeben, welche er der Stadt gegenüber übernehmen will",[26] formulierte er an zweiter Stelle (sogleich im Anschluß an die Leitung des Konzertwesens) die Aufgabe, „den Gesangunterricht in den städtischen Schulen zu überwachen, eventuell für Aufstellung und Einhaltung guter Methoden Sorge zu tragen".[27] Die Übernahme dieser Aufgabe fällt exakt in jenen Zeitabschnitt, in dem Kretzschmar sich erstmals auch in seinen Schriften – der Abhandlung *Über den Stand der öffentlichen Musikpflege in Deutschland*[28] und dem berühmt gewordenen Grenzboten-Aufsatz *Ein englisches Aktenstück über den deutschen Schulgesang*[29] – nachdrücklich der Frage der Schulmusikerziehung zuwendet. Kretzschmar erklärt sich dem Rat gegenüber zur Ausarbeitung eines Lehrplanes bereit und legt am 16. April 1882 einen Lehrplan für den Gesangunterricht in den städtischen Volksschulen zu Rostock[30] vor. Bis zu seinem Weggang aus Rostock hat er der Stadt insgesamt sieben umfangreiche Berichte über die Situation des Gesangsunterrichts an den Rostocker Schulen und mit Vorschlägen zu dessen Verbesserung vorgelegt.

---

26 Archiv der Hansestadt Rostock, Ratsakten, Signatur 1.1.3.21. 227i, Aktenstück 41.
27 Ebenda, Aktenstück ad 46.
28 *Sammlung musikalischer Vorträge* XXXI/XXXII, hg. von Paul Graf Waldersee, Leipzig 1881.
29 *Die Grenzboten* XL/4, 1881, S. 167–177; Wiederabdruck in: *Gesammelte Aufsätze über Musik und anderes aus den Grenzboten*, Leipzig 1910 (1911), S. 45–66.
30 Archiv der Hansestadt Rostock: a. a. O., Aktenstücke 70/ad 70.

Dem Anliegen der musikalischen Volkserziehung diente auf andere Weise ein weiterer Bereich im Spektrum des Rostocker Wirkens Kretzschmars: seine Konzerteinführungen in der *Rostocker Zeitung*. Diese Texte können als die Keimzelle des *Führers durch den Konzertsaal* angesehen werden, dessen erster Band in Rostock konzipiert und geschrieben wurde. „Der vorliegende ‚Führer durch den Konzertsaal'", vermerkt Kretzschmar in dem „Rostock, 26. September 1886" datierten Vorwort zum 1. Band, „ging aus einzelnen Aufsätzen hervor, welche ich im Laufe der Jahre für die von mir geleiteten Konzerte geschrieben habe, um die Zuhörer auf die Aufführungen unbekannter oder schwierig zu verstehender Kompositionen vorzubereiten."

Kretzschmar hat sich, wie aus Briefen ersichtlich, über seine Rostocker Stelle keineswegs sonderlich freundlich geäußert. Die Stadt wird als ein „Nest", die Stelle als eine „musicalische Strafstelle" apostrophiert; nach zehn in Rostock „abgesessenen" Jahren sah er sich, wie es in einem Brief von 1887 an Guido Adler heißt, als einen „begrabenen Mann."[31] Gleichwohl markiert das Rostocker Jahrzehnt einen überaus wichtigen Abschnitt seiner Entwicklung. Als den Neununddreißigjährigen im Sommer 1887 ein Ruf auf die Stelle des Leipziger Universitätsmusikdirektors erreichte, waren die Fundamente für nahezu alle Bereiche seines späteren universell ausgerichteten Wirkens gelegt. Er hatte sich in Rostock erstmals praktisch und theoretisch den *musikalischen Zeitfragen* der Organisation des Musiklebens und der schulischen Musikerziehung gestellt, er hatte über Werkeinführungen in der Tagespresse zur Idee des *Führers durch den Konzertsaal* gefunden, und er hatte durch eine Vielzahl kleinerer und größerer Schriften in der als Wissenschaftsdisziplin sich formierenden Musikwissenschaft nachdrücklich auf sich aufmerksam gemacht. Auf dirigentischem Gebiet war ihm, was die Breite des Repertoires betrifft, später niemals wieder ein ähnlich umfassender Rahmen beschieden wie hier.

---

31 Zitiert nach Heinz-Dieter Sommer, *Praxisorientierte Musikwissenschaft. Studien zu Leben und Werk Hermann Kretzschmars*, München-Salzburg 1985 (*Freiburger Schriften zur Musikwissenschaft*, 16), S. 25 f.

Nach Kretzschmars Weggang aus Rostock konnte es nicht leicht sein, einen Nachfolger von annähernd gleichem Rang zu finden. Unter den zehn Bewerbern um das Amt des akademischen Musiklehrers – an eine erneute Koppelung mit dem Amt des städtischen Musikdirektors war offensichtlich zu keiner Zeit gedacht – fiel die Wahl auf den aus Thüringen stammenden Albert Thierfelder (1846–1924), der, nachdem er seine Leipziger Studien mit der Promotion abgeschlossen hatte, als Musikdirektor in Elbing und seit 1874 in Brandenburg tätig gewesen war. Thierfelder, der das Amt des akademischen Musiklehrers 36 Jahre lang – bis zu seiner Emeritierung am 1. Oktober 1923 – innehatte, war unter den Stelleninhabern der erste, dessen Ehrgeiz sich darauf richtete, sein Lehrfach in den Rang einer universitären Wissenschaftsdisziplin zu heben. Er beschränkte sein Lehrangebot nicht mehr, wie seine Vorgänger, auf Übungen im liturgischen Singen, Chorgesang und allenfalls Harmonielehre- und Kontrapunkt-Kurse, sondern bot regelmäßig auch Vorlesungen zur Musikgeschichte an. Hauptthemenkreise waren die Geschichte der Liturgie und – als Thierfelders eigenes musikwissenschaftliches Arbeitsgebiet – die altgriechische Musik; es begegnen aber auch Themen wie: *Geschichte der Notenschrift*, *Die niederländischen Schulen und ihre Ausläufer*, *Die Hauptformen der absoluten Instrumentalmusik*, *Haydn, Mozart, Beethoven*, *Ludwig van Beethoven's Claviersonaten, verbunden mit Vorträgen auf dem Clavier*. In Verbindung mit dieser Lehrtätigkeit kam es unter Thierfelder erstmals auch zu einer größeren Zahl musikwissenschaftlicher Promotionen,[32] größtenteils mit Arbeiten zur Operngeschichte und mit Monographien über Kleinmeister der Musik. Von den etwa fünfzehn Promovenden Thierfelders verdient – auch wegen der neuartigen Thematik seiner Dissertation – vor allem einer Erwähnung: Hans Joachim Moser, der 1910 mit einer Arbeit über *Die Musikergenossenschaften im deutschen Mittelalter* den Rostocker Doktorhut er-

---

32 Zwei bemerkenswerte Promotionen auf musikalischem Gebiet hatten bereits vorher an der Universität Rostock stattgefunden: 1855 erwarb Friedrich Chrysander mit den 1853 gedruckten Arbeiten *Über die Molltonart in den Volksgesängen* und *Über das Oratorium* die Doktorwürde; 1887 wurde Max Friedlaender mit einer Arbeit *Beiträge zur Biographie Franz Schubert's* promoviert.

warb. Demgegenüber kam es im künstlerischen Wirken Thierfelders in der städtischen Öffentlichkeit zu einem schnellen Rückgang. Thierfelder hatte bei seinem Dienstantritt wie sein Vorgänger die Leitung der Singakademie und der Konzertvereins-Konzerte übernommen, vermochte auf diesen Arbeitsfeldern jedoch nicht zu bestehen. Zu offenbar gravierenden Mängeln im Dirigentischen und in den Führungseigenschaften kam eine einseitige Betonung romantisierender, seiner eigenen Richtung als Komponist[33] entsprechender Literatur, so daß allgemeine Unzufriedenheit um sich griff. Als mit Inbetriebnahme des neu erbauten Stadttheaters (1895) eine Reorganisation des städtischen Musiklebens endgültig auf die Tagesordnung rückte und die Stadt 1897 als Leiter des neu gegründeten *Stadt- und Theaterorchesters* einen städtischen Musikdirektor berief, übernahm dieser auch die Leitung der erneuerten Singakademie.

Wenn den Bemühungen Thierfelders, die Musik beziehungsweise die musikalische Wissenschaft in Rostock voll als Universitätsfach zu etablieren, nur erst Teilerfolge beschieden waren, so lag dies sicher nicht zuletzt an seiner nur begrenzten Leistungsfähigkeit und Autorität auch auf wissenschaftlichem Gebiet: Thierfelder hat in der musikwissenschaftlichen Forschung weder quantitativ noch qualitativ Bemerkenswertes geleistet. Welch seltsame Wege er auf seinem speziellen Arbeitsgebiet, der Musik der griechischen Antike, ging, zeigen seine Bearbeitungen altgriechischer Musikdenkmäler mit akkordischer Klavier- beziehungsweise Harfenbegleitung.[34]

---

33 Von Thierfelders Kompositionen, die u. a. mehrere Opern und weltliche Oratorien, zwei Sinfonien, Kammermusik, Chöre, Lieder und Klavierstücke umfassen, erfreuten sich offenbar die „dramatische Cantate" *Frau Holde* und das „Konzertdrama" *Horand und Hilde* einer gewissen Beliebtheit.

34 *Altgriechische Musik. Sammlung von Gesängen aus dem klassischen Alterthume vom 5. bis 1. Jahrhundert v. Chr. nach den überlieferten Melodien mit griechischem und deutschem Texte nebst einleitenden Vorbemerkungen hrsg. und für den Konzertvortrag eingerichtet von A. Thierfelder,* Leipzig 1896/99; ferner: *Päan/Tekmessa an der Leiche ihres Gatten Aias. Nach einem Papyrus mit griechischen Noten bearbeitet von A. Thierfelder,* Leipzig 1919. In seiner Abhandlung *Ein neuaufgefundener Papyrus mit griechischen Noten,* ZfMw I (1918/19), S. 217 ff., begründete Thierfelder die letztgenannten – im übrigen auf Fehldeutungen der Papyrus-Fragmente beruhenden – Bearbeitungen wie folgt: „In unserer Zeit kommt man ohne Grundbaß und Akkorde nicht mehr aus, wenn man diese überlieferten Weisen nicht nur für die Gelehrten, sondern auch für das Publikum nutzbar machen will. Deshalb habe ich eine Harfen-

Thierfelder wurde 1898 Titular-Professor, erhielt von 1904 an das Gehalt eines a. o. Professors, blieb aber, als nicht Habilitierter, weiterhin „simpler Musiklehrer" und mußte, wie er selbst es sah, in der Rangordnung „den jüngsten Dozenten und Lektoren nachstehen".[35] Erst im Jahre 1919, im Zusammenhang mit der Fünfhundertjahrfeier der Universität, wurde Thierfelder eine außerordentliche Professur (ad personam), verbunden mit einem Lehrauftrag für Musikwissenschaft, zuerkannt. Damit war die Musikwissenschaft seit dem 1. Oktober 1919 an der Universität Rostock erstmals als ein den traditionellen geisteswissenschaftlichen Disziplinen annähernd gleichgestelltes Fach vertreten. Die endgültige Weichenstellung für die Etablierung des Faches an der Rostocker Universität erfolgte mit der im Sommer 1929 vollzogenen Rostocker Habilitation Erich Schenks, der Ende 1934 die Errichtung eines Musikwissenschaftlichen Seminars durchsetzte.

stimme (Piano) hinzugefügt, mich dabei aber auf das Nötigste beschränkt, um den besonderen Reiz des Duettierens zwischen Singstimme und Blasinstrument (am besten Englisch Horn) ungehindert hervortreten zu lassen." (S. 225). – Thierfelder versuchte u. a. eine neue Deutung des Systems der griechischen Instrumentalnotation (1897 und 1904) und veröffentlichte ferner: *Metrik. Die Versmaße der griechischen und römischen Dichter. Ein musikalisch-metrisches Hilfsbuch für Studierende*, Leipzig 1919.
35 Universitätsarchiv Rostock: Peronalakte *Albert Thierfelder*, Brief Thierfelders vom 7. April 1919 (Abschrift).

Musik und Bedürfnis[1]
Zur biologischen Disposition kultureller Traditionsbildung

I

Das eigentliche Studium der Menschheit sei der Mensch: meinte Goethe vor bald zweihundert Jahren in den *Wahlverwandtschaften* (1809)[2] Der Mensch, dessen Werden durch eine zweifache Geschichte geprägt worden ist:
1. einmal durch seine Naturgeschichte, die ihn zum aufrechten Gang geführt und mit einem Neocortex ausgestattet hat: man spricht in diesem Zusammenhang von der biologischen Evolution, deren Merkmale jeden Menschen in gleicher Weise genetisch vermittelt werden;
2. zum anderen durch seine Kulturgeschichte. Wobei diese kulturelle Evolution sich in etwa dreitausend Varianten aufgespalten hat. Eine Zahl, die uns die moderne Verhaltensforschung nennt.[3]

Die biologische Evolution ermöglicht und begrenzt die kulturellen Evolutionen.[4] Das bedeutet für unsere (musikologische) Argumentation, daß alle

---

1 Die Überschrift ist dem Buchtitel *Sprache und Bedürfnis. Zur sprachphilosophischen Grundlage der Geisteswissenschaften* von Franz Koppe, Stuttgart/Bad Cannstatt 1977, nachempfunden; ein Titel, den ich auch schon in meinem Buch *Musica humana. Die anthropologische und kulturethologische Dimension der Musikwissenschaft*, Wien/Graz/Köln 1996, S. 14, als Denkanstoß für die Musikologie zu nutzen versucht habe.
2 Dazu Verf.: Menschen- und/oder Kulturgüterforschung(?). Über den Beitrag der Musikwissenschaft zur Erforschung menschlicher Verhaltensformen, in: *Hamburger Jahrbuch für Musikwissenschaft* 9 (Karbusicky-Festschrift), 1986, S. 37–66.
3 Günther Osche: *Kulturelle Evolution: biologische Wurzeln, Vergleich ihrer Mechanismen mit denen des biologischen Evolutionsgeschehens*, in: *Freiburger Vorlesungen zur Biologie des Menschen*, hg. von Bernhard Hassenstein u. a., Heidelberg 1979, S. 33–50, führt dies allgemein verständlich aus: „Die kulturelle Evolution beruht wie die biologische auf dem Erwerb, der Vermehrung und Weitergabe von Informationen. Bei der biologischen Evolution wird Erbinformation neu kombiniert, durch Vererbung an die nächste Generation weitergegeben und durch Selektion ausgelesen; dagegen wird bei der kulturellen Evolution im individuellen Leben gesammelte Erfahrung in Form von Engrammen im Gehirn gespeichert, ist dort abrufbar und wird mit Hilfe von Lernvorgängen weitergegeben (Tradierung)."
4 Dazu B. Waldenfels: *Der Spielraum des Verhaltens*, Frankfurt a. M. 1980. – Auf die Musik bezogen s. Verf.: *Biologische Voraussetzungen und Grenzen kultureller Traditionsbildung*, in: *Traditiones* 19 = *Valens Vodušek-Gedenkschrift*, Ljubljana 1990, S. 145–165.

Menschen sich mit Hilfe ihrer Organe (im vorliegenden Kontext: der menschlichen Sprech- und Gesangsstimme) und der von ihnen geschaffenen Organprojektionen (der Musikinstrumente)[5] in Klang- und Rhythmusformeln ausdrücken und mitteilen können, daß aber die Möglichkeiten der (Aus-)Gestaltung dieser Formeln und Formen nicht unbegrenzt sind. „Wie frei ist der Mensch, Melodien zu erfinden?", lautet die Frage, die sich daran knüpft.[6] Der interkulturelle Vergleich von schamanistischen und epischen Rezitationspraktiken,[7] von kultischen Litaneiformeln,[8] der Melodik der Totenklage[9] zeigt typologische Verwandtschaften auf, die uns zu biologischen Substraten eines primären humanen Musikgebrauchs führen. Walter Wioras Edition des *Europäischen Volksgesanges,* mit dem bezeichnenden Untertitel *Gemeinsame Formen in charakteristischen Abwandlungen,*[10] bezeugt ebenso wie die von mir im Anschluß an Wioras Pläne im Deutschen Volksliedarchiv zu Freiburg im Breisgau begonnene Ausgabe der *Melodietypen des deutschen Volksgesanges*[11] die kulturimmanenten Grenzen möglicher Melodie(er)findung.

Musik – als eine Möglichkeit der Kommunikation mit unserer realen und irreal-geglaubten Umwelt – funktioniert in einem Bündel von Kommuni-

---

[5] Curt Sachs (*Geist und Werden der Musikinstrumente,* Berlin 1929, Nachdr. 1975) hat den Begriff der „Organprojektion" für Musikinstrumente geprägt und Hans-Heinz Dräger (*Prinzip einer Systematik der Musikinstrumente,* Kassel 1948) hat ihn von diesem übernommen; dazu Verf.: Artikel *Instrument* in: Honegger-Massenkeil, *Das große Lexikon der Musik,* 4. Band, Freiburg i. B. u. a. 1987, S. 175–177.
[6] Verf.: *Zoltán Kodály und die Entwicklung melodietypologischer Forschung in Europa. Musikanthropologische Anmerkungen zum Thema,* in: *Jahrbuch für Volksliedforschung* 31, 1986, S. 103–107.
[7] Verf.: Artikel *Epos,* in: *MGG,* Band 16, 1979, Sp.101–114; desgl. erweitert in *MGG,* 2. Aufl., Sachteil, Band 3, 1995, Sp. 127–141.
[8] Verf.: *Gedanken des Europäischen Musikethnologen zur Aufführungspraxis, vor allem des Gregorianischen Chorals,* in: *Musica sacra* 91, 1971, S. 173–183.
[9] Verf.: *Über die Totenklage im deutschen Sprachraum,* in: *Journal of the International Folk Music Council* 15, London 1963, S. 18–24.
[10] *Das Musikwerk,* Köln 1950.
[11] Wolfgang Suppan und Wiegand Stief: *Melodietypen des deutschen Volksgesanges,* Band 1: *Zwei- und Dreizeiler,* Tutzing 1976; weitere drei Bände hg. von Hartmut Braun und Wiegand Stief. Dazu grundsätzlich Verf.: *Walter Wiora. 30. Dezember 1906 – 8. Februar 1997,* in: *Studia musicologica* 38, 1997, S. 229–233.

kationsebenen: die Tonsprache ist ebenso wie die Wortsprache, wie die Gebärden- und die Bildersprache, wie die Riech- und Berührungssprache im genetischen Code menschlicher Sinne und Verhaltensprogramme vorgegeben – und auch ihr primärer Gebrauchswert ist darin begründet.

Dies wird aus interkulturellen Konstanten deutlich: daß etwa keine Kulthandlung ohne Rezitations- und Klangformen auskommt („Musik ist die Sprache der Götter",[12] – oder anders gesagt: „Die Musik, so berichten die Mythen, ist das Geschenk eines Gottes an die Menschen"),[13] daß die zum Gesang erhobene Sprache im politischen und im Rechtsleben, im medizinisch-therapeutischen und im Arbeitsbereich benutzt wird.[14] Wie diese Tonsprache jedoch hier und dort gestaltet wird, dies hängt von umweltbedingten ökonomischen und wirtschaftlichen, klimatischen und ökologischen, eingelernten und eingeschliffenen kulturellen Entwicklungen und Traditionen ab.

Allein der Gebrauch von Musik in bestimmten Vollzügen menschlichen und gesellschaftlichen (Zusammen-)Lebens ist universell, nicht jedoch die jeweiligen Ausformungen des Erklingenden: Diese (die Ausformungen) beruhen auf kultur- und schichtenspezifischen Vereinbarungen, und ihre semantische Dechiffrierung hängt davon ab, ob die entsprechenden Codes erlernt wurden.[15] Vergleichbar den Wortsprachen, haben sich auch die Tonsprachen in den einzelnen Kulturen dieser Erden gesondert entfaltet.

12 Eine naturvölkische Weisheit ebenso – wie im christlichen Denken präsent: Reinhold Hammerstein: *Die Musik der Engel. Untersuchungen zur Musikanschauung des Mittelalters*, Bern/München 1957; ders.: *Diabolus in Musica. Studien zur Ikonographie der Musik im Mittelalter*, ebd. 1974; ders.: *Tanz und Musik des Todes. Die mittelalterlichen Totentänze und ihr Nachleben*, ebd. 1980.
13 Viktor Zuckerkandl: *Das Staunen. Verhältnis von Mensch und Musik*, als Anhang abgedruckt zu: Verf.: „*Musik der Menge.*" „*Volk*" *und* „*Volksmusik*" *in den Schriften Heinrich Schenkers und seines Schülers Viktor Zuckerkandl*, in: Festschrift Walter Wiora zum 90. Geburtstag, Tutzing 1997, S. 471–491, Zitat S. 484.
14 Dazu Verf.: *Der musizierende Mensch. Eine Anthropologie der Musik*, Mainz 1984; sowie ders., Musikanthropologie, in: MGG, 2. Aufl., Sachteil, Band 6, 1997, Sp. 921–929.
15 Vladimir Karbusicky: *Grundriß der musikalischen Semantik*, Darmstadt 1986; dazu Rez. d. Verf. in: *Jb. für Volksliedforschung* 35, 1990, S. 159–161.

Musik ist keine Weltsprache, keine universell verstehbare Sprache (wie in Politikerfestreden oft zu hören), sondern sie entwickelte weit differenziertere und schwieriger zu erlernende hermeneutische Systeme als dies die Wortsprachen zu tun vermochten.

II

Das Werden der uns umgebenden Dinge läßt sich in drei Stufen darstellen:
A. Alles, was der Mensch je erfunden hat, entstand aus einer Notwendigkeit heraus.
B. Das im Menschen biologisch disponierte Streben nach wohlproportionierter, angenehm gestalteter Umgebung hat den Gebrauchsgegenständen Schmuck aufgeprägt, sie zu „schönen", kunstvoll geformten, gern benutzten und nach sogenannten „ästhetischen" Kriterien qualifizierten Geräten werden lassen.
C. Schließlich hat der Schmuck sich verselbständigt, er ist zum Ding an sich geworden, zum absoluten Kunstwerk, zur Ware, eben L'art pour l'art.

Die philosophische Anthropologie, etwa Hans Heinz Holz in dem Buch *Vom Kunstwerk zur Ware,* hat dies vorgedacht.[16] Die moderne Verhaltensforschung liefert nun den Beweis dafür. In der *Biologie des menschlichen Verhaltens* beschreibt Irenäus Eibl-Eibesfeldt Funktion, Funktionsänderung und Ritualisierung des Gebrauches der sogenannten Tanznetze der Eipos in West-Neuguinea.[17] Die Eipos erzeugen Netze, die sie

> „zur Bezahlung von Steinbeilrohlingen verwenden, die aus Steinbrüchen außerhalb ihres Wohngebietes stammen. Beide Handelspartner investieren Arbeit in die Produkte, die damit zu Wertobjekten werden. Nun kann man den Wert eines Produktes erhöhen, indem man noch mehr Arbeit in es investiert. Man kann z. B. die Netze durch Einflechten von Orchideenbast dekorieren, man kann sie besonders groß

---

16 Hans Heinz Holz: *Vom Kunstwerk zur Ware. Studien zur Funktion des ästhetischen Gegenstandes im Spätkapitalismus,* Neuwied und Berlin 1972 (*Sammlung Luchterhand* 65).
17 Irenäus Eibl-Eibesfeldt: *Die Biologie des menschlichen Verhaltens,* 1984, S. 832 f.

und die Maschen etwas kleiner machen, man kann die Fasern färben und so Muster erzeugen. Das alles steigert den Wert des Netzes. Die Eipos tun dies auch. Sie erzeugen u. a. besonders schöne Netze, die von den Männern als Schmuck beim Tanz auf dem Rücken getragen werden. Oft sind sie zusätzlich mit einigen Federn geschmückt. Es beginnt also eine Ritualisierungsreihe, die damit endet, daß das Netz schließlich seine Funktion als Netz völlig einbüßt und als dekoratives Tanznetz nurmehr das Substrat für einen reichen Federschmuck abgibt. Das Netz wurde zum Schmuck."

Zu fragen ist nun: Wie verhält es sich im Bereich der Musik? Gilt auch hier die Entwicklungsreihe: Gebrauchsgegenstand, geschmückter Gebrauchsgegenstand, Schmuck? Das heißt leicht modifiziert: Werkzeug – Kunstwerk – Ware?[18] Stünde auch in der Musik eine Gebrauchsfunktion am Beginn? Gehörten vokales und instrumentales Musizieren sowie Tanzen[19] zu den humanbiologischen Notwendigkeiten des Menschen und der menschlichen Gesellschaften? Und würde unsere europäisch-abendländische Kultur mit ihrer L'art-pour-l'art-Ideologie gleichsam ein Endstadium des Musikkonsums anzeigen – in dem die Erfindung und die Eigendynamik der Musiknotenschrift das Musizieren zudem „entmenschlicht" hätten?[20] – Ein Konzert- und Opernleben, aber auch ein „zweites Dasein" der Volksmusik, das als Ritual weiter gepflegt werde: weil um den primären Nutzen und um die Wirksamkeit der Musik niemand mehr wüßte?[21]
Es sind die ethnologischen und die ethologischen Disziplinen – eben jene, die interkulturell vergleichen –, die hier aufklärend wirken können. John

---

18 Verf.: *Werkzeug – Kunstwerk – Ware. Prolegomena zu einer anthropologisch fundierten Musikwissenschaft,* in: *Musikethnologische Sammelbände* 1, Graz 1977, S. 9–20.
19 Anya Peterson Royce: *The Anthropology of Dance,* Bloomington-London 1977.
20 Verf.: *Musiknoten als Vorschrift und als Nachschrift,* in: *Symbolae Historiae Musicae. Hellmut Federhofer zum 60. Geburtstag,* Mainz 1971, S. 173–183; ders.: *Musik und Schrift. Was kann und was soll Musiknotenschrift (in der Pädagogik) leisten?,* in: *Erziehungs- und Unterrichtsmethoden im historischen Wandel,* Bad Heilbrunn/Obb. 1986, S. 152–163.
21 Eine Idee, die auch bei Nikolaus Harnoncourt auftaucht: *Musik als Klangrede. Wege zu einem neuen Musikverständnis,* Salzburg 1982.

Blacking hat in seinem Eröffnungsaufsatz zum Jahrbuch *Popular Music* solche Ideen ausgebreitet: wenn er davon schreibt, daß das Ziel jedes Vollblut-Musikanten selbstverständlich höchstmögliche Kunstfertigkeit, also kunstvolle Gestaltung sei.[22] Es wäre demnach ein Vorurteil, Volksmusik mit amateurhaftem Dilettantismus und sogenannte Kunstmusik mit professioneller Perfektion gleichzusetzen. Darin unterscheiden sich die beiden Bereiche eben nicht: weil biologische Mechanismen, die in der Musik ebenso wie im Sport gelten, den Menschen stets zu bestmöglicher Präsentation drängen; – und „bestmöglich" bedeutet da kultur-, situations- und schichtenspezifisch angemessen, erfolgbringend.

III

Im Fächerkatalog der Humboldtschen Universität wurden die Musikwissenschaften der philosophischen Fakultät zugeordnet – und das bedeutet, daß die Untersuchung von Musik, genauer: der literarisch fixierten Musikwerke, unter Zugrundelegung von geisteswissenschaftlichen Denkweisen und Methoden erfolgte. Auch die neueren Fachbereichsgliederungen an den deutschsprachigen Universitäten änderten daran nichts: Musikforschung fand sich nun im Verband mit (historischen) Kunstwissenschaften, seltener mit Sozialwissenschaften. Dies erscheint in der intra-kulturellen Sichtweise des europäisch-abendländischen Kulturkreises auch durchaus legitim.

Dagegen führt die interkulturell-vergleichende Arbeitsweise des Ethnomusikologen zu völlig anderen Perspektiven.[23]
Der vergleichend arbeitende Musikologe weiß um die Wirkmächtigkeit der Musik, von der sowohl in den alten Hochkulturen Außereuropas wie bei

---

22 John Blacking: *Making Artistic Popular Music: the Goal of True Folk*, in: Popular Music 1, 1981, S. 9–14.
23 Gestützt wurde diese vergleichend-musikwissenschaftliche/ethnomusikologische Sicht durch Kurt Blaukopf: *Pioniere empirischer Musikforschung. Österreich und Böhmen als Wiege der modernen Kunstphilosophie*, Wien 1995; *Musik im Wandel der Gesellschaft. Grundzüge der Musiksoziologie*, Darmstadt ²1996.

Naturvölkern Gebrauch gemacht wird.[24] Für ihn sind daher musikalische „Werk-" und Strukturuntersuchungen nicht Endpunkt der Forschung – sondern Ausgangspunkt, nämlich Voraussetzung für das Eindringen in biologische und kulturspezifische Mensch-Musik-Beziehungen. Der von Immanuel Kant herkommenden Ästhetik des „zweck- und sinnlosen Wohlgefallens" an den Werken der Kunst,[25] die Eduard Hanslick auf die „tönend-bewegte Form" der Opus-Musik reduziert hat,[26] entspricht in den nicht-„westlichen" Gesellschaften eine Wirkungsästhetik, in der der Kunstwert aus dem Gebrauchswert sich ergibt.

Die Konsequenz aus solchem Wissen bedingt aber, daß der Ethnomusikologe sich deutlich von den rein historisch-literarisch-europazentriert arbeitenden Musikhistorikern absetzt – und die Arbeitsweise der modernen Verhaltensforschung an seinem Material erprobt. Und dies würde weiter bedingen, daß er Fächer- und Fakultätsgrenzen zu überschreiten, geistes- und naturwissenschaftliche Methoden zu überkreuzen lernt. Zum Stichwort „Verhaltensforschung": Schon vor mehr als einem Jahrzehnt hat Perry London in dem Buch *Der gesteuerte Mensch. Die Manipulation des menschlichen Gehirns* (München o. J.) vorhergesagt, daß den Rest dieses 20. Jahrhunderts Durchbrüche in der Biologie und in den Verhaltenswissenschaften charakterisieren würden. Inzwischen haben mit Konrad Lorenz, Niko Tinbergen, Karl von Frisch, Roger W. Sperry, David Hubel und Torsten Wiesel sechs Verhaltensforscher den Nobel-Preis erhalten.

---

24 Verf.: *War der Rattenfänger von Hameln ein Künstler? Interkulturelle Konstanten im intellektuellen und emotionalen Musik- und Kunstgebrauch*, in: Kunst – Geschichte – Soziologie. Beiträge zur soziologischen Kunstbetrachtung in Österreich. Festschrift für Gerhardt Kapner, Wien 1997, S. 172–185.
25 Immanuel Kant: Werke X. *Kritik der Urteilskraft und naturphilosophische Schriften 2*, hg. von Wiegand Weischedel, Wiesbaden 1957, S. 288, aber auch 462: „Das Schöne gefällt unmittelbar [...] Es gefällt ohne alles Interesse."
26 Eduard Hanslick: *Vom Musikalisch-Schönen*, Leipzig 1854; dazu Verf.: *Franz Liszt – zwischen Friedrich von Hausegger und Eduard Hanslick*, in: Studia musicologica 24, 1982, S. 113–131; Hellmut Federhofer: *Ausdruck und Rationalität. Ein Beitrag zur Musikästhetik von Friedrich von Hausegger*, ebd. 38, 1997, S. 135–142.

Lorenz selbst hatte definiert: Ethologie oder vergleichende Verhaltensforschung bestünde darin, „auf das Verhalten von Tieren und Menschen alle jene Fragestellungen und Methoden anzuwenden, die in allen anderen Zweigen der Biologie seit Charles Darwin selbstverständlich sind." Von ihm stammt der Satz: „Mitsingen heißt dem Teufel den kleinen Finger reichen."[27] Koenig präzisierte:

„Kulturethologie ist eine spezielle Arbeitsrichtung der allgemeinen Vergleichenden Verhaltensforschung (Ethologie), die sich mit den ideellen und materiellen Produkten (Kultur) des Menschen, deren Entwicklung, ökologischer Bedingtheit und ihrer Abhängigkeit von angeborenen Verhaltensweisen sowie mit entsprechenden Erscheinungen bei Tieren vergleichend befaßt."[28]

Der Übergang erscheint dort möglich und nötig, wo die Ethologie aufgrund des Tier-Mensch-Vergleichs und aus interkulturellen Studien deutlich machen kann, was jeweils unserer „ersten" Natur, dem biologischen Substrat nämlich, zuzuordnen ist (und was damit nicht veränderbar sein kann) – und was unsere „zweite" Natur prägt, was wir nämlich infolge des kulturellen Einpassungsprozesses hier auf Erden gelernt haben – und daher auch wieder verlernen können. Wurde da noch bis vor nicht allzulanger Zeit der Mensch als „instinktverlassenes Wesen" bezeichnet, das sein Leben intellektuell regelt, – so zeigt sich nun eine deutliche Dominanz der im Althirnbereich verlaufenden Prozesse. Lorenz spricht davon, daß unser soziales Verhalten in erster Linie von arteigenen Aktions- und Reaktionsmustern beherrscht werde, die „um ein vielfaches älter als die spezifischen Intelligenzleistungen unseres Neocortex" seien. Vernunft und Verstand führten geradezu eine Scheinherrschaft über die menschlichen Emotionen,

---

27 Verf.: „Mitsingen heißt dem Teufel den kleinen Finger reichen" (Konrad Lorenz), in: Musik und Bildung 19, 1987, S. 636–641.
28 Otto Koenig: Kultur und Verhaltensforschung. Einführung in die Kulturethologie, München 1970.

über die wir einfach zu wenig wüßten, um sie zu steuern; „dieses Wenige scheint heute außer Werbefachleuten und Demagogen kaum jemand anzuwenden."²⁹ Der Heidelberger Physiologe, Mitglied der dortigen Akademie der Wissenschaften sowie der Akademie der Naturforscher in Halle, Hans Schaefer, erläutert dies: Im Limbischen System, jenem Teil des Großhirns, das wie ein Saum den zentralen Kern des Gehirns umschließt, wird die Bedeutung der Informationen abgefragt, die über unsere Sinne aufgenommen werden. Nur solche Nachrichten, die uns hinsichtlich unserer Existenz betreffen, werden weitergegeben, andere Signale bleiben unbeachtet.

„Das ist schon deshalb notwendig, weil ein so gewaltiger Informationsstrom durch alle Sinnespforten und Nerven in unser Gehirn eindringt, daß dessen Beachtung uns in einer Nachrichtenflut ertrinken ließe. Vermutlich wird nur der milliardste Teil dieser Information bewußt. Eine so drastische Verkleinerung des Informationsmaterials kann nur sinnvoll geschehen, wenn das „Bedeutsame" ausgewählt wird. Was bedeutsam ist, darüber entscheiden vermutlich weitgehend die Gefühle, welche bei der Verarbeitung der Informationen nicht unwesentlich durch Musik erregt werden."³⁰

Denn: Die Schalt- und Nahtstelle menschlichen Musikerlebens scheint – soweit ein Musikologe dies beurteilen kann – im Limbicus sowie in der diesem übergeordneten Formatio reticularis zu liegen.³¹

Daraus ergibt sich weiter, daß Musik eher un(ter)bewußt empfunden als intellektuell wahrgenommen wird, daß sie Schichten anschneidet, die genetisch vor der Wahrnehmung stehen. In dem Augenblick, da uns Informationen erreichen, laufen vom Limbischen System aus elektrische Signale in den Hypothalamus, dort verzweigen sich die Stränge. Der für uns wich-

---

29 Konrad Lorenz: wie Fußnote 26.
30 Hans Schäfer: *Physiologische Grundlagen der Emotionen bei Mensch und Tier*, in: *Universitas* 37, 1982.
31 Dazu der Grazer Neurochirurg Fritz Heppner (Hrsg.): *Limbisches System und Epilepsie. Neuere Erkenntnisse über Aufbau, Funktion, Störungen und Operabilität des sogenannten Viszeralhirns*, Bern u. a. 1973.

tigste weitere Weg führt in jene Nervenbahnen, die das willkürliche, autonome (vegetative) Nervensystem darstellen. Woraus weiter folgt, daß musikalische Informationen darüber mitentscheiden, was an Nachrichten uns bewußt wird. Mit Hilfe von Musik entstehen Emotionen, und diese provozieren Sachentscheidungen.

Der politisch-ökonomische Effekt der Hintergrund-Musik (im Kaufhaus, beim Zahnarzt, an der Arbeitsstätte, im Flugzeug, beim Fernseh-Krimi ...) wird damit beweisbar. Aber auch für den bewußten, intellektuellen Mitvollzug des musikalischen Kunstwerkes – und damit für den ästhetischen Genuß europäisch-abendländischer Prägung ergeben sich daraus Folgerungen: Die Physiologie lehrt uns, daß der Mensch seinen Verstand in seine Gefühlswelt hereinnimmt, daß er Entscheidungen sachlich trifft – und doch an der Entscheidung weitere Emotionen sich entzünden. Wenn das Leben ein Gleichgewicht der Kräfte des Gemüts und des Verstandes verlangt, dann nimmt darin das musikalisch Erleben eine wichtige Katalysator-Funktion ein – bis hin zum drogenhaften Gebrauch der Musik mit ihrer psychedelischen Wirkung.[32]

Stärker als die Psychologie und stärker als die Neurophysiologie wird dabei die Neurochirurgie zu beachten sein, die als einzige der genannten Fächer in das Gehirn selbst hineinzuschauen vermag (wie einer der führenden Neurochirurgen, Fritz Heppner, feststellt):

„Beim Menschen hat dieses sogenannte Limbische System, welches schon als Lobus limbicus von Broca zu Ende des vorigen Jahrhunderts beschrieben und von dem Wiener Economo 1927 genau untersucht worden war, eine mehrfache und für die Ausgewogenheit des menschlichen Lebens sehr bedeutsame Stellung.

---

[32] Verf.: *Musik und Neurophysiologie. Zu einem Symposion der Herbert-von-Karajan-Stiftung über „Gehirnvorgänge bei der Ausübung und Wahrnehmung von Musik,"* in: *Musik und Bildung* 14, 1982, S. 586–589; ders.: *Musik – eine Droge? Ein in pädagogischer Absicht erstellter interkultureller Vergleich,* in: *Musik – eine Droge? Grenzen psychophysischer Belastbarkeit bei Jugendlichen.* Tagungsbericht Gmunden 1985, Eisenstadt 1986, S. 75–85.

1. Der gesamte Input von Signalen aus der Umwelt und aus dem Körperinneren wird hier – im „Unterbewußtsein" – gespeichert, hier wird alles Gelernte aufbewahrt und im Bedarfsfall abgerufen. Hier ist also ein Schwerpunkt unseres Gedächtnisses, aber auch all unserer automatischen, gruppierten Leistungen, wie Klavierspielen, Autofahren oder Maschineschreiben. Über dieses Limbische System und insbesondere über einen seiner Schwerpunkte, den sogenannten Hippocampus in der Tiefe des Schläfenlappens, reagieren wir blitzschnell und geistesgegenwärtig, in Wirklichkeit aber geistesabwesend."[33]

Dieser Aufsatz will nur andeuten, womit Musikethnologie sich derzeit auch beschäftigt. Die kurze Darstellung konnte keinesfalls vollständig sein. Die künftige Forschung in diesem Bereich aber kann nur eine multi-disziplinäre sein: Wobei jeder Fachvertreter sagt, wie er die Gesamtproblematik sieht, um dann von den Kollegen korrigiert und ergänzt zu werden. So wie die Neurologie, die Biologie, die Medizin, die Theologie usf. von uns kritisch durchleuchtet werden sollten, wenn sie zur Musik Stellung nehmen, so bedürfen Musikologen kritischer Korrektur, wenn sie in den Bereich von Neurologie, Biologie, Medizin, Theologie usf. eindringen. Ziel aber ist – wie Carl Friedrich von Weizsäcker richtig gesagt hat: „Ein herrschendes Paradigma einer umfassenden wissenschaftlichen Anthropologie" zu finden, das es bisher nicht gegeben hätte. „Es hat zersplitterte Einzelwissenschaften mit anthropologischen Fragestellungen gegeben." Aber die Absicht dabei war immer, „wissenschaftliche Paradigmata miteinander in Kontakt, ins Gespräch zu bringen"[34] Ähnlich formuliert Adolf Portmann, wenn er auf das Desiderat einer umfassenden Theorie vom Menschen hinweist, einer „schlichten basalen Anthropologie, an deren Stelle heute eine Vielzahl meist uneingestandener, oft kaum bewußter, latenter Anthropologien am Werke ist". Und Portmann zielt auf eine pragmatische Anthropo-

---

33 Fritz Heppner: wie Fußnote 30 oben, S. 19.
34 Carl F. von Weizsäcker: *Der Garten des Menschlichen. Beiträge zur geschichtlichen Anthropologie,* München/Wien 1977, S. 17.

logie, wenn er zu bedenken gibt, um wieviel wirksamer beispielsweise juristische und soziologische [und musikologische] Auseinandersetzungen über Gesellschaft, Staat und Individuum wären, „wenn die biologischen Resultate über die Rolle einer Individualsphäre sowohl wie auch die Bedeutung des Soziallebens [und das die Dynamik des Soziallebens gewichtende Musizieren und Musikhören] zu den Voraussetzungen des Gesprächs gehörten."[35]

Der Beitrag der Musikwissenschaft zu einer interdisziplinär fragenden Anthropologie, die die Verhaltenstendenzen im Menschen möglichst vollständig katalogisiert, ist bislang (1997) bescheiden.[36]

---

35 Adolf Portmann: *Vom Lebendigen. Versuche zu einer Wissenschaft vom Menschen*, Frankfurt a. M. 1973. – Vgl. zudem: *Reproduktion des Menschen. Beiträge zu einer interdisziplinären Anthropologie*, hg. von Hans Rössner, Frankfurt a. M. u. a. 1981.
36 Das vielfach als grundlegend („foundational": Regula Burckhardt Qureshi) qualifizierte Buch von Alan B. Merriam: *The Anthropology of Music*, Evanston, Ill. 1964, kann im europäischen Sinn nur bedingt als eine (Musik-) Anthropologie qualifiziert werden, da darin die gesamte Tradition der europäischen geistes- und naturwissenschaftlichen Anthropologien nicht rezipiert wird (bezeichnend dafür ist das Literaturverzeichnis dieses Buches, in dem nur englischsprachige Titel erscheinen). Wie eng das Anthropologie-Verständnis US-amerikanischer Fachkollegen ist, wird erneut in der „Special Issue" zum Thema „Music Anthropologies and Music Histories" des *Journal of the American Musicological Society*, Vol. XLVIII, 1995, No. 3, deutlich, zu dem Regula Burckhardt Qureshi den Einleitungsaufsatz geschrieben hat. Nicht allein die deutsch- und französisch-sprachigen Anthropologien werden da übergangen, selbst in den USA entstandene und in englischer Sprache publizierte Bücher, wie Viktor Zuckerkandls *Man the Musician*, Princeton, N. J. 1973, werden verschwiegen; zu diesem Buch Verf.: *Viktor Zuckerkandls „Homo Musicus,"* in: *Ethnologische, Historische und Systematische Musikwissenschaft. Oskar Elschek zum 65. Geburtstag*, hg. von F. Födermayr und L. Burlas, Bratislava 1998, S. 25–35.

Vom angemessenen Takte
Grenzfälle musikalischer Notation

> Einige Komponisten laufen „Gefahr, Sachen zu setzen, die, weil sie nicht in dem rechten, dem Charakter des Stüks angemessenen Takte gesetzt sind, ganz anders vorgetragen werden, als sie gedacht worden."
> (Johann Abraham Peter Schulz)[1]

> „[...] the shape of the notes as one writes them is the shape of the original conception itself. (Of course the performer with his different approach will regard the whole problem of notation as a matter of choice, but this is wrong)."
> (Igor Strawinsky)[2]

Im Artikel „Tact", aus dem unser erstes Motto stammt, schreibt J. A. P. Schulz:[3] „Die wenigsten Tonsetzer wissen die Ursache anzugeben, warum sie vielmehr diesen als jenen geraden oder ungeraden Takt zu einem Stüke wählen, ob sie gleich fühlen, daß der, den sie gewählt haben, nur der einzige rechte sey."
Für Strawinsky – in unserem zweiten Motto – fallen Konzeption und Notation zusammen, es gibt nichts zu wählen, denn es gibt nur eine rechte Wahl. Ob er für jeden einzelnen Fall „die Ursache anzugeben" wüßte, mag bezweifelt werden. Doch das spätestens in der Vorklassik formulierte Bewußtsein von der Korrespondenz des kompositorisch Geschaffenen mit seiner Aufzeichnung gilt – unausgesprochen – für die ganze abendländische Musikgeschichte. Vor 40 Jahren hat mein Lehrer Thrasybulos Geor-

---

1 Johann Abraham Peter Schulz in: Johann Georg Sulzer: *Allgemeine Theorie der schönen Künste*, Vierter Theil, Leipzig ²1794, S. 495.
2 Igor Strawinsky and Robert Craft: *Conversations with Igor Strawinsky*, London 1959, S. 22 f.
3 Schulz (hier Fußnote 1), S. 494.

giades – ausgehend von der ältesten Mehrstimmigkeit – festgestellt, daß „das schriftliche Bild ein wesentlicher, notwendiger, integrierender Bestandteil jenes Phänomens [ist], das wir Musik, eigenständige Musik nennen."[4] Ich selber habe es wenige Jahre später für die Musik des 16. und 17. Jahrhunderts, insbesondere Monteverdis, nachzuweisen gesucht,[5] mit wenig Erfolg, was die zu ziehenden editorischen Konsequenzen betrifft.

Hier soll die Frage der adäquaten musikalischen Notation – wie schon durch das erste Motto angedeutet – auf das Problem Takt und Metrum beschränkt und an einigen Fällen untersucht werden, welche durch ihre Widersprüchlichkeit die These zunächst in Zweifel ziehen. Alle diese Fälle entstammen der Epoche der Klassischen Musik.

Beethovens Freund Franz Gerhard Wegeler erwähnte in seinen 1838 erschienenen *Biographischen Notizen* [...][6] das wöchentliche Musizieren beim Fürsten Carl von Lichnowsky, wobei außer Beethoven „noch vier besoldete Künstler [...] thätig waren. Die Bemerkungen dieser Herren nahm Beethoven jedesmal mit Vergnügen an. So machte ihn, um nur Eins anzuführen, der berühmte Violoncellist Kraft in meiner Gegenwart aufmerksam, [...] in dem zweiten dieser Trio's [Klaviertrio op. 1, Nr. 2 G-Dur], den 4/4 Takt, mit dem Beethoven das Finale bezeichnet hatte, in den 2/4 umzuändern." Die von Gustav Nottebohm publizierten Skizzen[7] bestätigen diese Erzählung:

---

4 Thrasybulos G. Georgiades: *Sprache, Musik, schriftliche Musikdarstellung*, in: A. f. Mw. 14, 1957, S. 229; auch in: *Kleine Schriften*, Tutzing 1977, S. 80.
5 W. Osthoff: *Per la notazione originale nelle pubblicazioni di musiche antiche e specialmente nella nuova edizione Monteverdi*, in: Acta Musicologica XXXIV, 1962, S. 101–127; Druck einer polnischen Übersetzung in Vorbereitung.
6 Dr. F. G. Wegeler und Ferdinand Ries: *Biographische Notizen über Ludwig van Beethoven*, Coblenz 1838, S. 29 (Reprint Hildesheim–New York 1972).
7 Gustav Nottebohm: *Zweite Beethoveniana*, Leipzig 1887, S. 23–25.

Notenbeispiel 1

Das Cello setzt in Takt 17 mit demselben Thema ein. Anton Kraft – denn um diesen dürfte es sich handeln – muß für die überaus raschen Tonrepetitionen des Streichinstrumentes instinktiv die Sechzehntelnotierung als „richtig" empfunden haben, wovon Beethoven sich überzeugen ließ. Der Instinkt zielte hier aber auch auf eine Art Gattung, die damals wohl erst im Entstehen war. Beethovens Schüler Carl Czerny[8] weist darauf hin, daß „dieses Presto rasch bis ans Ende in ununterbrochener Beweglichkeit dahinrollen" muß. Es ähnelt also einem Perpetuum mobile, in Takt, Tempo und Bewegung vergleichbar dem Schlußrondo aus Carl Maria von Webers Klaviersonate C-Dur op. 24 (1812), das auch als „Perpetuum mobile" bekannt wurde. Weber selber nannte es „l'infatigable".[9]

---

8 Carl Czerny: *Über den richtigen Vortrag der sämtlichen Beethoven'schen Klavierwerke* [...] Herausgegeben und kommentiert von Paul Badura-Skoda, Wien 1963, S. 87 (Originalpaginierung: 95).
9 Max Maria von Weber: *Carl Maria von Weber*, Erster Band, Leipzig 1864, S. 359.

Im Falle des Beethovenschen Finales war es also ausnahmsweise einmal der „Performer", dessen primär instrumentenspezifischer „approach" den Komponisten zu einer von der ursprünglichen abweichenden „choice" veranlaßte. Für Modifizierung der Notation aus dem instrumentalen Spielinstinkt heraus findet sich auch ein hübsches Beispiel in den 125 Passagenübungen op. 261 von Czerny. Er entwirft eine kurze Etüde für parallele Terzen der rechten Hand in einem flüssigen Allegretto (Nr. 24) und notiert dies im 2/4-Takt. Der Rhythmus der linken Hand markiert organisch die viertaktige Periode, aus der das Ganze besteht. In Nr. 26 läßt Czerny dieselbe Terzenübung von beiden Händen gleichzeitig ausführen. Da der Baß nun wegfällt, wirkt das Stückchen amorpher und verliert seinen elastischen Charakter. Die dickflüssigere Bewegung veranlaßt Czerny, es jetzt im 4/4-Takt (C) mit der Tempobezeichnung Moderato zu notieren.

(24)

(26)

Notenbeispiel 2

Über den Charakter des 6/16-Taktes, der ja Czernys Nr. 24 de facto zugrunde liegt, schreibt schon Johann Philipp Kirnberger,[10] daß er „sich durch die Flüchtigkeit seiner Bewegung und die Leichtigkeit seines Vortrags sehr von dem 6/8 Tackt unterscheidet. J. S. Bach und Couperin haben nicht ohne Ursache einige ihrer Stücke in den 6/16 Tackt gesetzt. Wem ist die Bachische Fuge unbekannt?

Notenbeispiel 3

Man versetze dieses Thema in 6/8 also:

Notenbeispiel 4

Sogleich ist die Bewegung nicht mehr dieselbe, der Gang ist weit schwerfälliger, die Töne, zumal die durchgehenden, erhalten ein zu schweres Gewicht, kurz der Ausdruck des ganzen Stücks leidet, und ist gar nicht mehr der, den Bach darin gelegt hat. Soll diese Fuge auf dem Clavier richtig vorgetragen werden, so müßen die Töne in einer flüchtigen Bewegung leicht, und ohne den geringsten Druck angeschlagen werden; dies ist es, was der 6/16 Takt bezeichnet" usw. Kirnbergers Exemplifizierung dieses Sachverhaltes[11] an der F-Dur-Fuge des *Wohltemperierten Klaviers* II spricht für sich.

---

10 Johann Philipp Kirnberger: *Die Kunst des reinen Satzes in der Musik*, Zweiter Teil, Erste Abteilung, S. 119 f. (Reprint Hildesheim 1968).
11 Kirnberger erläutert kurz danach (S. 123 f.) den Unterschied zwischen 12/8- und 12/16-Takt durch eine Gegenüberstellung von Bachs Fughetta für Klavier in c-Moll BWV 961 und der cis-Moll-Fuge aus dem *Wohltemperierten Klavier* II. Später (S. 130) zitiert er auch die 26. Goldberg-Variation für den 18/16-Takt. Sie sei „leicht, flüchtig und ohne den geringsten Druck auf der ersten Note jeder Zeit" (d. h. jedes Achtels) vorzutragen.

Die Notierungsänderung des Finales von Beethovens Klaviertrio war, wie wir sahen, nicht nur durch den Instinkt des ausführenden Instrumentalisten, sondern wohl auch durch eine – wenn auch vage – Gattungsidee bewirkt worden. Mit der Vorstellung von der „richtigen" Gattung hängen alle weiterhin zu besprechenden Fälle zusammen. Für den Tenor Valentin Adamberger, den ersten Belmonte der *Entführung aus dem Serail*, hatte Mozart 1783 eine Arie in der Opera buffa *Il curioso indiscreto* von Pasquale Anfossi neu komponiert. Ihre Wiedergabe wurde dann allerdings durch einen „Pfiff des Salieri" verhindert:[12] *„Per pietà, non ricercate"* KV 420. Die Arie ist als Andante im Alla breve-Takt geschrieben. Eine Skizze in der Universität Stanford bringt den Anfang jedoch zweimal im 2/4-Takt.[13]

Notenbeispiel 5

---

12 Mozart: *Briefe und Aufzeichnungen*. Gesamtausgabe, herausgegeben von der Internationalen Stiftung Mozarteum Salzburg [...] Band III, Kassel usw. 1963, S. 277.
13 Wolfgang Amadeus Mozart: *Neue Ausgabe sämtlicher Werke* II, 7, 3, S. 215. Die Arie daselbst S. 51–66.

Mozart muß sehr schnell auf die adäquate Notierung der hier verwendeten Gattung gekommen sein, die er in dem Brief an seinen Vater zweimal korrekt nennt: Rondeau. Charakter und Form (Ottonari-Verse) des vokalen Rondeau (italienisch: Rondò) im 18. Jahrhundert sind von der neueren Forschung vorzüglich beschrieben worden.[14] Der traditionelle Alla breve-Takt läßt sich z. B. an dem melodisch ähnlichen Rondeau „Sola e mesta fra tormenti" aus *La cifra* von Salieri (Dezember 1789) und vor allem an Fiordiligis „Per pietà, ben mio perdona" aus Mozarts *Cosi fan tutte* (Januar 1790) zeigen. Salieri beginnt melodisch ähnlich wie KV 420, Fiordiligi beginnt textlich mit dem gleichen „Per pietà". Daß die beiden späteren Rondeaus eine sehr ähnliche Struktur besitzen, hat Rice auch durch seine Zusammenstellung der Anfänge deutlich gemacht:[15]

Notenbeispiel 6

Wenig früher (Juli 1789) hat Mozart das in jeder Hinsicht hiermit korrespondierende „Rondò in meine Oper Figaro für Mad.me Ferrarese del bene" (so das eigenhändige Werkverzeichnis), „Al desio di chi t'adora" KV 577, nachkomponiert.

Durch eine ganz andere Gattungsvorstellung wurde Mozart wohl bei der ersten Konzeption des Finale seines Streichquartettes B-Dur KV 458

---

14 Siehe zuletzt John A. Rice: *Rondò vocali di Salieri e Mozart per Adriana Ferraresi*, in: *I vicini di Mozart I*, a cura di Maria Teresa Muraro, Firenze 1989, S. 185 ff.; Literatur daselbst S. 187, Anm. 2.
15 Rice, S. 203.

(1784) unsicher gemacht. Den Beginn notierte er zunächst im Alla breve-Takt,[16] brach jedoch dann ab, um das Ganze im 2/4-Takt zu schreiben:[17]

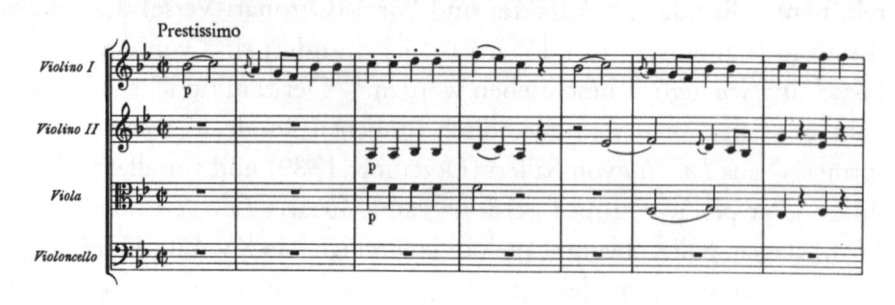

*) Hier bricht die Niederschrift ab.

Notenbeispiel 7

16 Autograph in London, British Library. Vgl. die Facsimile-Ausgabe der Robert Owen Lehman Foundation, New York 1969, S. 14.
17 Facsimile, S. 15–20.

Unabhängig von dem von vornehereien gewollten sehr schnellen Tempo schwebte ihm offensichtlich zunächst das vor, was die Musikwissenschaft – nicht ganz korrekt[18] – „stile antico" nennt. Schon mit Takt 5 beginnt in dem Entwurf eine gelehrte Engführung, eine kontrapunktische Technik, die Mozart in der definitiven Fassung nur wenigen Passagen der Durchführung vorbehält, wo er sie ohnehin sehr frei anwendet (Takt 140 ff., Takt 183 ff.). Der Continuo-ähnliche Baß der Takte 9–13 des Entwurfes hat überhaupt keine Entsprechung in der ausgeführten Fassung. In ihr findet Hermann Abert[19] die Dehnung der „beiden ersten Noten von Vierteln auf halbe in der Durchführung" [Takt 168 f., 183 f., 187 f.] „sehr witzig". Dies sind Reste der ersten Idee, doch im Ganzen verlangte der überwiegend „moderne" Finalcharakter als 2/4-Takt sein Recht. Sehr schön spricht Charles Rosen im Zusammenhang mit diesem Satz von „Verbindung von Kraft und spielerischer Grazie".[20]

In ähnlicher Lage wie Mozart befand sich Beethoven offenbar, als er das Finale seines Streichquartettes G-Dur op. 18, Nr. 2 komponierte (1799, revidiert 1801).[21] Allerdings muß man in diesem Fall wohl zwei Stadien annehmen, welche der endgültigen Notation vorausgingen. Sie finden sich in dem Skizzenbuch *Grasnick 2* der Staatsbibliothek Preußischer Kulturbesitz, Berlin.[22] Alle diese ersten Aufzeichnungen[23] beginnen das Thema in größerem Metrum, zuerst sogar in ganzen Noten des – wohl anzunehmenden – Alla breve-Taktes:[24]

---

18 Vgl. Fabio Fano in: *Bach und die italienische Musik*, hg. von W. Osthoff und Reinhard Wiesend, Venezia 1987 (*Centro tedesco di studi veneziani* – Quaderni 36), S. 190–192, auch 194 f.
19 Hermann Abert: *W. A. Mozart*, Zweiter Teil, Leipzig ⁷1956, S. 148, Anm. 2.
20 Charles Rosen: *Der klassische Stil*, München und Kassel 1983, S. 213.
21 Vgl. Sieghard Brandenburg in: *Beethoven und Böhmen*, hg. von S. Brandenburg und Martella Gutiérrez-Denhoff, Bonn 1988, S. 270 und 285.
22 *Beethoven – Ein Skizzenbuch zu den Streichquartetten aus op. 18 SV 46*, Faksimile Bonn 1972, die zugehörige Übertragung von Wilhelm Virneisel, Bonn 1974.
23 Faksimile, S. 53 und 56–63.
24 Faksimile, S. 53 = Nottebohm (hier Fußnote 7), S. 489, erstes Beispiel. Die Ganze im 8. Takt steht entweder im obersten Zwischenraum des Pentagramms (so Übertragung Nottebohm) oder auf der zweitobersten Linie (so Übertragung Virneisel). Im zweiten Fall wäre es möglich, daß der Violinschlüssel zu ergänzen ist.

Notenbeispiel 8

Danach kamen Beethoven Zweifel, und er schrieb über eine weitere Skizze dieser Art[25] „oder 24tel". Dies dürfte sich auf den Halbewert der Anfangstöne beziehen, denn ab S. 56 erscheint der Themenkopf in Halben:[26]

Notenbeispiel 9

Die ursprüngliche Assoziation mit dem „stile antico" dürfte, wie bei Mozart, durch kontrapunktische Ideen ausgelöst worden sein. Beide haben ja noch in den definitiven Versionen den pseudofugierenden einstimmigen Satzbeginn. Bei Beethoven erscheint das Kontrapunktische besonders ausgeprägt in der Durchführung dieses Finales, so etwa in der Engführung Takt 187 ff.[27] In Takt 243–246 finden wir als besondere Pointe vor Eintritt der Reprise eine Vergrößerung der Takte 3–4 des Themas,[28] was also der Fassung des Alla breve-Taktes entspricht. Dies wäre eine Parallele zu der von Abert bemerkten Dehnung bei Mozart. Beethovens ursprüngliche Absicht, hier ein eher „gewichtiges" Finale zu schreiben, würde durch einen Eintrag in das Skizzenbuch *Grasnick 1* bestätigt werden,[29] falls dieser sich wirklich auf das zu komponierende G-Dur-Quartett bezieht, wie Sieghard Brandenburg vermutete:[30] „le second qu.[atuor] dans une [sic] style

---

25 Faksimile, S. 54, Pentagramm 6.
26 Faksimile, S. 56, Pentagramm 13 = Nottebohm, S. 489, zweites Beispiel.
27 Vgl. die Skizze in Faksimile, S. 58, Pentagramme 7–8.
28 Vgl. die Skizze in Faksimile, S. 60, Pentagramm 2.
29 Berlin, Staatsbibliothek Preußischer Kulturbesitz, Ms. Grasnick 1, S. 54.
30 Sieghard Brandenburg: *The First Version of Beethoven's G major Quartet, Op. 18 No. 2*,

bien legere excepté le dernier piece." Denn, wie Kirnberger schreibt,[31] „zu feyerlichen und pathetischen Sachen schicket sich der Allabrevetackt vorzüglich [...]". Daß dies nicht eine Tempo-, sondern eine Charakterfrage ist, geht aus einer Bemerkung von J. A. P. Schulz[32] über den 6/4-Takt hervor: „schwer im Vortrag, wie der Allabrevetakt, mit dem er auch, wegen seines ernsten obgleich lebhaften Ganges, das Kirchenmäßige gemein hat". Offenbar haben aber bei Beethoven – wie bei Mozart – letzten Endes die überwiegend spielerischen Elemente des Allegro molto quasi Presto (z. B. Takt 147–178) zu der adäquaten Notierung im 2/4-Takt geführt.

Der umgekehrte Fall begegnet in einem Spätwerk: in der *Neunten Symphonie*. Eine Vielzahl der Skizzen zu ihrem III. Satz (Adagio molto e cantabile), deren chronologische Folge ich hier keinesfalls festzulegen versuche, zeigt das Hauptthema im 2/4-Takt,[33] z. B.

Notenbeispiel 10

in: *M & L* 58, 1977, S. 145. – In diesem Aufsatz stellt Brandenburg auch fest, daß das Finale von op. 18, 2 in dem Berliner Skizzenbuch Aut. 19e seine endgültige Form zeige (S. 152). Was die Notation betrifft, muß jedoch betont werden, daß Beethoven hier noch schwankt: auf folio 82 (recto und verso) erscheint der 2/4-Takt, auf folio 83 (recto und verso) der Alla breve-Takt, und folio 84 recto hat zunächst Notierungen im Alla breve-Takt, dann aber im 2/4-Takt.
31 Kirnberger (hier Fußnote 10), S. 133.
32 Schulz (hier Fußnote 1), S. 496.
33 Vgl. Nottebohm (hier Fußnote 7), S. 177–179. Notenbeispiel 10 dort S. 177, oben, aus dem Berliner Skizzenbuch Artaria 205 (5), S. 38.

Sicherlich stand das Feierliche der Konzeption von vorneherein fest, nicht aber die ehrwürdige Alla breve-Haltung (die in der endgültigen Fassung trotz des notierten C-Taktes latent vorhanden ist), sondern Beethoven verband es mit einer anderen Vorstellung. Er notiert dazu nämlich: „Quasi eine Cavatine".[34] Antonin Sychra verrät nicht, daß es sich hier um das Skizzenbuch *Landsberg 8* der Berliner Staatsbibliothek handelt. Ich kann einen zweiten Eintrag in diesem Skizzenbuch hinzufügen, der das Gesagte bestätigt: auf S. 71 unten[35] steht der Anfang des zweiten Gedankens (3/4-Takt, Takt 25 ff.). Dann findet sich die Bemerkung: „Hernach wieder die Cavatine variiert d". Darunter heißt es: „volti subito", und nun folgt auf S. 72 oben die Skizze des Hauptgedankens, wieder im 2/4-Takt und mit einer Verzierung, die in der definitiven Version so nicht vorkommt. Diese Skizze, ohne die davor stehende Bemerkung, ist bei Sychra abgedruckt.[36]

„Cavatine" kann sich hier natürlicherweise nicht auf die formale Seite beziehen. Ich zweifle nicht daran, daß Beethoven an jenen esoterischen, „numinosen" Aspekt mancher Cavatinen dachte, den ich vor 30 Jahren zu umschreiben versucht habe.[37] Entsprechende Cavatinen im langsamen 2/4-Takt und im b-Bereich (Es-Dur) sind z.B. „Ombra cara, che t'aggiri" aus Tommaso Trajettas *Tindaridi* (Parma 1760)[38] und vor allem „Porgi, amor, qualche ristoro" aus Mozarts *Nozze di Figaro*. In beiden geht es – mehr oder weniger vordergründig – um Schatten und Tod. Mit Generalvorzeichnung Es-Dur erscheint übrigens im Adagio der Neunten die Überleitung Takt 83–98, welche man auch als zweite Variation des Hauptgedankens auffassen kann.

---

34 Antonin Sychra: *Ludwig van Beethovens Skizzen zur IX. Sinfonie*, in: *Beethoven-Jahrbuch* Jahrgang 1959/60, Bonn 1962, S. 93.
35 Originale Paginierung. Eine neuere Paginierung in Landsberg 8 ist jeweils um zwei Zahlen höher. Vgl. Douglas Johnson (Hg.), *The Beethoven Sketchbooks*, Oxford 1985, S. 295.
36 Sychra (hier Fußnote 34), S. 91, Beispiel 7.
37 W. Osthoff: *Mozarts Cavatinen und ihre Tradition*, in: *Festschrift Helmuth Osthoff zu seinem 70. Geburtstag*, hg. in Verbindung mit Wilhelm Stauder von Ursula Aarburg und Peter Cahn, Tutzing 1969, S. 139–177, speziell S. 148 ff.
38 *DTB* XIV,1, S. 12–25; Beispiel bei W. Osthoff, S. 159.

Unausweichlich denkt man an Beethovens noch spätere Verwendung des Terminus Cavatine: im Streichquartett B-Dur op. 130. Sie steht mit der Ombra-Tonart Es-Dur und mit ihrer gesamten Haltung deutlich in der esoterischen, numinosen Tradition. Lewis Lockwood hat in einem schönen Beitrag zu der mir gewidmeten Festschrift[39] für die Cavatine aus op. 130 nachdrücklich auf die drei „double statements" hingewiesen, „in which a cadential figure is immediately followed by a repetition, or ‚echo'"[40] = Takt 9/10, 30/31 und 57. Lockwood fährt fort: „This evokes the spirit of an aria in which closing phrases in the voice part are echoed at once in the orchestra. Beethoven used the same device in the slow movement of the Ninth Symphony for the principal statements of the opening theme." Diese hervorragende Beobachtung, welche die Takte 7, 12, 15 und 19 (sowie mutatis mutandis in den Variationen) des Adagios der Neunten betrifft, wird durch die gleiche (jedenfalls ursprünglich gleiche) Gattungsvorstellung auf das schönste bekräftigt, wie die Skizzen offenbaren. Vielleicht sollte hier auch die musikalische Ähnlichkeit des Echos von Takt 17–19 aus der Symphonie und der Takte 63–65 aus dem Streichquartett genannt werden:

---

39 Lewis Lockwood: *On the Cavatina of Beethoven's String Quartet in B-Flat Major, Opus 130*, in: *Liedstudien – Wolfgang Osthoff zum 60. Geburtstag*. Hg. von Martin Just und Reinhard Wiesend, Tutzing 1989, S. 293–305.
40 Lockwood, S. 300.

Notenbeispiel 11/a

[Notation: string quartet excerpt with dynamics dim., p, cresc., p, cresc. dim. pp]

Notenbeispiel 11/b

Wie bewußt Beethoven im Fall des Adagios der Neunten vorging, beweist eine Stelle des Skizzenbuches *NE 111* des Bonner Beethoven-Hauses, wo die Takte 6/7 so angedeutet sind:[41]

[Notation: short melodic fragment marked "noch einmal"]

Notenbeispiel 12

Beethoven blieb während der Arbeit am Adagio der *Neunten Symphonie* nicht bei der Cavatinen-Vorstellung stehen. Vielleicht kam sie ihm zu intim vor.[42] Hierfür spricht seine Skizzierung der (definitiven) Takte 63 ff. des Finales der *Neunten*,[43] wo das Adagio anklingt und sofort unterbrochen wird, wie zuvor die Themen des ersten und zweiten Satzes. Das dem

---

[41] Bonn, Beethoven-Haus: *NE 111*, fol. 7 recto. Ebenso verbal erscheint dieser Takt in *Landsberg 8*, S. 59, mit der Bemerkung „2 mal". Solche Echostellen begegnen nicht nur häufig in den Skizzen, sondern durchziehen den ganzen Satz in seiner definitiven Fassung. Noch der letzte Takt ist, ungeachtet der dynamischen und sonstigen Differenzierungen, ein Echo des vorletzten.

[42] Daß bei der Konzeption des Satzes auch der Teil im 3/4-Takt ursprünglich „weniger feierlich" von ihm aufgefaßt wurde, zeigt sich darin, daß er in *Landsberg 8* mit der Bemerkung „alla Menuetto" versehen war, vgl. Nottebohm (hier Fußnote 7), S. 175.

[43] Nottebohm, S. 190. Die Skizzierung auf den Seiten 69/70 in *Landsberg 8* ist unübersichtlich, doch Nottebohm folgt wohl korrekt dem Beethovenschen Verweis.

Adagio-Zitat folgende Rezitativ der Bässe ist in der Skizze noch textiert: „auch dieses [nicht] es ist zu zärtlich!" Gegenüber diesem „heimlichen" Vorbehalt setzte sich schon während der Arbeit am Adagio der „grosse" Stil durch. So kam es definitiv für den Hauptgedanken zu einem „ideellen" Alla breve-Takt. Dieser wird jedoch – ausgelöst von der durch die Variationendiminution bedingten Verlangsamung – zu einem realen C-Takt (4/4). Allerdings hatte Beethoven sogar beim Entwurf von Variationen noch am 2/4-Takt festgehalten, wie eine Skizze aus *Landsberg 8* (S. 71) zeigt. Die komplementären Begleitstimmen weisen hier deutlich auf die Struktur der ersten definitiven Variation (Takt 43 ff.) voraus.

Notenbeispiel 13

Und selbst die präludierenden Einleitungstakte (1–2) des Satzes erscheinen an einer Stelle von *Landsberg 8* (S. 99) noch in Sechzehntelbewegung. Beethovens Schwanken verrät sich in folgender Notierung, die zweimal auf S. 61 von Landsberg 8 begegnet.

Notenbeispiel 14

Doch mit dem C-Takt tritt schließlich die hymnische Sakralität des Satzes voll in Erscheinung, von ferne vergleichbar mit dem III. Satz des Streichquartettes a-Moll op. 132, dessen „Heiliger Dankgesang" ebenfalls im C-Takt notiert ist und ein ähnliches Tempo hat: Molto adagio (in der *Neun-*

ten: Adagio molto e cantabile). Mit der Wucht des jedenfalls „großen" Taktes hängen auch die martialischen, dann allerdings sofort zurückgenommenen, Ausbrüche in Takt 121 ff. und 131 ff. zusammen. Richard Wagner hatte dafür kein Verständnis und nannte es „dieses sich Ermannen zu einer Art von Triumphgesang, eine Besiegung, die gar nicht notwendig ist, die eo ipso da ist in der Musik."[44]

Zum Abschluß betrachten wir noch einige Beispiele dafür, daß auch in jeweils definitiv gefaßten Werken eines Komponisten eine unterschiedliche Notation der gleichen musikalischen Idee begegnen kann. Mozart schrieb am 15. Januar 1787 aus Prag an Gottfried von Jacquin:[45] „ich sah aber mit ganzem Vergnügen zu, wie alle diese Leute auf die Musik meines Figaro, in lauter Contratänze und Teutsche verwandelt, so innig vergnügt herumsprangen [...]" Mozart selber hat – wohl erst 1791 – seine Figaro-Arie „Non più andrai, farfallone amoroso" in einen Contretanz „verwandelt": KV 609, Nr. 1. Die Notenwerte bleiben unverändert, doch aus dem C-Takt des Originals wird ein 2/4-Takt:

---

44 Cosima Wagner: *Die Tagebücher Band* II, München/Zürich 1977, S. 841 (5. Dezember 1881).
45 Mozart (hier Fußnote 12), Band IV, S. 10.

570 Vom angemessenen Takte

Notenbeispiel 15

Die auffallendste Modifikation besteht darin, daß die punktierte Wendung nun beim Contretanz in jedem der 2/4-Takte begegnet (außer Takt 13/14). Der 2/4-Rhythmus wird damit stereotyp markiert, im Gegensatz zu der Arie, wo am Ende des Verses (Decasillabo) die Punktierung aussetzt und durch den Viertel-Einwurf der Bläser ersetzt ist. Der dezidierte 2/4-Takt entspricht der Gattung, in welche die Arie „verwandelt" ist, dem Contretanz. Es läßt sich feststellen, daß spätestens ab 1784 (KV 448 b = 462) alle Mozartschen Contretänze in dieser Taktart stehen (mit Ausnahme von KV 609, Nr. 4, die aber natürlich ein "Teutscher" ist). Dasselbe gilt übrigens für die einzigen Contretänze, die wir von Beethoven kennen: WoO 14 von 1800–1801. Im II. Finale des *Don Giovanni* (Takt 162–199) zitiert Mozart seine Figaro-Arie zwar recht originalgetreu, doch insofern ebenfalls „verwandelt" und gleichsam auf dem Wege zum Contretanz, als der ursprüngliche C-Takt zum Alla breve wird.

Wenn bei Mozart die punktierte Floskel der instrumentalen Begleitung ein Indiz für die „verwandelte" Gattung ist, wird in dem Fall eines Schubert-Liedes die Neukonzeption des Instrumentalparts geradezu zum Auslöser einer neuen Taktnotierung. Wir sprechen von Schuberts Vertonungen des Gedichtes *Sehnsucht* von Schiller („Ach, aus dieses Tales Gründen"). Schubert hat diese Verse zweimal komponiert: 1813 (D 52)[46] und 1821, veröffentlicht 1826 als op. 39 (= D 636). Die zweite Vertonung[47] ist völlig neu, mit Ausnahme des Schlußteiles, der im Prinzip aus der früheren Komposition übernommen ist. Abgesehen von Transposition und Stimmlage fällt aber vor allem die Änderung des Metrums ins Auge: aus einem C-Takt auf Halbe-Basis (also im Sinne eines Alla breve zu nehmen) ist ein C-Takt auf Viertel-Basis (also ein echter 4/4-Takt) geworden. Je ein Schillerscher Vers („trochäischer" Vierheber) beansprucht bei Schubert 1813 vier Takte, 1821 dagegen zwei Takte.[48] Die beiden Finalfassungen und das zwischen ihnen

---

46 Franz Schubert: *Neue Ausgabe sämtlicher Werke* IV, 2b, S. 241–249.
47 Zwei Fassungen in IV, 2b, S. 250–266, von deren Divergenzen wir hier absehen.
48 Beide Singstimmen untereinander gesetzt finden sich bei August Reissmann: *Franz Schubert – sein Leben und seine Werke*, Berlin 1873, S. 24–26, und bei W. Thomas (siehe folgende Anmerkung), S. 54–55.

waltende Verhältnis sind von Werner Thomas schön und gründlich interpretiert worden.[49] Hier sei zunächst Schillers Schluß-Strophe wiedergegeben, deren Verse 3–8 den Schubertschen Schlußabschnitten zugrundeliegen. Durch Unterstreichungen deute ich klangliche und auch formale Beziehungen an:

Einen N<u>a</u>chen seh ich schw<u>a</u>nken,
Aber ach! der <u>Fä</u>hrmann <u>fe</u>hlt!
Frisch hinein und ohne Wanken,
Seine <u>Se</u>gel sind be<u>see</u>lt.
<u>Du musst glauben, du musst wagen,</u>
Denn die Götter leihn kein Pfand,
N<u>u</u>r ein W<u>u</u>nder kann dich <u>tragen</u>
In das schöne W<u>u</u>nderland.

Wie Schiller am 20. April 1802 Körner schrieb, hat das Gedicht „etwas gefühltes poetisches. Ich glaube, es wird durch die Musik gewinnen.". Dies bezog sich auf die Vertonung durch Franz Hurka. Franz Schuberts „musikalisches Pendant" für den Ausruf des dritten Verses ist schon 1813 „die aufsteigende Fanfare zerlegter Dreiklänge als Kernelement der melodischen Erfindung" (Notenbeispiel 16).[50] Für die ursprüngliche Notierung im Quasi-Alla breve mag mitgesprochen haben, daß auf diese Weise solche Assonanzentsprechungen wie „Segel" und „beseelt" auf den schweren Taktbeginn fallen (im Folgenden gilt dies auch für „Nur", „Wunder" und „Wunderland" sowie für „kann" und „tragen"). „Entscheidend aber ist die völlig neue Konzeption des Klavierparts"[51] in der Version von 1821. Sie „intensiviert den Fanfarencharakter der melodischen Substanz." Und sie führt zum Viererakt! Aus der blassen heraufsprudelnden Dreiklangspassage des zweiten Taktes von 1813 wird der – die Figur des Taktbeginns rhythmisch halbierende – Auftakt zum zweiten Takt von 1821. Besonders eindrucksvoll erscheint mir aber die Umgestaltung von „Du mußt glauben …" an (Notenbeispiel 17).

---

49 Werner Thomas: *Schubert-Studien*, Frankfurt am Main 1990, S. 44–45 und 56–57.
50 Thomas, S. 44.
51 Thomas, S. 56.

Notenbeispiel 16

Notenbeispiel 17

1813 leitet eine wiederum konventionelle Klavierfiguration hierzu über. 1821 ist es die Auftaktfanfare, die schon zum zweiten Takt des Abschnitts geführt hatte (NB 16). Entscheidend ist jedoch, daß im Folgenden das nun erweiterte Dreiklangsmotiv unterschiedlich eingesetzt ist: 1813 begann es mit dem Oktavfall (dolce!) auf „Du", während die schnellen, aufsteigenden Werte auf „glauben" fielen. 1821 ist es metrisch genau umgekehrt: auf „Du" (erste Takthälfte) fallen nun die schnellen Werte, auf „glauben" (zweite Takthälfte) erscheint der Oktavfall (nun staccato). Das Entsprechende gilt für die Fortsetzung. Daß die Fanfare 1821 dem w e n i g e r starken Taktteil (Schlag „3") zustrebt, bedeutet eine S t e i g e r u n g, Dynamisierung, es entsteht ein quasi synkopischer Effekt, wie wir ihn in manchen Allegro-Schlußpartien finden. Dieser wird aber (erst) im Vierertakt wirksam. Wie Schubert 1821 schließlich den genannten synkopischen Effekt „auflöst", d. h. wie er mit einer Kadenz auf „starkem" Taktteil schließt, zeigt das Ende des Liedes:

Notenbeispiel 18

1813 schloß er noch mit einem verspielten Echo auf die letzten Worte („das schöne Wunderland"). 1821 steht dafür der überzeugende Tonikaschluß im Vierertakt.

Nicht nur im Falle von Mozarts Figaro-Arie hängen unterschiedliche Taktnotierungen desselben Einfalls mit der Gattung des Tanzes zusammen, sondern auch bei Carl Maria von Weber. Während seines Aufenthaltes in Gotha hatte er einige seiner Lieder für die Militärkapelle des Herzogs August bearbeitet.[52] In solcher Form erklang Webers Lied *Maienblümlein* op. 23, Nr. 3 aus dem Jahre 1811 am 23. November 1812 zum Geburtstag des Herzogs.[53] Wie Weber es ironisch formulierte, hatte er sein Lied „zum Walzer derangiert."[54] Genau genommen betrifft dieses „Derangement" nur das Trio des Walzers:[55]

Notenbeispiel 19/a

---

52 Max Maria von Weber (hier Fußnote 9), S. 373 f.
53 Max Maria von Weber, S. 381.
54 Max Maria von Weber, S. 562.
55 Die Kenntnis dieses Falles verdanke ich Herrn Ulrich Stinzendörfer, der während der Arbeit an seiner Dissertation (Carl Maria von Weber als Liederkomponist, Diss. Würzburg 1999) mir die betreffenden Noten freundlicherweise zur Verfügung gestellt hat.

Trio

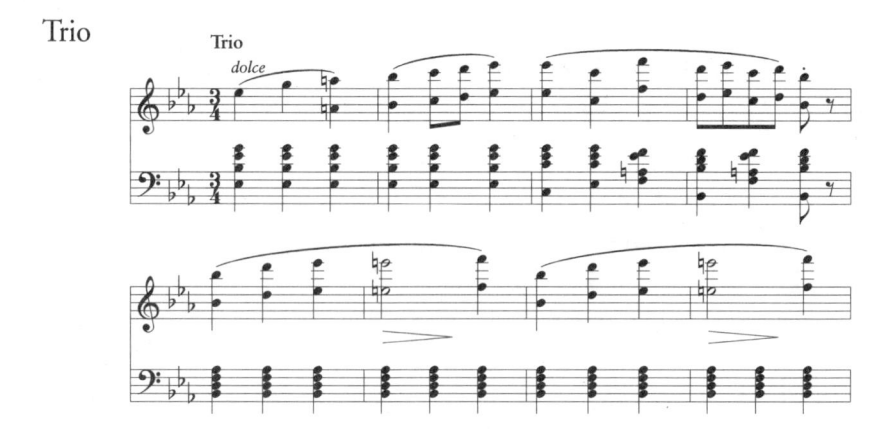

Notenbeispiel 19/b

Offensichtlich empfand Weber für den leichten Allegretto-Ton seines Gitarrenliedes den 3/8-Takt als angemessen. Bei der „Derangierung" zum Walzer kam dann dessen traditionelle Notierung im 3/4-Takt zu ihrem Recht. Für die Wahl des ursprünglichen 3/8-Taktes mag auch eine gewisse metrisch-deklamatorische Problematik des Liedbeginns mitgesprochen haben: „Maienblümlein" wäre korrekt deklamiert, wenn man die Takte 1–2 als latente Hemiole auffaßte, also als 3/4-Takt. Eine solche Ambivalenz war durch Zugrundelegung der Achtel-Schlagzeit zwanglos darzustellen.

Unterschiedlich hat Weber aber auch eines seiner bekanntesten Stücke notiert: den Walzer des *Freischütz*. Er erscheint – eher ein Ländler oder „Teutscher" im mozartschen Sinn – als Nr. 3 der Oper in seinem genuinen 3/4-Takt. Doch in der Introduktion (Nr. 1) fungiert sein Hauptgedanke als Nachspiel des Eröffnungschores (Takt 55 ff.) im 6/8-Takt.[56] Hier ist er reines Ritornell und zweifellos in schnellerem Tempo (Molto vivace), noch nicht realer Tanz. Die szenische Anweisung heißt: „Allgemeiner Jubel. Die Stange wird herabgelassen":

56 Die Figur ist bereits in Takt 9/10 angedeutet.

Notenbeispiel 20

Welche Version die ursprüngliche war, ist mir nicht bekannt. Auf jeden Fall konnte Weber das bloße, nicht vom Tanz begleitete, Ritornell in der Taktart des Chores, 6/8, belassen, zumal da die durchgehende Zweitaktigkeit des Walzers sich hier zwanglos einfügt. Sobald diese Musik aber unverhüllt als Tanz erscheint, notiert Weber sie selbstverständlich als genuinen Walzer im 3/4-Takt.

Im April 1817, als Weber begann, die Vertonung des *Freischütz*-Textes von Friedrich Kind zu konzipieren, komponierte Franz Schubert in Wien ein Gedicht dieses Autors: *Hänflings Liebeswerbung*, veröffentlicht 1823 als op. 20, Nr. 3 (= D 552). Hier liegt insofern ein analoger Fall zu den besprochenen Weber-Beispielen vor, als das Ritornell – wie Walther Dürr bemerkt hat[57] – der Substanz nach mit einem – undatierten – Tanz Schuberts übereinstimmt: mit Nr. 3 der *Drei Deutschen für Klavier* D 972. Dieser Deutsche Tanz[58] steht naturgemäß im 3/4-Takt, während das Ritornell dem 6/8-Takt des Liedes eingepaßt ist:

---

57 Schubert (hier Fußnote 46) IV, 1, S. XXVI.
58 Schubert VII, 2, 6, S. 148.

Notenbeipiel 21/a, b

Notenbeipiel 21/b (Fortsetzung)

Es besteht kein Anlaß zu bezweifeln, daß Schubert zuerst den Ländler geschrieben und diesen dann für das Lied verwendet hat. Bezeichnend sind auf jeden Fall die kleinen Unterschiede. Die typische tänzerische Schlußwendung der Takte 7/8 und 15/16, mit „schwerfälligem" Harmoniewechsel im jeweils vorletzten Takt, fällt im Lied fort, wo im entsprechenden Takt 4 eine eher beiläufige Tonika erscheint, die weder das Melodiemodell noch den harmonischen Rhythmus stört. Es ist die Übernahme von Takt 11/12 des Deutschen, d. h. aus dessen zweitem Teil, also einer Passage ohne Schlußwirkung. Diese Passage erhält allerdings im Lied selber eine begrenzte Funktion, da der chromatisch bereicherte Melodielauf auf inhaltlich betonte Worte von Versschlüssen fällt: „Sonne", „Weste", „Sanfte", „Gefieder", „Blumen", „grüßen", „Epheu" und „Armen". Wie sehr der 6/8-

Takt für das Lied am Platz ist, wird daran ersichtlich, daß hier überhaupt in keinem Takt ein Harmoniewechsel stattfindet. Monotonie ist jedoch dadurch vermieden, daß Schubert in der Liedbegleitung (ab Takt 7) die „gegenläufige" Bewegung einführt, die sich in den Takten 9/10 und 13/14 des Ländlers fand. Diese Bewegung wird erst im Klaviernachspiel des Liedes aufgegeben.

Es wäre verlockend, die verschiedenen metrischen Deutungsmöglichkeiten oder Nuancierungen ein und desselben Gedankens, deren Konsequenzen für die Notierung wir beschrieben haben, auch innerhalb e i n e s Werkes zu verfolgen. Hier wäre, wie nicht anders zu erwarten, mit Joseph Haydn, dem Vater der Klassischen Musik, zu beginnen. Wolfgang Marggraf benennt eindrucksvolle Beispiele für „Haydns Bemühen, thematisch-motivische Bezüge zwischen der Einleitung und dem folgenden Hauptteil" in den *Londoner Symphonien* herzustellen.[59] Für das von uns behandelte Phänomen wäre die *Symphonie* Nr. 103 in Es-Dur („mit dem Paukenwirbel") hervorzuheben, deren Allegro con spirito bekanntlich mehrfach auf die vorangehende langsame Einleitung Bezug nimmt. Man könnte etwa zeigen, wie der als sechstaktige Periode aufzufassende langsame Einleitungsgedanke im 3/4-Takt (Takt 2–7) innerhalb der Durchführung des Hauptsatzes (Takt 113 mit Auftakt) deshalb im 6/8-Takt erscheinen kann, weil er sich nun in einem unperiodischen Hin und Her von Entspannungs- und Spannungsklängen wiegt (klar erkennbar in Takt 114–121).[60] Doch damit würden wir schon das Feld der eigentlichen Verarbeitung betreten, um welche es in diesem Beitrag nicht gehen sollte.

---

59 Wolfgang Marggraf: *Joseph Haydn – Versuch einer Annäherung*, Leipzig 1990, S. 172/173.
60 Georgiades würde vom Prinzip des Gerüstbaus sprechen.